Öffentlich Private Partnerschaften zur Finanzierung traditioneller Kultureinrichtungen in Deutschland

AF895211

Europäische Hochschulschriften

European University Studies

Publications Universitaires Européennes

Reihe II **Rechtswissenschaft**

Series II Law

Série II Droit

Band/Volume **5526**

Karolin Hiller

Öffentlich Private Partnerschaften zur Finanzierung traditioneller Kultureinrichtungen in Deutschland

Möglichkeiten einer umfassenden Kooperation zwischen öffentlicher Hand und Wirtschaftsunternehmen

Lernen vom italienischen *Project Financing*?

PL ACADEMIC RESEARCH

Bibliografische Information der Deutschen Nationalbibliothek
Die Deutsche Nationalbibliothek verzeichnet diese Publikation in der Deutschen Nationalbibliografie; detaillierte bibliografische Daten sind im Internet über http://dnb.d-nb.de abrufbar.

Zugl.: Konstanz, Univ., Diss., 2013

Tag der mündlichen Prüfung: 10. Mai 2013
Referent: Prof. Dr. Martin Ibler
Referent: Prof. Dr. Sophie-Charlotte Lenski

Gedruckt auf alterungsbeständigem,
säurefreiem Papier.

D 352
ISSN 0531-7312
ISBN 978-3-631-64779-0 (Print)
E-ISBN 978-3-653-03576-6 (E-Book)
DOI 10.3726/ 978-3-653-03576-6

© Peter Lang GmbH
Internationaler Verlag der Wissenschaften
Frankfurt am Main 2014
Alle Rechte vorbehalten.
PL Academic Research ist ein Imprint der Peter Lang GmbH.
Peter Lang – Frankfurt am Main · Bern · Bruxelles · New York · Oxford · Warszawa · Wien

Das Werk einschließlich aller seiner Teile ist urheberrechtlich geschützt.
Jede Verwertung außerhalb der engen Grenzen des Urheberrechtsgesetzes ist ohne Zustimmung des Verlages unzulässig und strafbar.
Das gilt insbesondere für Vervielfältigungen, Übersetzungen, Mikroverfilmungen und die Einspeicherung und Verarbeitung in elektronischen Systemen.

Dieses Buch wurde vor Erscheinen peer reviewed.

www.peterlang.com

„Könnte ich mit Europa noch einmal beginnen,
so würde ich nicht mit der Wirtschaft anfangen,
sondern mit der Kultur."
[Jean Monnet]

Danksagung

Allen, die mich bei der Entstehung dieser Arbeit unterstützt und in dieser Phase meines Lebens begleitet haben, sei an dieser Stelle herzlich gedankt. Mein erster Dank gilt Herrn Prof. Dr. Martin Ibler, der diese Arbeit ermöglicht und betreut hat. Ich danke Frau Prof. Dr. Sophie-Charlotte Lenski für die Zweitkorrektur. Herzlich bedanken für die wertvolle fachliche Hilfe möchte ich mich bei RA Dr. Matthias von Kaler, Avv. Daniele Spinelli, und ganz besonders bei Dipl.-Ing. Tobias Ehret. Bedanken möchte ich mich auch bei RA Dr. Helmerich Bornheim, der mir seine in vergaberechtlicher Hinsicht gut ausgestattete Bibliothek zur Verfügung gestellt hat. Zuletzt und in besonderer Weise danke ich meinen Eltern für ihre unermüdliche Unterstützung in den letzten Jahren, allen Mitarbeitern des Studio Legale Bagianti & Associati und meinen italienischen Freunden, ohne die diese Arbeit nie entstanden wäre.

Ringraziamenti

Ringrazio tanto tutti quelli che mi hanno aiutato a redigere questa tesi e che mi hanno accompagnato in questa importante fase della mia vita. In primo luogo, ringrazio molto il Prof. Dr. Martin Ibler, che mi ha seguito durante il dottorato, rendendolo possibile. Grazie tante alla Professoressa Dr. Sophie-Charlotte Lenski per la seconda correzione della tesi. Ringrazio inoltre il Dr. Matthias von Kaler, l'Avv. Daniele Spinelli ed in modo particolare l'Ingegnere Tobias Ehret per tutti i preziosi consigli professionali che mi hanno dato. Ringrazio ancora l'Avv. Dr. Helmerich Bornheim, che gentilmente mi ha permesso di usare la biblioteca del suo studio per le mie ricerche. Infine, ringrazio di tutto cuore i miei genitori per il loro instancabile sostegno durante gli ultimi anni, nonché tutto lo Studio Legale Bagianti & Associati ed i miei amici italiani, senza i quali questa tesi non sarebbe mai stata scritta.

Inhaltsverzeichnis

Abkürzungsverzeichnis

a.F.	alte Fassung
Altalex	Altalex – Quotidiano d'informazione giuridica
appalti&contratti	Rivista giuridica specializzata nella contrattualistica e negli appalti pubblici
AEUV	Vertrag über die Arbeitsweise der europäischen Union
Autorità	Vergaberechtliche Kontrollbehörde (Autorità per la vigilanza sui contratti pubblici di lavori servizi e forniture)
BDE	Bundesverband der deutschen Entsorgungswirtschaft
BHO	Bundeshaushaltsordnung
BKS	Bundesvereinigung der kommunalen Spitzenverbände
BMVBS	Bundesministerium für Verkehr, Bau und Stadtentwicklung
BPPP	Bundesverband PPP
BVerfG	Bundesverfassungsgericht
BVerwG	Bundesverwaltungsgerichts
Consiglio di Stato	Staatsrat (Oberster Verwaltungsgerichtshof in Italien)
Cseep	I contratti dello stato degli enti pubblici
DVBl	Deutsches Verwaltungsblatt
ET	Edilizia e Territorio, Il Sole 24 Ore
EuGH	Gerichtshof der Europäischen Gemeinschaft
EuZW	Europäische Zeitschrift für Wirtschaftsrecht
EuR	Europarecht
GA	Generalanwalt
GDA	Giornale di diritto amministrativo
GG	Grundgesetz für die Bundesrepublik Deutschland
GiustAmm	Rivista Internet di diritto pubblico
GWB	Gesetz gegen Wettbewerbsbeschränkungen
HDBI	Hauptverband der Deutschen Bauindustrie

HDStR	Handbuch des Staatsrechts der Bundesrepublik Deutschland
HGrG	Gesetz über die Grundsätze des Haushaltsrechts des Bundes und der Länder (Haushaltsgrundsätzegesetz)
IBR-online	IBR-online
i.e.S.	im engeren Sinne
i.S.d.	im Sinne des
i.w.S.	im weiteren Sinne
JuS	Juristische Schulung
JZ	Juristenzeitung
Kommission	Europäische Kommission
KommJur	Kommunaljurist
Lavori pubblici	Mensile di informazione tecnica online
LKV	Landes- und Kommunalverwaltung
MMR	Multimedia und Recht
n.	numero
n.F.	neue Fassung
NJOZ	Neue Juristische Onlinezeitschrift
NJW	Neue Juristische Wochenschrift
NordÖR	Zeitschrift für Öffentliches Recht in Norddeutschland
NVwZ	Neue Zeitschrift für Verwaltungsrecht
NZBau	Neue Zeitschrift für Baurecht und Vergaberecht
OLG	Oberlandesgericht
ÖPP-Beschleunigungsgesetz	Gesetz zur Beschleunigung der Umsetzung von Öffentlich Privaten Partnerschaften und zur Verbesserung gesetzlicher Rahmenbedingungen für Öffentlich Private Partnerschaften
PF	Project Financing
PuK	Politik und Kultur
PuZ	Aus Politik und Zeigeschichte

QDEF	Questioni di Economia e Finanza, Occasional papers della Banca d'Italia
RAS	Rassegna Avvocatura dello Stato
RWP 2008	Richtlinien für Planungswettbewerbe 2008
SächsVBl	Sächsische Verwaltungsblätter
SKR	Sektorenkoordinierungsrichtlinie
SOEP	Sozio-ökonomisches Panel
sog.	so genannte
TAR	Tribunale amministrativo regionale
UEA	Urbanistica e appalti
UNESCO	United Nations Educational, Scientific and Cultural Organization
UTFP	Unità tecnica finanza di progetto
VBlBW	Verwaltungsblätter für Baden Württemberg
VDVU	Verband deutscher Verkehrsunternehmen
VER.DI	Vereinte Dienstleistungsgewerkschaft
VergabeR	Vergaberecht
VgV	Verordnung über die Vergabe öffentlicher Aufträge
VKR	Vergabekoordinierungsrichtlinie
VKU	Verband kommunaler Unternehmen
VOB/A	Vergabe- und Vertragsordnung für Bauleistungen – Teil A
VOL-EG	Vergabe- und Vertragsordnung für Leistungen – Teil A, Abschnitt 2
VOF	Vergabe für freiberufliche Leistungen
WuW	Wirtschaft und Wettbewerb
WW	Wirtschaftswoche
z.B.	zum Beispiel
ZDBG	Zentralverband des deutschen Baugewerbes
ZfBR	Zeitschrift für deutsches und internationales Bau- und Vergaberecht
ZRP	Zeitschrift für Rechtspolitik

Literatur- und Quellenverzeichnis

A Literaturverzeichnis

Altenhofen, Gabriele; Gestaltungsspielraum und Bindungen der öffentlichen Hand. in: Meyer-Hofmann, Bettina/Riemenschneider, Frank/Weihrauch, Oliver, Public Private Partnership – Gestaltung von Leistungsbeschreibung, Finanzierung, Ausschreibung und Verträgen in der Praxis, Carl Heymanns Verlag, München 2005.

Ambrosius, Gerold; Services Publics, Leistungen der Daseinsvorsorge oder Universaldienste? Zur historischen Dimension eines zukünftigen Elements europäischer Gesellschaftspolitik. in: Daseinsvorsorge und öffentliche Dienstleistungen in der Europäischen Union – Zum Widerstreit zwischen freiem Wettbewerb und Allgemeininteresse. Nomos, Baden-Baden 2000.

Aschke, Manfred; Kommentierung des § 40 VwVfG. in: Bader, Johann/ Ronellenfitsch, Michael, Beck'scher Onlinekommentar VwVfG, 14. Auflage 2012, München.

Aumont, Laure/Kaelble, Hendrik, Die Vergabe von Dienstleistungen von allgemeinem wirtschaft-lichen Interesse an Privat. in: NZBau 2006, 280.

Autorità per la vigilanza sui contratti pubblici di lavori servizi e forniture; Diritto di prelazione nelle procedure di Project Financing e disciplina transitoria applicabile a seguito del D.Lgs. 31 luglio 2007 n. 113. Determinazione n.8 del 11.10.2007.

Autorità per la vigilanza sui contratti pubblici di lavori servizi e forniture; Finanza di progetto. Determinazione n.20 del 04.10.2001.

Autorità per la vigilanza sui contratti pubblici di lavori servizi e forniture; Linee guida sulla finanza di progetto dopo l'entrata in vigore del c.d. „Terzo correttivo" (D.lgs. 11 settembre 2008, n.152). Determinazione n.1 del 14.01.2009.

Autorità per la vigilanza sui contratti pubblici di lavori servizi e forniture; Prime indicazioni sull'applicazione sulla legge 01.08.2002 n.166. Determinazione n.27 del 16.10.2002.

Autorità per la vigilanza sui contratti pubblici di lavori servizi e forniture; Prime indicazioni sulla finanza di progetto dopo l'entrata in vigore del d.lgs. 152/2008. Documento base per l'Audizione.

Badura, Peter; Staatsrecht – Systematische Erläuterung des Grundgesetzes, 4. Auflage 2010, München.

Balensiefen, Gotthold; Öffentlich-private Partnerschaftsmodelle („ÖPP“): Chance für Erhalt und Ausbau der Infrastruktur in Baden-Württemberg?. in: VBlBW 2011, 499.

Bartosch, Andreas; Die Kommissionspraxis nach dem Urteil des EuGH in der Rechtssache Altmark – Worin liegt das Neue?. in: EuZW 2004, 295.

Basedow, Jürgen; Das Sozialmodell von Lissabon: Solidarität statt Wettbewerb?. in: EuZW 2008, 225.

Battis, Kersten; Public Private Partnership in der Städtebauförderung. in: LKV 2006, 442.

Bauer, Stefan; Die Zusammenarbeit zwischen Gemeinden und ihr Verhältnis zum Vergaberecht. in: ZfBR 2006, 446.

Becker, Joachim; Rechtsrahmen für Public Private Partnership – Regelungsbedarf für neue Kooperationsformen zwischen Verwaltung und Privaten?. in: ZRP 2002, 303.

Behrens, Hans-Werner; Zulassung zum Vergabewettbewerb bei vorausgegangener Beratung des Auftraggebers – Zur Projektantenproblematik auf der Grundlage der Neuregelung des §4 V VgV. in: NZBau 2006, 752.

Bentivogli, Chiara/ Paricara, Eugenia/ Tidu, Alfredo; IL Project finance nei servizi pubblici locali: poca finanza e poco progetto?. in: Questioni di Economia e Finanza, Occasional papers della Banca d'Italia, September 2008 n. 25.

Bigi, Claudio; Il dialogo competitivo nel nuovo project financing – il comma 16 dell'art. 153. in: Appalti&contratti vom 10.11.2008.

Broß, Siegfried; Daseinsvorsorge – Wettbewerb – Gemeinschaftsrecht. in: JZ 2003, 874.

Böckel, Markus; Vergaberechtliche Behandlung von Dienstleistungskonzessionen. in: LKV 2003, 393.

Büllesfeld, Dirk; Investitionen nach den Konjunkturpaketen I und II: Effizienzsteigerung durch ÖPP?. in: KommJur 2009, 161.

Bundesverband PPP; Stellungnahme zum Fragenkatalog im Grünbuch der Kommission zu Öffentlich-privaten Partnerschaften und den gemeinschaftlichen Rechtsvorschriften für öffentliche Aufträge und Konzessionen 2004 – Frage 2.

Bundesvereinigung der kommunalen Spitzenverbände; Stellungnahme zum Fragenkatalog im Grünbuch der Kommission zu Öffentlich-privaten Partnerschaften und den gemeinschaftlichen Rechtsvorschriften für öffentliche Aufträge und Konzessionen 2004 – Frage 2.

Bungenberg, Marc; Kommentierung der §§ 97, 101 GWB. in: Loewenheim, Ulrich/Meessen, Karl.

Riesenkampff, Alexander; Kartellrecht- Kommentar, 2. Auflage 2009, München.

Burbulla, Rainer; Die Ausschreibung von ÖPP-Projekten. in: NJOZ 2008, 211.

Burgi, Martin; Die Ausschreibungsverwaltung – Dogmatische Herausforderungen des Verwaltens mit Dienstleistungskonzessionen. in: DVBl 2003, 949.

Burgi, Martin; Die Bedeutung der allgemeinen Vergaberechtsgrundsätze Wettbewerb, Transparenz und Gleichbehandlung. in: NZBau 2008, 29.

Burgi, Martin; Die Vergabe von Dienstleistungskonzessionen: Verfahren, Vergabekriterien, Rechtsschutz. in: NZBau 2005, 610.

Burgi, Martin; Die Zukunft des Vergaberechts. in: NZBau 2009, 609.

Burgi, Martin; Funktionale Privatisierung und Verwaltungshilfe, Tübingen 1999.

Burgi, Martin; Privatisierung öffentlicher Aufgaben – Gestaltungsmöglichkeiten, Grenzen, Regelungs-bedarf. Gutachten für den 67. Deutschen Juristentag. München 2008.

Burgi, Martin; Vergabefremde Zwecke und Verfassungsrecht. in: NZBau 2001, 64.

Byok, Jan; Die Entwicklung des Vergaberechts seit 2006. in: NJW 2008, 559.

Cartei, Gian Franco; Responsabilità e concorrenza nel codice dei contratti pubblici. Editoriale Scientifica Napoli 2008.

Cicirello, Ilenia; Appalto-concorso non previsto come metodo di aggiudicazione degli appalti pubblici, 16.09.2009. in: Lavori pubblici 9/2009.

Clarich, Marcello; Gli aspetti giuridici del project financing nelle pubbliche amministrazioni – Prima conferenza della finanza di progetto nelle pubbliche amministrazioni. Freschfields Bruckhaus Deringer, Roma 2005.

Consiglio di Stato – Sezione Consultiva per gli Atti Normativi, Adunanza del 14 luglio 2008, n. 2357/2008.

Cori, Rosalba, Nuove opportunità per la PA negli interventi in PPP: aspetti legali, tecnici, economici e finanziari e nuove tecnologie – finanza di progetto e PPP dopo il D.l. 70/2011 ed il D.P.R. 207/2010, Milano, 23.11.2011, Risorse Comuni 2010, 10. Edition.

Cox, Helmut; Öffentliche Dienstleistungen künftig im obligatorischen Ausschreibungswettbewerb? Zur Initiative der Europäischen Kommission zur Ausschreibungspflicht bei öffentlichen Dienstleistungen. in: Ausschreibungswettbewerb bei öffentlichen Dienstleistungen. Schriftenreihe der Gesellschaft für öffentliche Wirtschaft Heft 52, 1. Auflage 2003, Seite 43–65.

Cox, Helmut; Das Angebot von Universaldienstleistungen und Probleme ihrer Vergabe im öffentlichen Bieterwettbewerb. in: Daseinsvorsorge und öffentliche Dienstleistungen in der Europäischen Union – Zum Widerstreit zwischen freiem Wettbewerb und Allgemeininteresse, Baden-Baden 2000.

Dauses, Manfred A.; P II Vorabentscheidungsverfahren. in: Dauses, Mandred A., Handbuch des EU-Wirtschaftsrecht – Band I und II, 29. Ergänzungslieferung 2011, München.

De Nictolis, Rosanna; Le novità del terzo (e ultimo) decreto correttivo del codice dei contratti pubblici. in: UEA 2008, 1225.

Deutsche Bauindustrie; Stellungnahme zum Fragenkatalog im Grünbuch der Kommission zu Öffentlich-privaten Partnerschaften und den gemeinschaftlichen Rechtsvorschriften für öffentliche Aufträge und Konzessionen 2004 – Frage 2.

Dörr, Oliver; Kommunale Infrastrukturförderung unter dem Einfluss von europäischem Beihilfe- und Vergaberecht Teil I: Beihilfenrecht. in: KommJur 2006, 41.

Dreher, Meinrad; Kommentierung der §§ 97 ff GWB. in: Immenga, Ulrich/ Mestmäcker, Ernst-Joachim, Onlinekommentar – Kommentar zum Europäischen Kartellrecht, Band II, 4. Auflage 2007, München.

Dreher, Meinrad; Public Private Partnerships und Kartellvergaberecht Gemischtwirtschaftliche Gesellschaften, In-house-Vergabe, Betreibermodell und Beleihung Privater. in: NZBau 2002, 245.

Drömann, Dietrich; Wettbewerblicher Dialog und ÖPP-Beschaffungen – Zur „besonderen Komplexität" so genannter Betreibermodelle. in: NZBau 2007, 751.

Endler, Jan; Privatisierung und Vergaberecht. in: NZBau 2002, 125.

Fatoyinbo, Joy Richard; Kommunale Kulturfinanzierung im Zeichen der Krise. in: Aus Politik und Zeitgeschichte 2011 Nr. 7/8.

Fehling, Michael; Kommentierung der § 97 GWB. in: Pünder, Hermann/ Schellenberg, Martin, Online-Kommentar, Vergaberecht (GWB, VgV, SektVO, VOL/A, VOB/A, VOF, Haushaltsrecht, Öffentliches Preisrecht), 1. Auflage 2011, Baden-Baden.

Frenz, Walter; Dienste von allgemeinem Interesse – Neuerungen durch Art. 16 EG. in: EuR 2000, 901.

Frenz, Walter; Soziale Vergabekriterien. in: NZBau 2007, 17.

Frenz, Walter; Vergaberecht und institutionalisierte PPP. in: NZBau 2008, 673.

Fuchs, Max; Kulturpolitik als gesellschaftliche Aufgabe: Eine Einführung in Theorie, Geschichte, Praxis. Westdeutscher Verlag, Wiesbaden1998.

Geminiani, Di Laura/Ricchi, Massimo; Con l'indennizzo condizionato si stempera l'effetto prelazione. in: ET 2006, 11.

Giampaolino, Luigi; Introduzione ad un corso sul project financing delle opere pubbliche: privato e pubblico nella disciplina dell'instituto – I contratti dello stato degli enti pubblici n.4/2005.

Giustiniani, Marco: Dal 17 ottobre la riforma del project financing – Alla Pa la scelta sulla doppia via. in: ET 2008, 6.

Goodarzi, Ramin; Aktuelle vergaberechtliche Probleme bei Public Private Partnership im öffentlichen Hochbau und Lösungsansätze. Eine Praxisbezogene Analyse. Universität Hamburg, Diss. 2008.

Greco, Raffaele; La natura giuridica delle procedure di *project financing* dopo il terzo decreto correttivo al codice degli appalti. in: GiustAmm vom 14.01.2009.

Grothe, Helmut; Kommentierung des § 203 BGB. in: Münchner Kommentar zum Bürgerlichen Gesetzbuch – Onlineausgabe, Band 1, 5. Auflage, München 2007.

Guzzo, Gerardo; Project financing: Il difficile viatico seguito dal legislatore italiano nell'opera di recepimento dei principi comunitari dettati in materia di finanza di progetto alla luce del d.d.l. di riforma statale n.3320 – S. e del recente d.d.l licenziato dalla Regione Campania. in: GiustAmm vom 25.06.2006.

Hauptverband der Deutschen Bauindustrie; Stellungnahme zum Fragenkatalog im Grünbuch der Kommission zu Öffentlich-privaten Partnerschaften und den gemeinschaftlichen Rechtsvorschriften für öffentliche Aufträge und Konzessionen 2004 – Frage 9.

Hausmann, Friedrich Ludwig/Bultmann, Peter Friedrich; Public Private Partnership im Hochbau Vergaberechtsleitfaden, Bundesministerium für Verkehr, Bau und Stadtentwicklung und Finanz-ministeriums des Landes Nordrhein-Westfalen, August 2007.

Hatje, Armin/Kindt, Anne; Der Vertrag von Lissabon – Europa endlich in guter Verfassung?. in: NJW 2008, 1761.

Heiermann, Wolfgang; Der wettbewerbliche Dialog. in: ZfBR 2005, 766.

Heinrichs, Werner; Public Private Partnership oder die Kunst zwei Sieger zu küren!. Eröffnungsvortrag zur Tagung „Forum Kultur und Ökonomie" am 29.1.2004 in Biel-Magglingen/CH.

Hellermann, Johannes; Kommentierung des Art. 28 GG. in: Epping, Volker/ Hillgruber, Christian, Beck'scher Onlinekommentar Grundgesetz. 8. Auflage 2010, München.

Hermes, Georg/Michel, Jens; Die Nutzung privaten Innovationspotentials bei privat-finanzierten öffentlichen Projekten. in: Die Verwaltung 2005, 177.

Hertwig, Stefan; Zuschlagskriterien und Wertung bei ÖPP-Vergaben. in: NZBau 2007, 543.

Hill, Hermann; Neue Wege für Kultureinrichtungen – ein Handbuch für Fach- und Führungskräfte: Tagung der Hochschule für Verwaltungswissenschaften Speyer vom 19. bis 20 September 1996 in Zusammenarbeit mit dem Deutschen Städtetag und der Kultusministerkonferenz, Speyer 1997.

Hirte, Heribert; Kommentierung zu § 12 InsO, Uhlenbruck, Wilhelm/ Hirte, Heribert/ Vallender, Heinz Insolvenzordnung – Kommentar, 13. Auflage 2010, München.

Horn, Kai-Uwe; Public Private Partnership im Hochbau, Wirtschaftlichkeitsvergleich, Leitfaden des Finanzministeriums des Landes Nordrhein-Westfalen, November 2003.

Horn, Lutz; Projektantenstatus im VOF-Verfahren?. in: NZBau 2005, 28.

Hufen, Friedhelm; Kulturauftrag als Selbstverwaltungsgarantie – Legitimationszusammenhänge kommunaler Kulturpolitik. in: NVwZ 1983, 516.

Hufen, Friedhelm; Muss Kunst monokratisch sein? Der Fall documenta. in: NJW 1997, 1112.

Ibler, Martin; Kommentierung des Art. 86 GG. in: Maunz, Theodor/Dürig, Günter, Grundgesetz – Kommentar, Onlineausgabe, 58. Ergänzungslieferung, Mai 2008.

Immenga, Ulrich/ Mestmäcker, Ernst-Joachim; Einleitung B. in: in: Immenga, Ulrich/Mestmäcker, Ernst-Joachim, Onlinekommentar – Band I: EG/ Teil 2 Kommentar zum Europäischen Kartellrecht, 4. Auflage 2007, München.

Jäger, Wolfgang; Public Private Partnership und Vergaberecht. in: NZBau 2001, 6.

Jasper, Ute; Kooperationen in der Daseinsvorsorge – Öffentlich-Private Gesellschaften. Leitfaden des Finanzministeriums des Landes Nordrhein-Westfalen, April 2011.

Kadelbach, Stefan; Kommunaler Kulturbetrieb, Freiheit der Kunst und Privatrechtsform. in: NJW 1997, 1114.

Kamann, Hans-Georg; Europäische Beihilfenkontrolle im Kultursektor. in: KommJur 2009, 132.

Kämmerer, Jörn Axel; Daseinsvorsorge als Gemeinschaftsziel oder: Europas „soziales Gewissen". in: NVwZ 2002, 1041.

Kapellmann, Klaus; Kommentierung des § 7 VOB/A. in: Kapellmann, Klaus/ Messerschmidt, Burkhard, Online-Kommentar, VOB Teil A und B, Vergabe- und Vertragsordnung mit Vergabeverordnung (VgV), 3. Auflage, München 2010.

Klimisch, Ebrecht; Stellung und Rechte der Dialogteilnehmer im wettbewerblichen Dialog. in: NZBau 2011, 203.

Knauff, Matthias; Im wettbewerblichen Dialog zur Public Private Partnership?. in: NZBau 2005, 249.

Knauff, Matthias; Die Reform des europäischen Vergaberechts. in: EuZW 2004, 141.

König, Christian; Daseinsvorsorge durch Wettbewerb!. in: EuZW 2001, 481.

Kolb, Angela; Aktuelle Entwicklungen der europarechtlichen Vorgaben für die kommunale Daseinsvorsorge – Wettbewerb contra oder für das Gemeinwohl?, in: LKV 2006, 97.

Kramer, Johannes; Gleichbehandlung im Verhandlungsverfahren nach der VOL/A. in: NZBau 2005, 138.

Kube, Hanno; Kommentierung des Art. 114 GG. in: Maunz, Theodor/Dürig, Günter, Grundgesetz – Kommentar, Onlineausgabe, 53. Ergänzungslieferung, Oktober 2008.

Kühnen, Jürgen; Kommentierung des § 16 VgV. in: Kapellmann, Klaus/ Messerschmidt, Burkhard, Online-Kommentar, VOB Teil A und B, Vergabe- und Vertragsordnung mit Vergabeverordnung (VgV), 3. Auflage, München 2010.

Kupczyk, Björn; Die Projektantenproblematik im Vergaberecht. in: NZBau 2010, 21.

Kus, Alexander; Die richtige Verfahrensart bei PPP-Modellen, insbesondere Verhandlungsverfahren und Wettbewerblicher Dialog. in: VergabeR 2006, 851.

Lin Hi, Nick; Kommentierung des Begriffs „Corporate Citizenship". in: Gabler Wirtschaftslexikon – Onlineausgabe, Stand: Oktober 2012.

Lippert, André; Abwägungsentscheidungen im Europäischen Wettbewerbsrecht. in: DVBl 2008, 492.

Littwin, Frank; Public Private Partnership aus Sicht der PPP-Taskforce NRW. in: Meyer-Hofmann, Bettina/Riemenschneider, Frank/Weihrauch, Oliver, Public Private Partnership – Gestaltung von Leistungsbeschreibung, Finanzierung, Ausschreibung und Verträgen in der Praxis, Carl Heymanns Verlag, München 2005.

Luch, Anika/Schulz, Schönke, E-Daseinsvorsorge – Neuorientierung des überkommenen (Rechts-) Begriffs „Daseinsvorsorge" im Zuge technischer Entwicklungen?. in: MMR 2009, 19.

Mele, Francesco; Kommentierung der Art. 152 bis 155 des Codice di appalti pubblici. in: Baldi, Matteo/ Tomei, Roberto, La disciplina dei contratti pubbllici – Commentario al Codice appalti, Mailand 2007.

Martini, Mario; Kommentierung der § 16 VOF. in: Pünder, Hermann/ Schellenberg, Martin, Online-Kommentar, Vergaberecht (GWB, VgV, SektVO, VOL/A, VOB/A, VOF, Haushaltsrecht, Öffentliches Preisrecht), 1. Auflage 2011, Baden-Baden.

Marx, Fridhelm; Kommentierung des § 20 VOF (§ 15 VOF n.F.). in: Müller-Wrede, Malte, Kommentar zur VOF, 3. Auflage 2008, Köln.

Merz, Friedrich; Neuer Gesellschaftsvertrag. in: WW Nr. 50, S. 35.

Mestmäcker, Ernst-Joachim/Schweitzer, Michael; Kommentierung zu Art. 86 EG a.F. (Art. 106 AUEV) in: Immenga, Ulrich/Mestmäcker, Ernst-Joachim, Onlinekommentar – Band I: EG/ Teil 2 Kommentar zum Europäischen Kartellrecht, 4. Auflage 2007, München.

Michel, Esther/ Braun, Peter; Rechtsnatur und Anwendungsbereich von „Indikativen Angeboten". in: NZBau 2009, 688.

Michel, Jens; Die Projektantenregelung des ÖPP-Beschleunigungsgesetzes – ein Reparaturfall im „Reparaturgesetz"?. in: NZBau 2006, 689.

Mir, Emmanuel; Das Modell der Public Private Partnership im Museumsbereich – am Beispiel der Kooperation zwischen E.ON. und der Stadt Düsseldort. Magisterarbeit 2006, Universität Düsseldorf.

Mösinger, Thomas; Gleichbehandlung der Teilnehmer im Wettbewerblichen Dialog. in: NZBau 2009, 695.

Motzke, Gerd; Systematische Darstellung – Kommentierung zu den zivilrechtlichen Sanktionen (V). in: Motzke, Gerd/Pietzcker, Jost/Prieß, Hans-Joachim, Beck'scher Onlinekommentar: VOB Teil A, 1. Auflage 2001, München.

Müller, Hermann/Veil, Winfried; Wettbewerblicher Dialog und Verhandlungsverfahren im Vergleich. in: Vergaberecht 2007, 298.

Müller, Martin/Brauser-Jung, Gerrit; Öffentlich-private Partnerschaften und Vergaberecht – Ein Beitrag zu den vergaberechtlichen Rahmenbedingungen, in: NVwZ 2007, 884.

Müller-Wrede, Malte/Lux, Johannes; Die Behandlung von Projektanten im Vergabeverfahren – Zugleich eine Anmerkung zu OLG Düsseldorf, Beschl. Vom 25.10.2005 – Verg 67/05[2] und VK Bund, Beschl. vom 06.06.2005 – VK2 – 33/05 [3]. in: ZfBR 2006, 327.

Müller-Wrede, Malte; Kommentierung des § 25 VOF (heute in § 15 VOF integriert). in: Müller-Wrede, Malte, Kommentar zur VOF, 3. Auflage, Köln 2008.

Nettesheim, Martin; Das Kulturverfassungsrecht der europäischen Union. in: JZ 2002, 157.

Nowak, Carsten; Binnenmarktziel und Wirtschaftsverfassung der Europäischen Union vor und nach de Reformvertrag von Lissabon. in: EuR 2009 Beiheft 1, 129.

Olivieri, Luigi; Il project financing dopo il terzo decreto correttivo. in: Appalti&contratti vom 10.11.2008.

Opitz, Marc; Die Entwicklung des EG-Vergaberechts in den Jahren 2001 und 2002 – Teil 1: Die Rechtstatsachen und der Rechtsrahmen. in: NZBau 2003, 183.

Opitz, Marc; Wie funktioniert der wettbewerbliche Dialog? – Rechtliche und praktische Probleme. in: VergabeR 2006, 451.

Ortner, Roderic; Vergabe von Dienstleistungskonzessionen – Unter besonderer Berücksichtigung der Entsorgungs- und Verkehrswirtschaft, Köln 2007.

Otting, Olaf/ Olgemöller, Udo H.; Innovation und Bürgerbeteiligung im Wettbewerblichen Dialog. NVwZ 2011, 1225.

Pappermann, Ernst; Grundzüge eines kommunalen Kulturverfassungsrechts. in: DVBl 1980, 701

Pasquini, Gabriele; Il *project financing* e la discrezionalità. in: GDA n. 10/2006, 1112.

Pernice, Ingolg/Wernicke, Stephan; Kommentierung des Art. 86 EG a.F. (Art. 106 AUEV) und Art. 16 EG (Art. 14 AUEV). in: Grabnitz, Eberhardt/ Hilf, Meinhard, Onlinekommentar – Das Recht der Europäischen Union, Band I, EUV, Art. 1–38 EG, 21. Ergänzungslieferung April 2003, München 2009.

Pietzcker, Jost; Grenzen des Vergaberechts. in: NVwZ 2007, 1225.

Planker, Markus; Kommentierung des 15 VOB/A. in: Kapellmann, Klaus/Messerschmidt Burkhard Online-Kommentar, VOB Teil A und B, Vergabe- und Vertragsordnung mit Vergabeverordnung (VgV), 3. Auflage 2010, München.

Prieß, Hans-Joachim; Die Leistungsbeschreibung – Kernstück des Vergabeverfahrens (Teil 1). in: NZBau 2004, 20.

Pünder, Hermann/Franzius, Ingo; Auftragsvergabe im wettbewerblichen Dialog. in: ZfBR 2006, 20.

Pünder, Hermann; Kommentierung der § 101 GWB. in: Pünder, Hermann/ Schellenberg, Martin, Online-Kommentar, Vergaberecht (GWB, VgV, SektVO, VOL/A, VOB/A, VOF, Haushaltsrecht, Öffentliches Preisrecht), 1. Auflage 2011, Baden-Baden.

Reidt, Olaf; Rechtsfragen im Zusammenhang mit der Vergabe von Baukonzessionen – dargestellt am Projekt der Trave-Querung in Lübeck. in: NordÖR 1999, 435.

Reuter, Alexander/ Polley, Isabel; ÖPP und das „Neue Kommunale Finanzmanagement" (NKF). in: NVwZ 2007, 1345.

Ricchi, Massimo; La finanza di progetto nel codice dei contratti dopo il terzo correttivo. in: UEA 2008, 1375.

Ricchi, Massimo; La nuova finanza di progetto nel codice dei contratti. in: UTFP, Gennaio 2009.

Ricchi, Massimo; Capitolo 3: La regolazione di un'operazione di PPP. in: Spinelli, Daniele/Vecchia, Pier Luigi, Opere pubbliche: le nuove modalità di realizzazione, Il Sole 24 Ore, 1. Edizione 2007.

Riemenschneider, Frank/Nitzsche, Florian/Bernold, Torben; FM-gerechte PPP-Ausschreibungen unter Berücksichtigung eines ganzheitlichen Betriebskonzeptes. in: Meyer-Hofmann, Bettina/ Riemenschneider, Frank/Weihrauch, Oliver, Public Private Partnership- Gestaltung von Leistungsbeschreibung, Finanzierung, Ausschreibung und Verträgen in der Praxis, Carl Heymanns Verlag, München 2005.

Ritzek-Seidel, Simone; Kommentierung von § 10 EG-VOL/A. in: Pünder, Hermann/ Schellenberg, Martin, Online-Kommentar, Vergaberecht (GWB, VgV, SektVO, VOL/A, VOB/A, VOF, Haushaltsrecht, Öffentliches Preisrecht), 1. Auflage 2011, Baden-Baden.

Röhl, Hans Christian; Der Anwendungsbereich des Vergaberechts – BGHZ 148, 55. in: JuS 2002, 1053.

Roth, Frank; Die Risikoverteilung bei Öffentlich Privaten Partnerschaften (ÖPP) aus vergabe-rechtlicher Sicht. in: NZBau 2006, 84.

Ruffert, Matthias, Kommentierung zu Art. 1 AEUV und Art. 2 EUV. in: Calliess, Christian/ Ruffert, Matthias, Online-Kommentar, EUV/AEUV, 4. Auflage 2011, München.

Ruthig, Josef; Vergaberechtsnovelle ohne Gesetzgeber – Zum GWB-Vergaberecht nach Ablauf der Umsetzungsfrist – Teil I. in: NZBau 2006, 137.

Schenke, Ralf/Klimpel, Stefan; Verhandlungsverfahren versus wettbewerblicher Dialog: Neuere Entwicklungen im Vergaberecht Öffentlich Privater Partnerschaften (ÖPP)/ Public Private Partnership (PPP). in: DVBl 2006, 1492.

Scheytt, Oliver; Kulturstaat Deutschland, Transcript Verlag, Bielefeld 2008.

Schoch, Friedrich; Gewährleistungsverwaltung: Stärkung der Privatrechtsgesellschaft?. in: NVwZ 2008,241.

Scholz, Rupert; Kommentierung des Art. 5 III GG. in: Maunz, Theodor/Dürig, Günter, Grundgesetz – Kommentar, Onlineausgabe, 63. Ergänzungslieferung 2011.

Schröder, Rainer, Outsourcing und Sponsoring der Verwaltung: Rechtsfragen einer Einbeziehung Privater in die Aufgabenerfüllung der öffentlichen Hand. in: LKV 2007, 207.

Schrallhammer, Julia; Public Private Partnership im Bereich Kunst und Kultur. Regensburg, Univ., Dissertation 2006.

Schulte-Beckhausen, Sabine /Krutisch, Dominic; Kommentierung des Bandes XII: Gemeinden und Energiewirtschaft. in: Danner, Wolfgang/Theobald, Christian, Energierecht-Kommentar, Online-kommentar, 57. Ergänzungslieferung, Juli 2007.

Schultze-Rhonhof, Michael/Decker, Svenja/Kunzmann, Melanie/Kronbein, Dirk/ Dinkhoff, Marc; Öffentlich-private Partnerschaften – Initiative NRW, Kleine ÖPP-Projekte, Leitfaden des Finanzministeriums des Landes Nordrhein-Westfalen, Oktober 2008.

Schütte, Peter; Verhandlungen im Vergabeverfahren. in: ZfBR 2004, 237.

Schwarze, Jürgen; Daseinsvorsorge im Lichte des europäischen Wettbewerbsrechts. in: EuZW 2001, 334.

Schwarze, Jürgen; Daseinsvorsorge im Lichte des Wettbewerbsrechts. in: Schwarze, Jürgen, Daseinsvorsorge im Lichte des Wettbewerbsrechts, 1. Auflage 2001, Baden-Baden.

Seiler, Hans Hermann; Kommentierung des § 662 BGB. in: Münchner Kommentar zum Bürgerlichen Gesetzbuch – Onlineausgabe, Rebmann, Kurt/Säcker,

Jürgen/Rixecker, Roland Band I, Martin Henssler Band 4, Verlag C.H. Beck, 5. Auflage 2009, München.

Serravezza, Antonio; La finanza di progetto dopo il terzo decreto correttivo del Codice degli Appalti. in: Altalex n. 2566 vom 23.07.2009.

Sommermann, Karl-Peter; Kommentierung des Art. 20 GG. in: v. Magoldt, Hermann/ Klein, Friedrich/ Starck, Christian, Kommentar zum Grundgesetz, Band 2, 6. Auflage 2010, München.

Spinelli, Daniele/Valentinetti, Barbara; La finanza di progetto. in: Spinelli, Daniele, Contratti pubblici di lavori, servizi e forniture, Il sole 24 Ore, Milano 2008.

Spinelli, Daniele/Vecchia, Pier Luigi; Capitolo 2: La struttura di un'operazione di project financing. in: Spinelli, Daniele/Vecchia, Pier Luigi, Opere pubbliche: le nuove modalità di realizzazione, Il Sole 24 Ore, 1ª edizione 2007.

Steiner, Udo; § 86 Kultur. in: Isensee, Josef/ Kirchhof, Paul, Handbuch des Staatsrecht Deutschland Band IV: Aufgaben des Staates, Heidelberg 2006.

Stickler, Thomas/Kallmayer, Axel; Kommentierung des § 3 VOB/A. in: Kapellmann, Klaus/ Messerschmidt, Burkhard, Online-Kommentar, VOB Teil A und B, Vergabe- und Vertragsordnung mit Vergabeverordnung (VgV), 3. Auflage, München 2010.

Stix-Hackel, Christine; Schlussantrag der Generalstaatsanwältin am Europäischen Gerichtshof vom 12.04.2005 in der Rechtssache C-231/03 („Coname").

Storr, Stefan; Kooperation nur nach Ausschreibung?. in: SächsVBl 2006, 234.

Storz, Monica/Frank, Michael; Public Private Partnership im Hochbau, Erste Schritte: PPP-Eignungstest, Leitfaden des Finanzministeriums des Landes Nordrhein-Westfalen, Oktober 2004.

Trapp, Georg; Projektantenstellung im VOF-Vergabeverfahren. in: IBR-online 2008.

Trappe, Florian, Public Private Partnership im Kulturbereich am Beispiel des Musiktheaters, Frankfurt am Main, Dissertation 2008.

Tiramani, Emanuela; La scelta del promotore nella procedura di project financing., Nota a Consiglio di Stato num. 6287 del 10.09.2005. in: Altalex, n. 3615 vom 30.01.2006.

Uechtritz, Michael/Otting, Olaf; Das „ÖPP-Beschleunigungsgesetz": Neuer Name, neuer Schwung für „Öffentlich-private Partnerschaften". in: NVwZ 2005, 1105.

Unità tecnica finanza di progetto; Comitato Interministeriale per la Programmazione economica, 100 domande e riposte, febbraio 2009.

VER.DI; Stellungnahme zum Fragenkatalog im Grünbuch der Kommission zu Öffentlich-privaten Partnerschaften und den gemeinschaftlichen Rechtsvorschriften für öffentliche Aufträge und Konzessionen 2004 – Frage 2.

Volpi, Carmine; Bandi di gara e inviti alla gara. in: Villata, Riccardo, L'appalto di opere pubbliche, 2ª: edizione, Padova 2004.

von Bogdandy, Armin; Kommentierung von Art. 2 EGV a.F. in: Grabnitz, Eberhard/ Hilf, Meinhard/ Nettesheim, Martin, Onlinekommentar, Das Recht der Europäischen Union – Band I: EUV/EGV, 40. Ergänzungslieferung 2009, München.

von Ditfurth, Jörg; Public Private Partnership im Hochbau, Erste Schritte: Projektauswahl, -organisation und Beratungsnotwendigkeit, Leitfaden des Finanzministeriums des Landes Nordrhein-Westfalen, April 2005.

von Mutius, Bernhard; Dax ist Dax. in: WW Nr. 43, S. 36.

von Wallenberg, Gabriella; Kommentierung von Art. 87 EG a.F. (Art. 107 AUEV). in: Grabnitz, Eberhardt/Hilf, Meinhard, Onlinekommentar, Das Recht der Europäischen Union, Band I–III, 39. Ergänzungslieferung November 2009, München.

Voß, Rainer; Kommentierung von § 3 Die Mediation im Verwaltungsrecht. in: Johlen, Heribert/ Oerder, Michael, Münchener Anwaltshandbuch Verwaltungsrecht, 2. Auflage 2003, München.

Weber, Claus; Zulässigkeit und Grenzen von Leistungsbeschreibungen nach europäischem Vergaberecht. in: NZBau 2002, 194.

Wegener, W. Bernhard; Kommentierung zu § 99 GWB. in: Pünder, Hermann/ Schellenberg, Martin, Online-Kommentar, Vergaberecht (GWB, VgV, SektVO, VOL/A, VOB/A, VOF, Haushaltsrecht, Öffentliches Preisrecht), 1. Auflage 2011, Baden-Baden.

Weihrauch, Oliver; Vertragsgestaltung bei PPP-Projekten. in: Meyer-Hofmann, Bettina/Riemen-schneider, Frank/Weihrauch, Oliver, Public Private Partnership – Gestaltung von Leistungs-beschreibung, Finanzierung, Ausschreibung und Verträgen in der Praxis, Carl Heymanns Verlag, München 2005.

Werner, Michael/ Freitag, Martin; „Wettbewerblicher Dialog" – Vorschlag für eine neue Form des Verhandlungsverfahrens. in: NZBau 2000, 551.

Weyand, Rudolf; Kommentierung von § 97 GWB. Vergaberecht Praxiskommentar zu GWB, VgV, SektVO, VOB/A, VOL/A, VOF, 3. Auflage 2011, München.

Willenbruch, Klaus; Die Praxis des Verhandlungsverfahrens nach §§ 3a Nr. 1 VOB/A und VOL/A, in: NZBau 2003, 422.

Wustmann, Ulrich; Nachrangige Dienstleistungen im Sinne des Anhangs II B der KoordRL und nationales Vergaberechtsregime nach der VOL/A. in: VergabeR 2006, 720.

Zeitung des Deutschen Kulturrates; Politik und Kultur, Nr. 04/05.

Ziekow, Jan; Vergaberechtsfremde Zwecke und Europarecht. in: NZBau 2001, 72.

Ziekow, Jan/Windoffer, Alexander; Public Private Partnership als Verfahren – Struktur und Erfolgsbindungen von Kooperationsarenen. in: NZBau 2005, 665.

Zimmermann, Uwe; Von der EU-Verfassung zum Vertrag von Lissabon – Zu den kommunalen Rechten im EU-Vertrag. in: KommJur 2008, 41.

Zuccaro, Alessandro; Dalla procedura d'infrazione al terzo decreto correttivo del Codice dei contratti. Verso un project financing di quinta generazione. in: RAS n.2/2008, 319.

Zuleeg, Manfred; Kommentierung von Art. 2 EGV a.F. in: von der Groeben, Hans/ Schwarze, Jürgen, Kommentar zum EGV und EUV, 6. Auflage 2003, Baden-Baden.

B Quellenverzeichnis

Enquete Kommission des Deutschen Bundestag; Schlussbericht der Enquete-Kommission „Kultur in Deutschland". Drucksache 16/7000 vom 11.12.2007.

Europäische Kommission; Aufforderungsschreiben. C (2008) 0108.

Europäische Kommission; Dienstleistungen von allgemeinem Interesse unter Einschluss von Sozialdienstleistungen: Europas neues Engagement. KOM (2007) 725.

Europäische Kommission; Erläuterungen – Wettbewerbliche Dialog – Klassische Richtlinie. CC/2005/04.

Europäische Kommission; Grünbuch über die Modernisierung der europäischen Politik im Bereich des öffentlichen Auftragswesens – Wege zu einem effizienteren europäischen Markt für öffentliche Aufträge. KOM (2011) 15.

Europäische Kommission; Grünbuch zu Dienstleistungen von allgemeinem Interesse. KOM (2003) 270.

Europäische Kommission; Grünbuch zu den Öffentlich-privaten Partnerschaften und den gemeinschaftlichen Rechtsvorschriften für öffentliche Aufträge und Konzessionen. KOM (2004) 327.

Europäische Kommission, Klage Rs. C 412/04. ABl. C-300/27.

Europäische Kommission; Leistungen der Daseinsvorsorge in Europa Abl. C (1996) 281.

Europäische Kommission; Leistungen der Daseinsvorsorge. KOM (2001) 598.

Europäische Kommission; Mit Gründen versehene Stellungnahme 2001/2182. ABl. C (2003) 3764.

Europäische Kommission; Mitteilung der Kommission zu Auslegungsfragen im Bereich Konzessionen im Gemeinschaftsrecht. ABl. 2000 C 121/02.

Europäische Kommission; Mitteilung Kommission zu Auslegungsfragen in Bezug auf die Anwendung der gemeinschaftlichen Rechtsvorschriften für öffentliche Aufträge und Konzessionen auf institutionalisierte Öffentlich Private Partnerschaften (IÖPP). C (2007) 6661.

Europäische Kommission; Mitteilung der Kommission zu Auslegungsfragen in Bezug auf das Gemeinschaftsrecht, das für die Vergabe öffentlicher Aufträge gilt, die nicht oder nur teilweise unter die Vergaberichtlinien fallen. ABl. 2006 C 179/02.

Europäische Kommission; Weißbuch zu Dienstleistungen von allgemeinem Interesse. KOM (2004) 374.

Erfahrungsbericht Öffentlich Private Partnerschaften in Deutschland, BMVBS, 2007.

Erlass des Bundesministeriums für Verkehr, Bau und Stadtentwicklung zur Einführung der Richtlinien für Planungswettbewerbe 2008.

Gespräch mit Avv. Daniele Spinelli über das Project financing.

Gespräch mit Dipl.-Ing. Tobias Ehret über Öffentlich Private Partnerschaften.

Rücksprache bei RA Dr. Matthias von Kaler bezüglich Öffentlich Privaten Partnerschaften.

Gutachten für das Bundesministerium für Verkehr, Bau und Stadtentwicklung, Public Private Partnership im Hochbau, Leitfaden Band I, August 2003.

Kulturfinanzbericht 2010 des Statistischen Bundesamtes, Dezember 2010.

Loock, Friedrich; Öffentlich-rechtliche Partnerschaften in der Kultur, Expertenanhörung der Enquete-Kommission „Kultur in Deutschland“ am 3.11.2004 – schriftliche Stellungnahme K-Drs. 15/ 253.

PPP-Projektdatenbank, BMVBS, Stand: Mai 2012; unter: www.ppp-projektdatenbank.de.

PPP Task Force im BMVBS, Übersicht PPP – Vertragsmodelle.

TNS Infratest Sozialforschung; Wie oft besuchen Sie Veranstaltungen wie Opern, klassische Konzerte, Theater oder Ausstellungen? Sozio-ökonomisches Panel. in: Statista Oktober 2009.

UNESCO; Erklärung von Mexico City über Kulturpolitik, Weltkonferenz über Kulturpolitik 1982.

Wirtschafts- und Sozialausschuss; Stellungnahme des Wirtschafts- und Sozialausschusses zu der „Mitteilung an den Rat, das Europäische Parlament, den Wirtschafts- und Sozialausschuss und den Ausschuss der Regionen: ‚Überprüfung der Binnenmarktstrategie im Jahr 2002 – Zeit, die Versprechen einzulösen‘. KOM (2002), 171 endg.

Einleitung

Theateraufführungen, Kunstausstellungen und Konzerte – welchen Stellenwert nehmen diese traditionellen Kulturformen in unserer heutigen Gesellschaft ein? Besucht der Mensch des 21. Jahrhunderts überhaupt noch traditionelle Kulturveranstaltungen?[1] Wir leben heute in einer Medien- und Multioptionsgesellschaft.[2] Wir haben die Möglichkeit, aus einem breiten, weltweit verfügbaren alternativen Kulturangebot auszuwählen, um unsere Freizeit zu gestalten: der neuste Hollywoodfilm im Kino, eine spektakuläre Musicalaufführung, ein Popkonzert mit Spezialeffekten oder unser Bezahlfernsehen zu Hause. Gegenüber diesen modernen Dienstleistungsangeboten wirken traditionelle Kulturangebote oft antiquiert, uninteressant und wenig erhaltenswert. Wozu existieren also noch Theater, Museen und Konzerthäuser, die aufgrund der knappen und stetig knapper werdenden staatlichen Haushalte nur mühsam erhalten werden können?

Und wir brauchen und schätzen sie doch auch, die traditionelle Kultur. Vielleicht bedarf unsere heutige globalisierte und medialisierte Gesellschaft diesen traditionellen Kultursektor mehr denn je. Durchgeführte Studien zum Kulturpublikum haben ergeben, dass traditionelle Kulturangebote nach wie vor einen hohen Stellenwert in weiten Teilen der Bevölkerung einnehmen. Theater- und Opernaufführungen, der Besuch von Konzerten unterschiedlicher Musikgenres sowie der Besuch von Kunstausstellungen sind die beliebtesten Angebote.[3] Es ist knapp die Hälfte der Bevölkerung, die diese kulturellen Veranstaltungen zumindest gelegentlich besucht.[4]

Die prekäre allgemeine Haushaltslage zwingt seit den 90-er Jahren die öffentliche Hand zu radikalen Sparmaßnahmen in allen Politikbereichen, die auch Kürzungen in den Kulturhaushalten und bei der staatlichen Kulturförderung bewirkt haben.[5]

Ökonomische Aspekte dürfen die Kulturpolitik aber nicht dominieren. Es entsteht andernfalls die Gefahr, dass Sparen als Politikersatz verstanden wird und finanzielle Zielvorgaben die inhaltliche Zielsetzung der Kulturpolitik dominie-

1 Siehe zum Begriff der „kommunalen traditionellen Kultureinrichtung" S. 7 ff.

2 Vgl. *Scheytt*, Kulturstaat Deutschland, S. 35.

3 *Scheytt*, Kulturstaat Deutschland, S. 178.

4 TNS Infratest Sozialforschung, SOEP.

5 *Schrallhammer*, PPP im Bereich Kunst und Kultur, S. 90.

ren.[6] *„Kultur muss ihren Sinn und Eigenwert sowie ihre gesellschaftskritische Rolle behaupten; sie hat daher ganz eigene Zielsysteme jenseits ökonomischer Zweckrationalitäten. [...] Nicht aus ökonomischen Zielen heraus leitet sich der öffentliche Auftrag der Kulturarbeit ab, sondern aus der gesellschaftlichen Rolle, die der Kulturpolitik zukommt („Kulturpolitik ist Gesellschaftspolitik").*"[7]

Die unzureichende finanzielle Ausstattung der staatlichen Kulturhaushalte ist jedoch Realität und ruft ins Gedächtnis, dass Entwicklung und Förderung der Kultur nicht allein Aufgabe des Staates sind.[8] Die öffentliche Hand gestaltet das kulturelle Leben in unserer Gesellschaft nicht alleine. Nicht nur sie ist für die Kultur verantwortlich, sondern die Kulturlandschaft der Bundesrepublik Deutschland ist traditionell von einem „kulturellen Trägerpluralismus"[9] geprägt. Neben Bund, Ländern und Kommunen bringen sich eine Vielzahl von Einzelpersonen, Vereinen und Wirtschaftsunternehmen mit je eigener Gestaltungsmacht und Verantwortung in die Gemeinschaftsaufgabe Kultur ein. Ohne das finanzielle und zeitliche Engagement der Privatwirtschaft wären ein kulturelles Leben und eine kulturelle Vielfalt, wie wir sie heute kennen, gar nicht denkbar.[10]

Aufgrund der finanziellen und sozialen Realität in Deutschland sollten die staatlichen Stellen ihre kulturpolitische Aufgabe heutzutage darin sehen, die in Bevölkerung und Wirtschaft vorhanden kulturellen Potentiale in verstärktem Maße zu aktivieren. Sie sollten die Privatwirtschaft für die gesellschaftliche Aufgabe Kultur zur Verantwortung ziehen und auf diese Weise die kulturelle Vielfalt in Deutschland sichern und bereichern. Eine solche Kulturpolitik zielt auf eine

---

6 *Scheytt*, Kulturstaat Deutschland, S. 46.

7 *Scheytt*, Kulturstaat Deutschland, S. 46f.

8 Vgl. Enquete-Kommission, Kultur in Deutschland, S. 46. Die Enquete-Kommission Kultur in Deutschland wurde erstmals durch den Deutschen Bundestag in der 15. Wahlperiode (2002–2005) eingesetzt und hatte u.a. den Auftrag sich mit dem Thema „Kulturlandschaft und Kulturstandort Deutschland – kulturelle Grundversorgung" zu befassen. Aufgrund der vorgezogenen Neuwahlen zum Deutschen Bundestag im Jahr 2005 konnte die Enquete-Kommission ihre Arbeit nicht abschließen und erstellte nur einen Tätigkeitsbericht. Die Enquete-Kommission wurde in der 16. Wahlperiode (2005–2009) erneut eingesetzt mit dem Auftrag, die Arbeit auf der Grundlage des Tätigkeitsberichtes fortzusetzten, zu vervollständigen und abzuschließen. Schwerpunktthemen der neu eingesetzten Enquete-Kommission waren dabei u.a. „Infrastruktur, Kompetenzen und rechtliche Rahmenbedingungen für Kunst und Kultur in Staat und Zivilgesellschaft" und „Die öffentliche und private Förderung und Finanzierung von Kunst und Kultur – Strukturwandel". Am 11.12.2007 legte die Enquete-Kommission ihren Abschlussbericht vor, der mit den Stimmen aller Mitglieder beschlossen wurde.

9 *Scheytt*, Kulturstaat Deutschland, S. 116; hierzu auch Enquete-Kommission, Kultur in Deutschland, S. 46.

10 Vgl. Enquete-Kommission, Kultur in Deutschland, S. 46.

aktivierte Kulturgesellschaft ab,[11] deren Leitbild der „aktivierende Kulturstaat" ist.[12]

11 *Scheytt*, Kulturstaat Deutschland, S. 62.

12 Vgl. Enquete-Kommission, Kultur in Deutschland, S. 92 f; Einzelheiten zum Politikmodell des aktivierenden Kulturstaates auch S. 9 ff.

Arbeitsthema

Untersuchungsgegenstand der vorliegenden Dissertation ist das für traditionelle Kultureinrichtungen geltende vergaberechtliche Rechtsregime in Deutschland und die Gestaltungsmöglichkeiten, die sich speziell den Gemeinden eröffnen, wenn sie die bisher in alleiniger Verantwortung geführten traditionellen Kultureinrichtungen zukünftig dauerhaft und effizient nach dem Politikmodell des aktivierenden Kulturstaates betreiben wollen.

Im ersten Teil der Arbeit werden zunächst der Begriff der „traditionellen Kultureinrichtung" näher definiert sowie Inhalt und Berechtigung des Politikmodells des aktivierenden Kulturstaates für Deutschland dargelegt und begründet. Das Arbeitsthema wird zudem an die Zwecke der vorliegenden Untersuchung angepasst und entsprechend eingeschränkt. So sind Gegenstand der Prüfung allein die kommunalen traditionellen Kultureinrichtungen.[13]

Ausgehend von den wesentlichen Grundprinzipien des aktivierenden Kulturstaates ist im zweiten Teil der Arbeit nach der besten Kooperationsform zu suchen, die den Kommunen zur Umsetzung des Kulturpolitikmodells zur Verfügung stehen. Die Charakteristika der möglichen Kooperationsformen sind dafür herauszuarbeiten. Wie sich zeigen wird, eignen sich insbesondere Öffentlich Private Partnerschaften zur optimalen vertraglich-inhaltlichen Umsetzung einer aktivierenden Kulturpolitik.

Die Gemeinden bewegen sich bei der Gründung von kulturellen Öffentlich Privaten Partnerschaften nicht in rechtsfreiem Raum, sondern haben – wie detailliert zu begründen sein wird[14] – das Vergaberecht zu beachten. Das Vergaberecht ist keine rein nationale Rechtsmaterie, sondern beruht zum Teil auf gemeinschaftsrechtlichen Vorgaben, die durch den Vertrag von Lissabon 2008 eine Neuordnung erfahren haben. Die Prüfung, welche der nationalen und welche der europäischen Vergaberechtsvorschriften die Gemeinden zu beachten haben, wenn sie eine private Partnerschaft für eine traditionelle Kultureinrichtung ausschreiben, und ob bzw. in welchem Umfang das anzuwendende Vergaberechtsregime von den Neuerungen in den Europäischen Verträgen betroffen ist, ist ein Schwerpunkt dieser Arbeit.

---

13 Siehe dazu im Einzelnen S. 7 ff.

14 Siehe dazu S. 78 ff.

Die Bestandsaufnahme und Analyse der aktuellen deutschen Vergaberechtspraxis werden zeigen, dass die deutschen Kommunen für das Verfahren zur Vergabe einer kulturellen Öffentlich Privaten Partnerschaft nach dem Politikmodell des aktivierenden Kulturstaates einen Blick über die nationalen Grenzen hinaus in das italienische Vergaberecht werfen sollten. Der Grund dafür liegt darin, dass das deutsche Vergaberecht kein privat initiiertes Vergabeverfahren kennt,[15] mit dem dieses Politikmodell in verfahrensrechtlicher Hinsicht weitgehender umgesetzt werden könnte als mit den Vergabeverfahren des deutschen Vergaberechts. Den Schwerpunkt des dritten Teils der Arbeit bilden deshalb die Vorstellung und Untersuchung des *Project financing* des italienischen Vergaberechts, bei dem die private Initiative und die Nutzung der privatwirtschaftlicher Ressourcen in finanzieller und planerischer Hinsicht im Mittelpunkt steht. Am Ende soll ein Musterverfahren zur Vergabe einer privaten Partnerschaft für kommunale traditionelle Kultureinrichtungen erarbeitet werden, dass sich an dem italienischen *Project financing* orientiert. Bestenfalls dient dieses spezielle Vergabeverfahren den deutschen Kommunen bei der Umsetzung ihrer aktivierenden Kulturpolitik als vergaberechtlicher Leitfaden. Primäres Ziel der vorliegenden Arbeit ist jedoch, mit dem vorgeschlagenen Ausschreibungsverfahren eine Diskussion anzustoßen und einen Beitrag zur verbesserten öffentlichen Ausschreibung von traditionellen Kultureinrichtungen zu leisten.

15 Vgl. HDBI, Stellungnahme Grünbuch PPP – Frage 9.

1. Teil: Aktivierende Kulturpolitik

1. Kapitel: Begriff der „kommunalen traditionellen Kultureinrichtung“

Die UNESCO definiert in ihrer Erklärung von Mexico City aus dem Jahre 1982 *„Kultur im weitesten Sinne als die Gesamtheit der einzigartigen geistigen, materiellen, intellektuellen und emotionalen Aspekte [...], die eine Gesellschaft oder eine soziale Gruppe kennzeichnen. Dies schließt nicht nur Kunst und Literatur ein, sondern auch Lebensformen, die Grundrechte des Menschen, Wertsysteme, Traditionen und Glaubensrichtungen.“*[16]

Die Definition der UNESCO zeigt, dass es so gut wie unmöglich ist, den komplexen Begriff „Kultur“ allgemeingültig zu bestimmen. Vielmehr variiert der Kulturbegriff je nach Bedeutungszusammenhang und muss in seinem zeitlichen, räumlichen und gesellschaftlichen Kontext gesehen werden.[17]

Für Zwecke der vorliegenden vergaberechtlichen Untersuchung ist ein weiter Kulturbegriff nicht sinnvoll. Um am Ende der Arbeit ein kulturspezifisches Vergabeverfahren vorschlagen zu können, muss vielmehr ein enger Kulturbegriff verwendet werden. Von dem hier verwendeten Begriff „Kultur“ wird deshalb nur der Teilbereich der traditionellen Kultureinrichtungen erfasst, wozu insbesondere Opern, Theater, Museen, Konzerthäuser und Kunsthallen gehören.

Die sachliche Beschränkung des Untersuchungsgegenstandes auf traditionelle Kultureinrichtungen beruht auf der Überlegung, dass bisher in Deutschland diese Kulturgenres überwiegend in öffentlicher Trägerschaft stehen[18] und von den staatlichen Stellen größtenteils allein finanziert werden. Traditionelle Kultureinrichtungen – wie noch ausführlich darzustellen ist[19] – zählen zu den staatlichen Daseinsvorsorgeaufgaben mit der Folge dass die öffentliche Hand sie zumindest mit bereitstellen muss. Soll das Politikmodell des aktivierenden Kulturstaates in Deutschland Realität werden, muss nach hier vertretener Ansicht insbesondere in diesem kulturellen Teilsektor ein Umdenken einsetzen.

16 UNESCO, Erklärung 1982, S. 1 (abrufbar z.B. unter www.unesco.de)

17 Vgl. *Fuchs*, Kulturpolitik als gesellschaftliche Aufgabe, S. 136; *Scheytt*, Kulturstaat Deutschland, S. 27.

18 Vgl. Enquete-Kommission, Kultur in Deutschland, S. 101 f.

19 Siehe S. 15 ff.

Nicht selten werden die traditionellen Kulturformen auch unter dem Oberbegriff „Künste“ zusammengefasst.[20] Der Begriff „Künste“ wird jedoch auch in anderen Bedeutungen gebraucht. So werden „Künste“ zum einen häufig als Gegenbegriff zur „Kultur“ verwendet. Beide Begriffe – trotz ihrer Nähe zueinander – unterscheiden sich in ihrer Wirkungsweise: So sind „Künste“ Ausdruck der Individualität des Individuums, die in ihren verschiedenen Ausdrucksformen die Lebenssituationen und Empfindungen des einzelnen Menschen zur Sprache bringen.[21] Mit „Kultur“ dagegen ist das Verbindende in Gemeinschaft und Gesellschaft angesprochen, wie Werte, Traditionen und Zusammengehörigkeitsgefühl.[22] Traditionelle Kultur im hier verstandenen Sinne soll sich nicht nur auf den einzelnen Bürger, sondern gleichzeitig auf die Gesellschaft insgesamt beziehen. Sie ist also ein Teilbereich von Kunst und Kultur gleichermaßen. Zum anderen wird unter „Künsten“ die gesamte künstlerische Wertschöpfungskette vom kreativen Akt bis zu ihrer Aufnahme durch das Publikum zusammengefasst.[23] Für Zwecke dieser Arbeit sind aber nur die letzten Glieder der Wertschöpfungskette von Interesse: der Vertrieb und die Vermittlung von Kultur.

Der vielfach für traditionelle Kulturleistungen verwendete Begriff „Hochkultur“ wird ebenfalls vermieden. Er wird häufig als Gegenbegriff zur „Massenkultur“ gebraucht und gerne unreflektiert mit „flacher Unterhaltung“ gleichgesetzt. Wie *Scheytt* richtig anmerkt, ist dieses Begriffspaares zu einfach, um mit ihm die kulturelle Realität in Deutschland beschreiben zu können. So sind die Übergänge zwischen beiden Kulturformen fließend geworden und es gibt auch „Hochkultur“ von bisweilen jämmerlicher Qualität und Kreativität.[24]

Allein die traditionellen Kultureinrichtungen auf Kommunalebene sind Untersuchungsgegenstand dieser Arbeit. Die Kommunen sind in Deutschland am häufigsten Träger traditioneller Kultureinrichtungen.[25] Das hat rechtliche Gründe: Die Artikel des Grundgesetzes über die Kompetenzverteilung zwischen Bund und Ländern enthalten für die kulturellen Angelegenheiten keine Kompetenzzuweisung an den Bund. Daraus folgt, dass gemäß Art. 30, 70 GG die Länder für die Kulturpolitik zuständig sind. Man spricht traditionell insoweit von der „ Kulturhoheit der Länder“, denen die Gemeinden im Staatsaufbau zugeordnet

20 Vgl. Enquete-Kommission, Kultur in Deutschland, S. 85; *Scheytt*, Kulturstaat Deutschland, S. 152 ff.

21 *Scheytt*, Kulturstaat Deutschland, S. 72.

22 *Scheytt*, Kulturstaat Deutschland, S. 75.

23 Vgl. *Scheytt*, Kulturstaat Deutschland, S. 155 f.; Enquete-Kommission, Kultur in Deutschland, S. 347.

24 *Scheytt*, Kulturstaat Deutschland, S. 21.

25 Enquete-Kommission, Kultur in Deutschland, S. 56, 86.

werden. Es heißt deshalb auch in Art. 35 III des Einigungsvertrages, der seit 1990 zum deutschen Verfassungsrecht gehört: „*Die Erfüllung der kulturellen Aufgaben, einschließlich ihrer Finanzierung ist zu sichern, wobei Schutz und Förderung von Kultur und Kunst den neuen Ländern und Kommunen entsprechend der Zuständigkeitsverteilung des Grundgesetzes obliegen.*" Seit der Föderalismusreform im Jahre 2006 ist die ausschließliche Gesetzgebungsbefugnis der Länder auf den Gebieten der Kultur nun auch ausdrücklich in Art. 23 VI 1 GG geregelt.

Den Gemeinden ist nach der Kompetenzverteilung des Grundgesetzes nicht die Trägerschaft für spezifische kommunale Aufgaben überantwortet, sondern sie sind gemäß Art. 28 II 2 GG für „*alle Angelegenheiten der örtlichen Gemeinschaft*" zuständig. Das Gemeindeleben ist von kultureller Öffentlichkeit geprägt, die trotz der Vielfalt und Widersprüchlichkeit der Lebensformen dazu beiträgt, einen Interessenzusammenhang herzustellen und eine gemeinsame Identität zu fördern.[26] Es gibt kaum einen anderen Bereich der Kommunalpolitik, der so eng mit der örtlichen Gemeinschaft verbunden ist wie die Kulturpolitik.[27] Die kulturelle Betätigung der Gemeinden ist daher seit jeher eine kommunale Selbstverwaltungsaufgabe gemäß Art. 28 II 2 i.V.m. Art. 5 III 1 GG.[28] Kulturpolitik ist in der Bundesrepublik Deutschland in erster Linie Kommunalpolitik.[29]

2. Kapitel: Das aktivierende Kulturstaatsmodell

A. Das Politikmodell des „aktivierenden Staates"

Das Modell des „aktivierenden Staates" hat sich als allgemeinpolitischer Ansatz seit Mitte der 90er-Jahre in Deutschland zu etablieren begonnen. Mit dem „aktivierenden Staat" auf Staatsebene korrespondiert auf Verwaltungsebene das Handlungskonzept „Governance"; ihre Leitbilder sind identisch.

Der „aktivierende Staat" bzw. die „Governance"-Verwaltung[30] sehen für die Lösung von gesellschaftlichen Problemen nicht allein die staatlichen Ebenen in der Verantwortung, sondern befürworten, die Zivil- und Bürgergesellschaft mit ihren hohen Kompetenzen und Fähigkeiten, wo auch immer möglich, in die Problemlösung mit einzubeziehen.[31] Die Privatwirtschaft kann neben der öffentli-

---

26 Enquete-Kommission, Kultur in Deutschland, S. 56; *Scheytt*, Kulturstaat Deutschland, S. 121.

27 Enquete-Kommission, Kultur in Deutschland, S. 56.

28 Vgl. *Hellermann*, Beck'scher Onlinekommentar GG, Art. 28 GG, Rn. 41.3.

29 Enquete-Kommission, Kultur in Deutschland, S. 56.

30 Im Folgenden wird aus Gründen der Vereinfachung für alle staatlichen Ebenen nur noch von „aktivierendem Kulturstaat" gesprochen.

31 Vgl. Enquete-Kommission, Kultur in Deutschland, S. 92.

chen Hand einen wertvollen Beitrag zur Erbringung öffentlicher Aufgaben leisten. Durch ihre Einbeziehung können die Vorteile des freien Marktes für das Gemeinwohl genutzt werden. Der marktwirtschaftliche Wettbewerb wird zum Instrument der öffentlichen Aufgabenerfüllung,[32] in der Aussicht auf mehr Wirtschaftlichkeit, mehr Freiheit und mehr Wertschöpfung sowohl zum Wohle der Allgemeinheit und des beteiligten Privaten als auch zum Wohle der Wirtschaft und des Wirtschaftsstandortes insgesamt.[33] Zu den Vorteilen der Privatwirtschaft gehören neben dem Wettbewerbsprinzip, das den freien Markt beherrscht, eine hohe Fachkompetenz der privaten Marktteilnehmer, ihr technisch-administratives und servicebezogenes Know-how sowie das Vorhandensein von beträchtlichem Kapital.[34]

Das aktivierende Kulturstaatsmodell hat den Anspruch, gemeinwohlorientiertes Handeln im kulturellen Bereich nicht nur staatlich zu gewährleisten, sondern auch nichtstaatliche Akteure dafür in die Pflicht zu nehmen.[35] Ein entscheidendes Merkmal des aktivierenden Staates ist dabei, dass die staatlichen Ebenen die Erbringung der öffentlichen Aufgabe Kultur[36] nicht allein der Wirtschaft und dem bürgerlichen Engagement überlassen, sondern trotz knapper Haushaltskassen die Privaten nur in Mitverantwortung nehmen. Mitverantwortung heißt, dass die staatlichen Stellen sich weiterhin selbst aktiv einbringen und Verantwortung übernehmen, und sich nicht darauf beschränken, die Kräfte und Ressourcen in der Privatwirtschaft zu mobilisieren und anschließend extern zu steuern.[37] Leitbild des aktivierenden Staates ist nicht die strikte Aufgaben- und Verantwortungstrennung zwischen öffentlicher und privater Hand, sondern die Verantwortungsteilung und Kooperation.[38]

Speziell für den Kultursektor wird die Politik der Verantwortungsteilung zwischen Staat und Privatwirtschaft als „aktivierender Kulturpolitik" bezeichnet.[39] Die Enquete-Kommission „Kultur in Deutschland" empfiehlt diesen kulturpolitischen Ansatz allen staatlichen Ebenen in Deutschland.[40] Sie betont dabei die Bedeutung der gemeinsamen Verantwortungsübernahme aller Kulturakteure.[41] Wenn charakteristisches Merkmal der Kunst ihre Fähigkeit ist, beim Einzelnen Sinn zu stiften und ihm Orientierung zu geben, und Kultur ein wichtiges Binde-

32 Vgl. *Schoch*, NVwZ 2008, 241 (245).
33 *Burgi*, Privatisierung öffentlicher Aufgaben, S. 26.
34 Vgl. *Burgi*, Privatisierung öffentlicher Aufgaben, S. 25 f.
35 Enquete-Kommission, Kultur in Deutschland, S. 92.
36 Siehe dazu S. 13 ff.
37 Vgl. *Scheytt*, Kulturstaat Deutschland, S. 148.
38 Enquete-Kommission, Kultur in Deutschland, S. 92.
39 Vgl. *Scheytt*, Kulturstaat Deutschland, S. 142 ff.
40 Enquete-Kommission, Kultur in Deutschland, S. 104 f.
41 Enquete-Kommission, Kultur in Deutschland, S. 93.

glied in unserer Gesellschaft ist, so sind die Gemeinden gut beraten, die Privaten in ihrer Eigenschaft als Nutzer des Kulturangebotes in den Entscheidungsprozess der traditionellen Kulturarbeit einzubeziehen. Durch eine Zusammenarbeit mit den Privaten können die kulturellen Bedürfnisse und Anforderungen der Bürger besser erfasst, analysiert und bewertet sowie ihnen mit einem möglichst optimalen Kulturangebot entsprochen werden.

Aktivierende Kulturpolitik bedeutet jedoch nicht, dass zwangsläufig alle privaten Kulturakteure gleichermaßen aktiviert werden müssen. Um in effektiver Art und Weise eine größtmögliche Wirkung zu erzeugen, sollten die Gemeinden vielmehr die machtvollsten Akteure mit ihren Kompetenzen und Potenzialen ausmachen, und mit einem geeigneten Verfahren zur Verantwortungsübernahme bewegen.[42] Wer die machtvollste Gruppe der privaten Kulturakteure stellt, wird in einem eigenen Abschnitt dieser Arbeit noch näher untersucht.[43]

Das Modell des aktivierenden Kulturstaates beruht auf dem Gedanken einer echten Verantwortungspartnerschaft.[44] Eine echte Verantwortungspartnerschaft kann nach vorliegender Ansicht nur entstehen, wenn keiner der Kulturakteure eine vorherrschende Stellung einnimmt, sondern es zu einer gleichberechtigten Zusammenarbeit von öffentlicher und privater Hand zum Wohle der Nutzer der traditionellen Kultureinrichtung kommt. Die gleichberechtigte Zusammenarbeit sollte idealer Weise in sämtlichen Phasen der Projektrealisierung stattfinden, denn nur wenn die Gemeinden und der Private von der Vorschlagsphase des öffentlichen Vorhabens an, über die verschiedenen Planungsebenen bis hin zur tatsächlichen Umsetzung miteinander kooperieren (verfahrensrechtliche Dimension des aktivierenden Kulturstaatsmodells), kann tatsächlich ein partnerschaftliches Kulturprojekt als gemeinsames Endprodukt entstehen (vertraglich-inhaltliche Dimension des aktivierenden Kulturstaatsmodells). Ob eine solche echte Verantwortungspartnerschaft rechtlich zulässig ist und wenn ja, wie sie idealerweise vertraglich-inhaltlich und verfahrensrechtlich ausgestaltet sein sollte, wird in eigenen Kapiteln geprüft und bildet jeweils ein Schwerpunkt dieser Arbeit.[45]

B. Das aktivierende Kulturstaatsmodell auf Kommunalebene

Bei der Entscheidung für oder gegen ein Politikmodell sowie bei seiner Umsetzung bewegen sich die staatlichen Stellen nicht in rechtsfreiem Raum, sondern

42 *Scheytt*, Kulturstaat Deutschland, S. 148.

43 Siehe: Kulturakteur „Wirtschaftsunternehmen“, S. 24 ff.

44 Vgl. *Scheytt*, Kulturstaat Deutschland, S. 148.

45 Siehe zur vertraglich-inhaltlichen Dimension S. 59 ff. und zur verfahrensrechtlichen Dimension S. 167 ff.

sind an Recht und Gesetz gebunden. Spezielle kulturgesetzliche Vorgaben, welche die Gemeinden bei Errichtung und Betrieb von traditionellen Kultureinrichtungen zu beachten haben existieren in Deutschland kaum. So ist der Freistaat Sachsen das einzige Bundesland, das ein allgemeines Kulturgesetz erlassen hat (Sächsische Kulturraumgesetz), und nur in Baden-Württemberg existiert ein kulturelles Fachgesetz speziell für Bibliotheken (Bibliothekengesetz Baden-Württemberg). Die sich allgemein im Zusammenhang mit traditionellen Kultureinrichtungen auch stellenden Probleme und Fragen aus anderen Rechtsgebieten, die einfachgesetzlich geregelt sind, z.B. aus dem Kommunalwirtschaftsrecht (kommunalrechtliche Grenzen der wirtschaftlichen Betätigung, Genehmigungsvorbehalte, Veräußerungsverbote), aus dem Gesellschaftsrecht (Vereinbarkeit gesellschaftsrechtlicher und kommunalrechtlicher Vorgaben) und aus dem Steuerrecht (ertrags- und umsatzsteuerrechtliche Behandlung), werden aus der vorliegende Arbeit ausgeklammert, damit der Untersuchungsgegenstand nicht ausufert, sondern sinnvoll auf das eigentliche Kernthema beschränkt bleibt. Es reicht für die vorliegende Untersuchung aus, sich primär mit den grundgesetzlichen Vorgaben und Bindungen zu beschäftigen, die für die traditionelle Kulturtätigkeit der Gemeinden gelten.

Das Grundgesetz durchdringt nicht alle Bereiche von Staat und Gesellschaft in gleichem Maße, sondern ist je nach Aufgabengebiet eine mehr oder weniger detaillierte Rahmenordnung.[46] Die Gestaltungsspielräume und Einschätzungsprärogativen, die der zuständigen staatlichen Stelle verbleiben, muss diese gemäß den vorzufindenden tatsächlichen und gesellschaftlichen Gegebenheiten des konkreten Aufgabenbereichs nach pflichtgemäßem Ermessen ausfüllen. Die Gemeinden dürfen den ihnen für die Bereitstellung traditioneller Kultur nach Art. 28 II 1 i.V.m. Art. 5 III 1 GG eröffneten Gestaltungsspielraum[47] entsprechend nicht irgendwie und starr an einem bestimmten theoretischen Politikmodell ausrichten. Sie müssen sich vielmehr bemühen, möglichst im Einklang mit den gesellschaftlichen Gegebenheiten und kulturellen Bedürfnissen der Bevölkerung zum Wohle der Allgemeinheit zu agieren.

Im Folgenden ist deshalb anhand der in Deutschland vorzufindenden rechtlichen und tatsächlichen Rahmenbedingungen sowie der gesellschaftlichen Realitäten, das Politikmodell des aktivierenden Kulturstaates auf seine Vereinbarkeit mit dem kulturellen Leben in Deutschland zu untersuchen. Die Prüfung wird dabei zweistufig aufgebaut:

46 *Burgi*, Privatisierung öffentlicher Aufgaben, S. 53.

47 Vgl. zu Infrastrukturleistungen im Allgemeinen: *Luch/Schulz*, MMR 2009, 19 (21).

Zunächst wird die Untersuchung aus der Sicht der staatlichen Kulturakteure durchgeführt. Aufgrund des sachlich beschränkten Arbeitsthemas sind damit ausschließlich die Gemeinden gemeint **(I)**.

Anschließend wird die Eignung des Politikmodells des aktivierenden Kulturstaates aus der Sicht der machtvollsten privaten Kulturakteure[48] untersucht **(II)**.

I. Kulturakteur „Gemeinde"

1. Rechtliche Rahmenbedingungen

a. Kulturstaat Deutschland

Die Bundesrepublik Deutschland versteht sich als Kulturnation und Kulturstaat.[49] Dieses staatliche Selbstverständnis hat historisch-traditionelle Gründe,[50] und daran hat sich – obwohl es im Verfassungstext keinen ausdrücklichen Niederschlag gefunden hat – auch nach Inkrafttreten des Grundgesetzes im Jahr 1949 nichts geändert.

Das traditionelle deutsche Kulturstaatsverständnis hat Bedeutung für die Auslegung des Art. 5 III 1 GG. So interpretiert das Bundesverfassungsgericht Art. 5 III 1 GG nicht nur als subjektiv-rechtliches Kunstfreiheitsrecht, sondern auch als objektiv wertentscheidende Grundsatznorm der deutschen Verfassung zugunsten einer freien Kunst.[51] Aus der objektivrechtlichen Dimension der Kunstfreiheit sei die Aufgabe des Staates zu entnehmen, das freiheitliche Kunstleben zu gestalten und zu fördern, wenn er sich im Sinne einer Staatszielbestimmung als Kulturstaat verstehe.[52] Die öffentliche Hand trifft eine Schutz- und Förderungspflicht zur Gewährleistung der Kunstfreiheit des einzelnen Bürgers.[53] Aus dieser Schutzpflicht folgt kein subjektives Recht des Einzelnen auf eine bestimmte Kulturleistung oder auf Förderung gerade seiner kulturellen Betätigung,[54] sondern der objektiv-rechtliche Verfassungsauftrag des Staates, Kunst und Kultur so sicherzustellen, dass der Einzelne seine Kunstfreiheit wahrnehmen kann.[55] Die

---

48 Siehe: Kulturakteur „Wirtschaftsunternehmen, S. 24 ff.

49 Enquete-Kommission, Kultur in Deutschland, S. 43.

50 Vgl. *Schrallhammer*, PPP im Bereich Kunst und Kultur, S. 35.

51 BVerfGE 30, 173 (188) – „Mephisto" = NJW 1971, 1645 (1645); BVerfGE 36, 321 (331).

52 BVerfGE 36, 321 (331).

53 Vgl. BVerfGE 36, 321 (332 f.).

54 *Scholz*, Maunz/Dürig: GG, Art. 5 III GG, Rn. 6.

55 Vgl. *Trappe*, PPP im Kulturbereich, S. 157; *Scholz*, Maunz/Dürig: GG, Art. 5 III GG, Rn. 6; *Badura*, Staatsrecht, C Rn. 79.

Gewährleistung von freier Kunst und Kultur und damit auch die Bereitstellung traditioneller Kulturleistungen zählen zu den öffentlichen Aufgaben.[56]

Nach Art. 5 III 1 i.V.m. Art. 28 II 1 GG liegt die Kulturverantwortung im Kulturstaat Deutschland zuvörderst bei den Gemeinden.[57] Diese sind verpflichtet, das Kulturleben zu erhalten und zu fördern und im Rahmen ihrer Leistungsfähigkeit auch kulturelle Einrichtungen bereitzustellen (vgl. z.B. § 10 II 1 GemO BW, § 19 I HGO; § 8 I GO NRW).[58] Die Rechtspflicht zur Erhaltung und Förderung von (auch traditionellen) Kultureinrichtungen bezieht sich primär auf das „Ob" der Kulturtätigkeit,[59] während die Kommunen hinsichtlich des „Wie" weitgehend frei sind. Die Gemeinden haben bei der Wahrnehmung ihres Kulturgestaltungsauftrages[60] bzw. ihres Gewährleistungsauftrages[61] einen weiten Gestaltungs- und Ermessensspielraum, sind jedoch auch hier nicht völlig frei.[62]

So folgt aus dem Verbot des Staates nach Art. 5 III 1 GG, die Kultur inhaltlich vorzugeben und zu bestimmen, dass die Gemeinden eine kulturelle Vielfalt sicherstellen müssen.[63] Kulturelle Pluralität ist ein wesentliches Element der verfassungsrechtlich geschützten Kunstfreiheit, denn die Freiheit i.S.d. Art. 5 III 1 GG kann der Einzelne für sich nur in Anspruch nehmen, wenn das kulturelle Leben von Pluralität und der Anerkennung von Vielfalt geprägt ist.[64]

Die Pflicht der Kommunen aus Art. 5 III 1 GG zur Pluralität und entsprechend zur Bereitstellung eines ausgeglichenen traditionellen Kulturangebotes für alle kulturinteressierten Bürger wird durch den Gleichbehandlungsgrundsatz des Art. 3 I GG weiter verstärkt. Art. 3 I i.V.m. Art. 5 III 1 GG verpflichtet die Gemeinden im Rahmen ihrer Leistungsfähigkeit Kulturangebot für alle Bevölkerungsschichten und Altersklassen bereitzustellen.[65]

Durch Schutz und Förderung eines bunten Kulturlebens in Deutschland leisten die Gemeinden zudem einen wichtigen Beitrag, in unserer Gesellschaft einen für jedes menschliche Zusammenleben notwendigen Zusammenhalt und ein Zusam-

---

56 Vgl. *Badura*, Staatsrecht, C Rn. 79.

57 Siehe bereits S. 8f.

58 In den meisten Bundesländern zudem eine öffentliche Aufgabe von Verfassungsrang, vgl. z.B. Art. 3 c I LVerf BW; Art. 3 I LVerf Bay, Art. 20 II LVerf Bln; Art. 11 I – III LVerf Bremen; Art. 18 I LVerf NRW.

59 So: *Pappermann*, DVBl 1980, 701 (707); *Scheytt*, Kulturstaat Deutschland, S. 123f.; *Trappe*, PPP im Kulturbereich, S. 157; dagegen: *Steiner*, HDStR Band 4, § 86 Kultur, Rn. 22.

60 So *Steiner*, HDStR Band 4, § 86 Kultur, Rn. 11.

61 Siehe im Einzelnen dazu sogleich unter: Kulturelle Daseinsvorsorge – kulturelle Infrastruktur, S. 15ff.

62 *Scheytt*, Kulturstaat Deutschland, S. 124; *Pappermann*, DVBl 1980, 701 (707).

63 *Hufen*, NVwZ 1983, 516 (520 f); *Pappermann*, DVBl 1980, 701 (708); *Steiner*, HDStR Band 4, § 86 Kultur, Rn. 10; *Scholz*, Maunz/Dürig: GG, Art. 5 III GG, Rn. 8.

64 Vgl. *Scheytt*, Kulturstaat Deutschland, S. 102.

65 *Pappermann*, DVBl 1980, 701 (706); *Hufen*, NJW 1997, 1112 (1113).

mengehörigkeitsgefühl zu schaffen, was durch allein an praktischen und ökonomischen Gesichtspunkten orientiertem Staatshandeln nicht hergestellt werden kann. Kulturpolitik ist immer auch Gesellschaftspolitik.[66] Kultur wirkt sich zum einen positiv auf den Einzelnen aus.[67] Sie hilft ihm, sich in die Gesellschaft zu integrieren,[68] sich zu entfalten[69] und sich zu bilden.[70] Jeder Bürger soll an der kommunalen Kultur partizipieren können, wenn er möchte. Die Gemeinde sollte das Interesse des Einzelnen an kultureller Teilnahme zum anderen deshalb aktiv wecken, weil Kunst und Kultur sich auch sozial positiv auswirken. So hat Kunst neben der Bildung und der Wissenschaft einen derart hohen Stellenwert für die Gesamtheit der Bürger, so dass der soziale Rechtsstaat auch notwendig ein Kulturstaat ist.[71] Entsprechend hat die kommunale Kulturverantwortung eine weitere gesetzliche Stütze im Sozialstaatsprinzip des Art. 20 I GG.[72] Wie im Folgenden noch näher zu begründen sein wird,[73] liegt es im ureigenen Interesse der Gemeinden, verschiedenartige traditionelle Kultureinrichtungen in der Region zu errichten – wie ein Stadttheater, ein Regionalmuseum oder ein Konzerthaus – und diese so abwechslungsreich und vielfältig zu betreiben, dass jeder Bürger seine grundrechtlich verbürgte Kunstfreiheit wahrnehmen kann.

b. Kulturelle Daseinsvorsorge – kulturelle Infrastruktur

Aus den geltenden verfassungsrechtlichen Vorschriften der Art. 5 III 1 i.V.m. Art. 3 I, 20 I GG könnte weiter zu entnehmen sein, dass traditionelle Kultureinrichtungen als Daseinsvorsorgeaufgaben zu qualifizieren sind. Konsequenz dieser Einordnung wäre, dass das Rechtsstaatsprinzip des Art. 20 III GG sowie das Demokratieprinzip des Art. 20 I, II GG, aus denen allgemein die Pflicht zur demokratische Legitimation der beim Staat verbleibenden Gewährleistungsverantwortung für bestimmte öffentliche Aufgaben entnommen wird,[74] den genannten verfassungsrechtlichen Rechtsrahmen der staatlichen Kulturverantwortung abrunden würden.

---

66 *Scheytt*, Kulturstaat Deutschland, S. 16 ff.; vgl. auch Enquete-Kommission, Kultur in Deutschland, S. 49.

67 Siehe hierzu auch: Gesellschaftliche Wirkungen, S. 22 ff.

68 *Scheytt*, Kulturstaat Deutschland, S. 108; Enquete-Kommission, Kultur in Deutschland, S. 53.

69 *Pappermann*, DVBl 1980, 701 (706).

70 *Scheytt*, Kulturstaat Deutschland, S. 71.

71 *Sommermann*, v. Mangoldt/Klein/Starck, GG, Art. 20 GG, Rn. 112.

72 *Scheytt*, Kulturstaat Deutschland, S. 107; *Steiner*, HDStR Band 4, § 86 Kultur, Rn. 5; *Pappermann*, DVBl 1980, 701 (706).

73 Siehe: Gesellschaftliche Wirkungen, S. 22 ff.

74 Vgl. *Schoch*, NVwZ 2008, 241 (241 ff. 244); *Schröder*, LKV 2007, 207 (207 f.).

Unter dem Begriff der „staatlichen Daseinsvorsorge" wird allgemein und im Kern unumstritten die Pflicht der staatlichen Stellen verstanden, all diejenigen Güter und Dienstleistungen für ihre Bürger bereitzustellen, die für ein sinnvolles menschliches Dasein notwendig sind.[75] Daseinsvorsorgeaufgaben sind durch vier Strukturmerkmale gekennzeichnet: Universalität, Kontinuität, inhaltliche Qualität und die Erschwinglichkeit für alle Bürger.[76]

Die „Daseinsnotwendigkeit" der erfassten Güter und Dienstleistungen gilt für alle Menschen, unabhängig von Alter, sozialer Stellung, Herkunft oder Wohnort. Der Staat ist verpflichtet, die zur Daseinsvorsorge zählenden Leistungen für die gesamte Bevölkerung flächendeckend zu einem erschwinglichen Preis zur Verfügung zu stellen. Die staatlichen Gewährleistungspflichten der Universalität und Erschwinglichkeit ergeben sich aus der grundrechtlichen Schutzpflichtnorm, die für den konkreten Aufgabenbereich einschlägig ist – im Zusammenhang mit traditionellen Kultureinrichtungen wäre dies Art. 5 III 1 GG – sowie aus der in Art. 20 I GG normierten Sozialstaatlichkeit Deutschlands.[77]

Das Bedürfnis der Bevölkerung nach Leistungen und Gütern der Daseinsvorsorge ist nicht zeitlich begrenzt und besteht ohne Unterbrechung fort. Ein weiteres Charakteristikum von Daseinsvorsorgeaufgaben ist deshalb die Kontinuität ihrer Bereitstellung. Damit ist keine starre Dauerhaftigkeit gemeint. Der Aufgabenbereich der Daseinsvorsorge ist nicht statisch, sondern entwickelt sich stetig weiter und muss unter Berücksichtigungen der aktuellen wirtschaftlichen, sozialen und technischen Realbedingungen stets neu interpretiert und definiert werden.[78]

Es bleibt zu prüfen, ob traditionelle Kultureinrichtungen heute tatsächlich zu den für das menschliche Dasein unerlässlichen Leistungen gehören. Ausgangspunkt soll dabei die oft gehörte Aussage sein, dass Kultur autonom sei und ihren eigenen Gesetzen folge.[79] Die Kultur soll also einen eigenen Wert besitzen.

Was unter dem Eigenwert der Kultur genau verstanden wird, führt die Mehrheit der Autoren nicht näher aus. Fest steht lediglich, dass der Wert der Kultur sich nicht allein mit ökonomischen Faktoren beschreiben lässt[80] und die Gewinn-

---

75 *Luch/Schulz*, MMR 2009, 19 (20); *Kolb*, LKV 2006, 97 (98); *Mestmäcker/Schweitzer*, Immenga/Mestmäcker Kartellrecht, Art. 86 EGV a.F. (Art. 106 AEUV), Rn. 2 im Zusammenhang mit dem Gemeinschaftsrecht; *Schwarze*, Daseinsvorsorge im Lichte des Wettbewerbs, S. 10.

76 *Kolb*, LKV 2006, 97 (98); vgl. auch Kommission, Leistungen der Daseinsvorsorge 2001, Rn. 37

77 *Luch/Schulz*, MMR 2009, 19 (20).

78 Vgl. *Luch/ Schulz*, MMR 2009, 19 (20).

79 *Scheytt*, Kulturstaat Deutschland, S. 104; *Fuchs*, Kulturpolitik als gesellschaftliche Aufgabe, S. 166; *Nettesheim*, JZ 2002, 157 (163); *Kadelbach*, NJW 1997, 1114 (1117).

80 *Scheytt*, Kulturstaat Deutschland, S. 38.

erzielung deshalb nicht primäres Ziel der Kulturbetätigung sein kann.[81] Dies bedeutet nicht, dass Kultur nicht zu ökonomischen Zielen gebraucht werden kann, sondern lediglich, dass sie dazu nicht missbraucht werden darf. *Fuchs* versucht eine weitergehende inhaltliche Definition und greift dafür auch auf *Kant* zurück. *Kant* beschäftigt sich in seinem Ästhetikwerk von 1974 mit der Urteilskraft des Menschen und dabei unter anderem auch mit der Beziehung des Menschen zum Schönen in der Natur oder in der Kunst. Es heißt dort: „*[...] das Geschmacksurtheil und der Unterschied des Realismus und Idealismus desselben [kann] nur darin gesetzt werden, dass entweder jene subjective Zweckmäßigkeit im ersteren Falle als wirklicher (absichtlicher) Zweck der Natur (oder der Kunst), mit unserer Urtheilskraft übereinstimmen, oder nur als eine, ohne Zweck, von selbst und zufälliger Weise sich hervorthuende zweckmäßige Uebereinstimmung zu dem Bedürfnis der Urtheilskraft, in Ansehung der Natur [oder der Kunst] und ihrer nach besonderen Gesetzen erzeugten Formen, angenommen werde.*“[82] Die Beurteilung des Schönen hat nach *Kant* eine bloß formale Zweckmäßigkeit, d.h. eine Zweckmäßigkeit ohne Zweck, zur Grundlage.[83] Kunst und Kultur als Ausdruck des Schönen sind also erlebte Zweckmäßigkeit ohne Zweck.[84] *Kant* folgend zeigt sich die zwecklose Zweckmäßigkeit der Kunst und der Kultur für *Fuchs* darin, dass sie sich von praktischen Zwecken lösen und nicht mit dem Ziel einer praktischen Zweckorientierung hergestellt werden, und dennoch Bedürfnisse in uns erfüllen.[85] Entsprechend liegt der Eigenwert von Kunst und der Kultur darin, dass sie in der Lebenswelt des Einzelnen der Sinnstiftung und Orientierung dienen, in der Bevölkerung Zusammenhalt schaffen und auf die Gesellschaft integrationsfördernd wirken.[86] „*Der Mensch [wird] durch die Kultur befähigt [...], über sich selbst nachzudenken. Erst durch die Kultur werden wir zu menschlichen, rational handelnden Wesen, die über ein kritisches Urteilsvermögen und ein Gefühl der moralischen Verpflichtung verfügen. Erst durch die Kultur erkennen wir Werte und treffen die Wahl. Erst durch die Kultur drückt sich der Mensch aus, wird sich seiner selbst bewusst, erkennt seine Unvollkommenheit, stellt seine eigenen Errungenschaften in Frage, sucht unermüdlich nach neuen Sinngehalten und schafft Werke, durch die er seine Begrenztheit überschreitet.*“[87] Die moderne Welt der Wirtschaft, der Arbeitsteilung, der gesellschaftlichen Zwänge, der Ano-

81 Vgl. *Kadelbach*, NJW 1997, 1114 (1117).
82 *Kant*, Critik der Urtheilskraft, S. 244.
83 *Kant*, Critik der Urtheilskraft, S. 43 f.
84 Vgl. *Fuchs*, Kulturpolitik als gesellschaftliche Aufgabe, S. 166.
85 Vgl. *Fuchs*, Kulturpolitik als gesellschaftliche Aufgabe, S. 166.
86 Vgl. *Nettesheim*, JZ 2002, 157 (160); *Fuchs*, Kulturpolitik als gesellschaftliche Aufgabe, S. 165; *Scheytt*, Kulturstaat Deutschland, S. 37.
87 UNESCO-Erklärung 1982, S. 2.

nymität, der Leistung, der Konkurrenz und der Mobilität wird als immer kälter, prosaischer, fremder erfahren, unwirtlich, weniger heimatlich und entfremdet.[88] In einer immer sinn- und identitätsärmeren Welt sollte es ein hohes Anliegen des Staates sein, dazu beizutragen, dem Einzelnen Orientierung zu geben und ihm zu helfen, seinen Platz in der Gesellschaft zu finden. Trägt Kultur dazu bei, sollten die Gemeinden auch aus diesem Grund ihre Bereitstellung als ihre originäre Aufgabe betrachten.[89] Die heutige moderne Gesellschaft braucht ein vielgestaltiges Kulturangebot einschließlich der traditionellen Kultureinrichtungen, denn nur dann kann jeder von uns sein Dasein menschlich und losgelöst von wirtschaftlichen Zwängen sinnvoll nach seinem Willen gestalten. Kultur ist für das menschliche Dasein heute unerlässlich. Um ihrer Kulturverantwortung gerecht zu werden, obliegt es entsprechend den Gemeinden eine ausreichende Anzahl an traditionellen Kultureinrichtungen kontinuierlich, flächendeckend und für alle Bevölkerungsschichten sowohl in inhaltlicher als auch in finanzieller Hinsicht bereitzustellen. Dies folgt aus den einschlägigen grundrechtlichen Schutzpflichtnormen der Art. 5 III 1 i.V.m. Art. 3 I, 20 I GG und Art. 23 VI 1 GG.

Ein weiteres und letztes Strukturmerkmal von Daseinseinsvorsorgeleistungen ist die Notwendigkeit, die öffentliche Leistungen für die Bürger in der gebotenen Qualität bereitstellen.

Daseinsvorsorge bedeutet nicht Überschuss und Luxus für alle. Es ist den staatlichen Stellen jedoch untersagt, die für das menschliche Dasein unerlässlichen Leistungen und Güter irgendwie und unter Missachtung bestimmter Mindeststandards zu erbringen. Zwischen beiden Polen besteht eine Skala denkbarer Leistungsniveaus, welche die öffentliche Hand bezogen auf den konkret betroffenen Teilbereich der Daseinsvorsorge kontinuierlich bewerten und unter Berücksichtung der sich wandelnden tatsächlichen Umstände die Grenze zwischen Notwendigem und Wünschenswerten stets neu festlegen muss.[90]

Kultur hat eine wichtige Bedeutung für die Entfaltung und Bildung der Bürger und für das gesellschaftliche Zusammenleben.[91] Ihre positive Wirkung kann die Kultur jedoch nur erfüllen, wenn sie die nach Zeit und Umständen gebotene Qualität aufweist.[92] Niveaulose Kultur kann den Bürger nicht bilden, und einseitige punktuelle und unreflektierte Kulturangebote können keinen Zusammenhalt in der Bevölkerung schaffen. Es ist deshalb notwendig, dass die Gemeinde als Träger vieler traditioneller Kultureinrichtungen für ihre Häuser inhaltliche Stan-

---

88 *Fuchs*, Kulturpolitik als gesellschaftliche Aufgabe, S. 164.

89 So auch *Scholz*, Maunz/Dürig: GG, Art. 5 III GG, Rn. 8.

90 *Luch/Schulz*, MMR 2009, 19 (20).

91 Siehe: Gesellschaftliche Wirkungen, S. 22 ff.

92 Enquete-Kommission, Kultur in Deutschland, S. 85; vgl. auch *Steiner*, HDStR Band 4, § 86 Kultur, Rn. 12.

dards festlegt und, wenn möglich, darüber mit den potentiellen Konsumenten und privaten Akteuren der Kultur in Dialog tritt,[93] um diese inhaltlich tatsächlich anzusprechen. Der Austausch mit den privaten Kulturakteuren ist insbesondere dann von Bedeutung, wenn die Gemeinden eine aktivierende Kulturpolitik betreiben wollen. Er darf aber nicht soweit gehen, dass die Gemeinden die Verantwortung für die Kultur vollständig an die Privatwirtschaft abgeben und die Erbringung den Gesetzen des freien Marktes überlassen. Kunst und Kultur folgen ihren eigenen Gesetzen. Diese eigengesetzliche Entwicklung wäre durch eine primäre Gewinnerorientierung, wie sie in der freien Wirtschaft vorherrscht, bedroht. Die Gemeinden müssen Preis, Quantität und Qualität der Leistungserbringung vorab definieren und dürfen diese nicht dem freien Wettbewerb überlassen.[94] Den Gemeinden obliegt nach Art. 5 III 1, 20 I GG eine Bereitstellungs- und Schutzpflicht für den traditionellen Kultursektor, die sie zur Ergebnissicherung verpflichtet.[95] Diese Pflicht ist unübertragbar.[96] Die Pflicht der zuständigen staatlichen Stelle im Rahmen der gesetzlichen Vorgaben darauf hinzuwirken, dass öffentliche Aufgaben, insbesondere Daseinsvorsorgeaufgaben, gemeinwohlorientiert wahrgenommen werden, und das damit korrespondierende Bereitstellungsrecht wird allgemein unter dem Begriff der „staatlichen Gewährleistungsverantwortung“ zusammengefasst.[97]

Traditionelle Kultur weist alle vier Strukturmerkmale auf, die eine öffentliche Aufgabe vorweisen muss, um als Daseinsvorsorgeaufgabe eingeordnet werden zu können. Die Errichtung und der Betrieb von traditionellen Kultureinrichtungen sind mithin gemeindliche Daseinsvorsorgeaufgaben nach Art. 5 III 1 i.V.m. Art. 3 I, 20 I – III GG.

Der Begriff der „Grundversorgung“ wird im Schrifttum gerne als Synonym für den Begriff der „Daseinsvorsorge“ verwendet.[98] Im Zusammenhang mit der Bereitstellung traditioneller Kulturleistungen nach dem Politikmodell des aktivierenden Kulturstaates den Terminus „Grundversorgung“ zu verwenden, wäre jedoch unglücklich gewählt und würde zu Missverständnissen führen. Der ebenfalls synonym verwendete Begriff der „Infrastrukturleistung“ ist dem Begriff der „Grundversorgung“ aus folgenden Gründen vorzuziehen:

---

93 Vgl. Enquete-Kommission, Kultur in Deutschland, S. 52; *Scholz*, Maunz/Dürig: GG, Art. 5 III GG, Rn. 8.

94 Vgl. *Cox*, Cox: Daseinsvorsorge, S. 78 ff.

95 Vgl. *Schoch*, NVwZ 2008, 241 (245).

96 Vgl. *Kadelbach*, NJW 1997, 1114 (1118); allgemein zu den obligatorischen Staatsaufgaben: *Burgi*, Privatisierung öffentlicher Aufgaben, S. 55.

97 *Schoch*, NVwZ 2008, 241 (244), *Luch/Schulz*, MMR 2009, 19 (21); *Burgi*, Privatisierung öffentlicher Aufgaben, S. 94.

98 Vgl. *Luch/Schulz*, MMR 2009, 19 (20); *Kadelbach*, NJW 1997, 1114 (1117 f.).

Erstens führt der Begriff „Grundversorgung" zu der fehlerhaften Vorstellung, die Gemeinden müssten nur die elementarsten kulturellen Bedürfnisse der Bevölkerung sicherstellen.[99] Bedenkt man jedoch, dass Kultur so stark wie kaum ein anderer Teilbereich der Daseinsvorsorge durch die Merkmale der Pluralität und Qualität gekennzeichnet ist, können sich die Gemeinden bei der traditioneller Kultur in quantitativer und qualitativer Hinsicht nicht mit einem Minimum zufrieden geben. Sie sollten vielmehr im Rahmen ihrer finanziellen Möglichkeiten ein Maximum anstreben.

Zweitens beziehen sich die beiden Begriffe auf unterschiedliche Adressatenkreise. Während „Grundversorgung" nur auf die Bereitstellung von Kultur durch die öffentliche Hand abzielt, spricht der Begriff „Infrastruktur" neben dem Staat auch die privaten Kulturakteure aus Wirtschaft und Gesellschaft an.[100] Es ist ein primäres Anliegen des aktivierenden Kulturstaates, die nichtstaatlichen Akteure in die Kulturtätigkeit mit einzubinden. Mit dem Begriff „kulturelle Infrastruktur" kann also umfassender zum Ausdruck gebracht werden, in welcher Art und Weise die Kommunen bei einer aktivierenden Kulturpolitik ihren Bürgern traditionelle Kulturleistungen zur Verfügung stellen wollen: in gemeinsamer Verantwortung mit der Privatwirtschaft ununterbrochen, flächendeckend und von ausreichender Qualität; zudem an den Bedürfnissen und Anforderungen der gesamten Bevölkerung ausgerichtet, inhaltlich ausgewogen und zu erschwinglichen Preisen.

In der weiteren Untersuchung wird deshalb ausschließlich der Begriff der „kulturellen Infrastruktur" verwendet.[101]

Die Qualifizierung traditioneller Kultureinrichtungen in Deutschland als Bestandteil der Infrastruktur ist keine realitätsferne und idealistische Einzelmeinung. Kultur hat in Deutschland allgemein auf politischer und gesellschaftlicher Ebene eine Aufwertung erlebt. Das zeigt sich insbesondere an zwei Ereignissen:

Zum einen wurde in den letzten Jahren auf politischer Ebene in regelmäßigen Zeitabständen immer wieder darüber diskutiert, ob in das Grundgesetz nicht doch ein Staatziel „Kultur" aufgenommen werden solle. Zuletzt stand das Staatsziel „Kultur" in den Jahren 2005 sowie 2006/2007 auf der Tagesordnung.[102]

99 Vgl. *Scheytt*, Kulturstaat Deutschland, S. 283.

100 Enquete-Kommission, Kultur in Deutschland, S. 84; *Scheytt*, Kulturstaat Deutschland, S. 283.

101 Wie hier auch Enquete-Kommission, Kultur in Deutschland, S. 84; *Scheytt*, Kulturstaat Deutschland, S. 283.

102 Vgl. zum letzten Diskussionsstand: PuK Nr.04/05 S. 2ff.; Enquete-Kommission, Kultur in Deutschland, S. 68ff.

Zum anderen zeigt sich der Bedeutungszuwachs im Kultursektor in der im Jahr 2002 eingerichteten Enquete-Kommission „Kultur in Deutschland", die im Jahr 2007 einen umfassenden Schlussbericht vorgelegt hat.[103]

c. Wirtschaftlichkeitsgrundsatz

Die Bereitstellung von traditionellen Kultureinrichtungen ist nicht die einzige öffentliche Aufgabe, die die Gemeinden zu erbringen und zu finanzieren haben. Auch in anderen Politikbereichen müssen sie den ihnen obliegenden öffentlichen Pflichten ordnungsgemäß nachkommen. Auf allen staatlichen Ebenen stehen in Deutschland – wie in den übrigen Mitgliedstaaten der Europäischen Union – jedoch auf Ausgabenseite immer weniger öffentliche Gelder zur Verfügung. Entsprechend knapp sind die gemeindlichen Kulturhaushalte bemessen.

Der verfassungsrechtliche Grundsatz der Wirtschaftlichkeit gemäß Art. 114 II 1 GG[104] verpflichtet die staatlichen Stellen ihre öffentlichen Aufgabenerfüllung einer Zweck-Nutzen-Relation zu unterziehen, also die Zweckmäßigkeit ihres Handelns unter betriebswirtschaftlichen und gesamtwirtschaftlichen Gesichtspunkten zu prüfen.[105] Auch bei Errichtung und Betrieb von traditionellen Kultureinrichtungen müssen die Gemeinden ökonomische Ziele beachten und die vorhandenen Mittel mit höchster Effektivität einsetzen.

Die Verantwortlichen kultureller Einrichtungen haben in den letzten Jahren viel von der Privatwirtschaft gelernt:[106] So setzen sie in der Zwischenzeit Erkenntnisse der Betriebswirtschaft ein und richten die Betriebsführung nach ähnlichen Kriterien aus, wie sie für Wirtschaftsunternehmen gelten. Die Kommunen sollten aufgrund der schlechten Haushaltslage bereits bei der Planung und Finanzierung von traditionellen Kultureinrichtungen einen vergleichbar starken Rückgriff auf die Ressourcen der freien Wirtschaft anstreben. Durch die Gewinnung finanzstarker Unternehmen, die nicht nur punktuell als Spender und Sponsoren in Erscheinung treten, sondern dauerhaft engagierte, gleichberechtigte Mitverantwortliche bei der Erbringung kultureller Infrastrukturleistungen werden, könnten die Gemeinden die zum Teil prekäre wirtschaftliche Lage ihrer

103 Schlussbericht der Enquete-Kommission „Kultur in Deutschland" vom 11.12.2007, BT-Drucksache 16/7000.

104 Der Grundsatz der Wirtschaftlichkeit (und Sparsamkeit) ist auch in den Verfassungen der Länder, z.B. Art. 83 II 1 BWVerf., Art. 95 III 1 BerlVerf., Art. 94 SächsVerf., bzw in den Kommunalgesetzen, z.B: § 77 II Gemo BW, § 90 II GemO Sachsen, Art. 61 II 1 Gem Bay, geregelt.

105 Vgl. *Kube*, Maunz/Dürig: GG, Art. 114 GG, Rn. 100.

106 In den 80-er Jahren kam es in Deutschland – wie auch in den übrigen westlichen Industrieländern – zu einer Verwaltungsreform, die die Umwandlung der Kommunalverwaltung in ein modernes leistungsfähiges öffentliches Dienstleistungsunternehmen zum Ziel hatte (sog. Neues Steuerungsmodell), vgl. Enquete-Kommission, Kultur in Deutschland, S. 91 f.

traditionellen Kultureinrichtungen merklich verbessern. Das Haushaltsrecht verbietet die Einbeziehung Privater in die Finanzierung öffentlicher Aufgaben nicht. Im Gegenteil: Die haushaltsrechtlichen Grundsätze der Wirtschaftlichkeit und Sparsamkeit des § 7 II 1 BHO und vergleichbarer Vorschriften der jeweiligen Landeshaushaltsordnungen – die in engem Zusammenhang mit Art. 114 II 1 GG stehen – verpflichten vielmehr die Gemeinden, die Möglichkeiten von (Teil-)Privatisierungen als alternative Realisierungsform in ihre politisch-administrativen Überlegungen mit einzubeziehen.[107]

Den haushaltsrechtlichen Pflichten würde bei Umsetzung einer aktivierenden Kulturpolitik vollständig entsprochen, da deren Wesenselement die möglichst umfassende Einbeziehung von Privaten in die kulturelle Leistungserbringung ist und kommunale traditionelle Kultureinrichtungen dabei (teil)privatisiert werden.[108]

d. Zwischenergebnis

Traditionelle Kulturleistungen zählen zu den Daseinsvorsorgeaufgaben der deutschen Gemeinden nach Art. 5 III 1 i.V.m. Art. 3 I, 20 I – III GG. Aus dieser Einordnung und dem geltenden grundgesetzlichen Rechtsrahmen ergibt sich für die Gemeinden eine kulturelle Gewährleistungsverantwortung: Sie sind verpflichtet, ein für alle Bürger zugängliches und bezahlbares, abwechslungsreiches traditionelles Kulturangebot sicherzustellen, ohne die Verantwortung dafür vollständig aus der Hand zu geben. Bei der Bereitstellung ihrer kulturellen Infrastruktur sind die Kommunen dem Verfassungsrechtsprinzip der Wirtschaftlichkeit verpflichtet.

Ihren grundgesetzlichen Pflichten kommen die Kommunen auch dann pflichtgemäß nach, wenn sie den weiten Gestaltungsspielraumes nutzen und sich für eine aktivierende Kulturpolitik entscheiden. Sie verletzen dabei ihre kulturelle Gewährleistungsverantwortung nicht, da sie die privaten Kulturakteure in die Erbringung traditioneller Kulturleistungen einbeziehen und zugleich weiter Mitverantwortung übernehmen.

2. Gesellschaftliche Wirkungen

Die deutschen Gemeinden sollten – abgesehen von ihrer rechtlichen Pflicht – der Errichtung, der Erhaltung und dem Betrieb von kulturellen Infrastruktureinrich-

107 *Kube*, Maunz/Dürig: GG, Art. 114 GG, Rn. 101; vgl. dazu auch *Burgi*, Privatisierung öffentlicher Aufgaben, S. 84f.

108 Siehe dazu im Einzelnen: Formen der Verantwortungsteilung, S. 29ff.

tungen auch deshalb besondere Aufmerksamkeit schenken, weil diese eine nicht zu unterschätzende positive Wirkung auf die Gesellschaft haben. Wie bereits in anderem Zusammenhang festgestellt,[109] ist Kulturpolitik immer auch Gesellschaftspolitik.

So wie die Kunst als Wertelement der Sinnfindung und Orientierung eine positive Wirkung auf das Leben des Einzelnen ausübt, wirkt sich die Kultur positiv auf das Leben in der Gemeinde insgesamt aus.[110]

Auf horizontaler Ebene ist Kultur ein bedeutsames Mittel der sozialen Integration, auch wenn – oder vielleicht auch gerade weil – sich die deutsche Bevölkerung durch kulturelle Interessenvielfalt und Pluralität auszeichnet. Das individuelle Gedächtnis Einzelner und das kollektive Gedächtnis ganzer Generationen, die sich aus Erinnerungen, Leistungen und Errungenschaften speisen, sind immer weiter überliefert worden und wurden so zum „kulturellen Gedächtnis“[111] bzw. zum kulturellen Erbe unseres Landes. Mit dem Begriff „kulturelle Gedächtnis“[112] sind Fragen gemeint wie „Woher kommen wir? Wo stehen wir? Wohin gehen wir?“. Es gibt uns Orientierung in der globalisierten Welt,[113] fördert den gesellschaftlichen Zusammenhalt und die gemeinsame Identität, und zwar auch in Abgrenzung zu anderen Kulturen. Die Abgrenzung von anderen ist dabei nicht der entscheidende Moment. Viel wichtiger ist die Erkenntnis, dass bei der Gestaltung einer offenen globalisierten Gesellschaft nicht nur ökonomische Werte beachtet werden müssen, sondern auch kulturelle Werte.[114]

Auf vertikaler Ebene zwischen Staat und Gesellschaft hat Kultur eine Macht sichernde Funktion. Kultur vermittelt Einsicht in Sinn und Zweck der politisch-sozialen Ordnung und verleiht so der staatlichen Hoheitsgewalt Stabilität und Wirkungsmacht.[115]

Kunst und Kultur haben zudem eine mittelbare wirtschaftliche und volkswirtschaftliche Relevanz, auch wenn der Wert von Kultur sich nicht allein anhand dieser ökonomischen Faktoren feststellen lässt. Wesentliches Charakteristikum von Kultur ist und bleibt ihre Eigengesetzlichkeit. Autonomie ist aber nicht Autarkie,[116] so dass Kulturpolitik immer in Wechselwirkung mit anderen Politikbereichen zu sehen und dementsprechend auszuüben ist.

---

109 Siehe: Kulturstaat Deutschland, S. 13 f.

110 Vgl. *Scheytt*, Kulturstaat Deutschland, S. 75; *Nettesheim*, JZ 2002, 157 (160).

111 *Scheytt*, Kulturstaat Deutschland, S. 184.

112 Wird auch als „Geschichtskultur“ bezeichnet.

113 *Scheytt*, Kulturstaat Deutschland, S. 50.

114 *Scheytt*, Kulturstaat Deutschland, S. 50.

115 *Nettesheim*, JZ 2002, 157 (160).

116 *Nettesheim*, JZ 2002, 157 (164).

Die volkswirtschaftliche Bedeutung von Kultur liegt in ihrem Potential, eine Umwegrentabilität für die jeweilige Region zu schaffen.[117] Wer Konzerte, Ausstellungen oder Museen besucht, gibt nicht nur Geld für die jeweilige Kulturveranstaltung aus, sondern geht einkaufen oder verkehrt in Hotels und Restaurants vor Ort.

Das kulturelle Leben der Stadtbevölkerung besitzt zudem eine nicht zu unterschätzende Wirkung auf die örtliche Wirtschaft. So ist Kunst für den arbeitenden Menschen von heute nicht nur Bestandteil seiner Freizeit, sondern auf dem Arbeitsmarkt ist kulturelle Aktivität ein Zeichen für Kreativität und Innovation. Kunst und Kultur sind bedeutsame Entwicklungsfaktoren. Unternehmen siedeln sich bevorzugt dort an, wo sie ein kreatives Milieu vorfinden. So können sie innovationsfreudige Arbeitskräfte rekrutieren und Kunden sowie Mitarbeitern ein positives Image als „junges und aufgeschlossenes" Unternehmen vermitteln.[118] Kultur ist für die Gemeinden also ein weicher, zunehmend sogar harter Standortfaktor.[119]

II. Kulturakteur „Wirtschaftsunternehmen"

Bereits aus gemeindlicher Sicht hat sich gezeigt, dass Kultur und Wirtschaft in der deutschen Verfassungswirklichkeit keine streng gegenläufigen Lebenswelten sind. Beide Lebensbereiche stehen vielmehr in engem Zusammenhang und sind vielfach miteinander verflochten.

So übt Kultur einen nicht zu unterschätzenden Einfluss auf das wirtschaftliche Leben einer Gemeinde aus. Ohne den Einsatz finanzieller Mittel ist den Gemeinden eine niveauvolle und vielgestaltige Kulturarbeit jedoch nicht möglich. Auf der einen Seite wächst der Anspruch des modernen Menschen an die Kultur, auf der anderen Seite ist die öffentliche Haushaltslage knapp. Bei diesen tatsächlichen und gesellschaftlichen Rahmenbedingungen für das kulturelle Leben in Deutschland drängt es sich den Gemeinden regelrecht auf, eine aktivierende Kulturpolitik zu betreiben. Aktivierende Kulturpolitik bedeutet, sich an die machtvollsten und wirtschaftstärksten Privatrechtssubjekte mit ihren Kompetenzen und Potenzialen zu wenden und zu versuchen, mit rechtlichen zulässigen, aber für die Privatwirtschaft attraktiven Mitteln[120] sie zur Verantwortungsübernahme zu bewegen. Die besten privaten Partner für gemeindliche traditionelle Kultureinrichtungen sind aus folgenden Gründen die Wirtschaftsunternehmen:

---

117 *Scheytt*, Kulturstaat Deutschland, S. 42.

118 Vgl. *Scheytt*, Kulturstaat Deutschland, S. 42.

119 *Scheytt*, Kulturstaat Deutschland, S. 42.

120 Siehe zur verfahrensrechtliche Dimension im Einzelnen S. 167 ff.

So besteht jedes Wirtschaftsunternehmen aus einem oder mehreren Eigentümern sowie den jeweiligen Arbeitnehmern. Es setzt sich also aus vielen verschiedenen Individuen mit den unterschiedlichen kulturellen Ansprüchen zusammen. Gehen die Gemeinden mit einem Unternehmen eine Kulturpartnerschaft ein, ist ihnen mit geringem Organisationsaufwand eine kulturelle Zusammenarbeit mit unterschiedlichen privaten Kulturakteuren möglich. Das Politikmodell des aktivierenden Kulturstaates wäre optimal umgesetzt.

Unternehmen bilden wirtschaftlich gesehen die finanzstärkste Gruppe der privaten Kulturakteure, da sie in der Regel über umfangreichere finanzielle Mittel verfügen als einzelne Privatpersonen.

Aber auch soweit es den alltäglichen Betrieb der kulturellen Einrichtung betrifft, eignen sich Unternehmen generell am besten als Partner. Eine effiziente Betriebsführung gehört zum alltäglichen Geschäft von Wirtschaftsunternehmen, die daher insoweit über entsprechend hohe Kompetenzen und Know-How verfügen. Die traditionelle Kultureinrichtung würde von der Einbindung eines Wirtschaftsunternehmens in ihren alltäglichen Betrieb erheblich profitieren, da die Betriebsführung weiter verbessert und zeitnah unter Berücksichtigung der kulturellen Besonderheiten dem aktuellen fachlichen Kenntnisstand angepasst werden könnte.

Wirtschaftsunternehmen profitieren von einer attraktiven kulturellen Infrastruktur in der Gemeinde bzw. in der jeweiligen Region. Das beteiligte Wirtschaftsunternehmen profitiert darüber hinaus unmittelbar von der Verantwortungspartnerschaft, die es zusammen mit der Gemeinde für eine kommunale traditionelle Kultureinrichtung eingeht:

Kunst und Kultur machen den Menschen sensibler, kommunikativer und aufnahmebereiter für Neues und stärken die emotionale Intelligenz.[121] Die Fähigkeiten zu sehen, zu hören, wahrzunehmen und andere Perspektiven einzunehmen werden gefördert.[122] Betätigen sich Menschen kulturell – sei es in aktiver aber auch in passiver Weise – wird ihre Kreativität angeregt. Kreativität gehört auf dem heutigen Arbeitsmarkt zu den Schlüsselkompetenzen, denn kreative Arbeitnehmer tragen mit ihren Innovationen maßgeblich zum wirtschaftlichen Erfolg des Unternehmens bei.[123] Die kulturelle Betätigung begünstigt auch die Entwicklung von Werten wie Kontakt und Vertrauen, Harmonie und Ästhetik, Verantwortung und Pflichtgefühl.[124] Diese Werte spielen für eine gut funktionierende Zusammenarbeit in einem Unternehmen eine wichtige Rolle.

121 *Hill*, Neue Wege für Kultureinrichtungen, S. 26.
122 Vgl. *Scheytt*, Kulturstaat Deutschland, S. 53.
123 Vgl. *Scheytt*, Kulturstaat Deutschland, S. 36.
124 Vgl. *Scheytt*, Kulturstaat Deutschland, S. 53.

Die Übernahme kultureller Verantwortung eines Unternehmen bzw. seiner Führungskräfte trägt dazu bei, dass sich die Mitarbeiter verstärkt mit der eigenen Firma identifizieren[125] und eine positive Unternehmenskultur innerhalb des Betriebes entsteht.

Wirtschaftsunternehmen profitieren von einem attraktiven gemeindlichen Kulturleben, da kulturinteressierte und damit in der Regel kreative Menschen sich verstärkt dort ansiedeln, wo sie ein abwechslungsreiches Freizeitangebot vorfinden.[126] Zu einem abwechslungsreichen Kulturangebot gehören auch traditionelle Kulturangebote. Den Unternehmen stehen in einer kulturell attraktiven Region in der Regel eine große Anzahl an potentiellen produktiven Arbeitskräften zur Verfügung.[127]

Bei kulturellen Veranstaltungen kommt es häufig zu Werbeeffekten, die den Bekanntheitsgrad des sich engagierenden Unternehmens erhöhen und sich wegen der demonstrierten Nähe zur Kultur positiv auf das Unternehmensimage auswirken können.[128] Je nach Art der traditionellen Kultureinrichtung werden sich überwiegend diejenigen Unternehmen für eine Partnerschaft interessieren, deren Kundenzielgruppe durch das kulturelle Programm angesprochen wird. So wird zum Beispiel das produzierende Gewerbe sich eher an einem Museum beteiligen, da hier Themenausstellungen möglich sind. Ein Unternehmen mit hohem Personalbedarf könnte z.B. über den Bau eines geeigneten Saales nachdenken, der in akustischer Hinsicht auch für Konzerte oder Theateraufführungen geeignet ist. Die Energiebranche könnte sich primär bei Theatern engagieren, denn beim Bau des Theaters könnten z.B. energetische Innovationen umgesetzt und bei der Beleuchtung und den Lichteffekten im alltäglichen Theaterbetrieb erneuerbare Energieformen eingesetzt werden.

Die genannten unmittelbaren wie mittelbaren wirtschaftlichen Wirkungen von traditionellen Kultureinrichtungen sind der Grund dafür, warum sich Wirtschaftsunternehmen ernsthaft mit der Überlegung auseinander setzten sollten, mit den Gemeinden eine kulturelle Partnerschaft einzugehen. Dabei handelt es sich nicht um eine realitätsferne Idealvorstellung des Verfassers. In der Praxis selbst werden Überlegungen in diese Richtung angestellt, wenn diese auch allgemeiner gehalten und nicht nur speziell auf die Kultur bezogen sind. So betonen Ökonomen ebenso wie Sozialwissenschaftler unter dem Stichwort „Corporate Citizenship" in den letzten Jahren immer stärker die hier angesprochene Ver-

125 So auch *Schrallhammer*, PPP im Bereich Kunst und Kultur, S. 126.

126 Siehe dazu bereits unter: Gesellschaftliche Wirkungen, S. 22ff.

127 Vgl. *Scheytt*, Kulturstaat Deutschland, S. 42; *Schrallhammer*, PPP im Bereich Kunst und Kultur, S. 126.

128 *Schrallhammer*, PPP im Bereich Kunst und Kultur, S. 126.

antwortung der Unternehmen für die Gesellschaft,[129] da starke Unternehmen sich als Wertschöpfungsgemeinschaften verstehen, die von der Gesellschaft profitieren und deshalb auch im Sinne eines Corporate Citizenship für die Gesellschaft etwas tun sollen und tun wollen.[130] Das unternehmerische Engagement im Bereich der traditionellen Kultureinrichtungen ist dabei nur eine von vielen denkbaren, aber nach hier vertretener Ansicht für die Firmen eine sehr attraktive Form der Übernahme gesellschaftlicher Verantwortung.

C. Ergebnis des 1. Teils

Das Politikmodell des aktivierenden Kulturstaates ist aus rechtlicher und tatsächlicher Sicht geeignet, von den Gemeinden in Deutschland in die Realität umgesetzt zu werden. Die wirtschaftlichen und gesellschaftlichen Wirkungen, die von Kultur im Allgemeinen und damit auch von traditionellen Kultureinrichtungen als einem speziellen Teilbereich ausgehen, machen kulturelle Kooperationen für Gemeinden und Wirtschaftsunternehmen attraktiv.

129 *Lin Hi*, Gabler Wirtschaftslexikon zu „Coperate Citizenship"; *v. Mutius*, WW Nr. 43, S. 36.
130 *Merz*, WW Nr. 50, S. 35.

2. Teil: Organisationsform und Verfahren zur Umsetzung einer aktivierenden Kulturpolitik auf Kommunalebene

Leitbild des aktivierenden Kulturstaates ist die Verantwortungsteilung und Kooperation zwischen öffentlichen und privaten Kulturakteuren,[131] die im Idealfall in Form einer echten Verantwortungspartnerschaft erfolgen soll.[132] Echte Verantwortungspartnerschaft meint, dass beide Partner gleichberechtigt zusammenarbeiten und zwar sowohl im Rahmen des Betriebes der traditionellen Kultureinrichtung (Endprodukt bzw. vertraglich-inhaltlich Dimension)[133] als auch bei allen Phasen der Planung und Errichtung (verfahrensrechtliche Dimension).[134]

Welche Organisationsform den Gemeinden ermöglicht, mit Unternehmen eine echte Verantwortungspartnerschaft für ein traditionelle Kultureinrichtung einzugehen, und wie sie prozessual vorgehen sollten, um die Kompetenzen und Potenziale der Privatwirtschaft bei einer kulturellen Infrastruktureinrichtung nutzen zu können, ist Untersuchungsgegenstand dieses 2. Teils der Arbeit.

1. Kapitel: Öffentlich Private Partnerschaften – Public Private Partnerships

A. Formen der Verantwortungsteilung

Wenn staatliche Stellen öffentliche Aufgaben nicht mehr in alleiniger Verantwortung wahrnehmen, sondern Privatrechtssubjekte für die Erfüllung heranziehen, bewegen sie sich im Grenzbereich zwischen öffentlichen und privaten Recht: dem Privatisierungsrecht sowie dem Privatisierungsfolgenrecht.

Allgemein wird zwischen drei Privatisierungsarten unterschieden. Diese werden im Folgenden vorgestellt und unter dem Gesichtspunkt überprüft, ob sie eine echte Verantwortungspartnerschaft zwischen öffentlicher und privater Hand für eine Infrastrukturleistung zulassen.

131 Enquete-Kommission, Kultur in Deutschland, S. 92.

132 Vgl. *Scheytt*, Kulturstaat Deutschland, S. 148.

133 Siehe S. 73 ff.

134 Siehe S. 167 ff.

I. Organisationsprivatisierung

Bei der sog. Organisationsprivatisierung – auch als formelle Privatisierung bezeichnet – überträgt der Staat die öffentliche Aufgabenerfüllung auf eine juristische Person des Privatrechts, die allein vom Staat gehalten wird.[135] Die Verantwortung für die öffentliche Aufgabe bleibt hier unverändert allein bei der öffentlichen Hand, es wird nur die Organisationsform geändert.[136] Konkret auf kommunale traditionelle Kultureinrichtungen bezogen bedeutet dies, dass z.B. ein Theater oder ein Opernhaus von einer privaten Gesellschaft betrieben wird, deren Anteile zu 100% von der Gemeinde gehalten werden. Zu einer Kooperation zwischen Staat und Privaten bei der öffentlichen Aufgabenwahrnehmung kommt es bei der Organisationsprivatisierung nicht.

Eine aktivierende Kulturpolitik können die Gemeinden bei einer rein formellen Privatisierung ihrer traditionellen Kultureinrichtungen also nicht betreiben, da die Wirtschaftsunternehmen keine Mitverantwortung für die Leistungserfüllung übernehmen. Die Verantwortung für die Erbringung der traditionellen Kulturleistung im Verhältnis zu den Bürgern, die sog. Aufgabenverantwortung, verbleibt vollständig bei der Gemeinde als alleinige Trägerin der Privatrechtsgesellschaft.

II. Materielle Privatisierung

Bei der sog. materiellen Privatisierung – auch als Aufgabenprivatisierung bekannt und Gegenbegriff zur Organisationsprivatisierung – entledigt sich die öffentliche Hand einer bislang wahrgenommenen öffentlichen Aufgabe, indem sie die Leistungserbringung unmittelbar gegenüber dem Bürger dem gesellschaftlich-wirtschaftlichen Handeln der Privaten überlässt.[137] Die Aufgabenverantwortung wird hier an den Privaten abgegeben und damit die Leistungserbringung aus dem staatlichen Aufgabenkreis entlassen.[138]

Die materielle Privatisierung hat jedoch nicht stets zur Folge, dass der Staat sämtliche Aufsichts- und Kontrollbefugnisse abgibt und damit die öffentliche Aufgabe vollständig dem Wettbewerb und den Gesetzen des freien Marktes überlässt (vollständige Aufgabenprivatisierung).[139] Die sog. Teilprivatisierung ist viel-

---

135 *Ibler*, Maunz/Dürig: GG, Art. 86 GG, Rn. 116.

136 *Ibler*, Maunz/Dürig: GG, Art. 86 GG, Rn. 116.

137 Vgl. *Ibler*, Maunz/Dürig: GG, Art. 86 GG, Rn. 110.

138 *Burgi*, Funktionale Privatisierung, S. 73.

139 So *Burgi*, Funktionale Privatisierung, S. 86; ablehnend: *Ibler*, Maunz/Dürig: GG, Art. 86 GG, Rn. 110.

mehr die Regel.[140] Hier wird die Abgabe der öffentlichen Aufgabe von hoheitlich gesetzten, regulativen Vorgaben begleitet wie z.B. Zielsetzungen, Verfahrensregeln und Organisationsmodellen, welche den Rechtsrahmen für die Aufgabenerledigung durch die Privaten bilden.[141] Die öffentliche Hand bleibt durch die präventiv-gesetzliche Ausgestaltung des Kooperationsverhältnisses in der Mitverantwortung für die öffentliche Aufgabe und kann durch das Fortbestehen von Einfluss- und Steuerungsmöglichkeiten etwaig bestehenden grundrechtlichen Schutzpflichten weiterhin nachkommen. Die materielle Teilprivatisierung ist deshalb auch bei Daseinsvorsorgeaufgaben zulässig. Die Pflicht zur staatlichen Gewährleistungsverantwortung wird nicht verletzt.[142]

Zu einer echten Verantwortungspartnerschaft zwischen Gemeinden und Unternehmen für die traditionelle Kulturleistung kommt es bei einer materiellen Privatisierung jedoch nicht. Der Betrieb der traditionellen Kultureinrichtung – z.B. der Theater- oder Konzertbetrieb – und damit die alltägliche Aufgabenverantwortung für die öffentliche Leistung gegenüber den Bürgern würde künftig allein bei dem Unternehmen liegen, während die Gemeinde sich auf die Ergebnissicherung mithilfe des normativ-präventiven Privatisierungsfolgenrechts und durch tatsächlich-repressive Aufsichts- und Kontrollmechanismen beschränkt. Die Gemeinde könnte ihrer Gewährleistungsverantwortung hier durch Einwirken auf den Privaten zwar nachkommen, über Rechte und Pflichten unmittelbar im Verhältnis zu den Bürgern und Besuchern der Kultureinrichtungen verfügt sie jedoch nicht. Die Gemeinde und der Private sind keine gleichberechtigten Partner bei der Bereitstellung der traditionellen Kulturleistung. Mit der materiellen (Teil-)Privatisierung können die Gemeinden eine aktivierende Kulturpolitik deshalb nicht umsetzen.

III. Funktionale Privatisierung

Die dritte Privatisierungsform ist die sog. funktionale Privatisierung – oder auch funktionelle Privatisierung genannt. Konstitutives Merkmal der funktionalen Privatisierung ist, dass die Erfüllungs- und/oder die Aufgabenverantwortung für die öffentliche Leistung teilweise auf Private verschoben wird.[143]

Bei der funktionalen Privatisierung verbleibt die Verantwortung für die öffentliche Aufgabe also nicht allein beim Staat; dieser gibt sie aber auch nicht

140 Vgl. *Schulte-Beckhausen/Krutisch*, Danner/Theobald: Energierecht, Band XII B 2 Rn. 31 f.

141 Vgl. *Schoch*, NVwZ 2008, 241 (241 f., 246).

142 Siehe zur staatlichen Gewährleistungsverantwortung S. 15 ff.

143 *Ibler*, Maunz/Dürig: GG, Art. 86 GG, Rn. 117; vgl. auch *Burgi*, Funktionale Privatisierung, S. 102.

vollständig an die Privaten ab. Der Private führt die ihm übertragenen öffentlichen (Teil-)Leistungen vielmehr als Verwaltungshelfer[144] oder als Verwaltungspartner aus. Es bleibt hier bei einer öffentlichen Aufgabenzuständigkeit,[145] denn die Aufgabe wird – anders als bei der vollständigen materiellen Aufgabenprivatisierung – nicht aus dem staatlichen Aufgabenkreis entlassen. Die staatlichen Stellen können ihrer Gewährleistungsverantwortung für die jeweilige öffentliche Aufgabe deshalb auch bei einer funktionalen Privatisierung weiterhin nachkommen.[146]

Unter dieser dritten Privatisierungsform werden verschiedene Arten von vertraglich-kooperativer Aufgabenerfüllung zusammengefasst, die als gemeinsamen Leitgedanken die differenzierte Verantwortungszuordnung zwischen öffentlicher und privater Hand haben.[147] Erklärtes Ziel von funktionalen Privatisierungen ist, angepasst an die konkrete öffentliche Aufgabe, eine dauerhafte und sozialverträgliche Qualitäts- und Leistungserbringung sicherzustellen.[148] Da die dauerhafte und sozialverträgliche Qualitäts- und Leistungserbringung auch ein notwendiges Ziel bei der Erbringung von Infrastrukturleistungen ist,[149] könnte eine funktionale Privatisierung also auch bei kommunalen traditionellen Kulturleistungen im Betracht kommen.

Schoch ist der Ansicht, dass es bei der funktionalen Privatisierung – ebenso wie bei der materiellen Teilprivatisierung – immer nur zur Verantwortungs*ver*teilung, nie aber zur echten Verantwortungsteilung und damit einer Verantwortungspartnerschaft kommt.[150] Ob das zutrifft, kann nicht ohne weiteres bejaht oder verneint werden, denn zu den funktionellen Privatisierungsverträgen zählt eine weitere spezielle Kategorie von öffentlich-privaten Kooperationsformen: die sog. Öffentlich Privaten Partnerschaften – auf europäischer Ebene besser unter dem Terminus der Public Private Partnerships bekannt.[151] Wie hier die Verantwortung im Einzelnen zwischen öffentlichem und privatem Partner verteilt ist, muss im Einzelnen geprüft werden, bevor *Schoch* zugestimmt oder seine Ansicht als widerlegt gelten kann.

Welche Art von Kooperationsbeziehung sich hinter den nichtjuristischen Begriffen Öffentlich Private Partnerschaft bzw. Public Private Partnership im

---

144 *Ibler*, Maunz/Dürig: GG, Art. 86 GG, Rn. 117.

145 Vgl. *Schröder*, LKV 2007, 207 (207).

146 Vgl. *Schoch*, NVwZ 2008, 241 (246); *Ibler*, Maunz/Dürig: GG, Art. 86 GG, Rn. 118.

147 Vgl. *Schröder*, LKV 2007, 207 (208).

148 Vgl. *Schröder*, LKV 2007, 207 (208).

149 Siehe S. 15 ff.

150 *Schoch*, NVwZ 2008, 241 (244).

151 Im Folgenden werden der deutsche Begriff der „Öffentlich Privaten Partnerschaft“ und der englische Begriff der „Public Private Partnership“ synonym verwandt.

Konkreten verbirgt, darüber besteht in Deutschland bisher keine einheitliche Auffassung. Unstrittig ist lediglich, dass es sich um eine Form der Zusammenarbeit zwischen der öffentlichen und privaten Hand zum Zwecke der Erfüllung öffentlicher Aufgaben handeln muss.[152] Nach einer weiten Auffassung werden vertragliche Kooperationsformen ebenso gefasst, wie informelle Öffentlich Private Partnerschaften (sog. Handschlag-PPPs).[153] Nach einer engeren Auffassung ist dagegen erforderlich, dass die Kooperation zwischen der öffentlichen und privaten Hand die Gewährleistung, Finanzierung und Durchführung der öffentlichen Aufgabe sicherstellt.[154] Noch enger fasst *Heinrichs* den Begriff der Public Private Partnership, der darunter nur Kooperationen subsumiert, bei denen die öffentliche Aufgabe zum Nutzen beider Partner und zum erklärten Nutzen der Sache gemeinschaftlich finanziert wird.[155]

Auf gemeinschaftsrechtlicher Ebene wird unter Public Private Partnership die langfristige, vertraglich geregelte Zusammenarbeit von öffentlicher Hand und privater Wirtschaft bei Planung, Erstellung, Finanzierung und dem Betrieb von öffentlichen Aufgaben verstanden, bei der das wirtschaftliche Risiko zwischen den beteiligten Parteien entsprechend der vorhandenen Fähigkeiten aufgeteilt ist.[156]

Der kleinste gemeinsame Nenner, über den in Deutschland hinsichtlich des Begriffs von Öffentlich Privaten Partnerschaften Einigkeit herrscht (Zusammenarbeit zwischen der öffentlichen und privaten Hand zum Zwecke der Erfüllung öffentlicher Aufgaben), hilft bei der Beantwortung der Frage, ob es bei dieser Art von Kooperationsbeziehung zwischen Gemeinden und Unternehmen zu einer echten Verantwortungsteilung für die öffentliche Aufgabe Kultur kommen kann, nicht weiter. Die auf gemeinschaftsrechtlicher Ebene verwendete Begriffsdefinition ist insoweit schon ergiebiger, auch wenn dieser ebenfalls eine eindeutige Antwort auf die Frage, wie die Verantwortung für die öffentliche Aufgabe zwischen den Parteien im Detail aufgeteilt ist, nicht unmittelbar entnommen werden kann.

Es muss im Folgenden deshalb geklärt werden, welche Definition von Öffentlich Privaten Partnerschaften in Hinblick auf den Untersuchungsgegenstand dieser Arbeit am sinnvollsten zugrunde zu legen ist **(B)**. Anschließend ist zu untersuchen, welcher rechtliche und tatsächliche Bedeutungsinhalt sich hinter

---

152 Kommission, Leistungen der Daseinsvorsorge 2001, Rn. 37; *Reuter/Polley*, NVwZ 2007, 1345 (1345); vgl. auch *Burgi*, Privatisierung öffentlicher Aufgaben, S. 33

153 *Ziekow/Windoffer*, NZBau 2005, 665 (666). Siehe dazu sogleich im Einzelnen S. 34 f.

154 *Battis*, LKV 2006, 442 (443).

155 *Heinrichs*, Kultur und Ökonomie, Kapitel 1.3.

156 Kommission, Grünbuch PPP 2004, Rn. 1; Kommission, Mitteilung IÖPP 2007, S. 2; vgl. auch PPP-Bundesgutachten BMVBS Band I 2003, S. 8.

den herausgearbeiteten einzelnen Definitionsmerkmalen verbirgt **(C)**, bevor geprüft werden kann, ob Public Private Partnerships sich als Kooperationsform für die Errichtung oder den Erhalt sowie den Betrieb einer kulturellen Infrastruktureinrichtung nach dem Politikmodell des aktivierenden Kulturstaates eignen, da sie eine echte Verantwortungspartnerschaft zwischen öffentlicher und privater Hand zulassen **(D)**.

B. Definition von „Öffentlich Privaten Partnerschaften"

Als Ausgangspunkt für die konkrete inhaltliche Bestimmung des Begriffs Öffentlich Privaten Partnerschaften bzw. Public Private Partnership wird die auf gemeinschaftsrechtlicher Ebene verwendete Definition genommen. Dies geschieht vor dem Hintergrund, dass bei Öffentlich Privaten Partnerschaften wie an späterer Stelle noch näher darzulegen sein wird[157] – schwerpunktmäßig primäres und sekundäres Gemeinschaftsrecht zur Anwendung kommt. Auf gemeinschaftsrechtlicher Ebene ist unter Öffentlich Privater Partnerschaft die langfristige, vertraglich geregelte Zusammenarbeit von öffentlicher Hand und privater Wirtschaft bei der Planung, Erstellung und Finanzierung sowie dem Betrieb des öffentlichen Projekts zu verstehen, wobei das wirtschaftliche Risiko zwischen den beteiligten Parteien entsprechend der vorhandenen Fähigkeiten aufgeteilt wird.

I. Strukturmerkmale von Öffentlich Privaten Partnerschaften

Zunächst ist festzustellen, dass die gemeinschaftsrechtliche Definition nur sog. formalisierte Public Private Partnerships erfasst, also Öffentlich Private Partnerschaften, die eine (gesesellschafts)vertragliche Grundlage besitzen.[158] Informelle Öffentlich Private Partnerschaften (sog. Handschlag-PPPs), die auf einer mündlichen Absprache oder persönlichen Beziehung beruhen,[159] fallen aus dem Begriffsverständnis heraus (von der Definition wird nur die *„vertraglich geregelte Zusammenarbeit"* erfasst). An dieser Aufteilung wird in Hinblick auf den Untersuchungszweck dieser Arbeit festgehalten. Ziel ist es herauszuarbeiten, in welchen rechtlichen Rahmen das Politikmodell des aktivierenden Kulturstaates in Deutschland einzubetten ist. Davon ausgehend ist die am besten geeignete, rechtlich zulässige und rechtlich verbindliche Organisationsform für echte Ver-

157 Siehe S. 78 ff.
158 *Schrallhammer*, PPP im Bereich Kunst und Kultur, S. 108.
159 *Schrallhammer*, PPP im Bereich Kunst und Kultur, S. 108.

antwortungspartnerschaften zwischen öffentlicher und privater Hand herauszuarbeiten. Ferner ist zu prüfen, welche vergaberechtlichen Verfahren der Gemeinde zur Verfügung stehen, um die Unternehmen für eine verbindliche Kulturpartnerschaft zu aktivieren. Informelle Public Private Partnerships, bei denen sich die öffentlichen und privaten Beteiligten im Rahmen von Gefälligkeitsverhältnissen bewegen, ohne ihre Zusammenarbeit auf eine rechtlich verbindliche Grundlage zu stellen,[160] interessieren deshalb nicht. Das gilt unbeschadet des Umstandes, dass in der Praxis der letzten Jahre die Partner von kooperativen Kulturprojekten informelle Public Private Partnerships noch bevorzugt eingegangen sind.[161]

Die Kommission teilt die formellen Öffentlich Privaten Partnerschaften in zwei Kategorien auf:[162] „Öffentlich Private Partnerschaften auf Vertragsbasis" und „Öffentlich Privaten Partnerschaften in Form von gemischtwirtschaftlichen Unternehmen", wobei letztere auch als „institutionalisierte Öffentlich Private Partnerschaften" bezeichnet werden.[163]

Die erste Kategorie umfasst all diejenigen Kooperationsformen, die ausschließlich auf austauschvertraglichen Beziehungen zwischen den Beteiligten beruhen.[164] Es handelt sich dabei um unterschiedliche Vertragskonstruktionen, mit denen eine oder mehrere Teilleistungen – wie Konzeption, Finanzierung, Ausführung, Renovierung oder Nutzung eines Bauwerks oder die Bereitstellung einer Dienstleistung – dem Privaten zum Zwecke der öffentlichen Aufgabenrealisierung übertragen werden.[165] Alle diese vertraglichen Modelle haben gemeinsam, dass die Privaten mit vorbereitenden oder auch ausführenden Tätigkeiten mittelbar zur Erfüllung der öffentlichen Aufgabe beitragen (Übertragung der sog. Vorbereitungs- oder Durchführungsverantwortung,[166] gemeinsam hier als sog. Erfüllungsverantwortung bezeichnet), während die Verantwortung für die öffentliche Aufgabe gegenüber dem Bürger, also die Aufgabenverantwortung, allein beim Staat verbleibt. Die Privaten werden im Verhältnis zum Bürger nicht neben der öffentlichen Hand tätig, sondern für sie, indem sie einen Teilbeitrag mit funktionalem Bezug zur öffentlichen Aufgabe erbringen.[167] Vertragliche Öffentlich Private Partnerschaften sind eine Sonderkategorie der öffentlichen

160 Vgl. *Becker*, ZRP 2002, 303 (305).

161 So *Schrallhammer*, PPP im Bereich Kunst und Kultur, S. 108.

162 Kommission, Grünbuch PPP 2004, Rn. 20.

163 Kommission, Mitteilung IÖPP 2007, S. 2; *Frenz*, NZBau 2008, 673 (673); *Storr*, SächsVBl. 2006, 234 (234); *Jasper*, Kooprationen in der Daseinsvorsorge 2011, S. 10.

164 Kommission, Grünbuch PPP 2004, Rn. 20; *Burgi*, Privatisierung öffentlicher Aufgaben, S. 33; vgl. auch *Schrallhammer*, PPP im Bereich Kunst und Kultur, S. 108; *Goodarzi*, Vergaberechtliche Probleme bei PPP, S. 8.

165 Kommission, Grünbuch PPP 2004, Rn. 21.

166 *Ibler*, Maunz/Dürig: GG, Art. 86 GG, Rn. 117.

167 *Burgi*, Privatisierung öffentlicher Aufgaben, S. 33.

Beschaffungsverträge, also privatrechtliche oder auch öffentlich-rechtliche Verträge, mit denen sich die öffentliche Hand Güter und Leistungen auf dem freien Markt beschafft.[168] Bei diesen Verträgen kommt es zwischen öffentlichen und privaten Partner lediglich zur Verantwortungs*ver*teilung, nicht jedoch zu einer echten Verantwortungspartnerschaft.[169] Insoweit hat *Schoch* also Recht, dass es auch bei der funktionalen Privatisierung zu keiner Verantwortungsteilung für die öffentliche Aufgabe kommt.

Bei den institutionalisierten Öffentlich Privaten Partnerschaften erfolgt die vertragliche Zusammenarbeit von Staat und Privaten in Form eines speziell für die öffentliche Aufgabenerbringung geschaffenen Wirtschaftsgebildes,[170] das die öffentliche Leistung direkt gegenüber den Endnutzern erbringt und diesen unmittelbar und allein verantwortlich ist. Die gemischtwirtschaftliche Gesellschaft ist ein eigenständiges Rechtssubjekt,[171] dem die Aufgabenverantwortung für die öffentliche Leistung übertragen ist (z.B. eine Gesellschaft zur Abfallentsorgung oder ein gemischtwirtschaftliches Unternehmen als Träger eines Theaters). Die Gesellschaft ist selbständig im Verhältnis zu den juristischen Personen des öffentlichen und privaten Rechts, die an ihr beteiligt sind, und ist von diesen entsprechend zu unterscheiden. Die gemischtwirtschaftliche Gesellschaft wird von den öffentlichen und privaten Beteiligten gemeinsam unterhalten und, indem beide Partner unternehmensintern einen aktiven Beitrag in der Geschäftsführung der Gesellschaft leisten, erfüllen sie gemeinsam die dem Unternehmen obliegende öffentliche Aufgabe.[172] Es kommt hier zu einer Verantwortungsteilung in Form einer Verantwortungspartnerschaft und nicht lediglich zu einer Verantwortungs*ver*teilung, da die Geschäftsführung des Unternehmens gemeinsam von den öffentlichen und privaten Beteiligten wahrgenommen wird.[173] Der Ansicht von *Schoch,* es käme bei allen Formen der funktionalen Privatisierung nur zu einer Verantwortungsteilung, kann deshalb nicht gefolgt werden.

Burgi nennt als eine dritte Erscheinungsform von formellen Öffentlich Privaten Partnerschaften die sog. „projektbezogenen Public Private Partnerships" oder „Public Private Partnerships im engeren Sinne".[174]

---

168 *Wegener*, Pünder/Schellenberg Vergaberecht, § 99 GWB, Rn. 5; *Röhl*, JuS 2002, 1053 (1058). Siehe im Einzelnen noch unter: Entgeltlicher Vertrag, S. 85 ff.

169 Vgl. *Schröder*, LKV 2007, 207 (208).

170 Kommission, Grünbuch PPP 2004, Rn. 53; Kommission, Mitteilung IÖPP 2007, S. 2; *Burgi*, Privatisierung öffentlicher Aufgaben, S. 39; *Goodarzi*, Vergaberechtliche Probleme bei PPP, S. 9; *Schrallhammer*, PPP im Bereich Kunst und Kultur, S. 108.

171 Kommission, Grünbuch PPP 2004, Rn. 54.

172 Vgl. *Frenz*, NZBau 2008, 673 (673); *Jasper*, Kooperationen in der Daseinsvorsorge 2011, S. 10.

173 Vgl. *Frenz*, NZBau 2008, 673 (674).

174 *Burgi*, Privatisierung öffentlicher Aufgaben, S. 37 f.

Seiner Ansicht nach ist für diese Erscheinungsform charakteristisch, dass zu Finanzierungszwecken eine Projektgesellschaft geschaffen wird, an der – im Unterschied zu den institutionalisierten Public Private Partnerships – die öffentliche Hand beteiligt sein kann, aber nicht zwingend beteiligt sein muss.[175] Der Finanzierungsaspekt soll hier eine größere Rolle spielen als bei den anderen beiden Vertragskonstruktionen, da die erforderlichen Ressourcen wie z.B. Know-how, Betriebsmittel und Kapital von den Vertragspartnern in einen gemeinsamen Organisationszusammenhang eingestellt werden.[176]

Projektbezogene Public Private Partnerships sollten richtigerweise jedoch nicht als eigene Kategorie eingeordnet werden, da der Finanzierungsgedanke und der eng damit zusammenhängende Haftungsaspekt bei allen Erscheinungsformen von Öffentlich Privaten Partnerschaften eine wesentliche Rolle spielen.[177] Die Projektgesellschaft wird in der Regel als Sondervermögensmasse zum Zwecke der Finanzierung, primär aber zur Abschirmung der finanziellen Risiken für die Beteiligten geschaffen,[178] und zwar sowohl bei Öffentlich Privaten Partnerschaften auf Vertragsbasis als auch bei institutionalisierten Öffentlich Privaten Partnerschaften.[179] Die Gründung einer Projektgesellschaft stellt für die Partner einer Public Private Partnership die bestmögliche Finanzierungsvariante dar, um ihre Haftung begrenzen, die Kosten optimieren und die eigene betriebliche Bilanz entlasten zu können.[180] Bei institutionalisierten Öffentlich Privaten Partnerschaften werden mit der Projektgesellschaft zwar noch weitere Zwecke verfolgt,[181] die Haftungsbegrenzung bleibt jedoch stets maßgeblicher Hauptzweck für die Gründung einer Projektgesellschaft.

Die Projektgesellschaft als haftungssicheres Instrument für die Beteiligten, die notwendigen finanziellen Ressourcen in einen gemeinsamen Organisationszusammenhang einzustellen, ist nach hier vertretener Ansicht ein weiteres charakteristisches Merkmal von Öffentlich Privaten Partnerschaften.[182]

Zum Teil wird vertreten, dass Öffentlich Private Partnerschaften ein weiteres charakteristisches Merkmal aufweisen, das in die gemeinschaftsrechtliche Defi-

---

175 Vgl. *Goodarzi*, Vergaberechtliche Probleme bei PPP, S. 113.

176 *Burgi*, Privatisierung öffentlicher Aufgaben, S. 38.

177 So auch RA Dr. v. Kaler auf Rückfrage des Verfassers.

178 RA Dr. v. Kaler auf Rückfrage des Verfassers.

179 Vgl. *Uechtritz/Otting*, NVwZ 2005, 1105 (1105); *Büllesfeld*, KommJur 2009, 161 (162); *Goodarzi*, Vergaberechtliche Probleme bei PPP, S. 114.

180 *Goodarzi*, Vergaberechtliche Probleme bei PPP, S. 114.

181 Siehe dazu unter S. 43 f.

182 So auch *Uechtritz/Otting*, NVwZ 2005, 1105 (1105); *Büllesfeld*, KommJur 2009, 161 (162); *Goodarzi*, Vergaberechtliche Probleme bei PPP, S. 114.

nition keinen Eingang gefunden hat: die Verfolgung eines komplementären Ziels durch beide Partner.[183]

Mit „Verfolgung eines komplementären Ziels" ist gemeint, dass sowohl die öffentlichen als auch die privaten Beteiligten ein Interesse am Erfolg der öffentlichen Aufgabe und ihrer effizienten Erbringung haben,[184] und dass damit eine Schnittmenge zwischen den verschiedenen Zielen entsteht, welche die Vertragspartner individuell mit der Öffentlich Privaten Partnerschaft verfolgen.[185] Gemeinsame Ziel der Partner einer Öffentlich Privaten Partnerschaft ist, in partnerschaftlicher Zusammenarbeit ein Projekt im öffentlichen Interesse zu verwirklichen, das ein Partner allein nicht so effizient und effektiv realisieren könnte.[186]

Becker lehnt bei Öffentlich Privaten Partnerschaften auf Vertragsbasis das gemeinsame Interesse an der öffentlichen Aufgabenerfüllung[187] und damit auch die Verfolgung eines komplementären Ziels beider Partner ab. Er vertritt, der Private handele ausschließlich zum Zwecke der Gewinnerzielung.[188] Es ist richtig, dass öffentliche und private Hand mit unterschiedlichen Motivationen die Partnerschaft eingehen und damit eigene, auch divergierende Interessen verfolgen.[189] Die Verfolgung von unterschiedlichen Interessen ist eine logische Folge der grundsätzlich bestehenden Interessendivergenz zwischen Staat und Privatwirtschaft: den Privaten geht es primär um die Erzielung von materiellen Gewinnen und sonstigen individuellen Vorteilen, während auf der staatlichen Seite die Befriedigung des Gemeinwohls immer im Vordergrund steht und rechtlich stehen muss.[190] Diese gleichzeitige Verfolgung des komplementären Ziels, die öffentliche Aufgabe gegenüber den Bürgern erfolgreich zu erfüllen, ist damit jedoch nicht ausgeschlossen. Die komplementäre Zielverfolgung ist vielmehr ein weiteres Charakteristikum, das alle Öffentlich Privaten Partnerschaften gemeinsam haben.

---

183 *Goodarzi*, Vergaberechtliche Probleme bei PPP, S. 7; *Schrallhammer*, PPP im Bereich Kunst und Kultur, S. 104: *Heinrichs*, Kultur und Ökonomie, Kapitel 1.3; *Ziekow/Windoffer*, NZBau 2005, 665 (667).

184 *Jasper*, Koopationen in der Daseinsvorsorge 2011, S. 17 für gemischtwirtschaftliche Gesellschaften.

185 So auch *Schrallhammer*, PPP im Bereich Kunst und Kultur, S. 105; *Heinrichs*, Kultur und Ökonomie, Kapitel 1.3; *Ziekow/Windoffer*, NZBau 2005, 665 (667).

186 So auch *Schrallhammer*, PPP im Bereich Kunst und Kultur, S. 105.

187 *Becker*, ZRP 2002, 303 (306).

188 *Becker*, ZRP 2002, 303 (306).

189 Vgl. *Ziekow/Windoffer*, NZBau 2005, 665 (667); *Schrallhammer*, PPP im Bereich Kunst und Kultur, S. 127.

190 Vgl. *Schrallhammer*, PPP im Bereich Kunst und Kultur, S. 105.

II. Ergebnis

Für Zwecke dieser Arbeit wird unter Öffentlich Privater Partnerschaft bzw. Public Private Partnership die langfristige, vertraglich geregelte Zusammenarbeit zwischen öffentlicher Hand und Privatwirtschaft bei der Planung, Erstellung, Finanzierung und dem Betrieb von öffentlichen Projekten verstanden, bei der die Partner die erforderlichen Ressourcen in einen gemeinsamen Organisationszusammenhang einstellen, die vorhandenen Projektrisiken entsprechend der jeweiligen Risikomanagementkompetenz verteilen und mit der sie auch ein komplementäres Ziel verfolgen.

C. Die Strukturmerkmale von Öffentlich Privaten Partnerschaften im Einzelnen

Die Erfahrung zeigt, dass Öffentlich Private Partnerschaften keine Patentlösung für die Erfüllung von Aufgaben der von Haushaltszwängen geplagten öffentlichen Hand sind.[191] Es muss für jedes einzelne Projekt geprüft werden, ob diese Kooperationsform zwischen Staat und Privaten tatsächlich einen Zusatznutzen gegenüber den anderen Möglichkeiten der öffentlichen Aufgabenerfüllung bringt, wie etwa die Vergabe eines klassischen öffentlichen Auftrages.[192]

Gegenstand dieser Arbeit ist nicht die Prüfung, ob sich die funktionale Privatisierung in Form einer Öffentlich Privaten Partnerschaft für die Realisierung eines bestimmten kommunalen Museumsprojektes oder für ein konkret geplantes regionales Theater eignet. Es soll vielmehr allgemein geprüft werden, ob kommunale traditionelle Kultureinrichtungen zu einer öffentlichen Aufgabenkategorie gehören, die grundsätzlich als Öffentlich Private Partnerschaft umgesetzt werden können und ob, und wenn ja, welche sektorenspezifischen Besonderheiten für das Gelingen der Kooperationsbeziehung zwischen öffentlicher und privater Hand dabei unverzichtbar sind.

Bevor diese sektorenspezifische Prüfung durchgeführt werden kann, sind in diesem Abschnitt (**C**) die angeführten Definitionsmerkmale von Öffentlich Privaten Partnerschaften mit Inhalt zu füllen, und die Rechte und Pflichten der Partner sowie die Chancen und Risiken einer solchen Kooperationsbeziehung herauszuarbeiten. Mithilfe der allgemeinen Darstellung wird anschließend (**D**) geprüft, ob Öffentlich Private Partnerschaften sich als Kooperationsmodell für die Errichtung und den Betrieb von kulturellen Infrastruktureinrichtungen nach

191 Kommission, Grünbuch PPP 2004, Rn. 5

192 Kommission, Grünbuch PPP 2004, Rn. 5.

dem Politikmodell des aktivierenden Kulturstaates eignen – da es zu einer echten Verantwortungspartnerschaft kommt – und welche kulturspezifischen Besonderheiten dabei stets beachtet werden müssen.

Nach der Definition von Öffentlich Privaten Partnerschaften, die dieser Arbeit zugrunde gelegt werden soll, zeichnen sich diese Kooperationsmodelle durch vier charakteristische Strukturmerkmale aus: ganzheitlicher Projektansatz, Projektgesellschaft, individuelle Risikoverteilung und Verfolgung eines komplementären Ziels.

I. Ganzheitlicher Projektansatz

Das erste Strukturmerkmal, das alle Öffentlich Privaten Partnerschaften gemeinsam haben, ist die langfristige Zusammenarbeit von Staat und Privatwirtschaft bei der Planung, Bereitstellung, Finanzierung und Durchführung der öffentlichen Aufgabe.

Mit diesem Merkmal wird klargestellt, dass jedem dieser Kooperationsverträge eine ganzheitliche Betrachtung des zu realisierenden öffentlichen Projekts zugrunde liegt. Dieser Ansatz wird auch als „Lebenszyklusansatz" bezeichnet.[193] Tragender Gedanke des ganzheitlichen Ansatzes ist, dass der private Partner während des gesamten Vertragszeitraumes bereichsübergreifend die Verantwortung für einen Teil der Planung,[194] eventuell den Bau sowie den Betrieb der ihm übertragenen (Teil-)Leistungen übernimmt, um so die Optimierungspotenziale rechtzeitig und vollständig identifizieren und anschließend optimal nutzen zu können.[195] Bei Öffentlich Privaten Partnerschaften auf Vertragsbasis übernimmt die bereichsübergreifende Leistungsverantwortung der private Vertragspartner, während sie bei institutionalisierten Partnerschaften dem neu gegründeten gemischtwirtschaftlichen Rechtssubjekt obliegt.

Der ganzheitliche Projektansatz hat nicht zur Folge, dass stets alle oder immer dieselben Teilleistungen der öffentlichen Aufgabenerfüllung vom Privaten übernommen werden. Der Grund dafür liegt darin, dass mit der Übertragung von (Teil-)Leistungen auf den Privaten Kosten für Regelungen, Verfahren und personellen Aufwand zur Herstellung von Rechtssicherheit (sog. Transaktionskosten[196]) entstehen und damit Ausgaben auf die juristische Person des öffentlichen Rechts zukommen, die nicht anfallen, wenn sie die Leistungen selbständig erbringt. Vor dem Hintergrund des geltenden Grundsatzes der Wirtschaftlichkeit

193 Vgl. *Storz/Frank*, PPP-Eignungstest, S. 11; *Littwin*, Meyer-Hoffmann/Riemenschneider/Weihrauch, PPP, S. 11.

194 Konkret zu den einzelnen Planungsbestandteilen und -stufen siehe S. 177 f.

195 Vgl. *Storz/Frank*, PPP-Eignungstest, S. 12.

196 *Balensiefen*, VBlBW 2011, 449 (453).

nach Art. 114 II 1 GG bedarf deshalb bei jedem einzelnen Leistungserstellungsprozess einer eingehenden Analyse, welche der Primär- und Sekundärprozesse konkret übertragen werden sollen.[197] Allgemein kann nur gesagt werden, dass die hinter dem ganzheitlichen Projektansatz stehende private Projektstrukturierung und -finanzierung nur für Sachverhaltskonstellationen geeignet sind, in denen die Transaktionskosten durch die konkret zu erzielenden Effizienzpotentiale, insbesondere aber durch eine optimale Verteilung von Risiken[198] wieder ausgeglichen werde können.[199]

Die Analyse des Leistungserstellungsprozesses im Allgemeinen beschränkt sich nicht auf ökonomische Daten. Zusätzlich dazu müssen auch qualitative Kriterien – z.B. vorhandenes Fachpersonal, innovative Arbeitsmethoden –, weitere bereichsspezifische gesetzliche Rahmenbedingungen – z.B. die bei der Privatisierung von Infrastrukturleistungen bestehenden rechtlichen Grenzen – sowie politische Entscheidungselemente – z.B. die Entscheidung für eine aktivierende Kulturpolitik – berücksichtigt werden.[200]

Die Untersuchung und Beurteilung von rein wirtschaftlichen Aspekten findet lediglich beim sog. Wirtschaftlichkeitsvergleich statt.[201] Der Wirtschaftlichkeitsgrundsatz gemäß Art. 114 II 1 GG und die haushaltsrechtlichen Grundsätze der Wirtschaftlichkeit und Sparsamkeit verpflichten die öffentliche Hand, vor jeder Entscheidung für oder gegen die Realisierung einer öffentlichen Aufgabe in Form einer Öffentlich Privaten Partnerschaft zu prüfen, ob sich die erhofften Optimierungs- und Synergieeffekte tatsächlich einstellen werden. Nur wenn das der Fall ist, stellt die Öffentlich Private Partnerschaft gegenüber der kommunalen Eigendurchführung die wirtschaftlichere Leistungsvariante dar[202] und darf realisiert werden. Wesentliches Motiv der öffentlichen Hand für die Eingehung einer Kooperationsbeziehung mit dem Privatrechtssektor in Form einer Public Private Partnership ist also ein erhoffter Effizienzgewinn, der den öffentlichen Haushalt entlasten soll. Dieses Ziel ist den staatlichen Stellen haushaltsrechtlich vorgegeben, auch wenn die Effizienzsteigerung nicht alleiniges Motiv der öffentlichen Hand bleiben darf.[203] Die Wirtschaftlichkeit als solche ist kein öffentlicher Zweck, sondern hat im öffentlichen Recht nur eine dienende Funktion. Die

197 Vgl. *Riemenschneider/Nitzsche/Bernold*, Meyer-Hoffmann/Riemenschneider/Weihrauch, PPP, S. 57 f.

198 Siehe dazu im Einzelnen: Individuelle Risikoverteilung, S. 50 ff.

199 *Horn*, Wirtschaftlichkeitsvergleich, S. 3.

200 *Riemenschneider/Nitzsche/Bernold*, Meyer-Hoffmann/Riemenschneider/Weihrauch, PPP, S. 58.

201 Zu näheren Einzelheiten: *Horn*, Wirtschaftlichkeitsvergleich, S. 5 ff.

202 Vgl. *Horn*, Wirtschaftlichkeitsvergleich, S. 5; *Büllesfeld*, Kommjur 2009, 161 (165).

203 *Ziekow/ Windoffer*, NZBau 2005, 665 (667); *Jasper*, Koopration in der Daseinsvorsorge 2011, S. 14.

konkret zu erbringende öffentliche Aufgabe muss im Mittelpunkt des staatlichen Handelns stehen.[204]

Bei einem ganzheitlichen Projektansatz werden staatliche Mittel nicht nur effizient und nachhaltig zur Erfüllung öffentlicher Aufgaben eingesetzt, sondern durch die umfassende und transparente Finanzplanung wird ein größeres, phasenübergreifendes Kostenbewusstsein geschaffen.[205] Der ganzheitliche Projektansatz ist deshalb ein wesentlicher Erfolgsfaktor von Public Private Partnership-Projekten.[206] Der öffentlichen Hand kann bei Investitionen in Public Private Partnership-Projekte in Zeiten von Finanz- und Wirtschaftskrisen nicht vorgeworfen werden, zu Lasten künftiger Generationen zu handeln, denn die Vertragskonstruktionen zielen allesamt auf eine langfristige Sicherstellung der öffentlichen Aufgabenerbringung ab und nutzen somit auch den Folgegenerationen.[207]

Nachteilig an dem ganzheitlichen Projektansatzes ist jedoch, dass von Anfang an die gesamte Vertragslaufzeit des öffentlichen Vorhabens überblickt werden muss und sich der Gesamtvertrag in der Regel aus verschiedenen eigenständigen Vertragswerken zusammensetzt.[208] Public Private Partnerships-Verträge sind deshalb in wirtschaftlicher und juristischer Hinsicht äußerst komplexe Vertragswerke und ihr Abschluss erfordert von der öffentlichen und privaten Hand eine hohe Fachkenntnis sowie ausreichend Erfahrung mit solchen Kooperationsbeziehungen. Aus der vertraglichen Komplexität folgt für beide Vertragsparteien ein Vertragsrisiko, das es zu minimieren gilt. Umfangreiche Voruntersuchungen und Vorarbeiten verschiedener Art sind vor Vertragsschluss unerlässlich (z.B. Prüfung einer etwaigen Projektbündelung, Erfassung der Projektrahmendaten und des Leistungsumfanges, Prüfung der Marktfähigkeit eines Projektes[209]), so dass die Eingehung von Public Private Partnerships stets ein zeit- und kostenaufwändiger Prozess darstellt. Das gilt insbesondere für institutionalisierte Öffentlich Private Partnerschaften, da es sich hier nicht nur um einfache Leistungsbeziehungen handelt, sondern eine dauerhafte erfolgreiche Kooperation in Form einer gemischtwirtschaftlichen Gesellschaft sicherzustellen ist.[210]

204 *Burgi*, NZBau 2009, 609 (612).

205 *Büllesfeld*, Kommjur 2009, 161 (165).

206 Vgl. *Riemenschneider/Nitzsche/Bernold*, Meyer-Hoffmann/Riemenschneider/Weihrauch, PPP, S. 36 f.

207 *Büllesfeld*, Kommjur 2009, 161 (166).

208 Vgl. zu näheren Einzelheiten: *Weihrauch*, Meyer-Hoffmann/Riemenschneider/Weihrauch, PPP, S. 151 ff.

209 *v. Dithfurth*, PPP-Erste Schritte, S. 8 ff.

210 *Jasper*, Koopprationen in der Daseinsvorsorge 2011, S. 31.

II. Projektgesellschaft

Zweites Strukturmerkmal von Öffentlich Privaten Partnerschaften im hier verstandenen Sinne ist die Einstellung der notwendigen Projektressourcen in einen gemeinsamen Organisationszusammenhang. Wie bereits ausgeführt,[211] wird zu diesem Zweck in der Regel ein Sondervermögen in der Form einer Projektgesellschaft geschaffen, um die Haftungsrisiken für die Beteiligten überschaubar ausgestalten und entsprechend begrenzen zu können. Gesellschafter der Projektgesellschaft sind je nach Kooperationsmodell entweder nur der private Partner zuzüglich etwaiger privater Dritter (z.B. Kreditinstitute) oder zusätzlich auch der öffentliche Auftraggeber.

Sind nur Private an der Projektgesellschaft beteiligt, handelt es sich um eine Öffentlich Private Partnerschaft auf Vertragsbasis. Bei den Vertragsmodellen dient die Projektgesellschaft ausschließlich dem finanztechnischen Zweck der Haftungsbegrenzung der geldgebenden Beteiligten. Das gilt auch dann, wenn ausnahmsweise der Staat an der Öffentlich Privaten Partnerschaft auf Vertragsbasis als Mitgesellschafter beteiligt, da die staatliche Beteiligung hier rein finanzieller Natur ist und zeitlich begrenzt bleibt.[212] Es fehlt an dem für die institutionalisierte Partnerschaft typischen Management aller gemeinsamen Ressourcen.[213] Die Projektgesellschaft in ihrer Eigenschaft als eigenständiges Rechtssubjekt ist alleiniger Ansprechpartner der öffentlichen Hand und Empfängerin der staatlichen Vergütungszahlung. Der Staat bringt bei Public Private Partnerships auf Vertragsbasis also lediglich finanzielle Mittel in den gemeinsamen Organisations-zusammenhang ein, entweder in Form einer finanziellen Beteiligung oder durch regelmäßige Entgeltzahlungen für die Leistungserbringung.

Bei den Gesellschaftsmodellen ist die Projektgesellschaft als Sondervermögensmasse mit dem Gesellschaftsvermögen der institutionalisierten Public Private Partnership gleichzusetzen. Es besteht insoweit aus der von dem öffentlichen und privaten Partner gemeinsam eingebrachtem Kapital. Die Projektgesellschaft umfasst über das eingebrachte öffentliche und private Kapital hinaus aber auch die übrigen Ressourcen, welche die Vertragspartner in den Organisationszusammenhang einstellt haben, wie Personal, Know-how oder die für die Erbringung der öffentlichen Aufgabe erforderlichen Räumlichkeiten. Die Projektgesellschaft ist in diesem Fall also nicht nur Sondervermögensmasse, sondern eine eigene Organisationseinheit, die des Managements bedarf.[214] Das Management der gepoolten Fähigkeiten und Kompetenzen sowie des gemeinsamen Sondervermö-

211 Siehe S. 36f.

212 *Goodarzi*, Vergaberechtliche Probleme bei PPP, S. 12.

213 Siehe hierzu: Institutionalisierte Öffentlich Private Partnerschaften, S. 47ff.

214 Vgl. *Jasper*, Kooprationen in der Daseinsvorsorge 2011, S. 17.

gens ist neben der Haftungsbegrenzung ein weiterer wichtiger Zweck, den die Parteien mit der gesellschaftsvertraglichen Projektgesellschaft verfolgen.[215] Er trägt zum Erfolg des Gesellschaftsmodells maßgeblich bei.

Die Entscheidung der Beteiligten für eine vertragliche oder eine institutionalisierte Öffentlich Private Partnerschaft hängt – abgesehen von rechtlichen Grenzen[216] – insbesondere davon ab, wie eng die Partner zusammenarbeiten wollen und wie zwischen ihnen die Verantwortung für die öffentliche Aufgabenerbringung verteilt sein soll.

1. Vertragliche Öffentlich Private Partnerschaften

Bei den vertraglichen Öffentlich Privaten Partnerschaften überträgt die öffentliche Hand auf den privaten Vertragspartner die Erfüllungsverantwortung für die öffentliche Aufgabe als solche, also die Primärleistung, oder für eine oder mehrere damit verbundene Sekundärleistungen,[217] wie z.B. die bauliche Unterhaltung des Opernhauses oder den Betrieb eines Museumsshops. Zu einer echten Verantwortungspartnerschaft für die öffentliche Aufgabenerbringung als Ganzes kommt es dabei nicht, unabhängig davon ob der Vertrag in Form eines sog. „Betreibermodells"[218] oder als sog. Konzessionsmodell abgeschlossen wird.

a. Betreiber- und Konzessionsmodelle

Die sog. Betreibermodelle zeichnen sich dadurch aus, dass der private Partner bestimmte Sekundärleistungen oder auch die öffentliche Primärleistung für die öffentliche Hand erbringt und dafür eine regelmäßige Vergütungszahlung erhält, ohne gegenüber den privaten Nutzern der öffentlichen Leistung unmittelbar als (Mit-)Dienstleister in Erscheinung zu treten.[219] Der Private ist allein gegenüber der öffentlichen Hand zur ordnungsgemäßen Erbringung der ihm übertragenen Leistung verpflichtet; die Aufgabenverantwortung für die öffentliche Leistung gegenüber den Endnutzern verbleibt dagegen allein bei der öffentlichen Hand.[220] So kann die Gemeinde die Verantwortung für die Instandhaltung des kommunalen

---

215 Vgl. *Goodarzi*, Vergaberechtliche Probleme bei PPP, S. 113.

216 Z.B. die haushaltsrechtlichen Grundsätze der Wirtschaftlichkeit und Sparsamkeit gemäß Art. 114 II 2 GG (siehe dazu S. 21 f.) oder vergaberechtliche Vorgaben (siehe dazu S. 78 ff.).

217 Vgl. Kommission, Grünbuch PPP 2004, Rn. 21; *Ziekow/Windoffer*, NZBau 2005, 665 (667); *Becker*, ZRP 2002, 303 (304);. *Burgi*, Privatisierung öffentlicher Aufgaben, S. 33.

218 Je nach vertraglicher Ausgestaltung wird hier weiter zwischen Erwerbsmodell, Inhabermodell, Leasingmodell und Mietmodell unterschieden (vgl. BMVBS, PPP-Übersicht).

219 *Dreher*, NZBau 2002, 245 (253); vgl auch Kommission, Grünbuch PPP 2004, Rn. 23.

220 Vgl. *Becker*, ZRP 2002, 303 (304 f.).

Museumsgebäudes auf einen Privaten übertragen oder ihn mit der Organisation von Sonderausstellungen oder den Betrieb des Museumsshops beauftragen (Erfüllungsverantwortung). Der Private wird dafür von der Gemeinde vergütet, die gegenüber den Museumsbesuchern allein für das Funktionieren der übertragenen Aufgabe verantwortlich bleibt (Aufgbenverantwortung). Die Privaten werden bei den Betreibermodellen nie gemeinsam mit dem Staat, sondern nur für diesen tätig,[221] indem sie mit ihrer Leistung die Voraussetzungen dafür schaffen, dass dieser die öffentliche Aufgabe ordnungsgemäß gegenüber den Bürgern erfüllen kann.[222]

Maßgebliches Unterscheidungskriterium der Konzessionsmodelle gegenüber den Betreibermodellen ist die Art des Gegenleistungsanspruches des privaten Kooperationspartners. Dieser besteht bei Konzessionen nicht in einem monetären Zahlungsanspruch gegenüber dem Staat, sondern primär in dem Recht zur Nutzung der vertragsgegenständlichen öffentlichen Leistung, das durch die Zuzahlung eines Entgeltes von Seiten der öffentlichen Hand ergänzt werden kann.[223] Dank des übertragenen Nutzungsrechtes ist der Private berechtigt, während des laufenden Konzessionsverhältnisses von den Bürgen für die Nutzung der öffentlichen Leistung Gebühren zu verlangen. Zwischen dem Konzessionär und den privaten Endnutzern kommt es zu direkten Leistungs- und Entgeltbeziehungen; die öffentliche Hand tritt dagegen nicht mehr unmittelbar als (Mit-)Leistungserbringer in Erscheinung. Der kommunale Museumsbetrieb also solches oder die Unterhaltung eines Museumsshops wird hier auf einen Privaten übertragen, der dafür von der Gemeinde jedoch kein oder nur ein geringes Entgelt erhält. Der Private hat sich primär durch die Einnahmen aus dem Museumsbetrieb oder durch den Verkauf der Produkte im Museumsshop zu finanzieren.

Während die Erfüllungsverantwortung bei Konzessionen ganz auf den privaten Konzessionär übergeht, gilt das für die Aufgabenverantwortung nur zeitlich befristet. Die Aufgabenverantwortung für die öffentliche Leistung fällt hier immer wieder auf die juristische Person des öffentlichen Rechts zurück. Die staatliche Stelle kontrolliert und steuert die Erbringung der konzessionierten öffentlichen Aufgabe hier also zwar nicht mehr unmittelbar, eine staatliche Kontrolle und Einwirkung findet aber in regelmäßigen zeitlichen Abständen bei der Erneuerung des Konzessionsvertrages statt, der bei Konzessionen auf Vertragsbasis nur zeitlich befristete abgeschlossen wird. Durch die zeitliche Befristung der Konzessionsverträge und die damit verbundene erneute Vergabe der öffentlichen Leistung ist es den staatlichen Stellen möglich, mit Anreizmechanismen und Sanktionen den privaten Partner hinsichtlich seiner Preispolitik, der Qualität

221 *Burgi*, Privatisierung öffentlicher Aufgaben, S. 33.

222 *Goodarzi*, Vergaberechtliche Probleme bei PPP, S. 9.

223 Vgl. Kommission, Konzessionen 2000, Kapitel 2.1.1.

und der etwaigen Subventionsforderungen zu disziplinieren.[224] Der Rückzug des Staates aus der Aufgabenverantwortung erfolgt bei vertraglichen Konzessionen entsprechend nur befristet und widerruflich für die Dauer des Vertrages.[225] Die Gewährleistungsverantwortung, die bei Daseinsvorsorgeaufgaben zwingend beim Staat verbleiben muss, läge deshalb auch bei dieser Vertragskonstruktion bei der öffentlichen Hand.

b. Vorteile und Nachteile von vertraglichen Öffentlich Privaten Partnerschaften

Vertragliche Öffentlich Private Partnerschaften haben den Vorteil, dass der Vorwurf, der Staat ziehe sich immer mehr aus seiner Verantwortung für gemeinwohlrelevante Aufgaben zurück mit der Folge, dass die ordnungsgemäße Erfüllung nicht mehr gewährleistet sei,[226] nicht oder nur beschränkt erhoben werden kann. Diese Befürchtungen sind bei den Vertragsmodellen allenfalls insoweit berechtigt, als die öffentliche Hand trotz fortwährender Aufgabenverantwortung aus rechtlichen oder tatsächlichen in der Person des privaten Partners liegenden Gründen an der Leistung zeitweise gehindert sein kann. So kann z.B. die auf den Privaten übertragene bauliche Instandhaltung des Opernhauses, den Opernbetrieb beeinträchtigen, wenn das Gebäude über Jahre unzureichend unterhalten wurde und zeitweise geschlossen werden muss. Diese Situation kann dadurch entstehen, dass die öffentliche Hand in der Regel kaum Einblick in die Geschäftspolitik des Privatunternehmens nehmen kann und folglich wenige unmittelbare Einflussmöglichkeiten auf die Erfüllung der übertragenen Leistungen besitzt. Die staatlichen Stellen können der Gefahr jedoch vorbeugen, indem sie sich finanziell an der Projektgesellschaft beteiligen und dafür im Gegenzug Mitsprache- und Kontrollrechte hinsichtlich der übertragenen Leistung erhalten.[227]

Bei keinem der vertraglichen Public Private Partnership-Modellen kommt es zu einer echte Verantwortungspartnerschaft zwischen Staat und Privatem für die öffentliche Aufgabenerfüllung, sondern es bleibt stets bei einer klar differenzierten Verteilung der Verantwortungsbereiche: Bei den Betreibermodellen verbleibt die Aufgabenverantwortung, also die Verantwortung für die ordnungsgemäße Erfüllung der öffentlichen Primärleistung gegenüber den privaten Endnutzern, vollständig und ununterbrochen bei der öffentlichen Hand. Bei den Konzessionsmodellen kann die Aufgabenverantwortung für die öffentliche Leistung, die unmittelbar gegenüber den privaten Endnutzern besteht, befristet auf den privaten Partner übergehen. Er trägt die Verantwortung während des laufenden Ver-

224 *Cox*, Cox: Daseinsvorsorge, S. 82.

225 *Burgi*, DVBl 2003, 949 (951).

226 Vgl. *Burgi*, Privatisierung öffentlicher Aufgaben, S. 26.

227 Vgl. *Goodarzi*, Vergaberechtliche Probleme bei PPP, S. 125.

trages dafür allein, während sie nach Vertragsende wieder vollständig auf die die juristische Person des öffentlichen Rechts übergeht. Eine echte Verantwortungspartnerschaft des öffentlichen und privaten Partners für die öffentliche Aufgabenerfüllung gegenüber den Bürgern entsteht also auch bei Konzessionsverträgen nicht. Öffentlich Private Partnerschaften auf Vertragsbasis sind deshalb nicht geeignet, auf kommunaler Ebene eine aktivierende Kulturpolitik optimal umzusetzen.

2. *Institutionalisierte Öffentlich Private Partnerschaften*

a. Vertragskonstruktionen

Institutionalisierte Öffentlich Private Partnerschaften können auf zwei verschiedenen Wegen entstehen: entweder wird das öffentlich-private Wirtschaftssubjekt neu geschaffen oder der Staat tritt Gesellschaftsanteile eines organisationsprivatisierten Staatsunternehmens an einen Privaten ab.[228] Die entstehende gemischtwirtschaftliche Gesellschaft ist ein eigenständiges Rechtssubjekt und als solches von der juristischen Person des öffentlichen Rechts und dem privaten Partner, die an ihr beteiligt sind, abzugrenzen. Diese sind Gesellschafter des neu geschaffenen Rechtssubjekts und können in dieser Eigenschaft gemeinsam und möglicherweise gleichberechtigt nebeneinander[229] die Verantwortung für die öffentliche Leistung übernehmen, die auf die Gesellschaft übertragen wurde. Je nach Gesellschaftszweck kann die übertragene Leistung, die öffentliche Aufgabe also solche, also die Primärleistung (z.B. Errichtung und Betrieb eines Theaters) oder nur eine oder mehrerer Sekundärleistungen sein (z.B. Betrieb des Theater-Cafes).

Bei institutionalisierten Öffentlich Privaten Partnerschaften kann es zu einer echten Verantwortungspartnerschaft für die öffentliche Aufgabe kommen; zwingend ist dies jedoch auch bei dieser Vertragskonstruktion nicht. In welchem Umfang die Gesellschaft und damit die Beteiligten in partnerschaftlicher Zusammenarbeit im Einzelfall die Verantwortung für die öffentliche Aufgabe übernehmen, hängt vielmehr davon ab, mit welchem vertraglichen Public Private Partnership-Modell die Vertragspartner das Gesellschaftsmodell kombinieren:[230]

Gestalten die Partner den Gesellschaftsvertrag betreiberrechtlich aus,[231] ist die gemischtwirtschaftliche Gesellschaft zur Erbringung der übertragenen Primär- oder Sekundärleistungen nur gegenüber dem öffentlichen Auftragge-

228 Kommission, Grünbuch PPP 2004, Rn. 55.

229 *Jasper*, Kooperationen in der Daseinsvorsorge 2011, S. 20 ff.

230 Für die Kombinationsmöglichkeit auch: BMVBS, PPP-Übersicht; *Dreher*, NZBau 2002, 245 (247).

231 Siehe hierzu S. 45 f.

ber verpflichtet. Auf die gemischtwirtschaftliche Gesellschaft wird hier nur die Erfüllungsverantwortung übertragen, während die Aufgabenverantwortung für die öffentliche Leistung gegenüber den Bürgern weiterhin allein bei der öffentlichen Hand verbleibt. Zu einer echten Verantwortungspartnerschaft für die öffentliche Aufgabe gegenüber den privaten Endnutzern kommt es nicht, denn die gemischtwirtschaftliche Gesellschaft, an welcher der Private beteiligt ist, tritt bei der öffentlichen Aufgabenerfüllung gegenüber den Bürgern nicht unmittelbar in Erscheinung.

Nehmen die Vertragspartner dagegen konzessionsrechtliche Elemente in den Gesellschaftsvertrag auf, kommt es zur partnerschaftlichen Verantwortungsübernahme für die öffentliche Aufgabe als solche.[232] Die gemischtwirtschaftliche Gesellschaft wird die Aufgabenverantwortung für die öffentliche Leistung übertragen. Dass es in diesem Fall zu einer echten partnerschaftliche Verantwortungsübernahme kommt, ist insbesondere dem Umstand geschuldet, dass institutionalisierte Public Private Partnerships in der Regel auf unbestimmte Zeit eingegangen werden.[233] Die gemischtwirtschaftliche Gesellschaft wird eigens zur Erfüllung der öffentlichen Aufgabe gegründet, die ihr dann auch für unbestimmte Zeit übertragen wird. Die gemeinsame Verantwortungsübernahme endet erst bei Auflösung der gemischwirtschaftlichen Gesellschaft z.B. wegen Insolvenz. Der gemischtwirtschaftliche Konzessionär ist den Endnutzern gegenüber für die ordnungsgemäße Erfüllung der öffentlichen Leistung zeitlich unbegrenzt und alleine verantwortlich. Den Parteien ist es nicht verwehrt, institutionalisierte Öffentlich Private Partnerschaften mit konzessionsvertraglichen Elementen auch dann abzuschließen, wenn es sich bei der übertragenen öffentlichen Aufgabe um eine Infrastrukturleistung handelt. Die dem öffentliche Rechtsträger für die übertragene öffentliche Aufgabe obliegende Gewährleistungsverantwortung – wie sie z.B. bei traditionellen Kultureinrichtungen besteht[234] – kann dieser durch seine Beteiligung an der Geschäftsführung und den übrigen Organen der Gesellschaft ausüben, indem es dort zu einer gleichberechtigten Zusammenarbeit der öffentlichen und privaten Gesellschafter kommt. Der öffentliche Mitgesellschafter kann durch die vertraglich festgelegten Kontroll- und Mitwirkungsrechte hier auf die ordnungsgemäße Aufgabenerfüllung unmittelbar und sogar in relativ starkem Maße Einfluss nehmen.[235]

232 Dagegen *Becker*, ZRP 2003, 303 (303), der gemischtwirtschaftlichen Gesellschaften nur dann die Verantwortung unmittelbar für die öffentliche Aufgaben übertragen wissen will, wenn der Gesellschaft die Wahrnehmung der Aufgaben durch Beleihung übertragen wurde.

233 *Goodarzi*, Vergaberechtliche Probleme bei PPP, S. 9.

234 Siehe hierzu S. 15 ff.

235 Vgl. Kommission, Grünbuch PPP 2004, Rn. 54; *Goodarzi*, Vergaberechtliche Probleme bei PPP, S. 9; *Büllesfeld*, Kommjur 2009, 161 (163).

Bei institutionalisierten Öffentlich Privaten Partnerschaften mit konzessionsrechtlichen Elementen kann es also zu einer echten Verantwortungspartnerschaft zwischen Gemeinde und Unternehmen für die öffentliche Aufgabe Kultur kommen.

b. Vorteile und Nachteile von institutionalisierten Öffentlich Privaten Partnerschaften

An der gleichberechtigten Verantwortungsverteilung bei institutionalisierten Öffentlich Privaten Partnerschaften mit konzessionsrechtlichen Vertragselementen ist vorteilhaft, dass die Vertragspartner in allen Bereichen der öffentlichen Aufgabenerfüllung zusammenarbeiten, bei der Primärleistung ebenso wie bei allen damit verbundenen Sekundärleistungen. Auf diese Weise kommt es zu einem umfassenden Austausch von Informationen, der Entwicklung von gemeinsamen Ideen und der gleichberechtigten Planung der öffentlichen Aufgabenrealisierung.[236] Das Know-how und Innovationspotential der Unternehmen kann zum Wohle der Allgemeinheit optimal zum Einsatz kommen.

Die enge Zusammenarbeit hat für beide Partner ferner den Vorteil, dass jeder von ihnen seine Erfahrungen in der Bereitstellung der Primär- sowie Sekundärleistungen erweitern und seine Kenntnisse mit Hilfe des anderen fortentwickeln und aktualisieren kann. Der Wissenstransfer findet zwar überwiegend weg vom privaten Partner hin zum öffentlichen Auftraggeber statt,[237] aber auch in die andere Richtung ist ein Erfahrungs- und Erkenntnisgewinn nicht völlig ausgeschlossen. Primär profitiert der Private von der engen Zusammenarbeit mit der juristischen Person des öffentlichen Rechts durch einen privilegierten Zugang zu deren Behörden, da es in der Regel auch außerhalb der konkreten Vertragsbeziehung zu einer besseren Verständigung mit den verschiedenen Verwaltungseinheiten und einer Verkürzung der Kommunikationswege kommen wird.[238] Ferner können sich für den private Partner durch die Zusammenarbeit mit einer juristischen Person des öffentlichen Rechts neue Geschäftsfelder eröffnen.[239]

Vorteilhaft an institutionalisierten Öffentlich Privaten Partnerschaften ist weiter, dass es dank der ständigen Präsenz beider Partner in den Entscheidungs-

236 Vgl. im Zusammenhang mit sog. „Netzwerken“ zur Wirtschafts-, Entwicklungs- und Standortförderung: *Becker*, ZRP 2002, 303 (304).

237 Vgl. Kommission, Grünbuch PPP 2004, Rn. 54; *Mir*, Magisterarbeit PPP im Museumsbereich, S. 76.

238 Vgl. *Mir*, Magisterarbeit PPP im Museumsbereich, S. 28 f.

239 Dipl.-Ing. Ehret im Gespräch mit dem Verfasser.

organen der gemischtwirtschaftlichen Gesellschaft[240] leichter möglich ist, Veränderungen in den tatsächlichen Rahmenbedingungen rechtzeitig zu erkennen und rasch mit den notwendigen Anpassungen bei der Leistungserbringung darauf zu reagieren.[241] So erfährt die Gemeinde nicht erst von einer etwaigen Misswirtschaft in der Unterhaltung des Opernhauses, wenn es zu spät ist und der Betrieb aufgrund der notwendig gewordenen Sanierungsmaßnahmen geschlossen werden muss. Die Gemeinde ebenso wie der beteiligte Private haben vielmehr von Anfang an Einblick in die Zahlen und Unterlagen der gemischtwirtschaftlichen Gesellschaft und können reagieren, bevor die (zeitweilige) Schließung der Oper nötig wird.

Die partnerschaftliche, nicht voneinander abgrenzbare Verantwortung der Partner für die öffentliche Aufgabe kann für den privaten Endnutzer allerdings nachteilig sein, wenn sich in Krisenzeiten keiner der Vertragspartner für Fehler und Missstände verantwortlich fühlt. Den Eintritt solcher negativen Kompetenzkonflikte muss durch klare gesellschaftsvertragliche Vereinbarungen verhindert und Regeln für den Konfliktfall vorgesehen werden. Darüber hinaus müssen die Beteiligten eine vertragliche Regelung finden, durch welche der interne Entscheidungsprozess jederzeit gewährleistet bleibt. Denkbar wäre z.B. ein Ad-hoc-Gremium einzurichten, dem die vorläufige Entscheidungskompetenz für Fälle übertragen wird, in denen die ordentlichen Organe des gemischtwirtschaftlichen Unternehmens nicht zu einer raschen Einigung kommen. Auf diese Weise kann eine kontinuierliche Bereitstellung der öffentlichen Leistung sichergestellt werden, die insbesondere bei Infrastrukturleistungen von großer Wichtigkeit ist. Die Sicherstellung einer raschen Entscheidungsfindung ist darüber hinaus deshalb geboten, da durch die Verschleppung von Entschlüssen die mit der Öffentlich Privaten Partnerschaft bezweckte Flexibilität bei der Leistungserfüllung wieder einschränkt würde.[242]

III. Individuelle Risikoverteilung

Jede Projektrealisierung ist für den Vorhabenträger mit Risiken verbunden. Das gilt unabhängig davon, ob das Projekt unter öffentlicher, privater oder in gemeinsamer Verantwortung ausgeführt wird. Public Private Partnerships sind von dem Grundgedanken der optimalen Risikoverteilung geprägt,[243] dem die Vorstellung zugrunde liegt, dass Private bestimmte Risiken besser steuern, kontrollieren und bewältigen können als die öffentliche Hand. Drittes und wesentliches[244] Struk-

240 Zur Rechtsform siehe: Gesellschaftsform und Mitgesellschafter, S. 62 f.

241 Vgl. Kommission, Grünbuch PPP 2004, Rn. 54.

242 *Büllesfeld*, Kommjur 2009, 161 (163).

243 *Storz/Frank*, PPP-Eignungstest, S. 12; *Jasper*, Kooperationen in der Daseinsvorsorge 2011, S. 9.

244 Dipl.-Ing. Ehret im Gespräch mit dem Verfasser.

turmerkmal von Öffentlich Privaten Partnerschaften ist deshalb das Ziel, die verschiedentlich vorhandenen Vertragsrisiken im Verhandlungswege demjenigen Projektpartner zu übertragen, der sie am besten einschätzen und handhaben kann.[245] Bei institutionalisierten Öffentlich Privaten Partnerschaften wird Frage der optimale Risikoverteilung nicht nur im Verhältnis zu dem jeweils beteiligten öffentlichen Rechtssubjekt einerseits und dem privaten Unternehmen anderseits relevant, sondern je nach Gesellschaftsmodell kann an die Stelle des privaten Partners das gemischtwirtschaftliche Unternehmen treten, das bestimmte Risiken zu tragen hat.[246]

Zu den charakteristischen Risikogruppen bei Public Private Partnership-Projekten zählen unter anderem die Bausubstanzrisiken (z.B. das Risiko für die zeitnahe Sanierung des Theatergebäudes), die Planungs-, Bau- und Inbetriebnahmerisiken (z.B. höhere Kosten wegen späterer Fertigstellung des Museumsgebäudes oder späterem Beginn des Konzertbetriebes), die Genehmigungsrisiken (z.B. zum erforderlichen Zeitpunkt hat die Aufsichtsbehörde ihre Zustimmung für den Einstieg des privaten Partners in den Museumsbetrieb noch nicht erteilt), die Finanzierungsrisiken (z.B. der Antrag auf Subvention ist noch nicht genehmigt oder es fehlt noch die Kreditzusage der Bank) und die gesetzlichen Risiken (z.B. steuerrechtliche Risiken),[247] sowie die Markt- und Verwendungsrisiken (z.B. ausreichend hohe Besucherzahlen bei den künftigen Konzerten). Welche Risiken davon sinnvoller Weise auf den privaten Partner bzw. das gemischtwirtschaftliche Unternehmen zu übertragen sind, und welche besser allein bei der öffentlichen Hand verbleiben – oder aufgrund rechtlicher Bindungen verbleiben müssen –, hängt von der Art der öffentlichen Aufgabe und der konkreten Umstände des Einzelfalles ab. Eine allgemeingültige, für sämtliche Öffentlich Private Partnerschaften geltende optimale Risikoverteilung gibt es nicht. Die Risiken sind zwischen den Partnern für jeden Public Private Partnership-Vertrag vielmehr neu im Verhandlungswege zu verteilen.[248]

Allgemein kann zur Risikoverteilung nur gesagt werden, dass die Risikotragung immer auch von den Fähigkeiten und Kompetenzen abhängt, die der öffentlichen Hand einerseits und dem privaten Sektor anderseits generell zugeschrieben werden.[249]

---

245 *Storz/Frank*, PPP-Eignungstest, S. 12; vgl auch *Büllesfeld*, Kommjur 2009, 161 (162).

246 Vgl. *Jasper*, Kooperationen in der Daseinsvorsorge 2011, S. 20f. Siehe zu den Besonderheiten der Risikoverteilung bei Verträgen mit konzessionsrechtlichen Elementen, S. 54f.

247 Vgl. *Storz/Frank*, PPP-Eignungstest, S. 12; *Weihrauch*, Meyer-Hoffmann/Riemenschneider/Weihrauch, PPP, S. 159ff.

248 RA Dr. v. Kaler im auf Rückfrage des Verfassers.

249 Vgl. *Roth*, NZBau 2006, 84 (87).

So gehört für Privatunternehmen das Handeln unter den Wettbewerbsbedingungen des freien Marktes zum Alltagsgeschäft.[250] Um sich dort behaupten zu können, müssen sie sich allgemeine technisch-administrative und servicebezogene Kenntnisse sowie sektorenspezifisches Know-how aneignen[251] und es immer wieder dem neusten Stand der Technik und den neusten Entwicklung anpassen. Ferner haben sie gelernt, rasch und flexibel auf Veränderungen zu reagieren. Die Effizienzpotenziale der Privatwirtschaft sind dank des ständig vorhandenen Wettbewerbs also Innovationsvorsprung, fachspezifisches Know-how und die größere Flexibilität beim Personaleinsatz.[252] Bezogen auf ein Museum kann z.B. bei der Neuerrichtung oder Sanierung des Museumsgebäudes neue Bautechniken angewandt werden oder zur Finanzierung des Betrieb ein innovatives finanzwirtschaftliches Modell zum Einsatz kommen. Das Risiko für die Planung, den Bau und die Inbetriebnahme kann in der Regel am besten der private Partner einschätzen und tragen;[253] während das Risiko für den Betrieb sowie die Finanzierung je nach Einzelfall am besten von der einen oder anderen Seite getragen werden kann.

Die öffentlichen Aufgaben verändern sich stetig und in der heutigen Zeit immer rascher. Sie sind durch wachsende Komplexität und eine steigende Zahl der Vorgänge gekennzeichnet.[254] Das gilt auch für traditionelle Kultureinrichtungen, die dem modernen Menschen ansprechen sollen und deshalb z.B. vermehrt Technik einsetzen sollten oder flexibler organisiert sein müssen. Für eine ordnungsgemäße, auf die Bedürfnisse der Bürger ausgerichtete traditionelle Kulturpolitik sind heutzutage deshalb mehr denn je Fähigkeiten von technischer, wirtschaftlicher und juristischer Art notwendig. Bedient sich der Staat hierbei der privaten Wirtschaft und verlagert die entsprechenden Risiken – z.B. die Planungs-, Bau- und Finanzierungsrisiken – auf den privaten Partner, kann er sich selbst wieder verstärkt auf das Kerngeschäft der staatlichen Leistungserbringung konzentrieren.[255] Bei Museen gehört zum Kerngeschäft z.B. die Vervollständigung oder Erweiterung der jeweiligen Kunstsammlung, die Vernetzung mit anderen kommunalen Museen oder die Verhandlung mit dem Ausland über die Rückgabe von Beutekunst. Zur Erbringung des Kerngeschäfts der öffentlichen Aufgaben

250 *Riemenschneider/Nitzsche/Bernold*, Meyer-Hoffmann/Riemenschneider/Weihrauch, PPP, S. 58.

251 *Burgi*, Privatisierung öffentlicher Aufgaben, S. 25.

252 Vgl. *Riemenschneider/Nitzsche/Bernold*, Meyer-Hoffmann/Riemenschneider/Weihrauch, PPP, S. 58.

253 So Dipl.-Ing. Ehret im Gespräch mit dem Verfasser.

254 *Burgi*, Privatisierung öffentlicher Aufgaben, S. 25f.

255 *Burgi*, Privatisierung öffentlicher Aufgaben, S. 26; vgl auch *Riemenschneider/Nitzsche/Bernold*, Meyer-Hoffmann/Riemen-schneider/Weihrauch, PPP, S. 59.

eignet sich am besten die jeweils zuständige juristische Person des öffentlichen Rechts, denn sie verfügt insoweit über langjährige Erfahrung, die notwendigen Handlungsinstrumente und unter Umständen auch die alleinige rechtliche Kompetenz. Der zuständige öffentliche Träger muss im Einzelfall festlegen, wie weit seine Pflicht zur Gewährleistungsverantwortung reicht, wobei er besonderen Augenmerk darauf legen sollte, die vom Kerngeschäft erfassten Prozesse von den sonstigen zur öffentlichen Leistungserfüllung gehörenden Teilaufgaben abgrenzen.[256] So sind für einen ordnungsgemäßen Konzertbetrieb der Kartenverkauf, die Garderobe am Abend und auch hygienische Toilettenräume notwendig. Zum Kernbereich eines Konzerthauses gehören diese Teilaufgaben jedoch nicht. Diese Leistungen kann die Gemeinde deshalb auf den privaten Partner bzw. das gemischtwirtschaftliche Übernehmen übertragen, ohne dass sie ihre Gewährleistungsverantwortung verletzt.

Bei Infrastrukturleistungen hat die öffentliche Hand darauf zu achten, die für eine ordnungsgemäße Aufgabenerfüllung notwendige inhaltliche Mindestqualität zu definieren, ausreichend Kontrollinstrumente zur Überwachung der festgelegten Parameter zu schaffen und die Eckdaten der Preispolitik festzulegen.[257] Die für die konkrete Infrastrukturaufgabe bestehenden rechtlichen und politischen Grenzen bilden den äußersten Gestaltungsrahmen für die vertragliche Risikoverteilung.[258] Möchte die Gemeinde dem Betrieb ihres Konzerthauses also künftig eine aktivierende Kulturpolitik zugrunde legen (politische Grenze),[259] so kann sie sich dafür einen privaten Partner suchen, dem sie jedoch die Aufgabenverantwortung nur so weit übertragen darf, als sie ihrer Gewährleistungsverantwortung weiterhin nachkommen kann (rechtliche Grenze).[260]

Der Grund für die freiwillige Übernahme eines bestimmten Vertragsrisikos durch den privaten Partner bzw. die gemischtwirtschaftliche Gesellschaft liegt darin, dass jedem Risiko in der Regel auch eine Chance innewohnt und folglich auch positiv verstanden werden kann.[261] Risiken übernehmen die Privaten jedoch nicht kostenlos, sondern wollen dafür durch eine Risikoprämie entlohnt werden.[262] Diesen finanziellen Gesichtspunkt hat die öffentliche Hand bei den Vertragsverhandlungen zu berücksichtigen und entsprechend eine Kosten-Nut-

256 Vgl. *Riemenschneider/Nitzsche/Bernold,* Meyer-Hoffmann/Riemenschneider/Weihrauch, PPP, S. 59.

257 Vgl. *Goodarzi*, Vergaberechtliche Probleme bei PPP, S. 7.

258 Vgl. *Riemenschneider/Nitzsche/Bernold,* Meyer-Hoffmann/Riemenschneider/Weihrauch, PPP, S. 59.

259 Siehe: Das Politikmodell des „aktivierenden Kulturstaates", S. 9ff.

260 Siehe hierzu S. 15ff.

261 *Storz/Frank*, PPP-Eignungstest, S. 12.

262 *Storz/Frank*, PPP-Eignungstest, S. 12; *Roth*, NZBau 2006, 84 (87).

zen-Analyse für das konkrete öffentliche Projekt aufzustellen. So kann es im Einzelfall auch einmal wirtschaftlicher sein, wenn der Staat typisch privatwirtschaftliche Risiken selbst übernimmt, anstatt sie unter allen Umständen dem privaten Partner aufzubürden, der sie in Form von Kostenzuschlägen wieder an den Staat zurückgeben wird.[263] Bezogen auf ein Museum, das künftig von einer gemischtwirtschaftlichen Gesellschaft getragen werden soll, kann es deshalb z.B. im Einzelfall günstiger sein, dass die Gemeinde das Gebäude weiterhin allein unterhält, als die Unterhaltung zusammen mit dem Museumsbetrieb auf die gemischtwirtschaftliche Gesellschaft zu übertragen.

Bei Öffentlich Privaten Partnerschaften mit konzessionsvertraglichen Elementen ist der Verhandlungsspielraum der Parteien zur individuellen Risikoverteilung im Vergleich zu den übrigen Public Private Partnership-Modellen eingeschränkt. Der Grund dafür liegt in der allgemeinen Vertragsstruktur von Konzessionsverträgen.

Charakteristisch für Konzessionsverträge ist zum einen, dass dem privaten oder gemischtwirtschaftlichen Konzessionär als Gegenleistung das Nutzungsrecht für die öffentliche Leistung übertragen wird, und zum anderen dass der Konzessionär die Verantwortung für ihre Nutzbarkeit übernimmt.[264] Das hat zur Folge, dass der Konzessionär nicht nur diejenigen Risiken zu tragen hat, die mit der Bereitstellung der ihm übertragenen Leistung verbunden sind, sondern insgesamt alle Risiken, die sich aus der Natur der Nutzung ergeben.[265]

Die Übertragung des gesamten wirtschaftlichen Risikos auf den Konzessionär wird zudem zum maßgeblichen Abgrenzungskriterium von Öffentlich Privaten Partnerschaften mit konzessionsrechtlichen Elementen gegenüber Verträgen mit betreiberrechtlichen Elementen, wenn der Staat dem privaten Partner als Gegenleistung nicht nur ein Nutzungsrecht gewährt, sondern ergänzend ein Entgelt zahlt. Das an obiger Stelle genannte Abgrenzungskriterium der unterschiedlichen Vergütungsmechanismen[266] versagt bei diesen Sachverhaltskonstellationen. Sinn und Zweck einer etwaigen staatlichen Zusatzzahlung ist, den Preis für die Bürger zu senken, den diese für die Nutzung der öffentlichen Leistung zu zahlen haben, und damit z.B. Konzerbesuch für alle Bevölkerungsschichten gleichermaßen möglich zu machen (Praxis der sozialen Preise).[267] Die ergänzenden Zahlungen dürfen jedoch nur einen Teil der Kosten der Bereitstellung der Leistung decken und dürfen nie so hoch sein, dass die ungewissen, sich aus der Natur der Nutzung ergebenden wirtschaftlichen Risiken des privaten Unternehmens

263 Dipl.-Ing. Ehret im Gespräch mit dem Verfasser.
264 Kommission, Konzessionen 2000, Kapitel 2.1.2.
265 Kommission, Konzessionen 2000, Kapitel 2.1.2.
266 Siehe hierzu S. 45.
267 Kommission, Konzessionen 2000, Kapitel 2.1.2.

dadurch beseitigt werden.[268] Andernfalls liegt keine Konzession mehr vor, sondern ein Betreibervertrag.

Auch bei Konzessionsverträgen trägt der Konzessionär aber nicht automatisch alle Risiken, die bei den betreiberrechtlichen Öffentlich Privaten Partnerschafts-Modellen zwischen öffentlicher und privater Hand individuell im Verhandlungswege verteilt werden. Der Begriff des „wirtschaftlichen Risikos“ erfasst nicht alle vertraglichen Risikogruppen, sondern nur bestimmte technische und finanzielle Risiken sowie das Nutzungsrisiko des jeweiligen Projekts.[269] Andere Vertragsrisiken verbleiben auch bei Konzessionsverträgen regelmäßig bei der öffentlichen Hand oder werden angepasst auf das konkrete Projekt im Verhandlungswege zwischen den Partnern verteilt. Zu diesen flexibel verteilbaren Risiken gehören z.B. die gesetzlichen Risiken oder das Risiko der dauerhaften Finanzierung der öffentlichen Aufgabe.

Positive Folge einer optimalen Risikoverteilung in Public Private Partnership-Verträgen ist die grundsätzlich qualitativ höhere, in finanzieller und zeitlicher Hinsicht verbesserte öffentliche Leistungserbringung, da jeder der Partner seine Fähigkeiten und Kompetenzen dort einbringt, wo sie den meisten Nutzen bringen.

Damit die privaten Kompetenzen und Fähigkeiten optimal zum Wohle der Allgemeinheit zum Einsatz kommen können, ist es notwendig, dass der private Partner über einen ausreichend großen Handlungs- und Entscheidungsspielraum für den Leistungsbereich verfügt, der ihm bei der öffentlichen Aufgabenerfüllung übertragen wurde. Verantwortungsübernahme und Risikotragung des Privatunternehmens erfolgen Hand in Hand. Dies ist oft Anlass für die Befürchtung, dass der Staat sich zu stark aus der Verantwortung für Gemeinwohlaufgaben zurückzieht, die Gesetzesbindung und die demokratische Kontrolle schwinden, die in der Privatwirtschaft vorherrschende Gewinnorientierung allein entscheidungserheblich wird und sich der Handlungsspielraum der Privaten auf lange Sicht zum Nachteil der Endnutzer bemerkbar macht.[270] Wird dem privaten Partner ein Gestaltungsspielraum insoweit eröffnet, als er entscheiden kann, wie er die ihm übertragene Aufgabe zum Wohle der Allgemeinheit am besten erbringt, bedeutet das zwar weniger staatliche Verantwortung und Kontrolle, die öffentliche Leistungserbringung erfolgt jedoch nicht gänzlich frei von ihnen. Es ist vielmehr die gemeinsame Verantwortungsübernahme der öffentlichen und privaten Hand für die öffentliche Leistungserbringung, durch die bei Public Private Parterships eine ausreichende staatliche Kontrolle öffentlichen Aufgabe sichergestellt bleibt. Bei Öffentlich Privaten Partnerschaften auf Vertragsbasis besteht

268 Kommission, Konzessionen 2000, Kapitel 2.1.2.

269 Vgl. Kommission, Konzessionen 2000, Kapitel 2.1.1.

270 *Burgi*, Privatisierung öffentlicher Aufgaben, S. 26.

die Aufgabenverantwortung des Staates für die öffentliche Aufgabe fort und wird ergänzt durch die Verantwortung des privaten Partners für den Erfüllungsprozess.[271] Bei institutionalisierten Öffentlich Privaten Partnerschaften gibt der Staat die Aufgabenverantwortung ebenfalls nicht vollständig an den Privaten ab, sondern überträgt diesem nur die Mitverantwortung für die öffentliche Leistungserbringung. Die gemeinsame Verantwortungsübernahme und die Risikoverteilung sind gerade der Grund dafür, dass beide Partner bei Öffentlich Privaten Partnerschaften ein großes Interesse am dauerhaften Erfolg des gemeinsamen Projektes haben. Davon können die privaten Endnutzer nur profitieren.

IV. Die Verfolgung eines komplementären Ziels und weitere Erfolgskriterien für Öffentlich Private Partnerschaften

1. Nicht projektbezogene Eignungskriterien

Das komplementäre Ziel der Vertragsparteien, in partnerschaftlicher Zusammenarbeit ein öffentliches Vorhaben zu verwirklichen, das keiner von ihnen allein erfolgreich realisieren könnte und für dessen Gelingen sie deshalb gemeinschaftlich die Verantwortung übernehmen, ist das vierte und letzte Strukturmerkmal von Öffentlich Privaten Partnerschaften im hier verstandenen Sinne.[272]

Neben dem gemeinsamen Erfolgswillen der Beteiligten hängt das Gelingen von Öffentlich Privaten Partnerschaft von weiteren nicht projektbezogenen Kriterien ab, insbesondere der allgemeinen Eignung des konkreten Aufgabenbereichs mit seinen jeweiligen Besonderheiten für diese Form der öffentlich-privaten Kooperationsbeziehung.[273] Die Prüfung, ob Öffentlich Private Partnerschaften sich zur Erbringung traditioneller Kulturleistungen nach dem Politikmodell des aktivierenden Kulturstaates eignen, ist Gegenstand des nächsten Arbeitsabschnittes.[274]

2. Projektbezogene Eignungskriterien

Das Gelingen von Public Private Partnership hängt davon ab, ob die Vertragspartner sich auf bestimmte vertragliche Bedingungen einigen konnten und ob die tatsächlichen Rahmenbedingungen günstig sind. Zum Teil sind die diese sog. projektbezogenen Eignungskriterien für den Erfolg von Öffentlich Privaten Partnerschaften zwingend notwendig, zum Teil begünstigen sie die vorteilhaften

---

271 *Ziekow/Windoffer*, NZBau 2005, 665 (667).

272 Siehe hierzu bereits S. 37 f.

273 Vgl. *Storz/Frank*, PPP-Eignungstest, S. 23; *Littwin*, Meyer-Hoffmann/Riemenschneider/Weihrauch, PPP, S. 12.

274 Siehe S. 59 ff.

Wirkungen dieser Kooperationsbeziehungen. Liegen die projektbezogenen Eignungskriterien nicht schon in natürlicher Weise vor, kann es ratsam sein, dass die zuständige öffentliche Stelle die Bedingungen für ihren Eintritt verbessert oder im Bedarfsfall erst künstlich schafft.[275]

Zu den projektbezogenen Kriterien zählen unter anderem ein hinreichendes Projektvolumen, ein vorhandenes Marktinteresse[276] und eine angemessen lange Vertragslaufzeit.

Das Gelingen einer Öffentlich Privaten Partnerschaft setzt grundsätzlich ein hinreichendes Projektvolumen und eine Mindestbewirtschaftungsfläche voraus.[277] Ein pauschales; für alle Public Private Partnerships gleichermaßen geltendes Mindestinvestitionsvolumen existiert jedoch nicht, sondern es muss projektbezogen und für den konkreten Einzelfall neu festgelegt werden.[278] So sind aus der Praxis auch Vorhaben mit relativ geringem Investitionsvolumen bekannt, die aufgrund ihrer Projektstruktur und den sonstigen günstigen Rahmenbedingungen wirtschaftlich erfolgreich realisiert werden konnten.[279] Unstrittig ist allerdings, dass ein hohes Investitionsvolumen die Eignung eines öffentlichen Vorhabens als Public Private Partnership-Projekt fördert.[280] Der Grund dafür liegt darin, dass grundsätzlich nur ein hohes Projektvolumen bei mehreren potentiellen privaten Partnern ein Beteiligungsinteresse hervorruft und damit eine echte Wettbewerbssituation um den besten privaten Partner entsteht.[281] Interessiert sich z.B. nur ein Unternehmen für eine Beteiligung an dem kommunalen Museum, da dies nur sehr klein ist und kaum bekannte Kunstwerke besitzt, wird die Gemeinde nie erfahren, ob ein anderes Unternehmen sich nicht stärker finanziell engagiert und den Museumsbetrieb mit innovativen Ideen bereichert hätte. Ein ausreichend hohes Projektvolumen verspricht zudem eher einen Effizienzgewinn, mit dem die bei Public Private Partnerships anfallenden erheblichen Transaktionskosten wieder kompensiert werden können.[282]

---

275 Siehe dazu im Einzelnen: Fördergelder, S. 67 f.; verfahrensrechtliche Anreizmechanismen, S. 70.

276 Vgl. *Littwin*, Meyer-Hoffmann/Riemenschneider/Weihrauch, PPP, S. 12.

277 Vgl. *Storz/Frank*, PPP-Eignungstest, S. 17 ff.; *Littwin*, Meyer-Hoffmann/Riemenschneider/Weihrauch, PPP, S. 13.

278 Vgl. *Storz/Frank*, PPP-Eignungstest, S. 17.

279 Vgl. *Schultze-Rhonhof/Decker/Kunzmann/Kronbein/Dinkhoff*, Kleine ÖPP, S. 12.

280 *Schultze-Rhonhof/Decker/Kunzmann/Kronbein/Dinkhoff*, Kleine ÖPP, S. 12.

281 Ein echter (Bieter)Wettbewerb trägt zur Senkung der Angebotskosten bei und ermöglicht dem Staat somit die öffentliche Aufgabenerfüllung zu wirtschaftlich günstigen Bedingungen. Zu näheren Einzelheiten: Ausgangsüberlegungen: Wettbewerb um den Markt, 74 ff.

282 *Littwin*, Meyer-Hoffmann/Riemenschneider/Weihrauch, PPP, S. 13.

Um eine ausreichende Projektgröße zu erreichen, ist es den staatlichen Stellen unbenommen, mehrere öffentliche Vorhaben unter einem Public Private Partnership-Projekt zusammenfassen.[283] Daran sind sie rechtlich nicht gehindert.[284]

Public Private Partnership-Verträge werden grundsätzlich mit langen Laufzeiten abgeschlossen, damit sich die im Zusammenhang mit dem Lebenszyklusansatz[285] erhoffte Effizienzsteigerung sowie die Synergieeffekte tatsächlich einstellen und die investierten Kosten einschließlich eines angemessenen Gewinns erwirtschaftet werden können.[286] Die Vertragsdauer beträgt bei den austauschvertraglichen Modellen durchschnittlich zwischen 15 bis 30 Jahren,[287] Gesellschaftsmodelle werden dagegen in der Regel sogar auf unbestimmte Zeit eingegangen.[288]

Damit die öffentliche Hand mit der Privatwirtschaft günstige vertragliche Konditionen und eine angemessenes Preisniveau aushandeln kann, ist es notwendig, dass bei einer ausreichenden Zahl an Wirtschaftsunternehmen ein Marktinteresse für die (Mit)Erfüllung der öffentlichen Leistung hervorgerufen und damit eine echte Wettbewerbssituation erzeugt wird.[289] Während das in der Privatwirtschaft vorhandene Innovationspotential und Know-how versprechen, eine effiziente öffentliche Aufgabenerfüllung zu gewährleisten, ist eine echte Wettbewerbssituation für den Auswahlprozess des künftigen privaten Partners ein wichtiges Kriterium, um eine wirtschaftlich vorteilhafte Projektlösung zu erzielen.[290] Nur wenn die Gemeinde aus verschiedenen Bewerbern einen Partner z.B. für ihr städtisches Opernhaus auswählen kann, ist es ihr möglich, den Umfang der finanziellen privaten Beteiligung zu beeinflussen. Interessiert sich nur ein Unternehmen für diese kulturelle Partnerschaft, ist die Gemeinde gezwungen, entweder auch eine private Beteiligung von geringem finanziellem Umfang zu akzeptieren oder das Opernhaus weiterhin allein zu unterhalten.

Bei vielen öffentlichen Aufgaben genügt das Vorhandensein eines hohen Investitionsvolumens allein nicht, um eine effektive Wettbewerbssituation zu erzeugen. Die staatlichen Stellen müssen zum Teil durch die künstliche Schaffung günstiger Rahmenbedingungen den Wettbewerb weiter antreiben oder erst erzeugen.[291] Grund dafür ist die geringe ökonomischen Lukrativität bestimmter

283 *v. Dithfurth*, PPP-Erste Schritte, S. 11; *Horn*, Wirtschaftlichkeitsvergleich, S. 10.

284 *Bauer*, ZfBR 2006, 446 (446 f.).

285 Siehe: Ganzheitlicher Projektansatz, S. 25 f.

286 *Storz/Frank*, PPP-Eignungstest, S. 13.

287 *Storz/Frank*, PPP-Eignungstest, S. 13.

288 So auch: *Goodarzi*, Vergaberechtliche Probleme bei PPP, S. 9; dagegen: *Mir*, Magisterarbeit PPP im Museumsbereich, S. 24. Siehe dazu auch: S. 120 f., 134 f.

289 *Horn*, Wirtschaftlichkeitsvergleich, S. 11.

290 *Horn*, Wirtschaftlichkeitsvergleich, S. 11.

291 Siehe dazu: Fördergelder, S. 67 f.; Verfahrensrechtliche Anreizmechanismen, S. 70.

öffentlicher Aufgaben, wozu insbesondere auch die öffentlichen Infrastrukturleistungen und damit auch kommunale traditionelle Kultureinrichtungen zählen.

D. Eignung von Öffentlich Privaten Partnerschaften für den Betrieb traditioneller Kultureinrichtungen gemäß dem Politikmodell des aktivierenden Kulturstaates

Öffentlich Private Partnerschaften sind als Organisationsform für den Betrieb von gemeindlichen traditionellen Kultureinrichtungen nach dem Politikmodell des aktivierenden Kulturstaates dann geeignet, wenn die in Deutschland vorhandene kulturelle Rechtsrealität mit den eben dargestellten allgemeinen Strukturmerkmalen von Public Public Partnerships in Einklang stehen. Dies ist der Fall, wenn die Kooperationsbeziehung zwischen Kommune und Privatunternehmen für den Betrieb einer traditionellen Kultureinrichtung idealerweise als echte Verantwortungspartnerschaft ausgestaltet werden kann.

Die Vereinbarkeit des politischen Ansatzes der echten Verantwortungspartnerschaft mit den einzelnen Strukturmerkmalen von Öffentlich Privaten Partnerschaften ist Untersuchungsgegenstand dieses Arbeitsabschnittes (**D**). Dabei ist auch zu prüfen, ob die deutschen Kommunen Maßnahmen ergreifen sollten, um die für das Gelingen von kulturellen Public Private Partnerships notwendigen projektbezogenen Eignungskriterien zu begünstigen oder erst künstlich zu erzeugen.

I. Aktivierende Kulturpolitik: echte Verantwortungspartnerschaft

1. Zusammenarbeit in allen Planungsphasen

Eine echte Verantwortungspartnerschaft zwischen Gemeinden und Privatunternehmen für die traditionelle Kultureinrichtung besteht nur dann, wenn es zu einer gleichberechtigten Zusammenarbeit beider Partner während der gesamten Projektrealisierung kommt.[292] Das bedeutet zum einen, dass der Betrieb einer traditionellen Kultureinrichtung partnerschaftlich geführt werden sollte. Die traditionelle Kultureinrichtung werden die Partner jedoch nur dann dauerhaft erfolgreich miteinander betreiben können, wenn sie das Projekt auch partnerschaftlich zusammen entwickelt und geplant haben. Eine echte Verantwortungspartnerschaft beginnt idealerweise deshalb bereits in den Vorschlags-, Pla-

292 Siehe: Politikmodell des „aktivierenden Staates“, S. 9ff.

nungs- und Realisierungsphasen (verfahrensrechtliche Dimension)[293], an deren Ende dann eine gemeinsam entwickelte traditionelle Kultureinrichtung steht, die zukünftig von den Partnern gemeinsam betrieben wird (vertraglich-inhaltliche Dimension).[294]

Öffentlich Private Partnerschaften sind entsprechend als Kooperationsform für eine aktivierende Kulturpolitik dann geeignet, wenn sie vertraglich-inhaltlich eine echte Verantwortungspartnerschaft zwischen der Gemeinde und dem privaten Unternehmen für die traditionelle Kultureinrichtung zulassen und auch verfahrensrechtlichrechtlich ihre partnerschaftliche Entwicklung erlaubt ist. Die verfahrensrechtliche Dimension des aktivierenden Kulturstaatmodells wird im Einzelnen erst in Kapitel 2 untersucht,[295] auch wenn die beiden Dimensionen dieses Politikmodells nicht strikt voneinander getrennt werden können. So ist die vertraglich-inhaltliche Dimension der partnerschaftlichen Zusammenarbeit ein Teilaspekt der verfahrensrechtlichen Dimension des aktivierenden Kulturstaatsmodells (Betriebsphase). Auch das Strukturmerkmal des ganzheitlichen Projektansatzes enthält verfahrensrechtliche Bezüge: Es ist für die Kooperationsform der Öffentlich Privaten Partnerschaft charakteristisch, dass aufgrund des ganzheitlichen Projektansatzes bereichsübergreifend alle Projektphasen – abgesehen von der Vorschlagsphase und eines Teils der Planungsphase, die von der öffentlichen Hand bereits im Vorfeld durchgeführt werden[296] – gemeinsam betrachtet und deshalb auch geschlossen zum Gegenstand der Vertragsverhandlungen zwischen den Partnern gemacht werden. Ohne einen ganzheitlichen Projektansatz käme es zu keiner Prozessoptimierung; die Zusammengehörigkeit von Planungs-, Realisierungs- und Betriebsphase und der Finanzierung ist den Public Private Partnerships in ihrer Eigenschaft als Realisierungs- und Finanzierungsinstrumente wesensimmanent.[297]

Eine partnerschaftliche Zusammenarbeit von Gemeinde und Wirtschaftsunternehmen in der Vorschlagsphase (Phase, in der entschieden wird, ob und welche traditionelle Kultureinrichtung realisiert werden soll) und von den ersten Schritten der Projektplanung der traditionellen Kultureinrichtung an (die Planungsphase besteht aus mehreren Planungsschritten, insbesondere der Grundlagenplanung, Vorentwurfsplanung, Entwurfsplanung und der Ausführungsplanung[298]), hätte den wirtschaftlichen Vorteil, dass es zur Allokation der gemeinsamen Res-

293 Siehe S. 167 ff.

294 Siehe S. 59 ff.

295 Siehe S. 167 ff.

296 Siehe dazu im Einzelnen S. 204 ff.

297 Vgl. BMVBS, Erfahrungsbericht ÖPP 2007, S. 4 f.; *Horn*, Wirtschaftlichkeitsvergleich, S. 3; PPP-Bundesgutachten BMVBS Band I 2003, S. 5.

298 Siehe hierzu auch S. 177 f.

sourcen – wie Personal, Sachmittel und Know-how etc. – bereits in einer noch früheren Phase der Projektrealisierung kommt. Bereits die Zusammenarbeit bei einem Teil der Projektplanung und die dabei stattfindende Allokation ist positiv zu bewerten und sollte für eine echte Verantwortungspartnerschaft der öffentlichen und privaten Hand für eine traditionelle Kultureinrichtung in frühere Projektphasen vorverlegt werden.

Eine frühzeitige Kooperation zwischen den Partnern hätte darüber hinaus den positiven Effekt, dass das Risikopotential derjenigen vertraglichen Konflikte verringert werden kann, das aus der grundsätzlich bestehenden Interessendivergenz zwischen Gemeinden und Unternehmen[299] herrührt.

Die grundsätzlich bestehende Interessendivergenz zwischen öffentlicher und privater Hand ist die Ursache dafür, dass die Partner mit der Kooperation stets auch eigene, zum Teil sehr unterschiedliche Interessen und Ziele verfolgen, die bei Öffentlich Privaten Partnerschaften um das komplementäre Ziel der erfolgreichen gemeinsamen Bereitstellung der öffentlichen Aufgaben nur ergänzt werden.

Für die erfolgreiche Errichtung und den Betrieb einer traditionellen Kultureinrichtung sollten die Gemeinden und Unternehmen sich insbesondere über das gemeinsame Ziel klar werden, das sie mit der Kulturpartnerschaft verfolgen wollen. Je früher sie zusammenarbeiten, desto früher werden Konfliktpunkte erkannt und desto eher können Kompromisse erarbeitet, das gemeinsame Ziel gefunden und eine für jede langfristige Zusammenarbeit wichtige Vertrauensbasis geschaffen werden.

Das vertragliche und das finanzierungstechnische Element des einheitlichen Projektansatzes entspricht mithin dem kulturpolitischen Erfordernis der partnerschaftlichen Zusammenarbeit.

2. *Institutionalisierte Öffentlich Private Partnerschaften mit konzessionsrechtlichen Vertragselementen*

Zu einer echten Verantwortungspartnerschaft im Sinne der aktivierenden Kulturpolitik gehört, dass die Gemeinde zusammen mit dem ausgewählten Unternehmen die öffentliche Aufgabe als solche, also die Primärleistung, gemeinsam erfüllt und nicht nur einzelne damit verbundene Sekundärleistungen auf den privaten Partner überträgt. Wie herausgearbeitet,[300] kommt es nur bei einer institutionalisierten Öffentlich Privaten Partnerschaft mit konzessionsrechtlichen Vertragselementen zu einer gleichberechtigten Verantwortung der Gemeinde und des privaten Partners für die Primärleistung Kultur. Nur in diesem Fall über-

299 Siehe hierzu bereits S. 37f.

300 Siehe S. 47ff.

nimmt die gemischtwirtschaftliche Gesellschaft und damit die öffentlichen und privaten Mitgesellschafter dauerhaft die Aufgabenverantwortung für die Kultur unmittelbar gegenüber den Endnutzern.

Die Geeignetheit des Gesellschaftsmodells mit konzessionsrechtlichen Vertragselementen für eine partnerschaftliche Verantwortungsübernahme von Gemeinden und Unternehmen für die traditionelle Kultureinrichtung ist im Folgenden jedoch noch weiter zu erforschen.

a. Gesellschaftsform und Mitgesellschafter

Eine bestimmte Gesellschaftsform ist für kulturelle Öffentlich Private Partnerschaften weder generell vorzuziehen noch von vornherein auszuschließen.[301] Die Entscheidung für die eine oder andere Form hängt vielmehr von den Umständen des konkreten Einzelfalles ab.[302] Für institutionalisierte Öffentlich Privaten Partnerschaften, die als Trägerunternehmen von Infrastrukturleistungen gegründet werden, ist hingegen die GmbH das typischerweise angewandte Grundmodell, wobei in der Praxis von diesem Grundmodell regelmäßig im Gesellschaftsvertrag oder in einem Rahmenvertrag abgewichen wird.[303]

Mit der Gründung einer Projektgesellschaft wird bei Öffentlich Privaten Partnerschaften im Allgemeinen das Ziel verfolgt, die finanziellen Risiken der Partner auf ein Sondervermögen zu begrenzen. Es muss sich demnach bei kulturellen gemischtwirtschaftlichen Gesellschaften stets um eine Gesellschaftsform handeln, die über ein haftungsrechtliches Sondervermögen verfügt. Die kulturelle institutionalisierte Öffentlich Private Partnerschaft mit konzessionsrechtlichen Elementen soll zudem künftig alleinige Trägerin der traditionellen Kultureinrichtung sein. Es ist deshalb notwendig, dass es sich um eine Gesellschaft mit eigener Rechtspersönlichkeit handelt. Die Gründung z.B. einer BGB-Gesellschaft scheidet deshalb aus, hingegen kommen sowohl eine GmbH als auch ein e.V. in Betracht. Für die Beantwortung der Frage, ob es bei einer institutionalisierten Öffentlich Privaten Partnerschaft vertraglich-inhaltlich zu einer echten Verantwortungspartnerschaft zwischen der Gemeinde und dem beteiligten Privatunternehmen kommen kann, ist eine genauere Prüfung der Vor- und Nachteile der einzelnen in Betracht kommenden Gesellschaften mit eigener Rechtspersönlichkeit nicht erforderlich. Die hier insbesondere eine Rolle spielenden Überlegungen des Steuerrechts wurden aus dem Untersuchungsgegenstand dieser Arbeit vielmehr ausgeklammert.[304] Die Ausführungen zum Aufbau und zur Organisation der kul-

301 *Schrallhammer*, PPP im Bereich Kunst und Kultur, S. 174.

302 *Schrallhammer*, PPP im Bereich Kunst und Kultur, S. 174.

303 *Jasper*, Kooperationen in der Daseinsvorsorge 2011, S. 24.

304 Siehe zur Begrenzung des Untersuchungsgegenstandes S. 12.

turellen gemischtwirtschaftlichen Gesellschaften mit eigener Rechtspersönlichkeit werden im Folgenden deshalb allgemein gehalten.[305]

Die Gemeinde und das Privatunternehmen müssen zu gleichen Teilen an der gemischtwirtschaftlichen Gesellschaft beteiligt sein, damit es zu einer echten Verantwortungspartnerschaft für die traditionelle Kulturleistung kommt. Die Gesellschaftsanteile in gleicher Höhe stehen für die gleichberechtigte Einflussmöglichkeit beider Partner bei der Steuerung der Gesellschaft.[306]

Beide Partner sind gleichermaßen in den Entscheidungsorganen der neuen Gesellschaft vertreten und an der Geschäftsführung beteiligt.[307] So können sie gemeinsam darüber entscheiden, welche Sekundärleistungen (z.B. notwendige Reparaturen, Reinigungsleistungen, aber auch die Führung eines Bistros, die Einrichtung eines Museumsshops etc.) für den Erfolg der konkreten kulturellen Einrichtung notwendig sind. Zudem verfügt jeder von ihnen über Einflussmöglichkeiten auf die inhaltliche Planung und Ausführung der angebotenen Kulturleistung, was für eine Kulturpolitik gemäß dem Modell des aktivierenden Kulturstaates zwingend notwendig ist. Beide Partner tragen die Verantwortung dafür, dass die Kultureinrichtung ununterbrochen ein qualitativ hochwertiges, das breite Publikum ansprechende Kulturprogramm zu erschwinglichen Preisen anbietet und somit die rechtlichen Anforderungen erfüllt werden, die beim Betrieb von kulturellen Infrastruktureinrichtungen einzuhalten sind.

Die Gemeinde und das private Unternehmen können im Gesellschaftsvertrag vereinbaren, dass es weitere privatrechtliche Mitgesellschafter geben darf – zum Beispiel Kulturvereine oder (Kunst liebende) Einzelpersonen. Weiter können sie vertraglich regeln, dass ehrenamtliches Engagement von Unternehmensmitarbeitern oder privaten Dritten innerhalb des Kulturbetriebs erlaubt sein soll. So können ehrenamtliche Mitarbeiter zum Beispiel für die Besucherberatung vorgesehen sein, oder es kann mit ihnen ein spezielles Kinderprogramm auf die Beine gestellt werden. Durch die Einbindung von einzelnen Privatpersonen in die Bereitstellung der traditionellen Kulturleistung wird eine weitere Kategorie der privaten Kulturakteure aktiviert und damit dem Politikmodell des aktivierenden Kulturstaates in noch weitergehendem Maße entsprochen.[308] Die Privatpersonen und Vereine, die neben Staat und Wirtschaft Akteure des kulturellen Lebens in Deutschland sind, wurden an dieser Stelle jedoch nur der Vollständigkeit wegen angesprochen und spielen bei der weiteren Untersuchung keine Rolle mehr.

---

305 Für nähere Einzelheiten sei auf die Ausführungen bei *Schrallhammer*, PPP im Bereich Kunst und Kultur, S. 170ff., sowie bei *Jasper*, Kooperationen in der Daseinsvorsorge 2011, S. 20ff. verwiesen.

306 *Jasper*, Kooperationen in der Daseinsvorsorge 2011, S. 20.

307 Siehe dazu auch S. 48.

308 Vgl. *Mir*, Magisterarbeit PPP im Museumsbereich, S. 26f.

b. Ressourcenallokation und Synergieeffekte

Die Einbeziehung der Unternehmen mit ihrem technischen, wirtschaftlichen und rechtlichen Know-how, ihren Innovationspotenzialen und ihren finanziellen sowie sonstigen Ressourcen in die öffentliche Aufgabenerbringung erfolgt bei Öffentlich Privaten Partnerschaften durch die Einstellung dieser privaten Ressourcen mit den öffentlichen Ressourcen in einen gemeinsamen Organisationszusammenhang. Die Gemeinden und Unternehmen leisten quantitativ einen vergleichbaren Beitrag zur Errichtung der gemischtwirtschaftlichen Gesellschaft, ergänzen sich gegenseitig durch Einbringung der jeweils fehlenden Ressourcen und vereinbaren ein gemeinsames Ressourcenmanagement.[309] Das Gesellschaftsmodell entspricht also auch insoweit der kulturpolitischen Idee einer gleichberechtigten Partnerschaft.

Die sich ergänzende Allokation der Ressourcen und ihr gemeinsame Management innerhalb der kulturellen institutionalisierten Öffentlich Privaten Partnerschaft führen zu Synergieeffekten, die für Gemeinden und Unternehmen gleichermaßen vorteilhaft sind.

So können die Kommunen von dem Wissens- und Erfahrungsschatz des privaten Partners im Finanzierungs-, Organisations- und Managementsektor lernen und das erworbene Wissen zukünftig auch bei anderen Kulturprojekten oder sonstigen öffentlichen Infrastruktureinrichtungen einsetzen.[310] So können sie z.B. ein vertieftes wirtschaftliches und juristisches Wissen erwerben oder Erfahrungen mit neuen, bisher noch unbekannten Fundraising-Methoden sammeln.

Für das Wirtschaftsunternehmen ist an einem engen Informations- und Wissensaustausch mit der Gemeinde dagegen vorteilhaft, dass es sich im Vergleich zu anderen Unternehmen in einer privilegierten Stellung befindet. Es besteht ein ständiger Kontakt zwischen Kommune und Privatem,[311] der zu einer allgemein verbesserten Verständigung zwischen den Vertragspartnern auch außerhalb der Öffentlich Privaten Partnerschaft beiträgt. Auch kann die Kulturpartnerschaft für das private Unternehmen als besondere Kommunikationsplattform für schwer erreichbare Zielgruppen fungieren,[312] mit dem z.B. die Technikbranche verstärkt auch Frauen erreicht oder Versicherungsunternehmen mit der jungen, kreativen und kulturinteressierten Bevölkerungsschicht als künftige Versicherungsnehmer in Kontakt treten können.

Die Partner können ferner räumliche Synergieeffekte zwischen der Kultureinrichtung einerseits und der alltäglichen Unternehmens- bzw. Verwaltungstätig-

309 Siehe hierzu auch S. 43 f.

310 Vgl. *Mir*, Magisterarbeit PPP im Museumsbereich, S. 27.

311 Vgl. *Mir*, Magisterarbeit PPP im Museumsbereich, S. 28 f.

312 *Mir*, Magisterarbeit PPP im Museumsbereich, S. 30.

keit andererseits erzielen. So können sie z.B. vertraglich vereinbaren, dass die Räumlichkeiten von beiden Partnern auch zu gesellschaftsfremden Zwecken, wie Gemeindeveranstaltungen oder Weiterbildungsseminare der Unternehmensmitarbeiter, genutzt werden dürfen.

c. Zeitlicher Aspekt der partnerschaftlichen Verantwortungsübernahme

Kulturelle institutionalisierte Öffentlich Private Partnerschaften sollten, um dem Kulturpolitikmodell des aktivierenden Kulturstaates bestmöglich zu entsprechen, auf unbestimmte Zeit abgeschlossen werden.[313] Zum einen wird dadurch eine verlässliche Langzeitplanung für den Betrieb der traditionellen Kultureinrichtung leichter möglich,[314] zum anderen kann eine dauerhafte und möglichst ununterbrochene Bereitstellung der kulturellen Infrastrukturleistung eher sichergestellt werden.

Die gemischtwirtschaftliche Gesellschaft trägt im Normalbetrieb der traditionellen Kultureinrichtung gegenüber den Endnutzern allein die Verantwortung für die ordnungsgemäße Aufgabenerfüllung. Dahinter steht die kulturpolitische Idee, dass die Vertragsparteien die Verantwortung und das Risiko, also die finanziellen Vor- wie Nachteile, primär paritätisch zu tragen haben. Die Gewährleistungsverantwortung der Gemeinde bleibt während des laufenden Vertrages bestehen, wird jedoch ergänzt durch die Mitaufgabenverantwortung des privaten Kulturakteurs. Die alleinige Gewährleistungsverantwortung der Gemeinde für die kulturelle Infrastruktureinrichtung kommt dagegen nur im äußersten Notfall wieder zum Tragen, und zwar wenn die gemischtwirtschaftliche Gesellschaft z.B. Insolvenz anmelden muss[315] und deshalb aufgelöst und beendet wird. In dieser Ausnahmesituation hat die Gemeinde konkret zu prüfen, ob sie ihrer Kulturverantwortung nach Art. 5 III 1 i.V.m. Art. 3 I, 20 I i.V.m. Art. 28 II 1 GG dadurch nachkommen muss, dass sie z.B. das Theater als neue Trägerin – möglicherweise mit einem neuen privaten Partner fortführt –, oder ob auch die Schließung des Theaters in Betracht kommt, ohne dass sie ihre grundrechtlichen Pflichten verletzt (z.B. da in unmittelbarer Nähe ein weiteres Theater existiert).

313 Zur (vergabe-)rechtlichen Zulässigkeit siehe hierzu S. 134f.

314 Vgl. *Mir* kann nicht zugestimmt werden, dass Public Private Partnerships nur auf begrenzte Zeit eingegangen werden können, und er als Konsequenz, ohne zwischen vertraglichen und institutionalisierten Public Private Partnerships zu unterscheiden, die Unmöglichkeit einer sicheren Langzeitplanung für den Museumsbetrieb als Nachteil dieser Art von öffentlich-privater Kooperation anführt (vgl. *Mir*, Magisterarbeit PPP im Museumsbereich, S. 24f.).

315 Gemischtwirtschaftliche Gesellschaften sind insolvenzfähig. Für sie gilt § 12 InsO nicht (vgl. *Hirte*, Uhlenbruck/ Hirte/Vallender: Insolvenzordnung, § 12 InsO, Rn. 13.)

d. Gemeinsames Erfolgsinteresse

Die partnerschaftliche Übernahme von Verantwortung und Risiko für die Leistungserbringung bildet die Basis für das mit der Öffentlich Privaten Partnerschaften verfolgte komplementäre Ziel der Partner, durch eine sich ergänzende Leistungserbringung die öffentliche Aufgabe erfolgreich zu realisieren. Bei institutionalisierten Öffentlich Privaten Partnerschaften mit konzessionsrechtlichen Elementen ist dieses gemeinsame Interesse besonders stark ausgeprägt, da die Verantwortung für die öffentliche Aufgabe als solche gleichmäßig auf beide Partner verteilt ist und die alleinige Gewährleistungsverantwortung der öffentlichen Hand nur in Ausnahmefällen wieder zum Tragen kommt.

Ein starkes komplementäres Interesse von Gemeinde und Unternehmen am Erfolg der traditionellen Kultureinrichtung wäre ein Zeichen einer echten kulturellen Verantwortungspartnerschaft. Ob aufgrund der kulturellen Realität in Deutschland ein solch starkes Interesse am Erfolg der traditionellen Kultureinrichtung auf Seiten der Unternehmen tatsächlich besteht oder hervorgerufen werden kann, muss anhand der projektbezogenen und nicht projektbezogenen Eignungskriterien im nächsten Abschnitt (**II.**) genauer geprüft werden.

3. Zwischenergebnis

Die bisherige Prüfung hat ergeben, dass die Gemeinden traditionelle Kultureinrichtungen nur dann in vollem Einklang mit dem aktivierenden Kulturstaatsmodell errichten und betreiben können, wenn sie zusammen mit den Wirtschaftsunternehmen eine institutionalisierte Öffentlich Private Partnerschaft mit konzessionsrechtlichen Elementen als künftiges Trägerunternehmen gründen. Das positive Untersuchungsergebnis ist jedoch von rein theoretischer Natur, während die Praxistauglichkeit dieser Kooperationsform bisher offen geblieben ist. Sie ist im Folgenden zu untersuchen.

II. Projektbezogene und nicht projektbezogene Eignungskriterien

1. Tatsächliche Rahmenbedingungen

Skepsis an der Praxistauglichkeit von kulturellen institutionalisierten Public Private Partnerships ist angebracht, da das Handeln der Gemeinden einerseits und das der privaten Unternehmen anderseits unterschiedlich motiviert ist und sie sich, unabhängig von dem späteren gemeinsamen Ziel, der erfolgreichen Projektrealisierung, von der Öffentlich Privaten Partnerschaft grundsätzlich einen divergierenden Nutzen versprechen. Während Hauptzweck von kulturellen Public Private Partnerships für die Kommunen die Nutzung der privaten Ressourcen in fachlicher sowie finanzieller Hinsicht ist und der freie Markt als Instrument zur möglichst wirtschaftlichen Bereitstellung der kulturellen Infrastruktureinrichtung genutzt werden soll,[316] erhoffen sich die Unternehmen von ihrem Engagement einen finanziellen Gewinn und sonstige mittelbare ökonomische Vorteile.[317] Es ist möglich, dass der Geschäftsführer bzw. Vorstand auch ein hohes persönliches Interesse z.B. an der Erhaltung des Stadtmuseums oder Neugründung eines Konzerthauses in der Gemeinde hat. Bei der Mehrheit der Unternehmen wird dieses Interesse jedoch nicht ausreichen, damit sich das Unternehmen dauerhaft finanziell und inhaltlich in der traditionellen Kultureinrichtung engagiert.

Nur wenn eine ausreichende Anzahl an Unternehmen die Erreichung der (im)materiellen Vorteile durch die Eingehung einer kulturellen institutionalisierten Öffentlich Privaten Partnerschaft erreichbar erscheint, kann auch die Gemeinde ihre mit der kulturellen Öffentlich Privaten Partnerschaft angestrebten Ziele erreichen. Um mehrere Wirtschaftsunternehmen als potentielle Partner für kulturelle Partnerschaften zu gewinnen und einen echten Wettbewerb für den Auswahlprozess zu erzeugen, sollten die Gemeinden günstige wirtschaftliche Rahmenbedingungen schaffen und die mittelbaren ökonomischen Vorteile hervorheben, die den privaten Partnern aus dem kulturellen Engagement erwachsen können.

a. Ausreichendes Projektvolumen

Ein hohes Projektvolumen trägt maßgeblich zu mehr Beteiligungsbereitschaft von Seiten der privaten Unternehmen an einer Öffentlich Privaten Partnerschaft bei.[318]

Die Gemeinden können im Bedarfsfall das Projektvolumen von kulturellen Public Private Partnerships künstlich erhöhen, indem sie mehrere eigene kleinere traditionelle Kultureinrichtungen zu einem Projekt bündeln, oder zusammen mit anderen Gemeinden der Region ein kulturelles Gemeinschaftsprojekt realisieren.

b. Fördergelder

Die Beteiligung an einer kulturellen Infrastruktureinrichtung wird für die Unternehmen in den meisten Fällen nicht allein durch ein hohes Investitionsvolumen zu einem ökonomisch lukrativen Vorhaben. Dafür sind die mit traditionellen Kultur-

316 Siehe zum verfahrensrechtlichen Aspekt der Nutzung der Privatwirtschaft S. 74 ff.

317 Siehe hierzu: Kulturakteur „Wirtschaftsunternehmen“, S. 24 ff.

318 Siehe S. 57 f.

einrichtungen verbundenen Einnahmen in der Regel zu gering.[319] Die allgemein verhaltenen wirtschaftlichen Gewinne von traditionellen Kultureinrichtungen sind der Grund dafür, warum Theater, Museen und Konzerthäuser in Deutschland bisher überwiegend unter der Verantwortung der öffentlichen Hand,[320] insbesondere der Gemeinden geführt werden. Die wirtschaftlichen Rahmenbedingungen für kulturelle Public Private Partnerships können die Gemeinden jedoch dadurch begünstigen, dass sie Subventionszuschüsse für die gemischtwirtschaftliche Kulturgesellschaft beantragen, die speziell zur Förderung von Public Private Partnerships oder für den Betrieb traditioneller Kultureinrichtungen auf nationaler oder europäischer Ebene zur Verfügung stehen.[321] Der Wettbewerb wird dadurch angekurbelt.[322]

Es gilt jedoch zu bedenken, dass die Funktion der externen staatlichen Bezuschussung von traditionellen Kultureinrichtungen als Anreizmechanismus für mehr Marktattraktivität eher begrenzt ist; aus folgenden Gründen:

Zum einen handelt es sich bei kommunalen Museen, Theatern und Konzerthäusern um Infrastruktureinrichtungen, so dass mit Subventionszahlungen überwiegend der Zweck verfolgt wird, die Voraussetzung für soziale Eintrittspreise zu schaffen und damit traditionelle Kultur für alle Bürger zugänglich zu machen.[323] Die Fördergelder sind primär ein Finanzausgleich für den wirtschaftlichen Nachteil, der dem Trägerunternehmen daraus entsteht, dass sie verpflichtet ist, die kulturelle Infrastruktur für das breite Publikum zu erschwinglichen Preisen bereit zu stellen. Öffentliche, zweckgebundene Gelder müssen der Allgemeinheit zugute kommen und dürfen nicht dazu verwendet werden, einzelnen Wirtschaftsunternehmen eine (neue) Einnahmequelle zu verschaffen.

Zum anderen handelt es sich bei dem kulturpolitisch favorisierten Public Private Partnership-Modell um einen Vertrag mit konzessionsrechtlichem Inhalt. Die staatlichen Zuschüsse dürfen bei Konzessionen nur einen Teil der Kosten der Bereitstellung und Nutzung der Leistung decken, da andernfalls vertraglich ein Betreibermodell vorliegen würde.[324] Das ungewisse wirtschaftliche Risiko des privaten bzw. gemischtwirtschaftlichen Rechtssubjektes wohnt jeder Konzession ihrer Natur nach inne und würde durch einen zu hohen öffentlichen Zusatzbeitrag beseitigt.

---

319 *Mir*, Magisterarbeit PPP im Museumsbereich, S. 28.

320 Vgl. Enquete-Kommission, Kultur in Deutschland, S. 85.

321 Vgl. *Storz/Frank*, PPP-Eignungstest, S. 21 ff.: Die Gemeinden müssen zudem im Rahmen des Wirtschaftlichkeitsvergleichs die Möglichkeit von staatlichen Fördergeldern in Betracht ziehen; ein Aspekt, der vorliegend vernachlässigt werden soll.

322 Vgl. *Cox*, Cox: Daseinsvorsorge, S. 82.

323 Vgl. Kommission, Konzessionen 2000, Kapitel 2.1.2.

324 Siehe hierzu S. 54 f.

Die öffentlichen Zusatzzahlungen werden folglich nie so hoch sein, dass für die Unternehmen die unmittelbare wirtschaftliche Lukrativität des Projektes der primäre Grund sein wird, in eine kommunale kulturelle Infrastruktureinrichtung zu investieren.

c. Kultur und Wirtschaft

Die Beteiligung an einer kulturellen Öffentlich Privaten Partnerschaft kann für die Wirtschaftsunternehmen vielmehr deshalb attraktiv sein, weil die Partnerschaft für das sich engagierende Unternehmen nicht zu unterschätzende mittelbar ökonomische sowie nichtökonomische Vorteile mit sich bringt.[325] Diese Vorteile seien hier nochmals kurz zusammengefasst: die Funktion von Kunst als Kreativitäts- und Innovationsfaktor, die Bedeutung von Kultureinrichtungen für die Attraktivität eines Wirtschaftsstandortes, der sich daraus ergebende mittelbare Nutzen für die Unternehmen und die mit kulturellem Engagement verbundenen Vorteile für das Image des Unternehmens. Zudem ist der traditionelle Kultursektor ein attraktiver Bereich für Corporate Citizenship.[326]

Wird die kulturelle Public Private Partnership zum Erfolg, könne die sichtbar werdenden Vorteile, die sich für das beteiligte Unternehmen aus der Partnerschaft ergeben, ein Anreiz für andere Wirtschaftssubjekte sein, sich ebenfalls kulturell zu engagieren.[327] Nicht nur die Gemeinde, sondern auch der private Partner würde von dem Engagement weiterer Privatunternehmen profitieren. So könnte der private Dritten dasselbe kulturelle Öffentlich Private Partnerschaft finanziell unterstützen wollen, z.B. in Form einer Einzelspende oder durch die Schaffung eines Matching funds (das Unternehmen koppelt die Höhe seines finanziellen Engagements z.B. an die Anzahl der Privatpersonen, die sich ebenfalls finanziell beteiligen). Diese zusätzlichen Gelder würden dazu beitragen, dass die traditionelle Kulturleistung weiter verbessert und dauerhaft attraktiv für die Bürgern bereitgestellt werden kann. Dritte Unternehmen könnten sich aber auch für eine Partnerschaft in einer anderen traditionellen Kultureinrichtung in der Region interessieren, so dass die Umgebung kulturell nochmals aufgewertet und als Wirtschaftsstandort weiter an Attraktivität gewinnt.

Die mittelbar ökonomischen und nichtökonomischen Vorteile von kulturellen Öffentlich Privaten Partnerschaften für Unternehmen sind den potentiellen privaten Partnern nicht immer bekannt oder zumindest nicht sofort ersichtlich. Um eine erfolgreiche aktivierende Kulturpolitik zu betreiben, sollte die Gemeinden

---

325 Zum Ganzen siehe: Kulturakteur „Wirtschaftsunternehmen“, S. 24 ff.

326 Siehe dazu auch S. 26 f.

327 Vgl. *Mir*, Magisterarbeit PPP im Museumsbereich, S. 26.

deshalb diese Vorteile betonen und geeignete Methoden entwickeln, um sie einer möglichst großen Zahl an Unternehmen zur Kenntnis zu bringen.

d. Verfahrensrechtliche Anreizmechanismen

Eine ununterbrochene Wettbewerbssituation ist ein wichtiges Kriterium für die Erzielung einer wirtschaftlich vorteilhaften Projektlösung und damit den Erfolg von Öffentlich Privaten Partnerschaften insgesamt.[328] Ein weiteres wichtiges projektbezogenes Eignungskriterium von Öffentlich Privaten Partnerschaften ist deshalb die Nutzung des freien Wettbewerbs als Instrument zur effizienten öffentlichen Aufgabenerfüllung. Es genügt nicht, wenn die Gemeinden ergebnisbezogen das Interesse eines einzelnen Unternehmens an einer Kulturpartnerschaft hervorrufen, sondern sie müssen dafür sorgen, dass ein echter Wettbewerb um die private Beteiligung entsteht, die während des gesamten Aktivierungs- und Auswahlprozesses – von der Projektplanung bis hin zur Vertragsunterzeichnung – aufrecht erhalten wird. Nötigenfalls müssen die Gemeinden, um ein ausreichendes Marktinteresse zur Gründung einer kulturellen gemischtwirtschaftlichen Gesellschaft zu schaffen, auch verfahrensrechtliche Belohnungs- und Anreizmechanismen einsetzen.

Auf die verfahrensrechtliche Dimension der Nutzung privater Ressourcen im Allgemeinen[329] und die möglichen Belohnungs- und Anreizmechanismen im Speziellen wird an späterer Stelle dieser Arbeit noch ausführlich eingegangen.[330]

e. Zwischenergebnis

Die natürlichen Rahmenbedingungen sind für die Gründung kultureller Öffentlich Privater Partnerschaften nicht unbedingt günstig. Daraus folgt jedoch nicht, dass Public Private Partnerships für die Betreibung einer aktivierenden Kulturpolitik von vornherein ungeeignet sind. Die Gemeinden können und sollten die notwendigen Rahmenbedingungen vielmehr durch begünstigende Maßnahmen künstlich herbeiführen.

2. Kulturelle, nicht projektbezogene Eignungskriterien

Die spezifisch bei kulturellen Öffentlich Privaten Partnerschaften zu beachtenden, nicht projektbezogenen Eignungskriterien sind die Eigengesetzlichkeit der Kultur sowie die Qualifizierung von kommunalen traditionellen Kultureinrich-

328 Vgl. *Horn*, Wirtschaftlichkeitsvergleich, S. 11.

329 Siehe S. 167 ff.

330 Siehe: Anreiz- und Kompensationsinstrumente, S. 336 ff.

tungen als Infrastrukturleistungen. Aus diesen Kriterien ergeben sich bestimmte inhaltliche Anforderungen und gesetzliche Grenzen, denen institutionalisierte Öffentlich Private Partnerschaften mit konzessionsrechtlichen Elementen entsprechen müssen, damit in Deutschland in dieser Form eine aktivierende Kulturpolitik betrieben werden kann.

a. Eigengesetzlichkeit der Kultur

Die gleichberechtigte Verantwortung der Partner für die traditionelle Kultureinrichtung birgt die Gefahr, dass sich die unternehmerischen Interessenvertreter in den Organen der gemischtwirtschaftlichen Gesellschaft nicht von der Eigengesetzlichkeit der Kultur,[331] sondern von ganz anderen Kriterien leiten lassen. Die Eigengesetzlichkeit der Kultur könnte beim Betrieb der kulturellen Einrichtung also in den Hintergrund treten, anstatt an erster Stelle zu stehen.

Dieses Gefahrenpotential besteht, da Kultur in der Regel nicht zum Hauptgeschäftsfeld der Wirtschaftsunternehmen gehört und die Personen, die das Unternehmen in den Organen der Gesellschaft vertreten, kein kulturelles Fachwissen mitbringen werden.[332] Das mangelnde kulturelle Fachwissen der privaten Organmitglieder hat zudem den Nachteil, dass es – im Gegensatz zu Public Private Partnerships in anderen Fachbereichen – bezogen auf den primären Leistungsgegenstand kaum zu Kompetenztransfer von Seiten des Unternehmens[333] kommt und sich damit auch kaum Optimierungs- und Synergieeffekte einstellen werden.

In der Unternehmensführung eines privaten Betriebes herrscht eine ökonomische Denkweise vor, so dass die Unternehmensvertreter geneigt sein könnten, die ihnen bekannten Denkmuster eins zu eins auf die Betriebsführung der Kultureinrichtung zu übertragen. Folge wäre, dass es beim Betrieb der traditionellen Kultureinrichtung zu einer inhaltlichen Gewichtsverschiebung kommt[334] und die Gesellschaft von ihrem öffentlichen Auftrag abgehalten wird, für alle interessierten Bürger ein attraktives Kulturangebot bereitzustellen.

Von gemeindlichen Vertretern in den Organen der Gesellschaft droht für die Eigengesetzlichkeit der Kultur hingegen die Gefahr, dass die Gemeinde einen zu starken Einfluss auf die inhaltliche Programmgestaltung der traditionellen Kultureinrichtung nimmt und damit die ihr nach Art. 5 III 1 GG obliegende Pflicht zur kulturpolitischen Neutralität verletzt.[335] Auch im staatlich institutionalisier-

331 Siehe zur Eigengesetzlichkeit der Kultur, S. 16ff.
332 Loock, Expertenanhörung „ÖPP in der Kultur".
333 Vgl. Loock, Expertenanhörung „ÖPP in der Kultur"; *Mir*, Magisterarbeit PPP im Museumsbereich, S. 25.
334 Vgl. *Mir*, Magisterarbeit PPP im Museumsbereich, S. 24.
335 *Scholz*, Maunz/Dürig: GG, Art. 5 III GG, Rn. 8.

ten Bereich der Kultur haben sich die öffentlichen Entscheidungsträger jedes direkten und unmittelbaren „Kunstrichtertums" zu enthalten.[336]

Die geschilderten Gefahrenpotentiale sind ernst zu nehmen. Ihnen kann jedoch durch eine verantwortungsbewusste Vertragsgestaltung wirksam begegnet werden.

So können die Parteien z. B. vertraglich vereinbaren, dass der Geschäftsführung ein (unparteiischer) Programmdirektor angehören soll, der speziell für die künstlerischen Entscheidungen zuständig ist. Diesem wäre die alleinige Zuständigkeit für die Erarbeitung des aktuellen Veranstaltungsprogramms zu übertragen, mit der Vorgabe, dass er sich im Rahmen der von der Geschäftsführung bzw. der Gesellschafterversammlung vereinbarten kulturellen und wirtschaftlichen Ziele bewegen muss. Die inhaltliche Beeinflussung des alltäglichen kulturellen Programms durch die übrigen Geschäftsführer wäre dagegen vertraglich auszuschließen oder nur in engen Grenzen zu erlauben. Damit den Partnern jedoch nicht vollständig die inhaltliche Verantwortung für das Kulturprogramm entzogen ist und weiterhin von einer Verantwortungspartnerschaft für die öffentliche Aufgabe Kultur gesprochen werden kann, sollten die übrigen Organe der gemischtwirtschaftlichen Gesellschaft aus einer paritätischen Anzahl von Vertretern der öffentlichen und privaten Hand zusammengesetzt sein und für die Überwachung der Entscheidungen des Programmdirektors zuständig bleiben. Die Geschäftsführung könnten zudem Experten der Kunstszene zur Seite gestellt werden.

b. Kulturelle Infrastruktur

Eine Kulturpolitik der gleichberechtigten Aufgabenverantwortung von öffentlicher und privater Hand ist den Gemeinden rechtlich erlaubt, da die Verantwortung für die traditionellen Kultureinrichtungen bei der Gründung institutionalisierte Öffentlich Private Partnerschaften mit konzessionsrechtlichen Elementen nicht vollständig der Privatwirtschaft überlassen wird. Die Gemeinden können als Mitgesellschafter der gemischtwirtschaftlichen Gesellschaft ihrer Gewährleistungsverantwortung in dem durch die Verfassung vorgeschriebenen Maße weiter nachkommen.[337]

Es ist ein gewolltes und wesentliches Ziel des aktivierenden Kulturpolitikmodells, dass die Privatwirtschaft für die öffentliche Aufgabe Kultur in Mitverantwortung genommen wird. Kehrseite der Mitinverantwortungsnahme der Unternehmen ist die gleichzeitige Reduzierung der staatlichen Verantwortung

336 *Hufen*, NJW 1997, 1112 (1113).

337 Siehe hierzu S. 15 ff.

für die traditionellen Kultureinrichtungen. Das ist für die Allgemeinheit jedoch nicht zwingend mit Nachteilen verbunden, sondern vielmehr eine Chance, dass durch die Nutzung der Fähigkeiten und des Fachwissens der Unternehmen sowie des freien Wettbewerbs als Instrument kulturelle Infrastrukturleistungen den Bürgern in effizienterer und effektiverer Weise als bisher bereitgestellt werden können.

E. Ergebnis des 1. Kapitels

Durch die Gründung von institutionalisierten Öffentlich Privaten Partnerschaften mit konzessionsrechtlichen Vertragselementen setzen die Kommunen das Politikmodell des aktivierenden Kulturstaates vertraglich-inhaltlich optimal um und bewegen sich innerhalb der vorgegebenen (verfassungs-)rechtlichen Grenzen gemäß Art. 5 III 1 i.V.m. Art. 3 I, 20 I – III GG i.V.m. Art. 28 II 1 GG.

2. Kapitel: Verfahren zur Aktivierung der Wirtschaftsunternehmen als Partner für kulturelle Öffentlich Private Partnerschaften

Eine institutionalisierte Öffentlich Private Partnerschaft mit konzessionsrechtlichen Vertragselementen ist die am besten geeignete Organisationsform zur partnerschaftlichen Verantwortungsübernahme von Gemeinden und Unternehmen für den Betrieb einer traditionellen Kultureinrichtung (vertraglich-inhaltliche Dimension des aktivierenden Kulturstaatsmodells). Damit steht das zu erreichende Ergebnis des gemeindlichen Aktivierungsprozesses fest. Wie die Gemeinden verfahrensrechtlich vorzugehen haben, um die Unternehmen für kulturelle Öffentlich Private Partnerschaften zu gewinnen (verfahrensrechtliche Dimension des aktivierenden Kulturstaatsmodells), wurde dagegen bisher nur am Rande angesprochen. Die bereits erwähnten verfahrensrechtlichen Gesichtspunkte sollen an dieser Stelle noch einmal zusammengefasst dargestellt werden:

Gemeinde und Unternehmen verfolgen neben dem gemeinsamen Zweck der erfolgreichen gemeinsamen öffentlichen Aufgabenrealisierung immer auch divergierende Zwecke. Diese Ziele sind zum Teil auch verfahrensrechtlicher Natur. So ist Ziel der Gemeinden, neben der Nutzung des privaten Fachwissens und der unternehmerischen Innovationspotentiale, den marktwirtschaftlichen Wettbewerb als Instrument zur wirtschaftlichen und ordnungsgemäßen Bereitstellung traditioneller Kulturleistungen einzusetzen. Damit die Gemeinde aber den freien Wettbewerb mit all seinen Vorteilen nutzen kann, hat sie gegebenenfalls durch geeignete Maßnahmen dafür die Rahmenbedingungen zu verbessern oder diese sogar erst künstlich zu erzeugen.

Die Untersuchung hat weiter ergeben, dass die dem aktivierenden Kulturstaatsmodell zugrunde liegende Idee der echten Verantwortungspartnerschaft optimal nur umgesetzt werden kann, wenn die Gemeinden die Wirtschaftsunternehmen nicht erst beim Betrieb der traditionellen Kultureinrichtung einbeziehen, sondern die Privaten bereits in der Vorschlags-, Planungs- und Realisierungsphase einen gleichberechtigten Beitrag leisten. Kulturpolitisch sollten Gemeinde möglichst frühzeitig von den Potentialen der Privatwirtschaft zum Wohle der kulturellen Infrastruktur Gebrauch machen. Die einheitliche Betrachtung von Planungs-, Realisierung- und Betriebsphase entspricht dem ganzheitlichen Projektansatz von Öffentlich Privaten Partnerschaften,[338] der jedoch für eine optimale Umsetzung einer aktivierenden Kulturpolitik noch weiter nach vorne verlagert werden sollte und um eine Kooperation beider Partner in der Vorschlagsphase und bei allen Planungsebenen zu ergänzen ist.

Prüfungsgegenstand der folgenden Arbeitsabschnitte sind die rechtlichen und kulturpolitischen Anforderungen und Besonderheiten an den gemeindlichen Aktivierungsprozess und damit an die verfahrensrechtliche Dimension des aktivierenden Kulturstaatsmodells im Detail. Der erste Prüfungsschritt wird sich mit den rechtlichen Vorgaben befassen, welche die Gemeinden bei der Aktivierung einzuhalten haben **(A)**. Wenn die verfahrensrechtlichen Grundlagen feststehen, kann auf die Erfordernisse eingegangen werden, welche das aktivierende Kulturpolitikmodell an den konkreten Ablauf des Aktivierungsprozesses stellt **(B)**.

A. Verfahrensrechtliche Vorgaben und Rahmenbedingungen

I. Ausgangsüberlegungen: Wettbewerb um den Markt

Entschließt sich eine juristische Person des öffentlichen Rechts für eine öffentliche Aufgabenerfüllung nach dem Politikmodell des aktivierenden Staates, geht es ihr um die Nutzung der Vorteile der Privatwirtschaft zum Wohle der Allgemeinheit. Bezogen auf das einzelne Unternehmen bestehen die Vorteile der Privatwirtschaft in ihrer hohen Fachkompetenz, in dem vorhandenen innovativen technisch-administrativen und servicebezogenen Know-how sowie in dem Vorhandensein von umfangreichem Kapital.[339] Bezogen auf den Privatrechtssek-

338 Siehe hierzu S. 40 ff.

339 Vgl. *Burgi*, Privatisierung öffentlicher Aufgaben, S. 25 f.

tor insgesamt liegt der Vorteil in der Geltung des Wettbewerbsprinzips, das den freien Markt beherrscht.[340]

Der zuletzt genannte Vorteil ist verfahrensrechtlicher Natur. Er folgt daraus, dass ein marktwirtschaftlicher Wettbewerb stets aus einem Parallelprozess zwischen mehreren Nachfragern (hier: Private und die öffentliche Hand) und verschiedenen Anbietern (hier: mehrere private Unternehmen) auf dem Markt besteht (sog. Parallelwettbewerb) und diesem Wettbewerb eine Dynamik innewohnt, die ein breites Angebot an innovativen und qualitativ hochwertigen Leistungen zu sinkenden Preisen schafft.[341] Positive Effekte eines funktionierenden Wettbewerbs sind also sowohl die Qualitätsverbesserung als auch niedrigere Preise, womit sich die Wirkungen des freien Wettbewerbs zum Teil mit den gemeinwohlrechtlichen Anforderungen überschneiden, die bei der Bereitstellung von Infrastrukturleistungen im Allgemeinen zu beachten sind. Die Gemeinden tun also gut daran, den Wettbewerb als Instrument zur effizienten und effektiven Bereitstellung traditioneller Kulturleistungen zu nutzen.

Die Mehrheit der traditionellen Kultureinrichtungen in Deutschland steht in gemeindlicher Trägerschaft.[342] Dieses Phänomen steht in engem Zusammenhang mit der in der Vergangenheit vertretenen These, dass bei (kulturellen) Infrastruktureinrichtungen ein freier Wettbewerb im Markt versagt oder Defizite aufweist.[343] Dieses Marktversagen beruht – wie bei vielen anderen öffentlichen Infrastrukturleistungen auch[344] – für traditionelle Kultureinrichtungen primär auf zwei eng miteinander zusammenhängen Ursachen:

Typisches Kennzeichen kultureller Infrastrukturleistungen ist die Pflicht des (öffentlichen) Leistungsträgers, während des laufenden Kulturbetriebes bestimmte Mindeststandards in quantitativer, qualitativer und preispolitischer Hinsicht kontinuierlich sicherzustellen.[345] Die Gemeinden sind aufgrund der ihnen obliegenden Gewährleistungsverantwortung nach Art. 5 III 1, 3 I, 20 I – III GG zur Ergebnissicherung verpflichtet.[346] Die Gemeinden müssen deshalb Preis, Quantität und Qualität der Leistungserbringung vorab definieren und dürfen diese nicht dem freien Wettbewerb überlassen.[347] Auch der Preis, die Quantität und die Qualität von traditionellen Kulturleistungen dürfen nicht allein das Ergebnis eines offenen wettbe-

340 Vgl. *Burgi*, Privatisierung öffentlicher Aufgaben, S. 26.

341 Vgl. *Cox*, Cox: Ausschreibung von öffentlichen Dienstleistungen, S. 52 f.

342 Siehe bereits S. 4.

343 Vgl. *Cox*, Cox: Ausschreibung von öffentlichen Dienstleistungen, S. 49.

344 Vgl. *Cox*, Cox: Ausschreibung von öffentlichen Dienstleistungen, S. 51 f.

345 Vgl. allgemein zu Infrastruktureinrichtungen: *Cox*, Cox: Ausschreibung von öffentlichen Dienstleistungen, S. 50.

346 *Schoch*, NVwZ 2008, 241 (245). Siehe dazu: Kulturelle Daseinsvorsorge – Kulturelle Infrastruktur, S. 15 ff.

347 Vgl. *Cox*, Cox: Daseinsvorsorge, S. 78 ff.

werblichen Such- und Findungsprozesses sein. Je höher die von öffentlicher Seite vorgegebenen Mindeststandards sind, desto weniger gewinnversprechend ist die Bereitstellung der Infrastrukturleistung und desto eher ist aufgrund des in der Privatwirtschaft vorherrschenden Gewinnstrebens mit einem geringen Beteiligungsinteresse der Unternehmen zu rechnen.[348] Bei kulturellen Infrastrukturleistungen kommt hinzu, dass die Eigengesetzlichkeit der Kultur es verbietet, den Betrieb an rein ökonomischen Zielen auszurichten. Qualität und Vielfalt der Kulturleistung müssen vielmehr im Mittelpunkt stehen.[349]

Die dezentrale Selbststeuerung im Markt durch einen Parallelwettbewerb funktioniert bei traditionellen Kultureinrichtungen also nicht ohne weiteres und ist politisch auch nicht unbedingt erwünscht.[350] Das gilt jedoch nur für den Wettbewerb *im* Markt.[351] Die Kommunen können die positiven Markt- und Wettbewerbseffekte zur Erbringung von kulturellen Infrastruktureinrichtungen dennoch nutzen, indem sie die private Partnerschaft an einer traditionellen Kultureinrichtung in einem öffentlichen Vergabeverfahren mit Bieterwettbewerb vergeben.[352] Der öffentliche Ausschreibungswettbewerb hat zum Ziel, dasjenige private Unternehmen zu finden, das in Zusammenarbeit mit der Kommune die kulturelle Infrastrukturleistung optimal im Sinne der gesetzten – rechtlichen und politischen – Standards erbringen wird.[353] Die öffentliche Ausschreibung schafft einen Such- und Findungsprozess, durch den ein künstlich geschaffener Wettbewerb *um* den Markt der privaten Aufgabenträgerschaft, d.h. um die (Mit-)Verantwortungsübernahme von Privaten für eine traditionelle Kulturleistung, entsteht.[354]

Den Gemeinden wird es nicht gelingen, das Versagen des Marktes für kulturelle Infrastruktureinrichtungen allein durch ihre Entscheidung zu beseitigen, diese in Zukunft gemeinsam mit einem Wirtschaftsunternehmen erbringen zu wollen und den geeigneten privaten Partner dafür in einen öffentlichen Bieterwettbewerb auszusuchen. Damit die Gemeinde tatsächlich den optimalen privaten Kulturpartner in einem öffentlichen Ausschreibungswettbewerb findet, müssen für den Aktivierungsprozess vielmehr bestimmte Ausgangsbedingungen vorliegen.

So ist konstitutives Merkmal eines funktionierenden Wettbewerbes der Parallelwettbewerb zwischen einer ausreichenden Zahl an Bietern, denn nur dann wird genügend Wettbewerbsdruck erzeugt.[355] Nur wenn sich mehrere private Unter-

348 Vgl. *Cox*, Cox: Daseinsvorsorge, S. 74.
349 Siehe dazu im Einzelnen S. 16 f.
350 *Cox*, Cox: Ausschreibung von öffentlichen Dienstleistungen, S. 51.
351 *Cox*, Cox: Daseinsvorsorge, S. 82.
352 Vgl. allgemein zu Infrastruktureinrichtungen: *Cox*, Cox: Daseinsvorsorge, S. 75.
353 Allgemein zu Infrastruktureinrichtungen: *Cox*, Cox: Daseinsvorsorge, S. 75.
354 Vgl. *Cox*, Cox: Daseinsvorsorge, S. 82.
355 *Cox*, Cox: Ausschreibung von öffentlichen Dienstleistungen, S. 54.

nehmen an der Ausschreibung beteiligen und diese dadurch einem Wettbewerbsdruck ausgesetzt werden, wird die Gemeinde tatsächlich den besten, leistungsfähigsten und zugleich wirtschaftlichsten Marktteilnehmer als Partner finden können. Wie soeben ausgeführt wird das natürliche Beteiligungsinteresse der Unternehmen wegen der Gemeinwohlbindung der kommunalen Infrastruktureinrichtungen gering sein. Die Gemeinden können jedoch – und sollten – die Beteiligungsbereitschaft der Unternehmen z.B. durch Zuschusszahlungen und Hervorhebung der mittelbar wirtschaftlichen und nichtwirtschaftlichen Vorteile ankurbeln.[356]

Für einen funktionierenden Bieterwettbewerb sind ferner ein freier Zutritt zum Verfahren, die Nichtdiskriminierung der Anbieter sowie die Transparenz des Marktes und des Ausschreibungsobjektes unerlässlich.[357] Nur wenn ein fairer Verfahrensablauf garantiert ist, werden die privaten Unternehmen bereit sein, ihr Fachwissen und ihre finanziellen Mittel in den Dienst der öffentlichen Aufgabe Kultur zu stellen.

Die Gemeinden sollten darauf achten, dass der einmal entstandene Parallelwettbewerb während des gesamten Verfahrens aufrecht erhalten bleibt, damit sie den freien Wettbewerb während des gesamten Aktivierungsprozesses als Instrument zur effizienten und effektiven kulturellen Leistungserbringung nutzen können. Die Gemeinden können den Wettbewerb aufrecht erhalten, indem sie den Ablauf des Ausschreibungsverfahrens für die Unternehmen im Rahmen der gegebenen gesetzlichen Grenzen[358] so attraktiv wie möglich gestalten, wozu neben der etwaigen Zahlung von Subventionen die Schaffung von weiteren wettbewerblichen Anreizmechanismen gehört.[359]

Ein Wettbewerb um den Markt der privaten Partnerschaft für traditionelle Kultureinrichtungen ist grundsätzlich durch verschiedene Vergabemodi erzeugbar. In der Literatur werden in diesem Zusammenhang die Lotterie, die Einzelgenehmigung, die freihändige Vergabe, die öffentliche Versteigerung und die öffentliche Ausschreibung genannt.[360]

Der wettbewerbliche Idealfall von öffentlichen Ausschreibungen ist das einstufige Auktionsverfahren. Die öffentliche Hand fordert hier den privaten Leistungsmarkt öffentlich zur Einreichung schriftlicher Angebote auf,[361] die alle Bieter anonym, zeitgleich und ohne Kenntnis der Angebote der Mitkonkurren-

---

356 Siehe hierzu: Fördergelder, S. 67 f.; Kultur und Wirtschaft, S. 69 und Beihilfenrechtliche Konsequenz, S. 98 ff.

357 Vgl. *Cox*, Cox: Ausschreibung von öffentlichen Dienstleistungen, S. 54.

358 Siehe dazu: Recht der öffentlichen Ausschreibung, S. 78 ff.

359 Siehe dazu im Einzelnen S. 336 ff.

360 *Cox*, Cox: Daseinsvorsorge, S. 82.

361 Vgl. *Cox*, Cox: Daseinsvorsorge, S. 85.

ten einreichen müssen.[362] Die private Angebotsabgabe erfolgt auf der Grundlage einer umfassenden, klaren, widerspruchsfreien und transparenten Beschreibung der verlangten Leistung und der vertraglich zu übernehmenden Pflichten,[363] wobei die Beschreibung zugleich die Entscheidungsgrundlage des öffentlichen Auftraggebers für die Auswahl des besten Bieters bildet. Transparenz und Nichtdiskriminierung werden hier in optimaler Weise sichergestellt.

Die öffentlichen Ausschreibungen der privaten Partnerschaft in einer traditionellen Kultureinrichtung liegt gegenüber den übrigen Vergabemodi jedoch darin, dass die Gemeinde ihre Partnerwahl nicht aufgrund des preislich niedrigsten Angebotes oder des geringsten Zuschussbedarfes trifft, sondern ihr durch die Kombination von Leistungsobjekt, Preis, Subventionsforderung und Qualität eine mehrdimensionale Entscheidung möglich ist.[364] Die öffentliche Ausschreibung ist ein flexibler, an die konkrete Leistung anpassungsfähiger Vergabemodus,[365] bei welchem der Wettbewerb in seiner Eigenschaft als Entdeckungsverfahren für das Auffinden der besten und wirtschaftlichsten – nicht nur der preisgünstigsten – Lösung zum Zuge kommt. Die objektiv beste Lösung existiert dabei nicht, sondern dem öffentlichen Auftraggeber verbleiben bei der Auswahl des wirtschaftlichsten Angebotes Entscheidungsspielräume.[366]

Nur die öffentliche Ausschreibung genügt also – unabhängig von einem bestehenden rechtlichen Anwendungsgebot[367] – den genannten Voraussetzungen für einen effektiven Bieterwettbewerb.

II. Recht der öffentlichen Ausschreibung

1. Systematik des Rechts der öffentlichen Ausschreibungen

In § 55 BHO heißt es *„Dem Abschluss von Verträgen über Lieferungen und Leistungen muss eine öffentliche Ausschreibung vorausgehen, sofern nicht die Natur des Geschäfts oder besondere Umstände eine Ausnahme rechtfertigen."* Entsprechende Anordnungen finden sich auch in § 30 HGrG und den jeweiligen Landeshaushaltsordnungen.[368] Der Staat und seine Untergliederungen sind danach in der Regel verpflichtet, vor Abschluss eines Vertrages über eine Lieferung oder sonstige Leistung, die sie zur Erfüllung ihrer Aufgaben benötigen und auf dem

362 Vgl. *Cox*, Cox: Ausschreibung von öffentlichen Dienstleistungen, S. 55.
363 *Cox*, Cox: Ausschreibung von öffentlichen Dienstleistungen, S. 55.
364 Vgl. *Cox*, Cox: Ausschreibung von öffentlichen Dienstleistungen, S. 54 f.
365 Vgl. *Cox*, Cox: Daseinsvorsorge, S. 85.
366 *Cox*, Cox: Ausschreibung von öffentlichen Dienstleistungen, S. 55.
367 Siehe dazu sogleich.
368 Z.B. § 55 I LHO Bremen, § 55 I LHO BW, § 55 I LHO BLN.

freien Markt zu erwerben beabsichtigen, eine öffentliche Ausschreibung durchzuführen. Die öffentliche Ausschreibung ist gesetzlich also vorgeschrieben; über eine freie Wahl zwischen den verschiedenen Vergabemodi verfügt die öffentliche Hand grundsätzlich nicht.

Die haushaltsrechtlichen Vorschriften sind nur ein Teil des in Deutschland geltenden Vergaberechts, ein Begriff, der sich als Synonym für das Recht der öffentlichen Ausschreibungen herausgebildet hat. Das haushaltsrechtliche Vergaberecht wird durch die sog. Verdingungsordnungen weiter konkretisiert, und durch primäres sowie sekundäres europäisches Vergaberecht ergänzt und zum Teil überlagert. Das Vergaberecht ist also keine rein nationale Rechtsmaterie, sondern das primäre europäische Vergaberecht und die europäischen Vergabekoordinierungsrichtlinien,[369] die auf dem primären Gemeinschaftsrecht beruhen, können bei öffentlichen Ausschreibungen ebenfalls eine Rolle spielen.

Das primärrechtliche Vergaberecht – besser bekannt unter dem Begriff der sog. „allgemeinen Vergaberechtsgrundsätze" – besteht neben den Grundfreiheiten in ihrer Eigenschaft als besondere Gleichheitsrechte, aus den Grundsätzen der Nichtdiskriminierung und Gleichbehandlung sowie die Grundsätzen der Transparenz, Verhältnismäßigkeit und gegenseitigen Anerkennung.[370]

Die Vergabekoordinierungsrichtlinien hat der deutsche Gesetzgeber durch §§ 97 ff. GWB, die Vergabeverordnung (VgV) und durch einen eigenen Abschnitt innerhalb der Verdingungsordnungen[371] umgesetzt und in das einfachgesetzliches deutsches Vergaberecht integriert[372] (sog. sekundäres europäisches Vergaberecht).

Die genannten vergaberechtlichen Normenkomplexe sind nicht bei allen öffentlichen Ausschreibungen vollumfänglich anzuwenden. Ob die öffentlichen Auftraggeber das Vergaberecht überhaupt anwenden müssen, und wenn ja, welcher der verschiedenen Normenkomplexe einschlägig ist (das einfachrecht-

369 Vergabekoordinierungsrichtlinie 2004/18/EG (VKR) des Rates vom 31.03.2004 über die Koordinierung der Verfahren zur Vergabe öffentlicher Bauaufträge, Lieferaufträge und Dienstleistungsaufträge; Sektorenkoordinierungsrichtlinie RL 2004/17/EG (SKR) des Rates vom 31.03.2004 zur Koordinierung der Zuschlagserteilung im Bereich Wasser-, Energie- und Verkehrsversorgung sowie Postdienste.
Die SKR spielt für den Untersuchungszweck dieser Arbeit keine Rolle und wird deshalb im Folgenden vernachlässigt.

370 Kommission, Konzessionen 2000, Kapitel 3; Kommission, Grünbuch PPP 2004, Rn. 29. Was sich hinter dem Begriff der „allgemeinen Vergaberechtsgrundsätze" im Einzelnen verbirgt, wird an späterer Stelle dieser Arbeit noch im Einzelnen geprüft und dargelegt (S. 103 ff.).

371 Vergabe- und Vertragsordnung für Bauleistungen (VOB) Teil A, Abschnitt 2; Vergabe- und Vertragsordnungen für Leistungen (VOL) Teil A, Abschnitt 2 (EG-VOL/A); Verdingungsordnung für freiberufliche Leistungen (VOF).

372 Vgl. *Dreher*, Immenga/Mestmäcker Kartellrecht, Vor §§ 97 ff. GWB, Rn. 39.

liche, auf gemeinschaftsrechtlichen Vorschriften beruhende sekundäre europäische Vergaberecht; das einfachrechtliche nationale deutsche Vergaberecht oder das primärrechtliche europäische Vergaberecht), hängt von unterschiedlichen Voraussetzungen ab:

Allgemein ist das Vergaberecht dann einschlägig, wenn ein öffentlicher Auftraggeber[373] einen öffentlichen Auftrag i.w.S. vergeben möchte. Öffentliche Aufträge i.w.S. sind entgeltliche Verträge zwischen öffentlichen Auftraggebern und Unternehmen, die Liefer-, Bau- oder Dienstleistungen zum Gegenstand haben oder Bau- und Dienstleistungskonzessionen sind (vgl. Art. 1 II, III, IV VKR).

Ob das rein deutsche oder das gemeinschaftsrechtlich beeinflusste nationale Vergaberecht zur Anwendung kommt, hängt dagegen davon ab, ob ein bestimmtes Projektvolumen erreicht oder überschritten wird (sog. Schwellenwerte[374]). Der Grund dafür, dass das sekundäre gemeinschaftliche Vergaberecht erst bei Erreichen der Schwellenwerte einschlägig wird, beruht auf der Annahme, dass sich Verträge zwischen einem öffentlichen Rechtssubjekt und einem Privatem unterhalb eines bestimmten Gesamtwertes grundsätzlich nicht oder zumindest nicht spürbar auf den grenzüberschreitenden Handel auswirken.[375] Das dem europäischen Vergaberecht zugrunde liegende Marktöffnungsargument hat in diesen Fällen hinter dem Subsidiaritätsprinzip des Art. 5 III EUV (Art. 5 EGV a.F.) zurückzutreten.[376]

Bei öffentliche Ausschreibungen oberhalb der Schwellenwerte gelten grundsätzlich[377] das GWB, das VgV und je nach Auftragsgegenstand eine der drei Verdingungsordnungen.[378] Das europäische Primärrecht – insbesondere das primärrechtliche Vergaberecht,[379] das europäische Kartellrecht der Art. 101 ff. AEUV

373 Die subjektive Tatbestandsvoraussetzung, dass es sich bei dem öffentlichen Vertragspartner um einen öffentlichen Auftraggeber im Sinne des § 98 GWB handeln muss, soll vorliegend nicht weiter untersucht werden. Die Kommunen als öffentliche Gebietskörperschaften gehören unstrittig zu den öffentlichen Auftraggebern im Sinne des Vergaberechts (§ 98 I GWB).

374 Nach der VO 1251/2011/EU v. 30.11.2011 betragen die Schwellenwerte seit dem 01.01.2012 für Bauleistungen 5.000.000 EUR, für Liefer- und Dienstleistungen der Obersten oder Oberen Bundesbehörden und vergleichbaren Bundeseinrichtungen 130.000 EUR, für alle übrigen öffentlichen Auftraggeber 200.000 EUR sowie für Liefer- und Dienstleistungen im sog. Sektorenbereich 400.000 Euro.

375 *Goodarzi*, Vergaberechtliche Probleme bei PPP, S. 21.

376 *Goodarzi*, Vergaberechtliche Probleme bei PPP, S. 21 f.

377 Die Vergaberechtsrichtlinien enthalten Ausnahmevorschriften, aufgrund derer bestimmte öffentliche Aufträge nicht oder nur teilweise vom Geltungsbereich des gemeinschaftlichen Vergaberechts erfasst werden.

378 Vgl. *Dreher*, Immenga/Mestmäcker Kartellrecht, Vor §§ 97 ff. GWB, Rn. 39.

379 Siehe dazu im Einzelnen S. 102 ff.

(Art. 81 ff. EG a.F.) und das europäische Beihilfenrecht der Art. 107 ff. AEUV (Art. 87 ff. EG a.F.) – bleiben subsidiär anwendbar.[380]

Unterhalb der Schwellenwerte kann – die ausnahmsweise Binnenmarktrelevanz vorausgesetzt – ebenfalls das europäische Primärrecht zur Anwendung kommen.[381] Dagegen sind die §§ 97 ff. GWB und das VgV ebenso wenig einschlägig wie diejenigen Abschnitte der Verdingungsordnungen, die auf den EG-Vergaberichtlinien beruhen (die sog. a-Paragraphen der VOB/A und der Abschnitt EG-VOL/A, sowie die VOF).[382] Im Übrigen bleibt jedoch das GWB auch für Vergaben unterhalb der Schwellenwerte anwendbar und die haushaltsrechtlichen Bindungen sind zu beachten.[383]

Es gibt öffentliche Aufträge i.w.S., für die – trotz eines Projektvolumens oberhalb der Schwellenwerte – weder die VKR (vgl. Art. 17 VKR) noch das rein deutsche einfachgesetzliche Vergaberecht anwendbar sind. Das sind die sog. Dienstleistungskonzessionen. Die allgemeinen Vergaberechtsgrundsätze kommen hier aufgrund der Binnenmarktrelevanz und mangels einschlägiger einfachrechtlicher Regelungen nicht subsidiär, sondern direkt und unmittelbar zur Anwendung.

Im Folgenden (**2.**) wird zunächst untersucht, ob bei Gründung von kulturellen institutionalisierten Public Private Partnerships mit konzessionsrechtlichen Vertragselementen das Recht der öffentlichen Auftragsvergabe überhaupt einschlägig ist.

Ist dies der Fall, wird weiter zu prüfen sein, ob die Gemeinden das sekundäre europäische Vergaberecht oder oder direkt das primäre europäische Vergaberecht beachten müssen. Keine Rolle wird dagegen das einfachgesetzliche, rein deutsche Vergaberecht spielen; aus folgenden Gründen:

Im Zusammenhang mit den projektbezogenen Eignungskriterien wurde festgestellt, dass ein hohes Investitionsvolumen wesentlich zum Erfolg von Öffentlich Privaten Partnerschaften beiträgt.[384] Tatsächlich bewegen sich die Projektvolumina von Public Private Partnerships in der Praxis regelmäßig über 15.000.000 EUR[385] und damit weit über dem höchsten, für Bauleistungen geltenden Schwellenwert. Dieser beträgt aktuell[386] 5.000.000 EUR. Die Gemeinden sollten beim Abschluss von kulturellen Public Private Partnerships ein entsprechend hohes Projektvolumen anstreben sowie im Bedarfsfall dafür eine Projektbündelung vornehmen. Bei der vorliegenden Untersuchung ist deshalb allenfalls

---

380 Vgl. *Dreher*, Immenga/Mestmäcker Kartellrecht, Vor §§ 97 ff. GWB, Rn. 27 ff.

381 *Dreher*, Immenga/Mestmäcker Kartellrecht, Vor §§ 97 ff. GWB, Rn. 51.

382 Vgl. *Dreher*, Immenga/Mestmäcker Kartellrecht, Vor §§ 97 ff. GWB, Rn. 51.

383 *Dreher*, Immenga/Mestmäcker Kartellrecht, Vor §§ 97 ff. GWB, Rn. 51.

384 Siehe S. 67.

385 Vgl. *Schultze-Rhonhof/Decker/Kunzmann/Kronbein/Dinkhoff*, Kleine ÖPP, S. 11 (Grafik).

386 Die neuen Schwellenwerte gelten seit dem 01.01.2012 (VO 1251/2011/EU v. 30.11.2011).

das auf der gemeinschaftsrechtlichen Vergabekoordinierungsrichtlinie VKR[387] beruhende einfachrechtliche sekundäre europäische Vergaberecht von Interesse.

2. Rechtliche Pflicht zur öffentlichen Ausschreibung

Um schrittweise herausarbeiten zu können, welches Recht für die Vergabe kultureller gemischtwirtschaftlicher Gesellschaften mit konzessionsrechtlichen Vertragselementen bzw. für die Suche nach einem privaten Partner für traditionelle Kultureinrichtungen einschlägig ist, ist es hilfreich, zunächst die Ziele darzulegen, die der nationale und der europäische Gesetzgeber mit dem Vergaberecht verfolgt (**a)**). Anschließend werden dann die Voraussetzungen für die Anwendbarkeit der verschiedenen vergaberechtlichen Normenkomplexe im Einzelnen geprüft (**b)**).

a. Ziele des Vergaberechts

In den Anfangsjahren dieses noch jungen Rechtsgebietes wurde in Deutschland das Recht der öffentlichen Ausschreibung nicht wie heute dem Wirtschaftsrecht zugeordnet, sondern in das Haushaltsrecht von Bund und Ländern eingefügt. Dieser Einordnung lagen folgende Überlegungen zugrunde:

Dem öffentlichen Recht ist der Wettbewerbsgedanke nicht fremd. Er spielt aber im Rechtsverkehr der öffentlichen Hand eine geringere Rolle als bei Rechtsbeziehungen von Privat- und Wirtschaftssubjekten. Ein Grund für die geringe Bedeutung des Wettbewerbs beim Verwaltungshandeln liegt in der mangelnden Marktübersicht der öffentlichen Hand.[388] Der Staat und seine Untergliederungen unterliegen zudem nicht ausschließlich den Zwängen des Marktes, sondern verfügen über kraft Hoheitsakt erworbene Haushaltsmittel und sind nicht von Insolvenz bedroht.[389] Die Gefahr, dass öffentliche Gelder ineffizient eingesetzt werden, ist also groß. Dieser Gefahr sollte mit der Einführung der haushaltsrechtlichen Pflicht zur öffentlichen Ausschreibung entgegenwirkt werden. Die öffentlichen Rechtssubjekte wurden verpflichtet, sich zur Erledigung von wirtschaftlich relevanten Aufgaben soweit wie möglich der Hilfe privater Unternehmen zu bedienen, um unter Nutzung der freien Kräfte des Marktes ihre öffentlichen Pflichten erfolgreich und kostengünstig, unter Schonung des öffentlichen Haus-

---

387 Die SKR ist nur für den Bereich der Wasser-, Energie- und Verkehrsversorgung sowie der Postdienste einschlägig und kann deshalb bei den weiteren Ausführungen vernachlässigt werden.

388 *Pietzcker*, NVwZ 2007, 1225 (1225).

389 *Pietzcker*, NVwZ 2007, 1225 (1225).

halts zu erfüllen.[390] In Deutschland dominierte entsprechend bis 1998 der vergaberechtliche Zweck den Wettbewerb als Instrument für einen kostensparenden Umgang mit den knapper werdenden öffentlichen Haushaltsmitteln zu nutzen.[391] Das Vergaberecht war aus deutscher Sicht – und ist auch noch heute – ein Mittel zur Verwirklichung des haushaltsrechtlichen Grundsatzes der Wirtschaftlichkeit und Sparsamkeit gemäß § 6 I HGrG, § 7 I BHO und der entsprechenden Vorschriften der Landeshaushaltsordnungen.[392]

Das Ziel der kostengünstigen Erledigung öffentlicher Aufgaben war dabei nie Selbstzweck, denn die Wirtschaftlichkeit als solche ist kein öffentlicher Zweck. Der Wettbewerbsgedanke der kostengünstigen Aufgabenerledigung hat in das öffentliche Recht nicht Eingang gefunden, um primär Kosten zu reduzieren, sondern um Verwaltungsaufgaben gegenwärtig und zukünftig im Interesse der Allgemeinheit erfüllen zu können.[393] Ohne Verwaltungsaufgabe gibt es also keine legitime Beschaffung, denn allein die öffentliche Aufgabe ist es, die den für jede Staatstätigkeit unverzichtbaren öffentlichen Zweck vermittelt.[394] Ziel von öffentlichen Ausschreibungsverfahren ist aus nationaler Sicht – neben der wirtschaftlichen – insbesondere auch die ordnungsgemäße öffentliche Aufgabenerfüllung.

Aus der Sicht des Gemeinschaftsrechts ist die positive Wirkung des freien Wettbewerbs, die Kosten der Leistungsbeschaffung zugunsten der mitgliedstaatlichen Haushalte zu senken, ein willkommener zusätzlicher Effekt, nicht aber eine positiv gesetzte Zielvorgabe des Vergaberechts.[395] Der Bezug der öffentlichen Ausschreibung zu den betroffenen Verwaltungsaufgaben wurde im europäischen Vergaberecht bisher sogar ganz ausgeblendet. Die Gründe dafür sind, dass die Vergabekoordinierungsrichtlinien allein auf dem Kompetenztitel für Binnenmarkt und Grundfreiheiten erlassen wurden[396] und es in den europäischen Verträgen a.F. an einem EU-Kompetenztitel für die nationale Haushaltswirtschaft und zahlreiche potentielle Bezugs-Verwaltungsaufgaben fehlte.[397]

Aus der Sicht des EG-Vertrages a.F.[398] wird das Vergaberecht von einem anderen Ziel dominiert: die Sicherstellung eines freien und unverfälschten Wettbewerbs

390 Vgl. *Burgi*, NZBau 2009, 609 (612).

391 *Burgi*, NZBau 2009, 609 (612).

392 *Dreher*, Immenga/Mestmäcker Kartellrecht, Vor §§ 97 ff. GWB, Rn. 135.

393 *Burgi*, NZBau 2009, 609 (612).

394 *Burgi*, NZBau 2009, 609 (612).

395 Burgi, NZBau 2009, 609 (612); siehe auch Wirtschafts- und Sozialausschuss, Überprüfung der Binnenmarktstrategie 2002, Kapitel 5.1.4: Einsparpotenzial bis zu 50 Mrd. EUR.

396 Siehe vor den jeweiligen Erwägungsgründen der VKR und der SKR.

397 *Burgi*, NZBau 2009, 609 (612).

398 Ob sich die Zwecksetzung des gemeinschaftlichen Vergaberechts mit dem Inkrafttreten des Vertrags von Lissabon am 1.12.2009 in Zukunft ändern oder zumindest teilweise schwerpunktmäßig verschieben wird, wird in dieser Arbeit an späterer Stelle geprüft (S. 140 ff.).

im Interesse des einzelnen Marktteilnehmers.[399] Zweck des gemeinschaftsrechtlichen Vergaberechts ist die weitestgehende Beseitigung von Ungleichbehandlungen zwischen den Wirtschaftsteilnehmern und die Sicherstellung eines fairen Wettbewerbs auf den staatlichen Beschaffungsmärkten.[400] Dem Wettbewerbsprinzip wird aus europäischer Sicht also primär eine die wirtschaftliche Freiheit des Einzelnen sichernde Funktion beigemessen.[401] Ein größtmöglicher Wettbewerb in und um den Markt soll eine breite Beteiligung der Wirtschaft an der Versorgung der öffentlichen Institutionen ermöglichen, die nach Prüfung einer Vielzahl von Angeboten den Zuschlag an dasjenige Unternehmen zu erteilen haben, das zuvor seine Wirtschaftlichkeit und Leistungsfähigkeit unter Beweis gestellt hat.[402]

Das Vergaberecht hat beim europäischen Binnenmarktprojekt von Anfang an eine Schlüsselrolle eingenommen, da im Bereich des staatlichen Beschaffungswesens die Gefahr der Bevorzugung eigener Unternehmen in gesteigertem Maße besteht und sich der öffentliche Beschaffungsmarkt wegen seiner besonderen Sichtbarkeit vorzugsweise als Demonstrationsobjekt für eine Politik des Abbaus von Barrieren für den grenzüberschreitenden Wirtschaftsverkehr eignet.[403] Das europarechtlich beeinflusste Vergaberecht wird deshalb als Instrument der Wirtschaftspolitik qualifiziert,[404] und als solches dem besonderen Wirtschaftsrecht zugeordnet.

Die auf europäischer Ebene vorherrschende individual-wirtschaftliche Zwecksetzung hat in Deutschland erst durch die europarechtlich veranlassten und determinierten Neuregelungen des nationalen Vergaberechts breite Anerkennung erlangt und ist gleichberechtigt neben die haushalts- und verwaltungsrechtlichen Zwecke des Rechts der öffentlichen Ausschreibungen getreten.[405]

b. Öffentlicher Auftrag i.w.S.

Das Vergaberecht ist einschlägig, wenn ein öffentlicher Auftraggeber einen öffentlichen Auftrag i.w.S. vergeben will.[406] Öffentliche Aufträge sind nach § 99 I GWB

399 Vgl. *Burgi*, NZBau 2009, 609 (612).

400 Vgl. *Burgi*, NZBau 2009, 609 (612); *Bungenberg*, Loewenheim/Meessen/Riesenkampff Kartellrecht, Vor §§ 97 ff. GWB, Rn. 6.

401 Vgl. *Burgi*, NZBau 2009, 609 (613) in Abgrenzung zur aktuellen Rechtslage nach Inkrafttreten des Lissabonner Vertrages.

402 *Bungenberg*, Loewenheim/Meessen/Riesenkampff Kartellrecht, § 97 GWB, Rn. 3.

403 *Burgi*, NZBau 2009, 609 (612).

404 *Burgi*, NZBau 2009, 609 (612); *Bungenberg*, Loewenheim/Meessen/Riesenkampff Kartellrecht, Vor §§ 97 ff. GWB, Rn. 6.

405 Vgl. *Burgi*, NZBau 2001, 64 (64).

406 Siehe hierzu bereits S. 78 ff.

entgeltliche Verträge zwischen öffentlichen Auftraggebern und Privaten, die Liefer-, Bau- oder Dienstleistungen zum Gegenstand haben, oder Baukonzessionen sind. Dem europäischen Primärvergaberecht liegt ein vergleichbarer öffentlicher Auftragsbegriff zugrunde, mit dem einzigen Unterschied, dass neben den Baukonzessionen auch Dienstleistungskonzessionen erfasst werden (vgl. Art. 17 VKR, Art. 18 SKR).

Bei der Vergabe von kulturellen institutionalisierte Öffentlich Private Partnerschaften mit konzessionsrechtlichen Elementen ist demnach das Vergaberecht dann anzuwenden, wenn es sich dabei entweder um entgeltliche Verträge handelt, die eine Liefer-, Bau- oder Dienstleistung zum Gegenstand haben, oder sie als Bau- oder Dienstleistungskonzessionen qualifiziert werden können (sog. öffentliche Aufträge i.w.S.).

aa. Entgeltlicher Vertrag

(1) Allgemeines

Der öffentliche Auftrag ist ein Vertrag, mit dem sich der öffentliche Auftraggeber entgeltlich Leistungen oder Güter auf dem freien Markt beschafft.[407]

Für die Prüfung, ob ein entgeltlicher Vertrag i.S.d. Vergaberechts vorliegt, spielt es keine Rolle, auf welche Art und Weise der private Vertragspartner für seine Leistung vergütet wird. Die staatliche Gegenleistung ist in verschiedenen Formen möglich:

Zum einen kann die Gegenleistung in regelmäßigen Entgeltzahlungen bestehen. In diesem Fall tritt der private Vertragspartner nur mit dem öffentlichen Auftraggeber, nicht hingegen mit den privaten Endnutzern der zu erbringenden öffentlichen (Teil-)Leistung in unmittelbare Entgeltbeziehungen.[408] Diese Vergütungsart wird bei allen Vertragsarten mit Betreibermodell – im Folgenden als öffentliche Aufträge i.e.S. bezeichnet – angewandt.[409]

Bei Konzessionen[410] erfolgt die öffentliche Gegenleistung primär in einer anderen Form.[411] So bekommt der Konzessionär das Nutzungsrecht für die öffentliche

---

407 *Müller/Brauser-Jung*, NVwZ 2007, 884 (885).

408 Vgl. Kommission, Grünbuch PPP 2004, Rn. 23; *Dreher*, NZBau 2002, 245 (253).

409 *Dreher*, NZBau 2002, 245 (247).

410 Siehe dazu auch bereits S. 45.

411 So auch *Ortner*, Vergabe von Dienstleistungskonzessionen, S. 31; Kommission, Grünbuch PPP 2004, Rn. 22; *Dreher*, Immenga/Mestmäcker Kartellrecht, § 99 GWB, Rn. 22; OLG Koblenz, Beschl. v. 06.11.2001 – Verg 4/00, Rn. 24 = NJW 2001, 283 (284); OLG Düsseldorf Beschl. v. 02.08.2000 – Verg 7/00, Rn. 35 = NZBau 2000, 530 (530); dagegen: *Burgi*, NZBau 2005, 610 (611); *Marx*, Motzke, Gerd/Pietzcker, Jost/Prieß, Hans-Joachim VOB/A, § 99 GWB, Rn. 13.

Leistung übertragen, das ihn berechtigt, mit den privaten Endnutzern unmittelbare Rechts- und Entgeltbeziehungen einzugehen und sich so zu refinanzieren.[412] Er verkauft z.B. selbst die Konzertkarten an die Besucher und behält die daraus erzielten Einnahmen. Eine ergänzende Zahlung von Seiten des öffentlichen Auftraggebers ist möglich, ändert jedoch nichts an dem Umstand, dass die staatliche Gegenleistung hier primär in der Einräumung des Rechts zur Verwertung der eigenen Dienstleistung bestehen muss.[413]

Entscheidend für die Bejahung oder Verneinung eines öffentlichen Auftrages ist nicht die Art der öffentlichen Gegenleistung, sondern in welcher Funktion die öffentliche Hand auf dem Markt auftritt.[414] Nur wenn der öffentliche Auftraggeber auf der Nachfragseite steht, ist der Anwendungsbereich des Vergaberechts eröffnet.[415] Sachverhalte, in denen die öffentliche Hand Leistungen anbietet, sind dagegen nicht erfasst.[416] Wesentliches Merkmal des öffentlichen Auftrages ist deshalb die wirtschaftliche Funktion des Vertrages für den öffentlichen Auftraggeber als Beschaffungsgeschäft (sog. funktionaler Auftragsbegriff).[417]

Bei Öffentlich Privaten Partnerschaften auf Vertragsbasis stehen öffentliche Hand und privater Partner in einem austauschvertraglichen Dauerschuldverhältnis. Die öffentliche Hand erwirbt hier auf dem freien Markt einzelne oder mehrere Leistungen, die sie zur Erledigung ihrer öffentlichen Aufgabe gegenüber dem Endnutzer benötigt.[418] Würde es sich bei den Kulturpartnerschaften zwischen Gemeinde und Unternehmen um eine Öffentlich Private Partnerschaft auf Vertragsbasis handeln, wäre der Beschaffungsbezug also gegeben.

Kulturpartnerschaften zwischen Gemeinden und Unternehmen sind aus kulturpolitischen Gründen idealerweise jedoch institutionalisierte Öffentlich Private Partnerschaften.[419] Ob die Gemeinden hier als Nachfrager auf dem Markt auftreten und entsprechend ein Beschaffungsbezug besteht, kann nicht ohne weiteres bejaht werden. Es bedarf dafür einer eingehenden Prüfung.

---

412 Kommission, Grünbuch PPP 2004, Rn. 22; BMVBS, PPP-Übersicht.

413 Vgl. Kommission, Grünbuch PPP 2004, Rn. 22.

414 *Dreher*, Immenga/Mestmäcker Kartellrecht, § 99 GWB, Rn. 10.

415 Vgl. *Müller/Brauser-Jung*, NVwZ 2007, 884 (885).

416 *Dreher*, Immenga/Mestmäcker Kartellrecht, § 99 GWB, Rn. 10.

417 *Storr*, SächsVBl. 2006, 234 (235); *Jäger*, NZBau 2001, 6 (7 f.); *Bungenberg*, Loewenheim/Meessen/Riesenkampff Kartellrecht, Vor § 99 GWB, Rn. 2.

418 Vgl. *Goodarzi*, Vergaberechtliche Probleme bei PPP, S. 8 f.

419 Siehe hierzu bereits S. 59 ff.

(2) Beschaffungsbezug bei institutionalisierten Öffentlich Privaten Partnerschaften

Gemischtwirtschaftliche Gesellschaften entstehen, indem sie entweder neu gegründet oder Gesellschaftsanteile eines Unternehmens, das bisher allein in staatlicher Trägerschaft stand, an einen Privaten veräußert werden. Keines dieser Rechtsgeschäfte ist an sich für die öffentliche Hand ein entgeltliches Erwerbsgeschäft: Gesellschaftsgründungen sind keine entgeltlichen Austauschgeschäfte und bei Anteilsveräußerungen staatlicher Unternehmen steht die öffentliche Körperschaft nicht auf der Erwerberseite, sondern tritt als Veräußerer auf.[420]

Diese rein formalvertragliche Betrachtung lässt allerdings unberücksichtigt, dass institutionalisierte Öffentlich Private Partnerschaften von den juristischen Personen des öffentlichen Rechts mit dem Ziel eingegangen werden, die öffentliche Aufgabe zukünftig in gemeinsamer Verantwortung mit dem Privaten zu erbringen. Die Aufgabenverantwortung soll nicht allein bei der zuständigen öffentlichen Hand verbleiben, sondern auf die gemischtwirtschaftliche Gesellschaft als neue Trägerin übertragen werden. Zeitgleich oder in zeitlicher Nähe wird mit der neu gegründeten gemischtwirtschaftlichen Gesellschaft deshalb ein Vertrag zur öffentlichen Leistungserbringung geschlossen. Bei diesem Rechtsgeschäft steht der öffentliche Auftraggeber auf Erwerberseite, denn künftig kauft er die Erbringung der öffentlichen Leistung extern von der gemischtwirtschaftlichen Gesellschaft ein. Ebenso geht beim Verkauf von Anteilen eines öffentlichen Unternehmens, das eine öffentliche Leistung gegenüber den Bürgern erbringt, ein Leistungseinkauf von Seiten der öffentlichen Trägerkörperschaft einher. Der Private wird als neuer Gesellschafter der gemischtwirtschaftlichen Gesellschaft für die öffentliche Aufgabenerbringung mitverantwortlich und erhält als Gegenleistung für seine Mitarbeit eine Gewinnbeteiligung.

Stellt man nicht auf die äußere Form des Vertrages ab, sondern auf die wirtschaftliche Funktion der neu gegründeten gemischtwirtschaftlichen Gesellschaft und legt der Prüfung entsprechend einen funktionellen Auftragsbegriff zugrunde, sind die Gesellschaftsgründung oder die Veräußerung von Geschäftsanteilen also eine besondere Vertragskonstruktion zur Beschaffung öffentlicher Leistungen auf dem freien Markt.[421] *Dreher* spricht insoweit von einem „eingekapselten Beschaffungsverhältnis".[422]

Die Gründung einer institutionalisierten Öffentlich Privaten Partnerschaft hat für den privaten Partner wirtschaftlich zur Folge, dass er am Gewinn der

420 Vgl. *Storr*, SächsVBl. 2006, 234 (237); *Jäger*, NZBau 2001, 6 (7).

421 *Müller/Brauser-Jung*, NVwZ 2007, 884 (886); *Jäger*, NZBau 2001, 6 (8); *Dreher*, NZBau 2002, 245 (248).

422 *Dreher*, NZBau 2002, 245 (248).

gemischtwirtschaftlichen Gesellschaft beteiligt wird und dadurch gegenüber den übrigen Marktteilnehmern einen Wettbewerbsvorteil erlangt.[423] Dieser Wettbewerbsvorteil stellt sich unabhängig davon ein, in welcher Höhe sich das private Unternehmen an der gemischtwirtschaftlichen Gesellschaft beteiligt. Bereits eine private Minderheitsbeteiligung reicht für die Erlangung eines wettbewerblich relevanten Vorteils aus.[424] Die individuell-wirtschaftliche Zielsetzung des Vergaberechts verlangt aufgrund dieses wettbewerblichen Vorteils für einen privaten Marktteilnehmer, dass die Gründung einer institutionalisierten Öffentlich Privaten Partnerschaft und die damit einhergehende Übertragung der öffentlichen Aufgabenverantwortung auf die gemischtwirtschaftliche Gesellschaft als wirtschaftliche Einheit betrachtet werden.[425] Könnte das Geschäft in mehrere separate Vorgänge aufsplittert werden (Gründung einer gemischtwirtschaftlichen Gesellschaft einerseits und öffentliche Aufgabenübertragung andererseits), hinge es vom Willen der juristischen Person des öffentlichen Rechts ab, ob das Vergaberecht zur Anwendung kommt. Für eine effektive Umsetzung des Binnenmarktzieles kann es aber nicht von der von der öffentlichen Hand gewählten zeitlichen Abfolge der Verfahrensgestaltung abhängen, ob der Auftrag auszuschreiben ist oder nicht.[426] Ein freier und unverfälschter Wettbewerb wäre in diesem Fall nicht mehr gewährleistet und das gemeinschaftsrechtlich geschützten Interesse der privaten Wirtschaftsteilnehmer an Gleichbehandlung verletzt.[427]

Auch die Gründung einer institutionalisierten Öffentlich Privaten Partnerschaft weist also einen Beschaffungsbezug auf und gehört demnach zu den entgeltlichen Verträgen i.S.d. Vergaberechts.

(3) Zwischenergebnis

Aufgrund des „eingekapselten Beschaffungsbezuges" ist die Gründung einer kulturellen Öffentlich Privaten Partnerschaft mit konzessionsrechtlichen Vertragselementen ein entgeltlicher Vertrag i.S.d. Vergaberechts.

---

423 Vgl., *Frenz*, NZBau 2008, 673 (674).

424 EuGH, Rs C-26/03 v. 11.01.2005 – „Stadt Halle" = NZBau 2005, 111 – Rn. 49; EuGH, Rs C-29/04 v. 10.11.2005 – „Stadt Mödling" = NZBau 2005, 704 – Rn. 46.

425 Vgl. *Frenz*, NZBau 2008, 673 (675).

426 Vgl. EuGH, Rs C-29/04 v. 10.11.2005 – „Stadt Mödling" = NZBau 2005, 704 – Rn. 41.

427 EuGH, Rs C-26/03 v. 11.01.2005 – „Stadt Halle" = NZBau 2005, 111 – Rn. 51. Siehe nähere Einzelheiten zum echten Bieterwettbewerb als Teil des Wettbewerbsprinzips S. 128 ff.

bb. Auftragsgegenstand

Für die Frage, ob das sekundärrechtliche oder primärrechtlichen europäische Vergaberecht zur Anwendung kommt, ist entscheidend, ob kulturelle Öffentlich Private Partnerschaften mit konzessionsrechtlichen Vertragselementen als Dienst-, Bau- oder Lieferungsauftrag (öffentlicher Auftrag i.e.S.) oder als Bau- oder Dienstleistungskonzession einzuordnen sind.

(1) Abgrenzung von öffentlichen Aufträgen i.e.S. und Konzessionen

Ein privatrechtlicher Auftrag i.S.d. BGB[428] ist ein Vertrag, bei dem der Schuldner für einen anderen tätig wird.[429] Der privatrechtliche Auftrag ist also ein Austauschvertrag, bei dem der Auftragnehmer für den Auftraggeber eine „Leistung" erbringt. Für den öffentlichen Auftrag i.e.S gilt – wie bereits ausgeführt[430] – nichts anderes. Hier erbringt der Private für den öffentlichen Auftraggeber eine Bau-, Dienst- oder Lieferleistung, welche dieser zur ordnungsgemäßen öffentlichen Aufgabenerfüllung gegenüber den Endnutzern benötigt.

Kulturelle gemischtwirtschaftliche Gesellschaften mit konzessionsrechtlichen Elementen sind jedoch – wie bereits ausführlich dargelegt[431] – keine öffentlichen Aufträge i.e.S., sondern als Konzessionen[432] zu qualifizieren. Ob es sich bei kulturellen institutionalisierten Öffentlich Privaten Partnerschaften um Bau- oder Dienstleistungskonzession handelt, wurde jedoch noch nicht geprüft.

(2) Typengemischte Konzession

Bau- und Dienstleistungskonzessionen unterscheiden sich durch ihre Vertragsgegenstände: Während Dienstleistungskonzessionen Dienstleistungen aller Art zum Gegenstand haben, ist der Gegenstand von Bauleistungskonzessionen eine Bauleistung i.S.d. § 1 VOB/A.

Öffentlich Private Partnerschaftsverträge enthalten aufgrund ihres ganzheitlichen Projektansatzes Planungs-, Realisierungs-, Finanzierungs- und Betreiberelemente und haben damit grundsätzlich Bauleistungen ebenso zum Gegenstand wie Dienstleistungen.[433] Dasselbe gilt auch für kulturelle institutionalisierte

428 Der Auftrag stellt die allgemeine Form eines Vertragstypus dar, zu dem z.B. auch der Dienst- und Werkvertrag gehören.

429 *Seiler*, Münchner Kommentar BGB, § 662 BGB, Rn. 9.

430 Siehe S. 44 f.

431 Siehe S. 671 f.

432 Siehe hierzu auch S. 45.

433 Vgl. *Müller/Brauser-Jung*, NVwZ 2007, 884 (885).

Öffentlich Private Partnerschaften, bei deren Gründung in der Regel das benötigte Gebäude neu gebaut oder zumindest baulich modernisiert wird, bevor die Partner z.B. darin gemeinsam das Theater oder die Oper betreiben. Man spricht insoweit von typengemischten Verträgen.[434]

Es fragt sich, ob bei typengemischten Konzessionsverträgen und damit bei kulturellen institutionalisierten Öffentlich Privaten Partnerschaften der Anwendungsbereich des Vergaberechts ebenfalls eröffnet ist oder ob die öffentliche Hand in diesen Sachverhaltskonstellationen ihren Vertragspartner frei auswählen kann.

Auch bei Aufträgen i.e.S. können gemischtgegenständliche Sachverhaltskonstellationen auftreten. Für diese Fälle bestimmt § 99 VII GWB, dass der Anwendungsbereich des einfachgesetzlichen Vergaberechts eröffnet ist und deshalb eine eindeutige Einordnung unter eine der Auftragsarten (Bau-, Dienst- oder Lieferauftrag) erfolgen muss.

Typengemischte Konzessionen sind in der Praxis die Regel.[435] Wäre das Vergaberecht bei typengemischten Konzessionen nicht anwendbar, dürften die öffentlichen Auftraggeber die Mehrzahl der Konzessionen ohne ein vorhergehendes öffentliches Ausschreibungsverfahren vergeben. Vor dem Hintergrund der – nationalen und europäischen – Zwecksetzung des Vergaberechts[436] kann ein weitgehender Anwendungsausschluss beim Abschluss von Konzessionen jedoch nicht der Wille des nationalen und europäischen Gesetzgebers sein. Die Gefahr der Verschwendung öffentlicher Mittel besteht hier ebenso wie die Einschränkung des freien Wettbewerbs zum Nachteil der Marktteilnehmer. Im Übrigen sind keine Gründe ersichtlich, warum für gemischtgegenständliche Konzessionen nicht dasselbe Vorgehen geboten sein sollte wie bei gemischtgegenständlichen Aufträgen i.e.S.

Diese Ansicht vertritt auch die Europäische Kommission, die in ihrer Mitteilung zu Auslegungsfragen von Konzessionen im Gemeinschaftsrecht aus dem Jahre 2000 die Unterscheidungskriterien, welche für die Abgrenzung von Bau- und Dienstleistungsaufträgen gelten, analog auf die Abgrenzung zwischen Bau- und Dienstleistungskonzessionen angewendet wissen will.[437]

---

434 Vgl. *Dreher*, Immenga/Mestmäcker Kartellrecht, § 99 GWB, Rn. 131.

435 Kommission, Konzessionen 2000, Kapitel 2.3, *Böckel*, LKV 2003, 393 (394).

436 Siehe hierzu S. 82ff.

437 Kommission, Konzessionen 2000, Kapitel 2.3; kritisch: *Böckel*, LKV 2003, 393 (394).

(3) Anwendbares Vergaberechtsregime und Abgrenzungskriterien

Damit ist der anschließende Prüfungsschritt indiziert. Es ist zu prüfen, nach welchen Kriterien die Abgrenzung zwischen den verschiedenen Aufträgen i.e.S. bzw. den Bau- und Dienstleistungskonzessionen zu erfolgen hat.

Der Beantwortung dieser Frage geht denklogisch jedoch zunächst eine andere Frage voraus, nämlich ob die Einordnung von kulturellen Public Private Partnerships unter eine der Konzessionsarten überhaupt erfolgen muss oder ob dies nicht offen bleiben kann, da sowohl auf Bau-, als auch auf Dienstleistungskonzessionen dasselbe Vergaberechtsregime Anwendung findet.

Baukonzessionen sind in den Art. 56–65 VKR geregelt, welche der deutsche Gesetzgeber mit § 22a VOB/A (§ 32 a VOB/A a.F.) in nationales Recht umgesetzt hat. Für Baukonzessionen oberhalb der Schwellenwerte gelten neben dem § 22a VOB/A die Vorschriften der §§ 97 ff. GWB und die a-Paragraphen der VOB/A. Die darin enthaltenen europarechtlichen Verfahrenspflichten sind jedoch nicht sehr intensiv.[438] Ergänzend gelten deshalb die primärrechtlichen allgemeinen Vergaberechtsgrundsätze.

Die Dienstleistungskonzessionen werden gemäß der ausdrücklichen Anordnung des Art. 17 VKR von dem sekundären europäischen Vergaberecht nicht erfasst. Die Basisparagraphen der VOL/A, also das deutsche einfachgesetzliche Vergaberecht, das auf die Vergabe von Dienstleistungsaufträgen i.e.S. Anwendung findet, enthalten ebenfalls keine Verfahrensregeln für die Vergabe von Dienstleistungskonzessionen. Aus der Nichtanwendbarkeit des europäischen und deutschen einfachrechtlichen Vergaberechts folgt jedoch nicht zwangsläufig, dass die öffentlichen Auftraggeber Dienstleistungskonzessionen freihändig zu vergeben sind. Es bedarf vielmehr einer öffentlichen Ausschreibung unmittelbar auf Grundlage des europäischen Primärrechts im Allgemeinen und gemäß dem Verbot der Diskriminierungen aus Gründen der Staatsangehörigkeit im Besonderen,[439] wenn es sich um Dienstleistungen von Binnenmarktrelevanz handelt. In anderen Worten, bei der Vergabe binnenmarktrelevanter Dienstleistungskonzessionen sind die öffentlichen Auftraggeber an die sog. allgemeinen Vergaberechtsgrundsätze gebunden.[440]

Die Vergabe von Bau- und Dienstleistungskonzessionen erfolgt nach unterschiedlichen vergaberechtlichen Normenkomplexen, so dass die Einordnung von kulturellen institutionalisierten Öffentlich Privaten Partnerschaften unter eine der Konzessionsarten nicht offen bleiben kann.

---

438 *Burgi*, NZBau 2005, 610 (613).

439 EuGH, Rs C-324/98 v. 07.12.2000 – „Telaustria“ = NZBau 2001, 148 – Rn. 60.

440 Siehe hierzu im Einzelnen, S. 103 ff.

Wie bereits angedeutet,[441] wendet die Europäische Kommission zur Abgrenzung der beiden Konzessionsarten voneinander analog die für die Abgrenzung für Bau- und Dienstleistungsaufträge geltenden Unterscheidungskriterien an. Dieses Vorgehen überzeugt, da die Auftragsgegenstände bei öffentlichen Aufträgen i.e.S. und Konzessionen identisch sind. In beiden Fällen handelt es sich um Bauleistungen bzw. Dienstleistungen. Die vertragliche Risikoverteilung und die öffentliche Gegenleistung, nach denen sich die beiden Auftragsarten voneinander unterscheiden, spielen dagegen keine Rolle.

Da die Abgrenzung von Bau- und Dienstleistungskonzessionen nach den Regeln für die Abgrenzung von Bau- und Dienstleistungsaufträgen i.e.S. erfolgt, kann neben § 99 VII 2 GWB analog auch auf die 10. Begründungserwägung der VKR und die dazu ergangenen Rechtssprechung des EuGH zurückgegriffen werden.

§ 99 VII 2 GWB bestimmt, dass ein gemischtgegenständlicher Vertrag dann zu den Dienstleistungsaufträgen zählt, wenn der öffentliche Auftrag neben Dienstleistungen auch Bauleistungen umfasst und diese im Verhältnis zum Hauptgegenstand des Vertrages als Nebenarbeiten zu qualifizieren sind. Welche Kriterien gelten, um die Bauleistung als Haupt- oder lediglich als Nebenleistung einzuordnen, regelt das einfachrechtliche Vergaberecht dagegen nicht. Auch der EuGH hat insoweit bisher keine erschöpfende Definition entwickelt, sondern nur ausgeführt, dass *„Bauleistungen, soweit sie lediglich von untergeordneter Bedeutung sind und somit nicht den Inhalt des Vertrags ausmachen, nicht zu einer Einordnung des Vertrags als öffentlicher Bauauftrag führen*".[442]

Einen ersten Anhaltspunkt, wann Bauleistungen Nebenleistungen sind bzw. nicht den Inhalt des Vertrages ausmachen, kann der systematischen Auslegung der Sätze 1 und 2 des § 99 VII GWB entnommen werden. Nach dem Wortlaut des § 99 VII 1 GWB ist für die Abgrenzung von Dienstleistungs- und Lieferaufträgen allein das Wertverhältnis der jeweiligen Vertragselemente von Bedeutung. *Argumentum e contrario* folgt daraus für Verträge mit Bau- und Dienstleistungselementen i.S.d. § 99 VII 2 GWB, dass hier Haupt- und Nebenleistungen nicht allein nach dem Wertverhältnis bestimmt werden können,[443] sondern es weiterer Abgrenzungskriterien bedarf. Die Berücksichtigung des Wertes der einzelnen Leistung als eines von mehreren Kriterien bei der Auslegung des Begriffs „von nicht ungeordneter Bedeutung" ist aber nicht ausgeschlossen.[444]

---

441 Siehe hierzu bereits S. 90.

442 *EuGH,* Rs C-331/92 v. 19.04.1994 – „Gestión Hotelera Internacional" = NVwZ 1994, 990 – Rn. 27.

443 So auch *Burbulla,* NJOZ 2008, 211 (219).

444 *Burbulla,* NJOZ 2008, 211 (219).

Als weiteres Abgrenzungskriterium wird in vergaberechtlicher Literatur die „notwendige Voraussetzung" genannt. Danach ist eine Bauleistung, unabhängig von den Kosten, nicht mehr als Nebenleistung qualifizierbar, wenn der Bau erst die Voraussetzung dafür schafft, dass durch den Dienstleistungsauftrag Gewinne erzielt werden können und ohne die Bauleistung somit das ganze Vorhaben gegenstandslos wäre.[445] Dieses Abgrenzungskriterium findet *argumentum e contrario* eine Stütze im Wortlaut der 10. Begründungserwägung der VKR, in der es heißt: *„Sofern diese Bauleistungen jedoch nur Nebenarbeiten im Verhältnis zum Hauptgegenstand des Vertrags darstellen und eine mögliche Folge oder eine Ergänzung des letzteren sind, rechtfertigt die Tatsache, dass der Vertrag diese Bauleistungen umfasst, nicht eine Einstufung des Vertrags als öffentlicher Bauauftrag."*

Die Europäische Kommission vertritt bei der Auslegung des Begriffs „Nebenleistung" darüber hinaus eine weitere Interpretationslinie, welche die öffentlichen Auftraggeber vor der Einordnung des gesamten gemischtgegenständlichen Auftrages unter eine der Auftragsarten zu bedenken haben. Eine Qualifizierung einer der beiden Leistungen als untergeordnet scheidet aus, wenn die im Vertrag enthaltenen Leistungselemente voneinander trennbar sind und damit auf jedes der Elemente die jeweiligen spezifischen Verfahrensregeln angewendet werden können.[446]

Die Gemeinden haben bei der Prüfung, nach welchen Verfahrensregeln die Vergabe einer privaten Partnerschaft in einer kulturellen institutionalisierten Public Private Partnership erfolgen muss, also zunächst zu klären, ob die enthaltenen Bau- und Dienstleistungselemente sich voneinander trennen lassen. Nur wenn eine Trennung ausscheidet, ist die gemischtgegenständliche Konzession als Ganzes unter eine Konzessionsart einzuordnen. Einordnungskriterien sind die Qualifizierung als Haupt- und Nebenleistung, die „notwendige Voraussetzung der Bau- bzw. Dienstleistung" und das Wertverhältnis der Bau- und Dienstleistungen zueinander.

(4) Bau- oder Dienstleistungskonzessionen

Im Rahmen der vorliegenden Untersuchung kann nur festgestellt werden, ob kulturelle institutionalisierte Öffentlich Private Partnerschaften mit konzessionsrechtlichen Vertragselementen generell eher als Bau- oder eher als Dienstleistungskonzession einzuordnen sind. Die sich aus der Prüfung ergebende Grund-

445 Vgl. *Endler*, NZBau 2002, 125 (126); *Böckel*, LKV 2003, 393 (394).
446 Vgl. Kommission, Konzessionen 2000, Kapitel 2.3.

zuordnung muss von den Gemeinden im Einzelfall immer neu, anhand der konkret gegebenen Umstände auf ihre Richtigkeit überprüft werden.

Die verschiedenen vertraglichen Bau- und Dienstleistungselemente sind bei Öffentlich Privaten Partnerschaften genau ausgearbeitet und aufeinander abgestimmt und bilden eine untrennbare wirtschaftliche Einheit.[447] Das ist eine Folge des Lebenszyklusansatzes.[448] Eine Aufteilung des Public Private Partnership-Vertrages in zwei unterschiedliche Auftragsarten, mit der Folge einer getrennten Ausschreibung nach Bauleistungen bzw. Dienstleistungen scheidet bei Öffentlich Privaten Partnerschaften deshalb von vornherein aus.

Nach den genannten Abgrenzungskriterien wären kulturelle institutionalisierte Öffentlich Private Partnerschaften mit konzessionsrechtlichen Vertragselementen dann als Dienstleistungskonzessionen einzuordnen, wenn aufgrund des Wertverhältnisses der einzelnen Leistungselemente und weiteren berücksichtigungsfähigen Umständen des Einzelfalles die Bauleistungen von untergeordneter Bedeutung sind und die ungeordnete Bedeutung der Bauleistung nicht deshalb ausgeschlossen ist, weil die Bauleistungen unabdingbare Voraussetzung für die mit der Konzession zu erbringende Dienstleistung bilden.

Stellt man auf das zuletzt genannte Kriterium der „notwendigen Voraussetzung" ab, spricht für die Einordnung als Baukonzession, dass bei gemeindlichen kulturellen Infrastruktureinrichtungen eine Neuerrichtung oder Modernisierung des zu der jeweiligen Infrastruktur gehörenden Gebäudes regelmäßig Vertragsbestandteil sein wird und das Gebäude für eine dauerhafte und effiziente Erbringung der Kulturleistung, seien es Konzerte, Opern oder Theateraufführungen, notwendig ist.

Legt man dagegen ein Augenmerk auf die Wertverhältnisse zwischen den Bau- und Dienstleistungselementen, die mit der zu vergebenden traditionellen Kultureinrichtung verbunden sind, und stellt auf die unbefristete Vertragslaufzeit und die Schwerpunktsetzung der kulturellen Öffentlich Privaten Partnerschaften ab, erscheint die Einordnung als Baukonzession unangebracht.

So sind z.B. bei der Neuerrichtung eines gemischtwirtschaftlichen Theaterbetriebes hohe Bauinvestitionen und auch weitere Ausgaben für die Unterhaltung des Theatergebäudes sicherlich notwendig, die Mehrheit der kalkulierten Gesamtkosten werden die Kulturpartnern jedoch für den Theaterbetrieb und andere untergeordneten Dienstleistungen für die Theaterbesucher vorsehen müssen.[449] Kulturelle gemischtwirtschaftliche Gesellschaften werden zudem aus kulturpolitischen Gründen grundsätzlich auf unbestimmte Zeit eingegangen.[450] Der

447 Vgl. *Dreher*, NZBau 2002, 245 (254).

448 Siehe hierzu: Ganzheitlicher Projektansatz, S. 40ff.

449 Vgl. Kulturfinanzbericht 2010, S. 21 (für die Jahre 2005 bis 2007).

450 Siehe S. 48.

Schwerpunkt der partnerschaftlichen Zusammenarbeit von Gemeinde und Unternehmen liegt also nicht nur in sachlicher (Gesellschaftszweck ist die Erbringung von traditionellen Kulturleistungen), sondern auch in zeitlicher Hinsicht auf der dauerhaften Organisation z.B. von Theateraufführungen und Konzerten für die kulturinteressierten Bürger und nicht auf der Gebäudeerhaltung. Die Gebäudeerrichtung und -unterhaltung erscheinen neben der Bereitstellung von traditionellen Kulturleistungen für die Bevölkerung vielmehr nebensächlich.

Für die grundsätzliche Einordnung von kulturellen Öffentlich Privaten Partnerschaften als Dienstleistungskonzessionen spricht ferner, dass Kulturleistungen in Nr. 26 des Anhanges II B der VKR aufgeführt sind. Bei Aufträgen i.e.S. zählen Kulturleistungen damit zu den sog. nachrangigen Dienstleistungen, auf die gemäß Art. 21 VKR nur die Vorschriften über die technischen Spezifikationen nach Art. 23 VKR und die Regelungen über die ex-post-Transparenz nach Art. 35 IV VKR zur Anwendung kommen. Im Übrigen gilt die VKR und damit das einfachrechtliche sekundäre europäische Vergaberecht nicht (vgl. auch § 1 III EG VOL-A). Öffentliche Aufträge i.e.S., die sog. nachrangige Dienstleistungen zum Gegenstand haben, müssen die öffentlichen Auftraggeber also nicht auf der Grundlage des streng reglementierten einfachgesetzlichen Vergaberechtsregimes ausschreiben. Es gelten vielmehr nur die allgemeinen Vergaberechtsgrundsätze (vgl. 2. Begründungserwägung VKR).[451] Gelten jedoch bereits bei der Vergabe von Aufträgen i.e.S., die Kulturleistungen zum Gegenstand haben, lediglich die in wettbewerbsrechtlicher Hinsicht weniger strengen allgemeinen Vergaberechtsgrundsätze,[452] erscheint es widersprüchlich, kulturelle Konzessionsverträge als Baukonzessionen einzuordnen und damit einem strengerem Vergaberechtsregime zu unterwerfen, obwohl Konzessionen aufgrund der vollumfänglichen wirtschaftlichen Risikotragung des Konzessionärs wirtschaftlicher weniger wert sind als öffentliche Aufträge i.e.S.[453] Der Wettbewerbsvorteil, den der Konzessionär gegenüber den übrigen Marktteilnehmern erlangen kann, ist geringer als bei Aufträgen i.e.S. und ein weniger strenges Vergaberegime erscheint deshalb berechtigt.

Als letztes Argument, das für die grundsätzliche Einordnung von kulturellen institutionalisierten Öffentlich Privaten Partnerschaften unter die Dienstleistungskonzessionen spricht, ist der Beweggrund anzuführen, aufgrund dessen die Vergabe von Dienstleistungskonzessionen bisher nicht in der Vergabekoordinierungsrichtlinie geregelt wurde. Offiziell begründete der Rat der Europäischen Union die Nichtregelung damit, dass in den Mitgliedstaaten insoweit erhebliche

451 Vgl. auch *Wustmann*, VergabeR 2006, 720 (729).

452 Siehe dazu im Einzelnen S. 105 ff.

453 *Ortner*, Vergabe von Dienstleistungskonzessionen, S. 172.

Unterschiede in den Reglungsstrukturen und Vergabemodalitäten bestehen und es deshalb zu einer zu großen Unausgewogenheit hinsichtlich der Zugangsmöglichkeiten zu den Dienstleistungskonzessionsverträgen gekommen wäre.[454] Diese Begründung scheint jedoch vorgeschoben, insbesondere vor dem Hintergrund des Vorschlages für die Richtlinie des Europäischen Parlaments und des Rates über die Konzessionsvergabe, die einen verbesserten Zugang zu den Konzessionsmärkten europaweit sicherstellen soll.[455] Mit *Burgi* ist vielmehr davon auszugehen, dass der wahre Grund für die bisherige Nichtanwendbarkeit des sekundären europäischen Vergaberechts auf Dienstleistungskonzessionen, in der großen Nähe dieser Konzessionsart zur hoheitlichen Aufgabenverantwortung der Mitgliedstaaten lag.[456] Diese Ansicht findet eine Stütze in der Mitteilung der Europäischen Kommission zu Auslegungsfragen im Bereich von Konzessionen im Gemeinschaftsrecht aus dem Jahre 2000. Dort heißt es: *„Eine Dienstleistungskonzessionen hat zudem üblicherweise Tätigkeiten zum Inhalt, die nach ihrer Natur, ihrem Gegenstand und nach den Vorschriften, denen sie unterliegen, in den Verantwortungsbereich des Staates fallen und Gegenstand von ausschließlichen und besonderen Rechten sein können.“*[457] Charakteristisch für die Mehrheit der Vertragsgegenstände von Dienstleistungskonzessionen ist also die Erbringung einer Dienstleistung von öffentlichem Interesse[458] oder anders ausgedrückt, eine Leistung der staatlichen Infrastruktur, wozu wie dargelegt auch die gemeindlichen traditionellen Kulturleistungen zählen.[459]

(5) Zwischenergebnis

Kulturelle institutionalisierte Öffentlich Private Partnerschaften mit konzessionsrechtlichen Vertragselementen sind generell als Dienstleistungskonzessionen einzuordnen. Dienstleistungskonzessionen mit Binnenmarktrelevanz werden auf der Grundlage der allgemeinen Vergaberechtsgrundsätze öffentlich ausgeschrieben.

---

454 Vgl. *Burgi*, NZBau 2005, 610 (611); *Böckel*, LKV 2003, 393 (394).

455 Vorschlag für Richtlinie des Europäischen Parlaments und des Rates über die Konzessionsvergabe vom 20.12.2011, KOM (2011) 897, S. 6.

456 *Burgi*, NZBau 2005, 610 (611).

457 Kommission, Konzessionen 2000, Kapitel 2.2.

458 So auch *Böckel*, LKV 2003, 393 (396); vgl. GA Alber, Rs. C-108/98 – „RI.SAN Srl“, Schlussantrag v. 18.03.1999, Rn. 50; GA La Pergola, Rs. C-360/96 – „Arnhem“, Schlussantrag v. 19.02.1998, Rn. 26.

459 Siehe: Kulturelle Daseinsvorsorge – kulturelle Infrastruktur, S. 15 ff.

c. Binnenmarktrelevanz

Die allgemeinen Vergaberechtsgrundsätze leiten sich aus den Europäischen Verträgen ab.[460] Nur wenn der öffentliche Auftrag i.w.S. für das Funktionieren des Binnenmarktes von Bedeutung ist, haben die öffentlichen Auftraggeber deshalb bei der Vergabe von Dienstleistungskonzessionen die allgemeinen Vergaberechtsgrundsätze zu beachten.[461]

Eine Dienstleistungskonzession bzw. sämtliche öffentlichen Aufträge i.w.S. sind nach der Rechtsprechung des EuGH dann nicht binnenmarktrelevant, wenn wegen besonderer Umstände des Einzelfalles vernünftigerweise angenommen werden kann, dass Unternehmen, die in einem anderen Mitgliedstaat als demjenigen niedergelassen sind, dem der öffentliche Auftraggeber angehört, kein Interesse an der in Rede stehenden Konzession haben.[462] Die Auswirkungen auf die betreffenden Grundfreiheiten sind in diesen Fällen zu zufällig und zu mittelbar, als dass auf eine Verletzung dieser Freiheiten geschlossen werden könnte.[463] Es ist Aufgabe des öffentlichen Auftraggebers, anhand der Umstände des jeweiligen Falles zu prüfen, ob der öffentliche Auftrag i.w.S. für Wirtschaftsteilnehmer eines anderen Mitgliedstaates von Interesse sein könnte,[464] oder dies von vornherein auszuschließen ist. Nach Ansicht der Europäischen Kommission spielen bei dieser Beurteilung Umstände wie der Auftragsgegenstand, der geschätzte Auftragswert, die wirtschaftliche Bedeutung, die Besonderheiten des betroffenen Sektors (Größe und Struktur des Marktes, wirtschaftliche Gepflogenheiten usw.) sowie die geographische Lage des Orts der Leistungserbringung eine Rolle.[465]

Gemeindliche traditionelle Kultureinrichtungen sind kommunale Infrastruktureinrichtungen, deren Betrieb einen geringen Gewinn versprechen. Eine Partnerschaft für den gemeinsamen Betrieb einer traditionellen Kultureinrichtung ist rein ökonomisch gesehen für Wirtschaftsunternehmen wenig attraktiv.[466] Aus der geringfügigen wirtschaftlichen Relevanz könnte geschlossen werden, dass die Gründung von kulturellen Public Private Partnerships auf dem Binnenmarkt kaum Wirkung zeigen wird und deshalb eine öffentliche Ausschreibung unterbleiben kann. Bedenkt man jedoch, dass für den sicheren Erfolg von Öffentlich Privaten Partnerschaften in der Regel ein Projektvolumen von mehreren Millio-

460 Siehe dazu im Einzelnen S. 103 ff.
461 Kommission, Primärrechtliche Auftragsvergabe 2006, Kapitel 1.3.
462 EuGH Rs C-231/03 v. 21.07.2005 – „Co.Na.Me" = NZBau 2005, 592 – Rn. 20.
463 EuGH Rs C-231/03 v. 21.07.2005 – „Co.Na.Me" = NZBau 2005, 592 – Rn. 20.
464 Kommission, Primärrechtliche Auftragsvergabe 2006, Kapitel 1.3.
465 Kommission, Primärrechtliche Auftragsvergabe 2006, Kapitel 1.3.
466 Siehe dazu bereits unter: Fördergelder, S. 67 f.

nen Euro notwendig ist und die Gemeinden deshalb einen Auftragswert dieser Größenordnung anstreben sollten,[467] ist an eine sehr geringfügige wirtschaftliche Bedeutung und fehlende Binnenmarktrelevanz nicht mehr zu denken.

Die Binnenmarktrelevanz mit dem Argument verneinen zu wollen, dass Partnerschaften in kommunalen traditionelle Kultureinrichtungen vorwiegend für ortsansässige Betriebe von Interesse sind und Wirtschaftsunternehmen aus anderen Mitgliedstaaten sich in geringerem Maße daran beteiligen werden, überzeugt ebenfalls nicht. So kann es sich zum einen bei bereits ortsansässigen Unternehmen um Niederlassungen von Betrieben aus anderen Mitgliedstaaten handeln, mit der Folge dass die Binnenmarktrelevanz zu bejahen wäre. Zum anderen ist denkbar, dass ein mitgliedstaatliches Unternehmen plant, sich in Deutschland niederzulassen und es z.B. die positiven Werbeeffekte einer Kulturpartnerschaft nutzen möchte, um sich in der Region einen Namen zu machen.

Aus den genannten Gründen können die Gemeinden nicht von vornherein davon ausgehen, dass die Partnerschaft in einer traditionellen Kultureinrichtung für Wirtschaftsteilnehmer anderer Mitgliedstaaten uninteressant ist. Kulturelle Öffentlich Private Partnerschaften sind vielmehr grundsätzlich als binnenmarktrelevant einzustufen. Es handelt sich hier wiederum um eine generelle Feststellung, die im konkreten Einzelfall von der Gemeinde auf ihre Richtigkeit überprüft werden muss.

3. Ergebnis

Kulturelle gemischtwirtschaftliche Gesellschaften mit konzessionsrechtlichen Vertragselementen sind eine Sonderform von Dienstleistungskonzessionen mit grundsätzlicher Binnenmarktrelevanz. Die Gemeinden sind deshalb verpflichtet, die private Partnersuche unter Beachtung des europäischen Primärvergaberechts – den sog. allgemeinen Vergaberechtsgrundsätzen – öffentlich ausschreiben.

III. Beihilfenrechtliche Konsequenz

Die gesetzliche Pflicht zur öffentlichen Ausschreibung der privaten Partnerschaft für eine kulturelle Öffentlich Private Partnerschaft hat für die Gemeinden auch beihilfenrechtliche Konsequenzen. Diese werden aus Gründen der Vollständigkeit im Folgenden näher erläutert.

Bei der Prüfung der projektbezogenen Eignungskriterien von Public Private Partnerships wurde festgestellt, dass ein ausreichendes Marktinteresse von

467 Siehe bereits 67, 81.

Seiten der Wirtschaftsunternehmen für die Nutzung des freien Wettbewerbs als Instrument zum effektiven und effizienten Vertragsabschluss von großer Wichtigkeit ist. Zu diesem Zweck sollten die Gemeinden den Markt um die private Kulturpartnerschaft möglichst attraktiv gestalten. Ein Mittel, um den Wettbewerb entsprechend anzukurbeln, ist die Zahlung von gemeindeeigener oder auf nationaler, europäischer oder internationaler Ebene beantragter Subventionsgelder.[468]

Werden z.B. die von der Gemeinde beantragten Subventionen vom Bund bewilligt und bei der Gesellschaftsgründung oder beim Abschluss der kulturellen Dienstleistungskonzession an die gemischtwirtschaftlichen Gesellschaft ausgezahlt, ist primärer Zweck dieser Zahlungen, den wirtschaftlichen Nachteil auszugleichen, welcher der gemischtwirtschaftlichen Gesellschaft dadurch entsteht, dass sie rechtlich verpflichtet ist, die kulturelle Infrastruktur für das breite Publikum zu sozialen Preisen bereitzustellen. Die primäre Zwecksetzung der Fördergelder schließt jedoch nicht aus, dass die Bezuschussung der traditionellen Kultureinrichtung aus der Sicht des gemeinschaftlichen Beihilferechts einen wirtschaftlichen Vorteil bedeutet, über den die gemischtwirtschaftliche Gesellschaft unter normalen Marktbedingungen nicht verfügen würde.[469] Der Beihilfentatbestand i.S.d. Art. 107 AEUV (Art. 87 I EG a.F.) ist grundsätzlich eröffnet.[470]

Aus der Qualifizierung der Zusatzzahlungen als staatliche Beihilfeleistungen im Sinne des Gemeinschaftsrechts folgt, dass die Zusatzzahlungen der laufenden Kontrolle durch die Europäische Kommission unterliegen und gemäß Art. 108 III AEUV (Art. 88 III EG a.F.) vor ihrer Gewährung der Kommission mitzuteilen sind.[471] Die Anzeigepflicht entfällt für die Gemeinden nur dann, wenn kulturelle Fördermaßnahmen dieser Art vom Beihilfentatbestand des Art. 107 I AEUV (Art. 87 I EG a.F.) ausnahmsweise aus besonderen Gründen nicht erfasst werden. Das ist im Folgenden zu prüfen.

Der EuGH hat in seiner Entscheidung *Altmark Trans* vier Kriterien aufgestellt, die kumulativ vorliegen müssen, um zusammen einen besonderen Grund darzustellen, damit die beihilfenrelevante Begünstigung des bezuschussten Unternehmens ausnahmsweise zu verneinen ist:[472]

---

468 Siehe dazu bereits: Fördergelder, S. 67 f.

469 *v. Wallenberg*, Grabnitz/Hilf: EU-Recht, Art. 87 EG, Rn. 12.

470 Der Entwurf der „Verordnung über die Anwendung der Art. 107 und 108 AEUV auf Deminimis-Beihilfen an Unternehmen, die Dienstleistungen von allgemeinem wirtschaftlichem Interesse erbringen" vom 20.12.2011 ist im Frühjahr 2012 (25.04.2012) verkündet worden.

471 Vgl. *Dörr*, KommJur 2006, 41 (42).

472 EuGH, Rs C-280/00 v. 24.07.2003 – „Altmark Trans" = NVwZ 2003, 1101 – Rn. 88 ff.

Erstens muss die Fördermaßnahme als Ausgleich für klar definierte gemeinwirtschaftliche Verpflichtungen des Unternehmens vorgesehen sein. Die gemischtwirtschaftliche Gesellschaft wird Trägerin der kommunalen Infrastruktureinrichtung und die Gemeinde ist nach Art. 5 III 1 i.V.m. Art. 3 I, 20 I – III GG verpflichtet, die jeweilige traditionelle Kulturleistung (z.B. den Theater- oder Konzertbetrieb) auch in Kooperation mit einem Privaten nach bestimmten, für Gemeinwohlaufgaben allgemein geltenden Standards der Bevölkerung bereitzustellen. Die Gemeinde erfüllt das erste *Altmark Trans* – Kriterium dadurch, dass sie die zwingend einzuhaltenden gemeinwirtschaftlichen Verpflichtungen der kulturellen gemischtwirtschaftlichen Gesellschaft eindeutig und klar im Gesellschaftsvertrag festschreibt.

Zweitens müssen die Parameter, anhand der die Höhe der finanziellen Ausgleichszahlung berechnet wird, vor der Leistungserbringung objektiv und transparent definiert werden. Drittens dürfen die Ausgleichszahlungen nicht über den Betrag hinausgehen, der erforderlich ist, um diejenigen Kosten ganz oder teilweise zu decken, die dem Unternehmen aus der Erfüllung der gemeinwirtschaftlichen Verpflichtung unter Berücksichtigung der zu erzielenden Einnahmen und eines angemessenen Gewinns entstehen. Auch das zweite und dritte Kriterium können die Gemeinden also in einfacher Art und Weise durch die Aushandlung und Festschreibung entsprechender, klarer gesellschaftsvertraglicher Vereinbarungen einhalten.

Als viertes Kriterium verlangt der EuGH, dass die erforderliche Höhe des Kostenausgleichs für den konkreten Einzelfall nach wettbewerblichen Grundsätzen ermittelt wird.[473] Dieses letzte Kriterium ist für die vorliegende Untersuchung von besonderem Interesse.

Die Gemeinden können dieses letzte Kriterium auf zwei verschiedenen Wegen erfüllen:

Wählt die Gemeinde den privaten Kulturpartner im Rahmen einer öffentlichen Ausschreibung aus, wird die Erforderlichkeit des an die gemischtwirtschaftliche Gesellschaft zu zahlenden Finanzausgleiches vermutet.[474] Es handelt sich um eine Erforderlichkeitsfiktion, bei der es keiner separaten Kostenanalyse von Seiten der Gemeinde bedarf. Die Fiktion ist in diesen Fallkonstellationen deshalb gerechtfertigt, weil dank der jeden öffentlichen Ausschreibung innewohnenden transparenten und objektiven Angebotsermittlung der am Markt angemessene Preis für die kulturelle Leistungserbringung ermittelt wird.[475] Die verbleibenden tatsächlichen Mehrkosten, die dem gemischtwirtschaftlichen Unternehmen aufgrund

473 EuGH, Rs C-280/00 v. 24.07.2003 – „Altmark Trans" = NVwZ 2003, 1101 – Rn. 93; vgl. auch *Dörr*, KommJur 2006, 41 (44).

474 Vgl. *Bartosch*, EuZW 2004, 295 (295).

475 *Dörr*, KommJur 2006, 41 (44).

der mit der traditionellen Kulturleistung verbundenen Gemeinwohlverpflichtungen entstehen, sind nicht mehr marktangemessen und dürfen durch öffentliche Zusatzzahlungen kompensiert werden.[476]

Würde die Gemeinde die Kulturpartnerschaft dagegen nicht öffentlich ausschreiben – von der gesetzlichen Ausschreibungspflicht einmal abgesehen –, bliebe ihr beihilferechtlich die Möglichkeit, die Höhe des erforderlichen Ausgleichs auf der Grundlage einer qualifizierten Kostenanalyse zu bestimmen.[477] Vergleichsmaßstab bilden in diesem Fall die Kosten, die einem durchschnittlichen gut geführtem Unternehmen, das so angemessen ausgestattet ist, dass es den gestellten gemeinwirtschaftlichen Anforderungen genügen kann, bei der Erfüllung der betreffenden Verpflichtungen entstehen würden.[478]

Durch die öffentliche Ausschreibung der privaten Partnerschaft für eine kulturelle Infrastruktureinrichtung vermeiden die Gemeinden also zugleich, dass sie die Erforderlichkeit der vorgesehenen Zuschüsse anhand einer aufwändigen Kostenanalyse für den Einzelfall berechnen müssen.[479] Die Gemeinden setzen sich auch nicht dem Risiko aus, aufgrund einer fehlerhaft durchgeführten Kostenanalyse eine höhere als die wirtschaftlich notwendige Zahlung zu erbringen. Eine zu hohe Subventionierung würde nicht nur den Anwendungsbereich des Beihilfentatbestandes des Art. 107 I AEUV (Art. 87 I EG a.F.) eröffnen, sondern bei gemeindeeigenen Subventionszahlungen auch den kommunalen Haushalt über das notwendige Maß hinaus belasten.

Die Gemeinden sollten diesen positiven, beihilferechtlich relevanten Nebeneffekt der öffentlichen Ausschreibung der privaten Partnerschaft für eine traditionelle Kultureinrichtung nicht unterschätzen. Sie sparen Zeit und Kosten, wenn sie eigene oder anderweitig bewilligte Zuschusszahlungen für die kulturelle Public Private Partnership der Europäischen Kommission nicht mitteilen müssen.

476 Vgl. *Dörr*, KommJur 2006, 41 (44).
477 EuGH, Slg. 2001, I – 7747 – „Altmark Trans" = NvwZ 2003, 1101 Rn. 93.
478 EuGH, Slg. 2001, I – 7747 – „Altmark Trans" = NvwZ 2003, 1101 Rn. 93.
479 Vgl. *Dörr*, KommJur 2006, 41 (44).

B. Primärrechtliches Vergaberecht – die sog. allgemeinen Vergaberechtsgrundsätze

I. Einführung

Der EuGH[480] und die Europäische Kommission[481] haben seit 2000 immer wieder bekräftigt, dass die öffentlichen Auftraggeber in den Mitgliedstaaten bei allen öffentlichen Aufträgen i.w.S., die binnenmarktrelevant sind und deshalb in den Geltungsbereich des Gemeinschaftsrechts fallen, die Vorschriften und Grundsätze der Europäischen Verträge zu beachten haben. Die aus dem primären Gemeinschaftsrecht abzuleitenden allgemeinen Vergaberechtsgrundsätze gelten unabhängig davon, ob der öffentliche Auftrag i.w.S. in den Anwendungsbereich des sekundären oder primären europäischen Vergaberechts fällt. Gemeinschaftsrechtlich betrachtet – auch soweit es das Beihilfenrecht betrifft[482] – hat man es mit einem vollkommenen Gleichklang von primären und sekundären Vergaberecht zu tun.[483]

Für öffentliche Aufträge im Geltungsbereich der Vergabekoordinierungsrichtlinie gelten die allgemeinen Vergaberechtsgrundsätze nur in Ausnahmefällen unmittelbar, da sie in ihrer Eigenschaft als allgemeine Grundsätze gegenüber den konkreten Regelungen der einschlägigen Verdingungsordnungen nur eine Reservefunktion besitzen.[484]

Bei der Ausschreibung von Dienstleistungskonzessionen und damit auch von kulturellen institutionalisierten Öffentlich Privaten Partnerschaften mit konzessionsrechtlichen Elementen kommen die allgemeinen Vergaberechtsgrundsätze dagegen ausschließlich und damit direkt und unmittelbar zur Anwendung. Anderweitig vorgehende vergaberechtliche Vorschriften existieren hier nicht.[485]

Welche primärvergaberechtlichen Vorschriften und Grundsätze sich hinter den sog. allgemeinen Vergaberechtsgrundsätzen im Einzelnen verbergen und welche rechtlichen Konsequenzen sich daraus für die öffentliche Ausschreibung von privaten Partnerschaften für kommunale traditionelle Kultureinrichtungen ergeben, ist Prüfungsgegenstand dieses Arbeitsabschnittes. Zweck der Untersuchung ist,

---

480 Vgl. EuGH, Rs C-324/98 v. 07.12.2000 – „Telaustria" = NZBau 2001, 148 – Rn. 60ff.; EuGH, Rs C-513/99 v. 17.09.2002 – „Concorda Bus Fintanel" = NZBau 2002, 618 – Rn. 62; EuGH Rs C-231/03 v. 21.07.2005 – „Co.Na.Me" = NZBau 2005, 592 – Rn. 16; EuGH Rs C 458/03 v. 13.10.2005 – „Parking Brixon" = NVwZ 2005, 1407 – Rn. 46ff.

481 Kommission, Konzessionen 2000, Kapitel 2; Kommission, Primärrechtliche Auftragsvergabe 2006, Kapitel 1.1.

482 Vgl. *Dörr*, KommJur 2006, 41 (44).

483 *Burgi*, NZBau 2008, 29 (31).

484 Vgl. *Burgi*, NZBau 2008, 29 (32).

485 Siehe dazu auch bereits S. 81.

dem Begriff des „europäischen Primärvergaberechts" eine klare Kontur zu geben und damit dem Ziel der Arbeit näher zu kommen, den Gemeinden einen konkreten vergaberechtskonformen Vorschlag zur Ausgestaltung der öffentlichen Ausschreibung von Kulturpartnerschaften nach dem Politikmodell des aktivierenden Kulturstaates zu unterbreiten.

1. Die allgemeinen Vergaberechtsgrundsätze

Zu den allgemeinen Vergaberechtsgrundsätzen des primären Gemeinschaftsrechts gehören nach heute allgemein vertretener Ansicht das Gleichbehandlungsprinzip, das Transparenzprinzip, das Verhältnismäßigkeitsprinzip sowie das Prinzip der gegenseitigen Anerkennung.[486]

Ob es sich bei dem Prinzip des freien Wettbewerbs um einen primärrechtlichen Vergaberechtsgrundsatz gleich den übrigen handelt, ist dagegen umstritten.[487] Es gibt Stimmen, die das Wettbewerbsprinzip sowohl als Grundsatz als auch als Ziel des europäischen Vergaberechts auffassen,[488] ihn primär jedoch als allgemeinen, wenn auch einen wichtigen Vergaberechtsgrundsatz behandeln. Andere dagegen sehen im Wettbewerbsprinzip keinen eigenständigen Vergaberechtsgrundsatz, sondern eine das europäische Vergaberecht beherrschende Zielvorgabe, die hinter den Grundsätzen der Transparenz und Gleichbehandlung steht und mittels dieser Geltung erlangt.[489]

Für letztere Ansicht streitet die grammatikalisch-systematische Auslegung der Vergabekoordinierungsrichtlinie, zumindest soweit es die Vergabe von öffentlichen Aufträgen betrifft, die in ihren Anwendungsbereich fallen.[490] So benennt die Richtlinie in Art. 2 VKR ausdrücklich nur die Vergaberechtsgrundsätze der Transparenz und Gleichbehandlung, während der Wettbewerb „vor die Klammer gezogen" im 2. Erwägungsgrund genannt ist. Für öffentliche Aufträge außerhalb der Vergabekoordinierungsrichtlinie, und damit auch für Dienstleistungskonzessionen, gelangt man bei Analyse der verschiedenen Mitteilungen der Europäische Kommission im Bereich der öffentlichen Auftragsvergabe zu einem ähnlichen Ergebnis: Weder in ihrer Mitteilung „Konzessionen" aus dem Jahr 2000[491] noch in der Mitteilung „Primärrechtliche Auftragsvergabe" aus dem Jahr 2006[492]

486 Kommission, Primärrechtliche Auftragsvergabe 2006, Kapitel 1.1; Vgl. auch GA Stix-Hackel, Rs. C-231/03 – „Co.Na.Me", Schlussantrag v. 12.04.2005, Rn. 85.

487 Vgl. *Burgi*, NZBau 2008, 29 (33).

488 *Bungenberg*, Loewenheim/Meessen/Riesenkampff Kartellrecht, § 97 GWB, Rn. 6.

489 *Burgi*, NZBau 2008, 29 (33).

490 So auch *Burgi*, NZBau 2008, 29 (33).

491 Vgl. Kommission, Konzessionen 2000, Kapitel 3.

492 Vgl. Kommission, Primärrechtliche Auftragsvergabe 2006, Kapitel 2.2.

bezeichnet die Kommission das Wettbewerbsprinzip als allgemeinen Vergaberechtsgrundsatz.

Eine von *Burgi* durchgeführte Urteilsanalyse hat ergeben, dass die Rechtsprechung des EuGH zur öffentlichen Auftragsvergabe ebenfalls der zweiten Rechtsansicht zuzuneigen scheint.[493]

Die Ansicht, die das Wettbewerbsprinzip nicht als schlichten allgemeinen Vergaberechtsgrundsatz einordnet, sondern es als hinter den Grundsätzen der Transparenz und Gleichbehandlung stehende Zielvorgabe des europäischen Vergaberechts ansieht, steht zudem im Einklang mit dem Zweck, das gemeinschaftsrechtlich primär mit dem Vergaberecht verfolgt wird: die Sicherung des Grundsatzes der freien Marktwirtschaft mit freiem Wettbewerb im Interesse des einzelnen Marktteilnehmers. Ist das Vergaberecht ein Instrument zur Sicherung des freien Wettbewerbs, so ist die zweite Rechtsansicht überzeugender, die im Wettbewerbsprinzip eine Zielvorgabe sieht und deshalb einen höheren Stellenwert einräumt als den übrigen allgemeinen Vergaberechtsgrundsätzen. Diese Rechtsansicht wird der vorliegenden Arbeit ihm deshalb zugrunde gelegt, wobei die Bedeutung dieses Meinungsstreites erst an späterer Stelle in dieser Arbeit eine Rolle spielen wird.[494]

Die befürwortete herausragende Bedeutung des Wettbewerbsprinzips gegenüber den schlichten allgemeinen Vergaberechtsgrundsätzen soll sich auch in der Begriffswahl widerspiegeln. Im Folgenden wird deshalb einerseits von Wettbewerbsprinzip und andererseits von Gleichbehandlungs-, Transparenz- und Verhältnismäßigkeitsgrundsatz sowie dem Grundsatz der gegenseitigen Anerkennung gesprochen.

Die Rechtsansicht, die im Wettbewerbsprinzip eine wesensbestimmende Zielvorgabe des Vergaberechts sieht, steht nicht in Widerspruch mit der Rechtsauffassung des deutschen Gesetzgebers, der in § 97 I GWB das Wettbewerbsprinzip als allgemeinen Vergaberechtsgrundsatz einordnet. Die Entscheidung des deutschen Gesetzgebers, das Wettbewerbsprinzip bei den allgemeinen Vergaberechtsgrundsätzen zu erwähnen, ändert nichts daran, dass es sich hier um den primären Zweck des europäischen Vergaberechts handelt. Die Einordnung des Wettbewerbsprinzips im nationalen Vergaberecht als allgemeinen Vergaberechtsgrundsatz ist deshalb nicht substitutiv, sondern allein additiv zu verstehen. Eine Herabstufung des Wettbewerbsprinzips, die mit einer Substitution verbunden wäre, ist wegen der Vorrangstellung des Gemeinschaftsrechts rechtlich ausgeschlossen. Nach Ansicht von *Burgi* erfährt das Wettbewerbsprinzip durch seine einfachgesetzliche Nennung als Vergaberechtsgrundsatz eine Aufwertung.[495] Es

493 *Burgi*, NZBau 2008, 29 (33).

494 Siehe: Zielvorgaben des primären Vergaberechts nach Inkrafttreten des Vertrages von Lissabon, S. 140 ff.

495 *Burgi*, NZBau 2008, 29 (33).

überzeugt jedoch nicht, eine Zielvorgabe, die einem Rechtsgebiet zugrunde liegt, im Vergleich zu den Grundsätzen, mit denen diese Zielvorgabe erreicht werden soll, niedriger bewerten zu wollen. Zielvorgaben dominieren vielmehr das jeweilige Rechtsregime und sind deshalb als höherrangig einstufen. Die Interpretation von *Burgi* ist deshalb abzulehnen.

2. *Verfahrensmaßstab*

Welcher Verfahrensmaßstab aus den allgemeinen Vergaberechtsgrundsätzen folgt und welche verfahrensrechtlichen Vorgaben die öffentlichen Auftraggeber deshalb konkret bei öffentlichen Ausschreibungen von binnenmarktsrelevanten Dienstleistungskonzessionen sowie den sonstigen, auf primärvergaberechtlicher Grundlage zu vergebenden öffentlichen Aufträgen beachten müssen, ist in Deutschland umstritten.

Teilweise wird befürwortet, das einfachrechtliche Regelungsregime der Vergabe von Dienstleistungsaufträgen analog auf die Vergabe von Dienstleistungskonzessionen zu übertragen.[496] Die Gemeinden hätten danach die private Partnerschaft für eine traditionelle Kultureinrichtung auf der Grundlage der VOL/A öffentliche auszuschreiben. Als Hauptargument führen die Vertreter dieser Ansicht an, dass die allgemeinen Vergaberechtsgrundsätze durch die Verfahrensregeln für Dienstleistungsaufträge repräsentiert werden und durch sie eine nähere Ausgestaltung und Konkretisierung erfahren.[497] Auch Dienstleistungskonzessionen seien deshalb nach einem der gesetzlich normierten Vergabeverfahren[498] öffentlich auszuschreiben, die allesamt auf den allgemeinen Vergaberechtsgrundsätzen aufbauen und den darin enthaltenen verfahrensrechtlichen Vorgaben entsprechen. Gegen diese Literaturmeinung spricht, dass viele der rechtlichen Vorgaben für die Vergabe von öffentlichen Aufträgen i.e.S. aufgrund der strukturellen Unterschiede der Auftragsarten nicht auf die Vergabe von Dienstleistungskonzessionen passen.[499] So besteht z.B. die Gegenleistung des öffentlichen Auftraggebers primär nicht in einer regelmäßigen Entgeltzahlung, sondern in dem Nutzungsrecht, das dem Konzessionär für die öffentliche Leistung übertragen wird. Hinzu kommt, dass Konzessionen wegen der vollständigen wirtschaftlichen Risikotragung des Konzessionärs wirtschaftlich betrachtet grundsätzlich weniger wert sind als öffentliche Aufträge i.e.S.[500] Es wäre unangemessen, Dienstleistungskonzessionen, die wirtschaftlich die schwächere

---

496 *Knopp*, DÖV 2004, 604 (610); *Enzian*, DVBl 2002, 235 (238).

497 Vgl. *Knopp*, DÖV 2004, 604 (610).

498 Siehe Näheres zu den gesetzlich normierten Vergabeverfahren, S, 204 ff.

499 Vgl. *Burgi*, NZBau 2005, 610 (613).

500 *Ortner*, Vergabe von Dienstleistungskonzessionen, S. 172.

Variante der Aufgabenerledigung durch Private darstellen und den europaweiten Wettbewerb deshalb grundsätzlich weniger verzerren können als öffentliche Aufträge i.e.S., mit den Dienstleistungsaufträgen gleichzusetzen oder aufgrund der Analogie sogar strengeren Regelungen (im Falle von sog. nachrangigen Dienstleistungen[501]) zu unterwerfen.[502]

Andere Autoren vertreten deshalb, dass Dienstleistungskonzessionen wie Baukonzessionen gemäß § 22 II VOB/A (§ 32 II VOB/A a.F.) unter sinngemäßer Anwendung der §§ 1–21 VOB/A zu vergeben seien.[503] Sie argumentieren, dass die Vergabe von Konzessionen der Vergabekoordinierungsrichtlinie nicht völlig fremd sei und es deshalb nahe liege, die Verfahrensregeln für Bauaufträge i.e.S., die bei der Vergabe von Baukonzessionen entsprechend gelten, auch bei der Vergabe von Dienstleistungskonzessionen heranzuziehen, soweit sie Ausfluss der allgemeinen Vergaberechtsgrundsätze sind.[504] Dieser Ansicht ist entgegenzuhalten, dass bei öffentlichen Aufträgen i.e.S. andere Verfahrensregeln gelten, je nachdem ob sie eine Bau- oder eine Dienstleistung zum Gegenstand haben (VOB/A einerseits, VOL/A andererseits). Es leuchtet deshalb nicht ein, dass dies für Bau- und Dienstleistungskonzessionen trotz unterschiedlicher Auftragsgegenstände anders sein soll. Aufgrund der verschiedenen Auftragsgegenstände fehlt es vielmehr an der Vergleichbarkeit der Sachverhalte und damit an den Voraussetzungen einer Analogie.

Eine dritte Ansicht lehnt dagegen jegliche Analogie zu den einfachgesetzlichen Verfahrensvorschriften ab und befürwortet eine öffentliche Ausschreibung unter Beachtung von bloßen Mindeststandards, also der Geltung einer Art „Vergaberecht light".[505] Letztere Ansicht kann sich auf systematische sowie teleologische Argumente stützen.

So sind die allgemeinen Vergaberechtsgrundsätze unmittelbar dem primären Gemeinschaftsrecht zu entnehmen, das eine Rahmenordnung darstellt und deshalb lediglich abstrakte, durch das sekundäre Gemeinschaftsrecht oder die EuGH-Rechtsprechung noch auszufüllende Grundregeln enthält. Das primärrechtliche Vergaberecht kann also keine konkreten, in alle Einzelheiten gehenden Vergabeverfahren vorgeben, sondern lediglich prozessuale Mindestvorausset-

501 Siehe hierzu bereits S. 95.

502 Wie hier: *Ortner*, Vergabe von Dienstleistungskonzessionen, S. 173; für eine entsprechende Anwendung der VOL/A: *Knopp*, DÖV 2004, 604 (610); *Enzian*, DVBl 2002, 235 (238).

503 *Böckel*, LKV 2003, 393 (396); *Hatting/Ruhland*, NZBau 2005, 626 (630).

504 *Böckel*, LKV 2003, 393 (396).

505 *Burgi*, NZBau 2005, 610 (613); *Ortner*, Vergabe von Dienstleistungskonzessionen, S. 173; vgl. auch GA Stix-Hackel, Rs. C-231/03 – „Co.Na.Me", Schlussantrag v. 12.04.2005, Rn. 82ff.

zungen normieren, an denen sich die öffentlichen Auftraggeber zu orientieren haben.[506]

Zudem hat der Richtliniengeber die Dienstleistungskonzessionen bisher bewusst nicht den Vergaberichtlinien unterworfen. Ihre Vergabe nun durch eine entsprechende Heranziehung der Regeln über Dienstleistungsaufträge oder Baukonzessionen regeln zu wollen, würde über die Hintertür einen Zustand herbeiführen, der vom europäischen Gesetzgeber nicht gewollt war.[507]

Letztere Argumente überzeugen. Aus den allgemeinen Vergaberechtsgrundsätzen konkrete Verfahrensvorgaben entnehmen zu wollen, geht über eine zulässige Rechtsauslegung hinaus. Der Rechtsanwender würde sich hier zum Ersatzgesetzgeber aufschwingen. Zudem wird die bewusste Entscheidung des europäischen Gesetzgebers, die Vergabe von Dienstleistungskonzession bisher nicht sekundärrechtlich zu regeln, durch den Erlass des Richtlinienvorschlages über die Konzessionsvergabe vom 20.12.2011[508] nun besonders deutlich. Zudem kann sich die dritte Ansicht auf den EuGH berufen, der eine analoge Anwendung der Verfahrensvorschriften für Dienstleistungsaufträge i.e.S. und Baukonzessionen für die Vergabe von Dienstleistungskonzessionen ebenfalls ablehnt.[509]

Die Geltung von lediglich verfahrensrechtlichen Mindestbedingungen hat für die öffentlichen Auftraggeber zur Folge, dass sie bei der Ausgestaltung des Verfahrensablaufes zur Vergabe von Dienstleistungskonzessionen weitgehend frei sind, und das Vergabeverfahren an die Bedürfnisse und Anforderungen des jeweiligen Auftragsgegenstandes und der tatsächlichen Umstände des Einzelfalles anpassen können. Es ist ihnen also grundsätzlich möglich, das Vergabeverfahren nicht nur an einer möglichst effizienten, sondern auch an einer möglichst effektiven öffentlichen Leistungserbringung auszurichten.[510] Die hohe Flexibilität und Gestaltungsoffenheit des Verfahrensablaufes ist jedoch nicht nur vorteilhaft, sondern ist mit einer größeren Rechtsunsicherheit für alle Verfahrensbeteiligten verbunden als bei der Anwendung der rechtlich normierten und streng formalisierten Vergabeverfahren. Auf dieses Problem wird an späterer Stelle in dieser Arbeit noch genauer einzugehen sein.[511]

506 Vgl. *Ortner*, Vergabe von Dienstleistungskonzessionen, S. 173.

507 *Burgi*, NZBau 2005, 610 (613); *Ortner*, Vergabe von Dienstleistungskonzessionen, S. 172; GA Stix-Hackel, Rs. C-231/03 – „Co.Na.Me", Schlussantrag v. 12.04.2005, Rn. 82 ff.

508 Vorschlag für Richtlinie des Europäischen Parlaments und des Rates über die Konzessionsvergabe vom 20.12.2011, KOM (2011) 897.

509 Vgl. EuGH Rs. C 458/03 v. 13.10.2005 – „Parking Brixon" = NVwZ 2005, 1407 – Rn. 46, 52.

510 Siehe dazu: Das Prinzip der ordnungsgemäßen öffentlichen Aufgabenerfüllung, S. 146 ff.

511 Siehe hierzu im Zusammenhang mit dem Verhandlungsverfahren, S. 208 ff. und dem Wettbewerblichen Dialog, 226 ff.

Im folgenden Arbeitsabschnitt ist zu untersuchen, welche verfahrensrechtlichen Mindeststandards sich im Einzelnen aus den allgemeinen Vergaberechtsgrundsätzen und dem Wettbewerbsprinzip ergeben. Dafür werden die zwingend einzuhaltenden Verfahrenserfordernisse zunächst allgemein dargestellt. Anschließend wird ihre konkrete Bedeutung für den Verfahrensaufbau zur Vergabe einer kulturellen institutionalisierten Öffentlich Privaten Partnerschaft untersucht, wobei dabei auch etwaige besonderen Verfahrenserfordernisse berücksichtigt werden, die sich aus dem Politikmodell des aktivierenden Kulturstaates ergeben.

II. „Vergaberecht light" – verfahrensrechtliche Mindeststandards

1. Gleichbehandlungsgrundsatz

Die Gleichbehandlung aller Marktteilnehmer ist ein tragender Grundsatz des Vergaberechts.[512] Für öffentliche Aufträge, die auf Grundlage des europäischen Primärvergaberechts ausgeschrieben werden, leitet er sich aus dem allgemeinen Verbot der Diskriminierung aus Gründen der Staatsangehörigkeit gemäß Art. 18 AEUV (Art. 12 EGV a.F.) und den Marktfreiheiten, insbesondere der Warenverkehrsfreiheit gemäß Art. 28 ff. AEUV (Art. 23 ff. EGV a.F.) und der Dienstleistungsfreiheit gemäß Art. 56 ff. AEUV (Art. 43 ff. EGV a.F.) ab, die spezifische Ausprägungen des allgemeinen Gleichbehandlungsgrundsatzes sind. Für öffentliche Aufträge im Anwendungsbereich des sekundären Vergaberechts ergibt sich die Geltung des Gleichbehandlungsgrundsatzes (auch) aus § 97 Abs. 2 GWB oder aus Art. 3 I GG, wenn man die unmittelbare Grundrechtsbindung im Bereich des fiskalischen Handelns des Staates bejaht.[513]

Der EuGH hat verschiedentlich ausgeführt, dass im Vergaberecht nicht nur ein Verbot der Diskriminierung aus Gründen der Staatsangehörigkeit gelte, sondern auch die Inländerdiskriminierung verboten sei.[514] Im Vergaberecht besteht deshalb das Gebot zur Gleichbehandlung aller ausländischen und inländischen, tatsächlichen oder potentiellen Verfahrensteilnehmer.

Vergaberechtliche Gleichbehandlung bedeutet, dass vergleichbare Sachverhalte nicht unterschiedlich behandelt werden dürfen, es sei denn eine Differenzierung ist objektiv gerechtfertigt.[515] Alle Bieter müssen unabhängig von ihrer Staatsangehörigkeit bei Aufstellung der Angebote über die gleichen Chancen

512 *Böckel*, LKV 2003, 393 (397).

513 *Dreher*, Immenga/Mestmäcker Kartellrecht, § 97 GWB, Rn. 58.

514 EuGH Rs C 458/03 v. 13.10.2005 – „Parking Brixon" = NVwZ 2005, 1407 – Rn. 48; EuGH, Rs C-87/94 v. 25.04.1996 – „Kommission/Belgien" = NVwZ 1997, 374 – Rn. 31 ff.

515 Kommission, Konzessionen 2000, Kapitel 3.1.1.

verfügen.[516] Über gleiche Chancen verfügen sie, wenn die prozessualen „Spielregeln" allen potentiellen Verfahrensbeteiligten bekannt sind und auf alle in gleicher Art und Weise angewendet werden.[517] Der Grundsatz der Gleichbehandlung ist von den öffentlichen Auftraggebern auf allen Stufen des Vergabeverfahrens einzuhalten,[518] und hat sowohl eine materiellrechtliche als auch eine verfahrensrechtliche Dimension.[519]

a. Materiellrechtliche Gleichbehandlung

Materiellrechtlich erfordert die Gleichbehandlung aller Bieter, dass die Auswahl des privaten Vertragpartners auf der Grundlage vorher festgelegter Eignungs- und Zuschlagskriterien oder einer entsprechenden anderweitigen objektiven Bewertungsgrundlage erfolgt.[520] Differenzierungen zwischen den Bietern, die bei Auswahlentscheidungen kraft Natur der Sache stets vorzunehmen sind, müssen aus sachlichen Gründen gerechtfertigt sein.[521]

Bezogen auf die potentiellen Verfahrensteilnehmer dürfen die öffentlichen Auftraggeber keine Bedingungen stellen, die Bieter aus einem Mitgliedstaat der Europäischen Union direkt oder indirekt benachteiligen.[522] Die Eignungsmerkmale müssen für alle Bewerber verständlich formuliert und unter identischen Bedingungen sowie gleichem Zeitaufwand erfüllbar sein. Die verlangten beruflichen Qualifikationen müssen aus Gründen der Gleichbehandlung den Anerkennungs- und Harmonisierungsregeln für den freien Personenverkehr in Europa entsprechen,[523] so dass sich der Gleichbehandlungsgrundsatz und der Grundsatz der gegenseitigen Anerkennung an dieser Stelle überlagern.[524]

Der materiellrechtliche Aspekt des Gleichbehandlungsgrundsatzes verlangt weiter, dass jede Anforderung, die an die Bewerber gestellt wird, in einem angemessenen Verhältnis zu der mit dem öffentlichen Auftrag verfolgten Zielsetzung

516 Vgl. EuGH, Rs C-87/94 v. 25.04.1996 – „Kommission/Belgien" = NVwZ 1997, 374 – Rn. 54.

517 Kommission, Konzessionen 2000, Kapitel 3.1.1.

518 *Böckel*, LKV 2003, 393 (397).

519 GA Stix-Hackel, Rs. C-231/03 – „Co.Na.Me", Schlussantrag v. 12.04.2005, Rn. 84.

520 Vgl. GA Stix-Hackel, Rs. C-231/03 – „Co.Na.Me", Schlussantrag v. 12.04.2005, Rn. 86; Ortner, Vergabe von Dienstleistungskonzessionen, S. 180 f; Kommission, Konzessionen 2000, Kapitel 3.1.1.

521 *Burgi*, NZBau 2005, 610 (615); *Fehling*, Pünder/Schellenberg Vergaberecht, § 97 GWB, Rn. 57.

522 Vgl. Kommission, Primärrechtliche Auftragsvergabe 2006, Kapitel 2.2.1.

523 *Burgi*, NZBau 2005, 610 (615); Kommission, Primärrechtliche Auftragsvergabe 2006, Kapitel 2.2.1.

524 Nähere Einzelheiten zum Grundsatz der gegenseitigen Anerkennung siehe S. 115.

steht.[525] Die Aufstellung von sachfremden oder unverhältnismäßigen Bedingungen ist den öffentlichen Auftraggebern verboten, und zwar unabhängig davon, ob es sich um unternehmensbezogene, leistungsbezogene oder sonstige (sog. beschaffungsfremde[526]) Bewertungskriterien handelt.

§ 97 IV 1 GWB nennt als zulässige unternehmensbezogene Eignungskriterien die Fachkundigkeit, Leistungsfähigkeit, Gesetzestreue und Zuverlässigkeit. § 97 IV GWB gilt unmittelbar nur für Aufträge, die in den Anwendungsbereich der Vergabekoordinierungsrichtlinie fallen. Bei der Festlegung der Eignungskriterien für öffentliche Ausschreibungen auf primärrechtlicher Grundlage ist der öffentliche Auftraggeber dagegen freier. Er verfügt insoweit über einen weiten Beurteilungs- und Ermessensspielraum, der ihm erlaubt, auch gesetzlich nicht normierte Kriterien aufzustellen, also solche, die im Anwendungsbereich der Richtlinie nicht erlaubt wären.[527] Die Grenze des primärvergaberechtlich Zulässigen ist erst dann erreicht, wenn der öffentliche Auftraggeber Kriterien verwendet, die sich nicht mehr auf die objektive Geeignetheit der Unternehmen für eine erfolgreiche Erfüllung der konkreten Dienstleistungskonzession beziehen.[528] Dies liefe auf eine sachfremde Kopplung hinaus, die unzulässig ist.[529]

In der Leistungsbeschreibung dürfen die öffentlichen Auftraggeber grundsätzlich keine Produkt- oder Dienstleistungsmerkmale verwenden, die eine bestimmte Produktion oder Herkunft, ein besonderes Verfahren oder Marken, Patente, Typen eines bestimmten Ursprungs zwingend voraussetzen.[530] Darin läge eine mittelbare Ungleichbehandlung aufgrund der Staatsangehörigkeit.[531] Solche auftragsbezogenen Kriterien – wozu die leistungsbezogenen Bewertungskriterien, das Zuschlagskriterium und die sog. beschaffungsfremden Bewertungskriterien gehören[532] – sind unzulässig. Die Leistungen und Funktionen des öffentlichen Auftrags sind möglichst allgemein zu beschreiben.[533] Der öffentliche Auftraggeber verfügt im Übrigen aber auch bei den auftragsbezogenen Kriterien über einen weiten Gestaltungs- und Ermessensspielraum.[534] Grenze des Ermes-

525 *Burgi*, NZBau 2005, 610 (615).

526 Vgl. *Burgi*, NZBau 2001, 64 (66). Siehe im Einzelnen zu den beschaffungsfremden Kriterien S. 127 f.

527 *Ortner*, Vergabe von Dienstleistungskonzessionen, S. 188.

528 *Burgi*, NZBau 2005, 610 (615).

529 *Burgi*, NZBau 2005, 610 (615).

530 Kommission, Primärrechtliche Auftragsvergabe 2006, Kapitel 2.2.1.

531 Kommission, Primärrechtliche Auftragsvergabe 2006, Kapitel 2.2.1; *Burgi*, NZBau 2005, 610 (615).

532 Siehe im Einzelnen dazu S. 127 f.

533 Kommission, Primärrechtliche Auftragsvergabe 2006, Kapitel 2.2.1.

534 Vgl. *Ortner*, Vergabe von Dienstleistungskonzessionen, S. 188; *Weber*, NZBau 2002, 194 (194).

sens bildet das Wettbewerbsprinzip. Nähere Ausführungen zu Inhalt und Grenzen der auftragsbezogenen Vergabekriterien werden deshalb im Zusammenhang mit dem Wettbewerbsprinzip erfolgen.[535]

b. Verfahrensrechtliche Gleichbehandlung

In verfahrensrechtlicher Hinsicht verlangt der Gleichbehandlungsgrundsatz, dass alle potentiellen Bieter über dieselbe Chance auf Zugang zum Verfahren und auf Zuschlag des öffentlichen Auftrags verfügen. Daraus folgt als konkrete Verfahrensanforderung, dass alle interessierten privaten Unternehmen in der Lage sein müssen, von der öffentlichen Ausschreibung sowie den Bedingungen des Auftrages Kenntnis zu erlangen, und zwar inhaltlich als auch zeitlich unter gleichen Voraussetzungen.[536]

Die verfahrensrechtliche Seite des Grundsatzes der Gleichbehandlung zeigt sich insbesondere in den prozessualen Mindestvorgaben, welche die öffentlichen Auftraggeber beim Verfahrensaufbau zu beachten haben. So müssen sie die öffentliche Ausschreibung grundsätzlich mit der Veröffentlichung einer Vergabebekanntmachung beginnen und durch die Festsetzung von Fristen, die Auftragebeber und Bieter gleichermaßen einzuhalten haben, weiter zeitlich strukturieren.[537] Die Fristen für die Bekundung des Interesses zur Verfahrensteilnahme und für die endgültige Angebotsabgabe müssen so bemessen sein, dass auch den Unternehmen aus den anderen Mitgliedstaaten der Europäischen Union Zeit bleibt, eine fundierte Einschätzung ihrer Zuschlagschancen vorzunehmen und gegebenenfalls ein Angebot zu erstellen.[538]

Die öffentlichen Auftraggeber sind verpflichtet, für alle potentiellen Beteiligten nicht nur gleiche verfahrensrechtliche Ausgangsbedingungen zu schaffen, sondern die verfahrensrechtliche Gleichbehandlung während des gesamten Verfahrensablaufes aufrecht zu erhalten.[539] Ein während des Verfahrenablaufes entstandener unberechtigter Informationsvorsprung zugunsten eines einzelnen Marktteilnehmers ist vor der Zuschlagsentscheidung wieder auszugleichen, indem die Vergabestelle rechtzeitig die im konkreten Fall geeigneten Abhilfemaßnahmen ergreift.[540]

535 Siehe: Zuschlagskriterium, S. 123 ff.

536 Vgl. Kommission, Primärrechtliche Auftragsvergabe 2006, Kapitel 2.2.1.

537 Vgl. GA Stix-Hackel, Rs. C-231/03 – „Co.Na.Me“, Schlussantrag v. 12.04.2005, Rn. 84; Kommission, Primärrechtliche Auftragsvergabe 2006, Kapitel 2.2.1; *Burgi*, NZBau 2005, 610 (615).

538 Kommission, Primärrechtliche Auftragsvergabe 2006, Kapitel 2.2.1.

539 *Böckel*, LKV 2003, 393 (397).

540 Vgl. Kommission, Konzessionen 2000, Kapitel 3.1.1; *Burgi*, NZBau 2008, 29 (33).

An die einfachgesetzlichen, abschließend normierten Verfahrenstypen[541] ist die Verwaltung bei der Auftragsvergabe auf primärrechtlicher Grundlage nicht gebunden.[542] Derart detaillierte Verfahrensvorgaben können dem Gleichbehandlungsgrundsatz nicht – ebenso wenig dem Wettbewerbsprinzip und den übrigen allgemeinen Vergaberechtsgrundsätzen – entnommen werden.[543] Dieser beinhaltet vielmehr nur allgemeine Grundanforderungen.[544]

Bestimmte, zwingend einzuhaltende formelle Vorgaben für die Gestaltung der Ausschreibungsunterlagen und die beigefügte Leistungsbeschreibung bestehen ebenfalls nicht.[545]

Gleichbehandlungsrechtliche Pflichten obliegen dem öffentlichen Auftraggeber einerseits insoweit, als die privaten Angebote den Vorgaben und Beurteilungskriterien, welche der öffentliche Auftraggeber in den Ausschreibungsunterlagen festgelegt hat, vollständig entsprechen müssen, damit eine objektive Vergleichbarkeit der Angebote und damit eine Entscheidung auf objektivierter Grundlage gewährleisten ist.[546] Abweichende private Angebote muss der öffentliche Auftraggeber vom Wettbewerb ausschließen und nachträgliche Änderungen in den ursprünglichen Angeboten darf er grundsätzlich nicht berücksichtigen.[547]

Andererseits ist der öffentliche Auftraggeber an die Vorgaben und auftragsbezogenen Bewertungskriterien, die er in der Leistungsbeschreibung und den übrigen Vergabeunterlagen vorgegeben hat, gebunden. Er darf davon nicht abweichen. Von dieser Selbstbindung abgesehen, verfügt der öffentliche Auftraggeber bei der Strukturierung des Verfahrensablaufes über ein weiten Gestaltungsspielraum, so dass er die Anforderungen an die Bewerber in den verschiedenen Verfahrensstadien frei bestimmen und den gesamten Verfahrensablauf an die Besonderheiten des jeweiligen Aufgabengebiets anpassen kann.[548]

---

541 Siehe zu den einzelnen Vergabeverfahren, S. 204 ff.

542 *Burgi*, NZBau 2005, 610 (615).

543 Siehe bereits S. 71.

544 *Burgi*, NZBau 2005, 610 (615).

545 *Burgi*, NZBau 2005, 610 (615).

546 Kommission, Konzessionen 2000, Kapitel 3.1.1; EuGH, Rs. 243/89 v. 22.06.1993 – „Storebaelt“ = EuZW 1993. 607 – Rn. 37.

547 Kommission, Konzessionen 2000, Kapitel 3.1.1; EuGH, Rs C-87/94 v. 25.04.1996 – „Kommission/Belgien“ = NVwZ 1997, 374 – Rn. 56.

548 Kommission, Konzessionen 2000, Kapitel 3.1.1.

c. Das Gleichbehandlungsprinzip bei der Suche nach einem privaten Kulturpartner

Der Vergaberechtsgrundsatz der Gleichbehandlung verpflichtet die Gemeinden zur Sicherstellung eines fairen und unparteiischen Verfahrens.[549] Im Übrigen sind sie jedoch frei und verfügen hinsichtlich des Verfahrensablaufes sowohl materiellrechtlich als auch verfahrensgestalterisch über einen weiten Gestaltungs- und Ermessensspielraum. Eine primärrechtliche Ungleichbehandlung ist erst zu bejahen, wenn die Gemeinde gleiche Sachverhalte unterschiedlich behandelt, ohne dass die vorgenommene Differenzierung aus sachlichen Gründen gerechtfertigt ist.[550]

Materiellrechtlich schreibt der vergaberechtliche Gleichbehandlungsgrundsatz den Gemeinden vor, nur solche unternehmensbezogene Kriterien zu verwenden, die sie im konkreten Fall zur Gewährleistung einer ordnungsgemäßen infrastrukturgerechten kulturellen Aufgabenerfüllung für notwendig erachten. Äußerste Grenze der Entscheidungsfreiheit bildet das Verbot der Stellung von sachfremden und unverhältnismäßigen Anforderungen an die (potentiellen und tatsächlichen) Verfahrensbeteiligten.[551]

In verfahrensgestalterischer Hinsicht sind die die Gemeinden verpflichtet, die öffentliche Ausschreibung mit einer öffentlichen Bekanntmachung zu beginnen und den weiteren Verfahrensablauf so zu strukturieren, dass die gleiche Chance auf Zuschlag der kulturellen Partnerschaft für alle Unternehmer während des gesamten Verfahrens sichergestellt ist. Jede Entscheidung, welche die Kommune während des Verfahrens trifft, muss aus Gründen der Gleichbehandlung auf objektiver Grundlage erfolgen. Etwaige, während des Verfahrens eingetretene unberechtigte Wettbewerbsvorteile einzelner Unternehmen hat die Gemeinde mit geeigneten prozessualen Maßnahmen vor der Zuschlagsentscheidung wieder auszugleichen.

Der Verfahrensablauf zur Vergabe einer privaten Partnerschaft für eine traditionelle Kultureinrichtung ist von den Gemeinden flexibel ausgestaltbar. Sie können den Verfahrensaufbau an den prozessualen Anforderungen des Politikmodells des aktivierenden Kulturstaates ausrichten.

Das Fehlen von rechtlichen Vorgaben für den Inhalt der Leistungsbeschreibung und der Ausschreibungsunterlagen im Allgemeinen ist für die Umsetzung einer aktivierenden Kulturpolitik insoweit günstig, als die Gemeinde die

549 Vgl. Kommission, Primärrechtliche Auftragsvergabe 2006, Kapitel 2.2.1.

550 Vgl. Kommission, Konzessionen 2000, Kapitel 3.1.1.

551 Die primärvergaberechtlichen Anforderungen, welche die Gemeinde bei der Festsetzung der auftrags- bzw. leistungsbezogenen Bewertungskriterien zu beachten haben, werden im Zusammenhang mit dem Wettbewerbsprinzip geprüft, siehe S. 121 ff.

Merkmale, welche die zu vergebende traditionelle Kulturleistung aufweisen soll, ergebnisoffen formulieren darf und nur die äußersten Rahmenbedingungen als bindende Parameter festlegen muss. So kann die Gemeinde z.B. vorgeben, dass das Museum auch Angebote speziell für Kinder und Jugendliche anbieten muss. Ob dies im Rahmen der Dauerausstellung erfolgt oder durch regelmäßige Sonderprogramme, kann das Unternehmen dagegen mit entscheiden und entsprechende Vorschläge unterbreiten. Innerhalb der bindenden Parameter, die für die Vergleichbarkeit der Angebote und damit einer Auftragsvergabe auf objektiver Grundlage gesetzlich vorgeschrieben sind, verbleibt der Gemeinde und den potentiellen privaten Partnern ein weiter Spielraum zur Ausgestaltung des Kooperationsverhältnisses. Die Vorstellungen der Gemeinde über die Art und Weise der Bereitstellung der kulturellen Infrastruktureinrichtung können also mit den Ideen und dem Fachwissen der beteiligten Unternehmen ergänzt und weiter verbessert werden. Die Zusammenarbeit der Gemeinde und der privaten Unternehmen bei der Planung und Umsetzung der institutionalisierten kulturellen Öffentlich Privaten Partnerschaft sowie bei der Ausformulierung des Organisationsvertrages, der den gemeinsamen Betrieb der traditionellen Kultureinrichtung regeln soll, ist primärvergaberechtlich zulässig und die kulturpolitische Vorstellung der echten Verantwortungspartnerschaft der öffentlichen und privaten Kulturakteure insoweit grundsätzlich umsetzbar.

Eine weit reichende Gestaltungsoffenheit bedeutet eine geringe Formalisierung und damit immer auch weniger Rechtssicherheit für alle Verfahrensbeteiligte.[552] Die Gemeinden sollten deshalb die Gestaltungsoffenheit des primären Vergaberechts nur so weit nutzen, als es für die effektive Umsetzung einer aktivierenden Kulturpolitik tatsächlich notwendig ist und sich im Übrigen eine Selbstbindung auferlegen. Kulturpolitisch würde es genügen, einmalig ein gut strukturiertes, auf die Erfordernisse einer aktivierenden Kulturpolitik angepasstes Musterverfahren zu erarbeiten und dieses bei der Suche nach einem privaten Kulturpartner künftig allgemein anzuwenden. Wendet die Gemeinde bei jeder öffentlichen Ausschreibung einer kulturellen Partnerschaft für eine traditionelle Kultureinrichtung das Musterverfahren an und unterwirft sich entwickelten Verfahrensregeln, können die (potentiellen) Teilnehmer aufgrund der Geltung des Gleichbehandlungsgrundsatzes auf die Einhaltung vertrauen.[553] Die Rechtssicherheit wächst. Eine solche verfahrensrechtliche Selbstbindung der Gemeinden ist aus Gründen der Rechtssicherheit und zur Vermeidung von zeitaufwändigen und kostenintensiven Nachprüfverfahren einer neuen Verfahrensgestaltung für jeden Einzellfall vorzuziehen. Ob ein solches Musterverfahren auch mit den

552 Vgl. *Burgi*, NZBau 2005, 610 (614).

553 Vgl. *Motzke*, Motzke/Pietzcker/Prieß VOB/A, Zivilrechtliche Sanktionen V, Rn. 98.

übrigen allgemeinen Vergaberechtsgrundsätzen in Einklang steht – insbesondere dem Wirtschaftlichkeitsgrundsatz – muss im Folgenden noch überprüft werden.

2. Grundsatz der gegenseitigen Anerkennung

Der allgemeine Vergaberechtsgrundsatz der gegenseitigen Anerkennung entspricht dem gemeinschaftsrechtlichen Herkunftslandprinzip, das bei allen Sachverhalten gilt, die einen Bezug zu den Grundfreiheiten aufweisen. Das Herkunftslandprinzip bzw. der Grundsatz der gegenseitigen Anerkennung verlangt, dass die Mitgliedstaaten technische Spezifikationen, Kontrollen, aber auch Titel, Bescheinigungen und Qualifikationen eines anderen Mitgliedstaates wie eigene akzeptieren müssen, soweit die Waren und Dienstleistungen den im Bestimmungsland festgelegten gerechtfertigten Vorgaben entsprechen.[554] Die staatlichen Stellen sind bei der Vergabe von öffentlichen Aufträgen i.w.S. verpflichtet, die Qualifikationen und Nachweise, die ein Unternehmen in einem anderen Mitgliedstaat erlangt hat, bei der Prüfung der unternehmensbezogenen Kriterien als gleichwertig anzuerkennen.[555]

Die Anerkennungspflicht haben die Gemeinden bei der Suche nach einem privaten Kulturpartner uneingeschränkt zu beachten. Verlangt eine Gemeinde z.B., dass einer der führenden Unternehmensmitarbeiter über einen kulturwissenschaftlichen akademischen (Zusatz-)Titel verfügt, so hat sie auch gleichwertige ausländische Abschlüsse anzuerkennen. Dasselbe gilt für z.B. betriebswirtschaftliche Qualifikationen. Spezifische kulturelle oder aus dem Politikmodell des aktivierenden Kulturstaates herrührende Sonderkonstellationen oder Probleme ergeben sich im Zusammenhangmit dem Prinzip der gegenseitigen Anerkennung nicht. Es wird in der folgenden Untersuchung deshalb keine Rolle mehr spielen.

3. Transparenzgrundsatz

a. Allgemein

Der Transparenzgrundsatz ist ein Ausfluss des Grundsatzes der Gleichbehandlung, denn sein Zweck ist es, im Interesse der Verfahrensbeteiligten nachträglich feststellen zu können, ob ein faires, alle Bewerber gleich behandelndes Verfahren tatsächlich stattgefunden hat.[556] In seiner Entscheidung *Parking Brixon* hat der EuGH zum Transparenzgrundsatz ausgeführt, „*dass zugunsten der potenziel-*

554 Kommission, Konzessionen 2000, Kapitel 3.1.4.

555 Kommission, Konzessionen 2000, Kapitel 3.1.4.

556 Vgl. EuGH, Rs. 324/98 v. 07.12.2000 – „Telaustria“ = NZBau 2001, 148 – Rn. 61.

len Bieter ein angemessener Grad an Öffentlichkeit sicherzustellen ist, der die Dienstleistungskonzession dem Wettbewerb öffnet und die Nachprüfung ermöglicht, ob die Vergabeverfahren unparteiisch durchgeführt worden sind".[557] Der Transparenzgrundsatz soll also im Interesse aller Marktteilnehmer einen unverfälschten Wettbewerb sichern.[558]

Die hier zum Ausdruck kommende Interpendenz zwischen den Grundsätzen der Gleichbehandlung und Transparenz einerseits und dem Wettbewerbsprinzip anderseits zeigt nochmals die Richtigkeit der vorliegend befürworteten Rechtsansicht, die in dem Wettbewerbsprinzip keinen herkömmlichen Vergaberechtsgrundsatz sieht, sondern eine das Vergaberecht beherrschende Zielvorgabe, die mithilfe der Grundsätze der Transparenz und Gleichbehandlung realisiert werden soll.

Der Transparenzgrundsatz ist wie auch der Gleichbehandlungsgrundsatz in jedem Verfahrensstadium zu beachten.[559] So werden dem Transparenzgrundsatz insbesondere Mindestanforderungen in Hinblick auf die öffentliche Bekanntmachung der öffentlichen Ausschreibung auf primärrechtlicher Grundlage entnommen.[560]

EuGH und Kommission verlangen für eine gemeinschaftsrechtskonforme öffentliche Bekanntmachung, dass vor Verfahrensbeginn auch die in einem anderen Mitgliedstaat niedergelassenen Unternehmen in angemessenem Umfang Zugang zu den Informationen haben, die den konkreten öffentlichen Auftrag betreffen.[561] Nur dann können die Unternehmen einschätzen, ob sie tatsächlich Interesse am Erhalt dieses Auftrags haben und dieses Interesse rechtzeitig kundtun.[562]

Die öffentlichen Auftraggeber sind verpflichtet, binnenmarktrelevante Dienstleistungskonzession europaweit bekanntzumachen.[563] Als Kriterium für die Bejahung bzw. Verneinung der Binnenmarktrelevanz wird dabei vorgeschlagen, sich analog an den aktuellen Schwellenwerten der Vergabekoordinierungsrichtlinie zu orientieren.[564]

557 EuGH Rs C-458/03 v. 13.10.2005 – „Parking Brixon" = NVwZ 2005, 1407 – Rn. 49.

558 Kommission, Konzessionen 2000, Kapitel 3.1.2; *Dreher*, Immenga/Mestmäcker Kartellrecht, § 97 GWB, Rn. 11.

559 EuGH, Rs 87/94 v. 25.04.1996 – „Kommission/Belgien" = NVwZ 1997, 374 – Rn. 54.

560 Vgl. Kommission, Primärrechtliche Auftragsvergabe 2006, Kapitel 2.1.3; *Burgi*, NZBau 2005, 610 (615); *Ortner*, Vergabe von Dienstleistungskonzessionen, S. 174.

561 EuGH Rs C-231/03 v. 21.07.2005 – „Co.Na.Me" = NZBau 2005, 592 – Rn. 21; Kommission, Primärrechtliche Auftragsvergabe 2006, Kapitel 2.1.3.

562 EuGH Rs C-231/03 v. 21.07.2005 – „Co.Na.Me" = NZBau 2005, 592 – Rn. 21; Kommission, Primärrechtliche Auftragsvergabe 2006, Kapitel 2.1.3.

563 Vgl. EuGH Rs C-231/03 v. 21.07.2005 – „Co.Na.Me" = NZBau 2005, 592 – Rn. 20. Siehe dazu auch bereits S. 111.

564 GA Stix-Hackel, Rs. C-231/03 – „Co.Na.Me", Schlussantrag v. 12.04.2005, Rn. 76f.; *Burgi*, NZBau 2005, 610 (615); Ortner, Vergabe von Dienstleistungskonzessionen, S. 179.

Die Pflicht zur öffentlichen Bekanntmachung schließt aus, dass der öffentliche Auftraggeber nur eine bestimmte Anzahl von Unternehmen kontaktiert[565] oder nur diejenigen, die er kennt und die seiner nach Ansicht nach die Leistung in der erwünschten Art und Weise erbringen können. Die ausschließliche individuelle Kontaktaufnahme bleibt auch dann unzulässig, wenn der Auftraggeber nicht nur nationale, sondern auch Unternehmen aus anderen Mitgliedstaaten persönlich anschreibt. Im Vergaberecht gilt unabhängig von der Nationalität ein Gleichbehandlungsgebot aller potentiellen Bewerber. Bei einer nur selektiven Kontaktaufnahme wäre aber nie auszuschließen, dass potenzielle neue Marktteilnehmer möglicherweise benachteiligt werden.[566] Der Transparenzgrundsatz schließt dagegen nicht aus, dass der öffentliche Auftraggeber zusätzlich zur öffentlichen Bekanntmachung bestimmte Unternehmen persönlich zur Angebotsabgabe auffordert, vorausgesetzt die individuelle Verfahrenseinladung entspricht der allgemeinen Bekanntmachung vollständig in zeitlicher und inhaltlicher Hinsicht.[567]

Die öffentliche Bekanntmachung muss inhaltlich so viele Informationen enthalten, dass die Unternehmen in die Lage sind, sich für oder gegen eine Verfahrensteilnahme zu entscheiden.[568]

Das Transparenzerfordernis umfasst jedoch keine Pflicht zur förmlichen Ausschreibung.[569] Bei einer primärrechtlichen öffentlichen Bekanntmachung kann sich die Vergabestelle vielmehr auf eine Kurzbeschreibung der wesentlichen auftragsrelevanten Punkte und des Verfahrensablaufes beschränken, der eine Aufforderung zur Kontaktierung des Auftraggebers beigefügt ist.[570]

Der Mindestinhalt der öffentlichen Bekanntmachung ist eine Frage des Einzelfalls und hängt von Art, Umfang, Dauer und Komplexität der konkret ausgeschriebenen öffentlichen Leistung ab.[571] Je langfristiger und komplexer der zu vergebende öffentliche Auftrag ist, desto weniger wird die Verwaltung rechtlich und tatsächlich in der Lage sein, dem Vergabeverfahren abschließend ausformulierte Ausschreibungsunterlagen zugrunde zu legen. Dafür fehlt ihr nicht nur das notwendige Fachwissen, sondern die vertragliche Erfassung aller eventuellen Entwicklungen der Vertragsbeziehung ist in solchen Konstellationen praktisch

565 Vgl. Kommission, Primärrechtliche Auftragsvergabe 2006, Kapitel 2.1.1.

566 Kommission, Primärrechtliche Auftragsvergabe 2006, Kapitel 2.1.1.

567 *Ziekow*, NZBau 2001, 72 (73) für Aufträge im Anwendungsbereich der Vergabekoordinierungsrichtlinie.

568 GA Stix-Hackel, Rs. C-231/03 – „Co.Na.Me“, Schlussantrag v. 12.04.2005, Rn. 97; *Ortner*, Vergabe von Dienstleistungs-konzessionen, S. 180; Kommission, Primärrechtliche Auftragsvergabe 2006, Kapitel 2.1.3.

569 EuGH Rs C-231/03 v. 21.07.2005 – „Co.Na.Me“ = NZBau 2005, 592 – Rn. 21; Kommission, Primärrechtliche Auftragsvergabe 2006, Kapitel 2.1.3.

570 Kommission, Primärrechtliche Auftragsvergabe 2006, Kapitel 2.1.3.

571 Vgl. *Burgi*, NZBau 2005, 610 (615); *Ortner*, Vergabe von Dienstleistungskonzessionen, S. 180.

unmöglich.[572] Die Ausschreibungsunterlagen können und sollten von der Vergabestelle deshalb offen abgefasst werden, mit dem Ziel, das Know-how und Innovationspotential der Privatwirtschaft möglichst effektiv für die Erfüllung der öffentlichen Aufgabe nutzen zu können. Äußerste Grenze der inhaltliche Ausgestaltungsfreiheit der Ausschreibungsunterlagen bildet die aus den Grundsätzen der Transparenz und Gleichbehandlung folgende Verpflichtung der Vergabestellen, ein Mindestmaß an objektiver Vergleichbarkeit auch bei der primärrechtlichen Auftragsvergabe zu gewährleisten.[573]

Aus dem Transparenzgrundsatz folgt für den öffentlichen Auftraggeber weiter, dass er alle auftragsrelevanten Informationen an die Bieter weiter gibt – auch derjenigen, die während des laufenden Vergabeverfahren erst Bedeutung erlangen – und das Verfahren nach den bekannt gegebenen Regeln für alle privaten Beteiligten nachvollziehbar durchführt.[574]

In engem Zusammenhang mit der Informationspflicht steht die während des gesamten Vergabeverfahrens geltende Dokumentationspflicht[575] und die Pflicht zur Begründung aller Entscheidungen. Mit diesen Pflichten wird bezweckt, den Verfahrensbeteiligten einen effektiven gerichtlichen Schutz ihrer Rechte zu garantieren.[576] Die Vergabestellen müssen die Kriterien anführen, nach denen die privaten Angebote beurteilt werden, sie müssen die für die Verfahrensstellung des einzelnen Bieters relevanten Entscheidungen dokumentieren, die Beteiligten über den Ausgang des öffentlichen Vergabeverfahrens informieren und ihre Zuschlagsentscheidung zumindest auf Anfrage des Betroffenen ausreichend und nachvollziehbar begründen.[577]

Den allgemeinen Vergaberechtsgrundsätzen können keine konkreten formalen Bindungen für die Ausgestaltung des Verfahrensablaufes von öffentlichen Ausschreibungen auf primärrechtlicher Grundlage entnommen werden.[578] Daraus folgt, dass für die aus dem Transparenzgrundsatz abzuleitenden inhaltlichen Anforderungen an die Dokumentations-, Informations- und Begründungspflichten ein strenger Maßstab gelten muss; aus folgenden Gründen:

Je freier die ausschreibende Verwaltung in ihrer Entscheidung ist, wie sie den Verfahrensablauf im Einzelfall ausgestaltet und je weniger abstrakt-generelle

---

572 Vgl. *Cox*: Cox, Daseinsvorsorge, S. 88f.

573 Vgl. Kommission, Konzessionen 2000, Kapitel 3.1.1; siehe konkret zum Verfahrensaufbau bei der Vergabe einer privaten Partnerschaft für eine traditionelle Kultureinrichtung, S. 360ff.

574 *Böckel*, LKV 2003, 393 (398).

575 Vgl. *Böckel*, LKV 2003, 393 (398).

576 Vgl. Kommission, Primärrechtliche Auftragsvergabe 2006, Kapitel 2.3.1.

577 Vgl. *Ortner*, Vergabe von Dienstleistungskonzessionen, S. 182; Kommission, Primärrechtliche Auftragsvergabe 2006, Kapitel 2.3.3.

578 Siehe dazu bereits S. 106f.

Verfahrensvorgaben existieren, desto höher müssen die Anforderungen an die verfahrensbegleitende Dokumentation sein, damit das Verfahrensrecht der Beteiligten, die Wettbewerbsoffenheit und Unparteilichkeit der Vergabeentscheidung nachträglich überprüfen lassen zu können, tatsächlich garantiert ist.[579]

Eine hohe Dokumentations- und Informationsdichte hat zudem streitmindernde und damit verfahrensökonomisch eine positive Wirkung.[580] Viele Nachprüfungsverfahren beruhen bei Verfahren, die wenig formalisiert sind, auf einem nur subjektiven Gefühl des ausgeschiedenen Unternehmens, unfair behandelt worden zu sein, da die Vergabestelle ihre Entscheidung nicht ausreichend dokumentiert hat.[581] Eine lückenlos dokumentierte, gut begründete Vergabeentscheidung, warum der öffentliche Auftragaber den öffentlichen Auftrag an das ausgewählte Unternehmen vergeben will und nicht an den ausgeschieden Mitkonkurrenten, trägt dazu bei, die Entstehung dieses „unguten" Gefühls bei Letzterem zu verhindern. Der unterlegene Bieter wird eine gut begründete Entscheidung eher klaglos akzeptieren, als einen knappen Bescheid, der für einen verwaltungsexternen Dritten nicht ohne weiteres nachvollziehbar ist. In diesem Punkt zeigt sich nochmals deutlich der funktionale Charakter des Transparenzgrundsatzes in Bezug auf das Wettbewerbsprinzip.

b. Der Transparenzgrundsatz bei der Suche nach einem privaten Kulturpartner

Aufgrund der grundsätzlichen Binnenmarktrelevanz von gemeindlichen Kulturpartnerschaften[582] müssen die Gemeinden die Vergabe europaweit öffentlich ausschreiben. Eine deutschlandweite Ausschreibung genügt dem primärrechtlichen Transparenzgrundsatz nicht.

Dem Transparenzgrundsatz sind hingegen kaum inhaltliche Vorgaben für die öffentlichen Bekanntmachung und die Ausschreibungsunterlagen zu entnehmen. Die Gemeinden dürfen die Vergabeunterlagen vielmehr offen formulieren und können damit den Anforderungen des Politikmodells des aktivierenden Kulturstaates an eine echte, alle Phasen umfassende Verantwortungsteilung zwischen den potentiellen Kulturpartnern entsprechen. Sie dürfen den Spielraum nutzen und das Know-how sowie den Ideenreichtum der Unternehmen bereits während des Verfahrens verwenden, um das Kulturprojekt schrittweise gemeinsam zu entwickeln. Äußerste Grenzen des inhaltlichen Ermessensspielraumes

579 So auch *Willenbruch*, NZBau 2003,422 (425) im Zusammenhang mit dem Verhandlungsverfahren.

580 So auch *Willenbruch*, NZBau 2003, 422 (425) im Zusammenhang mit dem Verhandlungsverfahren.

581 *Willenbruch*, NZBau 2003, 422 (425) im Zusammenhang mit dem Verhandlungsverfahren.

582 Siehe S. 97 f.

der Gemeinden bilden die aus den Grundsätzen der Transparenz und Gleichbehandlung folgenden Verfahrenspflichten, die Vergleichbarkeit der Angebote der Verfahrensbeteiligten sicherzustellen, die Vergabeentscheidung auf objektiver Grundlage zu treffen und insgesamt ein wettbewerbsoffenes und unparteiisches Verfahren zu garantieren.

Aus dem Transparenzgrundsatz folgen aufgrund des fehlenden Formzwanges in Hinblick auf den Verfahrensaufbau und den Verfahrensablauf für die Vergabe einer privaten Partnerschaft in einer kommunalen traditionellen Kultureinrichtung strenge Informations-, Dokumentations- und Begründungspflichten. Ohne diese Pflichten wäre ein faires Vergabeverfahren nicht gewährleistet. Die Gemeinden handeln zudem im eigenen Interesse, wenn sie auf die verfahrensbegleitende Information der Verfahrensbeteiligten und eine lückenlose Dokumentation des Verfahrensablaufes großen Wert legen und ihre Partnerwahl jederzeit nachvollziehbar begründen können. Sie können damit die Wahrscheinlichkeit, dass die unterliegenden Unternehmen zeit- und kostenaufwändige Nachprüfungsverfahren einleiten, verringern.[583]

4. Verhältnismäßigkeitsgrundsatz

Der Verhältnismäßigkeitsgrundsatz gehört nach ständiger Rechtssprechung des EuGH *„zu den allgemeinen Grundsätzen des Gemeinschaftsrechts“*.[584] Die staatlichen Auftraggeber haben ihn auch dann zu beachten, wenn sie über einen weiten Gestaltungs- und Ermessenspielraum verfügen.[585] Der Verhältnismäßigkeitsgrundsatz gilt folglich auch bei der Vergabe von Dienstleistungskonzessionen auf primärvergaberechtlicher Grundlage.

Der Grundsatz der Verhältnismäßigkeit verlangt, dass die von dem öffentlichen Auftraggeber gewählten Maßnahmen zur Erreichung des mit der öffentlichen Auftragsvergabe verfolgten Ziels sowohl angemessen als auch erforderlich sind.[586] Bei öffentlichen Ausschreibungen auf primärvergaberechtlicher Grundlage dürfen die Vergabestellen deshalb nur solche unternehmensbezogene, leistungsbezogene und vergaberechtsfremde[587] Kriterien verwenden und solche prozessualen Maßnahmen ergreifen, die unter Berücksichtigung des freien Wett-

583 So auch *Willenbruch*, NZBau 2003,422 (425) im Zusammenhang mit dem Verhandlungsverfahren.

584 EuGH, Rs C-265/87 v. 11.07.1989 – „Schräder“, Rn. 21.

585 Vgl. Kommission, Konzessionen 2000, Kapitel 3.1.3.

586 Kommission, Konzessionen 2000, Kapitel 3.1.3.

587 Siehe dazu im Einzelnen, S. 126 ff.

bewerbs für die ordnungsgemäße Erledigung der öffentlichen Aufgabe geeignet und notwendig sind.[588]

Aus dem Grundsatz der Verhältnismäßigkeit folgt ferner, dass die Freiheit des Wettbewerbs und die finanzielle Ausgewogenheit des öffentlichen Auftrages in Einklang stehen müssen.[589] Dienstleistungskonzessionen sind deshalb grundsätzlich nur für einen Zeitraum zu gewähren, der zur Amortisation des eingesetzten Kapitals einschließlich einer angemessenen Verzinsung erforderlich ist, damit der freie Wettbewerb nicht weiter als notwendig eingeschränkt wird.[590] Eine absolute Höchstvertragsdauer existiert jedoch nicht.[591]

Gemäß dem Europäischen Vertrag a.F. bildet das Wettbewerbsprinzip als vorherrschende Zielvorgabe des primärrechtlichen Vergaberechts den allein relevanten Bezugspunkt bei den Abwägungsentscheidungen im Rahmen des Vergaberechtsgrundsatzes der Verhältnismäßigkeit. Auf die genaue Bedeutung des Verhältnismäßigkeitsgrundsatzes bei der Gestaltung eines öffentlichen Ausschreibungsverfahrens zur Vergabe einer kulturellen Öffentlich Privaten Partnerschaft wird deshalb im Folgenden im Zusammenhang mit der Untersuchung des Wettbewerbsprinzips detailliert eingegangen.

5. *Wettbewerbsprinzip*

Im hauptsächlich an ökonomischen Zielen ausgerichteten EG-Vertrag a.F. war das Prinzip der Marktwirtschaft mit freiem Wettbewerb das zentrale Element. Entsprechend ist das Wettbewerbsprinzip nicht als schlichter Vergaberechtsgrundsatz zu verstehen, sondern als eine hinter den Vergaberechtsgrundsätzen der Transparenz und Gleichbehandlung stehende, das europäische Vergaberecht[592] dominierende Zielvorgabe.[593]

Am 01.12.2009 ist der Vertrag von Lissabon in Kraft getreten, durch den Aufbau und Inhalt des Gemeinschaftsrechts neu ausgestaltet wurden. Das europäische Primärrecht ist nun in zwei rechtlich gleichrangige Vertragswerke aufgeteilt – den „Vertrag über die Europäische Union" (EUV n.F.) und den „Vertrag über die Arbeitsweise der EU" (AEUV) –, wobei die EU als Rechtsnachfolgerin an die Stelle der alten EG tritt (vgl. Art. 1 III 2 EUV n.F.).

---

588 Kommission, Konzessionen 2000, Kapitel 3.1.3; *Böckel*, LKV 2003, 393 (398).

589 Kommission, Konzessionen 2000, Kapitel 3.1.3.

590 *Böckel*, LKV 2003, 393 (398).

591 Vgl. *Fehling*, Pünder/Schellenberg Vergaberecht, § 97 GWB, Rn. 62.

592 Ob dies auch unter den Europäischen Verträgen nach dem Lissaboner Vertrag weiterhin zutrifft, wird auf S. 140 ff. noch eingehend geprüft.

593 Siehe hierzu S. 83 f.

Bevor Text und Systematik der neuen Europäischen Verträge darauf untersucht werden sollen, ob und wenn ja, in welchem Umfang Akzentverschiebungen im gemeinschaftlichen Primärrecht eingetreten sind, und welche Veränderungen sich daraus für die öffentliche Auftragsvergabe auf Grundlage des primären Vergaberechts ergeben, muss zunächst auf die Bedeutung des Prinzips der freien Marktwirtschaft mit freiem Wettbewerb und auf das Wettbewerbsprinzip i.S.d. EG-Rechts a.F. bei der Vergabe von öffentlichen Aufträgen auf primärrechtlicher Grundlage eingegangen werden. Diese Voruntersuchung wird sowohl als Ausgangspunkt als auch Vergleichsmaßstab für die weitere Prüfung benötigt.

a. Zielvorgabe des primären Vergaberechts nach dem EG -Vertrag a.F.

aa. Hintergrund des vergaberechtlichen Wettbewerbsprinzips

Der in Art. 3 lit.g EGV a.F. bestehende Auftrag zur Schaffung eines Systems, das den Wettbewerb innerhalb des Binnenmarktes vor Verfälschungen schützt, wurde auf europäischer Ebene bisher als unentbehrliches Instrument zur Erfüllung des in Art. 4 I EGV a.F. und Art. 98 EGV a.F. hervorgehobenen Grundsatzes einer offenen Marktwirtschaft mit freiem Wettbewerb angesehen.[594] Die damit zum Ausdruck kommende liberal wirtschaftspolitische Zielsetzung des EG-Vertrages a.F. hat die Gemeinschaftspolitik seit ihren Anfängen maßgeblich bestimmt.[595] Auch durch das Hinzutreten nichtwirtschaftlicher Ziele durch die Verträge von Maastricht und Amsterdam hatte sich an dem Selbstverständnis der EU als primär ökonomisch ausgerichteter Gemeinschaft im Grundsatz nichts geändert.[596]

Das Vergaberecht hat in der wirtschaftsliberalen Binnenmarktpolitik der EU stets eine Schlüsselrolle eingenommen.[597] Es wurde als Teilgebiet des europäischen Wirtschaftsrechts verstanden[598] und entsprechend kam dem Wettbewerbsprinzip in der bisherigen Praxis der öffentlichen Auftragsvergabe Grundsatzcharakter zu.[599]

594 *Burgi*, NZBau 2009, 609 (613).

595 Vgl. *Basedow*, EuZW 2008, 225 (225).

596 Vgl. *Basedow*, EuZW 2008, 225 (225).

597 Siehe bereits S. 83 f.

598 *Burgi*, NZBau 2009, 609 (611).

599 *Bungenberg*, Loewenheim/Meessen/Riesenkampff Kartellrecht, § 97 GWB, Rn. 6.

bb. Einzelne Aspekte des Wettbewerbsprinzips

In der Praxis haben sich zahlreiche Fallgruppen herausgebildet, bei denen das Wettbewerbsprinzip selbständig oder in Verbindung mit einfachrechtlichen Konkretisierungen als verletzt angesehen wurde.[600] Für Zwecke dieser Arbeit genügt es, auf diejenigen Aspekte des vergaberechtlichen Wettbewerbsprinzips einzugehen, die für die öffentliche Ausschreibung einer kulturellen Partnerschaft in einer traditionellen Kultureinrichtung Bedeutung haben könnten.[601]

(1) Zuschlagskriterium

Vergaberecht ist das Recht eines künstlich geschaffenen Wettbewerbs,[602] der als Instrument im öffentlichen Interesse zur Verwirklichung des haushaltsrechtlichen Grundsatzes der Wirtschaftlichkeit und Sparsamkeit eingesetzt wird. Der Nutzung des Vergaberechts zur effizienten öffentlichen Aufgabenerfüllung ist Ausdruck des ordnungspolitischen Systems des unverfälschten Wettbewerbs i.S.d. Art. 3 I lit. g EG a.F., da die Senkung der Kosten für die Erwerberseite positive Folge eines jeden funktionierenden freien Wettbewerbs ist.[603] Dieser öffentlich-rechtliche Aspekt des Wettbewerbsprinzips ist deshalb auch primärrechtlich als legitimer Nebeneffekt anerkannt.[604] Der auf gemeinschaftsrechtlicher Ebene primär verfolgte Zweck ist jedoch der individualrechtliche Aspekt des Wettbewerbsprinzips, den freien Wettbewerb um den Markt der öffentlichen Aufgabenerfüllung im Interesse aller Marktteilnehmer zu gewährleisten.[605]

Aus dem Zusammenspiel des öffentlich-rechtlichen und individualschützenden Aspekts des Wirtschaftlichkeitsprinzips folgt, dass die Vergabestellen auch bei der öffentlichen Auftragsvergabe auf primärvergaberechtlicher Grundlage grundsätzlich den Zuschlag dem wirtschaftlichsten privaten Angebot erteilen müssen.[606] Es soll derjenige Wettbewerber den Zuschlag erhalten, der objektiv seine Wirtschaftlichkeit und Leistungsfähigkeit unter Beweis gestellt und das beste Angebot vorgelegt hat. Der gemeinschaftsrechtliche individualschützende Aspekt des Wettbewerbsprinzips allein würde das Zuschlagskriterium des „wirtschaftlichsten Angebots“ zwar nicht zwingend erfordern, da grundsätzlich auch

600 Vgl. *Dreher*, Immenga/Mestmäcker Kartellrecht, § 97 GWB, Rn. 20 ff.

601 Siehe hierzu konkret, S. 135 ff.

602 *Pietzcker*, NVwZ 2007, 1225 (1126).

603 Vgl. *Burgi*, NZBau 2009, 609 (612).

604 Siehe bereits zum Ganzen: Ziele des Vergaberechts, S. 82 ff.

605 *Burgi*, NZBau 2009, 609 (612).

606 So auch: *Ortner*, Vergabe von Dienstleistungskonzessionen, S. 189; dagegen: *Burgi*, NZBau 2005, 610 (616).

andere objektive und diskriminierungsfreie Auswahlkriterien denkbar sind, z.B. der geringste jährliche Energieverbrauch für den Theaterbetrieb. Der positive Nebeneffekt des freien Wettbewerbs, die Kostensenkung im Interesse der öffentlichen Kassen, würde dabei jedoch gänzlich außer Acht gelassen. Diesen positiven Nebeneffekt des freien Wettbewerbs erkennt aber auch das europäische Vergaberecht im Interesse der Mitgliedstaaten als legitimes Ziel an.[607] Als objektives und diskrimierungsfreies Zuschlagskriterium kommt deshalb grundsätzlich[608] nur das „wirtschaftlichste Angebot" in Betracht.

Wirtschaftlichkeit bedeutet die Herstellung einer Zweck-Mittel-Relation, oder anders ausgedrückt, ein möglichst geringer Kostenaufwand für eine möglichst gute Leistungserbringung.[609] Das wirtschaftlichste private Angebot i.S.d. Vergaberechts ist also nicht immer das günstigste private Angebot, sondern es handelt sich in der Regel um einen mehrdimensionalen Entscheidungsprozess, bei dem das Entgelt bzw. die Gegenleistung mit der Qualität der öffentlichen Leistung in Beziehung gesetzt wird.[610] Der Zuschlag wird auf das vom öffentlichen Auftraggeber näher zu definierende beste private Angebot erteilt.[611]

Die Gegenleistung des öffentlichen Auftraggebers besteht bei Dienstleistungskonzessionen in dem Nutzungsrecht, das dem Konzessionär für die öffentliche Leistung übertragen wird, zuzüglich einer etwaigen Zusatzzahlung.[612] Die Kostenseite der Zweck-Mittel-Relation bestimmt sich deshalb entweder durch die Höhe des vom Konzessionär möglicherweise an den öffentlichen Auftraggeber zu zahlenden Konzessionsentgeltes oder durch die Höhe des öffentlichen Finanzierungszuschusses.[613]

Zur Ermittlung des wirtschaftlichsten Angebots nimmt der öffentliche Auftraggeber neben dem Preis immer auch inhaltliche Bewertungskriterien in die

607 Siehe hierzu bereits S. 83 f.

608 Siehe zu den Ausnahmen im Zusammenhang mit den beschaffungsfremden Bewertungskriterien: S. 127; die hier vertretene Rechtsansicht spiegelt sich auch in Vorschlag für Richtlinie des Europäischen Parlaments und des Rates über die Konzessionsvergabe vom 20.12.2011 – KOM (2011) 897 – wieder, wonach einerseits die Berücksichtigung beschaffungsfremder Bewertungskriterien bei der Zuschlagsentscheidung zulässig ist (Art. 39 I: „Konzessionen werden auf der Grundlage objektiver Kriterien vergeben, [...], so dass ein wirtschaftlicher Gesamtvorteil für den öffentlichen Auftrageber bzw. die Vergabestelle ermittelt werden kann"), aber nach Art. 39 IV als Zuschlagskriterium auch das „Kriterium des wirtschaftlich günstigsten Angebots" verwendet werden kann.

609 Vgl. *Kube*, Maunz/Dürig: GG, Art. 114 GG, Rn. 101.

610 Vgl. *Cox*, Cox: Ausschreibungen bei öffentlichen Dienstleistungen, S. 54 f.; *Hertwig*, NZBau 2007, 543 (544).

611 Vgl. *Cox*, Cox: Ausschreibungen bei öffentlichen Dienstleistungen, S. 55.

612 Siehe hierzu S. 45.

613 Vgl. *Cox*, Cox: Ausschreibungen bei öffentlichen Dienstleistungen, S. 60; *Ortner*, Vergabe von Dienstleistungskonzessionen, S. 189

Ausschreibungsunterlagen auf,[614] mit denen er bei der Auftragsvergabe legitime öffentliche Zwecke mitverfolgen kann.[615] Diese Kriterien, die mit dem Preis in Bezug gesetzt werden und in Relation mit ihm das wirtschaftlichste Angebot ergeben, sollen im Folgenden als leistungsbezogene Bewertungskriterien bezeichnet werden. In Abgrenzung dazu wird das Ergebnis der Zweck-Mittel-Relation, das wirtschaftlichste Angebot, als sog. Zuschlagskriterium bezeichnet.[616]

Trotz des weiten Gestaltungs- und Ermessensspielraums ist der öffentliche Auftraggeber in seiner Wahl, welche leistungsbezogenen Bewertungskriterien er zur Ermittlung des wirtschaftlichsten privaten Angebots verwenden möchte, nicht völlig frei. Zum einen muss er das Wettbewerbsprinzips in seiner öffentlichen-rechtlichen Schutzwirkungsdimension beachten: Danach darf der öffentliche Auftraggeber nur solche Auftragsbedingung als leistungsbezogene Kriterien verwenden, die mit dem Ziel der effizienten Verwendung öffentlicher Gelder in Einklang stehen. Die Bewertungskriterien vollständig an öffentlichen Zielen auszurichten, die mit der eigentlichen Leistungserfüllung nicht einmal mehr mittelbar im Zusammenhang stehen, liefe auf eine mit dem Begriff der Wirtschaftlichkeit nicht mehr zu vereinbarenden Kostensteigerung hinaus. Die leistungsbezogenen Bewertungskriterien müssen sich deshalb auf die Qualität der öffentlichen Leistungserbringung beziehen[617] oder, anders ausgedrückt, die Mitverfolgung eines öffentlichen Zwecks muss bezogen auf den konkret zu vergebenden Auftrag aus sachlichen, im öffentlichen Interesse stehenden Gründen geboten sein.[618]

Der individualschützende Aspekt des Wettbewerbsprinzips verlangt, dass der öffentliche Auftraggeber in den Ausschreibungsunterlagen die leistungsbezogenen Bewertungskriterien nicht nur nennt, sondern zusätzlich eine Gewichtung angibt, und zwar sowohl untereinander als auch im Verhältnis zum Preis.[619] An der einmal vorgenommenen Gewichtung muss sich der öffentliche Auftraggeber anschließend festhalten lassen; eine nachträgliche Änderung der Gewichtungs-

614 *Hertwig*, NZBau 2007, 543 (544); *Weber*, NZBau 2002, 194 (194).

615 Vgl. *Frenz*, NZBau 2007, 17 (20); *Pietzcker*, NVwZ 2007, 1225 (1227); *Weber*, NZBau 2002, 194 (195); *Ziekow*, NZBau 2001, 72 (76).

616 Vgl. *Otting/Olgemöller*, NVwZ 2011, 1225 (1226) im Zusammenhang mit dem Wettbewerblichen Dialog; So grundsätzlich auch *Hertwig*, NZBau 2007, 543 (544) und *Ziekow*, NZBau 2001, 72 (74), die zumindest zwischen „zwei Gruppen von Zuschlagskriterien" differenzieren oder von „zuschlagsbezogenen Kriterien" sprechen. In der Regel wird jedoch nicht genau differenziert: *Ortner*, Vergabe von Dienstleistungskonzessionen, S. 188; *Frenz*, NZBau 2007, 17 (18 ff.); selbst in der VKR kommt die unterschiedliche Bedeutung der verschiedenen Kriterien nicht eindeutig zum Ausdruck, vgl. Art. 53 I VKR.

617 Vgl. *Ziekow*, NZBau 2001, 72 (74); *Frenz*, NZBau 2007, 17 (20).

618 Vgl. *Ortner*, Vergabe von Dienstleistungskonzessionen, S. 188 f.; vgl. auch Kommission, Konzessionen 2000, Kapitel 3.1.3, die das Erfordernis des sachlichen Zusammenhangs aus dem Verhältnismäßigkeitsprinzip ableitet.

619 *Hertwig*, NZBau 2007, 543 (544).

reihenfolge ist ihm nicht erlaubt.[620] Könnten sich die Marktteilnehmer nicht darauf verlassen, dass die allgemeine Bewertungsgrundlage, auf die sie ihre Angebote ausgerichtet haben, unverändert fortbesteht, wäre ein freier und unverfälschter Wettbewerb nicht gewährleistet. Die Marktteilnehmer würden sich gut überlegen, ob sie am Vergabeverfahren teilnehmen, so dass mangels mehrerer Beteiligter unter Umständen überhaupt keine Wettbewerbssituation entsteht.

In diesem Wertungsmaßstab, nach dem die Qualität der öffentlichen Leistung bestimmt wird, liegt der Grund, dass sich der Wirtschaftlichkeitsgedanke im Rahmen der öffentlichen Auftragsvergabe vom Wirtschaftlichkeitsgedanken des Privatrechtsverkehrs unterscheidet. Der rechtliche Maßstab des Vergaberechts entstammt nicht aus einem Rechtsgebiet allein, sondern ist aus dem Zivilrecht, inbesondere aber auch aus dem gesamten Öffentlichen Recht, einschließlich des Europarechts zu entnehmen.[621] Das Vergaberecht gibt es überhaupt nur, weil der Staat und seine Untergliederung gerade keine privaten Auftraggeber und keine Wirtschaftssubjekte wie die übrigen Marktteilnehmer sind.[622] Der Staat und seine Untergliederungen unterliegen öffentlich-rechtlichen Bindungen, so dass sie bei ihrer Tätigkeit nicht nur möglichst sparsam die vorhandenen Mittel verwenden, sondern immer auch einen öffentlichen Zweck verfolgen müssen, der jedem Verwaltungshandeln innewohnt.[623] Auch die öffentliche Auftragsvergabe ist eine Form von Verwaltungshandeln. Aus dieser Rückkopplung an die öffentliche Zwecksetzung folgt, dass die öffentliche Auftragsvergabe in der Regel auch politische Momente beinhaltet.[624] Das gilt insbesondere bei der Vergabe von Dienstleistungskonzessionen, die grundsätzlich Infrastrukturleistungen zum Gegenstand haben und rechtliche Vorgaben deshalb nur in Form von ausfüllungsbedürftigen verfassungsrechtlichen sowie gemeinschaftsrechtlichen Grundprinzipien bestehen.[625] Im Übrigen verfügt der öffentliche Auftraggeber über einen weiten Ermessens- und Gestaltungsspielraum.

Ziel des primären gemeinschaftsrechtlichen Vergaberechts kann also nicht sein, die öffentliche Auftragsvergabe vollständig von öffentlichen Einflüssen frei zu halten, sondern nur, den Wettbewerb frei von unzulässigen, da unverhältnismäßigen allgemeinpolitischen Einflüssen zu gewährleisten. Die Verfolgung legi-

620 *Ortner*, Vergabe von Dienstleistungskonzessionen, S. 181.

621 *Burgi*, NZBau 2001, 64 (65).

622 *Burgi*, NZBau 2001, 64 (65).

623 *Frenz*, NZBau 2007, 17 (20); *Burgi*, NZBau 2009, 609 (612).

624 Vgl. *Burgi*, NZBau 2009, 609 (612); *Jasper*, KoopRationen in der Daseinsvorsorge 2011, S. 17; nach Inkrafttreten des Lissaboner Vertrages nun auch auf gemeinschaftsrechtlicher Ebene anerkannt: Kommission, Grünbuch Modernisierung des öffentlichen Auftragswesens 2011, S. 38 ff.

625 Siehe dazu: Verfahrensmaßstab, S. 105 ff.

timer öffentlicher Zwecke ist den öffentlichen Auftraggebern in den Mitgliedstaaten deshalb auch gemeinschaftsrechtlich nicht vollständig verboten,[626] sondern in der Form von sog. beschaffungsfremden Bewertungskriterien – auch als vergaberechtsfremde Bewertungskriterien bezeichnet[627] – erlaubt.[628] Beschaffungsfremde Bewertungskriterien sind z.B. soziale, umweltbezogene und innovative Aspekte, deren Mitverfolgung auch im Anwendungsbereich der Vergabekoordinierungsrichtlinie grundsätzlich zulässig ist (vgl. Art. 26 VKR, § 97 IV 2 GWB).

Aus der Rechtssprechung sind Fälle bekannt, in denen der EuGH die Zuschlagserteilung auf das nicht wirtschaftlichste Angebot für zulässig erklärt hat.[629] Es handelt sich dabei um Sachverhaltskonstellationen, bei denen sich die Vergabestelle bei ihrer Zuschlagsentscheidung, neben Preis und anderen leistungsbezogenen Bewertungskriterien von beschaffungsfremden Bewertungskriterien hat leiten lassen. Die Aufnahme von beschaffungsfremden Bewertungskriterien in die Ausschreibungsunterlagen stellt für die öffentliche Hand eine Möglichkeit dar, mit der Auftragsvergabe allgemein anerkannte öffentliche Ziele zu verfolgen, wenn sie dabei die allgemeinen Vergaberechtsgrundsätze beachtet.[630]

Im Unterschied zu den übrigen leistungsbezogenen Bewertungskriterien handelt es sich bei den beschaffungsfremden Bewertungskriterien um Gesichtspunkte, die sich nicht unmittelbar auf die konkret zu vergebende öffentliche Aufgabe beziehen, sondern von allgemeinem öffentlichen Interesse sind.[631] Die öffentliche Auftragsvergabe darf aber nicht unbeschränkt als Mittel zur allgemeinpolitischen Zweckverfolgung eingesetzt werden, denn dies liefe auf eine sachfremde Kopplung und eine unverhältnismäßige, nicht zu rechtfertigende Ungleichbehandlung der Unternehmen hinaus.[632] Wo die Grenze zwischen den zulässigen und verhältnismäßigen und den unzulässigen öffentlichen Kriterien verläuft, kann nicht pauschal für alle öffentlichen Aufträgen i.w.S. beantwortet werden.[633] Welche öffentlichen Zwecke der öffentlich Auftraggeber bei der Vergabe mitverfolgen kann, ist vielmehr eine Frage des Einzelfalles, die der Berücksichtigung aller konkret vorliegenden Umstände bedarf.[634] So könnte die Gemeinde

626 1. und 5. Erwägungsgrund der VKR.

627 *Bungenberg*, Loewenheim/Meessen/Riesenkampff Kartellrecht, § 97 GWB, Rn. 59; *Burgi*, NZBau 2001, 64 (66); *Frenz*, NZBau 2007, 17 (17).

628 *Frenz*, NZBau 2007, 17 (19); Kommission, Grünbuch Modernisierung des öffentlichen Auftragswesens 2011, S. 38 ff.

629 EuGH, Rs C-31/87 v. 20.09.1988 – „Beentjes" = NVwZ 1990, 353 ff.; EuGH, Rs C-225/98 v. 26.09.2000 – „Nord-Pas-de-Calais" = NZBau 2000, 584 ff.

630 EuGH, Rs C-225/98 v. 26.09.2000 – „Nord-Pas-de-Calais", Rn. 50 = NZBau 2000, 584 (587).

631 Vgl. *Burgi*, NZBau 2001, 64 (67).

632 *Pietzcker*, NVwZ 2007, 1225 (1225); *Burgi*, NZBau 2005, 610 (615).

633 Vgl. *Ziekow*, NZBau 2001, 72 (77).

634 Vgl. EuGH, Rs C-31/87 v. 20.09.1988 – „Beentjes" = NVwZ 1990, 353 – Rn. 30.

z.B. als zulässiges beschaffungsfremdes Bewertungskriterien verwenden, dass die gemischtwirtschaftliche Gesellschaft ihren Mitarbeitern bestimmte Tariflöhne zahlt oder das Konzerthaus bei notwendigen Modernisierungen unter dem Blickwinkel einer (noch) größeren Energieeinsparung renoviert wird. Vergaberechtlich unzulässig wäre hingegen, wenn die Gemeinde ihrem künftigen privaten Kulturpartner vorschreibt, auch ihren Mitarbeitern im eigenen Betrieb künftig einen bestimmten Mindestlohn zu zahlen.[635] Letztere Bedingung steht in keinem Zusammenhang mit der konkreten Auftragsvergabe. Allgemein kann also gesagt werden, dass die Grenze des Ermessens des öffentlichen Auftraggebers dann erreicht ist, wenn die Kriterien keinen, nicht einmal mehr einen mittelbaren Bezug zum Auftragsgegenstand aufweisen.[636]

Die Zulässigkeit der Berücksichtigung beschaffungsfremder Bewertungskriterien steht unter dem Vorbehalt ihrer Aufnahme in die Ausschreibungsunterlagen.[637] Ihre vorherige Bekanntmachung verlangt der Transparenzgrundsatz.

Zusammengefasst ist festzuhalten, dass die öffentlichen Auftraggeber aufgrund des Wettbewerbsprinzips bei der Vergabe auf primärrechtliche Grundlage grundsätzlich verpflichtet sind, den Zuschlag auf das wirtschaftlichste private Angebot zu erteilen. Nur ausnahmsweise ist der Vergabestelle auch die Zuschlagserteilung auf ein wirtschaftlich weniger günstiges Angebot erlaubt, wenn die mit der Auftragsvergabe mittelbar mitverfolgten öffentlichen Ziele im Hinblick auf das Wettbewerbsprinzip verhältnismäßig sind. Im Gegensatz zu den leistungsbezogenen Bewertungskriterien sind die beschaffungsfremden Bewertungskriterien also mit dem Wettbewerbsprinzip nicht tatbestandlich vereinbar, sondern müssen als Ausnahmefall im Einzelfall gerechtfertigt sein.

(2) Echter Bieterwettbewerb

Das Wettbewerbsprinzip schreibt dem Vergabestellen weiter vor, die öffentliche Ausschreibung so durchzuführen, dass ein möglichst wirksamer Bieterwettbewerb um den öffentlichen Auftrag gewährleistet ist.[638] Die Pflicht zur Herstellung und Aufrechterhaltung eines wirksamen Bieterwettbewerbs besteht für sämtliche Phasen des Vergabeverfahrens[639] sowohl im Interesse der einzelnen Marktteil-

---

635 Siehe zur grundsätzlich fehlenden Erforderlichkeit, bei der öffentlichen Ausschreibung einer privaten Partnerschaft für eine traditionelle Kultureinrichtung beschaffungsfremde Kriterien zu verwenden, S. 91.

636 Vgl. *Burgi*, NZBau 2005, 610 (615); Kommission, Grünbuch Modernisierung des öffentlichen Auftragswesens 2011, S. 136.

637 Vgl. EuGH, Rs C-31/87 v. 20.09.1988 – „Beentjes" = NVwZ 1990, 353 – Rn. 31 f.

638 *Bungenberg*, Loewenheim/Meessen/Riesenkampff Kartellrecht, § 97 GWB, Rn. 6.

639 Vgl. *Bungenberg*, Loewenheim/Meessen/Riesenkampff Kartellrecht, § 97 GWB, Rn. 6.

nehmer als auch im Allgemeininteresse. Wie sich zeigen wird,[640] wird bei diesem Aspekt des Wettbewerbsprinzips die Nähe zu den allgemeinen Vergaberechtsgrundsätzen der Gleichbehandlung und Transparenz besonders deutlich.

Ein wirksamer Bieterwettbewerb entsteht in maximaler Weise beim streng formalisierten, einstufigen Offenen Verfahren (vgl. Art. 1 XI a) VKR).[641] Durch die sekundärvergaberechtliche Pflicht des öffentlichen Auftraggebers, eine eindeutige und erschöpfende Leistungsbeschreibung zu erstellen (vgl. § 7 Nr. 1 VOB/A, § 8 I EG-VOL/A), wird die Voraussetzung dafür geschaffen, dass die Bieter ihre Angebote unter gleichen Bedingungen erarbeiten können, die eingereichten Angebot miteinander vergleichbar sind und entsprechend die Wertung der privaten Angebote auf objektiver Grundlage erfolgt.[642] Die privaten Verfahrensteilnehmer können nur einmalig ein definitives Angebot abgeben, das inhaltlich so beschaffen sein muss, dass der öffentliche Auftraggeber es ohne weitere Mitwirkung des Bieters prüfen und auswerten kann.[643] Korrekturgespräche zwischen Verwaltung und den privaten Verfahrensteilnehmern sind unzulässig (vgl. § 15 III VOB/A, § 18 Satz 1 EG VOL/A). Es gilt das wettbewerbliche Nachverhandlungsverbot.[644]

Bei Dienstleistungskonzessionen in Form einer Public Private Partnership handelt es sich in inhaltlicher, rechtlicher und finanztechnischer Hinsicht um äußerst komplexe Vertragswerke,[645] bei denen der öffentlichen Hand die Spezifizierung aller Auftragsbedingungen zu Beginn des Verfahrens oft nicht möglich ist. Sie ist vielmehr darauf angewiesen, sich anderweitig die notwendige Kenntnis aus den Bereichen Wirtschaft, Technik, Recht und Finanzen zu beschaffen,[646] sei es indem sie sich an fachkundige Behörden, an externe private Berater oder den potentiellen privaten Vertragspartnern wendet. Mit Letzteren kann sie die in Betracht kommenden vertraglichen Parameter des konkreten Auftragsgegenstandes im Detail aushandeln und mit Hilfe der privaten Fachkompetenz verschiede Planungsentwürfe ausarbeiten und während des Verfahrens weiter konkretisieren. Bestandteil der privaten Angebote ist in diesen Fällen, neben einem Vorschlag für die Ausführungsplanung des öffentlichen Vorhabens, in der Regel die diesem Planungsschritt vorausgehende Entwurfsplanung und die gesamte

640 Siehe S. 138 f.

641 *Bungenberg*, Loewenheim/Meessen/Riesenkampff Kartellrecht, § 101 GWB, Rn. 14; vgl. auch *Cox*, Cox: Daseinsvorsorge, S. 85.

642 Vgl. *Bungenberg*, Loewenheim/Meessen/Riesenkampff Kartellrecht, § 97 GWB, Rn. 11.

643 Vgl. *Planker*, Kapellmann/Messerschmidt, VOB/ VgV-Kommentar, § 15 VOB/A, Rn. 2.

644 *Pünder*, Pünder/Schellenberg Vergaberecht, § 101 GWB, Rn. 24.

645 Vgl. *Aumont/Kaelble*, NZBau 2006, 280 (287); *Reidt*, NordÖR 1999, 435 (439).

646 *Jasper*, Koprationen in der Daseinsvorsorge 2011, S. 70 im Zusammenhang mit institutionalisierten Öffentlich Privaten Partnerschaften im Bereich der Infrastruktureinrichtungen.

oder zumindest ein Teil der Vorentwurfsplanung.[647] Ein solcher planerisch mehrstufiger Ausschreibungsgegenstand erfordert eine erhebliche Flexibilität in der Gestaltung des Verfahrensablaufs und einen ausreichenden Spielraum der Parteien für Verhandlungen.[648] Das Verbot von Nachverhandlungen gilt primärrechtlich deshalb nicht. Eine eindeutige und erschöpfende Leistungsbeschreibung ist den öffentlichen Auftraggebern grundsätzlich auch nicht in Form von standardisierten Vertrags- und Finanzierungsmodellen mit typisierter Risikoverteilung möglich; diese existieren nur in wenigen Fällen.[649] Ein Verfahrensaufbau vergleichbar dem Offenen Verfahren scheidet bei der Vergabe einer Öffentlich Privaten Partnerschaft deshalb aus.[650]

Auch bei der öffentlichen Auftragsvergabe auf primärvergaberechtlicher Grundlage sind die Vergabestellen jedoch durch das Wettbewerbsprinzip sowie die allgemeinen Vergaberechtsgrundsätze der Gleichbehandlung und Transparenz verpflichtet, die Zuschlagsentscheidung auf objektiver Grundlage zu treffen.[651]

Aufgrund des Unvermögens der Verwaltung fehlen zwar zu Beginn des Ausschreibungsverfahrens detaillierte, eine objektive Entscheidung gewährleistende Vergabeunterlagen, die Vergleichbarkeit der privaten Angebote und damit eine objektivierte Bewertungsgrundlage muss jedoch im Verlauf des Verfahrens hergestellt werden und spätestens bei der Zuschlagsentscheidung vorliegen.

Die schrittweise Angleichung der divergierenden privaten Angebote in den Verhandlungen ist allerdings nur bis zu einem gewissen Grad zulässig. Grenze der Objektivierung der privaten Angebote bildet das sog. Vertraulichkeitsgebot[652] – selbst eine Ausprägung des Wettbewerbsgrundsatzes zum Schutz des einzelnen Verfahrensteilnehmers. Es verpflichtet die Vergabestelle, alle im Rahmen des Ausschreibungs- und Vergabeverfahrens von den Bietern erhaltenen Informationen geheim zu halten und nicht ohne deren Zustimmung den anderen Bietern zur Kenntnis zu geben.[653] Die nachträgliche Erstellung einer objektiven

647 Dipl-Ing. Ehret im Gespräch mit dem Verfasser; siehe zu den einzelnen Planungsphasen, S. 177.

648 Vgl. *Aumont/Kaelble*, NZBau 2006, 280 (287).

649 *Aumont/Kaelble*, NZBau 2006, 280 (287). Existierende Vertragsmuster, die von der PPP Task Force des Bundes erstellt wurden, sind z.B. PPP-Mustervertrag-Inhabermodell oder PPP-Mustervertrag Mietmodell mit Erbbaurecht.

650 *Kus*, VergabeR 2006, 851 (851).

651 Vgl. GA Stix-Hackel, Rs. C-231/03 – „Co.Na.Me", Schlussantrag v. 12.04.2005, Rn. 86; *Ortner*, Vergabe von Dienstleistungskonzessionen, S. 181.

652 Nähere Einzelheiten dazu sogleich S. 131 f.

653 *Fehling*, Pünder/Schellenberg Vergaberecht, § 97 GWB, Rn. 50.

Bewertungsgrundlage ist also nicht ohne weiteres möglich.[654] Die Vertragsbedingungen, die für alle Bieter gleichermaßen gelten, bleiben dementsprechend regelmäßig vergleichsweise grob und der öffentliche Auftraggeber verfügt auch bei Zuschlagserteilung über einen Ermessensspielraum.

Allgemein kann gesagt werden, dass bei Verfahrensgestaltungen, in denen aufgrund sachlicher Umstände Verhandlungen zwischen den Vertragsparteien notwendig werden, die Pflicht der Vergabestellen abgeschwächt ist, den Zuschlag auf Basis einer vorher festgelegten objektiven Bewertungsgrundlage zu erteilen.[655]

Wie soeben angedeutet, ist eine weitere Ausprägung des Wettbewerbsprinzips das sog. Vertraulichkeitsgebot. Für öffentliche Ausschreibungen auf Grundlage des europäischen Primärvergaberechts wird es zudem aus der Dienstleistungsfreiheit nach Art. 56ff. AEUV (Art. 43ff. EGV a.F.) und dem System des unverfälschten Wettbewerbs (Protokoll Nr. 27 bzw. Art. 3 I g) EGV a.F.) entnommen.[656]

Es wäre weder mit dem individualschützenden noch mit dem im Interesse der Allgemeinheit bestehenden öffentlichen Aspekt des Wettbewerbsprinzips vereinbar, wenn ein Bieter die Angebotsgrundlagen oder das Angebot eines um den Zuschlag konkurrierenden Mitbewerbers kennen würde.[657] Den öffentlichen Auftraggebern ist es deshalb wettbewerbsrechtlich untersagt, vertrauliche Aspekte aus den Verhandlungsgesprächen oder den Angebotsunterlagen eines Bewerbers ohne dessen Zustimmung an die anderen Mitbewerber weiterzugeben (vgl. auch Art. 6 VKR).[658]

Opitz ordnet das Vertraulichkeitsgebot wegen seiner besonderen Bedeutung für die Sicherstellung eines fairen Wettbewerbs als eigenständigen Vergaberechtsgrundsatz ein.[659] Unabhängig davon, ob man dieser Ansicht folgen möchte, kommt der Einhaltung des Vertraulichkeitsgebots bei den gestaltungsoffenen flexiblen öffentlichen Ausschreibungsverfahren – wozu auch die Vergabe auf primärrechtlicher Grundlage zählt – ein besonderer Stellenwert zu:[660] Aufgrund der offen formulierten Ausschreibungsunterlagen und dem daraus folgenden

654 *Ruthig*, NZBau 2006, 137 (142); *Klimisch*, NZBau 2011, 203 (206) im Zusammenhang mit dem Wettbewerblichen Dialog.

655 Vgl. Kommission, Konzessionen 2000, Kapitel 3.1.1; *Werner/Freitag*, NZBau 2000, 551 (552); *Müller/Veil*, VergabeR 2007, 298 (302).

656 *Weyand*, Praxiskommentar Vergaberecht, § 97 GWB, Rn. 342.

657 Vgl. OLG Düsseldorf, Beschluss v. 16.09.2003 – Verg 52/03 I B 2. a) bb) (1) im Zusammenhang mit der Pflicht zum Geheimwettbewerb (dazu sogleich).

658 *Heiermann*, ZfBR 2005, 766 (776) im Zusammenhang mit dem Wettbewerblichen Dialog; *Fehling*, Pünder/Schellenberg Vergaberecht, § 97 GWB, Rn. 50.

659 Vgl. *Opitz*, NZBau 2003, 183 (190).

660 Im Zusammenhang mit dem Wettbewerblichen Dialog so auch: *Stickler/Kallmeyer*, Kapellmann/Messerschmidt, VOB/ VgV-Kommentar, § 3a VOB/A, Rn. 44.

Umstand, dass die privaten Angebote nicht in ihrer endgültigen Fassung eingereicht werden, sondern in Verhandlungen ergänzt und nachgebessert werden können, bleibt erheblicher Spielraum zur Nutzung des Wettbewerbs als Entdeckungsverfahren um die beste Lösung.[661] Das spezifische Know-how des einzelnen Bewerbers, seine Kreativität und innovativen Ideen können im Verfahren aktiviert und in das Vertragswerk integriert werden. Die Unternehmen werden diesen Spielraum jedoch nur dann zum Vorteil der Allgemeinheit vollständig ausfüllen und einen optimalen Lösungsvorschlag einreichen, wenn sie davon ausgehen können, dass der Wettbewerbsvorsprung, den sich im Laufe des Verfahrens gegenüber den anderen Bewerbern erarbeitet haben, nicht durch Weitergabe an diese von der Vergabestelle wieder zunichte gemacht wird.[662] Die Weitergabe von lösungsrelevanten Informationen ist dem öffentlichen Auftraggeber nur nach Vereinbarung mit dem jeweiligen Unternehmen erlaubt (vgl. Art. 29 III VKR), das sein Einverständnis jedoch in der Regel nur gegen eine angemessene Entschädigung erteilen wird.[663] Die wirtschaftlichen Interessen des betroffenen Unternehmens genießen den Schutz des Wettbewerbsprinzips.

In engem Zusammenhang mit dem Vertraulichkeitsgebot steht ein weiterer Aspekt des Wettbewerbsprinzips: die Pflicht zum Geheimwettbewerb. Das OLG Düsseldorf hat insoweit für Aufträge im Anwendungsbereich der Vergabekoordinierungsrichtlinie ausgeführt, dass wesentliches und unverzichtbares Kennzeichen einer Auftragsvergabe im Wettbewerb die Sicherstellung eines Geheimwettbewerbs zwischen den an der Ausschreibung teilnehmenden Bietern sei.[664] Nur dann, wenn jeder Bieter die ausgeschriebene Leistung in Unkenntnis der Angebote, Angebotsgrundlagen und Angebotskalkulation seiner Mitbewerber um den Zuschlag anbiete, sei ein echter Bieterwettbewerb möglich.[665] Mehrfachbeteiligungen eines Privaten als Einzelbieter oder in Verbindungen mit anderen Unternehmen sind im Vergabeverfahren deshalb nicht zulässig.[666]

Die Pflicht zum Geheimwettbewerb und das Vertraulichkeitsgebot sind *„wesentliche und unverzichtbare Kennzeichen einer Auftragsvergabe im Wettbewerb [...]. Nur dann, wenn jeder Bieter die ausgeschriebene Leistung in Unkenntnis der Angebote, Angebotsgrundlagen und Angebotskalkulation seiner Mitbewerber um den Zuschlag anbietet, ist ein echter Bieterwettbewerb mög-*

---

661 *Müller/Veil*, VergabeR 2007, 298 (302) im Zusammenhang mit dem Wettbewerblichen Dialog und dem Verhandlungsverfahren.

662 Vgl. *Stickler/Kallmeyer*, Kapellmann/Messerschmidt, VOB/ VgV-Kommentar, § 3a VOB/A, Rn. 44.

663 Siehe: Anreiz- und Kompensationsinstrumente, S. 336 ff.

664 OLG Düsseldorf, Beschluss v. 16.09.2003 – Verg 52/03, Rn. 9.

665 OLG Düsseldorf, Beschluss v. 16.09.2003 – Verg 52/03, Rn. 9.

666 *Dreher*, Immenga/Mestmäcker Kartellrecht, § 97 GWB, Rn. 24.

lich.“[667] Der Geheimwettbewerb und das Vertraulichkeitsgebot sind deshalb als wettbewerbliche Mindestanforderungen einzustufen und als solche auch bei der Vergabe von Dienstleistungskonzessionen auf primärrechtlicher Grundlage zwingend zu beachten.[668]

Für einen wirksamen Bieterwettbewerb ist ferner erforderlich, dass der öffentliche Auftraggeber während des Vergabeverfahrens nicht nur mit einem Bieter verhandelt, sondern mit mehreren Bietern Gespräche führt.[669] Der Parallelwettbewerb zwischen mehreren Anbietern ist konstitutives Merkmal eines jeden funktionierenden Marktes[670] und als solches eine weitere Mindestvoraussetzung für ein wettbewerbkonformes öffentliches Ausschreibungsverfahren. Die Pflicht zur parallelen Verhandlungsführung gilt grundsätzlich für den gesamten Ablauf des Verfahrens.

Der individualschützende Aspekt des Wettbewerbsprinzips verpflichtet die öffentliche Hand, allen an der Auftragsvergabe interessierten Unternehmen einen freien und gleichen Zugang zur Teilnahme am öffentlichen Ausschreibungsverfahren zu garantieren.[671]

Soweit das Wettbewerbsprinzip das Allgemeininteresse schützt, steht dagegen die Nutzung des Wettbewerbs als Instrument zur effizienten öffentlichen Aufgabenerfüllung im Vordergrund. Jedes öffentliche Ausschreibungsverfahren bedarf einer ausreichend großen Anzahl an privaten Verfahrensteilnehmern, denn nur bei einer Mehrzahl von Bietern entsteht ein Wettbewerbsdruck, der die teilnehmenden Unternehmen zur Abgabe eines tatsächlich wirtschaftlichen Angebotes anhält.

Je komplexer der Auftrag desto länger und gründlicher werden der öffentliche Auftraggeber und der Private Vertragsverhandlungen über den genauen Auftragsgegenstand und Auftragsinhalt führen müssen, um eine geeignete Lösung für die öffentliche Aufgabenerfüllung zu finden. Die Verfahrenskosten steigen. Ziel der öffentlichen Ausschreibungspflicht kann aber nicht sein, wettbewerbliche Strukturen allein aus Prinzip bedienen zu müssen, ohne Rücksicht auf den Vergaberechtszweck einer möglichst wirtschaftlichen Beschaffung.[672] Wettbewerbliches Ziel der Schonung der öffentlichen Haushalte kann deshalb nicht allein die Kostenreduzierung in Hinblick auf den zu beschaffenden Gegenstand sein, sondern es sollte die Reduzierung der Gesamtausgaben einschließlich der anfallenden

667 OLG Düsseldorf, Beschluss v. 16.09.2003 – Verg 52/03, Rn. 9.

668 Zum Geheimwettbewerb und Vertraulichkeitsgebot bei der Vergabe einer privaten Partnerschaft für eine traditionelle Kultureinrichtung S. 138.

669 *Bungenberg*, Loewenheim/Meessen/Riesenkampff Kartellrecht, § 97 GWB, Rn. 8.

670 *Cox*, Cox: Ausschreibungen bei öffentlichen Dienstleistungen, S. 50.

671 Vgl. *Bungenberg*, Loewenheim/Meessen/Riesenkampff Kartellrecht, § 97 GWB, Rn. 8.

672 Vgl. *Burgi*,NZBau 2009, 609 (614).

Verfahrenskosten angestrebt werden.[673] Aus Gründen der Verfahrenseffizienz ist der öffentliche Auftraggeber deshalb berechtigt (und verpflichtet), nicht stets mit allen am Auftrag interessierten Unternehmen Verhandlungen aufzunehmen bzw. bis zur Zuschlagsentscheidung Verhandlungen zu führen, sondern er kann die Teilnehmerzahl aus ökonomischen oder sonstigen auftragsspezifischen Gründen reduzieren.[674] Es handelt sich dabei um aus sachlichen Gründen gerechtfertigte und verhältnismäßige Beschränkung des individualschützenden Aspektes des Wettbewerbsprinzips.[675] Der Parallelwettbewerb wird in diesen Sachverhaltskonstellationen nie ganz ausgeschaltet, sondern lediglich eingeschränkt. Die vergaberechtlichen Zwecke des Wettbewerbsschutzes im Individualinteresse und der Nutzung des Wettbewerbs zur öffentlichen Kostenreduzierung muss das Ausschreibungsverfahren weiterhin erfüllen.

Der Transparenzgrundsatz verpflichtet die Vergabestellen, ihre Entscheidung für eine den Wettbewerb einschränkende Verfahrensgestaltung im Vorhinein bekannt zu geben[676] und den gewählten Verfahrensablauf so klar zu strukturieren, dass die Bieter jederzeit wissen, in welchem Stand das Verfahren sich befindet und welches Fristen- und Zeitgerüst gilt.[677] Die wettbewerbsschützenden Informations- und Dokumentationspflichten der Verwaltung nehmen diametral zur Verringerung der Wettbewerberzahl zu.

(3) Vertragslaufzeit

Im Zusammenhang mit dem Verhältnismäßigkeitsgrundsatz wurde bereits die grundsätzliche Pflicht zur Vertragslaufzeitbeschränkung von öffentlichen Aufträgen i.w.S. angesprochen,[678] die zum Teil auch aus dem Wettbewerbsprinzip abgeleitet wird.[679] Der Markt der öffentlichen Aufgabenerfüllung soll möglichst wenig eingeschränkt werden und in regelmäßigen Abständen erneut dem Wettbewerb zwischen Privaten offen stehen.[680] Die öffentlichen Auftraggeber dürfen öffentliche Aufträge auf primärrechtlicher Grundlage daher in der Regel nur für bestimmte Zeit vergeben, wobei die Vertragslaufzeit sich danach richtet, wie lange der Konzessionär dazu benötigt, um das eingesetzte Kapital zu amortisie-

---

673 So auch *Burgi*, NZBau 2009, 609 (614).

674 *Kramer*, NZBau 2005, 138 (139) im Zusammenhang mit dem Verhandlungsverfahren. Siehe zu nähren Einzelheiten S. 213 ff.

675 Zur möglichen Teilnehmerbeschränkung bei der Vergabe einer privaten Partnerschaft in einer traditionellen Kultureinrichtung siehe S. 138 f.

676 *Heiermann*, ZfBR 2005, 766 (774) im Zusammenhang mit dem Wettbewerblichen Dialog.

677 *Willenbruch*, NZBau 2003, 422 (424) im Zusammenhang mit dem Verhandlungsverfahren.

678 Siehe S. 120 f.

679 So VK Arnsberg v. 21.02.2006 – VK 29/05, Rn. 119.

680 Vgl. Kommission, Konzessionen 2000, Kapitel 3.1.3.

ren und einen angemessenen Gewinn zu erwirtschaften. Verträge mit unbefristeter Vertragslaufzeit sind bei Vorliegen sachlicher Gründe jedoch wettbewerblich zulässig; eine allgemeine Beschränkung der Vertragslaufzeit kann dem Wettbewerbsprinzip als unbestimmter Rechtsbegriff nicht entnommen werden.[681]

(4) Zwischenergebnis

Der vergaberechtliche Wettbewerbsgrundsatz hat unterschiedliche Ausprägungen. So fordert der Wettbewerbsgrundsatz bei der öffentlichen Ausschreibung auf primärvergaberechtlicher Grundlage insbesondere die Zuschlagserteilung auf das wirtschaftlichste private Angebot, die Gewährleistung eines echten Bieterwettbewerbs sowie die Einhaltung des Vertraulichkeits- und Geheimhaltungsgebots.

cc. Das Wettbewerbsprinzip bei der Suche nach einem privaten Kulturpartner

Das primärrechtliche Wettbewerbsprinzip umfasst zwei verschiedene Aspekte: eine individuell-bieterschützende Komponente und eine auf die Nutzung des Wettbewerbs als Instrument zur kostengünstigen öffentlichen Aufgabenerfüllung abzielende öffentlich-rechtliche Komponente.[682] Beide Aspekte haben die Gemeinden bei der Suche nach einem privaten Partner für eine kulturelle institutionalisierte Öffentlich Private Partnerschaft zu beachten. Die daraus folgenden Mindestanforderungen, die für jedes wettbewerbskonforme öffentliche Ausschreibungsverfahren gelten, sind die Zuschlagserteilung auf das wirtschaftlichste private Angebot, die Gewährleistung eines echten Bieterwettbewerbs sowie die Pflicht zur Beachtung des Vertraulichkeits- und Geheimhaltungsgebots.

Das auf einer mehrdimensionalen Bewertungsgrundlage basierende Zuschlagskriterium des wirtschaftlichsten Angebotes erlaubt den Gemeinden, den in wirtschaftlicher und kulturpolitischer Hinsicht besten Verfahrensteilnehmer als privaten Mitgesellschafter für die gemischtwirtschaftliche Öffentlich Private Partnerschaft auszuwählen.

Aufgrund des ihnen eröffneten weiten Ermessens- und Gestaltungsspielraums können die Gemeinden in den Ausschreibungsunterlagen als leistungsbezogene Kriterien zum einen diejenigen Anforderungen an die Erbringung der traditionellen Kulturleistungen festlegen, die sich aufgrund der Qualifizierung

681 So auch *Burgi*, NZBau 2008, 29 (33); *Fehling*, Pünder/Schellenberg Vergaberecht, § 97 GWB, Rn. 62; dagegen: VK Arnsberg v. 21.02.2006 – VK 29/05, Rn. 119.

682 Siehe: Ziele des Vergaberechts, S. 82 ff.

als kommunale Infrastrukturleistung aus den zwingend zu beachtenden gesetzlichen Gewährleistungsgarantien ergeben.[683] Zum anderen können sie auf diese Weise aber auch weitere kulturspezifische Inhalte durchsetzen, wie zum Beispiel die Beachtung der Eigengesetzlichkeit der Kultur während der gesamten Dauer des Betriebes der gemischtwirtschaftlichen Einrichtung.

Den Gemeinden geht es bei der öffentlichen Ausschreibung von Kulturpartnerschaften um die Realisierung der traditionellen Kultureinrichtungen nach dem Politikmodell des aktivierenden Kulturstaates. Sie verfolgen also primär einen politisch-öffentlichen Zweck, der unmittelbar kulturbezogen ist. Dieses Ziel können die Gemeinden mit den Mitteln der leistungsbezogenen Bewertungskriterien erreichen, die mit dem Wettbewerbsprinzip tatbestandlich in Einklang stehen und nicht im Ausnahmefall gerechtfertigt werden müssen. Als leistungsbezogene Bewertungskriterium kommt z.B. das regelmäßige kulturelle Engagement der Unternehmensmitarbeiter in Betracht. Ein Rückgriff auf beschaffungsfremde Bewertungskriterien, die eine rechtfertigungsbedürftige Ausnahme vom Wettbewerbsprinzip darstellen, wird in der Regel nicht erforderlich sein.

Bei einer öffentlichen Ausschreibung zur Vergabe einer kulturellen institutionalisierten Öffentlich Privaten Partnerschaft mit konzessionsrechtlichen Vertragselementen werden die Gemeinden aufgrund der hohen Komplexität des Vertragsgegenstandes einem echten Bieterwettbewerb grundsätzlich nicht in Form eines Offenen Verfahrens durchführen und damit auch dem Wettbewerbsprinzip nicht in maximaler Weise entsprechen können. Die Gemeinden werden sich – wie auch sonst bei der Vergabe von Öffentlich Privaten Partnerschaften[684] und bei Dienstleistungskonzessionen[685] – Vergabeverfahren bedienen, bei denen es teilweise zu Abweichungen vom Wettbewerbsprinzip kommt (z.B. dem Verhandlungsverfahren und Wettbewerblicher Dialog[686]). Institutionalisierte Öffentlich Private Partnerschaften mit konzessionsrechtlichen Vertragselementen sind rechtlich und finanzierungstechnisch äußerst komplexe Vertragswerke, welche die Gemeinden mangels ausreichenden Fachwissens grundsätzlich nicht selbständig vorbereiten und entsprechend geeignete Ausschreibungsunterlagen erstellen können.[687] Spezielle Musterverträge für kulturelle Public Private Partnerships existieren nicht; diese Kooperationsverträge kommen dafür im Kultursektor

683 Vgl. *Burgi*, NZBau 2005, 610 (616).

684 *Kus*, VergabeR 2006, 851 (852)

685 *Kus*, VergabeR 2006, 851 (854)

686 Siehe hierzu: Verhandlungsverfahren, S. 204 ff. und Wettbewerblicher Dialog, S. 226 ff.

687 *Jasper*, Kooprationen in der Daseinsvorsorge 2011, S. 70, 72 allgemein zu institutionalisierten Öffentlich Privaten Partnerschaften. Siehe hierzu auch: Outputspezifizierte Leistungsbeschreibung, S. 205 ff.

noch zu selten zum Einsatz.[688] Die Erstellung einer eindeutigen und erschöpfenden Leistungsbeschreibung in eigener Verantwortung wird den Gemeinden deshalb nicht möglich sein, sondern sie sind bei der Ausarbeitung der Vertragsbedingungen auf das technische, rechtliche und wirtschaftliche Know-how sowie das Innovationspotential der potentiellen privaten Partner angewiesen.

Der Konflikt mit dem Wettbewerbsprinzip wird bei der öffentlichen Auftragsvergabe nach dem Politikmodell des aktivierenden Kulturstaates gegenüber den bekannten Sachverhaltskonstellationen weiter verstärkt, da sich auch aus kulturell-auftragsbezogenen Gründen Anforderungen an das Verfahren stellen werden, die mit dem Wettbewerbsprinzip in ein Spannungsverhältnis treten.[689] So beruht das Politikmodell des aktivierenden Kulturstaates auf der Idee einer gleichberechtigten Verantwortungsübernahme von öffentlicher und privater Hand für die traditionelle Kultureinrichtung, die sich in der Zusammenarbeit der potentiellen Vertragspartner in allen Verfahrensphasen widerspiegeln sollte.[690] Eine enge Kooperation zwischen Gemeinden und Unternehmen als gleichberechtigte Kulturakteure sollte entsprechend in einer möglichsten frühen Planungsphase des kulturellen Projektes beginnen, da in diesen Phasen die Basis für die Zusammenarbeit innerhalb der gemischtwirtschaftlichen Kulturgesellschaft gelegt wird. Die potentiellen Vertragspartner könnten zwar ihre Vorstellungen und Ideen hinsichtlich der kulturellen Einrichtung auch noch zu einem späteren Zeitpunkt austauschen, eine Einarbeitung in die Projektpläne wird aber nicht mehr oder nur mit erheblichen Schwierigkeiten möglich sein. Auch bedeutet eine tatsächliche Gleichberechtigung von Gemeinden und Unternehmen, dass es möglich sein sollte, die Initiative für ein gemeinsam zu realisierendes traditionelles Kulturprojekt von beiden Partnern ausgehen zu lassen und keinem Partner insoweit ein Exklusivrecht zuzuteilen.

Aus rechtlich und tatsächlichen, aber auch aus kulturpolitischen Gründen ist der Verfahrensablauf zur Vergabe eine privaten Partnerschaft in einer traditionellen Kultureinrichtung von den Gemeinden also so auszugestalten, dass den potentiellen Vertragspartnern ein möglichst weit reichender Spielraum für Verhandlungen bleibt, in die beide Seiten ihr Wissen einbringen, ihre Ideen austauschen und somit tatsächlich ein gemeinsames traditionelles Kulturprojekt planen und realisieren können.

Je weniger Vorgaben die Gemeinden bei Verfahrensbeginn in die Ausschreibungsunterlagen aufnehmen, desto besser können das Know-how und die Ideen der Unternehmen sowie der Wettbewerb als Instrument im Allgemeinwohlin-

---

688 Vgl. BMVBS, PPP-Projektdatenbank (unter: www.ppp-projektdatenbank.de).

689 Siehe S. 167 ff.

690 Siehe hierzu auch noch S. 167.

teresse genutzt werden, und desto mehr entspricht die gemischtwirtschaftliche Kulturgesellschaft den Anforderungen des aktivierenden Kulturstaatsmodells. In gewissen Umfang sind Vorgaben jedoch nötig, da es andernfalls an einer von Anfang an feststehenden objektiven Grundlage zur Bewertung der privaten Angebote fehlen würde, die als Mindestvoraussetzung für ein wettbewerbskonforme öffentliche Ausschreibung unentbehrlich ist. Eine erste, wenn auch nur grobe Bewertungsgrundlage muss deshalb bereits bei Ausschreibungsbeginn vorliegen, die im anschließenden Verfahren in Zusammenarbeit mit den potentiellen privaten Kulturpartnern weiter zu ergänzen und zu konkretisieren ist.

Die nachträgliche Ergänzung der Ausschreibungsunterlagen und allmähliche Erstellung einer für alle Bieter gleichermaßen geltenden Bewertungsgrundlage ist sinnvoll, um bei der Zuschlagsentscheidung die privaten Angebote auf objektiver Grundlage miteinander vergleichen zu können. Dieser Verfahrensgestaltung sind jedoch aus wettbewerblichen Gründen Grenzen gesetzt, da sie mit dem Vertraulichkeitsgebot und Geheimwettbewerb, deren Beachtung für jede Auftragsvergabe im Wettbewerb unverzichtbar ist, in einem Spannungsverhältnis steht. Die Gemeinden dürfen die Projektpläne und Vertragsentwürfe, die ein Bewerber als Bestandteil seines Angebotes in das Verfahren einbringt, an die übrigen Wettbewerber nur mit Zustimmung des betroffenen Unternehmens weitergeben, wobei dieses wiederum sein Einverständnis in der Regel nur gegen eine angemessene Entschädigung erteilt wird. Eine solche (Wettbwerbs-)Entschädigung ist in verschiedenen Formen denkbar.[691] Ist sie geldlicher Natur, steigen jedoch die Verfahrenskosten zu Lasten der Gemeinde, so dass die Entschädigung mit dem Ziel der möglichst kostengünstigen öffentlichen Aufgabenerfüllung in Konflikt gerät. Dieser vergaberechtliche Konflikt muss im Laufe der weiteren Arbeit einer Lösung zugeführt werden.

Ein gestaltungsoffenes Verfahren und Verhandlungsgespräche zwischen den Vertragsparteien sind wettbewerbsrechtlich zulässig, wenn die Vergleichbarkeit der privaten Angebote auf objektiver Grundlage im Grundsatz gewahrt bleibt. Die Gemeinden handeln darüber hinaus im öffentlichen Interesse, wenn sie eine Verfahrensgestaltung anstreben, in der ein echter Bieterwettbewerb gewährleistet ist:

So stellt ein effektiver Parallelwettbewerb zwischen mehreren Bietern zum einen sicher, dass es zu einer effizienten Partnerwahl für die traditionelle Kultureinrichtung kommt. Die Gemeinden sollten deshalb zumindest zu Anfang des Vergabeverfahrens eine möglichst große Zahl an interessierten Unternehmen als Kulturpartner in Erwägung zu ziehen. Die Unternehmen, die an einer Partnerschaft nach dem Modell des aktivierenden Kulturstaates interessiert sein werden,

---

691 Siehe dazu: Anreiz- und Kompensationsinstrumente, S. 336ff.

dürften deutlich weniger sein, als das z.B. bei der Vergabe eines klassischen Hochbauprojektes der Fall ist. Dies ist zumindest solange anzunehmen, als die Vergabe von kulturellen Partnerschaften in einer traditionellen Kultureinrichtung noch in den „Kinderschuhen steckt". Von einer abstrakten Beschränkung der Verfahrensteilnehmer auf z.B. maximal zwei oder drei Teilnehmer wird den Gemeinden deshalb abgeraten. Die Gemeinden sollten eine Maximalteilnehmerzahl allenfalls für den konkreten Einzelfall festlegen.

Zum anderen werden die Wirtschaftsunternehmen nur dann ihre Fähigkeiten und ihr Know-how vollständig in das Verfahren einbringen, wenn ihre wirtschaftlichen Rechte und Interessen vor Verletzungen geschützt sind, und sie sich eine reelle Chance auf den Zuschlag ausrechnen können. Gewährleisten die Gemeinden kein faires Verfahren, werden die Bieter im günstigsten Fall ein zeit- und kostenintensives Nachprüfungsverfahren einleiten. Im schlechtesten Fall werden die Unternehmen jedoch erst gar nicht an der Ausschreibung teilnehmen und die Gemeinden damit die Vorteile des Wettbewerbs als Instrument im öffentlichen Interesse nicht oder zumindest nicht optimal nutzen können.

Nach dem Modell des aktivierenden Kulturstaates sind die Errichtung und der Betrieb von Kultureinrichtungen Aufgabe aller Kulturakteure. Die aktivierten Unternehmen sollen dafür in gleichem Maße Verantwortung tragen wie die Gemeinden selbst. Die Aufgabenverantwortung der Privaten hört nicht etwa automatisch nach Amortisation des eingesetzten Kapitals und der Erwirtschaftung eines angemessen Gewinnes auf, sondern besteht nach dem Modell des aktivierenden Kulturstaates dauerhaft fort. Aus kulturpolitischer Sicht sollte der Kooperationsvertrag deshalb nicht von vornherein zeitlich befristet werden. Die Gründung einer gemischtwirtschaftlichen Gesellschaft und die damit verbundene Übertragung der Aufgabenverantwortung für die traditionelle Kultureinrichtung auf unbestimmte Zeit ist kulturpolitisch die optimale Kooperationsform.

Die unbefristete Vertragslaufzeit kann in Konflikt mit dem Verhältnismäßigkeitsgrundsatz stehen, ist aber wettbewerbsrechtlich zulässig, wenn die Nichtbefristung aus sachlichen Gründen angemessen und verhältnismäßig ist. Als sachlicher Grund kommt bei kommunalen traditionellen Kultureinrichtungen ihre Einordnung als Infrastruktureinrichtung bzw. als Dienstleistung von allgemeinem wirtschaftlichem Interesse[692] in Betracht, die als ein wesentliches Merkmal haben, das die Kulturleistung für alle Bürger kontinuierlich bereitzustellen ist. Die Bedeutung der mitgliedstaatlichen Infrastruktureinrichtungen bzw. der Dienstleistungen von allgemeinem wirtschaftlichem Interesse ist mit Inkraft-

692 Siehe dazu S. 159ff.

treten des Lissabonner Vertrages weiter gestiegen.[693] Berücksichtigt man diesen Bedeutungsanstieg und den Umstand, dass dem Wettbewerbsprinzip bereits unter dem EG-Vertrag a.F. keine allgemeine Höchstvertragslaufzeit entnommen werden konnte, ist es vergaberechtlich vertretbar, eine unbestimmte Vertragslaufzeit bei institutionalisierten Öffentlich Privaten Partnerschaften nach dem Modell des aktivierenden Kulturstaates generell als zulässig anzusehen.[694]

b. Zielvorgaben des primären Vergaberechts nach Inkrafttreten des Vertrages von Lissabon

Dem EG-Vertrag a.F. lag nach herrschender Meinung[695] ein primär ökonomisch geprägtes Gesellschaftsmodell zugrunde. Entsprechend verfolgte die Union bei der gemeinschaftlichen öffentlichen Auftragsvergabe, die bisher der europäischen Wirtschaftspolitik zugeordnet wird, eine überwiegend liberale Linie. Nach Inkrafttreten des Vertrages von Lissabon ist fraglich geworden, ob das europäische Vergaberecht weiterhin wie bisher vom Wettbewerbsprinzip dominiert wird oder ob ihm in Zukunft eine veränderte Zwecksetzung beizumessen ist. Sollten sich Rechtsnatur und Zwecksetzung des gemeinschaftsrechtlichen Vergaberechts aufgrund der Neuausrichtung des Gemeinschaftsrechts verändert haben,[696] werden sich die rechtlichen Konsequenzen zunächst bei der öffentlichen Auftragsvergabe auf Grundlage des europäischen Primärvergaberechts bemerkbar machen, da die Europäischen Verträge hier unmittelbar Rechtsgrundlage sind.

Eine mögliche Akzentverschiebung innerhalb des Rechtsregimes für die öffentliche Auftragsvergabe auf primärrechtlicher Grundlage könnte auf zwei verschiedene Arten eingetreten sein.

Zunächst ist denkbar, dass die gemeinschaftsrechtliche Wirtschaftsverfassung sich verändert hat. Eine rechtlich relevante wirtschaftliche Neuausrichtung der Europäischen Verträge würde sich langfristig auch auf Auslegung und Anwendung des gemeinschaftlichen Vergaberechts in seiner Eigenschaft als – zumindest bisher – dem Wirtschaftsrecht zugeordnetes Rechtsgebiet auswirken (vgl. **(1)**).

---

693 Siehe dazu S. 143 f.

694 Siehe zur Bedeutung der Dienstleistungen von allgemeinem wirtschaftlichen Interesse seit der Geltung der Europäischen Verträge n.F. auch S. 148 ff.

695 So *Immenga/Mestmäcker*: Immenga/Mestmäcker Wettbewerbsrecht, Einleitung B Rn. 91; *Dreher*, WuW 1998, 656 (658 f); *Streinz*, Streinz EUV/EGV, § 2 EGV, Rn. 40; *Schwarze*, EuZW 2001, 334 (336); vgl. auch EuGH, Rs C-15/81 v. 05.05.1982 – „Schul Douane Expediteur", juris, Rn. 33; anders: v. Bogdnady, Grabitz/Hilf: EUV/EGV, Art. 2 EGV a.F., Rn. 64 ; Zuleeg, von der Gröeben/Schwarze: EUV/EGV, Art. 2 EGV a.F., Rn. 9 ff.

696 Auch *Burgi* hält dies zumindest in der Zukunft für möglich (vgl. *Burgi*, NZBau 2009, 609 (611)).

Alternativ wäre eine veränderte gemeinschaftsrechtliche Auffassung über die Rechtsnatur des Vergaberechts möglich. Die Neuausrichtung des europäischen Gesellschaftsmodells könnte zu einer Akzentverschiebung innerhalb der vergaberechtlichen Zwecksetzung geführt haben, so dass aus europarechtlicher Sicht eine Neubewertung des Rechts der öffentlichen Auftragsvergabe geboten wäre. Das Vergaberecht könnte sich also vom Wirtschaftsrecht emanzipiert haben und wäre in diesem Fall nicht mehr als ein Teilgebiet des europäischen Wirtschaftsrechts zu verstehen (vgl. **(2)**).

Beide der genannten Möglichkeiten und die sich etwaig ergebenden Konsequenzen für die Ausgestaltbarkeit des Verfahrens zur Vergabe einer kulturellen Public Private Partnership im Einklang mit dem Politikmodell des aktivierenden Kulturstaates werden in den folgenden Abschnitten untersucht.

aa. Die Wirtschaftsverfassung der Europäischen Verträge n.F.

In den Anfangsjahren war die europäische Gemeinschaft eine Wirtschaftsgemeinschaft mit Aufgaben von fast ausschließlich ökonomischer Natur: eine harmonische Entwicklung des Wirtschaftslebens, Wirtschaftswachstum, Stabilität und Hebung der Lebenshaltung.[697] Mit der Schaffung eines Gemeinsamen Marktes und der Verpflichtung auf den Grundsatz einer offenen Marktwirtschaft mit freiem Wettbewerb wurde die Hoffnung verbunden, dass die dem Wettbewerbssystem eines funktionierenden Binnenmarktes immanente Dynamik als positives Ergebnis eine Erhöhung der Lebensqualität in den Mitgliedstaaten habe[698] und damit eine automatische Abnahme der sozialen Probleme verbunden sei.[699] Diese Hoffnungen haben sich in den Folgejahren nicht erfüllt. Die sozialen Probleme sind heute nicht geringer geworden, sondern haben sich gegenüber früher nur verändert.

Im Bewusstsein, dass die sozialen Probleme im Laufe der Zeit nicht weniger geworden sind, wurde der Aufgabenkatalog der Union erweitert und neben der Binnenmarktpolitik zahlreiche weitere, auch nichtwirtschaftliche Politikbereiche – wie die Sozialpolitik, die Bildung oder die Kultur – in den EG-Vertrag aufgenommen. Die Gesellschaftspolitik der Gemeinschaft war nicht mehr rein ökonomisch determiniert; an der Primärstellung der ökonomischen Ziele hat sich jedoch nichts geändert.[700] Die europäische Wirtschaftsverfassung wurde durch die Verträge von Maastricht und Amsterdam nicht modifiziert, sondern bis 2009 lag dem primären Gemeinschaftsrecht eine liberale Wirtschaftsauffas-

697 *Basedow*, EuZW 2008, 225 (225).
698 Vgl. *Cox*, Cox, Daseinsvorsorge, S. 77.
699 *Basedow*, EuZW 2008, 225 (225).
700 *Basedow*, EuZW 2008, 225 (225).

sung zugrunde, in der dem freien und unverfälschten Wettbewerb eine Leitbildfunktion zukam.

Ob sich an der liberalen Wirtschaftsverfassung mit Inkrafttreten des Vertrages von Lissabon am 01.12.2009 etwas geändert hat, ist durch die wenigen bisher dazu verfassten Literaturbeiträge wohl noch nicht ausdiskutiert. Bisher neigt die Mehrheit der Autoren jedoch dazu, eine grundlegende Änderung der europäischen Wirtschaftsverfassung zu verneinen.[701]

Die herrschende Literaturmeinung übersieht nicht, dass der in Art. 3 III EUV n.F. enthaltene wirtschaftliche Zielkatalog der Europäischen Union neu formuliert wurde und an die Stelle des Leitbildes einer offenen Marktwirtschaft mit freiem Wettbewerb das Leitbild einer wettbewerbsfähigen *sozialen* Marktwirtschaft getreten ist.[702] Auch erkennt sie die Signalwirkung an, die von der Entfernung des Systems des unverfälschten Wettbewerbs (vgl. Art. 3 I lit.g EG a.F.) aus dem Zielkatalog der EU ausgeht, obwohl dieses bislang als unentbehrlich für Erfüllung des Binnenmarktprojektes angesehen wurde.[703]

Die Autoren sprechen der stärkeren Betonung der sozialen Aspekte und nichtwirtschaftlichen Werte, die in der Modifikation der europäischen Verträge zum Ausdruck kommt, jedoch keine wirtschaftsrechtliche Wirkung zu. Sie legen ihnen vielmehr eine gesellschaftsrechtlich-politische Aussage bei, die auf alle Politikbereiche der Europäischen Verträge, nicht nur auf die Wirtschaftspolitik, ausstrahlen wird.[704]

Für diese Auslegung spricht, dass die Verpflichtung der Union auf den Grundsatz einer offenen Marktwirtschaft mit freiem Wettbewerb unverändert in den Europäischen Verträgen enthalten ist. Art. 4 I EGV a.F. und Art. 98 EGV a.F. wurden wortgleich in die Art. 119 I AEUV und Art. 120 AEUV übernommen, die systematisch in dem die Wirtschafts- und Währungspolitik der Union regelenden Titel VII stehen.

Auch das System des unverfälschten Wettbewerbs ist nicht vollständig aus den Europäischen Verträgen verschwunden, sondern in die Protokolle der Europäischen Verträge verschoben worden. So ist im Protokoll Nr. 27 „Über Binnenmarkt und Wettbewerb“ weiterhin von einem Binnenmarkt die Rede, der *„wie er in Artikel 3 des Vertrags über die Europäische Union beschrieben wird, ein System umfasst, das den Wettbewerb vor Verfälschungen schützt*“. Die Entscheidung für eine Protokolllösung hat keine unmittelbar rechtliche Abstufung zur

701 So *Nowak*, EuR 2009 Beiheft 1, 129 (184 ff); *Hatje/Kindt*, NJW 2008, 1761 (1765); *Basedow*, EuZW 2008, 225 (225); dagegen: *Zimmermann*, KommJur 2008, 41 (45).

702 Vgl. *Nowak*, EuR 2009 Beiheft 1, 129 (184).

703 *Basedow*, EuZW 2008, 225 (225); vgl. auch *Nowak*, EuR 2009 Beiheft 1, 129 (189).

704 Vgl. *Nowak*, EuR 2009 Beiheft 1, 129 (184); *Hatje/Kindt*, NJW 2008, 1761 (1765); *Basedow*, EuZW 2008, 225 (225).

Folge, da die Protokolle gemäß Art. 51 EUV n.F. echte Vertragsbestandteile im Rang des primären Gemeinschaftsrechts sind.

Als weiteres Argument für die unveränderte Fortgeltung einer liberalen Wirtschaftsverfassung auf europäischer Ebene ist anzuführen, dass die Handlungen von Union und den einzelnen Mitgliedstaaten rechtlich kaum auf Übereinstimmung mit dem Leitbild der sozialen Marktwirtschaft überprüft werden könnten.[705] Der Begriff „Soziale Marktwirtschaft" i.S.d. Gemeinschaftsrechts ist zu unbestimmt, um justiziabel zu sein. Viele Mitgliedstaaten kennen das Konzept der Sozialen Marktwirtschaft auf nationaler Ebene nicht[706] und auf das insoweit weit entwickelte deutsche Begriffsverständnis darf nicht allein zurückgegriffen werden, da es von rein nationaler Bedeutung ist.[707] Europäische Rechtsbegriffe sind nach Möglichkeit autonom, ohne Verweisung auf die nationalen Rechtsordnungen auszulegen.[708]

Für die herrschende Ansicht spricht zudem, dass die Wirtschaftsverfassung der Union, ebenso wie jede andere Wirtschaftsverfassung, ihrer Natur nach aus wirtschaftlich ausgerichteten Nomen besteht und eine rein wirtschaftliche Zwecksetzung (nur) hier berechtigt ist. Das europäische Wirtschaftsrecht allgemein mit nichtwirtschaftlichen Zielen zu „verwässern", sozusagen auf Tatbestandsebene, indem es im Einzelnen Fall keiner besonderen Rechtfertigung mehr bedarf, wenn der freie Wettbewerb eingeschränkt wird, würden dem fortbestehenden Bekenntnis zur offenen Marktwirtschaft mit freiem Wettbewerb nicht gerecht werden.[709] Mit dem Lissabonner Vertrag sollen die nichtwirtschaftlichen Ziele mit den wirtschaftlichen gleichgestellt, ihnen aber keine Vorrangstellung zugesprochen werden (vgl. Art. 3 EUV n.F.). Im Bereich des Wirtschaftsrechts sollten die wirtschaftlichen Ziele deshalb weiterhin primär verfolgt werden, wobei im Einzelfall zugunsten divergierender nichtwirtschaftlicher Ziele Ausnahmen möglich sind.[710]

An der liberalen Wirtschaftsverfassung der Europäischen Union hat sich also durch den Vertrag von Lissabon rechtlich nichts geändert.

Auch wenn sich an der Wirtschaftsverfassung der EU rechtlich nichts geändert hat, ist die gesellschaftsrechtlich-politische Neuausrichtung der EU durch den Vertrag von Lissabon deutlich sichtbar. Die Wandlung der Union weg von einer primär freiheitlich-wettbewerblich ausgerichteten Gemeinschaft – wie es

705 *Nowak*, EuR 2009 Beiheft 1, 129 (184 f.).
706 Den Begriff der „sozialen Marktwirtschaft" kennt innerhalb der EU nur noch Österreich.
707 *Nowak*, EuR 2009 Beiheft 1, 129 (185);Ruffert, Calliess/Ruffert, EUV/AEUV, Art. 3 EUV, Rn. 38.
708 *Dauses*, Dauses: EU-Wirtschaftsrecht, P II Vorabentscheidungsverfahren, Rn. 94.
709 So auch *Basedow*, EuZW 2008, 225 (225).
710 Siehe dazu im Einzelnen, S. 157.

sich bereits mit den Verträgen von Maastricht und Amsterdam angedeutet hat – hin zu einer auch auf einer Vielzahl von wertbezogenen-sozialen Grundsätzen beruhenden politischen Union ist durch den Vertrag von Lissabon weiter fortgeschrieben worden.[711]

Die sozialen und sonstigen nichtwirtschaftlichen Ziele sind deutlich aufgewertet worden. So sind die nichtwirtschaftlichen Ziele gemäß Art. 3 III Hs. 1 und 2 EUV n.F. – z. B. die soziale Gerechtigkeit und sozialer Schutz, die Förderung des wirtschaftlichen, sozialen und territorialen Zusammenhalts sowie der Wahrung des Reichtums kultureller und sprachlicher Vielfalt – dem wirtschaftlichen Ziel der Errichtung eines Binnenmarktes gemäß Art. 3 III Hs. 1 EUV n.F. nicht nur textlich näher gerückt, sondern mit diesem sachlich-inhaltlich auf dieselbe Stufe gestellt worden. Wirtschaftliche wie nichtwirtschaftliche Ziele bilden nun gemeinsam die wesentlichen materiellen Strukturprinzipien der neuen Europäischen Union.

Das bisher vorherrschende Strukturprinzip des freien und unverfälschten Wettbewerbs hat die gemeinschaftsrechtliche Leitbildfunktion eingebüßt, die es bisher auch außerhalb des Wirtschaftslebens übernommen hat.[712] Das neue soziale Gesellschaftsmodell Europas, das wirtschaftspolitisch durch die „in hohem Maße wettbewerbsfähige soziale Marktwirtschaft" (Art. 3 III EUV n.F.) zum Ausdruck kommt, bedeutet eine politische Richtungsänderung der Europäischen Union. Diese ist zwar nicht mit einer unmittelbaren wirtschaftsrechtlichen Änderung gleichzusetzen, wird jedoch je nach Politikbereich und Rechtsgebiet zu unterschiedlich starken Akzentverschiebungen führen und sich bei der Auslegung sowie der Anwendung des Gemeinschaftsrechts und der gemeinschaftsrechtlich beeinflussten nationalen Rechtsmaterien bemerkbar machen.

Allgemein kann gesagt werden, dass der Rechtsanwender in Zukunft aufgrund des neuen Leitbildes der EU als wertbezogene politische Gemeinschaft bei interpretationsoffen geregelten Tatbeständen verstärkt nach einem angemessenen Ausgleich zwischen den marktwirtschaftlich-wettbewerblichen Zielen der Gemeinschaft auf der einen und den nichtwirtschaftlichen Zielen auf der anderen Seite suchen muss. Eine für alle Politikbereiche gleichermaßen geltende, pauschal anzuwendende Ausgleichslösung kann den neuen Europäischen Verträgen jedoch nicht entnommen werden. Der gebotene Ausgleich der teilweise gegenläufigen Interessen und Ziele der neuen Europäischen Verträge werden vielmehr je nach Politikbereich und Rechtsgebiet in anderer Form erfolgen.

Innerhalb des liberalen europäischen Wirtschaftsrechts gehörte der Ausgleich von wirtschaftlichen und nichtwirtschaftlichen Interessen bereits bisher zum

---

711 Vgl. *Hatje/Kindt*, NJW 2008, 1761 (1765).

712 *Basedow*, EuZW 2008, 225 (225).

gemeinschaftlichen „Tagesgeschäft".[713] Der Interessenausgleich erfolgt in Form einer Rechtfertigungslösung, bei der im konkreten Einzelfall an die wirtschaftsrechtlichen Ausnahmevorschriften angeknüpft und den nichtwirtschaftlichen Zielen durch Auslegung der weit gefassten Rechtsbegriffe angemessen Geltung verschafft wird. Zu den auslegungsbedürftigen Ausnahmevorschriften des Wirtschaftsrechts gehören insbesondere die geschriebenen und ungeschriebenen Rechtfertigungsgründe in Bezug auf die Grundfreiheiten und die Ausnahmevorschrift des Art. 106 II AEUV (Art. 86 II EG a.F.). An der Rechtfertigungslösung sollte als Konsequenz, dass die europäische Wirtschaftsverfassung durch den Lissabonner Vertrag keine rechtlichen Änderungen erfahren hat, im Bereich des Wirtschaftsrechts weiter festgehalten werden.[714]

Das gemeinschaftliche öffentliche Auftragswesen ist war unter den Europäischen Verträgen a.F. kein eigener Politikbereich, sondern bildete einen Ausschnitt innerhalb der Wirtschaftspolitik.[715] Vergaberecht wurde als besonderes Wirtschaftsrecht eingeordnet. Die unveränderte Zuordnung des primärrechtlichen Vergaberechts zum Wirtschaftsrecht auch nach Inkrafttreten des Vertrages von Lissabon würde in Konsequenz zur fortbestehenden liberalen Wirtschaftsverfassung des EG-Rechtes bedeuten, dass es für die primärrechtliche öffentliche Auftragsvergabe zu keiner rechtlichen Veränderung gekommen ist. Auch beim primärrechtlichen Vergaberecht hätte der Interessenausgleich weiterhin im Einzelfall in Form der Rechtfertigungslösung zu erfolgen. Die Rechtfertigungsgründe im Bereich der Grundfreiheiten und Wettbewerbsregeln sind als Ausnahmebestimmungen des Gemeinschaftsrechts eng auslegen.[716] Die Gemeinden müssten folglich die verfahrensrechtlichen Abweichungen vom Wettbewerbsprinzip, die bei der Vergabe von kulturellen Öffentlich Privaten Partnerschaften aufgrund auftragsbezogener oder kulturpolitischer Anforderungen notwendig werden, in jedem Einzelfall neu und anhand der konkret gegebenen Umständen begründen. Es wäre ihnen untersagt, den besonderen Bedürfnissen und Anforderungen, die bei allen kulturellen institutionalisierten Öffentlich Privaten Partnerschaften nach dem Politikmodell des aktivierenden Kulturstaates gleichermaßen vorliegen und Abweichungen vom Wettbewerbsprinzip erfordern, in der Form einer Bereichsausnahme zu entsprechen. Eine Bereichsausnahme würde dem Grundsatz widersprechen, dass die Grundfreiheiten im Bereich der Wettbewerbsregeln eng auszulegen sind. Ein wie vorliegend favorisiertes Musterverfahren zur Suche nach einem privaten Partner für eine traditionellen Kulturein-

713 *Nowak*, EuR 2009 Beiheft 1, 129 (185).

714 So im Grundsatz auch *Nowak*, EuR 2009 Beiheft 1, 129 (191); *Burgi*, NZBau 2009, 609 (615).

715 Vgl. *Burgi*, NZBau 2009, 609 (611).

716 *Mestmäcker/Schweitzer*, Immenga/Mestmäcker Kartellrecht, Art. 86 EGV a.F. (Art. 106 AEUV), Rn. 4.

richtung, das für alle Beteiligten mehr Rechtssicherheit bringen würde, wäre aus wettbewerbsrechtlichen Gründen also nicht möglich.

Nur wenn mit dem neuen Selbstverständnis der EU als stärker wertbezogene politische Gemeinschaft eine Neubewertung der Zwecksetzung des Rechts der öffentlichen Auftragsvergabe verbunden ist, mit der Folge dass die Einordnung des Vergaberechts als besonderes Wirtschaftsrecht nicht mehr haltbar ist, sondern eine Qualifizierung als eigenständiges Rechtsgebiet vorzuziehen wäre, könnte es den Gemeinden erlaubt sein, den Interessenausgleich zwischen den wirtschaftlichen und nichtwirtschaftlichen Zielen der EU pauschal vorzunehmen und entsprechend für die Vergabe von kulturellen Public Private Partnerships ein Musterverfahren aufzustellen. Ob der Vertrag von Lissabon zu einer solchen Akzentverschiebung innerhalb der vergaberechtlichen Zwecksetzung geführt hat, ist nun zu prüfen. Im darauf folgenden Arbeitsabschnitt sind dann zu untersuchen, ob daraus die primärvergaberechtliche Zulässigkeit eines kulturellen Mustervergabeverfahrens folgt.

bb. Das Prinzip der ordnungsgemäßen öffentlichen Aufgabenerfüllung

Während das nationale deutsche Vergaberecht auf einer Zwecktrias beruht (Schonung der öffentlichen Haushalte, Schutz der wirtschaftlichen Interessen der Marktteilnehmer und ordnungsgemäße öffentliche Aufgabenerfüllung), verfolgt das gemeinschaftliche Vergaberecht bisher lediglich die ersten beiden Ziele: die Schaffung eines freien und unverfälschten Wettbewerbs auf den staatlichen Beschaffungsmärkten zum Schutz der wirtschaftlichen Interessen der einzelnen Marktteilnehmer und die Senkung der Beschaffungskosten im Interesse der Mitgliedstaaten durch die Nutzung des freien Wettbewerbs zur öffentlichen Aufgabenerfüllung. Das vergaberechtliche Zweckduo auf europäischer Ebene ist Grund für den besonderen Stellenwert des Wettbewerbsprinzips mit seiner individualschützenden und allgemeinrechtlichen Komponente im öffentlichen Auftragswesen.[717]

Das Ziel, bei der Vergabe die aus dem freien Wettbewerb folgenden positiven Wirkungen nicht nur zur wirtschaftlich-effizienten, sondern auch zur ordnungsgemäßen öffentlichen Aufgabenerfüllung zu nutzen, ist auf europäischer Ebene bisher nicht als eigenständiger vergaberechtlicher Zweck anerkannt. Die konkret zu vergebende öffentliche Aufgabe, die erst den Grund dafür bildet, dass das Recht der öffentlichen Auftragsvergabe überhaupt existiert, wird auf gemeinschaftsrechtlicher Ebene vollständig ausgeblendet.[718] Dem vergaberechtlichem Zweck

717 Siehe dazu S. 83 f.

718 *Burgi*, NZBau 2009, 609 (612).

der Gewährleistung einer ordnungsgemäßen öffentlichen Aufgabenerfüllung aus europäischer Sicht weiterhin jede vergaberechtliche Bedeutung abzusprechen, könnte jedoch seit 01.12.2009 zumindest bei öffentlichen Ausschreibungen auf Grundlage des europäischen Primärvergaberechts, das sich unmittelbar aus den Europäischen Verträgen ableitet, nicht mehr vertretbar sein.

Die in Deutschland jahrzehntelang praktizierte Zuordnung des Vergaberechts zum Haushaltsrecht beruhte auf der Deutung der öffentlichen Auftragsvergabe als Vorgang zur Beschaffung von Gütern und Dienstleistungen auf dem freien Markt oder, anders formuliert, als Rechtsregime zur Regelung der der sog. fiskalischen Hilfsgeschäfte.[719] Der Gesetzgeber hatte dabei Sachverhaltskonstellationen vor Augen, bei denen die öffentlichen Auftraggeber solche Güter und Dienste auf dem freien Markt erwirbt, die der Markt auch für private Wirtschaftsteilnehmer bereithält und die er benötigt, um die ihm obliegenden öffentlichen Aufgaben gegenüber dem Bürger weiterhin ordnungsgemäß erfüllen zu können. Da der Staat nun aber kein Marktteilnehmer wie jeder andere ist – z.B. kann er nicht insolvent werden und sein Handeln ist grundsätzlich auch politisch motiviert –, ist es gerechtfertigt, ihn zum Schutz der privaten Marktteilnehmer vor diskriminierender Behandlung zu verpflichten, sich seine Vertragspartner durch öffentliche Ausschreibungen zu suchen. Die Vergabekoordinierungsrichtlinien wurden vor dem Hintergrund dieser Rechtsrealität erlassen. Die Konzentrierung der vergaberechtlichen Zwecksetzung auf den Wettbewerbsschutz im subjektiven Interesse und die günstige Beschaffung im Interesse der Mitgliedstaaten ist insoweit gerechtfertigt.

Die Sachverhaltskonstellationen, bei denen der öffentliche Auftrag ganz oder weit überwiegend auf Grundlage der allgemeinen Vergaberechtsgrundsätze vergeben wird, sehen dagegen – wie sich im Folgenden zeigen wird[720] – anders aus. Eine unreflektierte Übertragung der dualen vergaberechtlichen Zwecksetzungen auf die primärrechtliche öffentliche Auftragsvergabe ist, daher nicht möglich.

(1) Abweichende Vertragskonstruktion

Das europäische Primärvergaberecht ist unmittelbare Rechtsgrundlage für die öffentliche Ausschreibung von Konzessionen. Das gilt für alle Konzessionsarten gleichermaßen. Die aus dem sekundären Vergaberecht folgenden Verfahrenspflichten für die Vergabe von Baukonzessionen oberhalb der Schwellenwerte

719 Vgl. *Burgi*, NZBau 2009, 609 (612).

720 Siehe dazu (1) und (2).

sind nicht sehr intensiv,[721] so dass sich die gemeinschaftsrechtlichen Bindungen auch insoweit primär aus den allgemeinen Vergaberechtsgrundsätzen ergeben.[722]

Konzessionen haben in der Regel keine klassischen Beschaffungsgeschäfte zum Gegenstand. Ihre Vertragskonstruktion ist vielmehr darauf angelegt, dass nicht der öffentliche Auftraggeber Empfänger der Leistung des Privaten ist, sondern der Konzessionär die öffentliche Leistung unmittelbar gegenüber den privaten Endnutzern erbringt.[723] Damit die staatlichen Stellen in diesen Sachverhaltskonstellationen ihrer Gewährleistungsverantwortung für die öffentliche Aufgabe weiterhin nachkommen kann, ist es erforderlich, den öffentlichen Zweck der staatlichen Aufgabenerfüllung nicht erst bei der konkreten öffentlichen Leistungserbringung, also in einem zweiten Handlungsschritt zu berücksichtigen, sondern bereits bei der Vergabe, dem vorhergehenden ersten Handlungsschritt.[724] Die Trennung des Beschaffungsvorgangs von den öffentlich-rechtlichen Maßnahmen, mit denen die gesetzlichen Bindungen eingehalten und die Gemeinwohlanforderungen dauerhaft sichergestellt werden sollen, ist aufgegeben.[725] Besondere Bedeutung erlangt der Gesichtspunkt der Berücksichtigung der Gemeinwohlanforderungen bereits bei der Vergabe, wenn nicht nur eine von mehreren Sekundärleistungen auf bestimmte Zeit ausgeschrieben wird, sondern die gesamte öffentliche Primärleistung, möglicherweise auf unbestimmte Zeit Auftragsgegenstand ist (so z.B. bei den kulturellen institutionalisierten Öffentlich Privaten Partnerschaften mit konzessionsrechtlichen Vertragselementen). Die Gewährleistungssicherung muss hier gesellschaftsintern mittels vertraglicher Vereinbarungen sichergestellt werden, die einen wichtigen Teil des komplexen, während des Vergabeverfahrens auszuhandelnden Gesamtvertragswerkes bilden.

Die ordnungsgemäße Erfüllung der vergebenen öffentlichen Aufgabe bei der Vergabe von Konzessionen vollständig auszublenden, ist also bereits aufgrund der gegenüber öffentlichen Aufträgen i.e.S. unterschiedlichen vertraglichen Konstruktion nicht überzeugend.

(2) Besonderer Auftragsgegenstand: Dienstleistungen von allgemeinem wirtschaftlichen Interesse

Bei der Vergabe von Dienstleistungskonzessionen kommt hinzu, dass überwiegend öffentliche Infrastrukturleistungen Auftragsgegenstände sind.[726] Öffentliche

721 *Burgi*, NZBau 2005, 610 (613).

722 Vgl. Kommission, Konzessionen 2000, Kapitel 3.

723 Siehe hierzu S. 45

724 Vgl. *Aumont/Kaelble*, NZBau 2006, 280 (284).

725 Vgl. *Aumont/Kaelble*, NZBau 2006, 280 (284).

726 Siehe hierzu bereits S. 96.

Infrastrukturleistungen sind dadurch gekennzeichnet, dass sie ununterbrochen und flächendeckend allen Bürgern in ausreichender Qualität und zu erschwinglichen Preisen zur Verfügung gestellt werden müssen.[727] Sie weisen also ganz besondere Gemeinwohlbindungen auf, die der Staat und seine Untergliederungen aufgrund der ihnen obliegenden Gewährleistungsverantwortung auch dann einzuhalten haben, wenn höhere Kosten damit verbunden sind.

Das Gemeinschaftsrecht kennt den Begriff „öffentliche Infrastrukturleistung", bzw. „Daseinsvorsorge" nicht. Es wäre jedoch vorschnell, daraus zu schließen, dass die EU die besonderen Anforderungen, die diese öffentlichen Leistungen an das Vergabeverfahren stellen, möglicherweise gemäß dem Grundsatz der loyalen Zusammenarbeit i.S.d. Art. 4, III 1. Absatz EUV n.F. zwar zu achten hat und entsprechend die notwendigen Abweichungen vom Wettbewerbsprinzip zulassen muss, mangels eigener Gewährleistungsverantwortung jedoch rechtlich nicht zur Förderung des Ziels ihrer ordnungsgemäßen Erfüllung verpflichtet ist. Eine solche Rechtsauffassung würde unberücksichtigt lassen, dass die Europäischen Verträge in Art. 106 II AEUV (Art. 86 II EGV a.F.), Art. 14 AEUV (Art. 16 EGV a.F.), dem dazugehörigen 26. Protokoll und in Art. 36 der Grundrechtscharta der EU mit dem Begriff der „Dienstleistungen von allgemeinem wirtschaftlichen Interesse" einen der Daseinsvorsorge ähnlichen Terminus enthalten.

Bereits die Römischen Verträge kannten in Art. 90 II EWGV (Art. 106 II AEUV, Art. 86 II EGV a.F.) den Terminus der „Dienstleistungen von allgemeinem wirtschaftlichem Interesse". Er sollte bewusst von den Begriffen abweichen, die in den Rechtsordnungen der Mitgliedstaaten enthalten waren, um keiner der sich voneinander unterscheidenden Auffassungen über den Inhalt der „öffentlichen Dienstleistungen" den Vorzug zu geben bzw. um die Möglichkeit zu schaffen, einen gemeinschaftsrechtlich gemeinsamen Nenner für die unterschiedlichen juristischen System zu formulieren.[728] Wie jeder Begriff des Gemeinschaftsrechts ist der Begriff der „Dienstleistungen von allgemeinem wirtschaftlichen Interesse" autonom auszulegen.

Eine gesetzliche Definition der „Dienstleistungen von allgemeinem *wirtschaftlichem* Interesse" ist in den Europäischen Verträgen nicht enthalten. Die „Dienstleistungen von allgemeinem Interesse" werden jedoch in verschiedenen Kommissionsdokumenten definiert als *„marktbezogene oder nichtmarktbezogene Tätigkeiten, die im Interesse der Allgemeinheit erbracht und daher von den staatlichen Behörden mit spezifischen Gemeinwohlverpflichtungen verknüpft werden"*.[729] Es handelt sich um einen umfassenderen Begriff als denjenigen der

727 Siehe: Kulturelle Daseinsvorsorge – kulturelle Infrastruktur, S. 15 ff.

728 Vgl. *Ambrosius*, Cox: Daseinsvorsorge, S. 26.

729 Kommission, Leistungen der Daseinsvorsorge 1996, Rn. 4, Kommission, Grünbuch Dienstleistungen von allgemeinem Interesse 2003, Rn. 16; Kommission, Dienstleistungen von all-

„Dienstleistungen von allgemeinem wirtschaftlichem Interesse“ und kann mit dem deutschen Begriff der Daseinsvorsorge bzw. Infrastrukturleistung eher gleichgesetzt werden.[730] Während sich alle diese öffentlichen Leistungen durch *„ein hohes Niveau in Bezug auf Qualität, Sicherheit und Bezahlbarkeit, Gleichbehandlung und Förderung des universellen Zugangs und der Nutzungsrechte“* auszeichnen (vgl. Art. 1, Spiegelstrich 3 des 26. Protokolls der Europäischen Verträge und ähnlich bereits in der 13. Erklärung für die Schlussakte der Amsterdamer Konferenz), erfassen nur Infrastrukturleistungen und Dienstleistungen von allgemeinem Interesse gleichermaßen wirtschaftlich relevante wie nichtwirtschaftliche Tätigkeiten.[731]

Der Anwendungsbereich des Gemeinschaftsrechts ist grundsätzlich für wirtschaftliche und nichtwirtschaftliche Dienste eröffnet. Zum Teil gelten für beide Dienstleistungskategorien jedoch unterschiedliche Gemeinschaftsvorschriften. Während auf beide Bereiche die sekundärrechtlichen Vorschriften des öffentlichen Auftragswesens anzuwenden sind, gelten die Vorschriften über den Binnenmarkt, den Wettbewerb und das Beihilfenrecht nur für wirtschaftlich relevante Tätigkeiten.[732] Art. 106 II AEUV (Art. 86 II EGV a.F.), Art. 14 AEUV (Art. 16 EGV a.F.), Art. 36 GR-Charta EU sind ebenfalls nur auf wirtschaftlich relevante Dienstleistungen anwendbar, und auch die Pflicht zur öffentlichen Ausschreibung auf Grundlage des primären europäischen Vergaberechts setzt eine marktbezogene und damit wirtschaftliche Dienstleistung von allgemeinem Interesse voraus.

Nur wirtschaftlich relevante Infrastrukturleistungen bzw. die Dienstleistungen von allgemeinem wirtschaftlichem Interesse sind vorliegend also prüfungsrelevant.

Die Dienstleistungen von allgemeinem wirtschaftlichem Interesse sind seit den Römischen Verträgen Regelungsgegenstand des Rechtfertigungsgrundes i.S.d. Art. 106 II AEUV (Art. 86 II EGV a.F.). Danach sind die Mitgliedstaaten berechtigt, von primärrechtlichen Normen abzuweichen, wenn andernfalls die Erfüllung der Dienstleistungen von allgemeinem wirtschaftlichem Interesse sachlich oder rechtlich gefährdet wäre.[733] In Anwendung des Art. 106 II AEUV können im Einzelfall entsprechend auch Abweichungen von wettbewerbsorientierten Vorschriften des Gemeinschaftsrechts gerechtfertigt werden. Seit Inkrafttreten

---

gemeinem Interesse 2007, S. 4.

730 So auch *Luch/Schulz*, MMR 2009, 19 (20).

731 Kommission, Grünbuch 2003, Rn. 16; Kommission, Leistungen der Daseinsvorsorge 1996, Rn. 4; vgl. *Schwarze*, EuZW 2001, 334 (335); *Luch/ Schulz*, MMR 2009, 19 (20).

732 Kommission, Grünbuch 2003, Rn. 43; vgl. auch *Kämmerer*, NVwZ 2002, 1041 (1042); *Schwarze*, EuZW 2001, 334 (335).

733 *Pernice/Wernicke*, Grabnitz/Hilf, EG-Recht, Art. 86 EGV a.F. (Art. 106 AEUV), Rn. 53.

des Amsterdamer Vertrages am 01.05.1999 widmet die EU mit Art. 14 AEUV (Art. 16 EGV a.F.) den Dienstleistungen von allgemeinem wirtschaftlichen Interesse darüber hinaus einen eigenständigen, positivrechtlich formulierten Artikel.[734]

Im Folgenden ist zu untersuchen, welchen Stellenwert die Dienstleistungen von allgemeinem wirtschaftlichem Interesse seit Inkrafttreten des Vertrages von Lissabon innerhalb der Europäischen Verträge einnehmen und welche Schlussfolgerungen sich daraus für die vergaberechtliche Zwecksetzung auf europäischer Ebene ergeben.

(a) Stellenwert der Dienstleistungen von allgemeinem wirtschaftlichen Interesse in den Europäischen Verträgen n.F.

Mit Art. 14 AEUV (Art. 16 EGV a.F.) sind die Dienstleistungen von allgemeinem wirtschaftlichem Interesse in den ersten Teil des AEUV aufgenommen und entsprechend als Bestandteil der „Grundsätze" der Europäischen Union anerkannt worden.

Bereits aus der systematischen Stellung kann entnommen werden, dass die Dienstleistungen von allgemeinem wirtschaftlichen Interesse eine eigenständige Komponente der europäischen Wirtschafts- und Sozialordnung bilden,[735] sie einen besonderen Stellenwert innerhalb der gemeinsamen Werte der Union einnehmen und für die Förderung des sozialen, wirtschaftlichen und territorialen Zusammenhalts eine wichtige Rolle spielen (vgl. Art. 14 S. 1 AEUV). Seit der positivrechtlichen Normierung der Dienstleistungen von allgemeinem wirtschaftlichem Interesse im primären Gemeinschaftsrecht betont die Europäische Kommission in den einschlägigen Mitteilungen, dass diese Dienste eine der Grundsäulen sind, auf denen sich das europäische Gesellschaftsmodell gründet.[736]

Aus der systematischen Stellung des Art. 14 AEUV (Art. 16 EGV a.F.) wird gefolgert, dass die Dienstleistungen von allgemeinem wirtschaftlichem Interesse keine eigenständige Gemeinschaftspolitik bilden, sondern aufgrund ihrer zentralen Bedeutung bereichsübergreifend in den verschiedenen Politikbereichen Geltung beanspruchen.[737] Für die vorliegende Untersuchungen genügt es zu prüfen, in welcher Weise sich die „Querschnittsklausel"[738] des Art. 14 AEUV

734 Vgl. *Kämmerer*, NVwZ 2002, 1041 (1042).

735 Vgl. *Kämmerer*, NVwZ 2002, 1041 (1042).

736 Kommission, Grünbuch 2003, Rn. 2; Kommission, Weißbuch 2004, Kapitel 2.1; Kommission, Dienstleistungen von allgemeinem Interesse 2007, S. 4.

737 *Pernice* /Wernicke, Grabnitz/ Hilf, EG-Recht, Art. 16 EG a.F. (Art. 14 AUE), Rn. 15; *Frenz*, EuR 2000, 901 (913).

738 *Lippert*, DVBl 2008, 492 (497).

(Art. 16 EGV a.F.) im Zusammenspiel mit dem europäischen Wirtschaftsrecht auf das gemeinschaftsrechtliche Recht der öffentlichen Auftragsvergabe auswirkt:

Für das Verhältnis zwischen Dienstleistungen von allgemeinem wirtschaftlichen Interesse und dem am Grundsatz einer offenen Marktwirtschaft mit freiem Wettbewerb ausgerichteten europäischen Wirtschaftsrecht ging die überwiegende Literaturmeinung bereits unter Geltung des Vertrages von Amsterdam davon aus, dass sich die Wettbewerbsfreiheit und die Dienste von allgemeinem wirtschaftlichem Interesse sich im Rahmen des gemeinschaftsrechtlichen Primärrechts gleichgewichtig gegenüberstehen.[739]

Die Formulierung „*unbeschadet [...] der Artikel 93, 106 und 107 dieses Vertrags*", die auch in Art. 14 AEUV (Art. 16 EGV a.F.) übernommen wurde, scheint zwar gegen diese Ansicht zu sprechen und deutet vielmehr darauf hin, dass sich am Regel-Ausnahme-Verhältnis zwischen Wettbewerb und den Diensten von allgemeinem wirtschaftlichen Interesse durch Art. 14 AEUV (Art. 16 EGV a.F.) nichts verändert hat.

Bereits der Umstand, dass Art. 14 AEUV (Art. 16 EGV a.F.) erst nachträglich in das europäische Primärrecht eingefügt wurde, kann jedoch als Argument dafür angeführt werden, dass mit diesem Artikel eine Veränderung bewirkt werden sollte.[740] Wäre das nicht der Fall, hätte es seiner Einführung nicht bedurft, sondern die Fortgeltung des Art. 106 II AEUV (Art. 86 II EGV a.F.) hätte ausgereicht. Seit dem 01.12.2009 ist die Gleichrangigkeit zwischen den wirtschaftlichen und nichtwirtschaftlichen Zielen und Grundsätzen der EU nun zudem dem Wortlaut und der Systematik des Art. 3 III EUV n.F. zu entnehmen. So nennt Art. 3 III EUV n.F. unmittelbar nach den wirtschaftlichen Zielen und Grundsätzen der EU im ersten Halbsatz in den übrigen Halbsätzen die nichtwirtschaftlichen Ziele, wie die soziale Gerechtigkeit und sozialen Schutz, die Förderung des wirtschaftlichen, sozialen und territorialen Zusammenhalts sowie die Solidarität zwischen den Mitgliedstaaten. Art. 3 III Abschnitt 1 und 2 EUV n.F. und Art. 14 AEUV (Art. 16 EGV a.F.) stimmen zum Teil wörtlich überein. Berücksichtigt man weiter, dass der Zugang zu den Dienstleistungen von allgemeinem wirtschaftlichem Interesse auch durch Art. 36 GR-Charta der EU geschützt ist, der gemäß Art. 6 I Absatz 1 EUV n.F. nun rechtsverbindlich ist, kann die Gleich-

739 So: *Pernice/Wernicke*, Grabnitz/Hilf, EG-Recht, Art. 16 EG a.F. (Art. 14 AEUV), Rn. 16; *Frenz*, EuR 2000, 901 (917); *Schwarze*, EuZW 2001, 334 (336); *Lippert*, DVBl 2008, 492 (499), der einen Vorrang des Wirtschaftsrechts in Hinblick auf die integrationspolitische Entwicklung der EG in den letzten Jahren zumindest in Frage stellt; anders: *König*, EuZW 2001, 481 (481), der nach Ansicht des Verfassers aus der Einordnung der Wettbewerbsfreiheit und der Dienstleistungen von allgemeinem Interesse als gleichrangige Vertragsprinzipien falsche Schlussfolgerungen zieht und deshalb ihre Gleichordnung verneint.

740 *Frenz*, EuR 2000, 901 (915).

rangigkeit nicht mehr ernsthaft bestritten werden. Diese Ansicht steht im Einklang mit der Rechtsprechung des EuGH, der schon seit einigen Jahren eine ähnliche Interpretationslinie vertritt.[741]

Die Bewertung der wirtschaftlichen und nichtwirtschaftlichen Ziele als gleichrangig beruht auf der Prämisse, dass ein offener nach Wettbewerbsgesichtspunkten ausgerichteter Binnenmarkt und die Bereitstellung allgemein zugänglicher und hochwertiger Dienstleistungen von allgemeinem Interesse miteinander vereinbar sind.[742] Nach überwiegender Ansicht ist die Harmonisierung am besten zu erreichen, wenn die Sicherstellung der Dienstleistungen von allgemeinem wirtschaftlichem Interesse so weit wie möglich im Wettbewerb erfolgt,[743] also der freie Wettbewerb und die mit ihm verbundenen Vorteile in den Dienst der Dienstleistungen von allgemeinem wirtschaftlichem Interesse gestellt werden. Diese Indienststellung wird bei öffentlichen Ausschreibungen von Dienstleistungen im allgemeinen wirtschaftlichen Interesse entsprechend praktiziert.

(b) Neuqualifizierung des Vergaberechts

Die Europäischen Union könnte seit Inkrafttreten des Lissabonner Vertrages verpflichtet sein, bei öffentlichen Ausschreibungen auf Grundlage des europäischen Primärvergaberechts das Ziel der ordnungsgemäßen öffentlichen Aufgabenerfüllung als eigenständigen vergaberechtlichen Zweck anzuerkennen und mit den anderen vergaberechtlichen Zwecken, die durch das Wettbewerbsprinzip repräsentiert werden,[744] gleichzustellen.

Für eine Gleichstellung der wirtschaftlichen und nichtwirtschaftlichen Ziele innerhalb des primären Vergaberechts spricht, dass die Indienstnahme des Wettbewerbs für gemeinwohlorientierte Zwecke bedeutet, dass der Wettbewerb den Dienstleistungen von allgemeinem wirtschaftlichem Interesse zum Vorteil gereichen, ihm also nutzen soll. Das Wettbewerbsprinzip kann deshalb nicht dominieren, sondern muss hinter dem Ziel der ordnungsgemäßen öffentlichen Aufgabenerfüllung zurücktreten, wenn seine Geltung die Erfüllung der Dienstleistungen von allgemeinem wirtschaftlichem Interesse behindert oder unmöglich macht.

---

741 So verneint der EuGH teilweise bereits die Eröffnung des Tatbestandes der Wettbewerbsvorschriften, vgl. EuGH, Rs C-67/96 v. 21.09.1999 – *„Albany“* = JuS 2000, 609 ff.; EuGH Rs C-219/97 v. 21.09.1999 – *„Pensionsfonds“* = EuR 2000, 403 ff.; EuGH Rs C-180/98 u.a. – *„Pavlov“* = WuW 2000, 1137.

742 Kommission, Weißbuch 2004, Kapitel 3.2; Kommission, Dienstleistungen von allgemeinem Interesse 2007, S. 4.

743 So: Kommission, Grünbuch 2003, Rn. 22; Kommission, Weißbuch 2004, Kapitel 3.2; Kommission, Dienstleistungen von allgemeinem Interesse 2007, S. 7; *König*, EuZW 2001, 481 (481); anders: *Broß*, JZ 2003, 874 (876).

744 Siehe zu den Zielen des Vergaberechts S. 82 ff.

Gegen eine Akzentverschiebung innerhalb des primären Vergaberechts könnte vorgebracht werden, dass Ausnahmen vom Wettbewerbsprinzip schon bisher im Einzelfall mit entsprechender Begründung zulässig sind. Ein Ausgleich zwischen dem Wettbewerbsprinzip und dem Ziel der ordnungsgemäßen öffentlichen Aufgabenerfüllung könnte auch weiterhin mit Hilfe der Rechtfertigungslösung hergestellt werden. Aufgrund der Gleichrangigkeit von wirtschaftlichen und nichtwirtschaftlichen Interessen im neuen europäischen Gemeinschaftsrecht wird die Rechtfertigungslösung für die primärrechtliche Auftragsvergabe und die Zuordnung des (primären) Vergaberechts auch in Zukunft zum Wirtschaftsrecht jedoch gerade in Frage gestellt. Gleichrangigkeit von wirtschaftlichen und nichtwirtschaftlichen Interessen indiziert vielmehr, dass bei der Vergabe auf primärrechtlicher Grundlage im Allgemeinen und für die Vergabe von Dienstleistungskonzessionen im Besonderen der Interessenausgleich anhand einer „Ausgleichslösung" vorzunehmen ist. Mit „Ausgleichslösung" ist ein Interessenausgleich in Form einer wertenden Abwägungsentscheidung gemeint, bei welcher das primäre Bestreben der Vergabestellen sein muss, den verschiedenen Aspekten des Wettbewerbsprinzips einerseits und dem Ziel einer ordnungsgemäßen öffentlichen Aufgabenerfüllung andererseits unter Berücksichtigung des konkreten Auftragsgegenstandes eine möglichst optimale Geltung zu verschaffen und am Ende zu einem ausgeglichenen Ergebnis zu kommen.[745] Im Unterschied zur Rechtfertigungslösung kommt dem Wettbewerbsprinzip damit kein genereller Vorrang zu, sondern es wird mit dem Ziel der ordnungsgemäßen öffentlichen Aufgabenerfüllung auf eine Stufe gestellt. Ein angemessener Ausgleich ist bei diesem Vorgehen zudem nicht nur im konkreten Einzelfall herstellbar, sondern die Besonderheiten, die einer bestimmten öffentlichen Dienstleistung generell innewohnen und daher stets zu beachten sind, können bis zu einem gewissen Grad auch pauschal berücksichtigt werden. Das gilt insbesondere dann, wenn die konkrete öffentliche Dienstleistung von allgemeinem wirtschaftlichem Interesse gemeinschaftsrechtlich nicht nur durch Art. 14 AEUV (Art. 16 EGV a.F.), sondern darüber hinaus von anderen primärgemeinschaftsrechtlichen Normen geregelt wird und im Gemeinschaftsrecht entsprechend einen besonderen Stellenwert einnimmt. Der Kultur ist mit Art. 167 AEUV (Art. 151 EGV a.F.) ein solcher eigener Artikel gewidmet.

Bejaht man die Ausgleichslösung für das Vergaberecht, hätte dies zur Folge, dass das Vergaberecht nicht mehr als besonderes Wirtschaftsrecht zu qualifizieren wäre, sondern als ein eigenständiges Rechtsgebiet. Den Besonderheiten des

---

745 In diese Richtung allgemein für das Verhältnis von Wettbewerb und Dienstleistungen von allgemeinem wirtschaftlichem Interesse: *Pernice/Wernicke*, Grabnitz/Hilf, EG-Recht, Art. 16 EGV a.F. (Art. 14 AEUV), Rn. 16; *Frenz*, EuR 2000, 901 (917); *Lippert*, DVBl 2008, 492 (495).

einzelnen öffentlichen Auftragsgegenstandes – klassische Beschaffungsverträge einerseits und Dienstleistungskonzessionen andererseits – könnten verfahrensrechtlich Rechnung getragen werden.

Für die Ausgleichslösung und damit die Emanzipation des primärrechtlichen Vergaberechts von dem europäischen Wirtschaftsrecht spricht die gewachsene Verantwortung der EU für die Erbringung von Dienstleistungen von allgemeinem wirtschaftlichem Interesse seit Inkrafttreten des Lissaboner Vertrages. Schon unter Geltung des Amsterdamer Vertrages lag die Verantwortung für die Dienstleistungen von allgemeinem wirtschaftlichem Interesse gemäß Art. 14 AEUV (Art. 16 EGV a.F.) nicht nur bei den Mitgliedstaaten, sondern auch bei den Gemeinschaftsorganen. So heißt es in Art. 14 S. 1 letz. Hs. AEUV (Art. 16 S. 1 letz. Hs. EGV a.F.): „*[...] die Union und die Mitgliedstaaten [tragen] im Rahmen ihrer jeweiligen Befugnisse im Anwendungsbereich der Verträge dafür Sorge, dass die Grundsätze und Bedingungen, insbesondere jene wirtschaftlicher und finanzieller Art, für das Funktionieren dieser Dienste so gestaltet sind, dass diese ihren Aufgaben nachkommen können.*“ Daraus folgt für die Mitgliedstaaten und die EU einerseits die Negativpflicht, alle Handlungen zu unterlassen, welche die Aufgabenerfüllung dieser Dienste gefährden oder unmöglich machen würden.[746] Anderseits ist daraus für die Mitgliedstaaten und die EU aber auch die positive Handlungspflicht zu entnehmen, ihre Rechtsordnungen jeweils so zu gestalten und auszulegen, dass der Bedeutung der Dienstleistungen von allgemeinem wirtschaftlichem Interesse Rechnung getragen werden kann.[747]

Für die öffentliche Ausschreibung von Dienstleistungen von allgemeinem wirtschaftlichem Interesse bedeutet dies, dass die Gemeinschaftsorgane es einerseits unterlassen müssen, dem Wettbewerbsprinzip bei der öffentlichen Auftragsvergabe generell eine Vorrangstellung einzuräumen. Die wirtschaftlichen und nichtwirtschaftlichen Ziele sind in diesem Rechtsgebiet grundsätzlich gleichrangig. Entsprechend können die Mitgliedstaaten unter Geltung der neuen Europäischen Verträge nicht mehr verpflichtet sein, die öffentliche Ausschreibung von Dienstleistungskonzessionen primär an dem vergaberechtlichen Zweck des freien Wettbewerbs im Interesse der einzelnen Marktteilnehmer auszurichten, wenn sie auf diese Weise den besonderen Anforderungen und Bedürfnissen der Dienstleistungen von allgemeinem wirtschaftlichen Interesse nicht in angemessener Weise entsprechen können.

Aus Art. 14 AEUV (Art. 16 EGV a.F.) ergibt sich für die Gemeinschaftsorgane zudem die positive Handlungspflicht, das Ziel der ordnungsgemäßen öffentlichen Aufgabenerfüllung als eigenständigen vergaberechtlichen Zweck des primären

746 Vgl. *Frenz*, EuR 2000, 901 (918).
747 Vgl. *Frenz*, EuR 2000, 901 (918).

Vergaberechts anzuerkennen. Während unter der Geltung des Amsterdamer Vertrages gegen diese Pflicht der Gemeinschaftsorgane noch aufgeführt werden konnte, dass durch Art. 16 EGV a.F. für die EU kein eigener Kompetenztitel für die Dienstleistungen von allgemeinem wirtschaftlichen Interesse geschaffen wurde[748] und es deshalb an der Zuständigkeit der Union für die Bezugs-Verwaltungsaufgaben von Dienstleistungskonzessionen fehlte, geht dieses Argument nun ins Leere. Gemäß Art. 14 S. 2 AEUV ist auf die Gemeinschaftsorgane nun die Kompetenz übertragen, die Grundsätze und Bedingungen der Dienstleistungen von allgemeinem wirtschaftlichem Interesse festzulegen. Die EU ist für die Festlegung der rechtlichen Rahmenbedingungen zuständig,[749] die für das Funktionieren dieser Dienste maßgeblich sind. Sie trägt insoweit nun also eine gesteigerte Verantwortung.

(3) Zwischenergebnis

Nach vorliegender Ansicht ist seit Inkrafttreten des Vertrages von Lissabon am 01.12.2009 das Recht der öffentlichen Auftragsvergabe als eigenständiges europäisches Rechtsgebiet zu qualifizieren.

Es bestehen große Unterschiede bei den Auftragsgegenständen, die öffentlich ausgeschrieben werden. In Zukunft wird bei der öffentlichen Ausschreibung von Dienstleistungskonzessionen auf Grundlage der allgemeinen Vergaberechtsgrundsätze verstärkt die Art der ausgeschriebenen Leistung, die zu realisierende Verwaltungsaufgabe und die dabei zu beachtenden öffentlich-rechtlichen Anforderungen in den Blick zu nehmen sein.[750] Die Vergaberechtszwecke des Wettbewerbsschutzes im Interesse des Einzelnen und dem öffentlichen Interesse an einer Kosten sparenden staatlichen Beschaffung werden also auch auf gemeinschaftlicher Ebene um den Zweck der Gewährleistung einer ordnungsgemäßen öffentlichen Aufgabenerfüllung ergänzt. Das europarechtliche Vergaberegime beruht spätestens seit Inkrafttreten des Vertrages von Lissabon wie das nationale deutsche Vergaberecht auf einer Zwecktrias, wobei alle drei Vergabezwecke grundsätzlich den gleichen Rang einnehmen. Das Vergaberecht kann deshalb nicht mehr pauschal als besonderes Wirtschaftsrecht qualifiziert werden, sondern es hat aufgrund der unterschiedlichen Auftragsgegenstände eine Zwitterstellung zwischen dem Wirtschaftsrecht und den übrigen berührten öffentlichen Rechtsgebieten inne.

748 *Frenz*, EuR 2000, 901 (923).

749 Vgl. *Aumont/Kaelble*, NZBau 2006, 280 (285).

750 So auch *Burgi*, NZBau 2008, 609 (614).

Die veränderte Zwecksetzung des Vergaberechts wird sich zunächst bei Auslegung und Anwendung des europäischen Primärvergaberechts bemerkbar machen. Innerhalb der allgemeinen Vergaberechtsgrundsätze kommt dem Wettbewerbsprinzip nunmehr keine Vorrangstellung mehr zu, sondern es muss seine richtungweisende Position mit einem neuen Vergaberechtsprinzip, dem Prinzip der ordnungsgemäßen öffentlichen Aufgabenerfüllung, teilen. Dieses neue Vergaberechtsprinzip wird sich primär als Antagonist des Wettbewerbsprinzips auswirken, wobei je nach Art des zu vergebenden Auftragsgegenstandes das eine oder andere allgemeine Vergaberechtsprinzip überwiegen wird.

Bei der Vergabe öffentlicher Aufträge i.e.S. hat die Verwaltung primär die Verfahrensvorschriften des einfachgesetzlichen Vergaberechts zu beachten, während die allgemeinen Vergaberechtsgrundsätze nur bei der Auslegung unbestimmter Rechtsbegriffe oder subsidiär und ergänzend zur Anwendung kommen.[751]

Trotz der auch hier grundsätzlich geltenden Gleichordnung des Prinzips der ordnungsgemäßen öffentlichen Aufgabenerbringung mit dem Wettbewerbsprinzip wird sich an der starken Stellung des Wettbewerbsprinzips bei der Auslegung und Ergänzung des einfachrechtlichen Vergaberechts kaum etwas ändern. Der Grund dafür liegt darin, dass die zu beschaffenden Leistungen in der Regel nicht selbst dem öffentlichen Recht zuzuordnen sind, sondern nur mittelbar für die Erfüllung einer Verwaltungsaufgabe benötigt werden. Es handelt sich hier um öffentliche Aufträge in Form von klassischen Beschaffungsgeschäften und die von den öffentlichen Auftraggebern einzuhaltenden öffentlich-rechtlichen Bindungen sind entsprechend gering.

Aus der allgemein starken Stellung des Wettbewerbsprinzips folgt, dass der Ausgleich mit dem Prinzip der ordnungsgemäßen öffentlichen Aufgabenerfüllung vergleichbar der bisher praktizierten Rechtfertigungslösung ausfallen wird. Primäres Ziel bleibt die wirtschaftliche öffentliche Aufgabenerfüllung unter Gleichbehandlung aller Wettbewerbsteilnehmer. Ausnahmen davon sind nur aus konkreten, im Einzelfall vorliegenden besonderen öffentlich-rechtlichen Gründen zulässig. Als Einfallstor für das allgemeine Prinzip der ordnungsgemäßen Aufgabenerfüllung wird den öffentlichen Auftraggebern hier im Regelfall der verhältnismäßige Einsatz von beschaffungsfremden Zwecken genügen.

Bei der öffentlichen Ausschreibung unmittelbar auf Grundlage der allgemeinen Vergaberechtsgrundsätze wird sich die Existenz der neuen vergaberechtlichen Zwecktrias dagegen deutlicher zeigen. Das Prinzip der ordnungsgemäßen öffentlichen Aufgabenerfüllung wird die Auslegung und Anwendung der allgemeinen Vergaberechtszwecke und damit den Verfahrensablauf maßgeblich mitbestimmen.

751 Siehe hierzu bereits S. 80f.

So werden auf primärvergaberechtlicher Grundlage vorwiegend Dienstleistungskonzessionen vergeben, welche in der Regel Dienstleistungen von allgemeinem wirtschaftlichem Interesse zum Gegenstand haben. Die Erbringung der Dienstleistung von allgemeinem wirtschaftlichem Interesse ist unmittelbar Gegenstand der öffentlichen Ausschreibung. Den Vergabestellen muss es deshalb erlaubt sein, bei der Auswahl des (Mit[752]-)Konzessionärs und in den Rechtsakt der Beauftragung Mechanismen zu implementieren, mit denen die Funktionsfähigkeit der Dienstleistung von allgemeinem wirtschaftlichem Interesse sichergestellt ist und die tatsächlichen sowie rechtlichen Besonderheiten der konkret zu vergebenden Dienstleistung berücksichtigt werden können.[753] In Art. 1, Spiegelstrich 1 des 26. Protokolls heißt es insoweit, wenn auch nicht spezifisch auf das Vergaberecht bezogen: „*Zu den gemeinsamen Werten der Union in Bezug auf Dienste von allgemeinem wirtschaftlichem Interesse im Sinne des Art. 14 AEUV zählen insbesondere die wichtige Rolle und der weite Ermessensspielraum der nationalen, regionalen und lokalen Behörden in der Frage, wie Dienste von allgemeinem wirtschaftlichem Interesse auf eine den Bedürfnissen der Nutzer so gut wie möglich entsprechende Weise zur Verfügung zu stellen, in Auftrag zu geben und zu organisieren sind.*“ Der Wortlaut des 26. Protokolls kann als Bestätigung der hier vertretene Ansicht verstanden werden: die mitgliedstaatlichen öffentlichen Auftraggeber können den Wettbewerb nicht nur als Instrument zur effizienten Aufgabenerfüllung einsetzen, sondern dürfen ihn auch in Anwendung ihres Ermessens- und Gestaltungsspielraumes als Instrument zur effektiven Aufgabenerfüllung gebrauchen.

Bei der öffentlichen Ausschreibung auf primärrechtlicher Grundlage können die öffentlichen Auftraggeber dem Prinzip der ordnungsgemäßen öffentlichen Aufgabenerfüllung auch durch Schaffung eines Musterverfahrens für die Vergabe einer bestimmten Dienstleistungskategorie Rechung tragen. Sie können dabei an den leistungsbezogenen Bewertungskriterien und den sonstigen verfahrensrechtlichen Ausformungen des Wettbewerbsprinzips anknüpfen und diese nötigenfalls gemäß der besonderen Anforderungen und Bedürfnisse der betroffenen Dienstleistung modifizieren.

Die Befürwortung der Ausgleichslösung und eines Musterverfahrens für die Vergabe von Dienstleistungskonzessionen bedeutet nicht, dass das Wettbewerbsprinzip verfahrensrechtlich stets hinter dem Prinzip der ordnungsgemäßen öffentlichen Aufgabenerfüllung zurücktritt. Ein funktionierender Wettbewerb hat nicht

752 Bei Gründung einer institutionalisierten Öffentlich Privaten Partnerschaft mit konzessionsrechtlichen Elementen.

753 Vgl. *Aumont/Kaelble*, NZBau 2006, 280 (285); siehe auch Kommission, Grünbuch Modernisierung des öffentlichen Auftragswesens 2011, S. 29 (hier bezogen auf die beschaffungsfremden Bewertungskriterien).

nur eine individuell-freiheitssichernde Funktion im Interesse der privaten Marktteilnehmer, sondern kann auch wesentlich zur ordnungsgemäßen Bereitstellung von Dienstleistungen von allgemeinem wirtschaftlichem Interesse beitragen.[754] Der freie Wettbewerb ist und bleibt bevorzugtes Instrument der öffentlichen Aufgabenerfüllung und ist deshalb so weit wie möglich zu nutzen. In manchen Fällen stellt er die Realisierung der öffentlichen Aufgabe in finanzieller Hinsicht sogar erst sicher (Nutzung des Wettbwerbs um den Markt[755]). Die Verwaltung darf das öffentliche Ausschreibungsverfahren primärvergaberechtlich deshalb nur dann und nur so weit in Abweichung vom Wettbewerbsprinzip ausgestalten und durchführen, wie es aus sachlichen, dem öffentlichen Auftrag innewohnenden Gründen erforderlich und verhältnismäßig ist. Der Begründungsaufwand, den die Verwaltung betreiben muss, ist gegenüber der Rechtfertigungslösung zwar herabgesetzt, aber auch bei der Ausgleichslösung nicht vollständig entbehrlich.

cc. Konsequenzen für die Vergabe einer privaten Kulturpartnerschaft in einer traditionellen Kultureinrichtung nach dem Modell des aktivierenden Kulturstaates

Die Ergebnisse der Untersuchung des Art. 14 AEUV (Art. 16 EGV a.F.) i.V.m. dem 26. Protokoll sowie des Art. 36 GR-Charta der Europäischen Union für das gemeinschaftliche Vergaberecht haben für die Vergabe von kulturellen Öffentlich Privaten Partnerschaften nur Gültigkeit, wenn es sich bei traditionellen Kulturleistungen um Dienstleistungen von allgemeinem *wirtschaftlichen* Interesse handelt. Es muss deshalb an dieser Stelle noch eine entsprechende Prüfung erfolgen. Nur bei einem positiven Ausgang wirkt sich die Existenz des neuen vergaberechtlichen Prinzips der ordnungsgemäßen öffentlichen Aufgabenerfüllung unmittelbar auf den Aufbau und Ablauf des Verfahrens zur Suche nach einem privaten Kulturpartner aus.

(1) Traditionelle Kultur: Dienstleistung von allgemeinem wirtschaftlichen Interesse

Kultur im Allgemeinen wurde in verschiedenen Dokumenten der Europäischen Kommission immer wieder als Beispiel für eine nichtwirtschaftliche Tätigkeit angeführt.[756] Es besteht jedoch auf europäischer Ebene Einigkeit, dass sowohl der Begriff der Dienstleistung von allgemeinem Interesse als auch die Abgren-

754 Vgl. *Burgi*, NZBau 2009, 609 (613).
755 Siehe dazu im Einzelnen bereits S. 74 ff.
756 Vgl. Kommission, Leistung der Daseinsvorsorge 1996, Rn. 56; Kommission, Grünbuch 2003, Rn. 47.

zungslinie zwischen wirtschaftlichen und nichtwirtschaftlichen Tätigkeiten nicht statisch zu verstehen sind, sondern dem wirtschaftlichen und gesellschaftlichen Wandel unterliegen und sich entsprechend im Laufe der Zeit weiterentwickeln und verändern können.[757] Die Definitionskompetenz für Dienstleistungen von allgemeinem (wirtschaftlichen) Interesse liegt zudem unstrittig allein bei den Mitgliedstaaten,[758] während sich die Befugnisse von Kommission und Europäischem Gerichtshof auf eine Missbrauchskontrolle beschränken.[759] Aus diesen Gründen ist nicht gesagt, dass die in den Jahren 2000 und 2004 auf Gemeinschaftsebene vorgenommene Einstufung von Kultur als nichtwirtschaftliche Tätigkeit in Deutschland heute und in der Zukunft für traditionelle Kultureinrichtungen Geltung beansprucht.

Als Argument für eine Einordnung von traditionellen Kulturleistungen als wirtschaftliche Dienstleistungen spricht zunächst, dass Kultur sich – wie an anderen Stellen dieser Arbeit bereits dargelegt[760] – trotz der ihr zu beachtenden Eigengesetzlichkeit auch auf die Wirtschaft und das wirtschaftliche Leben in der Gemeinde auswirkt.

Kulturelle Öffentlich Private Partnerschaften sollten zudem zur Erhöhung der Erfolgschancen in der Regel ein hohes Projektvolumen aufweisen,[761] mit der Folge, dass bei der Vergabe einer privaten Partnerschaft für eine traditionelle Kultureinrichtung von einer grundsätzlichen Binnenmarktrelevanz auszugehen ist.

Ferner spricht die Existenz der beihilferechtlichen Norm des Art. 107 III a AEUV (Art. 87 III d EGV a.F.) dafür, dass kulturelle Leistungen in den meisten Fällen eine wirtschaftliche Relevanz besitzen.[762] Die Bezuschussung von Kultureinrichtungen durch staatliche Institutionen – die Gemeinden sollten diese Möglichkeit aufgrund der (beschränkten) Anreizwirkung bei der Gründung von kulturellen Öffentlich Privaten Partnerschaften grundsätzlich in Betracht ziehen[763] – kann für den europäischen Wirtschaftsverkehr nicht völlig bedeutungslos sein, andernfalls hätte es des gesonderten Rechtfertigungsgrundes des Art. 107 III a AEUV (Art. 87 III d EGV a.F.) im Rahmen des Beihilfenrechts nicht bedurft.

757 Kommission, Grünbuch 2003, Rn. 45 ff.; Kommission, Dienstleistungen von allgemeinem Interesse 2007, S. 5.

758 Kommission, Grünbuch 2003, Rn. 31; Kommission, Weißbuch 2004, Kapitel 2.

759 *Lippert*, DVBl 2008, 492 (497); *Schwarze*, EuZW 2001, 334 (338).

760 Siehe: Kulturakteur „Wirtschaftsunternehmen“, S. 24 ff. und Kultur und Wirtschaft, S. 69.

761 Siehe hierzu bereits S. 57 f.

762 Vgl. *Kamann*, KommJur 2009, 132 (132 ff.).

763 Siehe hierzu S. 67 f.

Die angeführten Argumente sprechen dafür, die kommunalen kulturellen Infrastruktureinrichtungen im Bereich des öffentlichen Auftragswesens als Dienstleistungen von allgemeinem wirtschaftlichem Interesse einzuordnen.

(2) Vergaberechtlicher Konflikt

Das neue vergaberechtliche Prinzip der ordnungsgemäßen öffentlichen Aufgabenerfüllung erlaubt den Gemeinden den Wettbewerb nicht nur als Instrument zur effizienten, sondern auch als Instrument zur effektiven Realisierung kultureller institutionalisierter Öffentlich Privater Partnerschaften einzusetzen. Die Gemeinden dürfen das öffentliche Ausschreibungsverfahren zur Suche nach einem privaten Kulturpartner also am Politikmodell des aktivierenden Kulturstaates ausrichten, wenn dabei ein angemessener Ausgleich zum Wettbewerbsprinzip und den dahinter stehenden Vergaberechtszwecken der Schonung des öffentlichen Haushalte sowie Gewährleistung der Chancengleichheit für alle Marktteilnehmer gewahrt bleibt.

In Konsequenz müssen die Gemeinden einen Verfahrensablauf wählen, der sich als Ergebnis eines wertenden Ausgleichs beider Vergaberechtsprinzipien darstellt und in welchem beide Prinzipien möglichst optimal zur Geltung kommen. Verfahrensregeln, die vom Wettbewerbsprinzip ganz oder teilweise abweichen, müssen aus sachlichen, der Betreibung einer aktivierenden Kulturpolitik innewohnenden Gründen erforderlich und in Hinblick auf dem freien Wettbewerb im Interesse der Unternehmen verhältnismäßig sein.

Kommunale traditionelle Kultureinrichtungen zählen zu den Infrastruktureinrichtungen bzw. zu den Dienstleistungen von allgemeinem wirtschaftlichem Interesse. Aus dieser Qualifizierung resultieren besondere inhaltliche Anforderungen an die Erbringung der traditionellen Kulturleistung – Gemeinwohlpflichten und kulturelle Eigengesetzlichkeit –, welche die Gemeinden gemäß Art. 5 III 1 GG i.V.m. Art. 3 I, 20 I – III GG zu beachten haben. Wie bereits im Zusammenhang mit dem Wettbewerbsprinzip dargelegt,[764] können die Gemeinden die infrastrukturellen Gewährleistungspflichten ebenso wie die Eigengesetzlichkeit der Kultur durch die Festlegung von sachgerechten Kriterien in der Leistungsbeschreibung sicherstellen, die neben dem Preis die Bewertungsgrundlage zur Ermittlung des wirtschaftlichsten privaten Angebotes bilden. So können die Gemeinden zum Beispiel durch die Festlegung von leistungsbezogenen Kriterien wie „Dauerhaftigkeit", „Vielfalt des Angebotes" und „Sondereintrittspreise" ihren Gemeinwohlpflichten nachkommen.

764 Siehe hierzu S. 135 f.

Weiter können die Gemeinden als leistungsbezogene Bewertungskriterien solche Anforderungen für den Kulturbetrieb formulieren, in denen sich das aktivierende Kulturstaatsmodell auch sachlich-inhaltlich widerspiegelt. Denkbar wäre z.B., ein Engagement von einzelnen Bürgern innerhalb des Kulturbetriebes zuzulassen oder ein Sondertheaterprogramm für ein bestimmtes Besucherklientel in den Leistungskatalog der Einrichtung aufzunehmen.

Eine sachfremde, unverhältnismäßige Koppelung besteht in all diesen Fällen nicht, da alle Kriterien sich unmittelbar auf den Konzessionsgegenstand „traditionelle Kulturleistung“ beziehen und kulturpolitisch notwendig sind. Die Vergaberechtszwecke der ordnungsgemäßen öffentlichen Aufgabenerfüllung und des freien Wettbewerbs stehen insoweit miteinander in Einklang und verstärken sich gegenseitig in ihrer Wirkung.

Die Kommunen müssen in einem Vergabeverfahren nach dem Politikmodell des aktivierenden Kulturstaates bei der Formulierung der Ausschreibungsunterlagen beachten, dass sie zu Beginn nicht zu viele leistungsbezogene Kriterien festsetzen und eine zu detaillierte Leistungsbeschreibung erstellen (von ihrem rechtlichen und finanzierungstechnischen Unvermögen aufgrund der Komplexität von Public Private Partnership-Verträgen einmal abgesehen). Der Grund dafür liegt darin, dass andernfalls für die Unternehmen in ihrer Eigenschaft als gleichberechtigte Kulturpartner kaum Raum bleibt, ihr kulturelles Potential und fachliches Know-how bereits bei den ersten Planungsschritten einzubringen. Der Spielraum der Vertragspartner für Verhandlungsgespräche, die dazu dienen, schrittweise gemeinsam ein Kulturkonzept zu entwickeln, das in ausgeglichener Art und Weise die Handschrift beider Partner trägt, wäre bei detaillierten einseitigen Vorgaben der Gemeinde sehr eingeschränkt und die dem aktivierenden Kulturpolitikmodell zugrunde liegende Idee, dass öffentliche und privater Hand für die traditionelle Kultureinrichtung eine echte Verantwortungspartnerschaft übernehmen, wäre nur begrenzt umsetzbar. Für die optimale Realisierung einer echten kulturellen Verantwortungspartnerschaft ist zudem erforderlich, dass sowohl die Gemeinden als auch die Unternehmen die Initiative zur Gründung einer kulturellen Öffentlich Privaten Partnerschaft ergreifen können.

Während das Prinzip der ordnungsgemäßen öffentlichen Aufgabenerfüllung bei der öffentlichen Ausschreibung der privaten Partnerschaft für eine traditionelle Kultureinrichtung für möglichst wenig einseitige Vorgaben durch die Gemeinde, für ein privates Initiativrecht und einen weiten Verhandlungsspielraum für die Parteien streitet, um den Wettbewerb als Instrument zum Auffinden der besten Planung optimal nutzen zu können, verlangt das Wettbewerbsprinzip einen möglichst formalisierten Verfahrensablauf und eine objektive Bewertungsgrundlage von Verfahrensbeginn an, damit die Vergleichbarkeit der privaten Angebote in transparenter Weise sichergestellt ist. Diesen vergaberechtlichen

Konflikt zu lösen, ist ein Ziel dieser Arbeit. Den bisherigen Untersuchungsergebnissen können insoweit nur erste grobe, im Folgenden zusammengefasste Lösungsansätze entnommen werden:

Den Gemeinden ist, und wäre auch bei fortgeltender Vorrangstellung des Wettbewerbsprinzips erlaubt gewesen, die objektive Vergleichsgrundlage für die privaten Angebote erst im Laufe des Verfahrens herzustellen; vorausgesetzt es liegen entsprechende Rechtfertigungsgründe vor. Eine solche Verfahrenswahl hat grundsätzlich zur Folge, dass die Zuschlagsentscheidung nicht auf rein objektiver, sondern auf objektivierter Grundlage mit verbleibendem Ermessensspielraum ergeht, da der nachträglichen Anpassung der privaten Angebote durch das wettbewerbliche Vertraulichkeitsgebot Grenzen gesetzt sind.[765] Je objektiver und transparenter die Bewertungsgrundlage ist, desto mehr Rechtssicherheit entsteht im Interesse aller Verfahrensbeteiligten und je eher werden die Unternehmen bereit sein, sich am Vergabeverfahren zu beteiligen. Bei kulturellen Public Private Partnerships kommt hinzu, dass die Partnerschaft für die Unternehmen nur einen mäßigen sich unmittelbar wirtschaftlich auswirkenden Gewinn mit sich bringt, so dass die Gemeinden in besonderem Maße daran gelegen sein muss, nicht den Anschein zu erwecken, die Zuschlagsentscheidung werde willkürlich getroffen. Das Beteiligungsinteresse der Unternehmen an dem kulturellen Vergabeverfahren würde andernfalls zurückgehen oder im schlechtesten Fall ganz ausbleiben. Die Kommunen sind deshalb gut beraten, nicht nur eine wettbewerbsbeschränkende Verfahrensgestaltung zu unterlassen, sondern gezielt Anreiz- und Belohnungsmechanismen in den Verfahrensablauf einzubauen, um das Interesse einer ausreichenden Anzahl an Unternehmen für die Kulturpartnerschaft zu erwecken und damit einen effektiven Wettbewerb zu erzeugen. Wie diese Anreiz- und Belohnungsmechanismen konkret aussehen können und wie sie beschaffen sein müssen, um mit dem allgemeinen Vergaberechtsgrundsätzen in Einklang zu stehen, wird an späterer Stelle dieser Arbeit noch im Einzelnen untersucht.[766]

Es ist denkbar, dass die Kommunen das Mittel der Belohnung auch zur Sicherstellung eines echten Bieterwettbewerbes einsetzen, indem sie die Planungsentwürfe, die sie als gut befunden haben, mit Zustimmung des oder der Unternehmen im weiteren Verfahren als allgemeine objektive Bewertungsgrundlage verwenden und die Privaten dafür entschädigen. Die Gemeinden könnten auf diese Weise den Wettbewerb in einem ersten Verfahrensabschnitt als Instrument zur Auffindung einer geeigneten Planungslösung für das gemeinsame Kulturprojekt einsetzen, und durch Weiternutzung der besten Lösung als allgemein geltende Ausschreibungsunterlagen den Wettbewerb ein zweites Mal zur Erlangung

765 Siehe zum Vertraulichkeitsgebot, S. 131 f.
766 Siehe hierzu S. 336 ff.

eines möglichst wirtschaftlichen privaten Vorschlages verwenden. Eine Entschädigung des oder der betroffenen Unternehmen ist nach vorliegender Ansicht bei einer solchen Verfahrensgestaltung für die Gemeinde verpflichtend, da nur auf diese Weise die durch das wettbewerbliche Vertraulichkeitsgebot geschützten wirtschaftlichen Interessen der Unternehmen ausreichend Rechnung getragen werden kann.[767]

Der im öffentlichen Interesse liegende Aspekt des Wettbewerbsprinzip, der den vergaberechtlichen Zweck der kostengünstigen öffentlichen Aufgabenerfüllung sicherstellen soll, wirkt sich auf die Entschädigungsleistung in Hinblick auf Art und Höhe aus. Konkret folgt daraus für die Gemeinden die Pflicht, auch eine nichtgeldliche Entschädigung als Kompensation in Erwägung zu ziehen, um die Verfahrenskosten nicht mehr als nötig zu erhöhen. In Betracht käme insoweit ein verfahrensrechtliches Sonderrecht.[768]

Das Ziel der Zuschlagsentscheidung auf objektiver und transparenter Bewertungsgrundlage wird durch die Formalisierung des Verfahrensablaufs begünstigt. Für alle Verfahrensteilnehmer geltende prozessuale Rahmenbedingungen tragen dazu bei, dass die privaten Angebote formal gleich behandelt werden, die Gleichbehandlung der Verfahrensteilnehmer nach außen manifestiert wird und damit eine fühlbare Rechtssicherheit entsteht. Eine erhöhte Rechtssicherheit könnte die Gemeinde durch die ständige Verwendung eines einmal entwickelten Musterverfahrens für die Suche nach einem privaten Kulturpartner erzeugen. Die Anwendung eines Musterverfahrens ist den Gemeinden vergaberechtlich erlaubt, da der Ausgleich zwischen dem Wettbewerbsprinzip einerseits und dem Prinzip der ordnungsgemäßen öffentlichen Aufgabenerfüllung andererseits bei der Vergabe kultureller Öffentlich Privater Partnerschaften mit konzessionsrechtlichen Vertragselementen gemäß einer Ausgleichslösung erfolgt und aufgrund des Auftragsgegenstandes allgemein geltende verfahrensrechtliche Abweichungen von Wettbewerbsprinzip verhältnismäßig sind.

Auftragsgegenstand ist bei der öffentlichen Ausschreibung einer kulturellen institutionalisierten Öffentlichen Privaten Partnerschaft mit konzessionsrechtlichen Elementen die traditionelle Kulturleistung als solche. Die gemischtwirtschaftliche Gesellschaft trägt künftig die Aufgabenverantwortung für die traditionelle Kultureinrichtung.

Das Recht der Gemeinden, den ihnen bei der Verfahrensgestaltung obliegende Ermessens- und Gestaltungsspielraum in Form eines kulturellen Musterverfahrens auszuüben, kann nicht nur auf Art. 14 S. 1 AEUV i.V.m. Art. 1,

---

767 Siehe hierzu auch bereits S. 138.

768 Siehe hierzu, insbesondere zur rechtlichen Zulässigkeit eines verfahrensrechtlichen Sonderrechtes S. 339f.

Spiegelstrich 1 des 26. Protokolls der Europäischen Verträge, sondern auch auf Art. 167 IV AEUV (Art. 151 EGV a.F.) gestützt werden. In Art. 167 IV AEUV heißt es: „*Die Union trägt bei ihrer Tätigkeit aufgrund anderer Bestimmungen der Verträge den kulturellen Aspekten Rechnung [...]*". Die Europäische Union ist danach gehalten, kulturelle Besonderheiten auch im Rahmen des öffentlichen Auftragswesens anzuerkennen und ein entsprechend geeignetes, spezielles Vergabeverfahren zuzulassen.

3. Teil: Optimale verfahrensrechtliche Umsetzung der aktivierenden Kulturpolitik durch die Gemeinden

1. Kapitel: Mustervergabeverfahren nach dem Modell des aktivierenden Kulturstaates – Offene Verfahrensfragen

Um sich dem Endziel der Arbeit zu nähern und den Gemeinden einen konkreten Vorschlag zur Ausgestaltung eines Mustervergabeverfahrens zur Gründung einer kulturellen gemischtwirtschaftlichen Gesellschaft unterbreiten zu können, müssen die verfahrensrechtlichen Grundanforderungen, die für einen Verfahrensablauf nach dem Modell des aktivierenden Kulturstaates unentbehrlich sind, noch detaillierter herausgearbeitet werden. Gleichzeitig sollen sowohl die faktischen als auch die vergaberechtlichen Folgen aufgezeigt werden, die damit in positiver wie auch in negativer Hinsicht verbunden sind.

A. Kulturpolitische Ausgangsüberlegungen (verfahrensrechtliche Dimension)

Dem Politikmodell des aktivierenden Kulturstaates liegt der Gedanke zugrunde, dass die Privatwirtschaft zur ordnungsgemäßen Erbringung traditioneller Kulturleistungen maßgeblich beitragen kann. Kulturpolitisches Ziel ist deshalb zum einen, die Wirtschaftsunternehmen als die stärksten privaten Kulturakteure mit ihren innovativen Ideen und ihrem Fachwissen in die kulturelle Leistungserbringung einzubeziehen und ihnen neben den Gemeinden die Verantwortung für die ordnungsgemäße Aufgabenerfüllung zu übertragen. Zum anderen sollen die Vorteile des ordnungspolitischen Systems des marktwirtschaftlichen Wettbewerbes zum Einsatz kommen und als Instrument zur effizienten und effektiven öffentlichen Aufgabenerfüllung zum Nutzen der kulturinteressierten Bevölkerung gebraucht werden.

Jede private, öffentliche oder gemischtwirtschaftliche Vorhabenrealisierung durchläuft bis zur tatsächlichen Umsetzung mehrere Phasen: Am Anfang steht eine Projektidee. Diese wird in der anschließenden Planungsphase schrittweise konkretisiert und planerisch ausgestaltet. Zunächst bleibt die Planung eher abstrakt, wird aber im Laufe der Zeit immer konkreter. Liegt eine fertige Projektplanung vor, folgt die bauliche Realisierung und organisatorische Umsetzung des Vorhabens und am Ende steht die Unterhaltungs- sowie Betriebsphase, die auf bestimmte oder unbestimmte Zeit angelegt sein kann.

Eine kommunale Kulturpolitik nach dem Modell des aktivierenden Kulturstaates erfordert, dass die Unternehmen in allen diesen Phasen der Vorhabenrealisierung als gleichberechtigte Partner beteiligt werden.

Die zuletzt genannten Verfahrensphasen der baulichen Realisierung und des Betriebs der traditionellen Kultureinrichtung betreffen nicht mehr das öffentliche Ausschreibungsverfahren, sondern sind Ergebnis desselben und schließen sich folglich nach dessen Abschluss als letzte Projektphase an. Die partnerschaftliche Verantwortungsübernahme von Gemeinden und Unternehmen wird in diesen Verfahrensphasen am besten durch eine institutionalisierte Öffentlich Private Partnerschaft mit konzessionsrechtlichen Vertragselementen umgesetzt.[769]

Von verfahrensrechtlicher Relevanz sind dagegen die übrigen Phasen: die Projektvorschlagsphase und die Projektplanungsphase, wobei letztere in verschiedene Unterplanungsphasen aufgeteilt ist.[770] Die Nutzung des Wettbewerbs als Instrument zur ordnungsgemäßen und kostengünstigen Erfüllung traditioneller Kulturleistungen kommt nur in diesen Phasen zum Einsatz.

Untersuchungsgegenstand dieses Arbeitsabschnittes sind die verfahrensrechtlich relevanten Phasen des Projektvorschlages und der Projektplanung der kulturellen Öffentlich Privaten Partnerschaft.

B. Das private Initiativrecht

Die Projektidee für die Realisierung einer konkreten kulturellen gemischtwirtschaftlichen Gesellschaft kann von den Gemeinden oder alternativ von Seiten der Unternehmen ausgehen. Eine Zusammenarbeit ist hier faktisch unmöglich. Die kulturpolitische Idee der gleichberechtigten Verantwortungspartnerschaft kann deshalb in dieser Verfahrensphase nur durch die Einräumung eines Projektvorschlagsrechts zugunsten der Unternehmen umgesetzt werden.

Damit in der Vorschlagsphase der Wettbewerb als Instrument im öffentlichen Interesse genutzt werden kann, ist erforderlich, dass die Gemeinden die Projektvorschlagsphase als integrierten Bestandteil des Vergabeverfahrens ausgestalten, um auf diese Weise eine Konkurrenzsituation um den besten privaten Kulturvorschlag zu erzeugen.

---

769 Siehe: Institutionalisierte Öffentlich Private Partnerschaften mit konzessionsrechtlichen Vertragselementen, S. 61 ff.

770 Siehe dazu im Einzelnen S. 177.

I. Die deutsche Vergaberechtspraxis

Die deutsche Vergaberechtspraxis kennt keine privat initiierten Vergabeverfahren.[771] Im traditionell deutschen Sinne werden öffentliche Ausschreibungen allein von der Verwaltung initiiert und in der Regel ohne die Hilfe der Verfahrensbeteiligten vorbereitet und zumindest in den Grundzügen geplant.

Benötigt die öffentliche Hand ein neues Verwaltungsgebäude, ein Reinigungsunternehmen zur Sauberhaltung einer öffentlichen Einrichtung oder müssen die Polizeibeamten mit neuen Dienstuniformen ausgestattet werden, ist die öffentlich initiierte Ausschreibung die einzig praktikable Ausschreibungsform. Nur der öffentliche Auftraggeber selbst weiß, welche Leistung er konkret benötigt und wie sie beschaffen sein soll. Es handelt sich bei diesen Sachverhaltskonstellationen allesamt um klassische Beschaffungsgeschäfte, die nicht die öffentliche Leistung als solche, sondern in der Regel nur die dafür benötigen Sekundärleistungen zum Gegenstand haben.[772]

Bei kulturellen institutionalisierten Öffentlich Privaten Partnerschaften mit konzessionsrechtlichen Vertragselementen ist Auftragsgegenstand dagegen die traditionelle Kulturleistung, d.h. die öffentliche Primärleistung. Der Auftragsgegenstand ist hier wesentlich komplexer. Aus kulturpolitischen Gründen soll zudem der Vorschlag für mögliche kulturelle Infrastruktureinrichtungen auch von den Unternehmen ausgehen können. Bei der Phase der Projektinitiative zur Vergabe einer öffentlichen Leistung sollte deshalb in Deutschland insoweit ein Umdenken einsetzen.

II. Verfahrensrechtliche Anforderungen und Konsequenzen

Sind die Wirtschaftsunternehmen berechtigt, den Kommunen aus eigener Initiative Projektvorschläge für traditionelle Kultureinrichtungen zu unterbereiten, hat das die positive Folge, dass die Gemeinden Klarheit darüber bekommen, ob Wirtschaftsunternehmen generell bereit sind, sich in kulturellen Infrastruktureinrichtung zu engagieren.[773] Das private Projektvorschlagsrecht übernimmt also zumindest teilweise die Funktion eines Markterkundungsverfahren bzw. eines sog. „technischen Dialogs“.[774]

771 Vgl. für den Anwendungsbereich der Vergabekoordinierungsrichtlinie: HBDI, Stellungnahme zum Grünbuch PPP – Frage 9.

772 Siehe hierzu: Betreiber- und Konzessionsmodelle, S. 44 ff.

773 Vgl. Kommission, Grünbuch PPP 2004, Rn. 38.

774 Das in Deutschland unter dem Begriff „Markterkundungsverfahren“ bekannte Vorverfahren wird auf europäischer Ebene als „technischer Dialog“ bezeichnet: vgl. 8. Erwägungsgrund der Vergabekoordinierungsrichtlinie RL 18/2004/EG.

Die Durchführung eines Verfahrens zur Markterkundung ist für die Vergabestellen immer dann sinnvoll, wenn sie aufgrund der Komplexität, Größe und Neuartigkeit des Vorhabens nicht einschätzen können, ob und unter welchen Bedingungen die Marktteilnehmer bereit sind, das geplante öffentliche Vorhaben mit zu realisieren.[775] Ziel dieser Vorverfahren ist, öffentliche Ausschreibungen von Aufträgen zu vermeiden, für die kein Marktinteresse besteht.[776] Die mit Vergaben stets verbundenen hohen Verfahrenskosten sollen eingespart werden.

Bei kulturellen institutionalisierten Öffentlich Privaten Partnerschaften handelt es sich um solche komplexen neuartigen öffentlichen Vorhaben, die ein ausreichendes Projektvolumen erfordern. Ferner sind sie aufgrund der geltenden Gemeinwohlbindungen und der zwingend zu beachtenden Eigengesetzlichkeit der Kultur grundsätzlich keine an rein ökonomische Faktoren messbaren, lukrativen öffentlichen Vorhaben. Die Gemeinden werden deshalb regelmäßig vor der Einleitung einer öffentlichen Ausschreibung zur Vergabe einer kulturellen Öffentlich Privaten Partnerschaften eine Markterkundung durchführen müssen, um in Erfahrung zu bringen, ob in der Privatwirtschaft aktuell ein Interesse an kulturellem Engagement besteht.

Geht die Initiative zur Gründung einer Kulturpartnerschaft hingegen von der freien Wirtschaft aus, weiß die Gemeinde, dass zumindest das vorschlagende Unternehmen Interesse hat, sich kulturell einzubringen. Häufig wird dies jedoch ein Indiz sein, dass auch andere Unternehmen an einer Kulturpartnerschaft interessiert sind oder zumindest darauf aufmerksam werden könnten, da das kulturelle Engagement für das sich beteiligende Unternehmen Vorteile mit sich bringt, welche die Konkurrenz nicht vollständig ignorieren kann.[777]

Aus dem Projektvorschlag des Unternehmens wird hervorgehen, in welcher Art von traditioneller Kultureinrichtung sich das Unternehmen einbringen möchte und welche Formen sein Engagement annehmen soll. Es könnte z.B. an der Modernisierung und dem Betrieb des gemeindlichen Theaters interessiert sein oder an der gemischtwirtschaftlichen Realisierung eines neuen Stadtmuseums. Ferner wird der private Vorschlag Hinweise enthalten, in welcher Größenordnung sich die Kosten des Projektes bewegen und in welchem Umfang das Unternehmen sich die eigene finanzielle Beteiligung vorstellt hat.

Die genannten Parameter bilden die Grundlage für die Marktfähigkeit eines jeden Projektes. Sie entsprechen sowohl den Rahmendaten, welche die Kommunen einem herkömmlichen Verfahren zur Markterkundung zugrunde legen würden, als auch den Antworten, welche sie in diesem Rahmen von der freien

---

775 *Hausmann/Bultmann*, Vergaberechtsleitfaden 2007, S. 21.

776 *v. Ditfurt*, Vergaberechtsleitfaden 2005, S. 17.

777 Siehe hierzu: Kulturakteur „Wirtschaftsunternehmen“, S. 24 ff. und Kultur und Wirtschaft, S. 69.

Wirtschaft erwarten.[778] Das Interesse am Projektgegenstand, eine erste Kostenschätzung und erste Realisierungsansätze können auf diese Weise in Erfahrung gebracht werden.[779]

Entsprechend dienen die in der deutschen Vergaberechtspraxis angewandten Verfahren zur Markterkundung den Beschaffungsstellen nicht nur zur Informationserlangung über Leistungsfähigkeit und die Leistungswilligkeit des Marktes,[780] sondern werden von diesen auch zur Einholung verschiedener Stellungnahmen hinsichtlich möglicher Realisierungsmodelle, Ausführungsvarianten und Kostengesichtspunkten zum Zwecke der Erstellung geeigneter Ausschreibungsunterlagen genutzt.[781] Die zuletzt genannte Funktion des Markterkundungsverfahrens kann ein einzelner privater Projektvorschlag nicht erfüllen, sondern nur eine Mehrzahl von Projektideen. Nur wenn mehrere Unternehmen kulturelle Projektvorschläge bei der Gemeinde einreichen, werden diese in die Lage versetzt, aus verschiedenen, möglicherweise sehr innovativen Ideen auszuwählen und den besten Projektvorschlag dem weiteren Verfahren zu Grunde zu legen. Vollständig ersetzt ein privates Projektvorschlagsrecht die bekannten Markterkundungsinstrumente also nur, wenn die Gemeinden in dieser frühen Phase den Wettbewerb als Instrument im öffentlichen Interesse einsetzen.

Den Wettbewerb soweit wie möglich, also auch als Instrument zur Erlangung eines attraktiven, auf die kulturellen Bedürfnisse der Bürger zugeschnittenen Projektvorschlages zu nutzen, ist ein Anliegen der aktivierenden Kulturpolitik. Idealerweise sollten die Gemeinden eine echte Wettbewerbssituation um den besten privaten Kulturvorschlag erzeugen.

Dafür ist erforderlich, dass die Gemeinden einen Zeitraum festsetzen, innerhalb welchem die Unternehmen kulturelle Projektvorschläge einreichen können. Nach Fristablauf sind die eingereichten Vorschläge untereinander zu vergleichen und treten damit in Konkurrenz zueinander. Könnten die Unternehmen den Gemeinden dagegen jederzeit Vorschläge für gemischtwirtschaftliche Kultureinrichtungen unterbreiten, lägen kaum einmal zeitgleich mehrere private Projektvorschläge vor und der Wettbewerb wäre nicht als Instrument zur Suche nach der besten kulturellen Projektidee nutzbar.

Eine Wettbewerbssituation um den besten privaten kulturellen Projektvorschlag wird jedoch nicht allein durch die Festsetzung einer Einreichungsfrist entstehen. Zum einen werden privat initiierte Vergabeverfahren in Deutschland bisher nicht praktiziert, so dass die Unternehmen zumindest anfänglich über die Existenz des Initiativrechts in Unkenntnis sein werden. Zum anderen treten

---

778 Vgl. *Hausmann/Bultmann*, Vergaberechtsleitfaden 2007, S. 21 f.

779 Vgl. *Hausmann/Bultmann*, Vergaberechtsleitfaden 2007, S. 21 f.

780 Vgl. PPP-Bundesgutachten BMVBS Band I 2003, S. 33 f.

781 Vgl. *Hausmann/Bultmann*, Vergaberechtsleitfaden 2007, S. 21 f.

die Privaten durch die Einreichung eines Projektvorschlages in Vorleistung und gehen damit ein wirtschaftliches Risiko ein. Die Gemeinden könnten den privaten Vorschlag z.B. umgehend ablehnen. Selbst wenn der private Vorschlag angenommen und öffentliche Ausschreibung durchgeführt wird, bleibt die Gefahr für das Unternehmen, das den Projektvorschlag eingereicht hat, bestehen, im Vergabeverfahren zu unterliegen. Die Gemeinden sollten deshalb zur Schaffung eines echten Parallelwettbewerbes in dieser Verfahrensphase Anreiz- und Belohungsmechanismen für die vorschlagenden Unternehmen vorsehen, um eine ausreichende Zahl von Privaten zur Einreichung von kulturellen Projektvorschlägen zu bewegen.[782]

Die in den Verfahren zur Markterkundung erlangten Informationen verwenden die Beschaffungsstellen in der Regel zur Erstellung geeigneter Ausschreibungsunterlagen für das anschließende Vergabeverfahren. Nach dem Modell des aktivierenden Kulturstaates sollen die Gemeinde das Kulturprojekt jedoch in keiner Phase alleine planen und folglich auch die Ausschreibungsunterlagen nicht alleine erstellen. Aber auch den Unternehmen sollte nicht die alleinige Verantwortung für die Planungsleistungen überlassen werden. Ziel des privaten Projektvorschlages kann folglich nicht sein, den Gemeinden einen fertigen Planungsentwurf zu präsentieren. Das private Projektvorschlagsrecht muss vielmehr so ausgestaltet sein, dass die Gemeinden in gemeinsamer Verantwortung mit den potentiellen privaten Partnern im weiteren Verfahren den genauen Gegenstand sowie schrittweise den Inhalt und Umfang der traditionellen Kulturleistung festlegen können. Das Projektvorschlagsrecht der Unternehmen ist aus kulturpolitischen Gründen also inhaltlich nach unten zu begrenzen (Maximalinhalt). Ein privates Initiativrecht, das die Einreichung eines bereits in allen Einzelheiten ausgearbeiteten Planungsentwurfs erlaubt, liefe nicht nur auf eine Verletzung der gemeindlichen kulturellen Gewährleistungspflicht hinaus, sondern in diesen Fällen könnte das traditionelle Kulturprojekt auch nur schwer als öffentlich-privates Vorhaben qualifiziert werden. Möchte ein Unternehmen ein privates traditionelles Kulturvorhaben nach seinen Wünschen ausgestalten und realisieren, ist es ihm unbenommen, z.B. ein Firmenmuseum zu bauen oder in den unternehmenseigenen Räumlichkeiten Konzerte zu organisieren. Öffentliche Mittel aus dem Kulturhaushalt dürfen für rein private Kulturprojekte jedoch nicht aufgewendet werden. Das Kulturprojekt muss zumindest als öffentlich-privates Vorhaben qualifiziert werden können.

782 Vgl. BPPP, Stellungnahme zum Grünbuch PPP – Frage 9; BKS, Stellungnahme zum Grünbuch PPP – Frage 9; DBI, Stellungnahme zum Grünbuch PPP – Frage 9; *v. Dithfurth*, PPP-Erste Schritte, S. 18, Kommission, Grünbuch PPP 2004, Rn. 41.

Es ist festzuhalten, dass für das private Projektvorschlagsrecht einerseits ein Minimalinhalt vorgegeben sein muss, damit es seine Markterkundungsfunktion erfüllen kann. Andererseits sollte das Projektvorschlagsrecht aber auch einen Maximalinhalt haben, da die Erstellung einer – detaillierten – Leistungsbeschreibung bei der Vergabe von kulturellen Public Private Partnerships aus kulturpolitischen Gründen dem öffentlichen Ausschreibungsverfahren nicht vorausgehen kann, sondern integrierter Bestandteil desselben sein sollte.

III. Vergaberechtliche Wirkungen

Den Gemeinden ist es nur dann rechtlich erlaubt, bei der Vergabe einer Kulturpartnerschaft als Alternative zum öffentlich initiierten Ausschreibungsverfahren als ersten Verfahrensschritt eine private Projektvorschlagsphase vorzusehen, wenn eine solche Verfahrensgestaltung mit den allgemeinen Vergaberechtsgrundsätzen vereinbar ist.

Der Prüfung, ob das private Projektvorschlagsrecht mit den allgemeinen Vergaberechtsgrundsätzen in Einklang steht, hat denklogisch jedoch zunächst die Untersuchung vorauszugehen, ob das Vergaberecht für die Phase des Projektvorschlages überhaupt einschlägig ist.

Die Frage der Einschlägigkeit des Vergaberechts stellt sich deshalb, da die Entscheidungen, ob das konkret vorgeschlagene traditionelle Kulturprojekt im öffentlichen Interesse liegt und der Kulturhaushalt die Verwirklichung eines Kulturprojektes zu eben diesem Zeitpunkt zulässt, allein den Gemeinden obliegen. Es handelt sich insoweit um verwaltungsrechtliche Entscheidungen, für welche die Gemeinden kraft ihrer Selbstverwaltungskompetenz nach Art. 28 II GG zuständig sind.

Die Gemeinden verlassen den Geltungsbereich des reinen Verwaltungsrechts spätestens dann, wenn sie sich für eine aktivierende Kulturpolitik entscheiden und beabsichtigen, den Wettbewerb zum Auffinden attraktiver traditioneller Kulturanvorschläge zu nutzen (Schaffung eines Wettbewerbs um den Markt[783]). Der Anwendungsbereich des Vergaberechts ist also grundsätzlich eröffnet.

Das erste vergaberechtliche Problem, das sich in Hinblick auf ein privaten Projektvorschlagsrecht stellt, liegt darin, dass die Gemeinden vor Eingang des oder der privaten Projektvorschläge noch keine allgemeinen Kriterien bestimmt haben können, die als Beurteilungsparameter für die Auswahl des besten Kulturvorschlages fungieren. Die Gemeinden wissen nicht, ob überhaupt ein privater Projektvorschlag eingeht und ob dieser auf die Realisierung z.B. eines Konzerthauses oder eines Theaters abzielt. Eine allgemeine objektive Bewertungsgrundlage

783 Siehe hierzu S. 74ff.

ist zu diesem Zeitpunkt also praktisch unmöglich. Das Fehlen einer im Voraus bekannt gegebenen objektiven Bewertungsgrundlage widerspricht jedoch den Grundsätzen der Gleichbehandlung und Transparenz sowie dem Wettbewerbsprinzip.[784]

Die Gemeinden verfügen bei den Entscheidungen, ob eine traditionelle Kulturleistung im öffentlichen Interesse liegt und ob sie für deren Realisierung Haushaltsgelder aufwenden möchten, über einen weiten verwaltungsrechtlichen Beurteilungs- und Ermessenspielraum.[785] Aus verwaltungsrechtlichen Gründen müssen die Gemeinden die Ablehnung eines privaten Projektvorschlages nicht einmal begründen, da der Private keinen subjektiv-öffentlichen Anspruch hat, dass gerade sein kultureller Projektvorschlag mit öffentlichen Geldern und zum jetzigen Zeitpunkt realisiert wird. Ein solcher subjektiv-öffentlicher Anspruch ergibt sich weder aus einfachrechtlichen Kulturgesetzen – diese existieren in Deutschland kaum[786] – noch aus Art. 5 III 1 GG.

Das Fehlen eines objektiven und transparenten Prüfungsmaßstabes wird jedoch im Außenverhältnis und damit vergaberechtlich spätestens dann relevant, wenn mehrere Unternehmen Kulturvorschläge einreichen, aber im Gemeindehaushalt nur Gelder für die Verwirklichung einer traditionellen Kultureinrichtung vorhanden sind. Zudem darf nicht vergessen werden, dass für die effektive Umsetzung einer aktivierenden Kulturpolitik der Eingang von Vorschlägen verschiedener Privater gerade erklärtes Ziel der Kommunen sein sollte.

Nach welchem Maßstab entscheidet sich die Gemeinde aber für das eine oder andere Kulturprojekt, ohne gegen die Grundsätze der Gleichbehandlung und Transparenz zu verstoßen? Diese Frage kann zum jetzigen Zeitpunkt nicht zufriedenstellend beantwortet werden, sondern es bedarf dafür weiterer vergaberechtlicher Untersuchungen. Das Problem wird deshalb zunächst zurückgestellt; es ist dafür an einer späteren Stelle dieser Arbeit eine vergaberechtskonforme Lösung zu finden.[787]

Das private Projektvorschlagsrecht kann mit den allgemeinen Vergaberechtsgrundsätzen ferner insoweit in Konflikt geraten, als der von der Gemeinde am besten befundene private Kulturvorschlag für seine Realisierung als institutionalisierte Öffentlich Private Partnerschaft öffentlich ausgeschrieben werden muss.[788] Die Gemeinden sind nicht nur vergaberechtlich verpflichtet, kulturelle Öffentlich Private Partnerschaften öffentlich auszuschreiben, sondern sie würden zudem bei der Umsetzung einer aktivierenden Kulturpolitik auf halbem Wege

---

784 Siehe zu den einzelnen Vergaberechtsgrundsätzen, S. 108 ff.

785 *Hufen*, NVwZ 1983, 516 (522); *Pappermann*, DVBl 1980, 701 (707).

786 Siehe hierzu bereits S. 12.

787 Siehe dazu: Möglichkeiten einer privaten Eigeninitiative, S. 333 ff.

788 Vgl. Kommission, Grünbuch PPP 2004, Rn. 40.

stehen bleiben, wenn sie den Wettbewerb nicht zweifach – einmal als Instrument zum Auffinden des besten Planungskonzeptes und anschließend als Instrument zur Auswahl des kostengünstigsten privaten Kulturpartners – einsetzen würden. Aus kulturpolitischen Gründen ist die beste private Projektidee also allgemein dem weiteren Verfahren zugrunde zu legen.

Vergaberechtlich unproblematisch wäre die Nutzung des besten privaten Projektvorschlages als Ausgangspunkt für das anschließende Vergabeverfahren, wenn die Verfahrensteilnahme des Unternehmens, das den Vorschlag eingereicht hat, mit der Einreichung beendet wäre. Das vorschlagende Unternehmen wird jedoch grundsätzlich ein finanzielles oder sonstiges Interesse an der Erbringung der auszuschreibenden Leistung haben und sich deshalb am Ausschreibungsverfahren weiter beteiligen wollen.[789] Wirtschaftsunternehmen werden ihre Ideen sowie ihr Know-how grundsätzlich nur dann einbringen und Zeit in die Ausarbeitung eines traditionelles Kulturprojektvorschlages investieren, wenn sie selbst Kulturpartner werden und von den wirtschaftlichen sowie nichtwirtschaftlichen Vorteile der kulturellen Partnerschaft profitieren wollen.

Personen und Unternehmen, die den öffentlichen Auftraggeber vor Beginn der Ausschreibungsphase[790] bei der Projektierung und bei der Erstellung der Verdingungsunterlagen beraten oder sonst unterstützen und sich an der anschließenden Ausschreibung beteiligen (wollen), werden in der vergaberechtlichen Praxis als sog. Projektanten bezeichnet.[791] Der vergaberechtliche Konflikt, dass ein oder mehrere Verfahrensteilnehmer in einer vorhergehenden Phase der öffentlichen Vorhabenrealisierung beteiligt wurden, andere Verfahrensteilnehmer dagegen nicht, wird entsprechend als sog. Projektantenproblematik bezeichnet. Hierzu gehört auch der vergaberechtliche Konflikt im Zusammenhang mit der Einführung eines privaten Projektvorschlags.

Zu einer Ungleichbehandlung der übrigen Verfahrensbeteiligten kann es z.B. aufgrund der Verwendung individualisierter Ausschreibungsunterlagen kommen. Unter „individualisierten Ausschreibungsunterlagen" versteht man Vergabeunterlagen, die in einem Maße von den subjektiven Vorstellungen des vorschlagenden Wirtschaftsunternehmens beeinflusst sind, dass letztlich das gesamte öffentliche Ausschreibung auf die privaten Interessen dieses Unternehmens zugeschnitten ist, bzw. die Ausschreibungsunterlagen nur von diesem richtig verstanden und

789 Vgl. *Behrens*, NZBau 2006, 752 (752) in Zusammenhang mit Projektplanung.

790 Mit der „Ausschreibungsphase" wird grundsätzliche die Phasen der Realisierungs- und Ausführungsplanung bezeichnet, der jedoch die Phasen des Projektvorschlages und der Vor- und Entwurfsplanung noch vorausgehen.

791 Vgl. *Michel*, NZBau 2006, 689 (689); *Kupczyk*, NZBau 2010, 21 (21); *Horn*, NZBau 2005, 28 (29).

erfüllt werden können.[792] Die Gefahr individualisierter Ausschreibungsunterlagen ist bei kulturellen Public Private Partnerships in Hinblick auf den primären Auftragsgegenstand geringer als bei den klassischen öffentlichen Aufträgen, da die Kulturarbeit als solche kaum einmal bei einem der privaten Verfahrensteilnehmer zum Kerngeschäft zählt. Eine Wettbewerbsverzerrung ist jedoch auch hier nicht vollständig ausgeschlossen, z.B. kann sich ein technisches Unternehmen bei der Realisierung eines Technikmuseum gegenüber den Mitkonkurrenten in einer vorteilhaften Situation befinden, ebenso wie eventuell ein Musikverlag bei der Realisierung eines Konzerthauses. Insbesondere besteht die Gefahr der Wettbewerbsverzerrung jedoch in Hinblick auf die bei der Kulturpartnerschaft notwendig werdenden Nebenleistungen, wie z.B. Leitung eines Museumshops, Anbietung von Kursen etc., die durchaus auch zur unternehmerischen Tätigkeit eines Wirtschaftsunternehmens gehören können.

Eine Ungleichbehandlung und Wettbewerbsverzerrung ist ferner in Form eines zeitlichen Wissensvorsprungs denkbar, über den das initiativ gewordene Unternehmen gegenüber den übrigen Wettbewerbern in Hinblick auf den angenommenen Projektvorschlag verfügt.

Das Wettbewerbsprinzips und der dahinter stehenden Gleichbehandlungsgrundsatz können auch zum Nachteil des vorschlagenden Unternehmens verletzt werden, da die private Projektidee durch das Vertraulichkeitsgebot geschützt wird und den Gemeinden aus diesem Grund die Weiternutzung grundsätzlich nicht entschädigungslos erlaubt ist. Eine Entschädigung des vorschlagenden Unternehmens ist nach hier vertretener Ansicht vergaberechtlich geboten,[793] was jedoch je nach Entschädigungsart wiederum eine Ungleichbehandlung der übrigen Verfahrensteilnehmer zur Folge haben kann.[794]

Letzteres zeigt, dass es sich bei dem Projektantenkonflikt im Zusammenhang mit öffentlichen Ausschreibungen von kulturellen Public Private Partnerships nach dem Modell des aktivierenden Kulturstaates um ein komplexes vergaberechtliches Rechtsproblem handelt. Es soll deshalb in einem eigenständigen Arbeitsabschnitt untersucht werden.[795]

792 *Trapp*, IBR-online, Rn. 8.

793 Siehe hierzu bereits S. 132.

794 Vgl. VER.DI, Stellungnahme zum Grünbuch PPP – Frage 9, wobei ohne Begründung und pauschal die vergaberechtliche Unvereinbarkeit behauptet wird. Siehe im Einzelnen: Anreiz- und Kompensationsinstrumente, S. 336 ff.

795 Siehe insbesondere Gesamtlösung – die Projektantenproblematik i.S.d. deutschen Vergaberechts. S. 183 ff.

IV. Zwischenergebnis

Eine private Projektvorschlagsphase im Verfahren zur Vergabe einer kulturellen Öffentlich Privaten Partnerschaft vorzusehen, ist für die Gemeinden insoweit vorteilhaft, als es zu Markterkundungseffekten kommt und der Wettbewerb zum Auffinden des besten traditionellen Kulturvorschlages genutzt werden kann. Die Gemeinden sind vergaberechtlich jedoch verpflichtet, dafür zu sorgen, dass aufgrund dieser Verfahrensphase die privaten Marktteilnehmer nicht ungleich behandelt werden, dass eine echte Wettbewerbssituation entsteht – wofür die Gemeinden geeignete Anreiz- und Belohnungsinstrument vorsehen sollten[796] – und die Weiternutzung des besten kulturellen Projektvorschlages in Einklang mit den allgemeinen Vergaberechtsgrundsätzen steht. Insoweit eine vergaberechtskonforme Lösung zu finden – insbesondere in Hinblick auf die sich stellende Projektantenproblematik – ist ein Schwerpunkt dieser Arbeit.

C. Kooperation von Gemeinden und Unternehmen in der Phase der Projektplanung

An die Projektvorschlagsphase schließt sich eine mehrstufige Projektplanungsphase an. Für die Phase der Projektplanung bedeutet die phasenübergreifende partnerschaftliche Verantwortungsübernahme von Gemeinden und Unternehmen für das traditionelle Kulturprojekt, dass die künftigen Vertragspartner das Planungskonzept und die Ausschreibungsunterlagen, die dem Verfahren zugrunde gelegt werden, möglichst gleichberechtigt zusammen erarbeiten.[797] Der Wettbewerb wird als Instrument zur Suche nach dem besten und zugleich kostengünstigsten privaten Planungsvorschlag für die gemischtwirtschaftliche traditionelle Kultureinrichtung genutzt.

Die Projektplanung für ein öffentliches Vorhaben setzt sich allgemein aus mehreren Planungsphasen zusammen (vgl. Anlage 11 HOAI): einer vorbereitenden Grundlagen- und Vorentwurfsplanung, einer konkreten Entwurfsplanung und einer ausführenden Planungsphase, der Ausführungsplanung.

Die Beteiligung der Unternehmen an der letzten Planungsphase des öffentlichen Auftrages – der Ausführungsplanung – ist bei der Vergabe von öffentlichen Aufträgen i.e.S. im Anwendungsbereich der Vergabekoordinierungsrichtlinie die Regel.[798] Die Ausführungsplanung besteht aus detailgenauen Planungselementen,

796 Siehe hierzu S. 336 ff.

797 Siehe hierzu sogleich S. 178.

798 *Kapellmann*, Kapellmann/Messerschmidt, VOB/VgV-Kommentar, § 7 VOB/A, Rn. 91.

die nötig sind, damit die Unternehmen den endgültigen Preis für die öffentliche Leistungserbringung festlegen und die Gemeinden daraufhin die Zuschlagsentscheidung treffen können.[799] Die Ausführungsplanung ist in der Mehrheit der Fälle alleiniger Ausschreibungsgegenstand von öffentlichen Ausschreibungen.

Die sog. Grundlagenermittlung, Vorentwurfsplanung sowie die Entwurfsplanung gehen im Rahmen einer öffentlichen Vergabe in der Regel der eigentlichen Ausschreibungsphase voraus. Bei den formalen klassischen Vergabearten erbringen die Beschaffungsstellen diese Planungsleistungen ohne Mithilfe der Verfahrensteilnehmer in alleiniger Verantwortung.[800] Bei Öffentlich Privaten Partnerschaften erstellt der öffentliche Auftraggeber die Grundlagenplanung und in der Regel auch einen Teil der Vorentwurfsplanung, während die übrigen Planungsphasen den privaten Verfahrensteilnehmern zur Ausarbeitung übertragen werden.[801] Die gleichberechtigte Verantwortungsübernahme von Gemeinde und Privatwirtschaft auch in diesen Phasen der Projektplanung wäre für eine aktivierende Kulturpolitik von besonderer Wichtigkeit:

In diesen Planungsphasen werden wichtige Grundentscheidungen für die gemischtwirtschaftliche traditionelle Kultureinrichtung getroffen und es wird dem Planungskonzept die den künftigen Vertragspartnern eigene Note verliehen. Die kulturelle Projektidee und die Vorstellungen der potentiellen Partner hinsichtlich ihrer Umsetzung werden hier erstmals näher definiert und konkretisiert. Der abstrakte Projektvorschlag bekommt erste Konturen, beide Seiten können Varianten und Verbesserungsvorschläge einbringen – die möglicherweise wieder verworfen werden – und das Projekt wird schrittweise in Zusammenarbeit mit den potentiellen privaten Partnern immer konkreter, bis schließlich ausreichend viele Vertragsbedingungen und Parameter vorliegen, damit konkrete Ausschreibungsunterlagen erstellt und dem weiteren Verfahren zugrunde gelegt werden können.

Von einem gemeinsamen traditionellen Kulturprojekt im Sinne einer aktivierenden Kulturpolitik kann nur gesprochen werden, wenn die Unternehmen als gleichberechtigte Planungspartner bereits bei der Grundlagenermittlung, der Vorentwurfsplanung und der Entwurfsplanung mitwirken. Bei der öffentlichen Ausschreibung von Öffentlich Privaten Partnerschaften werden die Privaten in der deutschen Vergaberechtspraxis zwar die Entwurfsplanung und zum Teil auch die Vorentwurfsplanung übertragen.[802] Für die Umsetzung einer aktivierenden Kulturpolitik genügt diese Form der Einbeziehung der Unternehmen in die Planung der kulturellen gemischtwirtschaftlichen Gesellschaft jedoch nicht.

799 *Kapellmann*, Kapellmann/Messerschmidt, VOB/VgV-Kommentar, § 7 VOB/A, Rn. 56.
800 *Kapellmann*, Kapellmann/Messerschmidt, VOB/VgV-Kommentar, § 7 VOB/A, Rn. 56.
801 Dipl-Ing. Ehret im Gespräch mit dem Verfasser.
802 Dipl-Ing. Ehret im Gespräch mit dem Verfasser.

Die Gemeinden müssen aus kulturpolitischen Gründen sämtliche Planungsphasen der öffentlichen Ausschreibung verfahrensrechtlich vielmehr so ausgestalten, dass es zu einer Zusammenarbeit zwischen ihnen und den privaten Bietern kommt. Es muss dafür ein gestaltungsoffener Verfahrensablauf gewählt werden, der den Kulturpartnern einen ausreichenden Spielraum für Verhandlungen über Vertragsinhalt und Ausführungsbedingungen und die gemeinsame Erstellung der Planung für die kulturellen Öffentlich Privaten Partnerschaft lässt.

I. Vorteile der gemeinsamen Planung

Bei kulturellen Öffentlich Privaten Partnerschaften mit konzessionsrechtlichen Vertragselementen handelt es sich aufgrund der gesellschaftlichen Vertragsstruktur, der rechtlichen und finanzierungstechnischen Komplexität von Public Private Partnerships[803] und des Novums dieser Kooperationsbeziehung für den Kultursektor um eine anspruchsvolle Art der öffentlichen Auftragsvergabe. Die Gemeinden werden mangels ausreichenden Sachverstandes in der Regel nicht in der Lage sein, die Planungsleistungen selbständig zu bewältigen. Eine gleichberechtigte Zusammenarbeit zwischen den Kulturpartnern während der gesamten Planungsphase stellt insoweit eine erfolgsversprechende Möglichkeit dar, um etwaige innovativen Lösungsvorschläge und das rechtliche, wirtschaftliche sowie technische Fachwissen der Unternehmen für die Planung des Kulturprojektes und die Erstellung geeigneter Ausschreibungsunterlagen zu nutzen.[804]

Eine umfassende planerische Zusammenarbeit von Gemeinden und Unternehmen hat zudem den wirtschaftlichen Vorteil, dass es in allen Phasen der Vorhabenrealisierung zur Allokation der gemeinsamen Ressourcen wie Personal, Sachmittel und Know-how kommt. Die Ressourcenallokation, die ein typisches Merkmal von Öffentlich Privaten Partnerschaften ist,[805] beginnt in einer sehr früheren Phase der Verfahrensphase und wird gegenüber dem Normalfall von Öffentlich Privaten Partnerschaften erweitert.

Eine schrittweise gemeinsame Projektplanung der Projektpartner trägt zudem dazu bei, das Risikopotential derjenigen vertraglichen Konflikte zu verringern, die aus der natürlich bestehenden Interessendivergenz zwischen öffentlich-rechtlichen Rechtssubjekten und Privaten herrühren. Während es den Gemeinden primär auf die Befriedigung der kulturellen Interessen der Bürger ankommt bzw. rechtlich ankommen muss, geht es den Unternehmen legitimer Weise primär darum, aus der Kulturpartnerschaft einen individuell-privaten Nutzen wirtschaft-

803 Siehe: Ganzheitlichen Projektansatz S. 40 ff.

804 Siehe hierzu auch S. 74.

805 Siehe: Projektgesellschaft, S. 43 f.

licher und nicht-wirtschaftlicher Art zu ziehen. Dieser Grundkonflikt kann frühzeitig ins Gespräch gebracht, diesbezüglich in den verschiedenen Verfahrensphasen Vereinbarungen getroffen und so eine für jede langfristige Zusammenarbeit wichtige Vertrauensbasis geschaffen werden. Eine solide Vertrauensbasis zwischen der Gemeinde und dem künftigen privaten Partner ist unentbehrlich für das gemeinsame Ziel einer möglichst dauerhaften und erfolgreichen Bereitstellung der traditionellen Kultureinrichtung für die Bürger.

II. Vergaberechtliche Wirkungen

Das kulturpolitische Erfordernis der gleichberechtigten Zusammenarbeit von Gemeinden und Unternehmen während der gesamten Planungsphase des traditionellen Kulturprojektes wirft vergaberechtlich zwei Probleme auf, die sich im Zusammenhang mit dem privaten Projektvorschlagsrecht in einer ähnlichen Weise gestellt haben und eng miteinander verbunden sind. So verlangt die gleichberechtigte planerische Zusammenarbeit von öffentlicher und privater Hand einen gestaltungsoffenen Verfahrensablauf und einen weiten Spielraum der Parteien für Verhandlungen. Diese Verfahrenserfordernisse setzen wiederum voraus, dass die Gemeinden vor Verfahrensbeginn möglichst wenig inhaltliche Kriterien für das traditionelle Kulturprojektes festlegen. Folge ist, dass es bei Verfahrensbeginn an einer vergaberechtlich grundsätzlich erforderlichen, für einen fairen Vergleich der privaten Angebote notwendigen objektiven Bewertungsgrundlage fehlt.[806]

Im vorangehenden Arbeitsabschnitt wurde zur Lösung dieses vergaberechtlichen Problems, das in erster Linie den Gleichbehandlungsgrundsatz und das dahinter stehende Wettbewerbsprinzip betrifft, bereits herausgearbeitet, dass die Gemeinden – soweit es vergaberechtlich zulässig ist – im Verlauf des Vergabeverfahrens auf eine objektive Vergleichbarkeit der privaten Angebote hinarbeiten müssen.[807] Die Gemeinden sollten am Ende der Planungsphase den oder die für gut befundenen privaten Planungskonzepte dem weiteren Verfahrensverlauf zugrunde legen. Vorteil dieser Verfahrensgestaltung ist, dass die Gemeinden die Zuschlagsentscheidung auf einer allgemein geltenden, objektivierten Bewertungsgrundlage treffen können. Diese Verfahrenswahl bringt für die Gemeinden jedoch die Pflicht mit sich, für die Weiterverwendung von Planungselemente verschiedener Privater oder einer privaten Planungslösung dem oder den Verfahrensteilnehmern eine angemessene Entschädigung zu zahlen. Die Entschädigung ist nach Art und Höhe angemessen, wenn sie an den innovativen Planungselementen sowie den lösungs- und unternehmensspezifischen Daten und Informationen aus-

---

806 Siehe dazu bereits im Zusammenhang mit dem Projektvorschlagsrecht S. 173f.
807 Siehe S. 162f.

gerichtet ist, die der Private in das Verfahren mit eingebracht hat. Die betroffenen Unternehmen angemessen zu entschädigen, gebietet das wettbewerbliche Vertraulichkeitsgebot.[808]

Nachteilig an einer solchen Verfahrenswahl ist die Entstehung eines sog. Projektantenkonflikts, So kann dem Unternehmen, das zu entschädigen ist, daraus ein Wettbewerbsvorteil gegenüber den übrigen Verfahrensteilnehmern erwachsen. Je nach Art der von der Gemeinde gewählten Entschädigungsleistung kann es zur Verletzung des Gleichbehandlungsprinzips kommen. Die Gefahr der Ungleichbehandlung kann – wie auch bei Projektantenproblematik in der Projektvorschlagsphase – auf mehrere Ursachen beruhen: so können das oder die planerisch vorbefassten Unternehmen über einen zeitlichen Informationsvorsprung verfügen, sie können die Wettbewerbsbedingungen zu ihren Gunsten beeinflusst haben[809] oder sie können aufgrund der wettbewerbsrechtlich für die Weiternutzung einer privaten Planung gebotenen Entschädigungsleistung zu einem unberechtigten Wettbewerbsvorteil gelangt sein.[810]

III. Zwischenergebnis

Die gleichberechtigte Zusammenarbeit von Gemeinde und Unternehmen in sämtlichen Planungsphasen der kulturellen Public Private Partnership wirkt sich in dreifacher Hinsicht positiv auf die Vergabeentscheidung aus: Erstens kann das planerische Unvermögen der Gemeinden durch das Know-how und Innovationspotential der Unternehmen ausgeglichen werden. Zweitens kommt es frühzeitig zur Ressourcenallokation und drittens kann bei der schrittweisen gemeinsamen Planungsentwicklung und den Verhandlungen zwischen den Parteien ein Vertrauensverhältnis entstehen.

Die gemeinsame Planung des traditionellen Kulturprojektes hat als negative Folge hingegen die Gefahr der Entstehung eines vergaberechtlichen Projektantenkonflikts. Wie dieser allgemein zu lösen ist, gilt es in **Kapitel 2** zu untersuchen.

D. Ergebnis des 1. Kapitels

Die kulturpolitischen Anforderungen, die an den Aufbau des Vergabeverfahrens zu stellen sind – das private Projektvorschlagsrecht als Alternative zum öffent-

808 Vgl. *Otting/Olgemöller*, NVwZ 1225 (1228 f) und *Klimisch*, NZBau 2011, 203 (206) jeweils im Zusammenhang mit dem Wettbewerblichen Dialog.

809 Vgl. *Kupczyk*, NZBau 2010, 21 (24); *Trapp*, IBR-online, Rn. 8.

810 Siehe dazu im Einzelnen S. 197 ff.

lich initiierten Ausschreibungsverfahren und die enge planerische Kooperation von Gemeinden und Unternehmen in allen Planungsphasen des traditionellen Kulturprojektes einschließlich der Ausarbeitung allgemeiner Ausschreibungsunterlagen – stehen grundsätzlich in Konflikt mit dem Gleichbehandlungsgrundsatz und dem Wettbewerbsprinzip. Das Prinzip der ordnungsgemäßen öffentlichen Aufgabenerfüllung spricht bei der Vergabe von kulturellen Public Private Partnerships dagegen für eine derartige Verfahrensgestaltung. Das vergaberechtliche Spannungsverhältnis ist durch einen möglichst schonenden Ausgleich aller betroffenen Vergaberechtsgrundsätze und -prinzipien, insbesondere unter Beachtung des Verhältnismäßigkeitsgrundsatzes zu lösen.

Die aufgezeigten Spannungslagen werden im Folgenden als „kulturspezifische Projektantenproblematik" bezeichnet. Grund für diese Begriffswahl ist, dass die aufgezeigten Konflikte, die bei der Vergabe einer kulturellen gemischtwirtschaftlichen Gesellschaften aufgrund der größtmöglichsten Beachtung des aktivierenden Kulturstaatsmodells entstehen, zwar im Kern Ausprägungen des in der deutschen Rechtspraxis bekannten Projektantenkonflikts sind, aber über diese allgemeine Problematik hinausgehen.

So wird zum einen das vergaberechtliche Rechtsproblem bei der Suche nach einem privaten Kulturpartner zeitlich weiter ausgedehnt, da bereits in der frühen Phase des privaten Projektvorschlagsrechts – das in der deutschen Vergaberechtspraxis bisher keine Entsprechung findet – Projektantenkonflikte entstehen können.

Zum anderen ist der vergaberechtliche Interessenkonflikt bei der kulturspezifische Projektantenproblematik komplexer als bei den Projektantenkonflikten, die aus der Rechtspraxis bekannt sind. Der Grund dafür liegt darin, dass mit der befürworteten Einführung des neuen Prinzips der ordnungsgemäßen öffentlichen Aufgabenerfüllung ein weiteres vergaberechtliches Prinzip zu berücksichtigen ist, das grundsätzlich als Antagonist zu dem bisher das Vergaberecht beherrschenden Wettbewerbsprinzip in Erscheinung tritt.

Ob das nationale Vergaberecht und das bisher praktizierte öffentliche Ausschreibungswesen in Deutschland Lösungsansätze und Ideen kennen, die zur Bewältigung der kulturspezifischen Projektantenproblematik beitragen, ist Prüfungsgegenstand des nächsten Kapitels **(Kapitel 2)**. Erst anschließend soll darüber nachgedacht werden, ob und, wenn ja, in welchem Maße dafür ein Blick über die nationalen Grenzen hinaus in die italienische Vergaberechtspraxis hilfreich sein kann **(Kapitel 3)**.

In Kapitel 2 wird zunächst untersucht, welchen allgemeinen Weg das aktuelle deutsche Vergaberecht anbietet, um die Projektantenproblematik im bekannten Sinne zu lösen, und ob daraus Erkenntnisse für den kulturspezifischen Projektantenkonflikt gewonnen werden können **(A)**. Daran wird sich die Prüfung der einzelnen klassischen Verfahrensarten und der sonstigen vergaberechtlichen

Rechtsfiguren des deutschen Ausschreibungswesens anschließen, die möglicherweise Lösungsansätze und Anregungen für die kulturspezifischen Aspekte und Erweiterungen der Projektantenproblematik enthalten **(B)**.

2. Kapitel: Lösung mit Mitteln des geltenden deutschen Vergaberechts

A. Gesamtlösung – die Projektantenproblematik i.S.d. deutschen Vergaberechts

Die sog. Projektantenproblematik ist der deutschen Literatur und Rechtsprechung seit langem bekannt.

Vor der Entscheidung des EuGH in der Rechtssache *Fabricom*,[811] in welcher der Europäische Gerichtshof zu diesem vergaberechtlichen Rechtsproblem Stellung genommen hat, bestand in Deutschland insoweit keine einheitliche Auffassung. Während vereinzelt die Meinung vertreten wurde, dass alle Projektanten pauschal von der Beteiligung am Vergabeverfahren ausgeschlossen werden müssten, um bereits den Anschein einer Ungleichbehandlung und Wettbewerbsverfälschung zu vermeiden, war herrschende Ansicht, dass ein genereller Ausschluss aller vorbefassten Unternehmen unverhältnismäßig sei.[812]

Der EuGH hat sich in seiner *Fabricom*-Entscheidung vom 03.03.2005 der herrschenden deutschen Literaturmeinung angeschlossen und ausgeführt, dass jedem Bieter die Möglichkeit gegeben werden müsse zu beweisen, dass seine Vorbefassung nicht in Widerspruch mit dem Gleichbehandlungsgrundsatz und dem Wettbewerbsprinzip zum Nachteil der übrigen Verfahrensbeteiligen stehe: Ein generelles Beteiligungsverbot für Projektanten am anschließenden Vergabeverfahren sei unzulässig, da es „*über das hinaus[gehe], was erforderlich [sei], um das Ziel der Gleichbehandlung aller Bieter zu erreichen*".[813] Ein pauschaler Ausschluss könne „*dazu führen, dass Personen, die bestimmte vorbereitende Arbeiten ausgeführt haben, vom Vergabeverfahren ausgeschlossen werden, ohne dass ihre Beteiligung daran eine Gefahr für den Wettbewerb unter den Bietern bedeuten würde.*"[814] Der Gleichbehandlungsgrundsatz und das Wettbewerbsprinzip im Interesse des Projektanten wären verletzt.[815]

811 EuGH, Rs. C-21/03 v.03.03.2005 – „Fabricom" = NZBau 2005, 351 ff.

812 Vgl. *Trapp*, IBR-online 2008, Rn. 1; *Kupczyk*, NZBau 2010, 21 (21).

813 EuGH, Rs. C-21/03 v.03.03.2005 – „Fabricom" = NZBau 2005, 351 – Rn. 34.

814 EuGH, Rs. C-21/03 v.03.03.2005 – „Fabricom" = NZBau 2005, 351 – Rn. 35.

815 Vgl. *Michel*, NZBau 2005, 689 (690).

Als Antwort auf die *Fabricom*-Entscheidung und in Übereinstimmung mit den aus dem Urteil zu entnehmenden Vorgaben des EuGH für die nationalen europäischen Rechtsordnungen hat der deutsche Gesetzgeber mit dem ÖPP-Beschleunigungsgesetz 2005 zunächst § 4 V VgV a.F. (nunmehr § 6a IX VOB/A, § 6 VII EG-VOL/A, § 6 VI VOL/A) und mit der Vergaberechtsreform 2009 den wortgleichen § 4 V VOF in das deutsche Vergaberecht aufgenommen. Seither stehen den deutschen Rechtsanwendern für die Lösung von Projektantenkonflikten Normen zur Seite.

Die Regelungen sind allerdings sowohl tatbestandlich als auch hinsichtlich der angeordneten Rechtsfolge knapp gehalten, so dass ein großer Interpretationsspielraum verbleibt,[816] den die Gerichte nach und nach durch die Anwendung der allgemeinen Vergaberechtsgrundsätze unter Berücksichtigung der Rechtsansicht des EuGH werden ausfüllen müssen. Der *Fabricom*-Entscheidung kann für die Norminterpretation entnommen werden, dass Projektantenkonflikte insbesondere unter Beachtung des Gleichbehandlungsgrundsatzes, des Verhältnismäßigkeitsgrundsatzes und des Wettbewerbsprinzips zu lösen sind.[817]

Für die öffentliche Auftragsvergabe auf primärrechtlicher Grundlage folgt daraus, dass die Ergebnisse aus der Normenprüfung des § 4 V VgV a.F. (§ 6a IX VOB/A, § 6 VII EG-VOL/A, § 6 VI VOL/A) und des § 4 V VOF – obwohl beide Paragraphen unmittelbar nur bei öffentlichen Aufträgen im Geltungsbereich der VKR einschlägig sind –, übertragen werden können, da die allgemeinen Vergaberechtsgrundsätze bei allen öffentlichen Aufträgen gleichermaßen gelten. Die Erkenntnisse, die aus der Auslegung von § 4 V VgV a.F. (§ 6a IX VOB/A, § 6 VII EG-VOL/A, § 6 VI VOL/A) und § 4 V VOF für die Lösung von Projektantenkonflikten gewonnen werden, haben folglich auch für die kulturspezifische Projektantenproblematik grundsätzlich Gültigkeit.

§ 4 V VgV a.F. (§ 6a IX VOB/A, § 6 VII EG-VOL/A, § 6 VI VOL/A) und § 4 V VOF[818] lauten wie folgt:

„Hat ein Bieter oder Bewerber vor Einleitung des Vergabeverfahrens den Auftraggeber beraten oder sonst unterstützt, so hat der Auftraggeber sicherzustellen, dass der Wettbewerb durch die Teilnahme des Bieters oder Bewerbers nicht verfälscht wird.“

Es sind überwiegend drei Auslegungsfragen, mit denen sich der Rechtsanwender bei der Interpretation der Projektantenregelungen zu befassen hat.

816 Vgl. *Kupczyk*, NZBau 2010, 21 (22); *Michel*, NZBau 2006, 689 (693).

817 Vgl. EuGH, Rs. C-21/03 v. 03.03.2005 – „Fabricom“ = NZBau 2005, 351 – Rn. 34 f.

818 Im Folgenden wird anstatt aller Projektantennormen nur noch § 4 V VOF angeführt.

I. Sachlich-gegenständliche Komponente des Tatbestandes

Zunächst stellt sich die Frage, in welchem Verhältnis die private Beratungs- und Unterstützungsleistung i.S.d. § 4 V VOF zum Vergabeverfahren steht und von welcher Art diese Leistung sein muss, damit das vorbefasste Unternehmen als Projektant einzuordnen ist.

§ 4 V VOF schreibt nicht ausdrücklich vor, dass sich die Beratungs- und Unterstützungsleistung auf den konkreten, im jeweiligen Vergabeverfahren zu vergebenden Auftragsgegenstand beziehen muss. Dem Wortlaut nach könnten auch sämtliche früher einmal erfolgten Unterstützungsleistungen relevant sein, soweit sie einen Informationswert hinsichtlich des konkreten öffentlichen Auftrages besitzen.[819]

Eine derart weite Interpretation käme jedoch einem pauschalen Ausschluss all derjenigen Unternehmen gleich, die an einer vorangegangenen Ausschreibung derselben Beschaffungsstelle mit einem ähnlich gelagerten Auftragsgegenstand teilgenommen haben.[820] Sie ist abzulehnen, da sie in Widerspruch mit der Rechtsprechung des EuGH steht, der in seiner *Fabricom*-Entscheidung dem pauschalen Ausschluss eines Beteiligten eine klare Absage erteilt hat. Ein pauschaler Ausschluss verletzt den Verhältnismäßigkeitsgrundsatz.[821] Darüber hinaus verstößt er gegen das Wettbewerbsprinzip im Interesse des Projektanten, der in Fällen, in denen seine Vorbefassung keine Wettbewerbsverzerrung zur Folge hat, vor unberechtigten Ausschlüssen vom Vergabeverfahren zu schützen ist.

Normativ offen bleibt, ob eine Projektantenhandlung bei jeder Art von informativem Austausch zwischen Vergabestelle und privaten Marktteilnehmer im Vorfeld der öffentlichen Ausschreibung vorliegt oder ob die Vorbefassung von bestimmter Förmlichkeit, hinreichender Qualität oder gewisser Dauer sein muss.[822]

Jeden Informationsaustausch zwischen öffentlichem Auftraggeber und Privaten im Vorfeld der öffentlichen Ausschreibung als Projektantenhandlung einzuordnen und keine Erheblichkeitsschwelle in den Tatbestand hineinzulesen, trägt zu mehr Rechtssicherheit im Interesse aller Verfahrensbeteiligten bei.[823] Zur Herstellung von mehr Rechtssicherheit haben die öffentlichen Auftraggeber darüber hinaus, Inhalt und Ablauf der Projektantentätigkeit genau zu dokumentieren. Positive Folge ist, dass sich weder bei dem Projektanten noch bei den übrigen Verfahrensteilnehmern das Gefühl der Ungleichbehandlung einstellt, so dass die

819 Vgl. *Michel*, NZBau 2005, 689 (690).
820 Vgl. *Kupczyk*, NZBau 2010, 21 (23).
821 EuGH, Rs. C-21/03 v. 03.03.2005 – „Fabricom“ = NZBau 2005, 351 – Rn. 34.
822 Vgl. *Michel*, NZBau 2006, 689 (690).
823 *Michel*, NZBau 2006, 689 (691).

Gefahr, dass ein Teilnehmer die Vergabe im Wege eines Nachprüfungsverfahrens angreift, verringert ist. Die Projektantennormen in diesem Sinne auszulegen, entspricht dem Interesse der Vergabestellen an einer zeitnahen und kostengünstigen Durchführung von öffentlichen Ausschreibungen.

Von dem Gewinn an Rechtssicherheit einmal abgesehen, wäre es praktisch auch unmöglich, abstrakt und ohne Bezug auf den Einzelfall festzulegen, welche Beratungs- und Unterstützungsleistung einen fairen Bieterwettbewerb beeinträchtigen und welche nicht.[824] Qualität und Umfang der Vorbefassung sind nur bis zu einem gewissen Grad geeignet, um festzustellen, ob ein Projektant tatsächlich einen unberechtigten Wettbewerbsvorteil erlangt hat. Bei der Prüfung, ob im konkreten Fall ein vergaberechtswidriger Wettbewerbsvorsprung entstanden ist, spielen vielmehr insbesondere auch die Art des Auftragsgegenstandes und der von der Beschaffungsstelle gewählte Verfahrensablauf eine Rolle. Das Gefährdungspotential derselben privaten Unterstützungshandlung kann je nach Auftragsgegenstand und Verfahrensaufbau also einmal als gering, ein anderes Mal aber als hoch einzustufen sein.

Vorzuziehen ist deshalb eine Gesetzesinterpretation, nach der jede private Vorbefassung als Projektantentätigkeit einzuordnen ist und den Beschaffungsstellen die Aufgabe übertragen wird, im Rahmen der Rechtsfolgenanordnung angepasst auf den konkreten Einzelfall angemessene Vorkehrungen und Ausgleichsmaßnahmen zu ergreifen, um einen unverfälschten Bieterwettbewerb sicherzustellen.

Das extensive Begriffsverständnis der Beratungs- und Unterstützungsleistung i.S.d. § 4 V VOF ist zudem eine Bestätigung der vorliegend vertretene Rechtsauffassung, dass sowohl das private Initiativrecht als auch die Mitarbeit des Unternehmens in allen Planungsphasen der kulturellen Öffentlich Privaten Partnerschaft als Projektantentätigkeiten zu qualifizieren sind.

II. Zeitliche Komponente des Tatbestandes

In zeitlicher Hinsicht scheint § 4 V VOF eindeutig zu sein. In der Projektantennorm heißt es insoweit, dass die Beratungs- und Unterstützungshandlungen *„vor Einleitung des Vergabeverfahrens“* stattgefunden haben müssen. Mitwirkungshandlungen während und nach Abschluss des Vergabeverfahrens sind nach dem Gesetzeswortlaut also keine Projektantenleistungen.

Soweit es die privaten Unterstützungsleistungen nach Abschluss des Vergabeverfahrens betrifft, ist es faktisch unmöglich, dass sie sich auf den Auftragsgegenstand desselben Verfahrens beziehen. Der Zuschlag auf den öffentlichen

824 Vgl. *Kupczyk*, NZBau 2010, 21 (23).

Auftrag ist zu diesem Zeitpunkt bereits erteilt. Das Verfahren ist abgeschlossen, so dass insoweit ein Wettbewerbsvorsprung nicht mehr entstehen kann.

Private Unterstützungshandlungen im laufenden Vergabeverfahren werden für öffentliche Aufträge im Anwendungsbereich der Vergabekoordinierungsrichtlinie dagegen von § 16 VgV geregelt. Danach dürfen Unternehmen, die in einem Vergabeverfahren bei den Entscheidungen auf Auftraggeberseite mitwirken, nicht gleichzeitig als Bieter oder Bewerber am Verfahren teilnehmen (vgl. § 16 I Nr. 1 VgV).

§ 16 VgV hat als Normadressat ausschließlich die öffentlichen Auftraggeber[825] und verbietet allein diesen ein Unternehmen, das für sie während der öffentlichen Ausschreibung tätig wurde, im Verfahren zugleich als Beteiligte auf Auftragnehmerseite zuzulassen.

Der Begriff der „*Mitwirkung bei der Entscheidung*" in § 16 VgV wird nach allgemeiner Meinung weit verstanden.[826] Es gehört dazu jedwedes private Tätigwerden für die Beschaffungsstelle, das sich auf den Verlauf des weiteren Vergabeverfahrens auswirkt.[827] Ob sich die Mitwirkungshandlung unmittelbar auf die eigentlich zu treffende Entscheidung oder nur auf deren Vorbereitung bezieht, spielt dabei keine Rolle.[828] In beiden Fällen wirkt die private Mitwirkungshandlung noch in der Zuschlagsentscheidung fort, im ersten Fall unmittelbar, im zweiten Fall mittelbar. Eine etwaige daraus herrührende Wettbewerbsverzerrung soll von vornherein ausgeschlossen werden und deshalb ist jedem mitwirkenden Privaten die Verfahrensteilnahme zu untersagen.

Das Betätigungsverbot des § 16 VgV beruht im Gegensatz zu § 4 V VOF auf der abstrakten Vermutung einer Interessenkollision.[829] Folge ist, dass der Nichtausschluss in jedem Fall zur Fehlerhaftigkeit des Vergabeverfahrens führt und der betreffende Privaten nicht die Möglichkeit hat, den Eintritt der Wettbewerbsverzerrung zu widerlegen.[830]

Die Auslegung der Projektantenregelung ist jedoch in zeitlicher Hinsicht nicht so unproblematisch wie es auf den ersten Blick scheint.

Für die Abgrenzung der Anwendungsbereiche des § 4 V VOF und des § 16 VgV genügt es nach dem Gesetzeswortlaut, den Zeitpunkt zu bestimmen, der den Beginn des Vergabeverfahrens markiert. Es existieren jedoch Sachverhaltskon-

---

825 *Kühnen*, Kapellmann/Messerschmidt, VOB/VgV-Kommentar, § 16 VgV, Rn. 2.

826 *Kühnen*, Kapellmann/Messerschmidt, VOB/VgV-Kommentar, § 16 VgV, Rn. 7; *Sturhahn*, Pünder/Schellenberg Vergaberecht, § 16 VgV, Rn. 32.

827 *Kühnen*, Kapellmann/Messerschmidt, VOB/VgV-Kommentar, § 16 VgV, Rn. 7.

828 *Kühnen*, Kapellmann/Messerschmidt, VOB/VgV-Kommentar, § 16 VgV, Rn. 7.

829 Vgl. *Horn*, NZBau 2005, 28 (29).

830 Eine Ausnahme bildet § 16 Nr. 3 VgV, der aber vorliegend keine Rolle spielt und bei der Untersuchung deshalb vernachlässigt werden kann.

stellationen, in denen die Verwendung allein des formal-zeitlichen Abgrenzungskriteriums des Verfahrensbeginns nicht mit Sinn und Zweck der Projektantennormen einerseits und § 16 VgV andererseits in Einklang zu bringen ist.

Beide Normen bezwecken die Gewährleistung einer sachlichen und unvoreingenommenen Entscheidungsfindung des öffentlichen Auftraggebers in einem fairen, nach Wettbewerbsgrundsätzen ausgestalteten und verhältnismäßigen Vergabeverfahren.[831] Die exakte Abgrenzung beider Mitwirkungstatbestände ist für die privaten Verfahrensteilnehmer dennoch von wesentlicher Bedeutung, da es von der Einordnung der Unterstützungshandlung als Projektantentätigkeit i.S.d. § 4 V VOF oder als Mitwirkungshandlung i.S.d. § 16 VgV abhängt, ob das Vergabeverfahren unwiderleglich rechtswidrig oder eine Fehlerbehebung noch möglich ist. Dass sich § 16 VgV nur an die öffentlichen Auftraggeber richtet und deshalb keine Rechtsgrundlage für den Ausschluss des betroffenen Bieters vom Vergabeverfahren bildet,[832] ändert an der Notwendigkeit einer genauen Abgrenzung nichts, da in beiden Fällen vergaberechtlich unzulässige private Unterstützungshandlungen zu Fehlerhaftigkeit und Angreifbarkeit der Vergabeentscheidung führen.

Bei der folgenden Prüfung, welche Kriterien neben der zeitlichen Komponente bei der Abgrenzungsentscheidung maßgeblich werden können und bei welchen Sachverhaltskonstellationen diese zusätzlichen Kriterien heranzuziehen sind, ist der genannte gemeinsame Normzweck von § 4 V VOF und § 16 VgV stets im Hinterkopf zu behalten.

1. Beginn des Vergabeverfahrens

Zur Bestimmung des Zeitpunktes, der den Beginn von öffentlichen Vergabeverfahren kennzeichnet, wird auf den ersten aktiven Beteiligungsakt der Verfahrensteilnehmer abgestellt.[833] Mit Verfahrensbeginn werden die Unternehmen Beteiligte[834] oder Bieter[835] des Vergabeverfahrens.

---

831 *Sturhahn*, Pünder/Schellenberg Vergaberecht, § 16 VgV, Rn. 1 für § 16 VgV; *Maimann*, Kapellmann/Messerschmidt, VOB/VgV-Kommentar, § 4 VgV a.F., Rn. 5 für § 4 V VgV a.F. (§ 6a IX VOB/A, § 6 VII EG-VOL/A).

832 Vgl. *Horn*, NZBau 2005, 28 (29); *Müller-Wrede/Lux*, ZfBR 2006, 327 (327).

833 *Kühnen*, Kapellmann/Messerschmidt, VOB/VgV-Kommentar, § 16 VgV, Rn. 7.

834 Auf der Stufe der Teilnehmerauswahl im Verfahren der Nichtoffenen Vergabe, im Verhandlungsverfahren und im Wettbewerblichen Dialog werden die Verfahrensteilnehmer als „Bewerber" bezeichnet (vgl. *Stickler*, Kapellmann/Messerschmidt, VOB/VgV-Kommentar, § 3 VOB/A, Rn. 11).

835 Auf der Stufe der Angebotseinreichung werden die Verfahrensteilnehmer als „Bieter" bezeichnet. Deshalb kennt das Verfahren der Öffentlichen Vergabe lediglich Bieter und keine

Beim Offenen Verfahren (vgl. Art. 1 XI a) VKR, § 101 II GWB) beginnt das Ausschreibungsverfahren mit der Angebotsabgabe, während der Verfahrensbeginn beim Nichtoffenen Verfahren (vgl. Art. XI b) VKR, § 101 III GWB), beim Verhandlungsverfahren (vgl. Art. 1 XI d) VKR, § 101 V GWB) und beim Wettbewerblichen Dialog (vgl. Art. 1 XI c) VKR, § 101 IV GWB) auf die Einreichung der Teilnehmeranträge vorverlagert ist.[836]

Der Verfahrensbeginn wird bei den letzten drei Vergabearten hier als „vorgelagert" bezeichnet, da im Gegensatz zum Offenen Verfahren keines dieser Verfahren einstufig aufgebaut ist und deshalb nicht nur aus einer Angebotsphase besteht, in der es unmittelbar zur Angebotsbewertung und Zuschlagserteilung kommt. Letztere sind vielmehr allesamt mehrstufig aufgebaut und der Angebotsphase, an der am Ende die Zuschlagsentscheidung steht, gehen ein oder zwei vorbereitende Verfahrensphasen voraus.

Alle drei mehrstufig aufgebauten Vergabearten haben gemeinsam, dass sie mit der Einreichung eines Teilnahmeantrages beginnen (vgl. § 101 II, III, V GWB). Inhaltlich bestehen zwischen den Teilnahmeanträgen der verschiedenen Vergabeverfahren jedoch wesentliche Unterschiede, die aus den unterschiedlichen Verfahrensstellungen der Unternehmen in Verfahrensaufbau herrühren. Diese unterschiedliche Qualität der Verfahrensstellung der privaten Teilnehmer könnte bei der Einordnung der privaten Unterstützungshandlung, entweder als Projektantenhandlung i.S.d. § 4 V VOF oder als Mitwirkungshandlung § 16 VgV, neben dem zeitlichen Aspekt des Verfahrensbeginns als ein zusätzliches Kriterium fungieren. Das gilt es im Folgenden zu überprüfen, wobei zu diesem Zweck die Verfahrensabläufe der einzelnen, gesetzlich vorgesehenen Vergabearten näher untersucht werden.

2. *Zusätzliche Abgrenzungskriterien*

Das Nichtoffene Verfahren unterscheidet sich trotz des zweistufigen Aufbaus kaum vom Verfahrensaufbau des Offenen Verfahrens. Der einzige Unterschied zwischen den beiden sog. formalisierten Vergabeverfahren besteht darin, dass beim Nichtoffenen Verfahren für die Vorauswahl der Beteiligten und die anschließende Angebotsaufforderung eine separate Verfahrensphase vorgesehen ist und die Teilnehmerauswahl nicht in Form einer Eignungsprüfung als erste Wertungsstufe in die Angebotsphase integriert ist.[837] Die Angebotsabgabe, die Wertung und die Zuschlagserteilung als Bestandteile der zweiten Verfahrens-

Bewerber (vgl. *Stickler*, Kapellmann/Messerschmidt, VOB/VgV-Kommentar, § 3 VOB/A, Rn. 11).

836 Vgl. *Kühnen*, Kapellmann/Messerschmidt, VOB/ VgV-Kommentar, § 16 VgV, Rn. 7.

837 Vgl. *Stickler*, Kapellmann/Messerschmidt, VOB/ VgV-Kommentar, § 3 VOB/A, Rn. 10.

phase entsprechen inhaltlich der zweiten Wertungsstufe des einphasig aufgebauten Offenen Verfahrens.[838]

Wesentliches Charakteristikum der formalisierten Verfahren des Offenen und Nichtoffenen Verfahrens ist die strikte Trennung der verfahrensrechtlichen Aufgaben der Vergabestellen einerseits und der privaten Verfahrensteilnehmer anderseits: Während die Beschaffungsstellen in eigener Verantwortung detaillierte, grundsätzlich nicht mehr ergänzungsbedürftige Ausschreibungsunterlagen erstellen und den Bietern bei der Angebotsaufforderung überlassen – man spricht insoweit von einer sog. inputspezifizierten Leistungsbeschreibung[839] –, dürfen die privaten Verfahrensbeteiligten nur einmalig ein Angebot vorlegen, das später nicht mehr abänderbar ist und den in den Ausschreibungsunterlagen enthaltenen Vorgaben voll entsprechen muss.[840]

Hat ein Privater bei der Erstellung der inputspezifizierten Leistungsbeschreibung auf Seiten des öffentlichen Auftraggebers mitgewirkt, ist die Unterstützungstätigkeit mit der Fertigstellung der Ausschreibungsunterlagen beendet. Als Verfahrensteilnehmer leistet er bei den formalen Vergabeverfahren der Offenen und Nichtoffenen Verfahrens keine Mithilfe mehr bei Erstellung oder Ergänzung der Vergabeunterlagen.[841] Diese liegen bereits bei Verfahrensbeginn eindeutig und abschließend vor. Die Unterstützungstätigkeit des vorbefassten Unternehmens ist folglich als Projektantenleistung i.S.d. § 4 V VOF zu qualifizieren. Wirkt ein Bieter dagegen auch nach Angebotsabgabe bei der Bewertung der Angebote auf Seiten des öffentlichen Auftraggebers mit, greift § 16 VgV ein und die Zuschlagsentscheidung ist von Anfang an rechtsfehlerhaft und angreifbar.

Bei den formalisierten Verfahrensverfahren des Offenen und Nichtoffenen Verfahrens genügt also die rein formal-zeitliche Feststellung des Verfahrensbeginns, um über die Anwendungseröffnung des § 4 V VOF oder des § 16 VgV entscheiden zu können.

Das Verhandlungsverfahren ist zweistufig aufgebaut.[842] Während die Aufforderungsphase der ersten Phase des Nichtoffenen Verfahrens weitgehend entspricht,[843] wird anstelle der Angebotsphase eine Verhandlungsphase durchgeführt. Nach Eingang der privaten Angebote, die auf der Basis einer offen formulierten Leistungsbeschreibung – einer sog. outputspezifizierten Leistungsbeschreibung[844] – eingereicht werden, kommt es nicht sofort zur Angebotsbewertung und

838 *Stickler*, Kapellmann/Messerschmidt, VOB/ VgV-Kommentar, § 3 VOB/A, Rn. 10.

839 Siehe für nähere Einzelheiten: Inputspezifizierte Leistungsbeschreibung, S. 204 f.

840 Siehe hierzu auch S. 129.

841 Anders beim Verhandlungsverfahren (vgl. *Horn*, NZBau 2005, 28 (29)).

842 Siehe für nähere Einzelheiten des Verfahrensaufbaus im Verhandlungsverfahren, S. 209 ff.

843 *Schütte*, ZfBR 2004, 237 (239).

844 Siehe für nähere Einzelheiten: Outputspezifizierte Leistungsbeschreibung, S. 205 ff.

Zuschlagsentscheidung durch den öffentlichen Auftraggeber, sondern die Vertragsparteien verhandeln zuvor in ein oder mehreren Gesprächsrunden über alle Aspekte des Angebotes, wobei es zu Änderungen der Auftragsbedingungen auf Nachfrage- und auf Angebotsseite kommen kann.[845] Eine mit der Angebotsphase des Offenen und des Nichtoffenen Verfahrens vergleichbare separate Bewertungsphase gibt es dagegen nicht. Die Zuschlagsentscheidung wird am Ende der Verhandlungsphase getroffen.[846]

Im Verhandlungsverfahren wirken alle privaten Teilnehmer indirekt bei der Vorbereitung der Zuschlagsentscheidung mit, indem Beschaffungsstelle und Private den genauen Auftragsinhalt in den Verhandlungen erst definieren und es zu individuellen Ergänzungen und zur Konkretisierung des Leistungsgegenstandes kommt.[847]

Die Ergänzung und Konkretisierung der Auftragsbedingungen und der Leistungsbeschreibung fallen formal-zeitlich gesehen unter § 16 VgV. Nach vorliegender Ansicht kann die Norm denklogisch jedoch nicht einschlägig sein,[848] da andernfalls in allen Verhandlungsverfahren für sämtliche Verfahrensteilnehmer ein Beteiligungsverbot gelten würde. Jedes Verhandlungsverfahren wäre von vornherein rechtsfehlerhaft und in einem Nachprüfungsverfahren angreifbar.

Formal-zeitlich gesehen sind die Verfahrensteilnehmer keine Projektanten i.S.d. § 4 V VOF, obwohl die Mithilfe bei der Fertigstellung der Leistungsbeschreibung als eine typische Projektantentätigkeit eingeordnet wird.[849] Aufgrund der Verhandlungsgespräche zwischen den einzelnen Verfahrensteilnehmer und dem öffentlichen Auftraggeber, in denen die outputspezifizierte Leistungsbeschreibung individuell konkretisiert und vervollständigt wird, kann es jedoch zu Ungleichbehandlung und Wettbewerbsverfälschungen kommen, die mit Projektantenkonflikten identisch sind. So kann ein privater Verhandlungsteilnehmer über einen Wissensvorsprung verfügen, da die Vergabestelle nur an ihn Informationen weitergegeben hat, die sie allen Verfahrensteilnehmern hätte bekannt geben müssen, oder die Verhandlungsgespräche mit einem Teilnehmer werden wesentlich schneller geführt als mit den übrigen, so dass dieser über einen zeitlichen Vorsprung verfügt.

Die Entscheidung, ob die private Unterstützungstätigkeit auf Auftraggeberseite unter § 4 V VOF oder § 16 VgV zu subsumieren ist, kann beim gestaltungsoffenen Verhandlungsverfahren also nicht allein aufgrund des formal-zeitlichen

845 *Schütte*, ZfBR 2004, 237 (239).
846 *Ritzek-Seidl*, Pünder/Schellenberg Vergaberecht, § 99 GWB, Rn. 5
847 Vgl. *Schütte*, ZfBR 2004, 237 (239).
848 Anders *Horn*, NZBau 2005, 28 (29).
849 Vgl. *Horn*, NZBau 2005, 28 (28); *Behrens*, NZBau 2006, 752 (752).

Kriteriums des Verfahrensbeginns getroffen werden,[850] sondern für die Qualifizierung der privaten Mitwirkungshandlungen nach Verfahrensbeginn müssen zwei weitere Aspekte berücksichtigt werden.

Zum einen ist bei der Abgrenzung der gesetzlich vorgeschriebene Verfahrensaufbau und die verfahrensrechtliche Stellung zu berücksichtigen, die das Gesetz den privaten Teilnehmern einerseits und der Beschaffungsstelle andererseits zuteilt. Die privaten Unterstützungshandlungen sind im Verhandlungs-verfahren ein regelmäßiger Bestandteil des Verfahrensablaufes. Aus teleologischen Gründen kann die Mitarbeit der Verfahrensteilnehmer an der Erstellung erschöpfender Ausschreibungsbedingungen also nicht vom Tatbestand des § 16 VgV erfasst sein, auch wenn sich einzelne Handlungen wettbewerbsverzerrend auf die Zuschlagsentscheidung auswirken können. Vielmehr handelt es sich bei den Unterstützungshandlungen, die von den privaten Beteiligten in der Verhandlungsphase geleisteten werden, materiell gesehen um Projektantenhandlungen i.S.d. § 4 V VOF, die durch die verfahrensgestalterisch feste Einbindung in den Verfahrensaufbau zumindest teilweise einer vergaberechtlichen Lösung zugeführt werden. Alle Verfahrensbeteiligten sind hier Projektanten. Dem verbleibenden Risiko einer Ungleichbehandlung und Wettbewerbsverzerrung müssen die Beschaffungsstellen in Ausübung ihres weiten Gestaltungsspielraumes, der ihnen allgemein bei den gestaltungsoffenen und flexiblen Vergabeverfahren zukommt, entgegenwirken, indem sie im Einzelfall geeignete verfahrensrechtliche Vorkehrungen und Ausgleichsmechanismen vorsehen.

Bei der Abgrenzung von § 4 V VOF und § 16 VgV ist hier zum anderen zu berücksichtigen, ob es der Verwaltung in zeitlicher Hinsicht noch möglich ist, eine Verletzung des Gleichbehandlungsgrundsatzes und des Wettbewerbsprinzips vor Zuschlagsentscheidung zu verhindern oder bereits eingetretene Verletzungen rechtzeitig wieder zu neutralisieren.[851] Unberechtigte Wettbewerbsvorteile, die einzelnen Verhandlungsteilnehmern aus der Konkretisierung des Auftragsgegenstandes und der Ergänzung der Ausschreibungsunterlagen erwachsen sind, kann die Beschaffungsstelle in der Regel während der dynamisch ablaufenden Verhandlungen und damit rechtzeitig vor Zuschlagsentscheidung ausgleichen. Für die vorliegende Untersuchung bedeutet dass: Ist ein Ausgleich vor Zuschlag des öffentlichen Auftrages theoretisch noch möglich, ist § 4 V VOF einschlägig. Bewirkt die Teilnehmerhandlung dagegen eine Wettbewerbsverzerrung, die ihrer Natur nach in der Zuschlagsentscheidung fortwirkt, ist der Anwendungsbereich des § 16 VgV eröffnet. Wettbewerbsverfälschungen i.S.d. § 16 VgV sind faktisch

850 So grundsätzlich auch *Michel*, NZBau 2005, 689 (692); dagegen: *Behrens*, NZBau 2006, 752 (755).

851 In diese Richtung auch *Behrens*, NZBau 2006, 752 (755).

nicht ausgleichbar und der in § 16 VgV angeordnete pauschale Ausschluss deshalb vergaberechtlich gerechtfertigt.

Ob die genannten Kriterien für die Abgrenzung von § 4 V VOF und § 16 VgV bei den mehrstufigen gestaltungsoffenen Verfahren allgemein Gültigkeit besitzen, wird nun am Verfahrensaufbau des Wettbewerblichen Dialoges[852] überprüft.

Der Wettbewerbliche Dialog ist dreistufig aufgebaut.[853] Zwischen der für den mehrstufigen Verfahrensaufbau typischen Aufforderungsphase und der das Verfahren beendenden Angebotsphase, die weitestgehend der Angebotsphase beim Nichtoffenen Verfahrens und dem Offenen Verfahren entspricht,[854] ist eine Dialogphase eingefügt, in der es zu Verhandlungen zwischen der Beschaffungsstelle und den privaten Verfahrensteilnehmern kommt.

Charakteristisch für den Wettbewerblichen Dialog ist, dass der öffentliche Auftraggeber im Vorfeld der Ausschreibung keine Leistungsbeschreibung erstellt, sondern die Bestimmung des Auftragsgegenstandes[855] und die Ausarbeitung sowie die schrittweise Ergänzung der Ausschreibungsunterlagen gerade Ziel der zwischen öffentlicher und privater Hand in der Dialogphase geführten Gespräche sind.[856] Die Vervollständigung der Ausschreibungsunterlagen und die Erstellung eines endgültigen Angebotes sind beim Wettbewerblichen Dialog also in noch stärkerem Maße miteinander verwoben als im Verhandlungsverfahren, da die privaten Dialogpartner die Vergabestelle zunächst bei der Erstellung der Leistungsbeschreibung und der übrigen Ausschreibungsunterlagen unterstützen, und nach deren Fertigstellung auf den erarbeiteten Grundlagen ihre letzten Angebote abgegeben.[857] Die Aufgabenzuweisungen und Verfahrensstellungen von Beschaffungsstelle und privaten Verfahrensteilnehmern sind formal nicht mehr klar voneinander zu unterscheiden.

Während der Dialogphase üben alle Verfahrensteilnehmer eine materielle Projektantentätigkeit i.S.d. § 4 V VgV aus. In der deutschen Literatur werden die Dialogpartner deshalb zum Teil auch als in das Vergabeverfahren fest einbezogene Projektanten bezeichnet.[858] Etwaig damit verbundene Wettbewerbsverzerrungen können grundsätzlich in der Angebotsphase und damit noch rechtzeitig vor Zuschlagserteilung neutralisiert werden. Die öffentlichen Auftraggeber haben insoweit ihren Gestaltungsspielraum zu nutzen und angepasst auf den Ein-

---

852 Siehe für nähere Einzelheiten zum Wettbewerblichen Dialog, S. 226 ff.

853 *Kus*, VergabeR 2006, 851 (857); Mösinger, NZBau 2009, 695 (697).

854 *Heiermann*, ZfBR 2005, 766 (778).

855 *Pünder/Franzius*, ZfBR 2006, 20 (20).

856 *Müller/Veil*, VergabeR 2007, 298 (304); *Müller-Wrede/Lux*, ZfBR 2006, 327 (329); *Opitz*, VergabeR 2006, 451 (453).

857 *Kus*, VergabeR 2006, 851 (860 f.); *Klimisch*, NZBau 2011, 203 (208).

858 *Müller/Veil*, VergabeR 2007, 298 (303); *Byok*, NJW 2008, 559 (563).

zelfall geeignete verfahrensrechtliche Vorkehrungen und Ausgleichsmaßnahmen gegen Ungleichbehandlungen der Verfahrensteilnehmer zu treffen.

§ 16 VgV ist trotz des Umstandes, dass die Privaten während des laufenden Vergabeverfahrens an der Erstellung der Ausschreibungsunterlagen und an der Konkretisierung des Auftragsgegenstandes mitarbeiten, nicht einschlägig. Andernfalls wäre der Ablauf des Wettbewerblichen Dialogs stets als verfahrensfehlerhaft zu bewerten und könnte jederzeit in einem Nachprüfungsverfahren beanstandet werden.

Die herausgearbeiteten Abgrenzungskriterien halten der Überprüfung durch den Verfahrensaufbau des Wettbewerblichen Dialoges stand. Sie können folglich bei allen mehrstufigen gestaltungsoffenen Vergabeverfahren zur Abgrenzung von § 4 V VOF und § 16 VgV herangezogen werden.

3. Zwischenergebnis

Der Verfahrensbeginn ist nicht stets allein entscheidend dafür, ob § 4 V VOF oder § 16 VgV einschlägig ist. Zusätzlich kann zu berücksichtigen sein, ob der öffentliche Auftrag in einem mehrstufigen gestaltungsoffenen Verfahren vergeben wird und sämtliche private Beteiligten deshalb eine Projektantenstellung einnehmen.

Bei Gefährdung oder Verletzung des Gleichbehandlungsgrundsatzes oder des Wettbewerbsprinzips durch private Mitwirkungshandlungen, die vor Verfahrensbeginn abgeschlossen sind, kommt stets § 4 V VOF zur Anwendung. Ausgleichsmaßnahmen können hier vor Zuschlagsentscheidung grundsätzlich noch getroffen werden. Ist ein Ausgleich ausnahmsweise einmal nicht mehr möglich, ist dennoch § 4 V VOF einschlägig, da die Vergabestellen gestützt auf § 4 V VOF als *ultima ratio* auch ein Teilnahmeverbot aussprechen können.[859] Für die vor Verfahrensbeginn abgeschlossenen Mitwirkungshandlungen genügt allein die Bestimmung des formal-zeitlichen Kriteriums des Verfahrensbeginns, um § 4 V VOF und § 16 VgV voneinander abzugrenzen.

Beruhen die Vergaberechtsverstöße dagegen auf Mitwirkungshandlungen von Privaten, die nach Verfahrensbeginn stattgefunden haben, ist abgrenzungsrelevant, welche Verfahrenstellung die Privaten innehaben und ob die Beschaffungsstelle durch entsprechende Maßnahmen die Wettbewerbsverzerrung vor Zuschlagserteilung grundsätzlich noch ausgleichen kann. Nur wenn die wettbewerbsverzerrende Unterstützungshandlung eines Bieters sich unabwendbar auf die Wertung der Angebote und die Zuschlagserteilung auswirkt und ein rechtzeitiger Ausgleich nicht einmal mehr theoretisch möglich ist, kommt § 16 VgV

859 Zu den Rechsfolgen des § 4 V VgV siehe sogleich, S. 195 ff.

zur Anwendung. Ein pauschales Beteiligungsverbot ist in diesen Fällen gerechtfertigt.

Für den Aufbau des Ausschreibungsverfahrens zur Vergabe einer kulturellen Public Private Partnership folgt aus den gewonnen Prüfungsergebnissen, dass die Gemeinden Unterstützungshandlungen der beteiligten Unternehmen vor und während des öffentlichen Ausschreibungsverfahrens vorsehen dürfen, solange sie daraus resultierende Ungleichbehandlungen verhindern oder bereits eingetretene Verletzungen zeitlich vor Zuschlagserteilung wieder neutralisieren können. Bei Wettbewerbsverzerrungen, die sich aufgrund eines privaten Initiativrechtes oder aus einer frühen Zusammenarbeit von Gemeinden und Unternehmen bei der Projektplanung ergeben können, ist ein Ausgleich vor Zuschlagsentscheidung zeitlich gesehen regelmäßig noch möglich.

III. Rechtsfolgen

Die in § 4 V VOF angeordnete Rechtsfolge ist vom deutschen Gesetzgeber bewusst allgemein gehalten worden.[860] Die Projektantennorm bestimmt insoweit lediglich "*der öffentliche Auftraggeber [habe] sicherzustellen, dass der Wettbewerb durch die Teilnahme des [vorbefassten] Bieters oder Bewerbers [am Vergabeverfahren] nicht verfälscht wird.*" Wann eine Verfälschung des Wettbewerbs vorliegt und mit welchen Mitteln die Vergabestelle eine drohende Verfälschung verhindern oder einer bereits eingetretenen begegnen muss, wird in der Projektantennorm dagegen nicht näher bestimmt.[861] Die offen formulierte Rechtsfolgenanordnung bedarf wiederum einer näheren Ausfüllung durch den Rechtsanwender.

Im Zusammenhang mit der Auslegung der Begriffe „*Unterstützungs- und Beratungsleistungen*" wurde dargelegt, dass es von den Umständen des Einzelfalles abhängt, wann welche Projektantenleistung zu Wettbewerbsverfälschungen führen und dass Wettbewerbsverfälschungen von unterschiedlicher Art und Intensität sein können.[862] Entscheidende Faktoren dafür sind, neben der Qualität und Umfang der privaten Vorbefassung, der konkret zu vergebende Auftragsgegenstand und der von der Verwaltung gewählte Verfahrensaufbau.

Für die in der Rechtsfolge des § 4 V VOF angeordneten Handlungspflicht der öffentlichen Auftraggeber existiert kein Pauschalrezept. Es ist vielmehr die Beurteilung des Ablaufs des konkreten Vergabeverfahrens erforderlich, um bestimmen zu können, mit welchen Mitteln der etwaige unberechtigte Wettbewerbsvorteil zugunsten des Projektanten zu neutralisiert ist.[863] Es ist jedoch mög-

---

860 Vgl. *Kupczyk*, NZBau 2010, 21 (22).

861 Vgl. *Michel*, NZBau 2005, 689 (692).

862 Siehe hierzu S. 186

863 *Behrens*, NZBau 2006, 752 (755).

lich, die Wettbewerbsverfälschungen in Fallgruppen einzuteilen und allgemein herauszuarbeiten, welche Vorkehrungs- und Ausgleichsmaßnahmen die Verwaltung ergreifen kann, um einen unberechtigten Wettbewerbsvorteil zu verhindern oder rechtzeitig vor Zuschlagsentscheidung wieder zu neutralisieren.

1. Individuell zugeschnittene Ausschreibungsunterlagen

Die Mitwirkungshandlung eines Projektanten kann zur Folge haben, dass er die Wettbewerbsbedingungen des Vergabeverfahrens zu seinen Gunsten beeinflusst hat, wobei insbesondere die Leistungsbeschreibung auf ihn zugeschnitten sein kann.[864]

Ist die auf den Projektanten abgestimmte Leistungsbeschreibung einmal vollständig erstellt und an die Verfahrensteilnehmer zur Abgabe eines zuschlagfähigen Angebotes ausgegeben worden, liegt eine unberechtigte Ungleichbehandlung der anderen Verfahrensteilnehmer vor, die nicht mehr neutralisiert werden kann. Der öffentliche Auftraggeber kann Wettbewerbsverzerrungen, die auf individuell zugeschnittenen Ausschreibungsunterlagen beruhen, nur präventiv verhindern; ein nachträglicher Ausgleich ist nicht mehr möglich. Die Beschaffungsstelle muss das ihr eingeräumte Ermessen zur Ausgestaltung des Verfahrensablaufs nutzen und Mechanismen entwickeln, damit Ungleichbehandlungen und Wettbewerbsverzerrungen dieser Art nicht eintreten.

2. Informationsvorsprung

Ferner kann die Mitwirkung eines Privaten an der Erstellung der Ausschreibungsunterlagen zur Folge haben, dass dieser gegenüber den übrigen Wettbewerbern in Hinblick auf den Auftragsgegenstand und die Auftragsbedingungen über einen (unberechtigten) Informationsvorsprung verfügt.[865]

Die Verwaltung muss dafür sorgen, dass vor Zuschlagserteilung zwischen dem Projektanten und den anderen Verfahrensteilnehmern Informationsgleichstand besteht, indem sie allen Teilnehmern sämtliche wettbewerbsrelevanten Informationen rechtzeitig bekannt gibt.[866] Im eigenen Interesse hat sie Zeitpunkt und Umfang der Informationsweitergabe genau zu dokumentieren, um im Bedarfsfall den Informationsgleichstand aller Verfahrensteilnehmer nachweisen zu können. Grenze der Pflicht zur Information aller Verfahrensteilnehmer bildet das wettbewerbliche Vertraulichkeitsgebot, das die Beschaffungsstellen verpflichtet,

---

864 *Trapp*, IBR-online 2008, Rn. 8.

865 *Behrens*, NZBau 2006, 752 (755); *Kupczyk*, NZBau 2010, 21 (24); *Trapp*, IBR-online 2008, Rn. 8.

866 Vgl. *Behrens*, NZBau 2006, 752 (755); *Trapp*, IBR-online 2008, Rn. 8.

berechtigt erlangte Wettbewerbsvorteile eines Verfahrensteilnehmers nicht durch die Weitergabe des Angebotsinhaltes an die übrigen Beteiligten wieder zunichte zu machen.[867]

3. Zeitlicher Wettbewerbsvorteil

Unterstützungshandlungen vor Verfahrensbeginn oder in einer Verfahrensphase, die einer anderen Verfahrensphase vorausgeht, können für den Projektanten auch einen Wettbewerbsvorteil in zeitlicher Hinsicht bedeuten.[868] So hat das Unternehmen, das ein konkretes traditionelles Projekt zur partnerschaftlichen Realisierung vorschlägt, sich z.B. schon mehr Gedanken um die konkrete Umsetzung machen können als seine Konkurrenten, die erst in einer späteren Phase dem Verfahren beitreten. Ebenso ist möglich, dass ein Unternehmen über einen Zeitvorteil verfügt, da es sich schon länger als die übrigen Verfahrensteilnehmer mit den Ausschreibungsunterlagen gedanklich auseinandersetzten konnte.

Unberechtigte Zeitvorteile eines Projektanten kann der öffentliche Auftraggeber in der Regel durch eine großzügige Bemessung der Fristen kompensieren,[869] die bei der Erstellung der Angebote oder zur Ergänzung der Ausschreibungsunterlagen gewährt werden und für alle Verfahrensteilnehmer identisch sein müssen. Es kann für die vollständige Neutralisierung einer zeitlichen Wettbwerbsverzerrung auch mal erforderlich sein, dass die Beschaffungsstelle einem Beteiligten individuell Verfahrensunterlagen überlässt.[870] In diesem Fall ist dem Privaten für die Durchsicht eine ausreichend lange Bearbeitungsfrist zu gewähren.

4. Entschädigungsleistungen

Wie bereits angedeutet,[871] kann der Vertraulichkeitsgrundsatz eine Mitursache dafür sein, dass ein Wettbewerbsvorteil zugunsten des Projektanten eintritt oder einzutreten droht. So kann ein vorbefasstes Unternehmen gegenüber den übrigen Verfahrensteilnehmern dadurch in eine bevorzugte Verfahrensposition geraten, dass die Beschaffungsstellen aufgrund des wettbewerblichen Vertraulichkeitsgrundsatz verpflichtet sind, den Projektanten für die allgemeine Weiternutzung der individuell erarbeiteten Auftragsbedingungen und Ausschreibungsunterlagen im anschließenden Verfahrensabschnitten zu entschädigen. Die Entschädigungsleistung kann verschiedene Formen annehmen. Grundsätzlich ist sowohl eine

867 Siehe zum Vertraulichkeitsgebot, S. 131 f.

868 *Behrens*, NZBau 2006, 752 (755); *Trapp*, IBR-online 2008, Rn. 8.

869 Vgl. *Behrens*, NZBau 2006, 752 (755); *Trapp*, IBR-online 2008, Rn. 8.

870 Vgl. *Trapp*, IBR-online 2008, Rn. 8.

871 Siehe S. 180 f.

Entschädigung in Form eines finanziellen Ausgleiches als auch die Einräumung eines verfahrensrechtlichen Sonderrechtes zugunsten des betroffenen Unternehmens denkbar.[872]

Während die Erlangung eines Wettbewerbsvorteils für den weiteren Verfahrensablauf durch eine geldliche Entschädigung kaum möglich erscheint, tritt bei der Gewährung eines verfahrensrechtlichen Sonderrechts in der Regel ein Wettbewerbsvorteil ein. Der Grund dafür liegt darin, dass das verfahrensrechtliche Sonderrecht – das unterschiedliche Formen annehmen kann (z.B. Recht zur Teilnahme an einer nachfolgenden Verfahrensphase, Recht zum Überspringen einer Verfahrensphase oder Eintrittsrecht in den Vertrag nach Zuschlag) – unmittelbar die Verfahrensposition des begünstigten Privaten verbessert und damit seine Chance auf Erhalt des Zuschlages erhöht. Die Gewährung eines wettbewerblichen Vorteils ist gerade Sinn und Zweck der Gewährung des verfahrensrechtlichen Sonderrechts für den Projektanten und darf von der Beschaffungsstelle deshalb nicht wieder vollständig ausgeglichen werden. Die Beschaffungsstellen haben deshalb vor der Entscheidung für ein verfahrensrechtliches Sonderrecht zu prüfen, dass das gewählte Belohnungs- und auch Anreizinstrument unter Berücksichtigung des konkret zu vergebenden Auftrags in Einklang mit dem freiheitssichernden Aspekt des Wettbewerbs im Interesse der übrigen Verfahrensteilnehmer steht und verhältnismäßig ist.

Die Vergabestelle handelt im eigenen Interesse, wenn sie ihre Entscheidung für ein Sonderrecht gut begründet, da verfahrensrechtliche Sonderrechte ihrer Natur nach die Gefahr der vergaberechtswidrigen Ungleichbehandlung der übrigen Verfahrensbeteiligten in sich bergen und die Wettbewerbsverzerrung bis hin zur Zuschlagsentscheidung fortdauern kann. Fühlen die Mitkonkurrenten sich wettbewerblich benachteiligt, werden sie bestenfalls ein Nachprüfungsverfahren anstrengen. Im schlechtesten Fall werden sie sich aber erst gar nicht am Verfahren beteiligen, so dass die Funktion des Wettbewerbs als Instrument zur effektiven und effizienten öffentlichen Aufgabenerfüllung nicht genutzt und das Prinzip der ordnungsgemäßen öffentlichen Aufgabenerfüllung verletzt sein kann. Die Gemeinden sind gerade bei öffentlichen Ausschreibungen von Kulturpartnerschaften gut beraten, jedes Risiko zu vermeiden, das eine Verminderung des privaten Beteiligungsinteresses an der ausgeschriebenen kulturellen institutionalisierten Öffentlich Privaten Partnerschaft bewirken könnte. Traditionelle Kultureinrichtungen sind ihrer Natur nach grundsätzlich keine wirtschaftlich lukrativen öffentlichen Vorhaben und der Bietermarkt deshalb schon von vornherein eher begrenzt. Diesen limitierten Wettbewerb um die kulturelle Partnerschaft haben die Gemeinden durch die Entscheidung für eine öffentliche Ausschrei-

872 Siehe hierzu im Einzelnen: Anreiz- und Kompensationsinstrumente, S. 336 ff.

bung selbst künstlich erzeugt. Sie sollten ihn durch bedacht gesetzte Anreiz- und Belohnungsmechanismen[873] kontinuierlich weiter ankurbeln und nicht durch eine diskriminierende Verfahrensausgestaltung wieder einschränken.

IV. Ergebnis

Mit § 4 V VOF wurde in das deutsche Vergaberecht eine Vorschrift eingefügt, die keine konkrete Lösung für die Projektantenproblematik enthält. Der Gesetzgeber hat den Tatbestand und die Rechtsfolge vielmehr bewusst interpretationsoffen formuliert und es dem Rechtsanwender überlassen, für jede Projektantenhandlung unter Berücksichtigung der *Fabricom*-Rechtssprechung des EuGH eine Lösung in Übereinstimmung mit den allgemeinen Vergaberechtsgrundsätzen, insbesondere der Gleichbehandlung und Verhältnismäßigkeit sowie dem Wettbewerbsprinzip, zu finden.

Die allgemeinen Vergaberechtsgrundsätze kommen bei Ausschreibungsverfahren auf primärrechtlicher Grundlage ausschließlich und unmittelbar zur Anwendung, so dass der § 4 V VOF für die Lösung des kulturellen Projektantenkonflikts direkt nicht weiterhilft. Die vorgenommene Interpretation der Norm hat dennoch an zwei Punkten Erkenntnisse geliefert, die für das vorliegende Arbeitsthema von Bedeutung sind.

So hat die Untersuchung ergeben, dass Projektantenkonflikte durch einen problembewussten Aufbau und eine entsprechende Ausgestaltung des Vergabeverfahrens grundsätzlich lösbar sind. Die Europäischen Kommission vertritt in ihrem Grünbuch zu den Öffentlich Privaten Partnerschaften und den gemeinschaftlichen Rechtsvorschriften für öffentliche Aufträge und Konzessionen aus dem Jahr 2004 im Kapitel über die privat initiierten Öffentlich Privaten Partnerschaften eine vergleichbare Auffassung.[874] Die Gestaltungsoffenheit des Verfahrens zur Vergabe öffentlicher Aufträge auf primärrechtlicher Grundlage ist für eine interessengerechte Problemlösung der kulturellen Projektantenproblematik von großem Vorteil. So können die Gemeinden den ihnen eingeräumten weiten verfahrensgestalterischen Spielraum nutzen und ein Mustervergabeverfahren zur Suche nach einem privaten Kulturpartner schaffen, bei dem die Mithilfe der Privaten bei Entwurf und Planung der traditionellen Kultureinrichtung ein regelmäßiger Bestandteil des Verfahrens und sämtliche Planungsphasen ein Teil des Ausschreibungsgegenstandes sind. Eine einmal dieser Form vorgenommene verfahrensrechtliche Konfliktlösung auf alle öffentlichen Ausschreibungen von kul-

873 Siehe dazu im Einzelnen S. 336ff.

874 Vgl. Kommission, Grünbuch PPP 2004, Rn. 40f.

turellen Public Private Partnerships anzuwenden, führt zu mehr Rechtssicherheit im Interesse aller Beteiligten.

Ferner wurde festgestellt, dass es den Gemeinden vergaberechtlich grundsätzlich erlaubt ist, den ausgewählten privaten Projektvorschlag und die in Zusammenarbeit mit den Unternehmen erstellten Planungsunterlagen im weiteren Verfahrensverlauf als allgemeine Ausschreibungsunterlagen zu verwenden. Allerdings sind die Gemeinden aufgrund des Vertraulichkeitsgrundsatzes verpflichtet, das oder die betroffenen Unternehmen für das in der Planung enthaltene rechtlich geschützte Know-how angemessen zu entschädigen. Eine angemessene Entschädigung[875] für die allgemeine Weiternutzung der individuell erarbeiteten Planungsunterlagen verlangt auch das Prinzip der ordnungsgemäßen Aufgabenerfüllung. Im Gegensatz zum Wettbewerbsprinzip erfordert es die Entschädigung zwar nicht in ihrer Funktion als Belohnungs-, sondern als Anreizinstrument: Die Entschädigung als Anreizinstrument hat den Zweck, auf dem wettbewerblich limitierten Markt für traditionelle Kultureinrichtungen in allen Planungsphasen eine ausreichende Wettbewerbssituation zu erzeugen und während der gesamten Verfahrensdauer aufrecht zu erhalten. Bei der Entscheidung, welche der Belohnungs- und Ausgleichsinstrumente in das Verfahren integriert werden sollen, haben die Gemeinden darauf zu achten, dass diese mit dem Gleichbehandlungsgrundsatz, dem Verhältnismäßigkeitsgrundsatz und dem Wettbewerbsprinzip im Individualinteresse der Mitkonkurrenten in Einklang stehen.[876]

B. Einzellösungen

Bei der Untersuchung der Projektantenregelung des § 4 V VOF wurde festgestellt, dass die Gemeinden die kulturspezifische Projektantenproblematik am besten bewältigen können, wenn sie die vergaberechtlichen Konflikte formalisieren und mithilfe eines geeigneten Verfahrensaufbaus sowie darin eingebauter Anreiz- und Belohnungsmechanismen lösen. Es wird deshalb nun geprüft, ob die aus dem deutschen Vergaberecht bekannten Verfahrensarten und die im übrigen angewandten Rechtsfiguren weitere, ins Detail gehende Aufschlüsse darüber liefern, wie das Verfahrens zur Vergabe einer kulturellen Public Private Partnership unter Berücksichtigung der Anforderungen des aktivierenden Kulturstaates vergaberechtskonform ausgestaltet werden kann.

Die Prüfung wird in zwei Schritten durchgeführt: Zunächst wird nach Lösungsansätzen zur Handhabung des kulturspezifischen Projektantenkonflikts

875 Siehe hierzu auch S. 138.

876 Siehe dazu im Einzelnen: Anreiz- und Kompensationsinstrumente, S. 336 ff.

im Zusammenhang mit der Schaffung eines privaten Projektvorschlagsrechts gesucht **(I)**. Im Anschluss daran ist dieselbe Untersuchung für die gleichberechtigte Zusammenarbeit von Gemeinden und den potentiellen privaten Partnern während der gesamten Planungsphase einer traditionellen Kultureinrichtung durchzuführen **(II)**.

I. Privates Projektvorschlagsrecht

Die deutschen Vergaberechtsnormen enthalten weder ein privat initiiertes Vergabeverfahren noch sind aus der bisherigen deutschen Vergaberechtspraxis öffentliche Projekte bekannt, die als private initiierte Öffentlich Private Partnerschaften qualifiziert werden könnten.[877] Sucht man jedoch nicht speziell nach Initiativrechten, sondern hebt auf die Markterkundungsfunktion ab, die das private Projektvorschlagsrecht übernehmen würde, kennt das deutsche Vergaberecht durchaus der eigentlichen Ausschreibung vorausgehende Verfahren: das Markterkundungsverfahren und das Interessenbekundungsverfahren.

1. Markterkundungs- und Interessenbekundungsverfahren

Die Verfahren der Markterkundung und Interessenbekundung sind zwei Verfahrensinstrumente des deutschen Ausschreibungswesens, die vor oder auch während der Vorbereitungs- und Planungsphase einer öffentlichen Ausschreibung durchgeführt werden können.[878] Wie bereits dargelegt[879] dienen sie der beschaffenden Verwaltung zur frühzeitigen Erlangung von Informationen über die Leistungsfähigkeit und Leistungswilligkeit des Marktes bezüglich der konkret zu vergebenden öffentlichen Aufgabe sowie zum Erhalt von privaten Stellungnahmen zu möglichen Realisierungsmodellen, Ausführungsvarianten und Kostengesichtspunkten zum Zwecke der Erstellung geeigneter Ausschreibungsunterlagen.

Das Interessenbekundungsverfahren ist in § 7 II 3 BHO und entsprechenden Vorschriften der Haushaltsordnungen mancher Länder[880] geregelt und dient den Vergabestellen vorwiegend zur Befragung der Unternehmen über wirtschaftliche Möglichkeiten der Projektrealisierung.[881]

Das Verfahren der Markterkundung ist im nationalen Recht nicht ausdrücklich normiert. Das Gemeinschaftsrecht kennt jedoch mit dem „technische Dialog" i.S.d. 8. Erwähnungsgrundes der VKR ein vergaberechtliches Vorverfahren, das

---

877 Vgl. HDBI, Stellungnahme Grünbuch PPP – Frage 9.

878 Vgl. *Hausmann/Bultmann*, Vergaberechtsleitfaden 2007, S. 22

879 Siehe: Verfahrensrechtliche Anforderungen und Konsequenzen, S. 169 ff.

880 Z.B. § 7 III 2 ThürLHO; § 7 II 2 HessLHO; § 7 III HamLHO; § 7 II 3 BlnLHO.

881 Vgl. *Hausmann/Bultmann*, Vergaberechtsleitfaden 2007, S. 23.

dem Markterkundungsverfahren entspricht. Danach dürfen die mitgliedstaatlichen öffentlichen Auftraggeber auf dem freien Markt Meinungen und Stellungnahmen einholen, die sie für die Erstellung geeigneter Verdingungsunterlagen benötigen.

Das nichtförmliche Markterkundungsverfahren und das förmlicher aufgebaute Interessenbekundungsverfahren[882] liefern der Verwaltung insbesondere bei rechtlich und wirtschaftlich anspruchsvollen Vorhaben erste wichtige Hinweise für die Realisierbarkeit eines Vorhabens und geben hilfreiche Anhaltspunkte für eine zielgerichtete Ausgestaltung des auszuschreibenden Projekts.[883] Die Verfahren zur Markterkundung dürfen von der Verwaltung jedoch nur als Mittel zur Vorbereitung und zweckentsprechendem Aufbau des Vergabeverfahrens genutzt werden; während des laufenden Vergabeverfahrens ist die Markterforschung dagegen unzulässig.[884] Der Vorgang der Markterkundung muss streng vom anschließenden Vergabeprozess getrennt werden.[885]

Nachteil der in Deutschland bekannten Verfahren zur Markterkundung ist ihre Unverbindlichkeit, und zwar sowohl für die Verwaltung als auch für die daran beteiligten Unternehmen.[886] Die Unternehmen werden nur dann Zeit und Geld in Planungsleistungen investieren sowie belastbare wirtschaftliche und rechtliche Informationen erteilen, wenn für sie – ihr generelles Interesse am Projekt vorausgesetzt – aufgrund der erbrachten Vorleistung eine verbesserte Beteiligungschance an der späteren Realisierung des Vorhabens erwächst.[887] Das Fehlen jeglicher Bindungen für die öffentliche Hand führt entsprechend zu geringem privatem Teilnahmeinteresse und die fehlende Bindung für die Unternehmen zu entsprechend unzuverlässigem Datenmaterial.[888]

Die Arbeitskosten, die für die Teilnahme anfallen, werden den Unternehmen in Deutschland nicht erstattet, wodurch die aus der Unverbindlichkeit herrührenden Nachteile weiter verstärkt werden. Das gilt insbesondere für Sachverhaltskonstellationen, in denen der öffentliche Auftraggeber hohe Anforderungen an den Ausarbeitungsgrad der informativen Beiträge der Marktteilnehmer stellt und – wie es beim Interessenbekundungsverfahren die Regel ist – für die Ein-

882 Vgl. *Hausmann/Bultmann*, Vergaberechtsleitfaden 2007, S. 23. Das Interessenbekundungsverfahren und das Markterkundungsverfahren werden im Folgenden gemeinsam als „Verfahren zur Markterkundung" bezeichnet.

883 PPP-Bundesgutachten BMVBS Band I 2003, S. 34.

884 Vgl. PPP-Bundesgutachten BMVBS Band I 2003, S. 33.

885 Vgl. *Hausmann/Bultmann*, Vergaberechtsleitfaden 2007, S. 22.

886 Vgl. *Hermes/Michel*, Die Verwaltung 2005, 177 (194).

887 Vgl. *Hermes/Michel*, Die Verwaltung 2005, 177 (192).

888 Vgl. *Hermes/Michel*, Die Verwaltung 2005, 177 (192, 194).

reichung bereits weitgehend ausgearbeiteter Angebote verlangt.[889] Die deutschen Verfahren zur Markterkundung sehen auch keine Belohnungs- und Anreizinstrumente anderer Art für die teilnehmenden Unternehmen vor. Belohnungs- und Anreizinstrumente wären jedoch bei bestimmten Auftragsgegenständen und je nach Umfang der erfragten Informationen aufgrund des wettwerblichen Vertraulichkeitsgebots und des Prinzips der ordnungsgemäßen öffentlichen Aufgabenerfüllung erforderlich.[890]

Die strikte Trennung von Markterkundung einerseits und der Ausschreibung des öffentlichen Vorhabens anderseits hat zur Folge, dass die bei Markterkundungen auftretenden Projektantenkonflikte[891] in Deutschland bisher nicht in allen Fällen gleich und anhand eines verfahrensimmanenten und damit formalisierten Ansatzes gelöst werden.

Für die Vergabe von kulturellen Public Private Partnerships im Einklang mit dem Modell des aktivierenden Kulturstaates ist an der bisherigen deutschen Praxis weiter nachteilig, dass weder das Markterkundungsverfahren noch das Interessenerkundungsverfahren Raum für eine private Projektinitiative lassen. Beide Verfahren beginnen mit der Verteilung sog. Informationsmemoranden von Seiten der Verwaltung, in denen der Projektgegenstand fest umschrieben und alle wesentlichen Rahmenparameter für das öffentliche Vorhaben bereits zusammengefasst dargestellt sind.[892]

2. Zwischenergebnis

Die Verfahren zur Markterkundung des deutschen Vergaberechts erlauben nicht, dass Projektvorschläge eingereicht werden, die auf einer Eigeninitiative der privaten Marktteilnehmer beruhen. Darüber hinaus ist die Markterkundungsfunktion aufgrund fehlender Verbindlichkeit und fehlender Anreiz- und Belohnungsinstrumente nicht besonderes effektiv.

Daraus ist für den vorliegenden Untersuchungszweck *argumentum e contrario* zu entnehmen, dass die Gemeinde bei der Ausgestaltung des Verfahrens zur Vergabe einer kulturellen Öffentlich Privaten Partnerschaft einerseits dafür sorgen sollten, bereits in der Phase der Markterkundung eine gewisse inhaltliche Verbindlichkeit für die teilnehmenden Unternehmen zu schaffen. Zudem sollten sie sich sie sich selbst binden. Idealerweise wäre die Markterkundung zu formalisie-

889 PPP-Bundesgutachten BMVBS Band I 2003, S. 33; *Hermes/Michel*, Die Verwaltung 2005, 177 (194).

890 Siehe hierzu S. 336 ff.

891 Vgl. *Hausmann/Bultmann*, Vergaberechtsleitfaden 2007, S. 23; *Hermes/Michel*, Die Verwaltung 2005, 177 (193); PPP-Bundesgutachten BMVBS Band I 2003, S. 34.

892 Vgl. *v. Dithfurth*, PPP-Erste Schritte, S. 30.

ren und als Eventualphase in das öffentliche Ausschreibungsverfahren zu integrieren.

II. Partnerschaftliche Kooperation bei der gesamten Projektplanung

Die Einbeziehung von Privaten in die Projektplanung und ihre Mithilfe bei der Erstellung der Ausschreibungsunterlagen ist dem deutschen Vergaberechtsregime nicht völlig fremd. Das deutsche Vergaberecht kennt verschiedene Verfahrensarten, in denen die Beschaffungsstellen das private Know-how in den Planungsphasen der Ausschreibung zumindest teilweise nutzen dürfen. Diese Verfahrensarten könnten möglicherweise für die Lösung des kulturspezifischen Projektantenkonflikts Erkenntnisse liefern.

1. Verhandlungsverfahren

a. Anforderungen an die Ausschreibungsunterlagen

Im Vorfeld öffentlicher Ausschreibungen müssen die staatlichen Beschaffungsstellen grundsätzlich Vorplanungsleistungen erbringen, indem sie die Leistungspflicht des potentiellen Vertragspartners im Vorfeld definieren[893] und den für die Bewertung der privaten Angebote notwendigen Entscheidungsmaßstab festlegen.[894] Die VOB/A und die VOL/A bezeichnen die Vorplanungsunterlagen als *„Leistungsbeschreibung"* (§ 7 VOB/A, § 8 EG-VOL/A), die VOF als *„Aufgabenbeschreibung"* (§ 6 VOF). Sie sind Bestandteil der allgemeinen Ausschreibungsunterlagen.

Die Leistungsbeschreibungen i.S.d. VOB/A und i.S.d. VOL/A werden je nach Umfang der Vorplanungsleistungen, die der öffentliche Auftraggeber zu erbringen hat, begrifflich nochmals untergliedert. Je nachdem ob diesem umfassende oder reduzierte Vorplanungspflichten obliegen, wird in der Vergaberechtspraxis zwischen detailliert beschriebenen, sog. inputspezifizierten Leistungsbeschreibungen und teilfunktionalen oder totalfunktionalen, sog. outputspezifizierten Leistungsbeschreibungen unterschieden.[895]

aa. Inputspezifizierte Leistungsbeschreibung

Inputspezifizierte Leistungsbeschreibungen sind im Anwendungsbereich der Vergabekoordinierungsrichtlinie der Regelfall, und ihre Verwendung deshalb –

893 Vgl. *Kapellmann*, Kapellmann/Messerschmidt, VOB/VgV-Kommentar, § 7 VOB/A, Rn. 56.
894 *Prieß*, NZBau 2004, 20 (21).
895 Vgl. *Storz/Frank*, PPP-Eignungstest 2004, S. 14.

im Gegensatz zur Verwendung outputspezifizierter Leistungsbeschreibungen – nicht besonders begründungsbedürftig.[896]

Bei der inputspezifizierte Leistungsbeschreibung sind die Vergabestellen zur eindeutigen und erschöpfenden Leistungsbeschreibung verpflichtet (vgl. § 7 I Nr. 1 VOB/A, § 8 I EG-VOL/A). Sie müssen dafür neben der Grundlagenermittlung die Vorentwurfsplanung und Entwurfsplanung des zu vergebenden Projekts und eine ins Detail gehenden Ausführungsplanung erstellen.[897] Auch die Ausführungsplanung ist hier stets Aufgabe des öffentlichen Auftraggebers, während die Aufgabe der Verfahrensteilnehmer lediglich darin besteht, ihre Preise in das Leistungsverzeichnis einzusetzen oder anderweitig anzugeben,[898] also ein Preisangebot abzugeben.

Die hohen planerischen Anforderungen, die das nationale Vergaberecht an die Vorleistungen der öffentlichen Auftraggeber stellt, haben ihren primärrechtlichen Rechtsgrund in den allgemeinen Vergaberechtsgrundsätzen der Gleichbehandlung und Transparenz sowie dem Wettbewerbsprinzip.[899] Durch größtmögliche Bestimmtheit der Ausschreibungsunterlagen hinsichtlich Leistungsumfang und Leistungsinhalt soll sichergestellt werden, dass den Bietern die sichere und einwandfreie Preisermittlung ihres Angebotes und dem öffentlichen Auftraggeber die Kalkulierbarkeit und Vergleichbarkeit der eingehenden privaten Angebote möglich sind.[900]

bb. Outputspezifizierte Leistungsbeschreibung

Die Outputspezifizierten Leistungsbeschreibung erfordert dagegen von den öffentlichen Auftraggebern in geringerem Maße eigene Planungsleistungen. Sie enthält weder detaillierte Vorgaben für die Unternehmen hinsichtlich der Angebotsausarbeitung, noch eine detaillierte Bewertungsgrundlage für den öffentlichen Auftraggeber in Hinblick auf die zu treffende Zuschlagsentscheidung.

Vor dem Hintergrund der allgemeinen Vergaberechtsgrundsätze muss die Verwendung einer outputspezifizierten Leistungsbeschreibung durch den zu vergebenden Auftragsgegenstand und die konkret vorliegenden Umstände gerechtfertigt sein. In § 7 Nr. 13 VOB/A heißt es insoweit, dass *„es nach Abwägen aller Umstände zweckmäßig [sein muss] auch den Entwurf für die Leistung dem Wettbewerb zu unterstellen, um die technisch, wirtschaftlich und gestalterisch beste sowie funktionsgerechte Lösung [...] zu ermitteln."*

896 *Kapellmann,* Kapellmann/ Messerschmidt, VOB/VgV-Kommentar, § 7 VOB/A, Rn. 56.

897 Vgl. *Kapellmann,* Kapellmann/Messerschmidt, VOB/VgV-Kommentar, § 7 VOB/A, Rn. 57.

898 Vgl. *Planker,* Kapellmann/Messerschmidt, VOB/VgV-Kommentar, § 13 VOB/A, Rn. 12.

899 *Prieß,* NZBau 2004, 20 (22).

900 Vgl. *Prieß,* NZBau 2004, 20 (22).

Im Mittelpunkt von outputspezifizierten Leistungsbeschreibungen steht ein bestimmter vordefinierter Leistungserfolg, während der Weg zu diesem Erfolg offen gelassen wird.[901] Dadurch entsteht Spielraum für die Nutzung des Innovationspotentials, der Kreativität und des Know-hows der Privatwirtschaft für die Planung des öffentlichen Projektes.[902] Die Verwaltung formuliert in den Ausschreibungsunterlagen lediglich die Mindestanforderungen und Rahmenbedingungen für das Projekt, welche die Unternehmen im Verfahren planerisch zu konkretisieren und weiter auszugestalten haben.

Dennoch müssen auch outputspezifizierte Leistungsbeschreibungen gewisse Bestimmtheitsanforderungen erfüllen. Der öffentliche Auftraggeber kann aus diesem Grund nicht gänzlich von eigener Planungstätigkeit absehen und die Planung sowie Konzeptionierung der öffentlichen Leistung insgesamt auf die Bieter übertragen.[903] Der öffentliche Auftraggeber muss vor dem Beginn einer öffentlichen Ausschreibung vielmehr festlegen, anhand welcher Kriterien er die privaten Angebote bewerten wird, und das Leistungsziel, die Rahmenbedingungen sowie die wesentlichen Einzelheiten der öffentlichen Leistung in einer Weise bekannt geben, dass mit Änderungen nicht mehr zu rechnen ist.[904] Der Grund für diese Grundplanungspflicht der öffentlichen Hand liegt darin, dass auch bei funktionalen Leistungsbeschreibungen Missverständnisse bei den Bietern vermieden werden müssen, um sicherzustellen, dass miteinander vergleichbare und objektiv bewertbare Angebote abgegeben werden.[905]

Eine der Unterkategorien der outputspezifizierten Leistungsbeschreibung ist die teilfunktionale Leistungsbeschreibung. Die Beschaffungsstelle gibt hier nicht alle Planungsebenen aus der Hand, sondern erbringt die Entwurfsplanung vollständig oder zumindest größtenteils allein, und unterstellt lediglich die Stufe der Ausführungsplanung einem privaten Ideenwettbewerb.[906] Die Grundlagenermittlung und die Vorentwurfsplanung erbringt die Beschaffungsstelle in diesen Fällen weiterhin in eigener Verantwortung, so dass das technische, wirtschaftliche, gestalterische und funktionale Know-how der Privatwirtschaft bei den ersten Planungsstufen nicht genutzt werden kann. Der Bestimmtheitsgrad des Auftragsgegenstandes ist bei teilfunktionalen Leistungsbeschreibungen wesentlich höher als bei totalfunktionalen Leistungsbeschreibungen, so dass sie auch

901 *Büllesfeld*, KommJur 2009, 161 (166); *Storz/Frank*, PPP-Eignungstest 2004, S. 14.
902 Vgl. *Storz/Frank*, PPP-Eignungstest 2004, S. 14; *Büllesfeld*, KommJur 2009, 161 (166).
903 OLG Düsseldorf, Beschluss vom 12.02.2001 – Verg 14/00 = NZBau 2003, 60.
904 OLG Düsseldorf, Beschluss vom 12.02.2001 – Verg 14/00 = NZBau 2003, 60.
905 Vgl. OLG Düsseldorf, Beschluss vom 12.02.2001 – Verg 14/00 = NZBau 2003, 60.
906 Vgl. *Kapellmann*, Kapellmann/Messerschmidt, VOB/VgV-Kommentar, § 7 VOB/A, Rn. 91.

bei den streng formal ausgestalteten Vergabearten des Offenen und Nichtoffenen Verfahrens zum Einsatz kommen.[907]

Bei der totalfunktionalen Leistungsbeschreibung erfolgt eine umfangreichere Einbeziehung der Privaten in die Planungsphase des öffentlichen Projekts. Charakteristisch für öffentliche Ausschreibungen auf Basis einer totalfunktionalen Leistungsbeschreibung ist, dass Planung, Entwurf und Ausführung des Projektes eng miteinander verkoppelt und verschiedene Planungsebenen in den Wettbewerb einbezogen werden.[908] Die Ausführungsplanung wird hier dem Wettbewerb um die beste private Lösung unterstellt und auch die Entwurfsplanung sowie ein Teil der Vorentwurfsplanung sind Bestandteil des Ausschreibungsgegenstandes. Vor dem Hintergrund der Geltung der allgemeinen Vergaberechtsgrundsätze ist eine Leistungsbeschreibung, bei welcher die Anforderungen an den Bestimmtheitsgrad derart herabgesetzt sind, nur bei bestimmten Auftragsgegenständen zu rechtfertigen. Es ist notwendig, dass der öffentlichen Auftraggeber über unzureichendes eigenes Know-how in technischer, wirtschaftlicher, rechtlicher, gestalterischer und funktionaler Hinsicht verfügt und aufgrund Art und Umfang des Auftragsgegenstandes die Planung deshalb nicht selbständig bewältigen kann.[909]

Bei freiberuflichen Leistungen sind die beschriebenen Sachverhaltskonstellationen der Regelfall. Das erklärt, warum das Verhandlungsverfahren auf Basis einer outputspezifizierten Aufgabenbeschreibung für die Vergabe von freiberuflichen Leistungen das Standardverfahren ist (vgl. § 3 I VOF). Die unterschiedliche Begriffswahl für die Ausschreibungsunterlagen in der VOB/A und in der VOL/A einerseits und in der VOF anderseits ist also keine gesetzgeberische Ungenauigkeit, sondern hat seinen Grund darin, dass die Ausschreibungsunterlagen aufgrund der divergierenden Anforderungen der jeweiligen Auftragsgegenstände grundsätzlich inhaltlich in Art, Umfang und Detaillierungsgrad voneinander abweichen.[910]

Im Anwendungsbereich der VOB/A und VOL/A werden outputspezifizierte Leistungsbeschreibungen insbesondere öffentlichen Ausschreibungen zugrunde gelegt, die nach den Regeln des Verhandlungsverfahrens durchgeführt werden. Entsprechend kommen sie insbesondere bei der Vergabe von Öffentlich Privaten Partnerschaften zur Anwendung,[911] da das öffentliche Vorhaben zum Zwecke der Prozessoptimierung auf einem ganzheitlichen Projektansatz beruht und der

907 Vgl. *Burbulla*, NJOZ 2008, 211 (220f.); *Drömann*, NZBau 2007, 751 (753).

908 Vgl. *Kapellmann*, Kapellmann/Messerschmidt, VOB/VgV-Kommentar, § 7 VOB/A, Rn. 76.

909 Vgl. *Kapellmann*, Kapellmann/Messerschmidt, VOB/VgV-Kommentar, § 7 VOB/A, Rn. 82.

910 Vgl. *Prieß*, NZBau 2004, 20 (23).

911 Vgl. *Storz/Frank*, PPP-Eignungstest 2004, S. 14; *Drömann*, NZBau 2007, 751 (753); *Burbulla*, NJOZ 2008, 211 (220).

öffentliche Auftraggeber aufgrund der damit einhergehenden rechtlichen und wirtschaftlichen Komplexität des Auftrages die Planung in der Regel nicht selbständig bewältigen kann. Das gilt zumindest so lange, als dem öffentlichen Auftraggeben für den konkret ausgeschriebenen Beschaffungsgegenstand keine standardisierten Public Private Partnership-Musterverträge zur Verfügung stehen.[912]

cc. Zwischenergebnis

Bei der Vergabe von Öffentlich Privaten Partnerschaften werden die Verfahrensteilnehmer bereits in die Planung des öffentlichen Vorhabens einbezogen, da diese grundsätzlich auf der Grundlage einer funktionalen Leistungsbeschreibung im Verhandlungsverfahren ausgeschrieben werden dürfen. Die funktionale Leistungsbeschreibung wird im laufenden Verfahren mithilfe des privaten Knowhows weiter ergänzt und der Auftragsgegenstand planerisch konkretisiert.

Ob die Unternehmen hier aber umfassend und gleichberechtigt an der Projektplanung beteiligt werden können und wenn ja, ob der damit einhergehende Projektantenkonflikt gleich verfahrensrechtlich mit gelöst wird, muss im Folgenden anhand einer eingehenden Untersuchung des Aufbaus des Verhandlungsverfahrens geprüft werden.

b. Gemeinsame Planungsleistungen im Verhandlungsverfahren

Im Geltungsbereich der VOB/A und VOL/A müssen die deutschen Beschaffungsstellen öffentliche Aufträge oberhalb der Schwellenwerte in der Regel nach der streng formalisierten Vergabearten des Offenen Verfahrens ausschreiben (vgl. § 3a II i.V.m. § 3 II VOB/A, § 3 I EG-VOL/A). Aufgrund der hier bestehenden-Pflicht, eine inputspezifizierte Leistungsbeschreibung zu verwenden, und der einhergehenden Geltung des Nachverhandlungsverbotes wird eine faire, den freien Wettbewerb sichernde Vergabe in transparenter Weise sichergestellt.[913] Das gestaltungsoffene Verhandlungsverfahren ist in den VOB/A und VOL/A als Ausnahmeverfahren normiert und seine Anwendung unterliegt entsprechend strengen Voraussetzungen.[914]

Bei öffentlichen Ausschreibungen von freiberuflichen Leistungen, ebenso wie im Bereich der Sektorenrichtlinie, zählt das Verhandlungsverfahren dagegen zu den ordentlichen Vergabeverfahren (vgl. § 3 I VOF, Art. 40 II i.V.m. Art. 1 IX SKR). Der Grund dafür liegt darin, dass die Beschaffungsstellen hinsichtlich der zu ver-

912 Vgl. *Drömann*, NZBau 2007, 751 (753).

913 Vgl. *Schenke/Klimpel*, DVBl 2006, 1492 (1493).

914 Vgl. Kommission, Grünbuch PPP 2004, Rn. 24 in Bezug auf Öffentlich Private Partnerschaften.

gebenden Auftragsgegenstände regelmäßig über zu wenig fachliches Know-how verfügen. Sie sind grundsätzlich nicht in der Lage, das öffentliche Projekt in eigener Verantwortung hinreichend konkret zu planen, so dass die Konkretisierung des Leistungsgegenstandes und der Vertragsbedingungen im Verhandlungswege mit den Privaten für die eine ordnungsgemäße öffentliche Aufgabenerfüllung erforderlich wird.[915] Das Nachverhandlungsverbot gilt bei der gestaltungsoffenen Vergabeart des Verhandlungsverfahrens nicht.[916] (Nach-)Verhandlungen zwischen öffentlicher und privater Hand sind hier vielmehr integrierter Bestandteil des Verfahrensablaufes.

Es ist also vergaberechtlich anerkannt, dass die Zusammenarbeit der potentiellen Vertragspartner in bestimmten Sachverhaltskonstellationen bei der Planung des öffentlichen Projektes und der abschließenden Definierung der Auftragsbedingungen für eine ordnungsgemäße öffentliche Aufgabenerfüllung unerlässlich ist.[917] Die daraus resultierenden Einschränkungen bei den allgemeinen Vergaberechtsgrundsätzen der Transparenz und Gleichbehandlung sowie des Wettbewerbsprinzip sind in den Grenzen der Verhältnismäßigkeit sachlich gerechtfertigt.

aa. Verfahrensablauf

Unter „Verhandlung“ wird im Zivilrecht der Meinungsaustausch über den Anspruch und die den Anspruch begründenden Umstände verstanden, wobei die Verhandlungsparteien grundsätzlich bereit sein müssen, von ihren ursprünglichen Positionen abzurücken.[918] Das weite zivilrechtliche Begriffsverständnis ist nicht eins zu eins auf das Vergaberecht übertragbar, da es sich beim Vergaberecht um eine zwischen dem öffentlichen und dem Privatrecht stehende Rechtsmaterie handelt, mit der Folge, dass die Verwaltung von bestimmten vergaberechtlichen oder sonstigen öffentlich-rechtlichen Vorgaben nicht abweichen darf.[919] Im Rahmen der öffentlich-rechtlichen Grenzen sind jedoch echte Verhandlungen über den Auftragsgegenstand, den Auftragsinhalt und die Auftragsbedingungen zwischen den potentiellen Vertragspartnern zulässig.[920] „Verhandlungen“ bedeuten also auch im vergaberechtlichen Sinne einen Meinungsaustausch zwischen zwei gleichberechtigten Vertragsparteien, an dessen Ende eine von beiden Seiten tragbare Projektlösung steht. Mit „Verhandlungen“ kann dagegen nicht gemeint

915 Vgl. *Schütte*, ZfBR 2004, 237 (238).
916 Vgl. *Planker*, Kapellmann/Messerschmidt, VOB/ VgV-Kommentar, § 15 VOB/A, Rn. 30.
917 Vgl. *Schütte*, ZfBR 2004, 237 (237).
918 Vgl. *Grothe*, Münchner Kommentar BGB, § 203 BGB, Rn. 5.
919 Vgl. *Kramer*, NZBau 2005, 138 (138).
920 Vgl. *Kramer*, NZBau 2005, 138 (138); *Michel/Braun*, NZBau 2009, 688 (688).

sein, dass der öffentliche Auftraggeber seine vertraglichen Vorstellungen für die Öffentlich Private Partnerschaft vollständig durchsetzt und eine Projektplanung damit einseitig diktiert, die das Unternehmen zwingend zu akzeptieren hat. Das Verhandlungsergebnis und die vertragliche Umsetzung werden vielmehr regelmäßig einen Kompromiss darstellen, für den beide Parteien von ihren ursprünglichen Vertragsvorstellungen zumindest in geringfügiger Weise haben abrücken müssen.

Das Verhandlungsverfahren gliedert sich in zwei Schritte:[921] eine Aufforderungsphase und eine Verhandlungsphase.

(1) Aufforderungsphase

Die Aufforderungsphase ist ähnlich förmlich ausgestaltet wie das Offene und das Nichtoffene Verfahren,[922] und wird allein von der öffentlichen Hand vorbereitet und ausgeführt. Verhandlungen und Gespräche zwischen den potentiellen Vertragspartnern finden im Verhandlungsverfahren nur im zweiten Verfahrensabschnitt, der Verhandlungsphase, statt.

Die Verfahrensart des Verhandlungsverfahrens ist einschlägig, wenn die Beschaffungsstelle vor Beginn des Ausschreibungsverfahrens nicht in der Lage ist, den Auftragsgegenstand und die Auftragsbedingungen abschließend zu bestimmen.[923] Der öffentliche Auftraggeber kann hier keine detaillierten und erschöpfenden Verdingungsunterlagen erstellen und darf entsprechend eine outputspezifizierte Leistungsbeschreibung verwenden. Das Bestimmtheitsgebot gilt dennoch, wenn auch mit Abstrichen, so dass die öffentliche Hand verpflichtet ist, ein Mindestmaß an Vorplanung im Vorfeld der öffentlichen Ausschreibung in eigener Verantwortung zu erbringen.[924] Sie muss selbständig eine konzeptionelle Lösung entwerfen sowie bestimmte Rahmenbedingungen und Eckdaten für die zu vergebende Leistung definieren, bevor sie die privaten Teilnehmer durch Ausgabe der outputspezifizierten Leistungsbeschreibung zu Gesprächen auffordert.[925] Die vollständige Verlagerung der Grundlagenermittlung und Vorentwurfsplanung in die Verhandlungsphase ist dem öffentlichen Auftraggeber beim Verhandlungsverfahren vergaberechtlich untersagt, da bei einer gänzlichen Übertragung von Planung und Konzeptionierung der Leistung auf die Bieter am Ende der Verhandlungsphase keine Bewertung der privaten Angebote auf objektiver Grundlage möglich wäre.

921 *Stickler/Kallmayer*, Kapellmann/Messerschmidt, VOB/VgV-Kommentar, § 3a VOB, Rn. 63.
922 *Müller/Veil*, VergabeR 2007, 298 (302); *Schütte*, ZfBR 2004, 237 (237).
923 *Pünder/Franzius*, ZfBR 2006, 20 (24); *Müller/Veil*, VergabeR 2007, 298 (302).
924 *Ueckritz/Otting*, NVWZ 2005, 1105 (1108); vgl. auch *Kus*, VergabeR 2006, 851 (863).
925 Vgl. *Pünder/Franzius*, ZfBR 2006, 20 (24); *Kus*, VergabeR 2006, 851 (863).

(2) Verhandlungsphase

Die Verhandlungsphase, die das Verhandlungsverfahren charakterisiert, beginnt in der Regel mit dem Eingang von ersten indikativen Angeboten von Seiten der teilnehmenden Unternehmen.[926]

Gegenstand und genauer Ablauf der Verhandlungsphase werden weder durch die Vergabekoordinierungsrichtlinie noch durch das rein deutsche Vergaberecht normativ näher bestimmt. In der Ausgestaltung der Verhandlungsphase sind die öffentlichen Auftraggeber deshalb weitgehend frei und nur an Vorgaben gebunden, die sich aus den allgemeinen Vergaberechtsgrundsätzen ergeben.[927]

Hinsichtlich des Gegenstands der Verhandlungsgespräche besteht Einigkeit, dass die potentiellen Vertragspartner über Auftragsinhalt, über die Auftragsbedingungen und über den Angebotspreis verhandeln dürfen.[928] Die Verhandlungsrunden stellen einen dynamischen Prozess dar, in dem sich Änderungen sowohl auf der Nachfrage- als auch der Angebotsseite ergeben können.[929] Die Gespräche werden so lange fortgesetzt bis feststeht, wie die Leistung konkret beschaffen sein soll, zu welchen Konditionen der Private zu ihrer Erbringung bereit ist und zu welchem Preis.[930] Die Vorentwurfsplanung des öffentlichen Projekts wird also in Zusammenarbeit von öffentlichem Auftraggeber und Privaten zunächst um eine Entwurfsplanung und anschließend um eine Ausführungsplanung ergänzt. Der Auftragsgegenstand erhält auf diese Weise schrittweise zunächst einen mit der inputspezifizierten Leistungsbeschreibung vergleichbaren Bestimmtheitsgrad,[931] bevor der Zuschlag auf das wirtschaftlichste Angebot erteilt wird. Ziel der Verhandlungen beim Verhandlungsverfahren ist also nicht primär die Erstellung von allgemein anwendbaren Ausschreibungsunterlagen, sondern die Auftragsvergabe als solche.[932]

Da sich die verfahrensrechtlichen Bindungen allein aus den allgemeinen Vergaberechtsgrundsätzen ergeben, ist es den Vergabestellen möglich, den Ablauf des Verhandlungsverfahrens nach eigenem Ermessen zu strukturieren und ihn an den Grundsätzen der Praktikabilität und Effizienz[933] sowie den besonderen Anforderungen des konkreten Auftragsgegenstandes auszurichten.[934]

926 *Michel/Braun*, NZBau 2009, 688 (688 f.).

927 *Schütte*, ZfBR 2004, 237 (239).

928 Vgl. *Kramer*, NZBau 2005, 138 (139); *Schütte*, ZfBR 2004, 237 (239).

929 *Schütte*, ZfBR 2004, 237 (239); *Müller/Veil*, VergabeR 2007, 298 (302).

930 *Schütte*, ZfBR 2004, 237 (239); *Michel/Braun*, NZBau 2009, 688 (689).

931 *Michel/Braun*, NZBau 2009, 688 (689); *Kapellmann*, Kapellmann/Messerschmidt, VOB/VgV-Kommentar, § 9 VOB/A, Rn. 57 im Zusammenhang mit der inputspezifizierte Leistungsbeschreibung

932 *Knauff*, EuZW 2004, 141 (142); *Pünder/Franzius*, ZfBR 2006, 20 (24).

933 *Schütte*, ZfBR 2004, 237 (239).

934 Vgl. *Kramer*, NZBau 2005, 138 (139).

Die deutsche Vergaberechtspraxis kennt drei Verfahrensvarianten für die Verhandlungsphase. Alle drei sind umstritten. Unabhängig davon, für welche der Varianten sich die Beschaffungsstelle entscheidet, ist sie aufgrund der Grundsätze der Transparenz und Gleichbehandlung verpflichtet, den gewählten Verfahrensablauf sowie die geltenden Verfahrensregeln den Marktteilnehmern mitzuteilen und davon nicht willkürlich wieder abzuweichen.[935]

(a) Parallelverhandlung mit mehreren Bietern

Die erste Ausgestaltungsvariante ist eine parallele Verhandlungsführung zeitgleich mit mehreren Bietern.[936]

Die Entscheidung für diesen Verfahrensablauf verlangt vom Auftraggeber eine große Disziplin. Parallelverhandlungen sind nicht nur zeitaufwändig und Kräfte zehrend, sondern stellen auch hohe Anforderungen an die Dokumentation des Verhandlungsprozesses sowie die Sicherstellung der Einhaltung des wettbewerblichen Vertraulichkeitsgebotes.[937] Die Beschaffungsstellen sind zur strikten Getrennthaltung der Parallelverhandlungen verpflichtet, denn sie würden gegen den Grundsatz der Gleichbehandlung und den individuell-freiheitssichernden Aspekt des Wettbewerbsprinzips verstoßen, wenn sie die Ideen eines Bieters den übrigen zugänglich machen oder in sonstiger Weise in die Verhandlungen mit den Konkurrenten einbeziehen.[938]

Die Pflicht zur Getrennthaltung der einzelnen Verhandlungsgespräche hat zur Folge, dass mit Fortschreiten der Konkretisierung von Auftragsinhalt und Auftragsbedingungen sich die jeweiligen Vertragslösungen immer weiter voneinander entfernen. Das ist einerseits von Vorteil für den öffentlichen Auftraggeber, da ein effektiver Wettbewerb um die beste Lösung entsteht und er am Ende der Verhandlungen aus einer großen Bandbreite an verschiedenen Planungskonzepten auswählen kann. Anderseits wird jedoch die objektive Vergleichbarkeit der Angebote für die Verwaltung immer schwieriger,[939] und damit erhöht sich die Gefahr der Verletzung des Gleichbehandlungsgrundsatzes sowie des Wettbewerbsprinzips. Entsprechend erhöht sich auch die Wahrscheinlichkeit, dass einer der unterlegenen Verfahrensteilnehmer ein Nachprüfungsverfahren einleitet. Tatsächlichen oder gefühlten Ungleichbehandlungen kann die Vergabestelle nur durch einen ausreichenden Grad an objektiver Vergleichbarkeit der privaten Angebote entgegensteuern, und in der Aufforderungsphase Eckpunkte hinsicht-

935 Vgl. *Willenbruch*, NZBau 2003, 422 (424); *Schütte*, ZfBR 2004, 237 (240).
936 *Kramer*, NZBau 2005, 138 (139).
937 *Kramer*, NZBau 2005, 138 (139).
938 *Kramer*, NZBau 2005, 138 (139); *Willenbruch*, NZBau 2003, 422 (424).
939 Vgl. *Willenbruch*, NZBau 2003, 422 (424).

lich Inhalt und Umfang der Leistung festschreiben, an die alle Verfahrensbeteiligten sowie die Verwaltung selbst in den Verhandlungen gebunden sind.[940] Je umfangreicher und detaillierter jedoch die von der Beschaffungsstelle vorgegebenen Rahmenvorgaben sind, desto stärker ist die Verhandlungsfreiheit der Verfahrensbeteiligten eingeschränkt und desto weniger kann das planerische Fachwissen der Privaten genutzt werden. Die Beschaffungsstelle muss in jedem Einzelfall, angepasst auf den konkreten Auftragsgegenstand einen angemessenen Ausgleich zwischen der Festlegung einer ausreichenden Anzahl an Eckpunkten und Bewertungskriterien und der Gewährung von Spielräumen zur Freisetzung und Nutzung des Know-hows, des Innovationspotentials und der Ideen der Privatwirtschaft finden.

Um das Vergabeverfahren bei dieser Ausschreibungsvariante zu einem sinnvollen Abschluss zu bringen, wird in der vergaberechtlichen Literatur teilweise vorgeschlagen, am Ende der Verhandlungsphase allen Bietern die Gelegenheit zu geben, auf Grundlage der individuellen Ergebnisse ein sog. letztes Angebot in schriftlicher Form einzureichen.[941] Die Beschaffungsstelle hat die letzten Angebote anhand der in der Leistungsbeschreibung festgesetzten Bewertungsparameter zu überprüfen und demjenigen Bieter den Zuschlag zu erteilen, der das wirtschaftlichste Angebot abgegeben hat.[942]

(b) Schrittweise Reduzierung der Verhandlungsteilnehmer

Eine zweite, in der deutschen Vergaberechtspraxis sehr häufig verwendete Variante für die Verhandlungsphase ist die schrittweise Reduzierung der Verhandlungsteilnehmer.[943]

Der öffentliche Auftraggeber fordert auch hier zunächst mehrere Unternehmen zur Aufnahme von Verhandlungen auf, sondert aber im Verhandlungsprozess nach und nach diejenigen Bieter aus, deren Angebote inhaltlich und wirtschaftlich so weit hinter den anderen Angeboten zurückbleiben, dass die Aussicht auf die Zuschlagserteilung gering ist.[944] Die Führung von Verhandlungen im Vergabeverfahren ist für den öffentlichen Auftraggeber mit großem Zeit- und Kostenaufwand verbunden. Grundsätzlich werden mehrere Verhandlungsrunden durchgeführt und die beteiligten Bieter müssen umfangreiche Planungsleistungen erbringen, was sich in entsprechend höheren Angebotspreisen niederschlägt.

---

940 *Kramer*, NZBau 2005, 138 (139).

941 *Kramer*, NZBau 2005, 138 (140).

942 Vgl. *Kramer*, NZBau 2005, 138 (140).

943 *Willenbruch*, NZBau 2003, 422 (424); *Kramer*, NZBau 2005, 138 (140); *Schütte*, ZfBR 2004, 237 (240).

944 *Kramer*, NZBau 2005, 138 (140).

Die schrittweise Reduzierung der privaten Verhandlungspartner, die zu erheblichen finanziellen Einsparungen führen kann, ist oft geradezu zwingend.[945]

Die Entscheidung für diesen Verfahrensablauf hat jedoch den Nachteil, dass der Verhandlungsspielraum der Parteien gegenüber der ersten Verfahrensvariante reduziert ist, da nach jeder Veränderung des Leistungsinhaltes die Frage zu stellen ist, ob nicht möglicherweise einer der ausgeschiedenen Bieter auf die geänderten Anforderungen hin ein wirtschaftlicheres Angebot abgeben hätte.[946] Es besteht die Gefahr der Verletzung des Gleichbehandlungsgrundsatzes. Je weniger Abänderungen erfolgen, desto geringer ist diese Gefahr der Ungleichbehandlung zum Nachteil der ausgeschiedenen Verfahrensteilnehmer und desto geringer ist die Gefahr der Einleitung eines Nachprüfverfahrens. Damit im Verhandlungsprozess zwischen den potentiellen Vertragspartnern also möglichst wenige Änderungen nötig werden, muss die Vergabestelle vor Beginn dieser Verhandlungsvariante hinreichend bestimmte Rahmenvorgaben festlegen.

Nachteilig an dieser Verfahrensgestaltung ist weiter, dass der Verhandlungsdruck auf die verbleibenden Bieter mit jedem ausscheidenden Verfahrensteilnehmer sinkt. Die Konkurrenzsituation nimmt ab und der Wettbewerb als Instrument zur Auswahl des besten Vertragspartners kann nicht bis zur Zuschlagsentscheidung effektiv genutzt werden.[947] Diese nachteilige Wirkung kann die Beschaffungsstelle vermeiden, indem sie die Bieter nicht endgültig vom Verfahren ausschließt, sondern die Gesprächsfortführung lediglich zeitlich befristet zurückstellt.[948] In diesem Fall verpflichtet das Wettbewerbsprinzips den öffentlichem Auftraggeber, während des gesamten Verfahrens im Blick zu behalten, ob nicht ein oder mehrere der zurückgestellten Bieter wieder zu Verhandlungen aufgefordert werden müssen, da begründeter Anlass besteht, dass sie ein wirtschaftlicheres Angebot abgeben werden als die im Verfahren verbliebenen Beteiligten.[949]

Bis zur Vergaberechtsreform im Jahr 2006 bestand in Deutschland Einigkeit darüber, dass die Verfahrenswahl der sukzessiven Verringerung der Verhandlungspartner nichts anderes bedeuten kann, als dass der Auftraggeber am Ende auch nur mit einem Bieter verhandeln darf.[950] Die Zulässigkeit der Gestaltung des Verhandlungsverfahren als sog. *Preferred bidder*-Verfahren wird aufgrund des veränderten Wortlautes der § 3 VI 3 EG-VOL/A (§ 3a III VOL/A a.F.) und § 3a

945 Vgl. *Kramer*, NZBau 2005, 138 (139); *Schütte*, ZfBR 2004, 237 (240); *Müller/Veil*, VergabeR 2007, 298 (311).

946 *Müller/Veil*, VergabeR 2007, 298 (312); *Kramer*, NZBau 2005, 138 (140).

947 *Müller/Veil*, VergabeR 2007, 298 (311 f.).

948 Vgl. *Schütte*, ZfBR 2004, 237 (240).

949 Vgl. *Willenbruch*, NZBau 2003, 422 (424 f.); *Kramer*, NZBau 2005, 138 (140).

950 Vgl. *Kramer*, NZBau 2005, 138 (140); *Schütte*, ZfBR 2004, 237 (240); *Willenbruch*, NZBau 2003, 422 (424).

VII Nr. 2 VOB/A heute von Teilen der vergaberechtlichen Literatur abgelehnt.[951] In den genannten Normen heißt es nunmehr: „*In der Schlussphase des Verfahrens müssen so viele Angebote [Hervorhebung durch den Verfasser] vorliegen, dass ein echter Wettbewerb gewährleistet ist, sofern eine ausreichende Anzahl von geeigneten Bewerbern vorhanden ist.*" Vorliegend muss dieser Meinungsstreit nicht weiter erörtert werden, da es sich bei den genannten Verfahrensnormen um gesetzliche Konkretisierungen der prozessualen Vorgaben des primären Vergaberechts handelt, die nur bei der Vergabe von öffentlichen Aufträgen im Geltungsbereich der Vergabekoordinierungsrichtlinie unmittelbar zur Anwendung kommen. Die Neuregelungen ändern dagegen nichts an dem Umstand, dass eine *Preferred bidder*-Verfahrensgestaltung mit den allgemeinen Vergaberechtsgrundsätzen im Einklang steht,[952] und folglich die Beschaffungsstellen ein Vergabeverfahren auf primärrechtlicher Grundlage auch weiterhin entsprechend ausgestaltet dürfen. Diese Rechtsansicht findet zudem eine Stütze in § 3 II VOF, dessen Wortlaut im Zuge der Reform nicht verändert wurde und somit auch bei der Vergabe von freiberuflichen Leistungen das *Preferred bidder*-Verfahren vergaberechtlich weiterhin zulässig ist.

(c) Kombination der ersten beiden Ausgestaltungsvarianten

Bei der dritten Ausgestaltungsvariante, die in der Literatur vereinzelt vorgeschlagen wird,[953] handelt es um eine Kombination der ersten beiden Verfahrensvarianten. Die Beschaffungsstelle nimmt hier zunächst auf der individuellen Grundlage der eingereichten indikativen Angebote Gespräche mit allen Verfahrensteilnehmern auf und bringt diese Parallelverhandlungen dadurch zu einem Abschluss, dass sie alle Bieter auf einer vergleichbaren Bewertungsgrundlage zur endgültigen Angebotsabgabe auffordert.[954] Anschließend bewertet sie die privaten Angebote anhand der vorgegebenen Kriterien, ermittelt das wirtschaftlichste Angebot und ernennt das Unternehmen, das das wirtschaftlichste Angebot abgegeben hat, zum *Preferred bidder.*[955] Mit dem *Preferred bidder* tritt die Beschaffungsstelle erneut in echte[956] Verhandlungen ein.[957] Das als am wirtschaftlichsten bewertete

951 *Kus*, VergabeR 2006, 851 (856); *Byok*, NJW 2008, 559 (560)

952 So auch *Willenbruch*, NZBau 2003, 422 (424); *Schütte*, ZfBR 2004, 237 (240); *Kramer*, NZBau 2005, 138 (140).

953 Vgl. *Kramer*, NZBau 2005, 138 (140 ff.).

954 *Kramer*, NZBau 2005, 138 (140).

955 *Kramer*, NZBau 2005, 138 (140).

956 Es wird hier also nicht nur ein bloßes abschließendes Aufklärungsgespräch geführt, das auch bei den förmlichen Verfahren nach Angebotsangabe gesetzlich noch zulässig ist (vgl. § 15 VOB/A, § 15 VOL/A)

957 *Kramer*, NZBau 2005, 138 (140).

Angebot kann also vor der Zuschlagsentscheidung nochmals planerisch verändert und wirtschaftlich weiter verbessert werden. Die übrigen Bieter werden in dieser Verfahrensvariante nicht endgültig ausgeschlossen, sondern die Gespräche mit ihnen sind nur zeitlich zurückgestellt.[958]

Es wird bezweifelt, dass Sachverhaltskonstellationen existieren, in denen die Wahl der dritten Ausgestaltungsvariante der Verhandlungsphase vergaberechtlich gerechtfertigt ist, da sie die Nachteile der anderen beiden Verfahrensvarianten in sich vereinigt. So müssten die Parallelverhandlungen mit allen Bietern nach möglichst kurzer Zeit und ohne große Änderungen abgeschlossen werden, um die Kosten für den öffentlichen Haushalt in einem vertretbaren Umfang zu halten und eine Angebotsabgabe auf einer objektiv vergleichbaren Bewertungsgrundlage zu ermöglichen. Die vor Verfahrensbeginn von der Beschaffungsstelle festgelegten Bewertungskriterien müssten verhältnismäßig detailliert sein, so dass kein Raum bleibt, um durch Verhandlungen das Know-how der Unternehmen und ihren Ideenreichtum planerisch optimal zum Einsatz zu bringen. Bei nur kurzen Verhandlungen ist es zudem schwierig, das tatsächlich wirtschaftlichste Angebot zu ermitteln. Die Notwendigkeit der Wiedereinbeziehung von bereits ausgeschiedenen Wettbewerbern wird entsprechend häufig eintreten oder, wenn die Einbeziehung nicht erfolgen sollte, die Zuschlagsentscheidung vermehrt angefochten werden. Eine Zeit- und Kostenersparnis wird durch diese Verfahrenswahl also kaum erreicht werden können.

bb. Eignung des Aufbaus des Verhandlungsverfahrens für die Vergabe kultureller Public Private Partnerships

Für einen Verfahrensaufbau, der den verfahrensrechtlichen Anforderungen einer aktivierenden Kulturpolitik weitestgehend entspricht, ist an der Struktur des Verhandlungsverfahrens vorteilhaft, dass ein Großteil der Projektplanung dem Wettbewerb unterworfen und damit die Privaten mit ihrem Ideenreichtum und Fachwissen in die Planung des öffentliche Vorhabens einbezogen werden. Ein weiterer Vorteil ist, dass während des Verfahrens zwischen der Vergabestelle und den privaten Verfahrensbeteiligten Verhandlungsgespräche über den Auftragsgegenstand, die Auftragsbedingungen und den Angebotspreis geführt werden. Der nach Zuschlagsentscheidung geschlossene Vertrag ist ein gemeinsam erarbeitetes Produkt beider Vertragspartner. Die rechtliche Zulässigkeit von Verhandlungsgesprächen macht es dem öffentlichen Auftraggeber und den Privaten möglich, ihre Vorstellungen zu dem gemeinsamen Projekt bereits in einer frühen Planungsphase einzubringen sowie ihr Wissen und ihre Ideen zu ergänzen. Die Fehlvor-

958 Vgl. *Kramer*, NZBau 2005, 138 (141).

stellungen des jeweils anderen können korrigiert und das gemeinsame Projekt auf diese Weise schrittweise im Interesse der Allgemeinheit planerisch weiter optimiert werden.

Da für eine private Partnerschaft an einer traditionellen Kultureinrichtung aufgrund des zu erwartenden geringen Gewinns sich im Vergleich zu anderen Public Private Partnership-Vorhaben grundsätzlich weniger Unternehmen interessieren werden, sollten die Gemeinden zur Erhöhung der Teilnehmerzahl am Vergabeverfahren und zur Schaffung einer echten Wettbewerbssituation auf Zusatzzahlungen oder sonstige Anreizmechanismen zurückgreifen.

Für die Aufrechterhaltung der künstlich geschaffenen Wettbewerbssituation ist die Wahl eines Verfahrensablaufs sinnvoll, bei dem es – vergleichbar der ersten Ausgestaltungsvariante – zu parallelen Verhandlungen mit allen interessierten Marktteilnehmern kommt. Der Verfahrensaufbau, bei dem die Teilnehmerzahl schrittweise reduziert wird, ist den Gemeinden dagegen nur in Ausnahmefällen anzuraten, z.B. wenn im Einzelfall mehr als 5 Unternehmen an der Verfahrensteilnahme interessiert sein sollten.

Aus kulturpolitischer Sicht ist am Aufbau des Verhandlungsverfahrens nachteilig, dass die öffentliche Leistung auf Grundlage einer outputspezifizierten Leistungsbeschreibung ausgeschrieben werden muss. Weder bei der teilfunktionalen noch bei der totalfunktionalen Leistungsbeschreibung kommt es zu einer partnerschaftlichen Zusammenarbeit von Gemeinden und Unternehmen bereits von den ersten grundlegenden Schritten der Projektkonzeptionierung an. Die Grundlagenermittlung und in der Regel ein Teil der Vorentwurfsplanung erbringt die Verwaltung vor Einleitung des Ausschreibungsverfahrens in alleiniger Verantwortung.[959]

Ziel der Verhandlungen zwischen den Parteien ist im Verhandlungsverfahren zudem primär die Auftragsvergabe, nicht die Erarbeitung von allgemein verwendbaren Ausschreibungsunterlagen. Als Grund für den Verzicht auf einen umfassenden Wettbewerb um das beste Planungskonzept und die Nutzung der Ressourcen der Privatwirtschaft für die gesamte Projektplanung wird angeführt, dass eigene Planungen der Beschaffungsstelle zwingend nötig seien, um eine objektive Vergleichbarkeit der Teilnehmerangebote und damit ein faires und transparentes Vergabeverfahrens sicherzustellen.[960] Die Möglichkeit, auf diese Weise im Verhandlungsverfahren eine objektive Vergleichbarkeit der privaten Angebote in transparenter Weise herzustellen, wird vom Verfasser bezweifelt. So geben die Verfahrensteilnehmer ihr letztes zuschlagsfähiges Angebot jeweils auf Grundlage der eigenen individuellen Verhandlungsergebnisse ab und zwar

---

959 Dipl-Ing. Ehret im Gespräch mit dem Verfasser; siehe auch S. 178.

960 OLG Düsseldorf, Beschluss v. 14.02.2001 Verg 14/00 = NZBau 2003, 60.

unabhängig davon, welche Ausgestaltungsvariante die öffentliche Hand für die Verhandlungsphase wählt. Folge ist, dass die für die einzelnen privaten Angebote geltenden Rahmenbedingungen immer voneinander abweichen und die endgültigen Angebote nur mäßig miteinander vergleichbar sind. Entsprechend intransparent ist die Zuschlagsentscheidung. Diese besondere Intransparenz des Verhandlungsverfahrens[961] macht das Vergabeverfahren für etwaige Nachprüfungsverfahren besonders anfällig.

Die individuelle Konkretisierung der Auftragsbedingungen und die gesonderte Ergänzung der Leistungsbeschreibung von Seiten der Verhandlungsteilnehmer sind als Projektantentätigkeiten einzuordnen.[962] Da jedoch alle Verfahrensbeteiligten sie erbringen, ist die Gefahr der Ungleichbehandlung und Wettbewerbsverzerrung im Verhandlungsverfahren herabgesetzt. Der Projektantenkonflikt wird allerdings in keiner der in Deutschland praktizierten Aufbauvarianten mithilfe einer verfahrensrechtlichen, für alle Verhandlungsverfahren gleichermaßen geltenden Lösungsansatzes vollständig bewältigt. Die deutschen Beschaffungsstellen müssen auf § 4 V VOF bzw. die entsprechende Projektantennorm zurückgreifen, um im Einzelfall transparent sicherzustellen, dass im Zeitpunkt der Zuschlagsentscheidung keiner der Verhandlungsteilnehmer über einen unberechtigten Wettbewerbsvorteil verfügt.

c. Zwischenergebnis

Bei einem Verfahrensaufbau nach den Regeln des Verhandlungsverfahrens, wie er in der deutschen Rechtspraxis gehandhabt wird, ist die kulturpolitisch erwünschte partnerschaftliche Zusammenarbeit von Gemeinden und Unternehmen während der gesamten Projektplanung und zum Zwecke der Erstellung allgemeiner Ausschreibungsunterlagen nicht möglich. Die Verhandlungsphase löst die Projektantenproblematik zudem verfahrensrechtlich nur ansatzweise und hilft bei der Lösung der kulturspezifischen Projektantenproblematik deshalb nicht weiter.

2. Wettbewerbe

Mit den Wettbewerben i.S.d. § 3 VIII EG-VOL/A und §§ 15 - 17 VOF kennt das deutsche Vergaberecht eine Verfahrensart zur Vergabe öffentlicher Aufträge oberhalb der Schwellenwerte, der nicht zwingend Ausschreibungsunterlagen

961 Vgl. *Knauff*, NZBau 2005, 249 (255).
962 Siehe hierzu S. 190 ff.

mit dem Detaillierungsgrad einer outputspezifizierten Leistungsbeschreibung zugrunde liegen.

Auftragsgegenstand von Wettbewerben – die in § 99 V GWB als Auslobungsverfahren bezeichnet werden – ist die Planerstellung für Dienstleistungen (§ 3 VIII EG-VOL/A) oder für freiberufliche Leistungen (§§ 15 ff. VOF),[963] während die öffentliche Leistung als solche Gegenstand eines sich anschließenden separaten Vergabeverfahrens ist. Wettbewerbe sind als Vergabeinstrument für Fallkonstellationen vorgesehen, in denen sich die Verwaltung eine wirtschaftliche und innovative Lösung für den öffentlichen Auftrag im Wettbewerb beschaffen möchte[964] oder wegen eigenen planerischen Unvermögens die Projektkonzeptionierung ausloben muss.[965]

Wettbewerbe, die zur Vergabe von Dienstleistungsaufträgen führen, sind normativ kaum geregelt. Die einzigen rechtlichen Verfahrensvorgaben enthält § 3 VIII a) bis d) EG-VOL/A. Auch ihre praktische Bedeutung ist gering.[966] Im Folgenden werden deshalb nur die normativ umfassender geregelten Wettbewerbe zur Vergabe von freiberuflichen Leistungen untersucht und daran überprüft, ob die Verfahrensstruktur die Vergabe kultureller Public Private Partnerships gemäß dem Politikmodell des aktivierenden Kulturstaates zulassen würde.

a. Wettbewerbe nach §§ 15 ff. VOF

In § 15 I VOF (vgl. § 20 I VOF a.F.) heißt es „*Wettbewerbe sind Auslobungsverfahren, die dazu dienen, dem Auftraggeber einen Plan oder eine Planung zu verschaffen, deren Auswahl durch ein Preisgericht aufgrund vergleichender Beurteilungen mit oder ohne Verteilung von Preisen erfolgt*“.

Auftragsgegenstand von Wettbewerben ist nicht zwingend die gesamte Planung des öffentlichen Projektes, sondern innovative Lösungsansätze können in unterschiedlichen, den Projektphasen entsprechenden Planungstiefen nachgefragt werden.[967]

Bei den sog. Realisierungswettbewerben sind die Planungsleistungen auf die Realisierung eines bestimmten Projekts ausgerichtet, für das der öffentli-

963 Die VOB/A enthält keine entsprechende Vorschrift (vgl. *Marx*, Müller-Wrede VOF-Kommentar, § 20 VOF (§ 15 VOF n.F), Rn. 1). Werden öffentliche Bauaufträge durch Wettbewerbe vorbereitet, spricht man von sog. kombinierten Wettbewerben, die jedoch gesetzlich nicht geregelt sind.

964 Vgl. *Müller-Wrede*, Müller-Wrede VOF-Kommentar, § 25 VOF (§ 15 II VOF n.F.), Rn. 2.

965 Vgl. *Marx*, Müller-Wrede VOF-Kommentar, § 20 VOF (§ 15 VOF n.F), Rn. 3.

966 Vgl. *Marx*, Müller-Wrede VOF-Kommentar, § 20 VOF (§ 15 VOF n.F), Rn. 3.

967 Die Unterscheidung zwischen Realisierungs- und Ideenwettbewerben erfolgt in RPW 2008 nicht mehr ausdrücklich, beansprucht aber nach wie vor Gültigkeit (vgl. BMVBS-Erlass zu RPW 2008, S. 6).

che Auftraggeber in eigener Verantwortung ein fest umrissenes Programm und bestimmte Leistungsanforderungen vorgegeben hat.[968] Auftragsgegenstand von Realisierungswettbewerben ist nur die Entwurfsplanung. Die vorausgehende Grundlagenermittlung und Vorentwurfsplanung wird dagegen von der Verwaltung und die nachfolgende Ausführungsplanung von einem oder mehreren der Preisträgern erbracht (vgl. § 17 I VOF).

Ziel eines sog. Ideenwettbewerbes ist dagegen die Ideenvielfalt für die Lösung einer öffentlichen Aufgabe, wobei dem Verfahren in der Regel noch kein fest umrissenes Programm zur Realisierung des Projektes zugrunde liegt.[969] Auftragsgegenstand ist hier die Grundlagenermittlung und Vorentwurfsplanung für die öffentliche Leistungserbringung, an die sich ein Realisierungswettbewerb anschließen kann, aber nicht muss.[970]

Schließt sich an den Ideenwettbewerb ein Realisierungswettbewerb an, handelt es sich um einen sog. zweistufigen Wettbewerb (vgl. § 3 III RPW 2008[971]). Mehrstufige Wettbewerbe sind dadurch kennzeichnet, dass die Planungslösung für die öffentliche Aufgabe durch die Aufeinanderfolge von mehreren Wettbewerben herbeigeführt wird, wobei auf der zweiten Stufe des Verfahrens von den Teilnehmern in der Regel eine stärkere Bearbeitungstiefe verlangt wird.[972] Konkretisierungen und Modifikationen der Aufgabenstellung sind nach Abschluss der ersten Verfahrensstufe zulässig, sofern nur der Kern der Aufgabe in der zweiten Stufe unverändert bleibt.[973] Die Anwendung von mehrstufigen Wettbewerben ist insbesondere bei komplexen Aufgabenstellungen geboten.[974]

An einen einstufigen Realisierungswettbewerb oder einen mehrstufigen Wettbewerb kann sich ein Verfahren zur Vergabe der öffentlichen Aufgabe als solche anschließen, das gemäß § 3 IV h) i.V.m. XIII EG-VOL/A, § 3 IV b) i.V.m. § 17 I VOF im Verhandlungsverfahren ohne Teilnahmewettbewerb ausgeschrieben werden darf.

Wettbewerbe sind gemäß § 9 II VOF öffentlich bekannt zu geben. Die öffentliche Bekanntmachung muss alle notwendigen Teilnahmebedingungen, die Regeln über den Verfahrensablauf und die Bewertungskriterien, anhand derer das Preis-

---

968 Vgl. *Müller-Wrede*, Müller-Wrede VOF-Kommentar, § 25 VOF (§ 15 II VOF n.F.), Rn. 32.

969 *Müller-Wrede*, Müller-Wrede VOF-Kommentar, § 25 VOF (§ 15 II VOF n.F.), Rn. 30.

970 Vgl. *Müller-Wrede*, Müller-Wrede VOF-Kommentar, § 25 VOF (§ 15 II VOF n.F.), Rn. 30.

971 Die Richtlinien für Planungswettbewerbe 2008 (RPW 2008) löste am 01.01.2009 die Grundsätze und Richtlinien für Wettbewerbe auf den Gebieten der Raumplanung, des Städtebaues und des Bauwesens (GWR 93) in der novellierten Fassung vom 20.12.2004 ab. Den RPW 2008 kommt kein Rechtsnormcharakter zu; sie haben nur eine verwaltungsinterne Bindungswirkung.

972 Vgl. *Müller-Wrede*, Müller-Wrede VOF-Kommentar, § 25 VOF (§ 15 II VOF n.F.), Rn. 33.

973 Vgl. *Müller-Wrede*, Müller-Wrede VOF-Kommentar, § 25 VOF (§ 15 II VOF n.F.), Rn. 30.

974 *Müller-Wrede*, Müller-Wrede VOF-Kommentar, § 25 VOF (§ 15 II VOF n.F.), Rn. 30.

menhang mit der öffentlichen Aufgabenerfüllung vergeben möchte. Die Rechte und Pflichten desjenigen Konkurrenten, der mit der Ausführung seiner eigenen Planungsleistungen beauftragt wird, sind gesetzlich dagegen nicht normiert. In § 8 III RPW 2008 heißt es hierzu nur: Der öffentliche Auftraggeber darf die Wettbewerbsarbeit *„für den vorgesehenen Zweck [nutzen], wenn der Verfasser mit der weiteren Bearbeitung beauftragt ist. Ansonsten verbleiben alle Rechte nach dem Urhebergesetz bei den Verfassern*".

b. Eignung des Verfahrensaufbaus von Wettbewerben für die Vergabe kultureller Public Private Partnerships

Den planerischen Anforderungen, die das aktivierende Kulturstaatsmodell an das Verfahren zur Suche nach einem privaten Kulturpartner stellt, würde durch ein Vergabeverfahren vollständig entsprochen, das ähnlich dem mehrstufigen kooperativen Wettbewerbsverfahren mit anschließendem Verhandlungsverfahren aufgebaut ist. Der Grund dafür ist, dass die gesamte Projektplanung nach und nach dem Wettbewerb unterstellt wird, so dass die potentiellen Partner der traditionellen Kultureinrichtung das Projekt von der Grundlagenermittlung an schrittweise gemeinsam planen und anschließend realisieren können.

Ein Verfahrensablauf, in dem die Leistungsvergabe das Produkt von mehreren getrennt voneinander ablaufenden Ausschreibungsverfahren ist, widerspricht jedoch dem für Öffentlich Private Partnerschaften charakteristischen ganzheitlichen Projektansatz. Bei mehrstufigen Wettbewerben wird jeder Planungsschritt getrennt von den anderen geplant und separat über ihn entschieden. Das Gesamtprojekt wird also nicht von Anfang an bereichsübergreifend in den Blick genommen. Die getrennte Ausschreibung von Planungs-, Bau- und Betriebsphase schränkt nicht nur die mit Public Private Partnerships bezweckte Prozessoptimierung ein,[981] sondern verlängert auch die Verfahrensdauer bis zur endgültigen Auftragsvergabe und verteuert damit die Gesamtmaßnahme erheblich.[982]

Auch wenn die Vergabe einer kulturellen Public Private Partnership optimaler Weise in einem einheitlichen öffentlichen Ausschreibungsverfahren stattfindet und mehrstufige Wettbewerbe deshalb als Musterverfahren ausscheiden, kann die formale Durchstrukturierung des Verfahrensablaufes als Vorbild genommen werden. Mit der Aufteilung des Auftragsgegenstandes in mehrere Planungstiefen kann die Gemeinde erreichen, dass die Unternehmen nicht von der Verfahrensteilnahme abgeschreckt werden, da von ihnen einmalig sehr umfangreiche, nicht mehr nachverhandelbare Planungsleistungen verlangt werden.

---

981 Dipl-Ing. Ehret im Gespräch mit dem Verfasser.

982 Vgl. *Goodarzi*, Vergaberechtliche Probleme bei PPP, S. 73.

Aus kulturpolitischer Sicht ist verfahrensaufbautechnisch ferner positiv zu bewerten, dass der Wettbewerb nicht nur zur Ermittlung des wirtschaftlichsten Angebots für die öffentliche Leistungserbringung genutzt wird, sondern auch als Instrument zum Erhalt des besten Planungskonzeptes. Der dadurch erreichbare Effizienzgewinn wird bei den mehrstufigen Wettbewerben jedoch teilweise wieder zunichte gemacht, indem sowohl die Entscheidung für eine der Vorentwurfsplanungen als auch die Entscheidung für eine der darauf aufbauenden Entwurfsplanungen dem Preisgericht übertragen wird. Das mehrfache Bemühen eines Preisgerichtes ist zeit- und kostenaufwändig und deshalb in Hinblick auf den öffentlichen-rechtlichen Aspekt des Wettbewerbsgrundsatzes vergaberechtlich kritisch zu beurteilen. Für die Vergabe kultureller Public Private Partnerships nach dem aktivierenden Kulturstaatsmodell kommen kulturpolitische Bedenken hinzu, da jede Entscheidung des Preisgerichtes die gemeinsame, schrittweise zu entwickelnde Planung der potentiellen Vertragspartner unterbricht und deren eigene Planungsvorstellungen durch ein externes Urteil ersetzt werden. Ein unabhängiges, pluralistisch besetztes Expertengremium, wie das wettbewerbliche Preisgericht, sollte bei der Suche nach einem privaten Kulturpartner nur an den Stellen bemüht werden, in denen es an einer objektiven Bewertungsgrundlage für die Entscheidungsfindung fehlt. Für solche Sachverhaltskonstellationen ist der Einsatz eines unabhängigen, kollegial besetzten Entscheidungsorgans – anstatt der Verwendung einer detaillierten allgemeinen Bewertungsgrundlage anwendbarer – ein alternativer vergaberechtskonformer Lösungsweg, um ein faires und transparenten Vergabeverfahren sicherzustellen.[983]

Die Planungsleistungen, die von den Wettbewerbern im Rahmen eines mehrstufigen Wettbewerbs in einer der vorgehenden Stufen erbracht wurden, sind in Hinblick auf den nachfolgenden Verfahrensabschnitt als Projektantentätigkeit zu qualifizieren, da die Auftragsbedingungen im weiteren Verfahren näher bestimmt und planerisch weiter konkretisiert werden. Die Projektantenkonflikte sind bei mehrstufigen Wettbewerben verfahrensrechtlich jedoch abgemildert, da wie im Verhandlungsverfahren nur vorbefasste Wettbewerber an der Konkretisierung der Auftragsbedingungen beteiligt sind.

Eine weitere Abmilderung erfährt der Konflikt durch das Belohnungs- und Anreizsystem, das in den § 17 VOF, § 3 IV b) VOF, § 3 IV h), XIII EG-VOL/A geregelt ist.

Möchte der öffentliche Auftraggeber die Planung eines Wettbewerbers im weiteren Verfahrensverlauf nutzen, ohne diesen jedoch selbst daran teilnehmen zu lassen, muss er ihn für seine Planungsleistungen finanziell entschädigen. Der Entschädigungsanspruch des § 17 II VOF entsteht in dem Zeitpunkt, in dem der

983 Siehe hierzu im Einzelnen S. 344 f.

Zuschlag auf Grundlage der – möglicherweise vorher abgeänderten[984] – privaten Planung ergeht. Während des laufenden Verfahrens werden die Preisträger für die allgemeine Verwendung der erbrachten Planungsleistungen dagegen mit einem Beteiligungsrecht am Verhandlungsverfahren, also einem verfahrensrechtlichen Sonderrecht, belohnt. Die Gespräche werden im Verhandlungsverfahren auch hier nicht auf Grundlage einer, der als besten befundenen, privaten Planung und damit eines einheitlichen Planungskonzepts geführt, sondern auf der Grundlage der individuell präsentierten Planungsentwürfe. Das ergibt sich aus der systematischen Auslegung von § 17 II VOF und § 17 I VOF i.V.m. § 3 IV h), XIII EG bzw. § 17 I i.V.m. § 3 IV b) VOF.

Der Entschädigungsanspruch gemäß § 17 II VOF fungiert allein als Belohnungsinstrument und nicht auch als Anreizinstrument zur Erhöhung des Beteiligteninteresses der Marktteilnehmer am Wettbewerb, da der Geldanspruch nur entsteht, wenn das Unternehmen aus dem Vergabeverfahren ausscheidet. Beide Funktionen übernehmen dagegen die automatische Teilnahmeberechtigung am Verhandlungsverfahren sowie die Aussetzung von Preisen. In diesen beiden Fällen wird das begünstigte Unternehmen für eine erbrachte Leistung belohnt, ohne dass es anschließend aus dem Verfahren ausscheidet. Die Chance auf den Zuschlag des öffentlichen Auftrages bleibt bestehen, so dass von ihnen eine Anreizwirkung zur Teilnahme am Verfahren ausgehen kann. Das Aussetzen von Preisen ist für die Beschaffungsstelle in Wettbewerben fakultativ (vgl. § 15 I VOF).

Mit den in § 17 VOF i.V.m. § 3 IV h), XIII EG-VOL/A bzw. § 17 I i.V.m. § 3 IV b) VOF vorgesehenen Anreiz- und Belohnungsinstrumenten könnten die Gemeinden bei Verfahren zur Vergabe kultureller Public Private Partnerships jedoch keine Wettbewerbssituation erzeugen, die dem Wettbewerbsprinzip einerseits und dem Prinzip der ordnungsgemäßen öffentlichen Aufgabenerfüllung anderseits gerecht werden würde. So werden stets mehrere Unternehmen für die erbrachten Planungsleistungen belohnt, anstatt dass nur der Gewinner für seine Leistung honoriert wird und seine Chance auf den Zuschlag merklich wächst. Bei traditionellen Kulturleistungen, deren Wert sich nicht nur nach unmittelbar wirtschaftlich messbaren Kriterien beurteilt, ist es verstärkt notwendig, dass die teilnehmenden Wirtschaftsunternehmen durch ihre Planungsleistungen, die sie während des Verfahrens erbringen und die zum Erfolg des traditionellen Kulturprojektes beitragen werden, ihre Chance auf die Partnerschaft und auf die Nutzung der mit der Kultureinrichtung verbundenen nichtwirtschaftlichen Vorteile spürbar verbessern können.

Die Regelungen des § 17 VOF lösen die Projektantenproblematik verfahrensrechtlich weitergehender als die Verfahrensnormen des Verhandlungsverfahrens,

984 Vgl. BMVBS-Erlass zu RPW 2008, S. 10.

was zu mehr Rechtssicherheit führt. Einen optimalen Ansatz zur Lösung des kulturellen Projektantenkonflikts enthalten jedoch auch sie nicht.

c. Zwischenergebnis

Das entscheidende Defizit von mehrstufigen kooperativen Wettbewerben liegt darin, dass sie kein einheitliches öffentliches Ausschreibungsverfahren bilden, in dem alle Planungsstufen einschließlich der öffentlichen Leistungserbringung selbst vergeben werden. Die mehrstufigen kooperativen Wettbewerbe scheiden deshalb als Vorbild für das Musterverfahren zur Vergabe einer kulturellen Public Private Partnership gemäß dem aktivierenden Kulturstaatsmodell aus.

Der Wettbewerbliche Dialog stellt dagegen ein einheitliches Vergabeverfahren dar, bei dem die Privaten ähnlich den Wettbewerben in die gesamte Projektplanung einbezogen sind und auch bei der Erstellung von geeigneten Ausschreibungsunterlagen mitarbeiten. Dieser Vergabeart könnte also möglicherweise eine Vorbildfunktion für den Verfahrensaufbau zur Vergabe einer Kulturpartnerschaft zukommen.

3. Wettbewerblicher Dialog

Durch die Vergabekoordinierungsrichtlinie aus dem Jahr 2004 wurde mit dem Wettbewerblichen Dialog eine vierte Vergabeart in den Katalog der Vergabeverfahren für europaweite öffentliche Ausschreibungen aufgenommen. Damit reagierte der europäische Gesetzgeber auf den vielfach geäußerten Vorwurf, dass die herkömmlichen Verfahren allein auf die herkömmliche Beschaffung von Waren und Dienstleistungen zugeschnitten,[985] für die Vergabe von komplex strukturierten öffentlichen Aufträgen dagegen zu schwerfällig und formalistisch seien.[986] Die Forderung nach einem kooperativen Ausschreibungsverfahren war nicht zuletzt vor dem Hintergrund laut geworden, dass Öffentlich Private Partnerschaften in ihrer Eigenschaft als neuartige Vertragsform in den letzten Jahren an Bedeutung gewonnen haben.[987]

Die Vergabekoordinierungsrichtlinie verpflichtet die Mitgliedstaaten nicht, den Wettbewerblichen Dialog als weiteres Vergabeverfahren in das Vergaberecht aufzunehmen, sondern stellt seine Einführung ist deren Ermessen. Der deutsche Gesetzgeber hat sich für die Aufnahme des Wettbewerblichen Dialogs in das deutsche Vergaberecht entschieden, der seit Inkrafttreten des ÖPP-Beschleuni-

985 Vgl. *Schenke/Klimpel*, DVBl. 2006, 1492 (1493).

986 Vgl. *Pünder/Franzius*, ZfBR 2006, 20 (20).

987 Vgl. *Schenke/Klimpel*, DVBl. 2006, 1492 (1492); *Knauff*, NZBau 2005, 249 (250).

gungsgesetz am 08.09.2005 von den deutschen öffentlichen Auftraggebern angewandt werden kann.

a. Verfahrensablauf

Verfahrensaufbautechnischer Grundgedanke des Wettbewerblichen Dialogs ist, Elemente des gestaltungsoffenen Verhandlungsverfahrens mit Elementen der streng formalisierten Vergabeverfahren in einem einheitlichen Verfahren zu kombinieren.[988] Der Wettbewerbliche Dialog ist aus diesem Grund dem Verhandlungsverfahren in Sachen Transparenz und Rechtssicherheit überlegen.

Der Wettbewerbliche Dialog ist dreiphasig aufgebaut:[989] Das Verfahren beginnt mit einer Aufforderungsphase, an die sich die für den Wettbewerblichen Dialog charakteristische Dialogphase anschließt, und endet mit einer Angebotsphase. Den Verfahrensablauf in diesem Dreierschritt zu strukturieren ist den öffentlichen Auftraggebern rechtlich vorgegeben; sie können von diesem Grundaufbau nicht abweichen.[990] Der Wettbewerbliche Dialog ist im Vergleich zum Verhandlungsverfahren also stärker durchstrukturiert und formalisiert.

aa. Aufforderungsphase

In der ersten Phase, der Aufforderungsphase, veröffentlicht die Beschaffungsstelle eine europaweite Vergabebekanntmachung, in der sie die privaten Marktteilnehmer über die Bedürfnisse und Anforderungen der zu vergebenden öffentlichen Leistung informiert.[991] Unter Bedürfnissen und Anforderungen werden allgemein gehaltene Angaben zum Auftragsgegenstand verstanden, die auch bei einer etwaig von der Beschaffungsstelle beigefügten Kurzbeschreibung den Detaillierungsgrad einer Leistungsbeschreibung nicht erreichen.[992] Vergaberechtlich zulässig ist die anfänglich nur geringfügige Bestimmtheit des zu vergebenden öffentlichen Leistungsgegenstandes, da Ziel der Aufforderungsphase und der sich anschließenden Dialogphase nicht unmittelbar die Auftragsvergabe ist, sondern das öffentliche Projekt während des Verfahrens erst geplant und schrittweise eine Leistungsbeschreibung erarbeitet wird.[993]

---

988 *Schenke/Klimpel*, DVBl. 2006, 1492 (1494).

989 *Knauff*, NZBau 2005, 249 (251); Schenke/Klimpel, DVBl. 2006, 1492 (1494); *Kus*, VergabeR 2006, 851 (857).

990 Vgl. *Knauff*, NZBau 2005, 249 (251).

991 *Pünder/Franzius*, ZfBR 2006, 20 (22); *Müller/Veil*, VergabeR 2007, 298 (300); *Kus*, VergabeR 2006, 851 (859).

992 *Müller/Veil*, VergabeR 2007, 298 (300); *Otting/Olgemöller*, NZBau 2011, 1225 (1226).

993 Vgl. *Müller/Veil*, VergabeR 2007, 298 (304); *Otting/Olgemöller*, NZBau 2011, 1225 (1226).

bb. Dialogphase

Die Dialogphase, in der die potentiellen Vertragspartner über den gesamten Auftragsgegenstand Verhandlungsgespräche führen dürfen, ist im Vergleich zur Verhandlungsphase im Verhandlungsverfahren im Wettbewerblichen Dialog weiter nach vorne verlagert. Die Parteien erbringen bereits die Grundlagenermittlung und die Vorentwurfsplanung in einem kooperativen Miteinander und konkretisieren anschließend die verschiedenen Entwurfsplanungen in Gesprächen so weit, dass sie am Ende der Verhandlungen als Grundlage für die Abgabe zuschlagsfähiger Angebote genutzt werden können.[994] Die herkömmliche Trennung zwischen Ausschreibungsvorbereitung – für die Erarbeitung der Ausschreibungsunterlagen ist grundsätzlich ausschließlich die Verwaltung zuständig – und der verfahrensrechtlichen (Nach-)Verhandlungsphase, in der die Verwaltung mit den Verfahrensteilnehmern über den Auftragsgegenstand und die Auftragsbedingungen verhandelt, ist im Wettbewerblichen Dialog aufgehoben.[995] Die Dialogpartner des Wettbewerblichen Dialoges werden in der deutschen Literatur deshalb auch als „in das Vergabeverfahren einbezogene Projektanten" bezeichnet,[996] seltsamerweise jedoch nur im Zusammenhang mit dem Wettbewerblichen Dialog. Es wäre konsequent, auch die Verfahrensteilnehmer von Verhandlungsverfahren und von kooperativen Wettbewerben als „in das Verfahren einbezogenen Projektanten" zu bezeichnen, da auch diese an der Planung des Projekts während des Verfahrens beteiligt sind.[997]

Die Projektantenproblematik ist auch im Wettbewerblichen Dialog materiellrechtlich nicht ganz bedeutungslos,[998] sondern der Konflikt ist hier – ebenso wie im Verhandlungsverfahren und bei den Wettbewerben – verfahrensrechtlich nur entschärft.[999]

Die Verfahrensteilnehmer arbeiten beim Wettbewerblichen Dialog – anders als im Verhandlungsverfahren – nicht nur bei der Ergänzung der Vertragsbedingungen und der Konkretisierung der Leistungsbeschreibung mit, sondern die Ausschreibungsunterlagen werden während des Verfahrens erstmalig gemeinsam erstellt.[1000] Die private Ausarbeitung von Planungsunterlagen in größerem Umfang ist im Wettbewerblichen Dialog der Regelfall. Entsprechend kennen die

994 Vgl. *Kus*, VergabeR 2006, 851 (860).

995 *Knauff*, NZBau 2005, 249 (250); *Müller/Veil*, VergabeR 2007, 298 (303.)

996 *Pünder/Franzius*, ZfBR 2006, 20 (24); *Müller/Veil*, VergabeR 2007, 298 (304); *Ruthig*, NZBau 2006, 137 (141); *Byok*, NJW 2008, 559 (563).

997 Siehe zum Verhandlungsverfahren, S. 191 f.

998 So aber: *Müller-Wrede/Lux*, ZfBR 2006, 327 (329); *Otting/Olgemöller*, NZBau 2011, 1225 (1228).

999 So auch: *Müller/Veil*, VergabeR 2007, 298 (303).

1000 Vgl. *Müller/Veil*, VergabeR 2007, 298 (304); *Otting/Olgemöller*, NZBau 2011, 1225 (1226).

Verfahrensnormen des Wettbewerblichen Dialogs mit § 17 II VOF vergleichbare Entschädigungsnormen. Nach § 3a IV Nr. 7 VOB/A und § 3 VII f.) EG-VOL/A (§ 6a VII VgV a.F.) sind die Beschaffungsstellen verpflichtet, den teilnehmenden Unternehmen in angemessener Höhe ihre Kosten zu erstatten, wenn sie von den Privaten für die Projektplanung ausgearbeitete Entwürfe, Pläne, Zeichnungen, Berechnungen oder andere Unterlagen verlangt haben und diese rechtzeitig vorgelegt wurden. Obwohl die Vergabekoordinierungsrichtlinie die Kostenerstattung nur fakultativ vorsieht, hat der deutsche Gesetzgeber die Erstattungsregelung verpflichtend ausgestaltet. Der Anspruch nach § 3a IV Nr. 7 VOB/A und § 3 VII f) EG-VOL/A (§6a VII VgV a.F.) ist ein Aufwendungsersatzanspruch ohne Gewinnanteil, der entsteht, wenn der von den Verfahrensteilnehmern geforderte Bearbeitungsumfang über den üblichen Bearbeitungsaufwand einer Standardausschreibung hinausgeht.[1001] Für den ideellen Wissenstransfer werden die Dialogteilnehmer dagegen nicht entschädigt.[1002]

Die gesetzliche Pflicht der Vergabestellen, den Verfahrensteilnehmer für die im Zusammenhang mit der Planung angefallenen Auslagen eine Entschädigung zu bezahlen, ist im Grundsatz positiv zu bewerten. Den Zahlungen kommt neben einer Entschädigungsfunktion auch eine Anreizfunktion zu, da das Teilnahmeinteresse der Unternehmen am Vergabeverfahren durch sie erhöht oder auch erst erweckt werden kann.[1003] Ohne ein Entschädigungs- und Anreizinstrument für Ausschreibungen im Wettbewerblichen Dialog bliebe aufgrund der hohen planerischen Anforderungen und der zeit- und kostenintensive Vorleistungen die private Beteiligungsbereitschaft in den meisten Fällen eher gering.

In der Ausgestaltung der Dialogrunden unterliegen die öffentlichen Auftraggeber kaum Beschränkungen.[1004] Sie können die Dialoge hinsichtlich Inhalt, Umfang und Dauer ähnlich gestaltungsoffen an den Erfordernissen des konkreten Auftragsgegenstandes ausrichten, wie es bei der Verhandlungsphase des Verhandlungsverfahrens möglich ist.[1005] Die dort dargestellten Ausgestaltungsvarianten sind entsprechend auch auf die Dialogphase übertragbar, so dass insoweit auf die obigen Ausführungen verwiesen werden kann.[1006] Beschränkt wird der Gestaltungsspielraum der Beschaffungsstellen nur durch die allgemeinen Vergaberechtsgrundsätze.[1007]

1001 Vgl. *Heiermann*, ZfBR 2005, 766 (779).

1002 Vgl. *Pünder/Franzius*, ZfBR 2006, 20 (25)

1003 So *Knauff*, NZBau 2005, 249 (256); im Grundsatz auch *Pünder/Franzius*, ZfBR 2006, 20 (25).

1004 *Pünder/Franzius*, ZfBR 2006, 20 (23).

1005 Vgl. *Pünder/Franzius*, ZfBR 2006, 20 (23).

1006 Siehe: Verhandlungsphase, S. 121 ff.

1007 *Müller/Veil*, VergabeR 2007, 298 (302); *Heiermann*, NZBau 2005, 766 (776).

Die Grundsätze der Gleichbehandlung und Transparenz verlangen von dem öffentlichen Auftraggeber, dass er vorab in der Vergabebekanntmachung alle Teilnehmer über den gewählten Verfahrensablauf informiert.[1008]

Aber auch bei der Bewertung der verschiedenen planerischen Lösungskonzepte haben die Vergabestellen die Grundsätze der Gleichbehandlung und der Transparenz sowie das Wettbewerbsprinzip zu beachten. Eine faire und transparente Angebotsbewertung erfolgt im Wettbewerblichen Dialog nicht auf Basis einer von Anfang an feststehenden objektiven Bewertungsgrundlage, sondern der öffentliche Auftraggeber muss in der Vergabebekanntmachung lediglich die Bedürfnisse und Anforderungen der zu vergebenden Leistung vorgeben. Die allgemeine Beschreibung der öffentlichen Leistung sowie die Zuschlagskriterien und deren Gewichtung, die entweder zusammen mit der Vergabebekanntmachung oder mit der Aufforderung zum Dialog veröffentlicht werden,[1009] sind bei Verfahrensbeginn nur grob und wenig detailliert.[1010] Erst im Laufe des Verfahrens werden (individuelle[1011]) Ausschreibungsunterlagen erstellt und die jeweiligen Auftragsbedingungen sowie Bewertungskriterien weiter präzisiert und vervollständigt[1012] Die Vergabestelle hat während des gesamten Verfahrens deshalb streng darauf zu achten, dass sie die Präzisierung der allgemeinen Bewertungskriterien[1013] oder sonstige etwaige Änderungen in den Verfahrensregelungen allen Verfahrensteilnehmer zeitgleich zur Kenntnis gibt.[1014]

Die allmähliche Präzisierung und individuelle Vervollständigung der Auftragsbedingungen durch die potentiellen Vertragspartner haben nach herrschender deutscher Rechtsansicht[1015] nicht zur Folge, dass am Ende der Dialogphase ein einziges Lösungskonzept und damit Ausschreibungsunterlagen vorliegen, die in der anschließenden Angebotsphase für alle Verfahrensteilnehmer gleichermaßen gelten. Die Dialogphase soll vielmehr bereits dann beendet sein, wenn die Beschaffungsstelle mithilfe der verschiedenen Lösungsvorschläge bestimmen kann, wie die Bedürfnisse und Anforderungen der öffentlichen Aufgabe zu befriedigen sind.[1016] In der deutschen vergaberechtlichen Literatur wird jedoch

1008 Vgl. *Pünder/Franzius*, ZfBR 2006, 20 (22).

1009 *Müller/Veil*, VergabeR 2007, 298 (300).

1010 Vgl. *Kus*, VergabeR 2006, 851 (860).

1011 Siehe hierzu sogleich.

1012 So *Kus*, VergabeR 2006, 851 (860); *Pünder/Franzius*, ZfBR 2006, 20 (22); *Klimisch*, NZBau 2011, 203 (206); dagegen: *Otting/Olgemöller*, NZBau 2011, 1225 (1228).

1013 Vgl. *Kus*, VergabeR 2006, 851 (860).

1014 Vgl. *Heiermann*, NZBau 2005, 766 (776); *Knauff*, NZBau 2005, 249 (252).

1015 BPPP, Stellungnahme zum Grünbuch PPP – Frage 2; *Knauff*, NZBau 2005, 249 (252); *Pünder/Franzius*, ZfBR 2006, 20 (24); *Müller/Veil*, VergabeR 2007, 298 (302); *Kus*, VergabeR 2006, 851 (861); *Otting/Olgemöller*, NZBau 2011, 1225 (1230).

1016 *Heiermann*, NZBau 2005, 766 (777); *Pünder/Franzius*, ZfBR 2006, 20 (23).

diskutiert, ob das wettbewerbliche Vertraulichkeitsgebot tatsächlich zwingend verlangt, dass jeder Teilnehmer sein endgültiges Angebot auf Grundlage des individuell in den einzelnen Dialogrunden ausgehandelten Verhandlungsergebnisses abgibt (sog. „Wettbewerbslösung“[1017]), mit der Folge, dass die Angebote der Dialogteilnehmer in der Angebotsphase zwangsläufig nur mäßig objektiv miteinander vergleichbar sind. Denkbar wäre auch, dass die Beschaffungsstelle sich für eine einzige der in der Dialogphase erstellten Leistungsbeschreibungen entscheidet und alle Dialogteilnehmer auf dieser einheitlichen Bewertungsgrundlage ihr endgültiges Angebot einreichen (sog. „Einheitslösung“[1018]).

Für die Ansicht, dass die Beschaffungsstelle alle Beteiligten auch auf Grundlage des am besten befundenen Planungskonzepts zur endgültigen Angebotsabgabe auffordern darf, spricht der Wortlaut des Art. 1 XI lit. c VKR. Dort heißt es: „*Der Wettbewerbliche Dialog ist ein Verfahren, bei dem [...] der öffentliche Auftraggeber einen Dialog mit den zu diesem Verfahren zugelassenen Bewerbern führt, um eine oder mehrere seinen Bedürfnissen entsprechende Lösungen herauszuarbeiten, auf deren Grundlage bzw. Grundlagen die ausgewählten Bewerber zur Angebotsabgabe aufgefordert werden.*“ Auch mit dem Wortlaut des Art. 29 VI VKR sowie des wortgleichen § 3a IV Nr. 4 VOB/A und § 3 VII d) EG-VOL/A (§ 6a VII VgV a.F.), die zum Teil nur den Plural „Lösungen“ verwenden, ist die „Einheitslösung“ grundsätzlich vereinbar.[1019] Letztlich sind es jedoch die allgemeinen Vergaberechtsgrundsätze, die darüber entscheiden, wie weit das Gestaltungsermessen der Vergabestellen reicht und wie diese demzufolge den Übergang von der Dialogphase zur Angebotsphase ausgestalten müssen. Darüber besteht Einigkeit.[1020]

Die Mehrzahl der Stimmen aus der vergaberechtlichen Literatur und Praxis lehnt die „Einheitslösung“ wegen Unvereinbarkeit mit dem Wettbewerbsprinzip ab[1021] oder steht ihr zumindest kritisch gegenüber.[1022] Als Argument wird vorgebracht, dass sich die öffentlichen Auftraggeber bei dieser Verfahrensvariante entgegen der Zielsetzung des Wettbewerblichen Dialogs frühzeitig auf eine Pla-

---

1017 *Drömann*, NZBau 2007, 751 (755).

1018 *Drömann*, NZBau 2007, 751 (755).

1019 So auch *Drömann*, NZBau 2007, 751 (755); HDBI, Stellungnahme zum Grünbuch PPP – Frage 2.

1020 HDBI, Stellungnahme zum Grünbuch PPP – Frage 2; *Müller/Veil*, VergabeR 2007, 298 (302); *Kus*, VergabeR 2006, 851 (859); *Pünder/Franzius*, ZfBR 2006, 20 (25); *Heiermann*, NZBau 2005, 766 (776); *Drömann*, NZBau 2007, 751 (756).

1021 So: BPPP, Stellungnahme zum Grünbuch PPP – Frage 2; *Knauff*, NZBau 2005, 249 (252); *Pünder/Franzius*, ZfBR 2006, 20 (24); *Müller/Veil*, VergabeR 2007, 298 (302); *Kus*, VergabeR 2006, 851 (861). Anders: *Drömann*, NZBau 2007, 751 (755); Kommission, Erläuterungen 2005, Kapitel 3.3; *Opitz*, VergabeR 2006, 451 (457); *Klimisch*, NZBau 2011, 203 (206); *Mösinger*, NZBau 2009, 695 (697).

1022 HDBI, Stellungnahme zum Grünbuch PPP – Frage 2.

nungsalternative festlegen und damit – anders als bei der „Wettbewerbslösung" – den Wettbewerb um die beste Planungslösung nicht bis zur Zuschlagserteilung nutzen kann.[1023] Dieser Einwand ist nur im Grundsatz richtig. Der Wettbewerb wird bereits in der Dialogphase zum Auffinden des besten Lösungskonzeptes eingesetzt. Diese Planungsphase kann zeitlich so ausreichend bemessen werden, dass dem Interesse der Vergabestelle am Erhalt einer kreativen und innovativen Projektkonzeptionierung entsprochen wird. Die Angebotsphase sollte dagegen für einen intensiven Wirtschaftlichkeitswettbewerb genutzt werden, der auf einer fairen, da objektivierten einheitlichen Bewertungsgrundlage erfolgt.[1024]

Der herrschenden Meinung ist insoweit zuzustimmen, als die Durchführung der Angebotsphase auf Basis einer einzigen Planungslösung grundsätzlich in einem Spannungsverhältnis mit dem Wettbewerbsprinzip und dem Prinzip der ordnungsgemäßen öffentlichen Aufgabenerfüllung steht. Es kann daraus jedoch nicht ohne weiteres geschlossen werden, dass die Ausgestaltung der Angebotsphase in der Form der „Einheitslösung" vergaberechtlich unzulässig ist.[1025] Für die Vergabestellen ergibt sich aus dem wettbewerblichen Vertraulichkeitsgrundsatz vielmehr nur die Pflicht, die Verfahrensteilnehmer vor einer unberechtigten Weitergabe des von ihnen eingebrachten Know-hows und ihrer Innovationen zu schützen. Die Vergabestelle darf deshalb die von den einzelnen Dialogpartnern eingebrachten Ideen und Vorschläge ohne deren Zustimmung weder bewusst an die übrigen Teilnehmer weitergeben noch unbewusst schrittweise in die parallel ablaufenden Dialoge einfließen lassen.[1026]

Damit die allgemeine Weiternutzung eines privaten Planungskonzeptes nicht wettbewerbswidrig ist, muss die Beschaffungsstelle also die Zustimmung des Privaten einholen (vgl. Art. 29 III letzter Absatz VKR, § 3a IV Nr. 3 VOB/A, § 3 VII b) EG-VOL/A) und ihn für die Nutzung der darin enthaltenen Ideen und Innovationen durch eine angemessene Ausgleichszahlung oder sonstige belohnende Maßnahmen angemessen entschädigen. Das gebieten das Wettbewerbsprinzip und das Prinzip der ordnungsgemäßen Aufgabenerfüllung. Der öffentliche Auftraggeber handelt nur im Falle einer angemessenen Entschädigungsleistung im Einklang mit dem Wettbwerbsprinzip im Interesse des Unternehmens, das schutzwürdiges Know-how sowie viel Zeit und Kosten für die Planerarbeitung und die Entwicklung eines innovativen Konzeptes aufgewendet hat. Der Prinzip der öffentlichen Aufgabenerfüllung verlangt eine angemessene Entschädigung des betroffenen Unternehmens hingegen deshalb, weil eine ausreichend hohe

1023 Vgl. *Knauff*, NZBau 2005, 249 (252).

1024 Vgl. *Drömann*, NZBau 2007, 751 (755); *Opitz*, VergabeR 2006, 451 (457).

1025 So auch *Drömann*, NZBau 2007, 751 (756).

1026 Vgl. *Pünder/Franzius*, ZfBR 2006, 20 (25); *Opitz*, VergabeR 2006, 451 (457); *Klimisch*, NZBau 2011, 203 (206); *Otting/Olgemöller*, NZBau 2011, 1225 (1228).

Bereitschaft der Privatwirtschaft zur Einbringung innovativer Lösungskonzepte nur zu erwarten ist, wenn ein fairer, an Wettbewerbsgesichtspunkten ausgerichteter Verfahrensablauf gewährleistet ist.[1027]

Vergaberechtlich nicht zwingend ist, dass sich der öffentliche Auftraggeber ausdrücklich eine Nutzungsermächtigung erteilen lässt. Es ist ihm ebenso erlaubt, die Zustimmung zur Weiternutzung von (Teil)Lösungen als Verfahrensbedingung zu formulieren und sich auf diese Weise bereits im Vorfeld eine generelle Erlaubnis von allen Verfahrensbeteiligten einzuholen.[1028] Im Gleichlauf mit der allgemeinen Nutzungserlaubnis muss die Vergabestelle dann aber auch die Entschädigungsmaßnahme als Verfahrensvorschrift formulieren und den Privaten einen (bedingten) Anspruch darauf einräumen. Eine verfahrensrechtlich vorgesehene Weiternutzungserlaubnis ermöglicht der Vergabestelle, in effektiver Weise und ohne Zeitverlust auf eine wertungsfreundliche Vergleichbarkeit der sich in der Dialogphase immer wieder veränderten Angebote hinzuwirken, durch die Entschädigungsregelung im Einklang mit dem Vertraulichkeitsgrundsatz zu agieren[1029] und den Wettbewerb in der Dialogphase zum Erhalt einer allgemein verwendbaren Konzeptlösung zu nutzen.[1030] Die verfahrensrechtliche Lösung ist also mit dem Wettbewerbsprinzip vereinbar.

Mit der „Einheitslösung“ ist dank der Objektivierung der Auftragsbedingungen zudem ein Gewinn an Rechtssicherheit verbunden.[1031] Dies wird wiederum die positive Folge haben, dass die Anzahl der Nachprüfungsverfahren wegen vermeintlichen Verstoßes gegen die Grundsätze der Transparenz und Gleichbehandlung zurückgeht. Bei der in der deutschen Vergaberechtspraxis bisher befürworteten „Wettbewerbslösung“ werden zeit- und kostenintensive Nachprüfungsverfahren dagegen zahlreich sein, da eine objektive Vergleichbarkeit der Angebote nur in geringem Maße möglich[1032] und gegenüber dem Verhandlungsverfahren sogar noch weiter herabgesetzt ist.

1027 Vgl. HDBI, Stellungnahme zum Grünbuch PPP – Frage 2; *Pünder/Franzius*, ZfBR 2006, 20 (25).

1028 So auch: Kommission, Erläuterungen 2005, Kapitel 3.2 Fn. 22; dagegen: *Heiermann*, NZBau 2005, 766 (777); *Stickler/ Kallmayer*, Kapellmann/Messerschmidt, VOB/VgV-Kommentar, § 3a VOB/A, Rn. 45; HDBI, Stellungnahme zum Grünbuch PPP – Frage 2.

1029 Vgl. *Knauff*, NZBau 2005, 249 (252).

1030 Die Kommission stuft die Erstellung von allgemeinen Ausschreibungsunterlagen am Ende der Dialogphase zwar nicht als Regelfall ein, schließt ihre Zulässigkeit aber auch nicht aus (vgl. Kommission, Erläuterungen 2005, Kapitel 3.3; ebenso *Stickler/Kallmayer*, Kapellmann/Messerschmidt, VOB/VgV-Kommentar, § 3a VOB/A, Rn. 47.)

1031 *Drömann*, NZBau 2007, 751 (756).

1032 Vgl. *Knauff*, NZBau 2005, 249 (252).

cc. Angebotsphase

Die Angebotsphase ist die dritte und letzte Phase des Wettbewerblichen Dialogs. Sie beendet das Ausschreibungsverfahren und führt zur Zuschlagsentscheidung durch die Vergabestelle.

Nach Abschluss der Dialoggespräche fordert die Verwaltung die Verfahrensteilnehmer auf, auf Grundlage der im Verfahren erarbeitenden Auftragsbedingungen und der konkretisierten Leistungsbeschreibung ein endgültiges, mit Preisen versehenes Angebot abzugeben, über das anschließend nicht mehr verhandelt werden darf.[1033] In der Angebotsphase ähnelt der Wettbewerbliche Dialog stark dem Offenen und dem Nichtoffenen Verfahren,[1034] worin sich seine im Vergleich zum Verhandlungsverfahren stärkere Formalisierung zeigt.

Die Beschaffungsstelle bewertet die eingereichten Angebote anhand allgemein geltender Zuschlagskriterien und erteilt auf das wirtschaftlich günstigste Angebot den Zuschlag. Ohne die Verwendung einheitlicher Ausschreibungsunterlagen in der Angebotsphase wird eine Bestimmung des wirtschaftlichsten Angebotes auf objektiver Grundlage ohne Verbleiben eines Ermessensspielraumes bei den Vergabestellen kaum möglich sein. Das in jeder Angebotsbeurteilung enthaltene wertende Element würde in diesem Fall vielmehr besonders deutlich zu Tage treten.[1035]

b. Eignung des Verfahrensaufbaus des Wettbewerblichen Dialogs für die Vergabe kultureller Public Private Partnerships

Der Wettbewerbliche Dialog gehört wie das Verhandlungsverfahren zu den gestaltungsoffenen, an die Besonderheiten des konkreten Auftragsgegenstandes anpassungsfähigen Vergabeverfahren, bei denen die Verhandlungen zwischen öffentlicher und privater Hand über den gesamten Auftragsinhalt das zentrale Element des Verfahrensablaufes bilden. Die Gemeinden dürften die Dialogphase des Wettbewerblichen Dialogs in Form von Parallelverhandlungen mit allen Verfahrensteilnehmern durchführen, die sich – wie im Zusammenhang mit dem Verhandlungsverfahren dargelegt[1036] – für die Vergabe kultureller Public Private Partnerships besonders eignen.

1033 *Kus*, VergabeR 2006, 851 (862); *Schenke/Klimpel*, DVBl. 2006, 1492 (1495); *Otting/Olgemöller*, NZBau 2011, 1225 (1230).

1034 *Stickler/Kallmayer*, Kapellmann/Messerschmidt, VOB/VgV-Kommentar, § 3a VOB/A, Rn. 47; *Klimisch*, NZBau 2011, 203 (208).

1035 *Knauff*, NZBau 2005, 249 (252).

1036 Siehe hierzu S. 217.

Kulturpolitisch gesehen, hat der Wettbewerbliche Dialog gegenüber dem Verhandlungsverfahren den Vorteil, dass die Gemeinde im Vorfeld der Ausschreibung weniger detaillierte Parameter hinsichtlich Inhalt und Umfang des Auftragsgegenstandes festsetzen muss. Sie braucht in eigener Verantwortung vielmehr nur ganz allgemein die Bedürfnisse und Anforderungen des öffentlichen Vorhabens nennen, während die Aufgabendefinierung, die gesamte Projektplanung und die schrittweise Erstellung konkreter Ausschreibungsunterlagen gerade Ziel der Gespräche zwischen den potentiellen Vertragspartnern sind. Verhandlungsgegenstand ist im Wettbewerblichen Dialog nicht nur die Entwurfsplanung und Ausführungsplanung, sondern auch die Grundlagenermittlung und Vorentwurfsplanung für das öffentliche Projekt.

Aufbautechnisch kommt dem Wettbewerblichen Dialog für die Planungsphase zur Vergabe einer kulturellen Öffentlich Privaten Partnerschaft Vorbildfunktion zu, da die Gemeinden bei einem vergleichbaren Verfahrensaufbau das traditionelle Kulturprojekt vollumfänglich gemeinsam mit den Unternehmen planen können. Die verschiedenen Planungsstufen und die endgültige Auftragsvergabe sind beim Wettbewerblichen Dialog – im Gegensatz zum mehrstufigen Wettbewerben – Bestandteile ein und desselben Vergabeverfahrens, so dass der Verfahrensaufbau auch dem ganzheitlichen Projektansatz von Public Private Partnership-Verträgen entspricht.

Vergaberechtlich betrachtet ist der Verfahrensaufbau des Wettbewerblichen Dialogs demjenigen des Verhandlungsverfahrens überlegen, da seine stärkere Strukturierung und Formalisierung zu mehr Objektivität und Transparenz des Auswahlprozesses führen[1037] und damit zu mehr Rechtssicherheit beitragen. Die Gemeinde sollte, auch wenn sie bei der Suche nach einem Kulturpartner nur an die allgemeinen Vergaberechtsgrundsätze und nicht an das einfachrechtliche Vergaberecht gebunden ist, an einem vergleichbar hohen Maße an verfahrensrechtlicher Strukturierung und Formalisierung der Zuschlagsentscheidung interessiert sein.

Die gegenüber dem Verhandlungsverfahren bestehende stärkere Formalisierung und Strukturierung des Wettbewerblichen Dialogs einerseits und die Vorverlagerung der Verhandlungsgespräche sowie der weitere Gestaltungsspielraum für die Parteien anderseits erscheinen auf den ersten Blick widersprüchlich. Ein tatsächlicher Widerspruch besteht darin jedoch nicht, da sich der weite Verhandlungsspielraum ausschließlich auf die Aufforderungs- und die Dialogphase bezieht, also auf das „Vorverfahren zur Bestimmung des Auftragsgegenstandes“ und die Erarbeitung der Leistungsbeschreibung. Das Prinzip der ordnungsgemäßen öffentlichen Aufgabenerfüllung überwiegt in diesem Verfahrensabschnitt

1037 So auch *Schenke/Klimpel*, DVBl. 2006, 1492 (1495).

gegenüber dem Wettbewerbsprinzip. Die stärkere Formalisierung betrifft dagegen die Angebotsphase am Ende des Ausschreibungsverfahrens, in der die Bieter auf Basis der im Verfahren erarbeiteten Konzeptplanung ein definitives, mit Preisen versehenes Angebot einreichen. Allein hier gilt das Nachverhandlungsverbot. Für ein möglichst wettbewerbskonformes und faires Verfahren zur Vergabe einer kulturellen Öffentlich Privaten Partnerschaft genügt, wenn die Gemeinden allein die letzte Phase der Zuschlagsentscheidung möglichst stark formalisieren und im Übrigen das Verfahren transparent und klar durchstrukturieren.

Die Gemeinden sollten nach Beendigung der individuellen Dialogrunden mit den einzelnen Unternehmen das Ausschreibungsverfahren nach der „Einheitslösung" zu Ende führen, so dass die Unternehmen ihre endgültigen Angebote auf der Grundlage einheitlicher, mit einem Verfahrensteilnehmer erarbeiteten Ausschreibungsunterlagen einreichen. Damit ist ein Gewinn an Rechtssicherheit verbunden. Die Gefahr der Einleitung eines zeit- und kostenintensiven Nachprüfungsverfahrens durch einen unterlegenen Bieter sinkt.

Den Konflikt der „Einheitslösung" mit dem wettbewerblichen Vertraulichkeitsgebot haben die Kommunen durch den Einbau von Entschädigungsregeln in die Verfahrensablauf zu lösen. Die Entschädigung muss nach Art und Umfang des geleisteten Wissenstransfers und der unternehmerischen Planungsideen angemessen sein, damit die Unternehmen Interesse zeigen, sich an der öffentlichen Ausschreibungen zur Vergabe kultureller Partnerschaften zu beteiligen. Bei vollständiger Unterlassung oder nicht angemessener Entschädigungsregel wären das Wettbewerbsprinzip und das Prinzip der ordnungsgemäßen öffentlichen Aufgabenerfüllung verletzt.

Mit einer Kompensationsregel vergleichbar mit § 3a IV Nr. 4 VOB/A und § 3 VII d) EG-VOL/A (§ 6a VII VgV a.F.), nach der die Unternehmen für die Erarbeitung von Planungsunterlagen über das übliche Maß hinaus nur durch einen Aufwendungsersatzanspruch ohne Gewinnanteil zu entschädigen sind, werden die Gemeinden bei der Vergabe kultureller Public Private Partnerships jedoch keinen vergaberechtskonformen Verfahrensablauf erzeugen können. Bei einem bloßen Aufwendungsersatzanspruch wird sich kaum eine ausreichende Anzahl an Unternehmen für die Verfahrensteilnahme interessieren, da ein Ausgleich für die untrennbar mit den eingebrachten Ideen und Lösungsvorschlägen verbundenen ideellen Werte bei einem solchen Anspruch nicht mitgezahlt wird.[1038] Ferner ist an einem Aufwendungsanspruch nachteilig, dass es sich um einen Geldanspruch handelt. Die bereits knappen Kulturhaushalte der Gemeinden würden weiter belastet und die Chance des betroffenen Unternehmens, von

1038 Vgl. *Pünder/Franzius*, ZfBR 2006, 20 (25).

den nicht rein nach ökonomischen Kriterien messbaren Vorteilen des traditionellen Kulturbetriebes zu profitieren, würde dadurch nicht erhöht.

Die Gemeinden sollten deshalb eine nichtgeldliche Entschädigung als Belohnungs- und Anreizinstrument für die Verfahrensteilnehmer vorsehen. In Betracht käme insoweit ein verfahrensrechtliches Sonderrecht, das wiederum verschiedene Formen annehmen kann (z.B. Recht zur Teilnahme an einer nachfolgenden Verfahrensphase, Recht zum Überspringen einer Verfahrensphase oder Eintrittsrecht in den Vertrag nach Zuschlag). Es ist gegenüber einer Geldentschädigung das stärkere Anreiz- und Belohnungsinstrument, da es die Verfahrensstellung des begünstigten Privaten verbessert und dessen Chancen auf den Zuschlag erhöht. Gerade bei komplexen, neuartigen und rein wirtschaftlich gesehen wenig attraktiven öffentlichen Vorhaben wie kulturellen institutionalisierten Public Private Partnerships lässt das Prinzip der ordnungsgemäßen öffentlichen Aufgabenerfüllung die Verwendung eines verfahrensrechtlichen Anreiz- und Belohnungsinstrumentes zu, da andernfalls die Beteiligungsbereitschaft des Marktes am Vergabeverfahren eher gering bleiben würde. Die Ursache dafür liegt insbesondere in der kostenintensiven Vorleistungspflicht, die den Unternehmen bei der Vergabe komplexer Aufträge obliegt. Vorbilder für ein verfahrensrechtliches Sonderrecht enthalten die Verfahrensregeln des Wettbewerblichen Dialogs nicht. Nur die Regeln über Wettbewerbe kennen mit dem Beteiligungsrecht am an sich anschließenden Verhandlungsverfahren nach § 17 I VOF i.V.m. § 3 IV h), XIII EG-VOL/A und § 17 I i.V.m. § 3 IV b) VOF das schwache verfahrensrechtliche Sonderrecht der automatischen Verfahrensteilnahme.[1039]

Auch mit den Normen über den Wettbewerblichen Dialogs ist der kulturpolitische Projektantenkonflikt folglich nicht vollständig lösbar.

C. Ergebnis des 2. Kapitels

Das deutsche Vergaberecht kennt keine Vergaberechtsinstrumente, die es den privaten Unternehmen erlauben, den Gemeinden einen Vorschlag für ein gemischtwirtschaftliches Kulturprojekt zu unterbreiten, das möglicherweise anschließend als Public Private Partnership öffentlich ausgeschrieben und realisiert wird. Das deutsche Recht hilft bei der Bewältigung des Projektantenkonflikts, der durch die Einreichung eines privaten Projektvorschlages entsteht, deshalb auch nicht weiter. Möglicherweise kann insoweit jedoch das italienische Vergaberecht Aufschlüsse liefern.

1039 Siehe hierzu im Einzelnen: Anreiz- und Belohnungsinstrumente, S. 336ff.

Für den Projektantenkonflikt, der durch die kulturpolitisch erwünschte partnerschaftliche Zusammenarbeit von Gemeinden und Unternehmen von den ersten Planungsschritten an bis zum Betrieb der traditionellen Kultureinrichtung entsteht, enthält das deutsche Vergaberecht vereinzelte übertragbare Lösungsansätze. So kann der Verfahrensaufbau des Wettbewerblichen Dialoges in seiner Grundstruktur als Leitbild zur Ausgestaltung des Verfahrens zur Vergabe kultureller Öffentlich Privater Partnerschaften nach dem Politikmodell des aktivierenden Kulturstaates fungieren. Eine vollständige interessengerechte Bewältigung des kulturspezifischen Projektantenkonflikts ist allein mit dem Verfahrensnormen des Wettbewerblichen Dialogs jedoch nicht möglich. Insbesondere muss die Gemeinde in Hinblick auf die kulturellen privaten Planungsleistungen effektivere Anreiz- und Belohnungsinstrumente vorsehen als nur einen Aufwendungsersatzanspruch. Vielleicht hilft aber auch hier das italienische Vergaberecht weiter und kennt ein Vergabeverfahren, mit dessen Hilfe der kulturpolitische Projektantenkonflikt umfassend gelöst werden kann.

3. Kapitel: Lösung der Projektantenproblematik mit Hilfe des italienischen Rechtsinstituts des *Project financing*

Die Kommission befasst sich in ihrem „Grünbuch zu Öffentlich Privaten Partnerschaften und den gemeinschaftlichen Rechtsvorschriften für Öffentliche Aufträge und Konzessionen" aus dem Jahre 2004 in einem Kapitel auch mit den privat initiierten Öffentlich Privaten Partnerschaften und verweist dabei beispielhaft auf das sog. Merloni-Gesetz des italienischen Rechts.[1040] Das sog. Merloni-Gesetz bzw. das Gesetz Nr. 109/1994 (Legge n. 109 del 11.02.1994, Legge quadro in materia di lavori pubblici, Gazzetta Ufficiale n. 41 del 19.02.1994 – Supplemento Ordinario n. 29) enthält seit seiner Neufassung vom 14.12.1998 Regelungen zur öffentlichen Projektfinanzierung – das sog. *Project financing*. Den italienischen Verwaltungsstellen wurde dadurch ein alternativer Weg zur klassischen haushaltsrechtlichen Realisierung öffentlicher Aufgaben eröffnet.

Das italienische *Project financing* ist zum einen eine Rechts- und Finanzierungsform, bei der das Projekt rechtlich und wirtschaftlich getrennt von den privaten bzw. öffentlichen Projektbeteiligten bleibt und sich im Laufe der Realisierungsphase durch die einmalig zur Verfügung gestellten Mitteln selbst finanzieren soll.[1041]

1040 Kommission, Grünbuch PPP 2004, Rn. 37, Fn. 37.

1041 Vgl. UTFP, Domanda n. 19; *Spinelli/Vecchia*, Opere pubbliche, Kapitel 2.1, S. 21; *Pasquini*, GDA 2006, 1112 (1113); *Clarich*, Gli aspetti giuridici del PF, S. 1 f.

Zum anderen ist das *Project financing* vergaberechtlich als spezielle Konzessionsart einzuordnen,[1042] mittels der staatliche Aufgaben ganz oder teilweise privat finanziert werden können. Nach neuerem italienischem Begriffsverständnis ist der Konzessionsvertrag i.S.d. *Project financing* eine Sonderform der Öffentlich Privaten Partnerschaften (vgl. Art. 3, XV-ter des Codice dei contratti pubblici 2011). Das *Project financing* soll in seiner Eigenschaft als neuartiges Handlungsinstrument ein verantwortungsbewusstes Agieren der italienischen Verwaltungsstellen fördern, da durch effizienten Einsatz staatlicher Ressourcen und unter Nutzung privaten Kapitals die Bedürfnissen und Anforderungen der Allgemeinheit leichter befriedigt werden können.[1043]

Neben der Qualifizierung des italienischen *Project financing* als besondere öffentliche Auftragskategorie und damit als Ergebnis eines Ausschreibungsverfahrens führte der italienische Gesetzgeber durch das Gesetz Nr. 145/1998 ein eigens bei der öffentlichen Ausschreibung dieser speziellen Konzessionsform anwendbares Vergabeverfahren ein: das sog. *Project financing*-Verfahren. Dem privaten Engagement wird dabei nicht nur in finanzieller, sondern auch in planerischer Hinsicht eine ganz besondere Bedeutung zugemessen.[1044]

So werden das private Know-how und die innovativen unternehmerischen Potentiale bereits bei der Grundlagenermittlung und der Vorentwurfsplanung der öffentlichen Projekte nutzbar gemacht. Die Mithilfe der Privatwirtschaft bei der Erstellung der Leistungsbeschreibung bildet einen festen Bestandteil des *Project financing*-Verfahrens.

Ein privates Initiativrecht zur Vergabe öffentlicher Vorhaben wurde dagegen erst mit der Reform im Jahr 2002 in die Verfahrensnormen eingefügt. Nach der ursprünglichen Gesetzesfassung konnten die privaten Unternehmen den Verwaltungsstellen Projektplanungsvorschläge nur für solche Vorhaben unterbreiten, die in den jeweiligen öffentlichen Planungsprogrammen bereits enthalten waren.[1045]

Das italienische Vergabeverfahren des *Project financing* in der heute gültigen Fassung sieht sowohl die Möglichkeit einer Projektinitiierung von Seiten der Privatwirtschaft als auch die Nutzung des privaten Know-hows bei der Ausarbeitung der Planungsunterlagen vor. Die Einbeziehung der Unternehmen bereits in einer sehr frühen Phase des Verfahrens charakterisiert diese spezielle öffentlichen Auftragsart des italienischen Vergaberechts und die für sie geltenden Verfahrensregeln. Aus diesem Grund lohnt es sich im Rahmen der vorliegenden Untersuchung, die Verfahrensnormen des italienischen Vergaberechts zum

1042 *Spinelli/Vecchia*, Opere pubbliche, Kapitel 2.3.2, S. 31; *Clarich*, Gli aspetti giuridici del PF, S. 3.

1043 Vgl. *Greco*, La natura giuridica del PF, Kapitel 1.

1044 Vgl. *Clarich*, Gli aspetti giuridici del PF, S. 3; *Giampaolino*, Cseep n. 4/2005, Kapitel 2.

1045 *Giampaolino*, Cseep 4/2005, Kapitel 7.

Project financing näher zu betrachten, auch wenn sie immer wieder ins Visier der Europäischen Kommission geraten sind.[1046] Da das *Project financing* eine besondere Form von Public Private Partnership mit konzessionsrechtlichen Vertragselementen ist, müssen die Verfahrensnormen mit den allgemeinen Vergaberechtsgrundsätzen des europäischen Vergaberechts in Einklang stehen.

Um das aus mehreren Phasen zusammengesetzte komplexe Vergabeverfahren[1047] verstehen, die dahinter stehende Zwecksetzung des italienischen Gesetzgebers nachvollziehen und die von der Europäischen Kommission immer wieder erhobenen Vorwürfe, die Normen des *Project financing*-Verfahrens seien mit den allgemeinen Vergaberechtsgrundsätzen unvereinbar, überprüfen zu können, genügt es nicht, die aktuell geltenden Verfahrensnormen zum Prüfungsgegenstand der vorliegenden Arbeit zu machen. Es bedarf vielmehr einer umfassenden Analyse der *Project financing*-Verfahrensnormen von ihren Anfängen an bis zur heute geltenden Fassung und einer intensiven Auseinandersetzung mit den Motiven, die den italienischen Gesetzgeber dazu bewogen haben, die einschlägigen Verfahrensregeln in den letzten Jahren mehrmals zu ändern.

A. Vorstellung und Entwicklung des italienischen *Project financing*-Verfahrens

I. Art. 37-bis ff. Legge n. 109/1994 in der Fassung vom 14.12.1998 (sog. *Merloni-ter*)

Wie bereits angedeutet,[1048] wurde das *Project financing*-Verfahren mit dem Gesetz Nr. 415 vom 14.12.1998, sog. Merloni-ter Gesetz, als neuartiges Vergabeverfahren in das italienische Recht eingeführt (Legge n. 415 del 18.11.1998 – Modifche alla legge 11 febbraio 1994, n. 109, e ulteriori disposizioni in materia di lavori pubblici, Gazzetta Ufficiale n. 284 del 4.12.1998 Supplemento Ordinario). Die a-Paragraphen der Art. 37-bis ff, die das neue Rechtsinstitut insgesamt regelten, enthielten die auf die Vergabe eines *Project financing* anwendbaren speziellen Verfahrensnormen (Artt. 37-bis, 37-ter, 37-quarter des Gesetzes n. 109/1994).

In seiner ursprünglichen Fassung setzte sich das *Project financing*-Verfahren aus drei Verfahrensphasen zusammen: einem Vorverfahren und zwei Hauptvergabeverfahren.

1046 Siehe hierzu insbesondere, S. 267 ff.

1047 Vgl. *Zuccaro*, RAS n.2/2008, 319 (321).

1048 Siehe S. 238.

1. Vorverfahren

Das Verfahren zur Vergabe eines *Project financing* begann mit einem Vorverfahren, das der Verwaltung zur Erlangung einer Machbarkeitsstudie sowie einer Vorentwurfsplanung von Seiten solcher Unternehmen diente, die vom Gesetz dafür als geeignet angesehen wurden (Art. 37-bis, I und II des l. n. 109/1994). Die Machbarkeitsstudie (*studio di fattabilità*) enthielt Daten und Informationen über das öffentliche Vorhaben in funktionaler, planungstechnischer, ausführungstechnischer, rechtlicher und wirtschaftlicher Hinsicht, die die Beschaffungsstelle in die Lage versetzen sollte, generell zu entscheiden, ob, wie, wo und wann das öffentliche Vorhaben zu realisieren ist.[1049] In der Vorentwurfsplanung (*progetto preliminare*) hingegen werden die qualitativen und funktionalen Eigenschaften des öffentlichen Vorhabens bestimmt, und ein Überblick über die zu befriedigenden Bedürfnisse sowie die damit verbundenen Leistungen gegeben. Die Entscheidung für ein Planungskonzept muss in Abgrenzung zu den ansonsten möglichen Lösungen begründet, die planungs- und verwaltungstechnische Machbarkeit dargelegt sowie eine erste Kosten- bzw. Wirtschaftlichkeitsuntersuchung vorgenommen werden (vgl. Art. 16, III des l. n. 109/1994). Die Privaten hatten bis zum 30.07.[1050] eines jeden Jahres Zeit, den Beschaffungsstellen ihre Planungsentwürfe zu unterbreiten. Die private Planung musste zwingend ein öffentliches Vorhaben betreffen, das in der sog. Dreijahresplanung oder in den sonstigen Planungsprogrammen der Beschaffungsstelle als ganz oder teilweise privatfinanzierte öffentliche Bauprojekte[1051] – als sog. *Project financing* – gekennzeichnet war (Art. 37-bis, I des l. n. 109/1994).

Die eingereichten privaten Planungsvorschläge, die nach Art. 37-bis, I des l. n. 109/1994 neben der Machbarkeitsstudie und der Vorentwurfsplanung insbesondere auch einen Wirtschafts- und Finanzierungsplan enthielten, hatte die öffentliche Verwaltung bis zum 31.10. desselben Jahres zu prüfen und zu bewerten. Der eine Teil der Prüfung bestand nach Art. 37-ter des l. n. 109/1994 aus einer Bewertung der Realisierungsfähigkeit der eingereichten privaten Vorschläge, wobei insoweit den italienischen Beschaffungsstellen der technische und wirtschaftliche Bewertungsmaßstab durch das Gesetz genau vorgegeben war. Der andere Teil der Prüfung bestand hingegen aus einer Feststellung des öffentlichen Interesses (Art. 37-ter des l. n. 109/1994).

1049 Autorità, Determinazione n.1/2009, n. 2.1.; *Ricchi*, UEA 2008, 1375 (1381).

1050 Die späteren Fassungen des Merloni-Gesetzes sahen eine Verlängerung der Einreichungsfrist bis zum 31.12. vor, wenn bis zum 30.06 keine Projektpläne bei der Verwaltung eingegangen waren.

1051 Dienstleistungskonzessionen durfen erst nach der Gesetzesreform im Jahr 2006 mit dem *Project-financing*-Verfahren vergeben werden, siehe S. 179.

Über die Rechtsnatur der vorverfahrensrechtlichen Prüfung herrschte in der italienischen Literatur und Verwaltungsrechtsprechung nie vollständige Einigkeit.

Nach einer Ansicht handelte es sich trotz einiger Besonderheiten um eine einheitliche, vollumfänglich dem Wettbewerbsrecht unterfallenden vergaberechtliche Prüfung („*para-concorsuale*"), die nur aus verwaltungsorganisatorischen Gründen in zwei Schritte aufgeteilt wurde.[1052]

Die Gegenansicht qualifizierte die Vorschlagsprüfung dagegen als eine in zwei selbständige Schritte aufzuteilende Vorprüfung, die dem eigentlichen Vergabeverfahren vorausgeht und sich aus einer dem Wettbewerbsrecht unterfallenden technischen und wirtschaftlichen ersten Prüfung und einer weiteren verwaltungsrechtlichen Ermessensprüfung zur Feststellung des öffentlichen Interesses zusammensetzt.[1053]

Der nationale italienische Verwaltungsgerichtshof *Consiglio di Stato* hat diesen Meinungsstreit im Jahr 2005 zugunsten letzterer Ansicht entschieden.[1054] Da das Urteil des *Consiglio di Stato* jedoch erst nach Einleitung zweier Vertragsverletzungsverfahren der Europäischen Kommission gegen Italien (C-2182/01 und C-412/04) und nach der Reform der Artt. 37-bis ff. des l. n. 109/1994 im Jahr 2005 (Legge n. 62 del 18.04.2005 – Disposizioni per l'adempimento di obblighi derivanti dall'appartenenza dell'Italia alle Comunità euopee. Legge comunitaria 2004, Gazzetta Ufficiale n. 96 del 27.04.2005 Supplemento ordinario n. 76) ergangen ist, mit welcher der italienische Gesetzgeber das umstrittene Vorverfahren in einem entscheidenden Punkt verändert hat, wird dieser Meinungsstreit an späterer Stelle nochmals aufgegriffen und erst dort eingehender untersucht.[1055]

2. *Hauptvergabeverfahren*

Nach der Prüfung der eingereichten privaten Projektpläne und nach Ernennung desjenigen Unternehmens zum *Promotore*, dessen Projektvorschlag nach Ansicht der Beschaffungsstelle dem öffentlichen Interesse am weitesten entsprach, hatte die Verwaltung das zweistufige Hauptvergabeverfahren öffentlich auszuschreiben (Art. 37-quater des l. n. 109/1994). Ziel dieses Verfahrensabschnittes war die Vergabe einer Baukonzession in Form eines *Project financing*.

1052 Vgl. TAR Toscana Sezione II, 02.08.2004, n. 2860, Abschnitt 3 ff. – appalti&contratti.

1053 TAR Sicilia Catania Sezione II, 26.05.2004, n. 1489 – appalti&contratti; TAR Puglia Lecce Sezione II v. 09.03.2005, n. 1319, Abschnitt 3 ff. – appalti&contratti.

1054 Consiglio di Stato sezione V, 10.11.2005, n. 6287 – appalti&contratti.

1055 Siehe: Pflicht zur Bekanntmachung der Bewertungskriterien für die Vorverfahrensentscheidung, S. 257 ff.

Die Ernennung zum *Promotore* bedeutete für den begünstigten Privaten nach der Gesetzesreform im Jahre 2002, dass er durch Ausübung des ihm zustehenden, jedoch stark kritisierten Anpassungs- und Eintrittsrechts (sog. *Diritto di prelazione*) [1056] in der zweiten Phase des Hauptvergabeverfahrens seine ursprünglichen Pläne an das beste Konkurrenzangebot anpassen durfte. In der ursprünglichen Fassung des *Project financing*-Verfahrens war das Anpassungs- und Eintrittsrecht für den *Promotore* noch nicht vorgesehen, sondern dieser erwarb nur eine Teilnahmegarantie für die zweite Stufe des Hauptvergabeverfahrens. An der ersten Phase des Hauptverfahrens beteiligte sich der *Promotore* nicht (*argomentum e contrario* Art. 37-quater, I lett. b des l. n. 109/1994).[1057] Zweck dieses ersten Hauptverfahrensabschnittes war es, die besten Konkurrenzangebote auszuwählen, die in der zweiten Phase des Hauptvergabeverfahrens mit dem Planungsvorschlag des *Promotore* in Wettbewerb treten sollten.[1058]

Der erste Teil des zweistufigen Hauptverfahrens erfolgte gemäß Art. 37-quater, I lett. a des l. n. 109/1994 auf Grundlage der Vorentwurfspläne des *Promotore*. Diese fungierten in der ersten Verfahrensphase als allgemein geltende Ausschreibungsunterlagen. Entsprechend war der *Promotore* verpflichtet, in seinem Planungsangebot neben der Grundlagenplanung auch die notwendigen Kriterien und Gewichtungsparameter aufzuführen, anhand derer die Beschaffungsstellen die eingereichten Entwurfspläne der Mitkonkurrenten nach dem Zuschlagskriterium des wirtschaftlichsten Angebotes bewerten konnten.[1059] Die Bewertungsgrundlage für die Zuschlagsentscheidung wurde im *Project financing*-Verfahren also nicht von dem öffentlichen Auftraggeber erstellt, sondern durch einen privaten Marktteilnehmer.

Vor Einleitung der ersten Phase des Hauptvergabeverfahrens konnten die Beschaffungsstellen gemäß Art. 37-quater, I lett. a des l. n. 109/1994 von dem *Promotore* die Abänderung seiner Vorentwurfsplanung verlangen. Dieses Abänderungsrecht war und ist Ausdruck der originären Ermessenskompetenz der Verwaltung, über welche diese allgemein im Rahmen staatlicher Aufgabenerfüllungen bei der Feststellung des öffentlichen Interesses verfügt.[1060] Die Grenze des einseitigen Abänderungsrechts der Beschaffungsstellen nach Art. 37-quater, I lett. a des l. n. 109/1994 war nach herrschender italienischer Rechtsansicht erreicht, wenn die verlangten Modifikationen sich auf den mit eingereichten pri-

1056 Siehe: Diritto di prelazione, S. 251 ff.

1057 Vgl. *Clarich*, Gli aspetti giuridici del PF, S. 6.

1058 Avv. Spinelli im Gespräch mit dem Verfasser.

1059 *Spinelli/Vecchia*, Opere pubbliche, Kapitel 2.11, S. 69.

1060 Vgl. *Pasquini*, GDA 2006, 1112 (1115).

vaten Wirtschafts- und Finanzplan auszuwirken begannen.[1061] Mit diesem müsse jede Änderung weiterhin in Einklang stehen. Der Vergabestelle waren nach dieser Rechtsansicht entsprechend nur kleinere Verbesserungen erlaubt, während sie bei umfangreicheren Änderungen das öffentliche Interesse an dem privaten Planungsvorschlag insgesamt verneinen musste.[1062]

Die technischen und wirtschaftlichen Planungsaspekte beurteilen sich überwiegend nach den Regeln der freien Wirtschaft. Da die Verwaltung die Unternehmen in die öffentliche Aufgabenerfüllung gerade einbezieht, um insoweit ihr mangelndes Fachwissen und den unzulänglichen Erfahrungsschatz zu kompensieren, sollte sie diese Aspekte der privaten Planung entweder grundsätzlich akzeptieren oder insgesamt ablehnen. Die Begrenzung der Abänderungsbefugnis der Beschaffungsstelle auf nicht ins Gewicht fallende technische und wirtschaftliche Planungsaspekte ist deshalb richtig und überzeugend.

Sind die Planungsgesichtspunkte, die nach Meinung der Beschaffungsstelle noch geändert werden müssen, schwerpunktmäßig dem öffentlichen Recht zuzuordnen, ist dagegen ein weiter reichendes Abänderungsrecht der italienischen Vergabestellen vertretbar. Insoweit ist die Verwaltung selbst die kompetente Stelle.

Die erste Verfahrensphase musste die italienische Beschaffungsstelle nach den Verfahrensregeln des Nichtoffenen Verfahrens ausschreiben. Ziel dieser Verfahrensphase war zum einen die Erlangung verschiedener privat erstellter Entwurfspläne. Die Entwurfsplanung (*progetto definitivo*) bestimmt sämtliche Leistungen, die für das zu realisierende öffentliche Vorhaben notwendig sind, wobei sie sich an den Bedürfnissen, Kriterien, Bindungen, Angaben und Hinweise zu orientieren hat, die durch die Vor- und Konzeptplanung festgelegt wurden. Sie enthält allgemeine Angaben über die zu verwendenden Materialien, einen Entwurf zur Projektausführung sowie erste technische und wirtschaftliche Berechnungen (vgl. Art. 16, IV des l. n. 109/1994). Zum anderen sollten die Privaten ein Preisangebot für das öffentlich-private Vorhaben abgeben.[1063] Die Mitkonkurrenten durften die dem Verfahren zugrunde liegende Vorentwurfsplanung des *Promotore* lediglich verbessern und näher konkretisieren, jedoch kein eigenes alternatives Planungskonzept vorschlagen.[1064]

1061 So: *Giampaolino*, Cseep n. 4/2005, Kapitel 8; *Clarich*, Gli aspetti giuridici del PF, S. 5, Fn. 10; dagegen: *Ricchi*, UEA 2008, 1375 (1378).

1062 Vgl. TAR Calabria Catanzaro, 23.02.2004, n. 449 – appalti&contratti; TAR EmiliaRomagna Sezione I, 20.05.2004, n. 762, Abschnitt 3.2. – appalti&contratti; TAR Campania Napoli Sezione I, 17.06.2004, n. 9571, Abschnitt E – appalti&contratti; *Spinelli/Vecchia*, Opere pubbliche, Kapitel 2.11, S. 66.

1063 *Spinelli/Vecchia*, Opere pubbliche, Kapitel 2.11, S. 69.

1064 *Spinelli/Vecchia*, Opere pubbliche, Kapitel 2.11, S. 70.

Nach Prüfung und Bewertung der eingereichten Entwurfspläne wählte die Beschaffungsstelle anhand der geltenden Bewertungskriterien die zwei wirtschaftlichsten privaten Angebote aus und bestimmte auf diese Weise, welche Verfahrensteilnehmer in der zweiten Phase des Hauptvergabeverfahrens mit dem *Promotore* in Wettbewerb treten sollten. Die Auswahl der besten privaten Konkurrenzangebote stand dabei im Vordergrund.[1065] Es kann deshalb zwar eine Parallele zwischen dem Hauptvergabeverfahren und den auch in Deutschland bekannten Verfahren mit vorgeschaltetem Teilnehmerwettbewerb gezogen werden, substantiell bleiben die Verfahren jedoch verschieden.[1066]

Die zweite Phase des Hauptvergabeverfahrens war von den Beschaffungsstellen gemäß Art. 37-quater, I lett. b des l. n. 109/1994 nach den Verfahrensregeln des Verhandlungsverfahrens durchzuführen.

Am Verhandlungsverfahren nahmen in der Regel die zwei besten Konkurrenten der ersten Phase des Hauptvergabeverfahrens sowie der *Promotore* teil. Es konnte aber auch zwischen dem *Promotore* und nur einem weiteren Wettbewerber stattfinden, wenn Letzterer als einziger in der ersten Verfahrensphase eine Entwurfsplanung abgegeben hatte (vgl. Art. 37-quater, I lett. b des l. n. 109/1994). Fehlte es vollständig an Angeboten privater Mitkonkurrenten, wurde das Planungskonzept, das der *Promotore* im Vorverfahren eingereicht hatte, für diesen bindend (Art. 37-quater, II lett. b des l. n. 109/1994). In der zuletzt genannten Sachverhaltskonstellation wurde die Entwurfsplanung zusammen mit der Ausführungsplanung als vertragliche Pflicht des *Promotore* in den Konzessionsvertrag integriert und war nicht Bestandteil des Ausschreibungsgegenstandes.[1067] Der Wettbewerb wurde in diesem Fall also nicht mehr als Instrument zur Auswahl der wirtschaftlichsten Entwurfsplanung genutzt.

Verfahrensgrundlage der Verhandlungsgespräche zwischen der Beschaffungsstelle und den privaten Verfahrensteilnehmern wurde die Vorentwurfsplanung des *Promotore*, wie sie sich nach der Konkretisierung und Verbesserung durch die Wettbewerber der ersten Phase des Hauptvergabeverfahrens darstellte, hingegen nicht der ursprüngliche Planungsentwurf.[1068]

Gegenstand der Verhandlungen sind im Verhandlungsverfahren allgemein der Auftragsinhalt, die Auftragsbedingungen sowie der Angebotspreis.[1069] Entsprechend durfte das Planungskonzept des *Promotore* in der zweiten Phase des Hauptvergabeverfahrens nochmals vollumfänglich überarbeitet werden. Eine

1065 Avv. Spinelli im Gespräch mit dem Verfasser.

1066 Siehe hierzu im folgenden Absatz und auch S. 271.

1067 Avv. Spinelli im Gespräch mit dem Verfasser.

1068 *Spinelli/Vecchia*, Opere pubbliche, Kapitel 2.11, S. 71 f.

1069 Siehe S. 211.

Verbesserung der Planungsunterlagen war ebenso erlaubt wie eine Ergänzung der Pläne und ihre wirtschaftliche Optimierung.

Die Dauer der Vertragsverhandlungen war beim *Project financing*-Verfahren von Vornherein auf einen von der Verwaltung festgelegten und in den Ausschreibungsunterlagen öffentlich bekannt gegebenen Zeitraum begrenzt (vgl. Art. 37-quater, IV des l. n. 109/1994).

Nach Abschluss der Gespräche erteilte die Beschaffungsstelle demjenigen Verfahrensteilnehmer den Zuschlag, dessen Planungsangebot das ursprüngliche Planungskonzept in planerischer und wirtschaftlicher Hinsicht am besten an den Bedürfnissen und Zielen der öffentlichen Leistung hat ausrichten können (vgl. Art. 37-quater, I des l. n. 109/1994). Das Vergabeverfahren war mit der Zuschlagsentscheidung zu Ende.

Schloss die Beschaffungsstelle innerhalb des vorgegebenen Verhandlungszeitraumes die Baukonzession nicht mit dem *Promotore* ab, sondern mit einem der anderen Wettbewerber, stand dem *Promotore* gemäß Art. 37-quater, IV des l. n. 109/1994 i.V.m. Art. 37-bis, I des l. n. 109/1994 gegenüber der Beschaffungsstelle einen Anspruch auf Erstattung der entstandenen Planungskosten zu. Den geschuldeten Geldbetrag bezahlte die Verwaltung mit der Kautionssumme, die der Gewinner des Vergabeverfahrens – ebenso wie alle übrigen Beteiligten – bei Beginn des Hauptvergabeverfahrens geleistet hatte. Schlug die Verwaltung dagegen den Konzessionsvertrag dem *Promotore* zu, hatten der oder die Mitkonkurrenten des Verhandlungsverfahrens Anspruch auf Auszahlung eines Geldbetrages in Höhe der vom *Promotore* aufgewendeten Planungskosten. Im Falle von zwei Mitkonkurrenten war der Betrag zwischen beiden aufzuteilen: der Mitkonkurrent, dessen Angebot als das bessere bewertet wurde, erhielt 60 % der Gesamtsumme, der andere die übrigen 40 % (Art. 37-quater, V des l. n. 109/1994). Die Höhe der Erstattungsansprüche wurde von der Vergabestelle auf Grundlage der Unterlagen bestimmt, die der *Promotore* zusammen mit den Projektplänen einreichen musste und war auf maximal 2,5 % der Gesamtinvestitionskosten des öffentlichen Vorhabens begrenzt (vgl. Art. 37-bis, I des l. n. 109/1994).

II. Art. 37-bis legge n. 109/1994 in der Fassung vom 01.08.2002 (sog. *Merloni-quarter*)

Die auf Gemeinschaftsebene eingegangenen Beschwerden über das *Project financing*-Verfahren in seiner ursprünglichen Fassung[1070] und die geringe Bereitschaft der Privatwirtschaft, sich als *Promotore* an diesem neuartigen Ausschrei-

1070 Vgl. EuGH, Rs. C-412/04 Urteil v. 21.02.2008 – „Kommission/Italien“, juris – Rn. 27.

bungsverfahren zu beteiligen,[1071] waren die Gründe dafür, dass der italienische Gesetzgeber die Art. 37-bis, 37-ter, 37-quarter des l. n. 109/1994 durch das Gesetz Nr. 166 vom 01.08.2002 (Legge n. 166 del 01.08.2002 – Disposizioni in materia infrastrutture e trasporti, Gazzetta Ufficiale n. 181 del 03.08.2002 Supplemento Ordinario n. 158) erstmals entscheidend reformierte.[1072] Das Merloni-Gesetz neuer Fassung wurde allgemein auch als *Merloni-quarter* bezeichnet.[1073]

1. Privates Projektvorschlagsrecht

Während bisher die Unternehmen erst in der Planungsphase des öffentlichen-privaten Vorhabens eine gewisse Eigeninitiative entwickeln konnten,[1074] wurde auf Kritik aus der italienischen Literatur[1075] mit Art. 37-bis, I letzter Absatz des l. n. 109/1994 ein privates Projektvorschlagsrecht in das *Project financing*-Verfahren integriert. Den Unternehmen war nun erlaubt, bei den Verwaltungsstellen einen Projektvorschlag auch für öffentliche Vorhaben einzureichen, die weder in der Dreijahresplanung noch in ihren sonstigen öffentlichen Programmen enthalten waren.

Die Vertreter dieser Literaturmeinung hatten den Vorwurf erhoben, dass die Ratio des *Project financing*-Verfahrens als ein die private Initiative bezweckendes Vergabeverfahren ohne ein privates Projektvorschlagsrecht nicht vollständig umgesetzt sei.[1076]

In der Praxis wurde gegen das private Projektvorschlagsrecht Kritik laut, da es den privaten Unternehmen ermögliche, sich in die Planungshoheit der Verwaltung einzumischen, und damit die Gefahr entstehe, dass die sowieso schon knappen staatlichen Gelder für unnütze Vorhaben ausgegeben werden.[1077] Diese Gefahr ist nicht von der Hand zu weisen; ihr kann aber durch ein verantwortungsvolles Handeln der Beschaffungsstellen und eine strenge staatliche Kontrolle in angemessener Weise begegnet werden.

1071 Vgl. *Clarich*, Gli aspetti giuridici del PF, S. 3.

1072 Vgl. *Hermes/Michel*, Die Verwaltung 2005, 177 (181).

1073 Vgl. *Volpi*, Bandi di gara e inviti alla gara, Kapitel 20; *Clarich*, Gli aspetti giuridici del PF, S. 1 Fn. 2 iii); *Hermes/Michel*, Die Verwaltung 2005, 177 (181, Fn. 21).

1074 Vgl. *Giampaolino*, Cseep n. 4/2005, Kapitel 7.

1075 Vgl. *Mele*, Baldi/Tomei, Commentario al Codice appalti, S. 1273; *Greco*, GiustAmm., La natura giuridica del PF, Kapitel 2.

1076 Vgl. *Mele*, Baldi/ Tomei, Commentario al Codice appalti, S. 1273; *Greco*, GiustAmm., La natura giuridica del PF, Kapitel 2.

1077 Vgl. Consiglio di Stato, Parere v. 14.07.2008, S. 9.

Das vorschlagende Unternehmen wird im italienischen Vergaberecht als *Proponente* bezeichnet.[1078] Er ist mit der Figur des *Promotore* nicht gleichzusetzen. Der *Proponente* und der *Promotore* können zwar dieselbe Privatperson sein, zwingend ist das jedoch nicht.

Der Eingang eines privaten Planungsvorschlages für ein nicht in den staatlichen Planungsprogrammen enthaltenes öffentlich-privates Vorhaben brachte in der Fassung des *Merloni-quater* für die Beschaffungsstellen keine Prüfungspflicht zur Feststellung des öffentlichen Interesses mit sich.[1079] Die Vergabestellen hatten das Recht, das öffentliche Interesse an dem Projektvorschlag zu bejahen, sich damit die private Projektidee zueigen zu machen und es entsprechend als ganz oder teilweise privat zu finanzierendes öffentliches Vorhaben in ihre Dreijahresplanung aufzunehmen. Mit der Einfügung des privaten Projektvorschlages in das staatliche Planungsprogramm waren für den *Proponente* keinerlei Rechte oder sonstige Vorteile verbunden. Dieser erwarb weder einen Anspruch auf Erstattung der ihm entstandenen Planungskosten noch ein automatisches Beteiligungsrecht an dem sich anschließenden Vergabeverfahren. Der *Proponente* hatte nur die Möglichkeit – wie jedes andere, vom Gesetz als geeignet befundene Unternehmen –, sich für das *Project financing*-Verfahren als *Promotore* zu bewerben oder zu einem späteren Zeitpunkt am Verfahren als Mitkonkurrent teilzunehmen.

2. *Vorverfahren*

Mit dem Gesetz Nr. 166/2002 fügte der italienische Gesetzgeber verschiedene neue Fristenregelungen in den Normenkomplex über das Vorverfahren ein, strukturierte dessen Ablauf stärker durch und formalisierte dadurch das Vorverfahren zur Bestimmung des *Promotore* gegenüber der ursprünglichen Fassung in wesentlichen Punkten.

Die Beschaffungsstellen waren nun gemäß Art. 37-bis, II-bis des l. n. 109/1994 verpflichtet, 20 Tage nach der Verabschiedung des Dreijahresplanes alle darin enthaltene Vorhaben öffentlich bekannt zu machen, die ganz oder teilweise privat finanziert werden sollten (vgl. Art. 80 d. P.R. n. 554/1999). Die Veröffentlichung musste in Form einer allgemein gehaltenen, hinweisenden Bekanntmachung nur auf nationaler Ebene erfolgen.

Gesetzgeberischer Zweck der Einführung der Bekanntmachungspflicht war nicht, das Vorverfahren mit den Bekanntmachungspflichten i.S.d. allgemeinen

---

1078 *Serravezza*, Altalex n. 2566/2009, Kapitel. 1; *Spinelli/Vecchia*, Opere pubbliche, Kapitel 2.3.4, S. 34.

1079 *Giampaolino*, Cseep n. 4/2005, Kapitel 7; *Spinelli/Vecchia*, Opere pubbliche, Kapitel 2.7.3, S. 57.

Vergaberechtsgrundsätzen in Einklang zu bringen, sondern den Wettbewerb im öffentlichen Interesse zu fördern. Die Unternehmen sollten besser über die Existenz der verschiedenen, mithilfe privater Gelder zur realisierenden öffentlichen Projekte informiert werden, um die private Beteiligungsbereitschaft an den *Project financing*-Verfahren zu erhöhen.[1080] Eine europaweite Bekanntmachung war nicht verpflichtend vorgeschrieben, sondern in das freie Ermessen der öffentlichen Auftraggeber gestellt.

Einen gesetzlichen Mindestinhalt für die hinweisende Bekanntmachung enthielt Art. 37-bis, II-bis des l. n. 109/1994 ebenfalls nicht. Die Beschaffungsstellen waren nicht ausdrücklich verpflichtet, die Bewertungskriterien in der Bekanntmachung aufzuführen, anhand derer der beste private Planungsentwurf ermittelt werden sollte. In der fehlenden gesetzlichen Pflicht zur Bekanntmachung der Bewertungskriterien sah die Europäische Kommission eine Verletzung der Grundsätze der Gleichbehandlung und Transparenz sowie des Wettbewerbsprinzips. Sie hatte deswegen gegen die Italienische Republik ein Vertragsverletzungsverfahren eingeleitet und zwar bereits zu einem Zeitpunkt, in der die ursprüngliche Fassung des *Project financing*-Verfahrens noch in Kraft war (C-2001/2182).[1081]

Gemäß Art. 37-bis, II-ter des l. n. 109/1994 hatten die italienischen Beschaffungsstellen die eingereichten privaten Vorentwurfspläne innerhalb von 14 Tagen durchzusehen, den *Promotore* zu etwaigen Ergänzungen der Unterlagen aufzufordern und nach Art. 37-ter, I des l. n. 109/1994 spätestens nach Ablauf von vier Monaten über die Bejahung oder Verneinung des öffentlichen Interesses zu entscheiden.

3. Hauptvergabeverfahren

a. *Appalto-concorso*-Verfahren

Die erste Phase des Hauptvergabeverfahrens wurde durch die Gesetzesreform im Jahr 2002 nur geringfügig modifiziert.

Geändert wurde jedoch die Modalitäten, in welchen die italienischen Vergabestellen den Verfahrensablauf der ersten Phase des Hauptvergabeverfahrens ausgestalten konnten. Nach der ursprünglichen Fassung des *Project financing*-Verfahrens hatten die Vergabestellen diese Verfahrensphase stets als Nichtoffenes Verfahren durchzuführen. Die Möglichkeit, als Alternative die spezielle

1080 Vgl. *Tiramani*, Altalex n. 3615/2006, S. 2.

1081 Siehe Einzelheiten unter: Vertragsverletzungsverfahren der Kommission gegen Italien, S. 267 ff.

italienische Verfahrensart des *Appalto-concorso*-Verfahrens zu wählen, stand ihnen bisher nicht zur Verfügung. Für ein Wahlrecht der Verwaltung hatte es an der gesetzlich vorgeschriebenen ausdrücklichen Gesetzesgrundlage gefehlt (vgl. Art. 20, III des l. n. 109/1994), die in Art. 37-quater, I lett. b des l. n. 109/1994 i.S.d. *Merloni-quater* nun enthalten war. Bei dem italienischen *Appalto-concorso*-Verfahrens handelt es sich um ein mit den Wettbewerben des deutschen Vergaberechts vergleichbaren Vergabeverfahren speziell für Sachverhaltskonstellationen, in denen die Vergabestelle aufgrund der besonderen technischen Komplexität des Auftrages nicht über die notwendige bauplanerische Kompetenz und Ideenreichtum für die Projektplanung verfügt.[1082]

Mit dem neuen Verfahrenswahlrecht der italienischen Beschaffungsstellen steht die Neuregelung des Entschädigungsanspruches der Mitkonkurrenten gemäß Art. 37-quater, V l. n. 109/1994 in engem Zusammenhang: Nach neuer Gesetzeslage erwarben die Mitkonkurrenten bei einer Zuschlagsentscheidung zugunsten des *Promotore* nur noch in denjenigen Fällen einen geldlichen Entschädigungsanspruch, in denen die erste Phase des Hauptvergabeverfahrens in der Form eines *Appalto-concorso*-Verfahrens durchgeführt worden war (Art. 37-quater, V l. n. 109/1994). Die gesetzgeberische Entscheidung, den Mitkonkurrenten nicht mehr bedingungslos einen Kostenanspruch zu gewähren, wurde in der italienischen Literatur als wettbewerbskonformer als die ursprüngliche Erstattungsregelung beurteilt. Es wurde argumentiert, dass es dem Wettbewerbsprinzip widerspreche, den *Promotore*, der mit der Einreichung der Vorentwurfsplanung bereits ein Kostenrisiko eingegangen ist, zusätzlich mit den Verfahrenskosten der unterlegenen Mitbewerber auch in denjenigen Fällen zu belasten, in denen diese wegen des Verfahrensablaufs nach den streng formalisierten Vorschriften des Nichtoffenen Verfahrens kaum eigene innovative und damit entschädigungswürdige Leistungen in das Verfahren einbringen konnten.[1083] Diese Argumentation überzeugt. Eine Entschädigung ist vor dem Hintergrund der Geltung des Wettbewerbsprinzips nur dann gerechtfertigt, wenn der Private eine Leistung erbringt, von der die Verwaltung bei der öffentlichen Aufgabenerbringung weiter profitiert. Bei einem Nichtoffenen Verfahren geben die zur Teilnahme berechtigten Bieter jedoch nur ein Preisangebot ab, das der Beschaffungsstelle nur dann finanziell nutzt, wenn der Bieter den Zuschlag erhält. Die Leistungen unterliegender Verfahrensteilnehmer sind hingegen nicht entschädigungwürdig.

1082 *Cicirello*, Lavori pubblici: Appalto concorso 9/2009.

1083 Vgl. *Clarich*, Gli aspetti giuridici del PF, S. 6f. Fn. 14; *Spinelli/ Vecchia*, Opere pubbliche, Kapitel 12.2, S. 71.

b. *Diritto di prelazione*

Die wichtigste verfahrensrechtliche Neuerung durch das *Merloni-quater* war jedoch die Einführung des sog. *Diritto di prelazione* in das *Project financing*-Verfahren.

Gemäß Art. 37-ter, I letzter Absatz des l. n. 109/1994 wurde mit der *Promotore*-Stellung nun ein Anpassungs- und Eintrittsrecht verbunden, das der *Promotore* bei Unterliegen im Verhandlungsverfahren ausüben konnte, um sich durch Anpassung seines Planungsentwurfs an das Angebot des gewinnenden Mitkonkurrenten den Zuschlag auf die Konzession zu sichern.

Bei dem *Diritto di prelazione* handelt es sich um ein starkes verfahrensrechtliches Anreiz- und Belohnungsinstrument, von dem sich der italienische Gesetzgeber eine erhöhte Beteiligungsbereitschaft der Unternehmen am Vorverfahren und eine größere Zahl an innovativen privaten Projektplanungsentwürfen zur Realisierung öffentlich-privater Vorhaben erhoffte.[1084] Das *Diritto di prelazione* in seiner Funktion als Instrument zur Verbesserung der Wettbewerbssituation in der Planungsphase hatte zum Ziel, der italienischen Verwaltung eine Wahl zwischen verschiedenen innovativen Lösungsansätzen zu ermöglichen und ihr am Ende des Verfahrens zu einer möglichst wirtschaftlichen Projektrealisierung zu verhelfen.[1085] Zugleich war dem *Diritto di prelazione* in seiner Eigenschaft als subjektiv-verfahrensrechtliches Sonderrecht aber auch eine Schutzfunktion zur Sicherung des Wettbewerbsprinzips im Interesse des *Promotore* zugedacht, der damit für seine planerische Vorleistung belohnt werden sollte.[1086]

Die Vereinbarkeit der neu ausgestalteten *Promotore*-Stellung mit den allgemeinen Vergaberechtsgrundsätzen muss an dieser Stelle eingehender untersucht werden.

aa. Wettbewerbsprinzip und Prinzip der ordnungsgemäßen öffentlichen Aufgabenerfüllung

Fraglich erscheint die Vereinbarkeit der *Promotore*-Stellung i.S.d. *Merloni-quater* zum einen mit dem Wettbewerbsprinzip, insbesondere die Entstehung eines echten Bieterwettbewerbs,[1087] und zum anderen mit dem hier befürworteten Prinzip der ordnungsgemäßen öffentlichen Aufgabenerfüllung, nach dem der Wettbe-

---

1084 Vgl. Autorità, Determinazione n. 27/2002, Abschnitt M; *Zuccaro*, RAS 2008, 319 (323); *Clarich*, Gli aspetti giuridici del PF, S. 9.

1085 *Hermes/Michel*, Die Verwaltung 2005, 177 (188).

1086 Vgl. *Hermes/Michel*, Die Verwaltung 2005, 177 (188).

1087 Siehe hierzu S. 128 ff.

werb als Instrument für eine an den Allgemeininteressen ausgerichtete effektive öffentliche Leistungserbringung einzusetzen ist.[1088]

Während das vom italienischen Gesetzgeber verfolgte Ziel, bei den Unternehmen eine höhere Bereitschaft zur Bewerbung um die *Promotore*-Stellung hervorzurufen, mit der Neuregelung erreicht wurde,[1089] bewirkte das *Diritto di prelazione* einen Rückgang des Wettbewerbs in der ersten Verfahrensphase, in der die Konkurrenzangebote für das sich anschließende Verhandlungsverfahren ermittelt werden.[1090] Die Nichtentstehung eines echten Bieterwettbewerbs und einer für die übrigen Marktteilnehmer attraktiven Wettbewerbssituation in der ersten Phase des Hauptvergabeverfahrens beruhte – und beruht zum Teil bis heute – hauptsächlich auf zwei Gründen:

Zum einen ist der gesetzlich vorgesehene Anspruch auf Erstattung der Planungskosten zugunsten der Mitkonkurrenten nicht geeignet, den durch das *Diritto di prelazione* dem *Promotore* zukommenden Wettbewerbsvorteil so zu kompensieren, dass im Hauptvergabeverfahren eine faire, auch die Interessen der übrigen Marktteilnehmer schützende echte Wettbewerbssituation entsteht. Dem Gewinner des Verhandlungsverfahrens wird nach dem *Merloni-quater* keine Sonderprämie dafür gezahlt, dass er die Planungen des *Promotore* im *Appalto-concorso*-Verfahren im Interesse der Allgemeinheit messbar verbessert hat,[1091] sondern beide Mitkonkurrenten des *Promotore* erwerben einen Ersatzanspruch, dessen Höhe sich nach den aufgewendeten Ausgaben bemisst.[1092] Eine echte Wettbewerbssituation, die sich die Verwaltung funktional für eine wirtschaftliche und ordnungsgemäße öffentliche Aufgabenerfüllung zu Nutzen machen kann, entsteht im Hauptvergabeverfahren selbst dann nicht, wenn eine ausreichend große Zahl an Mitkonkurrenten an der ersten Verfahrensphase teilnehmen sollte. Die bloße Entschädigungsregel zugunsten der Mitkonkurrenten lädt diese vielmehr dazu ein, das Verhandlungsverfahren als Einnahmequelle zu missbrauchen.[1093] Anstatt am Hauptvergabeverfahren teilzunehmen, um den Beschaffungsstellen einen wirklichen Verbesserungs- und Ergänzungsvorschlag für die Vorentwurfsplanung des *Promotore* zu unterbreiten und sich damit ernsthaft um den Zuschlag auf den Konzessionsvertrag zu bewerben, reichen die meisten Mitkonkurrenten nur zweitklassige Angebote ein. Der Grund dafür liegt darin, dass aufgrund des *Diritto di prelazione* jede technische, wirtschaftliche oder sonstige Verbesserung

1088 Siehe hierzu S. 146 ff.

1089 Autorità, Determinazione n. 27/2002, Abschnitt M; *Geminiani/Ricchi,* TE 2006, 11 (11 f.).

1090 Autorità, Determinazione n. 27/2002, Abschnitt M; *Geminiani/Ricchi,* TE 2006, 11 (11); *Ricchi*, Opere pubbliche, Kapitel 3.7, S. 101 f.

1091 Vgl. *Ricchi*, Opere pubbliche, Kapitel 3.7, S. 102.

1092 *Spinelli/Vecchia*, Opere pubbliche, Kapitel 12.2, S. 71.

1093 Ricchi, UEA 2008, 1375 (1385 f); so auch Avv. Spinelli im Gespräch mit dem Verfasser.

allein dem *Promotore* zu Gute käme,[1094] für den die Ausübung des *Diritto di prelazione* zwar fakultativ ist, jedoch die Regel sein wird. Die Mitkonkurrenten geht es mit ihrer Verfahrensbeteiligung also primär darum, den Geldanspruch in Höhe der von dem *Promotore* aufgewendeten Planungskosten zu erwerben, und dafür genügt auch die Einreichung eines nur mittelmäßiger Angebote. An dem Umstand, dass die meisten Konkurrenten das *Project financing*-Verfahren als bloße Geldeinnahmequelle missbrauchen, hat sich in der italienischen Rechtspraxis bis heute nichts geändert.[1095]

Der zweite Grund für die schlechten Wettbewerbsbedingungen im Hauptvergabeverfahren liegt in der Wirkungsweise des *Diritto di prelazione.*

Die Ernennung eines Verfahrensteilnehmers zum *Promotore* erfolgt am Ende des Vorverfahrens, so dass die Verwaltung die wichtigste Entscheidung des gesamten Ausschreibungsverfahrens bereits in einer sehr frühen Verfahrensphase trifft.[1096] Nach dieser Ernennung liegt es allein in der Hand des *Promotore*, wer Konzessionär der ausgeschriebenen öffentlichen Aufgabe wird. Die Entscheidung, ob der *Promotore* oder der Gewinner des Hauptvergabeverfahrens den Zuschlag erhält, hängt weder von der Qualität der Planungsleistungen der einzelnen Mitbewerber noch von einem nach Wettbewerbsgesichtspunkten getroffenen abschließenden Entschluss der Beschaffungsstelle ab, sondern allein davon, ob der *Promotore* das ihm obliegende *Diritto di prelazione* ausüben will oder nicht.[1097]

Aufgrund der negativen Auswirkungen auf den Wettbewerb ist das *Diritto di prelazione* als vergaberechtswidrig zu beurteilen. Das vom italienischen Gesetzgeber gewählten Anreiz- und Belohnungsinstrument macht es den Beschaffungsstellen unmöglich, zwischen den verschiedenen, zum Teil widerstreitenden Vergaberechtsprinzipien einen verhältnismäßigen Interessenausgleich herzustellen. Neben den Wettbewerbsprinzip und dem Prinzip der ordnungsgemäßen öffentlichen Aufgabenerfüllung ist also auch der Verhältnismäßigkeitsgrundsatz verletzt. Das *Diritto di prelazione* verstößt gegen das Wettbewerbsprinzip, da dieses sowohl zum Schutz der Gleichbehandlungsinteressen der Mitkonkurrenten als auch im öffentlichen Interesse an einer möglichst wirtschaftlichen Aufgabenerfüllung die Entstehung und Aufrechterhaltung eines echten Bieterwettbewerbes erfordert. Das Prinzip der ordnungsgemäßen öffentlichen Aufgabenerfüllung ist verletzt, da mangels eines echten Bieterwettbewerbs während des Hauptvergabeverfahrens der Wettbewerb nicht mehr als Instrument zur effektiven öffentlichen Aufgabenerfüllung genutzt werden kann.

1094 Vgl. *Ricchi*, Opere pubbliche, Kapitel 3.7, S. 106.

1095 Avv. Spinelli im Gespräch mit dem Verfasser.

1096 Vgl. *Tiramani*, Altalex n. 3615/2006 S. 2; *Clarich*, Gli aspetti giuridici del PF, S. 10.

1097 Vgl. *Ricchi*, Opere pubbliche, Kapitel 3.7, S. 102.

bb. Gleichbehandlungsgrundsatz

Auf europäischer Ebene gehen die vergaberechtlichen Bedenken gegenüber der Stellung des *Promotore* und der daraus für das Unternehmen erwachsenden Vorteile primär in eine andere Richtung. So zweifelte die Europäische Kommission die Vereinbarkeit der *Promotore*-Stellung mit dem Grundsatz der Transparenz und insbesondere mit dem Grundsatz der Gleichbehandlung an. Nach Ansicht der Europäischen Kommission wird das begünstigte Unternehmen durch die verliehene *Promotore*-Stellung gleich in zweifacher Hinsicht unberechtigterweise bevorteilt:[1098]

Der erste vergaberechtswidrige Vorteil des *Promotore* sei prozessualer Art. Er liege in dem Umstand, dass der begünstigte Private automatisch zur Teilnahme am Verhandlungsverfahren eingeladen werde, ohne dass seine Projektpläne vorher einem Vergleich mit den Planungsangeboten aller Verfahrensteilnehmer des Hauptverfahrens unterzogen worden seien. Es verstoße gegen den Gleichbehandlungsgrundsatz, wenn das Angebot des *Promotore* sich nur mit den Angeboten der besten beiden Mitkonkurrenten der ersten Phase des Hauptvergabeverfahrens messen müsse.[1099]

Eine materiellrechtliche Ungleichbehandlung sieht die Europäische Kommission darin, dass allein dem *Promotore* die Möglichkeit eingeräumt werde, vor Abschluss des Vergabeverfahrens seinen Planungsvorschlag nochmals zu ändern und an die beste private Lösung anzupassen.[1100] Das liefe im Kern auf eine Vorzugsbehandlung bei der Zuschlagsentscheidung hinaus.[1101]

Am 19.12.2002 versandte die Kommission deshalb ein Aufforderungsschreiben an die Republik Italien. Sie wies in diesen darauf hin, dass ihrer Meinung nach das italienische *Project financing*-Verfahren auch nach der Reform im Jahr 2002 mit dem Gemeinschaftsrecht unvereinbar bleibe.[1102] Obwohl Italien mit Schreiben vom 26.06.2003 an die Gemeinschaft einräumte, dass die meisten Vorwürfe der Europäischen Kommission gegen die Europarechtskonformität des *Project financing*-Verfahrens berechtigt seien, wurde kaum eine der Forderungen der Kommission gesetzestechnisch umgesetzt.[1103] Daraufhin forderte die Kommission in einer mit Gründen versehenen Stellungnahme vom 15.10.2003 Italien letztmalig

1098 Vgl. Kommission, Abl. C (2003) 3764: mit Gründen versehene Stellungnahme 2001/2182, Rn. 45 ff.; Kommission, ABl. C-300/27, Klage Rs. C 412/04; EuGH, Rs. C-412/04 Urteil v. 21.02.2008 – „Kommission/Italien", juris, Rn. 98 ff.

1099 Kommission, Abl. C (2003) 3764: mit Gründen versehene Stellungnahme 2001/2182, Rn. 45.

1100 Kommission, Abl. C (2003) 3764: mit Gründen versehene Stellungnahme 2001/2182, Rn. 45.

1101 Kommission, Abl. C (2003) 3764: mit Gründen versehene Stellungnahme 2001/2182, Rn. 50.

1102 Vgl. EuGH, Rs. C-412/04 Urteil v. 21.02.2008 – „Kommission/Italien", juris, Rn. 28.

1103 Vgl. EuGH, Rs. C-412/04 Urteil v. 21.02.2008 – „Kommission/Italien", juris, Rn. 29 f.

dazu auf, innerhalb von zwei Monaten die erforderlichen korrigierenden Maßnahmen zu ergreifen.[1104] Da die Republik Italien jedoch auch nach dieser Aufforderung den Änderungsverlangen von europäischer Seite keine Folge leistete, reichte die Europäische Kommission am 22.09.2004 nach Art. 226 II EGV a.F. (Art. 258 II des EUV n.F.) Klage beim EuGH wegen Verletzung des allgemeinen Vergaberechtsgrundsatzes der Gleichbehandlung ein.[1105]

Der EuGH entschied über diese Klage am 21.02.2008 und damit erst nachdem der italienische Gesetzgeber das *Project financing*-Verfahren in den Jahren 2005[1106] und 2006[1107] zwei weiteren Reformen unterzogen hatte. Die von der Europäischen Kommission erhobenen Vorwürfe gegen die Figur des *Promotore* werden deshalb erst im Zusammenhang mit der Untersuchung des EuGH-Urteils auf ihre Richtigkeit überprüft.[1108]

III. Art. 37-bis legge n. 109/1994 in der Fassung vom 18.04.2005 (sog. *Legge Comunitaria 2004*)

In Umsetzung der „Richtlinie 2004/18/EG über die Koordinierung der Verfahren zur Vergabe öffentlicher Bauaufträge, Lieferaufträge und Dienstleistungsaufträge" änderte der italienische Gesetzgeber durch das sog. *Legge Comunitaria 2004*, Gesetz Nr. 62 vom 18.04.2005 (Legge n. 62 del 18.04.2005 – Disposizioni per l'adempimento di obblighi derivanti dall'appartenenza dell'Italia alla Comunità europee. Legge comunitaria 2004, Gazzetta Ufficiale n. 96 del 27 aprile 2005 Supplemento ordinario n. 76) das Merloni-Gesetz ein weiteres Mal. Die Neuheiten für den Normenkomplex über das *Project financing*-Verfahrens beschränkten sich bei dieser Reform auf die Vorschrift über die hinweisende Bekanntmachung der ganz oder teilweise privat zu finanzierenden öffentlichen Vorhaben. Diese Änderung brachte das italienische Vergaberecht an wesentlichen Punkten in Einklang mit den gemeinschaftsrechtlichen Vorgaben für öffentliche Ausschreibungsverfahren.[1109]

Mit der Einfügung eines weiteren Absatzes in den Art. 37-bis, II-bis des l. n. 109/1994 schrieben die Verfahrensnormen des *Project financing* den italienischen Beschaffungsstellen erstmals rechtlich verbindlich vor, welchen

---

1104 Vgl. EuGH, Rs. C-412/04 Urteil v. 21.02.2008 – „Kommission/Italien", juris, Rn. 30; Kommission, Abl. C (2003) 3764: mit Gründen versehene Stellungnahme 2001/2182.

1105 Kommission, ABl. C-300/27, Klage Rs. C 412/04.

1106 Siehe hierzu sogleich.

1107 Siehe S. 265 ff.

1108 Siehe: Automatisches Teilnahmerecht des *Promotore*, S. 268 ff. und *Diritto di prelazione* und Gleichbehandlungsgrundsatz, S. 272 ff.

1109 So auch *Clarich*, Gli aspetti giuridici del PF, S. 13.

Mindestinhalt die hinweisende Bekanntmachung für die gemischtwirtschaftlich zu finanzierenden Vorhaben enthalten musste.[1110]

Die Verwaltung war gemäß Art. 37-bis, II-bis des l. n. 109/1994 zum einen nun verpflichtet, bereits in der hinweisenden Bekanntmachung die Bewertungskriterien anzugeben, nach denen die von privater Seite eingereichten Vorentwurfsplanungen beurteilt und der *Promotore* bestimmt werden sollte.

Zum anderen wurde gesetzliche Pflicht, dass die Beschaffungsstellen in der Bekanntmachung ausdrücklich auf die Existenz des *Diritto di prelazione* hinweisen und erklären mussten, dass dieses verfahrensrechtliche Sonderrecht für den *Promotore* im Falle eines Unterliegens im Verhandlungsverfahren ein Anpassungs- und Eintrittsrecht mit sich bringe.

Mit der Gesetzesreform 2005 veränderte sich die Bekanntmachung im Rahmen von *Project financing*-Verfahren also weg von einem bloßen Informationsinstrument im öffentlichen Interesse hin zu einem Publizitätsakt, der auch den Wettbewerb im Interesse der einzelnen Marktteilnehmer sichern sollte.[1111] Die Bekanntmachung des Art. 37-bis, II-bis des l. n. 109/1994 nahm erstmals die Charakterzüge einer öffentlichen Vergabebekanntmachung i.S.d. europäischen Vergaberechts an.[1112]

Der italienische Gesetzgeber vertrat die Ansicht, durch die Änderung des Wesens der Bekanntmachung allen Forderungen der Europäischen Kommission hinsichtlich des *Project financing*-Verfahrens nachgekommen zu sein.[1113] Die Europäische Kommission trat dieser Ansicht jedoch zu Recht entgegen. Die neue Bekanntmachungsnorm näherte die Regelungen des *Project financing*-Verfahrens zwar an die Vorgaben der allgemeinen Vergaberechtsgrundsätze der Transparenz und der Gleichbehandlung an, ohne ihnen jedoch vollständig zu entsprechen. Das gemeinschaftsrechtliche Vergaberecht schreibt bei Erreichen der Schwellenwerte eine europaweite öffentliche Bekanntmachung vor. Die Beschaffungsstellen waren dagegen auch gemäß Art. 37-bis, II-bis des l. n. 109/1994 nur zur öffentlichen Bekanntmachung innerhalb des italienischen Staatsgebietes verpflichtet. Die europaweite Bekanntmachung blieb nach wie vor ins Ermessen der Verwaltung gestellt.[1114]

Von der insoweit verbleibenden Unvereinbarkeit mit den allgemeinen Vergaberechtsgrundsätzen abgesehen, ist der italienische Gesetzgeber im Übrigen

---

1110 Vgl. *Spinelli/Vecchia*, Opere pubbliche, Kapitel 2.7.2, S. 51.

1111 *Tiramani*, Altalex n. 3615/2006 S. 5.

1112 Vgl. *Spinelli/Vecchia*, Opere pubbliche, Kapitel 2.7.2, S. 52.

1113 EuGH, Rs. C-412/04 Urteil v. 21.02.2008 – „Kommission/Italien“, juris, Rn. 102.

1114 Vgl *Spinelli/Vecchia*, Opere pubbliche, Kapitel 2.7.2, S. 54, Fn. 50.

dem Vorwurf der Europäischen Kommission[1115] sowie der italienischen Literatur und Praxis[1116] nachgekommen, es fehle den Bekanntmachungsregeln des *Project financing*-Verfahrens in der Fassung bis 2005 an jeglicher, auch nur annähernd vergaberechtskonformer Publizitätswirkung. Die Kritiker waren der Ansicht, für eine vollständige Vergaberechtskonformität des *Project financing*-Verfahrens sei erforderlich, den aus den allgemeinen Vergaberechtsgrundsätzen folgenden Bekanntmachungs- und Informationspflichten bereits im Vorverfahren zur Bestimmung des *Promotore* Geltung zu verschaffen.[1117] Der insoweit erhobene Vorwurf der mangelnden Vereinbarkeit mit den allgemeinen Vergaberechtsgrundsätzen der *Project financing*-Regelungen in der Fassung bis 2005 hat aus folgenden Überlegungen seine Berechtigung:

1. Pflicht zur Bekanntmachung der Bewertungskriterien für die Vorverfahrensentscheidung

Die Pflicht der Beschaffungsstellen, die Bewertungskriterien für die Vorverfahrensentscheidung im Voraus öffentlich bekannt zu geben, ist eine logische Konsequenz der Funktion des Vorverfahrens im *Project financing*-Verfahren. Der in Italien geführte Meinungsstreit über die Rechtsnatur der von den Beschaffungsstellen vorzunehmenden Prüfung der privaten Planungsvorschläge steht mit dem vorliegenden Problem in unmittelbarem Zusammenhang.

Wie bereits ausgeführt,[1118] gibt es Stimmen, die die Prüfung zur Bestimmung des *Promotore* als einheitliche, trotz der bestehenden Besonderheiten dem Wettbewerbsrecht unterfallende vergaberechtliche Prüfung qualifizieren („*para-concorsuale*").[1119] Folge dieser wettbewerblich-vergaberechtlichen Einordnung der Vorverfahrensprüfung wäre, dass die Regeln über die öffentliche Bekanntmachung in dieser frühen Verfahrensphase vollumfänglich Geltung beanspruchen und zwingend eingehalten werden müssen, damit das *Project financing*-Verfahren insgesamt in Einklang mit den allgemeinen Vergaberechtsgrundsätzen steht.

Nach dem *Consiglio di Stato* setzt sich die Vorverfahrensprüfung hingegen aus einer dem Wettbewerbsrecht zuzuordnenden Vorprüfung und einer verwal-

---

1115 Kommission, Abl. C (2003) 3764: mit Gründen versehene Stellungnahme 2001/2182, Rn. 50ff.

1116 TAR Toscana Sezione II, 02.08.2004, n. 2860, Abschnitt 3ff. – appalti&contratti; Autorità, Determinazione n. 8/2007, Kapitel 5; *Tiramani*, Altalex n. 3615/2006 S. 5.

1117 Autorità, Determinazione n. 8/2007, Kapitel 5; *Tiramani*, Altalex n. 3615/2006 S. 5.

1118 Siehe S. 242.

1119 TAR Toscana Sezione II, 02.08.2004, n. 2860, Abschnitt 3ff. – appalti&contratti; vgl. auch *Spinelli/Vecchia*, Opere pubbliche, Kapitel 2.7.2, S. 53.

tungsrechtlichen Ermessensprüfung zur Feststellung des öffentlichen Interesses zusammen.[1120]

In der einschlägigen Entscheidung hat der *Consiglio di Stato* ausgeführt, dass die Beschaffungsstellen in einem ersten Schritt jeden einzelnen der im Vorverfahren eingehenden privaten Vorentwurfspläne getrennt von den übrigen auf Übereinstimmung mit den nach Art. 37-ter, I des l. n. 109/1994 vorgeschriebenen und in der hinweisenden Bekanntmachung genannten technischen und wirtschaftlichen Kriterien zu überprüfen hat.[1121] Erst wenn die einzelnen Planungsvorschläge diesen den Wettbewerbsregeln unterliegenden ersten Prüfungsschritt passiert haben, darf die Verwaltung zu dem zweiten Prüfungsschritt, der Bestimmung des öffentlichen Interesses, übergehen.[1122]

Beim zweiten Prüfungsschritt kommt es bei Vorliegen mehrerer privater Vorschläge zu einer Vergleichsprüfung zwischen den verschiedenen Vorentwurfsplanungen.[1123] Nach Ansicht des *Consiglio di Stato* handelt es sich bei der Prüfung zur Feststellung des öffentlichen Interesses um eine verwaltungsrechtliche Ermessensprüfung, auf welche die wettbewerblich-vergaberechtlichen Publizitätspflichten keine, auch keine entsprechende Anwendung finden.[1124] Die Verwaltung verfüge bei der Feststellung des öffentlichen Interesses an den eingereichten Planungsvorschlägen vielmehr über einen weiten, dem Verwaltungsrecht zuzurechnenden Ermessensspielraum.[1125]

Die vom *Consiglio di Stato* vorgenommene Interpretation der Vorverfahrensprüfung steht nach Ansicht des Verfassers entgegen dem ersten Anschein im Einklang mit den durch das italienische (vgl. Art. 28-bis, II-bis des l. n. 109/1994) und gemeinschaftsrechtliche Vergaberecht vorgegebenen Verfahrensregeln. Der von dem *Consiglio di Stato* befürwortete weite Gestaltungs- und Ermessensspielraum der Vergabestellen zur Feststellung des öffentlichen Interesses findet nicht nur an verschiedenen Stellen des vergaberechtlichen Normenkomplexes über den Ablauf des *Project financing*-Verfahren eine gesetzliche Stütze, sondern steht auch mit Zwecksetzung und Struktur des *Project financing*-Verfahrens in Einklang:

In dem einseitigen Abänderungsrecht der Verwaltung i.S.d. Art. 37-quater, I lett. a) des l. n. 109/1994 kommt die zur allgemeinen Verwaltungstätigkeit gehö-

---

1120 Consiglio di Stato Sezione V, 10.11.2005, n. 6287, Abschnitt 3.1. – appalti&contratti; in diesem Sinne bereits zuvor: Autorità, Determinazione n. 20/2001, S. 5.

1121 Consiglio di Stato Sezione V, 10.11.2005, n. 6287, Abschnitt 3.1. – appalti&contratti.

1122 Vgl. Consiglio di Stato Sezione V, 10.11.2005, n. 6287, Abschnitt 3.1. – appalti&contratti.

1123 Consiglio di Stato Sezione V, 10.11.2005, n. 6287, Abschnitt 3.1. – appalti&contratti.

1124 Consiglio di Stato, Sezione V, 10.11.2005, n. 6287, Abschnitt 3.2. – appalti&contratti.

1125 Vgl. Consiglio di Stato, Sezione V, 10.11.2005, n. 6287, Abschnitt 3.1. – appalti&contratti; vgl. auch *Spinelli/Vecchia*, Opere pubbliche, Kapitel 2.10, S. 66.

rende Aufgabe der italienischen Beschaffungsstellen, über die Bejahung oder Verneineinung des öffentlichen Interesses an einem ganz oder teilweise öffentlich zu finanzierenden Vorhaben frei entscheiden zu dürfen, am deutlichsten zum Ausdruck.[1126] Die Verwaltungsstellen sind nicht verpflichtet, eine private Vorentwurfsplanung, die ihrer Ansicht nach den Bedürfnissen und Anforderungen der Allgemeinheit an die öffentliche Aufgabe nicht entspricht, einem Vergabeverfahren zugrunde zu legen. Ebenso wie sie das öffentliche Interesse an dem Planungskonzept vollständig verneinen können, können sie insoweit die Abänderungen der privaten Pläne verlangen. Das vorschlagende Unternehmen hat keinen subjektivrechtlichen Anspruch darauf, dass das gemischtwirtschaftliche Vorhaben gerade auf Grundlage seiner Vorentwurfsplanung realisiert wird.

Auch der gemäß Art. 37-bis des l. n. 109/1994 vorgegebene Inhalt der privaten Planungsvorschläge zeigt, dass die vor Einleitung des Hauptvergabeverfahrens erfolgende Prüfung zur Feststellung des öffentlichen Interesses der konkreten Projektpläne dem Verwaltungsrecht nahe steht und die Beschaffungsstellen insoweit über einen weiten Ermessensspielraum verfügen müssen. Nach Art. 37-bis des l. n. 109/1994 haben die Privaten neben einer Vorentwurfsplanung auch eine Machbarkeitsstudie sowie einen Wirtschafts- und Finanzierungsplan bei der Vergabestelle einzureichen. Die Vereinbarkeit dieser Unterlagen mit dem öffentlichen Interesse muss die Verwaltung anschließend prüfen, da das öffentliche Interesse an der Realisierung eines öffentlichen-privaten Vorhabens sich nicht in dem allgemeinen Realisierungswillen erschöpft, den die Verwaltungsstelle mittels der Einfügung des Projektes in ihre Planungsprogramme zum Ausdruck gebracht hat.[1127] Die konkrete Art und Weise der Projektrealisierung ist vielmehr ein weiterer Teilaspekt des öffentlichen Interesses. An die Bewertungskriterien und Gewichtungsparameter, die der *Promotore* für das Hauptvergabeverfahren aufgestellt und zusammen mit der Konzeptplanung bei der Verwaltung eingereicht hat, können die italienischen Beschaffungsstellen deshalb nicht strikt gebunden sein.[1128] Es läge andernfalls allein im Ermessen der Privatwirtschaft, welche der denkbaren Ausführungsvarianten für den öffentlichen Auftrag dem Interesse der Allgemeinheit am besten entspricht und nach welchem wirtschaftlichen Modell das Projekt zu finanzieren ist. Die der Verwaltung obliegende Verantwortung für die öffentliche Aufgabe sowie die staatliche Finanzhoheit würden verletzt. Die Projektpläne der privaten Unternehmen können deshalb allein als Vorschlag für ein öffentliches Vorhaben gedacht sein, auch wenn dieses ganz oder teilweise privat finanziert werden soll. Es bleibt allein Aufgabe der Beschaffungsstellen,

1126 Vgl. *Tiramani*, Altalex n. 3615/2006 S. 4; *Pasquini*, GDA 2006, 1112 (1115).

1127 Vgl. *Spinelli/Vecchia*, Opere pubbliche, Kapitel 2.10, S. 65.

1128 *Spinelli/Vecchia*, Opere pubbliche, Kapitel 2.11, S. 69.

die private Machbarkeitsstudie sowie den Wirtschafts- und Finanzierungsplan auf Übereinstimmung mit den haushaltsrechtlichen Grundsätzen zu überprüfen, insbesondere in Bezug auf mögliche konkurrierende öffentliche Vorhaben oder sonstige Verwaltungsaufgaben innerhalb desselben Zeitraumes.[1129] Dieser Prüfungsschritt wird durch die vorausgehende Einfügung des privat vorgeschlagenen öffentlichen Projekts in den Dreijahresplan nicht entbehrlich.[1130]

Als weiteres Argument für einen weiten Ermessensspielraum der italienischen Vergabestellen ist Art. 37-bis, II-bis des l. n. 109/1994 anzuführen. Nach dieser Vorschrift müssen die für die Feststellung des öffentlichen Interesses relevanten Bewertungskriterien zwingend in der hinweisenden Bekanntmachung enthalten sein,[1131] ohne dass jedoch die anwendbaren Bewertungskriterien auch nur beispielhaft aufgeführt sind oder auf das im Hauptvergabeverfahren anzuwendende Zuschlagskriterium des wirtschaftlichsten Angebot Bezug genommen wird. Auch Art. 37-ter, I des l. n. 109/1994 enthält für die Bestimmung des öffentlichen Interesses – im Gegensatz zu den Kriterien für den technisch-wirtschaftlichen ersten Prüfungsschritt – keine näheren Beurteilungsparameter. Aus dem Schweigen des Art. 37-bis, II-bis und des Art. 37-ter, I des l. n. 109/1994 ist zu schließen, dass die Verwaltung gesetzlich über einen weiten Gestaltungs- und Ermessenspielraum zur Festlegung der Bewertungskriterien für das Vorverfahren verfügt. Hinzu kommt, dass die Beschaffungsstellen im Vorverfahren als einer sehr frühen Phase des Vergabeverfahrens nur eine grobe Bewertungsgrundlage verwenden können. Entsprechend enthält das italienische Vergaberecht keine strengeren Publizitätspflichten als das primäre europäische Vergaberecht, sondern verpflichtet die Vergabestellen lediglich zur Beachtung eines Mindestmaßes an Transparenz und Gleichbehandlung.[1132] Nach vorliegender Ansicht ist der Passage des Urteils des *Consiglio di Stato*, in der es heißt, es handele sich bei der Feststellung des öffentlichen Interesses um eine verwaltungsrechtliche Ermessensprüfung, bei der primär die allgemeinen verwaltungsrechtlichen Vorschriften gelten und deshalb die vergaberechtlichen Publizitätspflichten keine entsprechende Anwendung finden, nichts anderes zu entnehmen.[1133] Das bedeutet:

Gemäß den allgemeinen Vergaberechtsgrundsätzen der Transparenz und Gleichbehandlung müssen die italienischen Vergabestellen allen Marktteilnehmern im Voraus diejenigen Informationen zur Verfügung stellen, die diese benö-

---

1129 Vgl. Autorità, Determinazione n. 20/2001.

1130 Anders in der aktuell geltenden Gesetzesfassung, nach der die Verwaltung nun vor Einfügung des Projektes in den Dreijahresplan zur Erstellung einer Machbarkeitsstudie in eigener Verantwortung verpflichtet ist (vgl. *Ricchi*, UEA 2008, 1375 (1381 f.)).

1131 Avv. Spinelli im Gespräch mit dem Verfasser.

1132 So auch Avv. Spinelli im Gespräch mit dem Verfasser.

1133 Vgl. Consiglio di Stato, Sezione V, 10.11.2005, n. 6287, Abschnitt 3.2 – appalti&contratti.

tigen, um sich über ihre Teilnahme am Vergabeverfahren zu entscheiden.[1134] Die Feststellung des öffentlichen Interesses hat nach objektiven, durch jedermann nachprüfbaren Bewertungskriterien zu erfolgen.[1135] Die Beschaffungsstellen sind jedoch frei zu bestimmen, welche Kriterien sie im konkreten Fall zur Bestimmung des öffentlichen Interesses anwenden möchten, welchen Detaillierungsgrad die Bewertungsmatrix haben soll und wie die Gewichtung der Bewertungskriterien zueinander beschaffen ist. Je genauer die in der öffentlichen Bekanntgabe enthaltenen Kriterien für die Feststellung des öffentlichen Interesses sind, desto konkreter und vergleichbarer werden die vorgelegten privaten Projektpläne sein,[1136] desto weniger Spielraum verbleibt jedoch für die Unternehmen Know-how und innovative Ideen in die Planung einzubringen und desto weniger wird der Wettbewerb im Vorverfahren zur Ermittlung einer optimalen privaten Vorentwurfsplanung genutzt.

Der Ablauf des *Project financing*-Verfahrens ist strukturell darauf ausgelegt, dass die Vergabestellen die Projektplanung stufenweise mit Hilfe der Verfahrensteilnehmer entwickeln. So sind die Unternehmen im Vorverfahren dazu aufgerufen, eine Machbarkeitsstudie sowie eine Vorentwurfsplanung für ein öffentlich-privates Projekt bei der Verwaltung einzureichen. Es handelt sich hierbei um Unterlagen die ihrem Wesen nach nur eine erste Planungsstruktur für das zu realisierende Vorhaben enthalten können. Die vom *Promotore* stammende und von der Verwaltung gebilligte Vorentwurfsplanung wird im anschließenden Hauptvergabeverfahren als Ausschreibungsunterlage verwendet. Die privaten Vorentwurfspläne müssen gegenüber der hinweisenden Bekanntmachung deshalb einerseits konkretisierte Vorgaben für das Projekt enthalten,[1137] damit die Verwaltung die von den Mitkonkurrenten eingereichten Entwurfspläne nach planerischen und wirtschaftlichen Gesichtspunkten beurteilen kann, anderseits aber auch genügend Gestaltungsspielraum für das Verhandlungsverfahren lassen. Die Bekanntmachung nach Art. 37-bis, II-bis des l. n. 109/1994 selbst kann deshalb nur Rahmenvorgaben enthalten. Müsste der Bekanntmachung, die dem Vorverfahren vorausgeht, schon eine detaillierte Leistungsbeschreibung beigefügt werden, kämen die privaten Planungsvorschläge im Vorverfahren einem definitiven Angebot gleich und die Existenzberechtigung des Hauptvergabeverfahrens wäre vergaberechtlich fraglich. So bliebe in der ersten Phase des Hauptvergabeverfahrens für die Konkurrenten allenfalls Raum, die Projektpläne des *Promotore* wirtschaftlich zu optimieren, nicht dagegen sie unter Wettbewerbsbedingungen planerisch weiter zu verbessern. Die zweite Phase des Hauptvergabe-

1134 Siehe: Verfahrensrechtliche Gleichbehandlung, S. 111 f. und Transparenzgrundsatz, S. 115 ff.

1135 Siehe: Materiellrechtliche Gleichbehandlung, S. 109 f.

1136 Vgl. *Clarich*, Gli aspetti giuridici del PF, S. 11.

1137 Avv. Spinelli im Gespräch mit dem Verfasser.

verfahrens mit ihrem gestaltungsoffenen Verfahrensablauf nach den Regeln des Verhandlungsverfahrens wäre ebenfalls unnötig, wenn die privaten Planungsunterlagen planerisch nicht mehr weiter konkretisiert und verbessert werden könnten. Es ist Sinn und Zweck eines jeden Verhandlungsverfahrens, dass öffentliche und private Hand in Gesprächen umfassend über das vorläufige Angebot verhandeln, es weiter an die Bedürfnisse und Anforderungen der öffentlichen Leistung anpassen und entsprechend die Privaten auch Varianten zum ursprünglichen Vorschlag präsentieren können. Bei zu detaillierten einseitigen Vorgaben durch die Verwaltung wären echte Verhandlungen jedoch nicht möglich, da die einmal erlassen Beurteilungsparameter die Grenzen des Gestaltungsspielraums der Verhandlungspartner bilden.

Die in der italienischen Literatur und Rechtsprechung vertretenen unterschiedlichen Ansichten über die Rechtsnatur der Feststellungsprüfung des öffentlichen Interesses der eingereichten privaten Machbarkeitsstudien und Vorentwurfspläne lagen seit der Reform des Vergaberechts im Jahr 2005 viel näher beieinander, als die Anzahl der Aufsätze zu dieser Kontroverse vermuten lässt. So legte *Clarich* das Urteil des toskanischen Verwaltungsgerichts, das eine zweistufigen Prüfung der Feststellung des öffentlichen Interesses ablehnt hat,[1138] dahingehend aus, dass die Beschaffungsstelle bei der Wahl des *Promotore* das Transparenzprinzip zwar bereits einhalten müsste, ihr jedoch aufgrund der Besonderheiten der Verfahrensphase zur Feststellung des öffentlichen Interesses ein weiter Gestaltungsspielraum zuzugestehen sei.[1139] Diese Interpretation stimmt im Kern mit dem Ergebnis der vorgenommenen Auslegung des Urteils des *Consiglio di Stato* überein. Ob man die Vorverfahrensprüfung zur Ermittlung der besten privaten Vorentwurfsplanung als einheitliche oder zweistufige Prüfung betrachtet, ist zweitrangig. Entscheidend ist vielmehr, dass das Vorverfahren aufgrund seiner Nähe zum Verwaltungsrecht einerseits kein streng wettbewerblich-vergaberechtlicher Verfahrensabschnitt sein kann, anderseits aber Bestandteil eines öffentlichen Vergabeverfahrens bildet und deshalb ein Mindestmaß an Gleichbehandlung und Transparenz gewährleistet sein muss.[1140] Aufgrund der besonderen Bedeutung dieses Verfahrensschrittes für das gesamte Vergabeverfahren[1141] würde andernfalls das gesamte *Project financing*-Verfahren den primärvergaberechtlichen Publizitätspflichten nicht entsprechen.

Das Vorverfahren aufgrund des weiten Ermessens- und Gestaltungsspielraumes der Verwaltung als *para-concorsuale* zu bezeichnen, ist durchaus ange-

1138 TAR Toscana, Sezione II, 02.08.2004, n. 2860, Abschnitt 3 ff. – appalti&contratti.

1139 Vgl. *Clarich*, Gli aspetti giuridici del PF, S. 11.

1140 So auch *Spinelli/Vecchia*, Opere pubbliche, Kapitel 2.10, S. 66 f.

1141 Vgl. *Spinelli/Vecchia*, Opere pubbliche, Kapitel 2.10, S. 66. Siehe dazu auch, S. 274 f.

bracht.[1142] Man könnte die Besonderheiten der Vorverfahrenprüfung aber auch als Ausgleichslösung zwischen dem Wettbewerbsprinzip und dem Prinzip der ordnungsgemäßen öffentlichen Aufgabenerfüllung verstehen, für die sich der italienische Gesetzgeber in Ausübung seines Gestaltungsspielraumes zur Vergabe von Konzessionen entschieden hat.

2. *Pflicht zur Bekanntmachung des Diritto di prelazione*

Die Verwaltung trifft mit der Bestimmung des *Promotore* am Ende des Vorverfahrens eine Entscheidung, die das nachfolgende Hauptvergabeverfahren und den Ausgang des Vergabeverfahrens maßgeblich mitbestimmt.[1143] So bilden die vom *Promotore* entwickelten Vorentwurfspläne die Ausschreibungsunterlagen für die erste Phase des Hauptvergabeverfahrens (vgl. Art. 37-quater, I lett. a) des l. n. 109/1994), und mit der *Promotore*-Stellung ist ein automatisches Teilnahmerecht für die zweite Phase des Hauptvergabeverfahrens verbunden (vgl. Art. 37-quater, I lett. b) des l. n. 109/1994). Ferner erwirbt der *Promotore* einen Anspruch auf Ersatz der ihm entstandenen Verfahrens- und Planungskosten, wenn er am Ende des Verfahrens nicht den Zuschlag auf die Konzession erhält (vgl. Art. 37-quater, IV des l. n. 109/1994). Seit der Reform 2002 kommt zu diesen Vorteilen des *Promotore* nun noch das *Diritto di prelazione* hinzu, das diesem erlaubt, bei Unterliegen im Verhandlungsverfahren sich durch Anpassung seiner Pläne an die Projektpläne des Gewinners den Zuschlag auf die Konzession zu sichern (vgl. Art. 37-ter, I letzter Absatz des l. n. 109/1994).

Die mit der *Promotore*-Stellung verbundenen Wettbewerbsvorteile sind der Grund dafür, dass alle potentiellen Verfahrensteilnehmer rechtzeitig über die Existenz und Bedeutung der verfahrensrechtlichen Sonderstellung informiert werden müssen. Nur so wird jeder von ihnen in die Lage versetzt, frei darüber zu entscheiden, ob er sich mit der Vorlage eines Planungskonzeptes um die Sonderstellung bewerben möchte, um sich die damit verbundenen Vorteile zu sichern, oder ob er darauf verzichtet und möglicherweise erst zu einem späteren Zeitpunkt am Verfahren als Mitkonkurrent teilnimmt.[1144] Diese Publizitätspflicht folgt aus den allgemeinen Vergaberechtsgrundsätzen der Gleichbehandlung und Transparenz.

1142 So auch *Spinelli/Vecchia*, Opere pubbliche, Kapitel 2.7.2, S. 53; *Zuccaro*, RAS 2008, 319 (328).

1143 *Tiramani*, Altalex n. 3615/2006 S. 2; *Spinelli/Vecchia*, Opere pubbliche, Kapitel 2.10, S. 66; vgl auch *Clarich*, Gli aspetti giuridici del PF, S. 10.

1144 Vgl. Kommission, Abl. C (2003) 3764: mit Gründen versehene Stellungnahme 2001/2182, Rn. 50f.

Würde die Bekanntmachungspflicht nicht bereits für die *Promotore*-Stellung gelten, wäre das *Project financing*-Verfahren mit den Grundsätzen der Transparenz und Gleichbehandlung sowie dem Wettbewerbsprinzip insgesamt nicht mehr vereinbar. Der im Widerspruch mit dem gemeinschaftlichen Primärvergaberecht ausgewählte *Promotore* würde über einen rechtswidrigen Wettbewerbsvorteil verfügen, der während des Hauptvergabeverfahrens nicht mehr ausgleichbar ist und folglich bis zur Zuschlagsentscheidung fortwirkt. Die enge Verknüpfung des Vorverfahrens mit den Ausgang des Vergabeverfahrens ist der Grund dafür, dass das Vorverfahren zur Bestimmung des *Promotore* nicht als separates, vollständig dem Verwaltungsrecht zuzuordnendes Verfahren qualifiziert werden kann, sondern als die erste von drei Phasen eines einheitlichen Vergabeverfahrens angesehen werden muss. Diese Ansicht wird einstimmig auch in der italienischen Literatur und Rechtsprechung vertreten.[1145]

IV. Art. 153 ff. des italienischen Vergaberechtsgesetzbuches in der Fassung vom 12.04.2006 (sog. *Codice dei Contratti*)

Mit dem gesetzesvertretenden Dekret Nr. 163 (Decreto Legislativo n. 163 del 12.04.2006 – Codice die contratti pubblici relativi a lavori, servizi e forniture in attuazione delle direttive 2004/17/CE e 2004/18/CE, Gazzetta Ufficiale n. 100 del 02.05.2006 Supplemento Ordinario n. 107) trat ein einheitliches, alle öffentlichen Auftragsarten regelndes italienisches Vergaberechtsgesetzbuch in Kraft (*Codice dei Contratti 2006*[1146]). Die Normen über das *Project financing*-Verfahren sind seither in den Art. 153 ff. des Codice enthalten.

Die vergaberechtliche Reform bedeutete für das *Project financing*-Verfahren vor allem in formal-systematischer Hinsicht eine Veränderung. Das *Project financing*-Verfahren in seiner Eigenschaft als besonderes öffentliches Ausschreibungsverfahren zur Vergabe von konzessionsrechtlichen Öffentlich Privaten Partnerschaften war nun erstmals neben den für die anderen Vergabeverfahren geltenden Normen in einem Gesetz geregelt.

Die materiell-inhaltlichen Änderungen des *Project financing*-Verfahrens blieben dagegen auf einige wenige Punkte begrenzt:

Art. 37-bis, 37-ter des l. n. 109/1994 a.F. wurden ohne inhaltliche Änderungen zu den Art. 153, 154 des Codice 2006. Art. 155 des Codice 2006, in dem der Ablauf des Hauptvergabeverfahrens geregelt ist, entsprach dem Art 37-quarter des l. n. 109/1994 a.F. ebenfalls fast vollständig. Das Hauptvergabeverfahren

1145 Autorità, determinazione n. 8/2007, Kapitel 3; *Zuccaro*, RAS 2008, 319 (321); Consiglio di Stato Sezione V, 20.10.2004, n. 6847, Abschnitt 2 – appalti&contratti.

1146 Im Folgenden „Codice“ in Verbindung mit der Jahreszahl der jeweils geltenden Fassung. In Kapitel IV: Codice 2006.

hat nur folgende Änderungen erfahren: Nach neuer Gesetzeslage war die erste Verfahrensphase nicht mehr in Form eines Nichtoffenen Verfahrens oder eines *Appalto-concorso*-Verfahrens durchzuführen. Der in Art. 155, I lett. a des Codice 2006 verwendete allgemeine Begriff des „Verfahrens" erfasste nun das Nichtoffene Verfahren sowie das Offene Verfahren, zwischen denen die Beschaffungsstellen unter Beachtung der konkret vorliegenden Umstände zu wählen hatte.[1147] Eine gesetzlich notwendige, ausdrückliche Ermächtigung der Vergabestellen, die erste Verfahrensphase auch in Form eines *Appalto-concorso*-Verfahrens durchzuführen, enthielt Art. 155, I lett. a des Codice 2006 nicht mehr. Diese Vergabeart wurde mit dem Codice 2006 vielmehr ganz aus dem italienischen Vergaberechtsbuch gestrichen.[1148]

Eine logische Folge der Abschaffung des *Appalto-concorso*-Verfahrens war die Änderung des Art. 37-quarter, V des l. n. 109/1994 a.F. (nun Art. 155, V des Codice 2006). Dieser hatte, wenn die erste Verfahrensphase nach den Regeln des *Appalto-concorso*-Verfahrens durchgeführt worden war, im Falle eines Konzessionszuschlages zugunsten des *Promotore* für die Mitkonkurrenten einen Anspruch auf Kostenersatz enthalten. Materiellrechtlich hat sich an dieser Kostenregelung nichts geändert. Einen Anspruch auf Kostenersatz erwerben die Mitkonkurrenten weiterhin nur dann, wenn sie im Hauptvergabeverfahren neben der Ausführungsplanung auch sonstige planerische Projektleistungen erbringen mussten (Art. 155, V des Codice 2006).

Die einzige wirkliche inhaltliche Neuheit des Codice 2006 für das *Project financing* war die Pflicht der italienischen Verwaltungsstellen, die Verfahrensregeln der Art. 153 ff. des Codice 2006 künftig auch auf die Vergabe von Dienstleistungskonzessionen entsprechend anzuwenden, wenn diese ganz oder teilweise mit privaten Geldern finanziert werden sollen (Art. 152, III des Codice 2006).

V. Art. 153 ff. des italienischen Vergaberechtsgesetzbuches in der Fassung vom 31.07.2007 (sog. *Secondo Decreto Correttivo*)

Etwas mehr als ein Jahr nach Einführung des italienischen Vergaberechtsgesetzbuches wurde dieses das erste Mal reformiert. Das gesetzesvertretende Dekret Nr. 113 vom 31.07.2007 (sog. Zweites Korrekturdekret – *Secondo Decreto Correttivo*) brachte wenige, aber grundlegende Neuerungen für das *Project financing*-Verfahren mit sich (Decreto Legislativo n. 113 del 31.07.2007 – Ulteriori disposizioni correttive e integrative del decreto legislativo 12 aprile 2006, n. 163, recante il Codice die contratti pubblici relativi a lavori, servizi e forniture,

1147 *Spinelli/Vecchia*, Opere pubbliche, Kapitel 2.3.2, S. 33.

1148 *Spinelli/Vecchia*, Opere pubbliche, Kapitel 2.3.2, S. 33.

a norma dell'articolo 25, comma 3, della legge 18 aprile 2005, n. 62, Gazzetta Ufficiale n. 176 del 31.07.2007 Supplemento Ordinario n. 173). Der italienische Gesetzgeber hoffte, mit der Reform nun endgültig allen Vorwürfen der Europäischen Kommission zur Unvereinbarkeit der Art. 153 ff. des Codice 2006 mit den allgemeinen Vergaberechtsgrundsätzen nachgekommen zu sein. Diese Hoffnung wurde jedoch bald enttäuscht. Die Europäische Kommission vertrat in ihrem Aufforderungsschreiben an die italienische Republik vom 01.02.2008 die Ansicht, dass weiterhin nicht alle Normen des *Project financing*-Verfahren n.F. mit dem europäischen Primärvergaberecht vereinbar seien.[1149]

Während der zweimonatigen Frist, in der die verlangten Änderungen in den Art. 153 ff des Codice 2006 hätten erfolgen müssen, entschied der EuGH über die inhaltlich beinahe identische Klage der Europäischen Kommission gegen Italien, die am 24.09.2004 wegen Unvereinbarkeit der Verfahrensnormen des *Project financing* mit den allgemeinen Vergaberechtsgrundsätzen nach Art. 226 EGV a.F. (Art. 258 II EGV n.F.) erhoben worden war.[1150]

Bevor Inhalt und Berechtigung des neuen Verfahrens der Europäischen Kommission gegen Italien überprüft und das EuGH-Urteil untersucht werden, sind die Änderungen, die das *Project financing*-Verfahren durch die Gesetzesreform im Jahr 2007 erfahren hat, kurz darzulegen.

1. Zweites Korrekturdekret Nr. 113 vom 31.07.2007

Durch das Zweite Korrekturdekret im Jahr 2007 ist das *Project financing*-Verfahren an zwei Stellen verändert worden.

Zum einen hat der italienische Gesetzgeber die Fristen des Vorverfahrens zur Auswahl der besten privaten Vorentwurfsplanung bzw. zur Bestimmung des *Promotore* modifiziert. Die Frist zur öffentlichen Bekanntmachung von öffentlich-privaten Vorhaben wurde von 20 auf 90 Tage nach Verabschiedung des öffentlichen Planungsprogramms verlängert (Art. 153, III des Codice 2007). Die Frist für die Einreichung der privaten Vorentwurfspläne wurde hingegen nicht mehr durch den 30.06. des jeweiligen Jahres bestimmt, sondern die Privaten hatten nun 180 Tage ab der Veröffentlichung der hinweisenden Bekanntmachung Zeit, ihre Planungen bei der Verwaltungsstelle einzureichen (vgl. Art. 153, I i.V.m. III des Codice 2007).

Die entscheidende Änderung erfuhr das *Project financing*-Verfahren jedoch durch die Abschaffung des *Diritto di prelazione*. Die entsprechenden Normen wurden aus den Verfahrensnormen der Art. 153 ff des Codice 2007 gestrichen.

1149 Kommission, Aufforderungsschreiben C (2008) 0108, S. 11.
1150 EuGH, Rs. C-412/04 Urteil v. 21.02.2008 – „Kommission/Italien", juris.

2. *Die Vertragsverletzungsverfahren der Kommission gegen Italien*

Untersuchungsgegenstand des folgenden Abschnittes ist der von der Europäischen Kommission erhobene Vorwurf der Unvereinbarkeit der Verfahrensnormen des *Project financing* in der Fassung des Codice 2007 und auch des Codice 2008 mit den allgemeinen Vergaberechtsgrundsätzen. Die Europäische Kommission hat in verschiedenen Dokumenten[1151] die Vereinbarkeit der Artt. 37-bis des l. n. 109/1994 bzw. der Art. 153 ff. des Codice 2007 bzw. 2008 mit den allgemeinen Vergaberechtsgrundsätzen immer wieder hinsichtlich derselben drei Punkte beanstandet.

a. Vorwurf mangelnder Publizität

Erster Kritikpunkt der Europäischen Kommission am Codice 2007 war die weiterhin fehlende Pflicht der Beschaffungsstellen, die als *Projects financing* zu realisierenden öffentlichen Vorhaben im Voraus europaweit bekanntzumachen.[1152] Art. 153, III i.V.m. Art. 66, VII des Codice 2007 normierte nur eine innerstaatliche öffentliche Bekanntmachungspflicht, während die europaweite Bekanntmachung in das Ermessen der Verwaltung gestellt blieb.

Nur wenn die öffentlichen Aufträge ausnahmsweise wegen besonderer Umstände – wie beispielsweise einer sehr geringfügigen wirtschaftlichen Bedeutung – für Wirtschaftsteilnehmer anderer Mitgliedstaaten nicht von Interesse sind, müssen sie nicht europaweit ausgeschrieben werden.[1153] Bei Binnenmarktrelevanz sind die öffentlichen Aufträge hingegen europaweit bekannt zu geben. Die europaweite öffentliche Bekanntmachungspflicht folgt unmittelbar aus den allgemeinen Vergaberechtsgrundsätzen der Transparenz und Gleichbehandlung, die auch bei der Vergabe von Konzessionen bzw. *Projects financing* zu beachten sind.

Das Fehlen einer gesetzlichen Pflicht der italienischen Beschaffungsstellen, bei Binnenmarktrelevanz des *Project financing* die hinweisende Bekanntgabe europaweit zu veröffentlichen, ist von der Europäischen Kommission zu Recht als vergaberechtswidrig beanstandet worden.[1154]

Der EuGH hat zu diesem Vorwurf nicht Stellung genommen, da dieser von der Europäischen Kommission nicht zum Gegenstand des Vertragsverletzungsverfahrens gemacht worden war.

1151 Kommission, Abl. C (2003) 3764: mit Gründen versehene Stellungnahme 2001/2182, Rn. 45 ff.; Kommission, ABl. C-300/27, Klage Rs. C 412/04; Kommission, Aufforderungsschreiben C (2008) 0108, S. 10.

1152 Kommission, Aufforderungsschreiben C (2008) 0108, S. 10.

1153 Vgl. Kommission, Primärrechtliche Auftragsvergabe 2006, Kapitel 2.1.2.

1154 So auch *Zuccaro*, RAS 2008, 319 (327).

Die übrigen Kritikpunkte am italienischen *Project financing*-Verfahren betrafen allesamt die Verfahrensstellung und die Sonderrechte des *Promotore*.

Die Übereinstimmung der *Promotore*-Stellung mit den beiden Vergaberechtsprinzipien des Wettbewerbs und der ordnungsgemäßen öffentlichen Aufgabenerfüllung wurde bereits an obiger Stelle überprüft.[1155] Es wurde festgestellt, dass aufgrund des *Diritto di prelazione* im Hauptvergabeverfahren kein echter Bieterwettbewerb entsteht, den jedoch das Wettbewerbsprinzip zum Schutz der Gleichbehandlungsinteressen der Mitkonkurrenten und zum Schutz des öffentlichen Interesses an einer möglichst wirtschaftlichen Aufgabenerfüllung verlangt. Das Prinzip der ordnungsgemäßen öffentlichen Aufgabenerfüllung ist ebenfalls verletzt, da mangels eines echten Bieterwettbewerbs im Hauptvergabeverfahren der Wettbewerb nicht als Instrument zur effektiven öffentlichen Aufgabenerfüllung genutzt werden kann. Vorliegend bleibt nun die Übereinstimmung des *Diritto di prelazione* mit den allgemeinen Vergaberechtsgrundsätzen der Transparenz und Gleichbehandlung zu prüfen.

b. Automatisches Teilnahmerecht des *Promotore*

Den ersten Vorwurf, den die Europäische Kommission gegen die Sonderstellung des *Promotore* erhoben hat, bezog sich allein auf den verfahrensrechtlichen Aspekt dieses vielschichtigen Vergaberechtsproblems. Die Europäische Kommission vertrat die Auffassung, dass es gegen den verfahrensrechtlichen Aspekt des Gleichbehandlungsgrundsatzes verstoße, wenn der *Promotore* automatisch zur Teilnahme am Verhandlungsverfahren aufgefordert werde und seine Pläne in diesem Rahmen nur mit den Angeboten von maximal zwei Konkurrenten in Wettbewerb treten müssen, ohne sich vorher gegen die Angebote aller Verfahrensteilnehmern behauptet zu haben.[1156] An dem automatischen Teilnahmerecht des *Promotore* am Verhandlungsverfahren hatte sich durch die Abschaffung des *Diritto di prelazione* nichts geändert (Art. 155, I lett. b des Codice 2007).

Bei der Beantwortung der Frage, ob das automatische Teilnahmerecht des *Promotore* tatsächlich gegen den verfahrensrechtlichen Aspekt der Gleichbehandlung verstößt, hilft das Urteil des EuGH vom 21.02.2008 kaum weiter. Das Vertragsverletzungsverfahren gegen die italienische Republik endete mangels ausreichender Substantiierung der Klagepunkte durch die Europäische Kommission mit einem Prozessurteil.[1157] Die einzige, insoweit zur Sache ergehende Anmerkung des EuGH ist sehr allgemein gehalten. Es heißt dort lediglich: „*Die*

1155 Siehe: Wettbewerbsprinzip und Prinzip der ordnungsgemäßen öffentlichen Aufgabenerfüllung, S. 251 ff.

1156 Kommission, Aufforderungsschreiben C (2008) 0108, S. 11.

1157 EuGH, Rs. C-412/04 Urteil v. 21.02.2008 – „Kommission/Italien“, juris, Rn. 107.

Ausführungen der Kommission im Rahmen der vorliegenden Rüge enthalten keinerlei Hinweis darauf, dass eine solche Diskriminierung vorliege."[1158] Daraus lässt sich allenfalls die Vermutung entnehmen, dass der EuGH auch bei einer Entscheidung in der Sache die Verletzung des Gleichbehandlungsgrundsatzes durch das automatische Teilnahmerecht des *Promotore* abgelehnt hätte.

Der Gleichbehandlungsgrundsatz in verfahrensrechtlicher Hinsicht verlangt, dass alle potentiellen Bieter über dieselben Chancen auf Zugang zum Verfahren und auf Zuschlag des öffentlichen Auftrages verfügen.[1159]

Betrachtet man die drei Phasen des *Project financing*-Verfahrens getrennt voneinander, so müsste man in Übereinstimmung mit der Europäischen Kommission in dem Recht des *Promotore*, automatisch in die zweite Verfahrensphase des Hauptvergabeverfahrens vorzurücken, einen ungerechtfertigten Wettbewerbsvorteil zum Nachteil der Konkurrenten der ersten Verfahrensphase sehen. Letztere müssen ein Teilnahmerecht unter Wettbewerbsbedingungen erst noch erwerben.

Betrachtet man dagegen das gesamte *Project financing*-Verfahren als Einheit, wird durch die öffentliche Bekanntmachung von Existenz und Bedeutung der *Promotore*-Stellung jedem Wirtschaftsteilnehmer gleichermaßen die Chance eingeräumt, sich am Vorverfahren zu beteiligen und als Gewinner desselben in die verfahrensrechtliche Sonderstellung des *Promotore* einzurücken.[1160] Alle Verfahrensteilnehmer der ersten Phase des Hauptvergabeverfahrens hätten sich also auch am Vorverfahren beteiligen können. Haben sie diese Möglichkeit nicht genutzt oder sind dort wettbewerblich unterlegen, ist die verfahrensrechtliche Ungleichbehandlung zwischen ihnen und dem *Promotore* im Hauptvergabeverfahren gerechtfertigt. Das *Project financing*-Verfahren wird in Italien allgemein als einheitliches, in mehrere Phasen gegliedertes Vergabeverfahren qualifiziert.[1161] Diese Betrachtungsweise gilt bei der gesamten Überprüfung des *Project financing*-Verfahrens auf seine Übereinstimmung mit dem allgemeinen Vergaberechtsgrundsätzen. Eine Verletzung des verfahrensrechtlichen Aspekts des Gleichbehandlungsgrundsatzes wird vom Verfasser deshalb abgelehnt.

Zu prüfen ist vielmehr, ob das automatische Teilnahmerecht des *Promotore* am Verhandlungsverfahren für diesen einen Wettbewerbsvorteil in materiellrechtlicher Hinsicht bedeutet und wenn ja, ob dieser als vergaberechtswidrig zu bewerten ist. Der Gleichbehandlungsgrundsatz in materiellrechtlicher Hinsicht erfordert, dass alle Verfahrensteilnehmer gleich behandelt werden und dass

1158 EuGH, Rs. C-412/04 Urteil v. 21.02.2008 – „Kommission/Italien", juris, Rn. 106.

1159 Siehe: Verfahrensrechtliche Gleichbehandlung, S. 111 f.

1160 Vgl. *Zuccaro*, RAS 2008, 319 (324, 327).

1161 Siehe: Pflicht zur Bekanntmachung des *Diritto di prelazione*, S. 263 f.

Differenzierungen, die naturgemäß bei jeder Auswahlentscheidung notwendig werden, sachlich gerechtfertigt und verhältnismäßig sind.[1162]

Der erste Unterschied zwischen dem *Promotore* und den Verfahrensteilnehmern der ersten Phase des Hauptvergabeverfahrens besteht darin, dass der *Promotore* einen Verfahrensabschnitt auslässt und erst wieder am Verhandlungsverfahren teilnimmt.

Sachlicher Grund für die Nichtteilnahme des *Promotore* an der ersten Phase des Hauptvergabeverfahrens ist, dass dieser Verfahrensabschnitt zur Auswahl der besten Konkurrenzangebote für das Verhandlungsverfahren dient. Mit der ersten Phase des Hauptvergabeverfahrens wird bezweckt, den der Vergabestelle im Vorverfahren obliegenden weiten Ermessensspielraum für die Zuschlagsentscheidung einzuschränken und eine echte Wettbewerbssituation zu schaffen.[1163] Die wirtschaftliche Verbesserung und Konkretisierung der vom *Promotore* erarbeiteten Projektpläne ist dagegen primäres Ziel der zweiten Phase des Hauptvergabeverfahrens. Das italienische Hauptvergabeverfahren i.S.d. Art. 153 ff des Codice 2007 stellt eine denkbare Verfahrensvariante dar, um gemäß dem Prinzip der ordnungsgemäßen öffentlichen Aufgabenerfüllung zu Beginn des eigentlichen Ausschreibungsprozesses eine echte Wettbewerbssituation zur Erlangung eines in wirtschaftlicher sowie planerischer Hinsicht optimalen Projektentwurfes zu erzeugen.

Denklogisch ist es nicht ausgeschlossen, den *Promotore* an der ersten Phase des Hauptvergabeverfahrens teilnehmen zu lassen. Er könnte seine ursprünglichen Vorentwurfsplanung nochmals verbessern, insbesondere jedoch weiter konkretisieren und ebenfalls eine Entwurfsplanung vorlegen. Der *Promotore* befände sich bei einer derartigen Verfahrensgestaltung gegenüber den übrigen Konkurrenten jedoch in einer wettbewerblich vorteilhaften Position, da er die zugrunde liegende Vorentwurfsplanung und die Ausschreibungsunterlagen ganz oder, wenn die Vergabestelle Änderungen verlangt hat, teilweise erstellt hat. Es käme zu einem Projektantenkonflikt,[1164] so dass die Teilnahme des *Promotore* an der ersten Phase des Hauptvergabeverfahrens nicht notwendigerweise ein verhältnismäßigeres Mittel darstellt.

Der *Promotore* ist durch die Einreichung eines Planungsvorschlages bei der Verwaltung in Vorleistung getreten und ist damit ein Kostenrisiko eingegangen. Nur die Aussicht auf eine verbesserte Chance auf den Zuschlag wird einen Privaten in der Regel zur Eingehung eines solchen wirtschaftlichen Risikos bewegen. Das vom italienischen Gesetzgeber gewählte automatische Teilnahmerecht des

1162 Siehe: Materiellrechtliche Gleichbehandlung, S. 109 f.

1163 Avv. Spinelli im Gespräch mit dem Verfasser.

1164 Siehe hierzu bereits S. 175 f.

Promotore an der zweiten Phase des Hauptvergabeverfahrens ist ein Anreiz- und Belohnungsinstrument, das vor dem Hintergrund der Geltung des Wettbewerbsprinzips im Interesse des *Promotore* in der Form des Vertraulichkeitsgebotes[1165] sowie des Prinzips der ordnungsgemäßen öffentlichen Aufgabenerfüllung notwendig, und unter Berücksichtigung des Gleichbehandlungsgrundsatzes und des Wettbewerbsprinzips im Interesse der übrigen Verfahrensteilnehmer verhältnismäßig ist. Der Wettbewerbsvorteil, über den der *Promotore* im Hauptvergabeverfahren verfügt, ist sachlich gerechtfertigt.

Eine Ungleichbehandlung der übrigen Verfahrensteilnehmer könnte sich allenfalls daraus ergeben, dass der *Promotore* sich im Verhandlungsverfahren nur mit zwei Mitbewerbern messen muss und nicht mit allen Teilnehmern der ersten Verfahrensphase.

Das *Project financing*-Verfahren ist strukturell ähnlich einem Vergabeverfahren mit vorgeschaltetem Teilnahmewettbewerb aufgebaut. Verfahrensgestaltungen, welche die Teilnehmerzahl in einem ersten Verfahrensschritt begrenzen, kennt auch die Vergabekoordinierungsrichtlinie (vgl. Art. 1 XI b, 31 VKR). Sie finden ihre Rechtfertigung im Wettbewerbsprinzip, soweit dieses das öffentliche Interesse an einer wirtschaftlichen Aufgabenerfüllung schützt; hierzu gehört auch die Pflicht zur wirtschaftlichen Verfahrensführung.[1166]

Eine vergaberechtswidrige Ungleichbehandlung zwischen dem *Promotore* und den vom Verhandlungsverfahren ausgeschlossenen Teilnehmern der ersten Verfahrensphase könnte darin liegen, dass der *Promotore* sein Beteiligungsrecht am Verhandlungsverfahren nicht durch Teilnahme und Auswahlentscheidung im Rahmen der ersten Phase des Hauptvergabeverfahrens erwirbt, sondern bereits durch die Teilnahme am Vorverfahren erlangt hat. Sind bei der Beschaffungsstelle im Vorverfahren mehrere private Planungsvorschläge eingegangen, war der *Promotore* jedoch dort einer Wettbewerbssituation ausgesetzt, und aus dieser ist er als Gewinner hervorgegangen. Eine Ungleichbehandlung liegt deshalb nicht vor, da auch die übrigen Verfahrensteilnehmer sich am Vorverfahren hätten beteiligen können.

Die vom italienischen Gesetzgeber gewählte automatische Teilnahmerecht des *Promotore* verstößt für sich betrachtet deshalb nicht gegen das Gleichbehandlungsprinzip im materiellen Sinne.

Ein automatisches Beteiligungsrecht ist nach vorliegender Ansicht ein gut gewähltes Anreiz- und Belohnungsinstrument, um zwischen dem Wettbewerbsprinzip und dem dahinter stehenden Gleichbehandlungsprinzip der verschiedenen Verfahrensteilnehmer sowie dem Prinzip der ordnungsgemäßen öffentlichen

---

1165 Siehe zum Vertraulichkeitsgebot, S. 131 f.

1166 Siehe hierzu bereits S. 133 f.

Aufgabenerfüllung einen angemessenen Ausgleich zu schaffen. Der den Mitgliedstaaten bei der Ausgestaltung der öffentlichen Ausschreibungsverfahren auf Grundlage des europäischen Primärvergaberechts eröffnete Gestaltungsspielraum hat der italienische Gesetzgebers hier genutzt und dabei das Verhältnismäßigkeitsprinzip beachtet. Der erste von der Europäischen Kommission erhobene Vorwurf ist unbegründet.

c. *Diritto di prelazione* und Gleichbehandlungsgrundsatz

Der zweite Vorwurf der Europäischen Kommission gegen die Figur des *Promotore* betraf das *Diritto di prelazione.* Sie sah darin eine Verletzung des Gleichbehandlungsgrundsatzes in materiellrechtlicher Hinsicht.

Der italienische Gesetzgeber hatte das *Diritto di prelazione* mit der Reform im Jahr 2007 abgeschafft, so dass die Kommission diesen Vorwurf in ihrem Aufforderungsschreiben vom 01.02.2008 nicht weiter aufrechterhalten hat.[1167] Das verfahrensrechtliche Sonderrecht ist im Codice 2008 und auch in der aktuellen Fassung des Codice aus dem Jahr 2011 jedoch wieder enthalten. Die Vereinbarkeit des *Diritto di prelazione* mit allgemeinen Vergaberechtsgrundsätzen ist deshalb nach wie vor von Interesse.

Die Europäische Kommission hatte in Hinblick auf das *Diritto di prelazione* stets kritisiert, dass dem *Promotore* bei der Zuschlagsentscheidung eine unberechtigte Vorzugsbehandlung eingeräumt werde, wenn er als einziger sein Angebot am Ende des Verhandlungsverfahrens durch Ausübung des ihm übertragenen Anpassungs- und Eintrittsrechts nochmals ändern dürfe und trotz Unterliegens im Verhandlungsverfahren sich den Zuschlag auf die Konzession sichern könne.[1168]

Dank des eingeräumten Sonderrechtes befindet sich der *Promotore* gegenüber den übrigen Wettbewerbern des Hauptvergabeverfahrens unzweifelhaft in einer wirtschaftlich vorteilhaften Position. Seine wettbewerblich vorteilhafte Position verstößt jedoch dann nicht gegen den materiellen Aspekt des Gleichbehandlungsprinzips, wenn die vorgenommene Differenzierung zwischen dem *Promotore* und den übrigen Verfahrensteilnehmern sachlich gerechtfertigt und verhältnismäßig ist.

Der *Promotore* hat die verfahrensrechtliche Sonderstellung durch seine Leistung im Vorverfahren erworben, indem er sein Angebot – möglicherweise auch gegenüber den Planungskonzepten konkurrierender Bewerber – hat durchsetzen können. Er hat Zeit und Geld investiert und planerisches Know-how sowie inno-

---

1167 Kommission, Aufforderungsschreiben C (2008) 0108, S. 11.

1168 Kommission, Abl. C (2003) 3764: mit Gründen versehene Stellungnahme 2001/2182, Rn. 45; Kommission, ABl. C-300/27, Klage Rs. C 412/04; EuGH, Rs. C-412/04 Urteil v. 21.02.2008 – „Kommission/Italien“, Rn. 101.

vative Ideen eingebracht, um der Vergabestelle einen guten und wirtschaftlichen Lösungsvorschlag für die öffentliche Aufgabenerledigung vorzulegen.[1169] Dabei hat er sich dem finanziellen Risiko ausgesetzt,[1170] dass die Beschaffungsstelle in Ausübung ihres weiten Ermessensspielraumes die Projektpläne wegen mangelnden öffentlichen Interesses zurückweist[1171] und er somit die Planungsarbeiten umsonst vorgenommen hat.

Wie das automatische Teilnahmerecht des *Promotore* an der zweiten Verfahrensphase ist also auch das *Diritto di prelazione* ein Anreiz- und Belohnungsinstrument für die Vorverfahrensteilnahme. Es fungiert einerseits als nichtgeldliche Kompensation für die Weiternutzung der Vorentwurfsplanung des *Promotore* im Hauptvergabeverfahren (Entschädigungsfunktion). Eine Entschädigung für die Vorleistung des *Promotore* ist aufgrund des wettbewerblichen Vertraulichkeitsgebots grundsätzlich erforderlich.[1172] Andererseits ist das *Diritto di prelazione* ein Instrument zur Erhöhung der Beteiligungsbereitschaft der Privatwirtschaft für das Vorverfahren (Anreizfunktion), wodurch dem Prinzip der ordnungsgemäßen öffentlichen Aufgabenerfüllung entsprochen wird.

Das Wettbewerbsprinzip schützt jedoch nicht nur die Interessen des *Promotore*, sondern zugleich auch die Interessen der übrigen Verfahrensteilnehmer sowie die öffentlichen Interessen an einer wirtschaftlichen öffentlichen Aufgabenerfüllung. Allen diesen, zum Teil widerstreitenden Interessen muss unter Beachtung des Verhältnismäßigkeitsprinzips gleichermaßen Rechnung getragen werden. Entscheidend ist also die Frage, ob es sich bei dem *Diritto di prelazione* um ein unverhältnismäßiges Anreiz- und Belohnungsinstrument handelt.

Die Unverhältnismäßigkeit des *Diritto di prelazione* folgt zum einen daraus, dass es sowohl gegen das Wettbewerbsprinzip als auch gegen das Prinzip der ordnungsgemäßen öffentlichen Aufgabenerfüllung verstößt.[1173] Es ist nicht geeignet, einen verhältnismäßigen Ausgleich zwischen den widerstreitenden Interessen zu schaffen, sondern macht die Entstehung eines echten Bieterwettbewerbs im Interesse der Mitkonkurrenten und der Vergabestelle unmöglich. Aufgrund des *Diritto di prelazione* haben die Konkurrenten des *Promotore* keine reale Chance auf den Konzessionszuschlag; der Gleichbehandlungsgrundsatz ist verletzt. Auch verringert die Nichtentstehung einer echten Wettbewerbssituation im Hauptvergabeverfahren die Chance der Verwaltung auf Abschluss eines wirtschaftlich günstigen und mit dem öffentlichen Interesse

1169 Vgl. *Hermes/Michel*, Die Verwaltung 2005, 177 (188).

1170 *Zuccaro*, RAS 2008, 319 (330 f.).

1171 *Greco*, La natura giuridica del PF, Kapitel 5.

1172 Siehe hierzu auch S. 138.

1173 Siehe hierzu bereits S. 251 ff.

an einer ordnungsgemäßen Aufgabenerfüllung in Einklang stehenden Konzessionsvertrages.

Zum anderen ist das *Diritto di prelazione* nicht der einzige mit der *Promotore*-Stellung verbundene wirtschaftliche Vorteil, sondern der *Promotore* verfügt darüber hinaus auch über das Recht zur automatischen Teilnahme am Verhandlungsverfahren. Beide Rechte übernehmen dieselbe Funktion, da sie einen Anreiz für die Marktteilnehmer schaffen, am Vorverfahren teilzunehmen und den *Promotore* für seine erbrachten Planungsleistungen belohnen. Gleich zwei Anreiz- und Belohnungsinstrumente im Interesse des Vorverfahrensbeteiligten vorzusehen, ist zur Gewährleistung des Wettbewerbsprinzips im Interesse der übrigen Verfahrensteilnehmer und des Prinzips der ordnungsgemäßen Aufgabenerfüllung nicht erforderlich. Das *Diritto di prelazione* ist deshalb als unverhältnismäßig und vergaberechtswidrig zu beurteilen.

Das *Diritto di prelazione* hat den Zweck, die Beteiligungsbereitschaft der Privaten am Vorverfahren zu erhöhen. Ein verfahrensrechtliches Sonderrecht dieser Stärke ist zur Erreichung dieses Ziels jedoch nicht erforderlich. Entgegen aller Erwartung aus der italienischen Praxis ist die Bereitschaft der Unternehmen, sich als *Promotore* am *Project financing*-Verfahren zu beteiligen, nach Abschaffung des *Diritto di prelazione* kaum zurückgegangen.[1174] Auch aus diesem Grund ist das *Diritto di prelazione* als unverhältnismäßig zu beurteilen.

Das *Diritto di prelazione* verstößt gegen das Wettbewerbsprinzip, das Prinzip der ordnungsgemäßen öffentlichen Aufgabenerfüllung, den Gleichbehandlungs- und den Verhältnismäßigkeitsgrundsatz. Es ist kein vergaberechtskonformes Anreiz- und Belohnungsinstrument.

Der Vollständigkeit halber wird an dieser Stelle noch an den verfahrensrechtlichen Aspekt des Gleichbehandlungsgrundsatzes erinnert, den die Verwaltungsstellen nicht nur beim *Diritto di prelazione*, sondern bei jedem Einbau von verfahrensrechtlichen Sonderrechten in den Verfahrensablauf zu beachten haben.[1175]

Der Gleichbehandlungsgrundsatz in verfahrensrechtlicher Hinsicht verlangt, dass die Beschaffungsstellen den Markt über Existenz und Bedeutung des von ihnen gewählten verfahrensrechtlichen Sonderrechtes in der öffentlichen Bekanntmachung informieren. Nur auf diese Weise werden alle interessierten Unternehmen über das Sonderrecht rechtzeitig und zeitgleich in Kenntnis gesetzt und können frei entscheiden, ob sie sich durch Einreichung eines ersten Planungsentwurfes um die Stellung des *Promotore* bewerben und sich die damit verbundenen Vorteile sichern wollen, oder ob sie darauf verzichten und vielleicht

1174 Vgl. *Ricchi*, UEA 2008, 1375 (1385).

1175 Siehe: Verfahrensrechtliche Gleichbehandlung, S. 111 f.

zu einem späteren Zeitpunkt am Verfahren teilnehmen.[1176] Eine solche vergaberechtskonforme Bekanntmachungspflicht für die Vergabe eines *Project financing* war in Art. 153, III letzter Absatz des Codice 2007 vorgesehen.

VI. Art. 153 ff. des italienischen Vergaberechtsgesetzbuches in der Fassung vom 11.09.2008 (sog. *Terzo Decreto Correttivo*)

1. Allgemeines

Mit dem gesetzesvertretenden Dekret Nr. 152 vom 11.09.2008 (sog. Zweites Korrekturdekret – *Terzo Decreto Correttivo*) traten neue Verfahrensnormen zur Vergabe eines *Project financing* in Kraft, welche die Basis des heute geltenden Rechtsregimes bilden (Decreto Legislativo n. 152 del 11.09.2008 – Ulteriori disposizioni correttive e integrative del decreto legislativo 12 aprile 2006, n. 163, recante il Codice die contratti pubblici relativi a lavori, servizi e forniture, a norma dell'articolo 25, comma 3, della legge 18 aprile 2005, n. 62, Gazzetta Ufficiale n. 231 del 02.10.2008 Supplemento Ordinario n. 227/L). Seither ist es nicht mehr möglich, von dem *Project financing*-Verfahren als solchem zu sprechen. Den italienischen Beschaffungsstellen standen vielmehr zunächst drei, seit 2011[1177] vier alternativ anwendbare öffentliche Ausschreibungsverfahren zur Vergabe dieser speziellen Konzession zur Verfügung. Nur das Ergebnis des Vergabeverfahrens kann nach neuer Gesetzeslage noch als *Project financing* bezeichnet werden.[1178]

Die erneute Reform der Art. 153 ff. des Codice beruhte auf drei gesetzgeberischen Motiven:

Erstes Motiv war die andauernde Kritik aus Brüssel gegenüber diesem speziellen italienischen Vergabeverfahren, die auch nach der Reform im Jahr 2007 weiter angehalten hat.[1179]

Der zweite Grund für die Reform liegt in der Schwäche des dreiphasig aufgebauten *Project financing*-Verfahrens a.F. Trotz der Reformbemühungen des italienischen Gesetzgebers konnte nie eine ausreichend hohe Anzahl an Unternehmen dazu bewegt werden, sich als *Promotore* zu bewerben und Zeit sowie Geld in öffentlich-private Projekte zu investieren.[1180] Der Verfahrensablauf wurde als zu verworren und unstrukturiert wahrgenommen, was Mitursache dafür war, dass die naturgemäß schon lange Verfahrensdauer durch eine große Anzahl an

1176 Vgl. Kommission, Abl. C (2003) 3764: mit Gründen versehene Stellungnahme 2001/2182, Rn. 50f.; *Zuccaro*, RAS 2008, 319 (324).

1177 Siehe dazu S. 324ff.

1178 *De Nictolis*, UEA 2008, 1125 (1231).

1179 Kommission, Aufforderungsschreiben C (2008) 0108.

1180 Vgl. *Greco*, La natura giuridica del PF, Kapitel 1.

Nachprüfungsverfahren weiter in die Länge gezogen wurde.[1181] Der italienischen Gesetzgeber bezweckte mit der Reform deshalb auch eine bessere Strukturierung und Vereinfachung des Verfahrensablaufs.

Mit der Einführung von drei[1182] alternativ anwendbarer Verfahrensvarianten anstatt lediglich eines fest vorgegebenen Verfahrensablaufes wurde der ursprüngliche, mit den *Projects financing* verfolgte Zweck wieder stärker in den Mittelpunkt gerückt. Gesetzgeberisches Ziel war es, die Beschaffungsstellen durch Einräumung eines verfahrensrechtlichen Wahlrechtes in die Lage zu versetzen, öffentliche Gelder möglichst effizient einzusetzen und unter Nutzung von privatem Kapital sowie der sonstigen Ressourcen der Privatwirtschaft den Bedürfnissen und Anforderungen der öffentliche Aufgabe in noch verantwortungsvoller Weise gerecht zu werden.[1183] Das erweiterte Gestaltungsermessen der italienischen Vergabestellen entspricht dem neuen Rollenverständnis der italienischen – und auch der deutschen[1184] – Verwaltung, die immer weniger als Dienstleistungserbringer als vielmehr Gewährleistungsgarant fungieren soll.[1185]

Ziel jeder der drei Verfahrensarten i.S.d. Art. 153 des Codice 2008 ist der Abschluss einer Bau- oder Dienstleistungskonzession, die ganz oder teilweise mit privaten Geldern finanziert wird (vgl. Art. 153, I und Art. 153, III des Codice 2008). Der wichtigste Unterschied zwischen Art. 153 des Codice 2008 und den in Italien allgemein für die Vergabe von Konzessionen geltenden gesetzlichen Verfahrensregeln der Art. 143 ff. des Codice 2008 besteht darin, dass bei den Verfahrensarten des Art. 153 des Codice 2008 dem Konzessionär zusätzlich zur Entwurfsplanung, Ausführungsplanung[1186] und Leistungserbringung die Erstellung der Vorentwurfsplanung übertragen wird.[1187]

Die italienischen Beschaffungsstellen können nach Art. 153 des Codice 2008 zwischen einer privat initiierten und zwei öffentlich initiierten Vergabevarianten wählen.

1181 Vgl. *Greco*, La natura giuridica del PF, Kapitel 6.

1182 Rechnet man das in Italien allgemein für Baukonzessionen geltenden Vergabeverfahren der Art. 143 ff. des Codice 2008 bzw. des Codice 2011 hinzu, kann auch von vier Verfahrensvarianten gesprochen werden.

1183 Vgl. *Greco*, La natura giuridica del PF, Kapitel 1.

1184 *Voß*, Johlen/Oerder, Verwaltungsrecht, § 3 Rn. 28.

1185 Vgl. *Zuccaro*, RAS 2008, 319 (331); *Ricchi*, UEA 2008, 1375 (1376).

1186 Nicht nur die Bereitstellung der öffentlichen Leistung als solche, sondern auch die ausführende Planung werden Bestandteil des Konzessionsvertrages und liegen somit in alleiniger Verantwortung des Konzessionärs.

1187 *De Nictolis*, UEA 2008, 1125 (1231).

Für die vorliegenden Untersuchungszwecke ist nicht nur – wie die aus der italienischen Literatur[1188] übernommenen Verfahrensbezeichnungen annehmen lassen – das privat initiierte Vergabeverfahren von Interesse. Die öffentlich initiierten Varianten sind vielmehr mitzubehandeln, da die privat initiierte Verfahrensvariante den öffentlich initiierten Varianten in Aufbau und Verfahrensablauf an vielen Stellen entspricht und das Gesetz zum Teil auf die Verfahrensregeln der öffentlich initiierten Modelle verweist.

Die öffentlich initiierten Vergabevarianten unterscheiden sich untereinander primär im Verfahrensaufbau. Zum Zwecke ihrer Differenzierung wird deshalb im Folgenden von einer einphasigen bzw. zweiphasigen öffentlichen Verfahrensvariante gesprochen.[1189]

2. *Allgemeine, für alle Verfahrensvarianten geltende Verfahrensregeln*

a. Machbarkeitsstudie

Jedem Verfahren zur Vergabe eines *Project financing* geht die Einfügung des öffentlichen Projekts in den Dreijahresplan, den Jahreshaushaltplan oder sonstige öffentliche Planungsprogramme der Beschaffungsstelle voraus, das dort als ganz oder teilweise privat zu finanzierenden Vorhaben gekennzeichnet werden muss (Art. 153, I des Codice 2008).

Im Unterschied zum *Project financing*-Verfahren a.F. ist das jedoch nicht mehr die einzige Tätigkeit, die zwingend vor Beginn der öffentlichen Ausschreibung des *Project financing* erfolgen muss. Die öffentlichen Auftraggeber sind nun zusätzlich verpflichtet, für jedes der zu vergebenden öffentlich-privaten Projekte über eine Machbarkeitsstudie zu verfügen, die nach Art. 153, II des Codice 2008 der öffentlichem Vergabebekanntmachung zugrunde gelegt wird. Die Machbarkeitsstudie, die die Verwaltung in der Regel in eigener Verantwortung erarbeiten muss, die aber auch von der Privatwirtschaft erstellt werden darf,[1190] ist zwingende Voraussetzung dafür, dass das *Project financing* in die Planungsprogramme der Beschaffungsstelle aufgenommen werden darf (vgl. Art. 128, II und VI des Codice 2008).

1188 Vgl. *Spinelli/Valentinetti*, Contratti pubblici, Kapitel 48, S. 390ff.; *Greco*, La natura giuridica del PF, Kapitel 2; *Giustiniani*, ET 2008, 6 (6); *Ricchi*, La nuova finanza di progetto, S. 39.

1189 So auch *Zuccaro*, RAS 2008, 319 (331); *Ricchi*, La nuova finanza di progetto, S. 7.

1190 Siehe dazu sogleich: Privates Projektvorschlagsrecht, S. 278 f.

b. Privates Projektvorschlagsrecht

Die öffentlich initiierten Verfahrensvarianten beginnen, wenn eine Machbarkeitsstudie vorliegt, das öffentlich-private Projekt in das Planungsprogramm eingefügt wurde und – worauf an späterer Stelle noch ausführlicher eingegangen wird[1191] – die Beschaffungsstelle eine Vergabebekanntmachung veröffentlicht hat.[1192] Den neuen öffentlichen Verfahrensvarianten gehen wesentlich mehr öffentliche Vorbereitungshandlungen voraus als dem *Project financing*-Verfahren a.F.; dies ist der Grund, warum sie als „öffentlich initiiert" bezeichnet werden.[1193] Mit der ursprünglichen Idee der Einführung eines speziellen Ausschreibungsverfahrens, in welchem die private Initiative und das planerische und finanzielle Engagement der Unternehmen eine entscheidende Rolle spielen sollten, haben die öffentlich initiierten Verfahrensvarianten nicht mehr viel gemein.[1194]

Die private Initiative war jedoch nach dem Codice 2008 auch bei den öffentlich initiierten Modellen zur Vergabe eines *Project financing* nicht vollständig ausgeschlossen. So konnten die Unternehmen das private Projektvorschlagsrecht des Art. 153, XIX des Codice 2008 nicht nur bei der privaten initiierten Verfahrensvariante, sondern auch bei beiden öffentlich initiierten Verfahrensvarianten ausüben.

Gemäß Art. 153, XIX des Codice 2008 verfügten die nach dem Gesetz dafür als geeignet angesehenen Unternehmen über ein privates Projektvorschlagsrecht, das sie berechtigte, bei der Verwaltung eine Machbarkeitsstudie für ein Vorhaben einzureichen, das als *Project financing* in Frage kommt und bisher nicht in einem der staatlichen Planungsprogramme enthalten ist.

Wesentlicher und verpflichtender Inhalt des privaten Projektvorschlags war eine von dem Unternehmen erstellte Machbarkeitsstudie.[1195] Der im Gegensatz zur alten Gesetzeslage vorgesehene Pflichtinhalt für den Projektvorschlag stellt sicher, dass der *Proponente* sich in funktionaler, planungstechnischer, rechtlicher und wirtschaftlicher Hinsicht eingehend mit dem öffentlichen Vorhaben auseinandergesetzt hat.[1196] Der Eingang von nicht realisierbaren Projektvorschlägen sollte von vornherein unterbunden werden. Wäre nicht das vorschlagende Unternehmen zur Erstellung einer Machbarkeitsstudie verpflichtet, hätten die Beschaf-

1191 Siehe S. 280f.

1192 Vgl. *Spinelli/Valentinetti*, Contratti pubblici, Kapitel 48, S. 391; *Greco*, La natura giuridica del PF, Kapitel 2; *Giustiniani*, ET 2008, 6 (6).

1193 Vgl. *Zuccaro*, RAS 2008, 319 (339).

1194 Vgl. *Greco*, La natura giuridica del PF, Kapitel 2.

1195 Vgl. Autorità, Determinazione n.1/2009, S. 9; *Ricchi*, UEA 2008, 1375 (1377).

1196 *Ricchi*, UEA 2008, 1375 (1377).

fungsstellen sie nach dem Codice 2008 selbst noch erstellen müssen, bevor sie den privaten Projektvorschlag in ihre Planungsprogramme hätten einfügen dürfen.[1197]

Die Verwaltung musste gemäß Art. 153, XIX des Codice 2008 die eingereichte private Machbarkeitsstudie innerhalb von 6 Monaten auf Übereinstimmung mit dem öffentlichen Interesse überprüfen. Darüber hinausgehende Pflichten erwuchsen der öffentlichen Hand aus dem Eingang des privaten Projektvorschlages nicht. Das galt selbst dann, wenn die Beschaffungsstelle das öffentliche Interesse an dem Projekt bejahte und die Machbarkeitsstudie in eines der öffentlichen Planungsprogramme aufnahm. Mit Einreichung einer Machbarkeitsstudie erwarb der *Proponente* weder einen Geldanspruch noch eine verfahrensrechtliche Sonderstellung in Bezug auf das spätere Vergabeverfahren. Er musste sich vielmehr ebenso wie die übrigen Marktteilnehmer separat um die Teilnahme am Ausschreibungsverfahren zur Vergabe des öffentlich-privaten Projektes bewerben. Der *Proponente* verfügt im Falle der Teilnahme am Vergabeverfahren gegenüber den übrigen potentiellen Verfahrensteilnehmern über einen (rechtmäßigen) Wettbewerbsvorteil, da er aus eigener Initiative der Verwaltung einen Projektvorschlag unterbreitet sowie dafür eine Machbarkeitsstudie erstellt hat und entsprechend über einen Wissensvorsprung hinsichtlich des zu realisierenden Projektes verfügt.[1198] Es entsteht ein Projektantenkonflikt. Der aus dem Wissensvorsprung erwachsende Wettbewerbsvorteil ist jedoch regelmäßig zeitlich begrenzt[1199] und wird in der Regel bereits dadurch neutralisiert, dass die Vergabestelle eine ausreichend lang bemessene Einreichungsfrist für den nächsten Verfahrensschritt vorsieht.[1200] Der Vorteil ist bis zur Zuschlagsentscheidung also vollständig wieder ausgeglichen.

Private Projektvorschlagsrechte werden – wie bereits ausgeführt[1201] – in Italien zum Teil befürwortet, zum Teil kritisiert. Es wird insoweit auf die obigen Ausführungen zum privaten Projektvorschlagsrecht im Rahmen des *Project financing*-Verfahren a.F. verwiesen.[1202]

3. Einphasige, öffentlich initiierte Verfahrensvariante

Der Ablauf der einphasigen öffentlich initiierten Verfahrensvariante ist in Art. 153, I – XIV des Codice 2008 geregelt. Bei den meisten Verfahrensnormen

1197 Vgl. *Ricchi*, UEA 2008, 1375 (1377); siehe S. 277 (anders nun unter der Geltung des Codice 2011).

1198 So auch *Ricchi*, La nuova finanza di progetto, S. 8.

1199 *Ricchi*, La nuova finanza di progetto, S. 8.

1200 Vgl. *Ricchi*, UEA 2008, 1375 (1377).

1201 Dafür: *Mele*, Baldi/ Tomei, Commentario al Codice appalti, S. 1273; *Greco*, GiustAmm., La natura giuridica del PF, Kapitel 2; dagegen: Consiglio di Stato, Parere v. 14.07.2008, S. 9.

1202 Siehe: Privates Projektvorschlagsrecht, S. 247 f.

handelt es sich um Basisregeln, die auch beim Verfahrensablauf des zweiphasigen öffentlich initiierten Verfahrensmodells zur Anwendung kommen.

Die einphasige öffentlich initiierte Verfahrensvariante hat mit der zweiphasigen öffentlichen Variante nach Art. 153, XV des Codice 2008 gemein, dass neben der definitiven Planung auch die Vorentwurfsplanung und Entwurfsplanung Gegenstand des Ausschreibungsverfahrens wird. Dagegen unterscheiden sich beiden Verfahrensarten in Konsequenz der voneinander abweichenden Anzahl an Verfahrensphasen darin, dass das einphasige öffentliche Verfahrensmodell unmittelbar auf den Abschluss eines Konzessionsvertrages in Form eines *Project financing* zielt, während bei der zweiphasigen Variante ein planungstechnischer Zwischenschritt eingebaut ist.

a. Verfahrensablauf

aa. Öffentliche Vergabebekanntmachung und private Angebote

Gemäß Art. 153, II – VII des Codice 2008 beginnt das Ausschreibungsverfahren mit der Veröffentlichung einer Vergabebekanntmachung durch die Beschaffungsstelle.

Das erste Mal seit Einführung des *Project financing* in das italienische Vergaberecht ist in den Bekanntmachungsregeln ausdrücklich von einer öffentlichen Vergabebekanntmachung (*bando di gara*) die Rede, und nicht mehr nur von einer hinweisenden Bekanntmachung (*avviso*).[1203]

Gemäß Art. 153, II des Codice 2008 sind die Vergabestellen nun verpflichtet, bei Erreichen der Schwellenwerte die Bekanntmachung europaweit zu veröffentlichen. Zudem bezieht sich die Bekanntmachungspflicht nicht mehr – wie beim *Project financing*-Verfahren a.F. – auf alle in den öffentlichen Planungsprogrammen enthaltenen *Projects financing*, sondern auf das konkret zu realisierende öffentlich-private Vorhaben.[1204] Damit stehen die Bekanntmachungsnormen der Art. 153 ff. des Codice 2008 erstmals umfassend mit den verfahrensrechtlichen Vorgaben der allgemeinen Vergaberechtsgrundsätze in Einklang.

Für den Inhalt der öffentlichen Vergabebekanntmachung ist in Art. 153, III i.V.m. Art. 144 des Codice 2008 vorgeschrieben, dass die italienischen Beschaffungsstellen ihre Entscheidung für die einphasigen Verfahrensvariante und deren Verfahrensablauf bekannt geben sowie den Markt darüber informieren müssen, ob das Verfahren nach den Regeln des Offenen oder des Nichtoffenen Verfah-

1203 Vgl. *Greco*, La natura giuridica del PF, Kapitel 3; *Ricchi*, La nuova finanza di progetto, S. 9 f.
1204 *De Nictolis*, UEA 2008, 1125 (1231).

rens ablaufen soll.[1205] Ferner müssen sie in die Bekanntmachung aufnehmen, dass das wirtschaftlichste Angebot Zuschlagskriterium ist. Der Gebrauch des Zuschlagskriteriums des wirtschaftlichsten Angebots ist nun gesetzlich ausdrücklich vorgeschrieben (Art. 153, IV i.V.m. Art. 83 des Codice 2008). Die bei der Zuschlagsentscheidung zur Anwendung kommenden Bewertungskriterien sind ebenso bekannt zu geben wie ihre Gewichtung zueinander (Art. 153, VI des Codice 2008).

Die Privaten haben innerhalb der in der öffentlichen Bekanntmachung angegebenen Frist bei der Vergabestelle ihre Projektpläne einzureichen, die neben einer Vorplanung und einem Finanz- und Wirtschaftsplan, einen ersten Vertragsentwurf sowie eine Entwurfsplanung[1206] enthalten müssen (Art. 153, IX des Codice 2008). Ferner müssen die Unternehmen bereits bei Angebotseinreichung angeben, welche Kosten ihnen durch die Projektentwicklung entstanden sind, und ob ihnen Ansprüche nach dem Immaterialgüterrecht wegen verwendeter technischer Neuheiten zustehen (Art. 153, IX des Codice 2008). Die eingereichten Belege bilden die Berechnungsgrundlage für die etwaig entstehenden Kostenerstattungsansprüche der Privaten gegenüber der Vergabestelle aus Art. 153, XII des Codice 2008.

Die Beschaffungsstelle überprüft gemäß Art. 153, X lett. a des Codice 2008 anhand der bekannt gegebenen Bewertungskriterien die eingegangenen privaten Planungskonzepte, erstellt anschließend gemäß Art. 153, X lett. b des Codice 2008 eine Rangliste nach dem Kriterium des wirtschaftlichsten Angebotes und ernennt den Ranglistenersten zum *Promotore.*

bb. Abänderungsverlangen der Vergabestelle

Entspricht das wirtschaftlichste private Planungskonzept vollständig den Vorstellungen der Vergabestelle hinsichtlich des öffentlich-privaten Projekts, wird mit dem *Promotore* unmittelbar der *Project financing*-Vertrag geschlossen. Das Vergabeverfahren ist beendet.

Entspricht das dem wirtschaftlichsten Angebot zugrunde liegende private Planungskonzept dagegen nicht vollständig den planerischen Vorstellungen der Beschaffungsstelle hinsichtlich der öffentlichen Aufgabe, kann sie von dem

1205 Vgl. *Olivieri*, PF dopo il terzo decreto correttivo, S. 2; *Autorità*, determinazione n.1/2009, S. 11.

1206 Dies geht aus dem Gesetzestext nicht eindeutig hervor, ist jedoch allgemeine Meinung in der italienischen Literatur und Praxis (so Avv. Spinelli im Gespräch mit dem Verfasser). Wird die Entwurfsplanung nicht als Bestandteil der privaten Angebote angesehen, hat dies zur Folge, dass sie neben den Ausführungsplanung zur Vertragspflicht des Konzessionärs wird.

Promotore konkret definierte Änderungen und Verbesserungen verlangen (vgl. Art. 153, III lett. a des Codice 2008).

Über die Art der Planungsänderungen und die Grenzen, die von den Vergabestellen nicht überschritten werden dürfen, damit das ausgewählte Angebot objektiv tatsächlich weiterhin als das wirtschaftlichste angesehen werden kann, enthalten die Verfahrensnormen keine genauen Vorgaben. Ausdrücklich regeln die gesetzlichen Vorschriften nur, dass nun auch eine Anpassung des Finanz- und Wirtschaftsplanes zulässig ist, wenn dies aufgrund der von der Verwaltung verlangten Planungsänderungen notwendig werden sollte. Beim *Project financing*-Verfahren a.F. hatte die herrschende Meinung hingegen Abänderungswünsche der Verwaltung gerade dann abgelehnt, wenn damit auch Änderungen des Finanz- und Wirtschaftsplanes verbunden gewesen wären, der als Kernstück der privaten Planung als nicht modifizierbar angesehen wurde.[1207] Nur kleinere Änderungen in der privaten Planung waren deshalb ursprünglich als zulässig erachtet worden.

Einige Autoren legen den neuen Art. 153, III lett. a des Codice 2008 dahingehend aus, dass die Beschaffungsstelle von dem *Promotore* nun grundsätzlich jede Art von Planungsänderung verlangen kann, wenn diese notwendig ist, damit das private Planungskonzept dem öffentlichen Interesse in optimaler Weise entspricht.[1208] Die Grenze des Abänderungsrechts sei erst erreicht, wenn die wesentlichen Grundzüge der privaten Planung berührt werden.[1209]

Dagegen gibt es Stimmen in der Praxis, die auch aus dem Art. 153, III lett. a des Codice 2008 eine restriktive Abänderungskompetenz der Vergabestellen entnehmen.[1210] Argumentiert wird, dass weit reichende Änderungen des privaten Planungsvorschlages die dem Verfahren zugrunde liegende Machbarkeitsstudie berührten. Durch die Machbarkeitsstudie, die vor Verfahrenseröffnung fertig zu stellen sei, habe die Verwaltung jedoch bereits definitiv ihre Vorstellung zur Grundlagenplanung des öffentlich-privaten Vorhabens zum Ausdruck gebracht und eine Meinungsänderung sei nachträglich nicht mehr möglich.[1211] Das Abänderungsverbot folge daraus, dass die privaten Projektpläne mit der Machbarkeitsstudie, die das Grundkonzept für das öffentlich-private Projekt enthält und eine erste Bewertungsgrundlage darstellt, vollständig in Einklang stehen müssen. Nachträgliche größere Planungsänderungen, welche die Machbarkeitsstudie

1207 Siehe S. 243 f.

1208 *Ricchi*, UEA 2008, 1375 (1378); *Cartei*, Responsabilità e concorrenza, S. 255 f.

1209 *Cartei*, Responsabilità e concorrenza, S. 256.

1210 Autorità, Determinazione n. 1/2009, S. 20; *Spinelli/Valentinetti*, Contratti pubblici, Kapitel 48, S. 392.

1211 Autorità, Determinazione n. 1/2009, S. 20.

berührten, würden zu Verstößen gegen den Gleichbehandlungsgrundsatz führen, so dass Korrekturen nur noch an marginalen Punkten erlaubt sein können.[1212]

Das Ziel der Modifikationsgespräche ist der Verwaltung gesetzlich genau vorgegeben. Sie hat die nach ihrer Ansicht erforderlichen Abänderungen in den Projektplänen des *Promotore* zwingend durchzusetzen (vgl. Art. 153, III des Codice 2008). Zu diesem Zweck nimmt sie mit dem *Promotore* Gespräche auf, die mit den Gesprächsrunden verglichen werden können, die zwischen Beschaffungsstelle und Verfahrensteilnehmer im Verhandlungsverfahren stattfinden.[1213]

In ihrem Aufbau unterscheiden sich die Verhandlungsrunden jedoch darin, dass die Beschaffungsstelle zunächst nur mit dem *Promotore* als Ranglistenerstem Gespräche führt und nur dann, wenn dieser nicht bereit ist, den verlangten Änderungen auf eigene Kosten nachzukommen, gemäß Art. 153, X lett. e des Codice 2008 mit dem Zweiten der Rangliste Gespräche aufnehmen darf. Verweigert auch der Zweitplazierte die gewünschten Modifikationen, kommt der Ranglistendritte zum Zuge und so weiter.

Ein weiterer Unterschied zum Verhandlungsverfahren besteht darin, dass die Gespräche zwischen Verwaltung und den Verfahrensteilnehmern allesamt auf Grundlage des Planungsvorschlages des *Promotore* stattfinden und die Vergabestelle von allen Verfahrensteilnehmern stets nur dieselben Planungsänderungen verlangen kann (vgl. Art. 153, III lett. b des Codice 2008).[1214]

Die Beschaffungsstellen schließen mit demjenigen Verhandlungspartner den Konzessionsvertrag ab, der sich als Erster zur Realisierung des öffentlich-privaten Vorhabens auf Grundlage der abgeänderten Projektpläne des *Promotore* bereit erklärt (vgl. Art. 153, XI des Codice 2008). Wird nicht der *Promotore* sondern ein Mitkonkurrent Konzessionär, hat Ersterer gemäß Art. 153, XII des Codice 2008 Anspruch auf Ersatz der aufgewendeten Planungskosten zuzüglich der ihm zustehenden Ansprüche aus Immatrialgüterrecht aufgrund des Einsatzes neuer technischer Verfahren.

b. Zusammenfassung und Bewertung

Das einphasige Verfahrensmodell zur Vergabe eines *Project financing* gemäß Art. 153, I – XIV des Codice 2008 wird in der italienischen Literatur für solche öffentliche Vorhaben als geeignet angesehen, die eine hohe Komplexität aufweisen und wegen der damit verbundenen mangelnden Standardisierbarkeit der Vertragsbedingungen ein innovativer privater Planungsvorschlag nötig ist.[1215] Das

1212 Autorità, Determinazione n.1/2009, S. 20.

1213 Vgl. *Zuccaro*, RAS 2008, 319 (337); so auch Avv. Spinelli im Gespräch mit dem Verfasser.

1214 Vgl. Autorità, Determinazione n.1/2009, S. 21.

1215 Vgl. *Ricchi*, UEA 2008, 1375 (1389).

Vorhaben muss zudem ein mittleres[1216] bis großes[1217] Projektvolumen aufweisen, da es sich bei den Verfahrensmodellen zu Vergabe eines *Project financing* allgemein um zeit- und kostenintensive Verfahren handelt.[1218]

Dass die Komplexität des öffentlich-privaten Vorhabens – zumindest zu einem gewissen Grad[1219] – eine Anwendungsvoraussetzung für das einstufige Verfahrensmodell ist, kann dem Wortlaut der Art. 153, I – XIV des Codice 2008 nicht direkt entnommen werden. Dieses grundsätzliche Erfordernis ergibt sich jedoch zum einen aus der Einordnung von *Projects financing* als besondere Form von Öffentlich Privater Partnerschaft (vgl. Art. 3 XV-ter des Codice 2008), und zum anderen aus der Systematik des Gesetzes. So steht den italienischen Beschaffungsstellen bei Sachverhaltskonstellationen, in denen die Übertragung der Vorentwurfsplanung auf die Privatwirtschaft aus sachlichen Gründen nicht gerechtfertigt werden kann, das wirtschaftlichere Regelvergabeverfahren gemäß Art. 143 ff. des Codice 2008 zur Vergabe einer Konzession zur Verfügung.[1220]

Die in der italienischen Literatur vertretene Ansicht, die einstufige öffentliche Variante des Art. 153 des Codice 2008 sei generell für komplexe öffentlich-privaten Projekte geeignet, wird vorliegend kritisch gesehen. Das Verfahren nach Art. 153, I – XIV des Codice 2008 ist einstufig aufgebaut und zielt unmittelbar auf den Abschluss des Konzessionsvertrages ab. Eine separate Verfahrensstufe, in dem der Wettbewerb zur planerischen Konkretisierung und wirtschaftlichen Verbesserung des Planungskonzeptes des *Promotore* eingesetzt wird, ist nicht vorgesehen. Von den Privaten wird vielmehr einmalig, eine aus mehren Planungsstufen bestehende zeit- und kostenintensive Vorleistung verlangt (Vorentwurfsplanung und Entwurfsplanung), die idealerweise unmittelbar zum Zuschlag führen sollte. Die Unternehmen gehen bei dem einphasigen Verfahrensmodell also ein hohes Kostenrisiko ein, das mit steigender Komplexität des Vorhabens wächst. Kulturellen gemischtwirtschaftlichen Gesellschaften liegen grundsätzlich äußerst komplexe Vertragswerke zugrunde,[1221] so dass das Kostenrisiko der Unternehmen hier als hoch einzuschätzen ist. Bei einem zu hohem Risiko werden die Unternehmen von der Verfahrensteilnahme absehen, mit der Folge, dass die Entstehung eines echten Bieterwettbewerbs gefährdet ist. Das Wettbewerbsprinzip und das Prinzip der ordnungsgemäßen öffentlichen Aufgabenerfüllung würden dadurch verletzt. Nach hier vertretener Ansicht sollte die Vergabestellen das einphasige Verfahren deshalb nur dann anwenden, wenn die technische und

1216 Vgl. *Ricchi*, UEA 2008, 1375 (1389).
1217 Vgl. *Bentivogli/ Panciara/ Tidu*, QDEF 2008 n. 25, S. 5.
1218 Vgl. *Bentivogli/ Panciara/ Tidu*, QDEF 2008 n. 25, S. 5.
1219 Siehe hierzu im nächsten Absatz.
1220 Vgl. *Ricchi*, UEA 2008, 1375 (1389).
1221 Siehe hierzu bereits S. 129.

rechtliche Komplexität des Vorhabens von mittlerem Schwierigkeitsgrad und die Verletzung der Vergaberechtsgrundsätze nicht zu befürchten ist.

Wie die Existenz des Art. 153, X lett. d des Codice 2008 zeigt, kann es beim einphasigen Verfahrensmodell theoretisch sofort zum Zuschlag des Konzessionsvertrages kommen. Eine vergaberechtskonforme Zuschlagsentscheidung, die ohne verfahrensrechtliche Konkretisierung der Ausschreibungsunterlagen unmittelbar nach Einreichung der privaten Angebote ergeht, setzt allerdings voraus, dass die Beschaffungsstellen in eigener Verantwortung Ausschreibungsunterlagen erstellt haben, die eine Entscheidung auf objektiver Bewertungsgrundlage zulassen. Dafür ist wiederum Voraussetzung, dass die Verwaltungsstellen eine hinreichend konkrete Vorstellung haben, mit welchen rechtlichen, finanziellen und rechtlichen Mitteln die Bedürfnisse der Allgemeinheit hinsichtlich des zu vergebende öffentliche Vorhaben am besten befriedigt werden können,[1222] welche Kriterien im Einzelnen für die Zuschlagsentscheidung angewendet werden sollen und wie diese zueinander zu gewichten sind. Sind die italienischen Vergabestellen im konkreten Fall dazu in der Lage – was jedoch bei technisch und rechtlich komplexen *Projects financing* mittleren Schwierigkeitsgrades selten der Fall sein wird[1223] –, wären sie zur Anwendung des wirtschaftlichere Regelvergabeverfahren gemäß Art. 143 ff. des Codice 2008 verpflichtet.[1224] Die Anwendung des einphasigen öffentlichen Verfahrensmodells in Fällen, in denen es sofort zum Zuschlag kommt, ist praktisch also so gut wie ausgeschlossen.

Der Verfahrensaufbau des einstufigen öffentlich initiierten Verfahrens weist Parallelen zum Verfahrensablauf des Verhandlungsverfahrens auf. Beide Verfahren haben gemein, dass die Beschaffungsstellen vor Verfahrensbeginn in eigener Verantwortung zumindest grob strukturierte Ausschreibungsunterlagen erstellen müssen, und Gespräche zwischen Vergabestelle und Privaten erst geführt werden, nachdem die privaten ihre Angebote eingereicht haben, von denen auf eines später der Zuschlag ergeht.

Bei näherer Betrachtung weisen die beiden Vergabeverfahren jedoch mehr Unterschiede als Gemeinsamkeiten auf. Diese Unterschiede machen deutlich, warum das einphasige öffentliche Verfahrensmodell des Art. 153, I – XIV des Codice 2008 sich für die Vergabe von komplexen öffentlichen Aufträgen – und damit auch für kulturelle Öffentlich Private Partnerschaften – insgesamt als weniger vergaberechtskonform erweist als das Verhandlungsverfahren:

Ein wettbewerbsrechtlicher Nachteil des italienischen Verfahrens nach Art. 153, I – XIV des Codice 2008 besteht darin, dass die Beschaffungsstellen

1222 So auch Avv. Spinelli im Gespräch mit dem Verfasser.

1223 Vgl. *Bentivogli/Panciara/Tidu*, QDEF 2008 n. 25, S. 5 allgemein zu *Projects financing*.

1224 In diese Richtung auch *Ricchi*, La nuova finanza di progetto, S. 40.

ähnlich der *Preffered-bidder*-Variante im Verhandlungsverfahren[1225] nur sukzessive mit einem der Verfahrensteilnehmer verhandeln dürfen. Das Führen von Parallelverhandlungen mit allen Verfahrensbeteiligten ist ihnen gesetzlich verboten. Unter starkem Wettbewerbsdruck steht der Private, mit dem die Verwaltung Verhandlungsgespräche führt, in dieser Phase deshalb nicht.[1226]

Verhandlungsgrundlage für sämtliche Gespräche zwischen dem öffentlichen Auftraggeber und den Verfahrensteilnehmer bildet die Vorentwurfsplanung des *Promotore*, nicht dagegen die Planungsentwürfe der einzelnen Verfahrensteilnehmer. Vorteilhaft an diesem Verfahrensaufbau ist, dass sich bei der Zuschlagsentscheidung das Problem der Ungleichbehandlung der Verfahrensteilnehmer wegen zu geringer objektiver Vergleichbarkeit der Angebote nicht stellen wird. Nachteilig ist, dass die Beschaffungsstellen sich sofort auf ein privates Planungskonzept festlegen müssen, auch wenn dieses nicht voll ihren Vorstellungen über die konkret zu erbringende öffentliche Leistung entspricht. Die übrigen privaten Planungsideen gehen verloren oder finden durch die Änderungsverlangen der Verwaltung rechtswidriger Weise, da unter Verletzung des wettbewerblichen Vertraulichkeitsgebotes, Eingang in die private Planung des *Promotore*.

Zudem lassen die Gespräche zwischen Verwaltung und Verfahrensteilnehmern in der einstufigen Verfahrensvariante des Art. 153 des Codice 2008 nicht zu, dass die potentiellen Vertragspartner ihr jeweiliges planerisches Fachwissen vollständig offen legen, mögliche Fehlplanungen korrigieren und in echten Verhandlungen gemeinsam schrittweise eine optimale Planungslösung für das öffentlich-private Projekt erarbeiten. Akzeptiert der private Gesprächspartner die von der Beschaffungsstelle verlangten Planungsänderungen nicht, scheidet er aus dem Verfahren aus und die Vergabestelle nimmt Gespräche mit dem Rangnächsten auf. Ob der Private aus rechtlichen oder finanzierungstechnischen Gründen die Planungsänderung zu Recht verweigert, spielt keine Rolle. Auch haben die Beschaffungsstellen keine rechtliche Handhabe, Fehlvorstellungen zu korrigieren und ihre Änderungswünsche daraufhin möglicherweise ganz zurückzunehmen oder zumindest neu zu formulieren. Das Vergabeverfahren endet in diesen Fällen vielmehr ohne Zuschlag.

Die Existenz des einseitigen Abänderungsrechts der Verwaltung ist darüber hinaus in Hinblick auf die allgemeinen Vergaberechtsgrundsätze der Gleichbehandlung und Transparenz kritisch zu sehen. Das gilt insbesondere, wenn man mit einem Teil der italienischen Literatur den Vergabestellen insoweit einen großen Ermessensspielraum zugesteht.[1227] So ist vergaberechtlich unklar, wie es

1225 Siehe hierzu S. 214 f.

1226 Anders: *Ricchi*, La nuova finanza di progetto, S. 14, der zumindest für den Promotore von einem ausreichenden Wettbewerbsdruck ausgeht.

1227 Siehe hierzu S. 282.

den italienischen Beschaffungsstellen auf objektiver und für alle Verfahrensteilnehmer nachvollziehbarer Grundlage möglich sein soll, die Vorentwurfsplanung des *Promotore* als die wirtschaftlichste Beste zu beurteilen und anschließend von ihm weit reichende Änderungen – auch wirtschaftlicher Art – zu verlangen. Selbst wenn man mit der Gegenansicht[1228] nur kleine Veränderungen zulassen möchte, besteht bei jedem einzelnen Abänderungsverlangen der Vergabestelle die Gefahr der Verletzung des wettbewerblichen Vertraulichkeitsverbots. Auch ist das einseitige Abänderungsrechts der Verwaltung gesetzlich kaum konkretisiert. Das führt zu großer Rechtsunsicherheit und die Anfechtung der Zuschlagsentscheidung durch einen der unterliegenden privaten Mitkonkurrenten ist vorprogrammiert.

Auch wenn vorliegend die zweiphasige öffentlich initiierte Verfahrensvariante des Art. 153 des Codice 2008 noch nicht im Einzelnen untersucht wurde, kann bereits an dieser Stelle gesagt werden, dass der zweiphasige Verfahrensaufbau dem einphasigen in Bezug auf die verfahrensrechtlichen Anforderungen der allgemeinen Vergaberechtsgrundsätze überlegen ist.

Ist Auftragsgegenstand des Vergabeverfahrens nicht nur die Entwurfsplanung für das öffentliche Vorhaben, sondern auch die Vorentwurfsplanung, werden von den Verfahrensteilnehmern komplexe mehrstufige Planungsleistungen verlangt. Ein einstufiger Verfahrensablauf, der zudem gesetzlich zwingend nach den Regeln der streng formalen Vergabearten des Öffentlichen oder des Nichtöffentlichen Verfahrens durchgeführt werden muss, ist deshalb sowohl in Hinblick auf das Wettbewerbsprinzip als auch in Hinblick auf das Prinzip der ordnungsgemäßen öffentlichen Aufgabenerfüllung problematisch.

Die verschiedenen Planungsebenen sind stufenweise aufeinander aufgebaut. Beim einstufigen italienischen Verfahrensmodell werden dennoch alle Planungsstufen zusammen in einem einzigen privaten Angebot dem öffentlichen Auftraggeber vorgelegt. Die Vermischung der Planungsebenen verhindert, dass die Vergleichbarkeit der privaten Planungskonzepte auf Grundlage einer von Anfang an vorliegenden hinreichend objektiven Bewertungsgrundlage stattfinden oder zumindest die Bewertungsgrundlage nachträglich noch objektiviert werden kann. Das führt zu hoher Rechtsunsicherheit für alle Beteiligten. Die Wahrscheinlichkeit der Einleitung von Nachprüfungsverfahren seitens unterlegener Verfahrensteilnehmer steigt.

Der Wettbewerb wird auch nicht zweifach als Instrument im öffentlichen Interesse eingesetzt: zunächst zur Erlangung der besten privaten Grundlagenplanung und anschließend, davon verfahrensrechtlich getrennt, anschließend zur Zuschlagsentscheidung auf das wirtschaftlichste private Angebot. Die privaten

---

1228 Siehe S. 282 f.

Marktteilnehmer haben vielmehr einmalig ein planerisch mehrstufiges und möglichst sofort zuschlagfähiges Angebot einzureichen. Die nachträgliche Verbesserung des privaten Angebotes ist aufgrund des einseitigen Abänderungsrechts der Verwaltung zwar nicht vollständig ausgeschlossen, jedoch findet sie außerhalb des Wettbewerbes statt.[1229] Zudem steht die Entscheidung für ein privates Planungskonzept zu diesem Zeitpunkt bereits definitiv fest und kann im Wettbewerb nicht mehr nachgebessert werden.

Obwohl von den Verfahrensteilnehmern im einphasigen Modell zeit- und kostenintensive Vorleistungen abverlangt werden, hat der italienische Gesetzgeber neben einem etwaigen Kostenerstattungsanspruch keine weiteren Anreizinstrumente zur Erhöhung der Beteiligungsbereitschaft der Unternehmen am Verfahren vorgesehen.[1230] Die Vergaberechtskonformität des einstufigen Verfahrensaufbaues scheint auch insoweit vor dem Hintergrund des Prinzips der ordnungsgemäßen öffentlichen Aufgabenerfüllung problematisch.

4. Zweiphasige, öffentlich initiierte Verfahrensvariante

Der Verfahrensablauf der zweiphasigen öffentlich initiierten Vergabevariante ist im Grundsatz in Art. 153, XV des Codice 2008 geregelt. Im Übrigen gelten die Verfahrensregelungen, die auch bei der einphasigen öffentlichen Verfahrensvariante zur Anwendung kommen.

Im Unterschied zum einphasigen Modell zielt die öffentliche Ausschreibung nach dem zweiphasigen Modell nicht unmittelbar auf die Vergabe des Konzessionsvertrages ab. Dies ist erst das Endziel des Vergabeverfahrens und damit Ziel des zweiten Verfahrensschrittes. Der erste Verfahrensschritt dient hingegen der Individualisierung der besten privaten Vorentwurfsplanung und der Ernennung des entsprechenden Verfahrensteilnehmers zum *Promotore*.[1231] Mit der *Promotore*-Stellung ist in der zweiphasigen öffentlich initiierten Vergabevariante gemäß Art. 153, XV des Codice 2008 wieder ein *Diritto di prelazione* verbunden, das den begünstigen Privaten im Falle eines Unterliegens in der zweiten Verfahrensphase berechtigt, durch Anpassung seines Planungsentwurfs an das beste private Angebot sich den Zuschlag auf die Konzession zu sichern.

Auf den ersten Blick ist das zweiphasige öffentlich initiierte Modell dem *Project financing*-Verfahren a.F. sehr ähnlich, im Detail bestehen aber wesentliche Unterschiede in den Abläufen der beiden Verfahren.[1232]

1229 Vgl. *Ricchi*, La nuova finanza di progetto, S. 41.

1230 Vgl. *Zuccaro*, RAS 2008, 319 (337 f.).

1231 *Ricchi*, La nuova finanza di progetto, S. 28.

1232 *Giustiniani*, ET 2008, 6 (9).

a. Verfahrensablauf

Auch das zweistufige öffentlich initiierte Verfahrensmodell beginnt mit Veröffentlichung einer Vergabebekanntmachung durch die Beschaffungsstelle.

Jede der Verfahrensphasen des zweistufigen Modells stellt in gewisser Weise ein eigenes Vergabeverfahren dar, wobei beide innerhalb einer öffentlichen Gesamtausschreibung miteinander verbunden sind.[1233] Folge ist, dass auch der zweiten Verfahrenphase eine eigene öffentliche Vergabebekanntmachung vorauszugehen hat.

Für beide öffentlichen Bekanntmachungen gelten dieselben Publizitätspflichten wie für die öffentliche Vergabebekanntmachung des einphasigen Verfahrensmodells (Art. 153, II des Codice 2008).

Die Inhalte aller drei Vergabebekanntmachungen sind im Grundsatz ebenfalls identisch (vgl. Art. 153, XV Hs. 1 i.V.m. Art. 153, II und III des Codice 2008). So müssen beide Verfahrensphasen der zweistufigen Variante nach den Regeln des Öffentlichen oder des Nichtöffentlichen Verfahrens durchgeführt werden,[1234] und über ihre insoweit getroffene Wahl haben die Vergabestellen den Markt in der jeweiligen öffentlichen Vergabebekanntmachung in Kenntnis zu setzen.

aa. Erste Verfahrensphase

In der ersten der beiden öffentlichen Vergabebekanntmachungen müssen die Beschaffungsstellen gemäß Art. 153, XV lett. a des Codice 2008 den Markt darüber informieren, dass die erste Verfahrensphase zur Bestimmung des *Promotore* dient und dieser in der zweiten Verfahrensphase über ein *Diritto di prelazione* verfügt. Darüber hinaus müssen sie genau erläutern, was sich hinter diesem verfahrensrechtlichen Sonderrecht genau verbirgt. Die Verwaltung setzt die potentiellen Verfahrensteilnehmer auf diese Weise in Kenntnis, dass die öffentliche Ausschreibung des *Project financing* nach den Verfahrensregeln des zweistufigen Verfahrensmodells durchgeführt wird.

In der ersten öffentlichen Vergabebekanntmachung müssen ferner die Bewertungskriterien, die bei der Auswahlentscheidung des *Promotore* zur Anwendung kommen, aufgeführt und ihre Gewichtung zueinander angegeben werden (vgl. Art. 153, VI des Codice 2008). Die Verwendung des Zuschlagskriteriums des wirtschaftlichsten Angebotes nach Art. 153, IV des Codice 2008 ist bereits in der ersten Verfahrensphase für die Vergabestellen verpflichtend.

1233 Vgl. *Greco*, La natura giuridica del PF, Kapitel 3.

1234 Vgl. *Olivieri*, Appalti&Contratti, PF dopo il terzo decreto correttivo, S. 5 f.

Hierin besteht ein wichtiger Unterschied zum *Project financing*-Verfahren a.F.: Nach den Verfahrensnormen a.F. war es in das Ermessen der Verwaltung gestellt, nach welchen Kriterien die privaten Vorentwurfspläne bewertet und der *Promotore* ernannt werden sollte. Die Verwendung des aus dem allgemeinen Vergaberecht bekannten Zuschlagskriteriums des wirtschaftlichsten Angebots war nicht zwingend vorgeschrieben.[1235] Nach vorliegender Ansicht sind beide Gesetzesfassungen vergaberechtskonform, da es sich bei der Auswahl des *Promotore* nicht um die endgültige Zuschlagsentscheidung auf die Konzession handelt, sondern nur um eine Zwischenentscheidung, bei der die Effektivität der öffentlichen Aufgabenerfüllung im Mittelpunkt steht. Der öffentliche Aspekt des Wettbewerbsprinzips verlangt nur, dass die Zuschlagsentscheidung als solche auf das wirtschaftlichste private Angebot erteilt wird.[1236]

In der neuen Pflicht der Verwaltung, das Zuschlagskriterium des wirtschaftlichsten Angebotes für alle Entscheidungen innerhalb der zweistufigen öffentlich initiierten Verfahrensvariante zu verwenden, zeigt sich das Bemühen des italienischen Gesetzgebers, den gesamten Verfahrensablauf – die Phase der Vorentwurfsplanung ebenso wie die anschließende Phase der Entwurfsplanung – stärker an dem Wettbewerbsprinzip auszurichten. Die Auswahlentscheidung zur Ernennung des *Promotore* soll nun vollständig nach den Regeln eines vergaberechtlich geregelten Wettbewerbs erfolgen.[1237] Die Intention, den Verfahrensablauf stärker nach Wettbewerbsgesichtspunkten auszurichten, steht in einer Linie mit dem gesetzgeberischen Entschluss, bei den öffentlich initiierten Modellen die Erarbeitung der Machbarkeitsstudie und die Festlegung der Zuschlagskriterien gänzlich der Beschaffungsstelle zu überantworten und beides als notwendige Bedingungen für den Ausschreibungsbeginn zu formulieren. Das öffentliche Interesses an der Realisierung des öffentlich-privaten Vorhabens, das den weiten Entscheidungsspielraum der Verwaltung im *Project financing*-Verfahren a.F. gerechtfertigt und die Auswahl des *Promotore* in die Nähe des Verwaltungsrechts gerückt hatte,[1238] muss die Verwaltung im zweistufigen öffentlich initiierten Verfahrensmodell bereits vor Verfahrensbeginn bejaht haben.

Der Inhalt der privaten Planungsvorschläge, die in der ersten Verfahrensphase einzureichen sind, wird durch Art. 153, XV des Codice 2008 nicht vorgegeben.

In der italienischen Literatur wird teilweise aus dem Schweigen des Gesetzes geschlossen, dass die Planungsvorschläge inhaltlich mit den Angeboten identisch sein müssen, welche die Unternehmen bei Durchführung des Verfahrens nach der

1235 *Ricchi*, UEA 2008, 1375 (1381).
1236 Siehe: Zuschlagskriterium, S. 123 ff.
1237 *Zuccaro*, RAS 2008, 319 (339).
1238 Siehe hierzu S. 258 ff.

einphasigen Variante einzureichen haben (vgl. Art. 153, IX des Codice 2008).[1239] Die Privaten haben nach dieser Ansicht in der ersten Verfahrensphase also nicht nur eine Vorentwurfsplanung für das öffentliche Projekt vorzulegen und die Bewertungskriterien weiter zu konkretisieren, sondern zugleich auch eine Entwurfsplanung zu erstellen.

Auch im zweistufigen öffentlich initiierten Modell von den Verfahrensteilnehmern sofort die gesamte Planung des *Project financing* zu verlangen, ist – wie im Zusammenhang mit der einstufigen öffentlichen Verfahrensvariante dargelegt[1240] – wettbewerblich nicht sinnvoll. Aus diesem Grund ist der Gegenmeinung[1241] zuzustimmen, die den Gegenstand der ersten Verfahrensphase auf die Vorentwurfsplanung beschränken will.

Die Beschaffungsstelle prüft und bewertet die eingegangenen privaten Vorentwurfsplanungen, ermittelt nach dem Kriterium des wirtschaftlichsten Angebotes den Gewinner der ersten Verfahrensphase und ernennt diesen zum *Promotore*.

Besteht an den Plänen des *Promotore* keinerlei Änderungsbedarf mehr, geht die Beschaffungsstelle durch Veröffentlichung der zweiten Vergabebekanntmachung unmittelbar zur zweiten Ausschreibungsphase über.

Die Verwaltung kann aber gemäß Art. 153, XV lett. b i.V.m. X lett. c des Codice 2008 auch in der zweiphasigen Variante einseitig Änderungen im Planungskonzept des *Promotore* verlangen, wenn diese ihrer Ansicht nach zur Befriedigung der Bedürfnisse der Allgemeinheit hinsichtlich der ausgeschriebenen öffentlichen Aufgabe notwendig sind. Das Abänderungsrecht der Verwaltung im zweiphasigen Verfahren unterscheidet sich, jedoch in zwei Punkten von demjenigen des einphasigen Verfahrensmodells:

Zum einen kann die Verwaltung in der zweistufigen Verfahrensvariante allein von dem *Promotore* die Abänderung der Pläne verlangen.[1242] Der *Promotore* ist verpflichtet, die von dem öffentlichen Auftraggeber geforderten Änderungen auf eigene Kosten durchzuführen.[1243] Er kann die Abänderung seiner Vorentwurfsplanung also nicht verweigern, als Konsequenz bereits an dieser Stelle aus dem Wettbewerb aussteigen und sich mit einem Geldanspruch für die bereits erbrachten Planungsleistungen zufrieden geben. Der *Promotore* ist vielmehr verpflichtet, bis zur Zuschlagsentscheidung am Verfahren teilzunehmen. Die Abänderungs- und Teilnahmepflicht des *Promotore* ist dem Art. 153, XV lett. b des Codice 2008 zu entnehmen, der lediglich auf lett. c des Absatzes X verweist und nicht auch auf

---

1239 Vgl. *Olivieri*, Appalti&Contratti, PF dopo il terzo decreto correttivo, S. 5; *Giustiniani*, ET 2008, 6 (10); *Zuccaro*, RAS 2008, 319 (340).

1240 Siehe: Zusammenfassung und Bewertung, S. 283 ff.

1241 Avv. Spinelli im Gespräch mit dem Verfasser.

1242 *Giustiniani*, ET 2008, 6 (10); *Zuccaro*, RAS 2008, 319 (340).

1243 Vgl. *Giustiniani*, ET 2008, 6 (10); *Zuccaro*, RAS 2008, 319 (340).

lett. b und e, in denen die Ranglistenerstellung und das schrittweise Ausscheiden der Verfahrensteilnehmer geregelt sind.

Zum anderen ist das Ausschreibungsverfahren mit der Durchführung der verlangten Planungsänderungen nicht beendet, sondern es schließt sich daran gemäß Art. 153, XV lett. c des Codice 2008 die zweite Verfahrensphase an. Der zweistufige Verfahrensaufbau hat Rückwirkung auf Inhalt und Umfang des einseitigen Abänderungsrechts der Verwaltung. So ist Sinn und Zweck der zweiten Verfahrensphase, den Wettbewerb als Instrument im öffentlichen Interesse ein zweites Mal einzusetzen und auf diese Weise das als bestes bewertete private Planungskonzept planerisch und wirtschaftlich[1244] oder nur wirtschaftlich[1245] weiter zu optimieren. Die Funktion, die im einphasigen Verfahren das einseitige Abänderungsrecht der Verwaltung übernimmt, wird im zweiphasigen Verfahren zum Teil dem freien Wettbewerb überantwortet.[1246] Das italienische Vergaberecht enthält keine eindeutigen Angaben darüber, welche Punkte der Planung allein im Wettbewerb verbessert werden sollten und welche Änderungen die Verwaltung einseitig verlangen kann. Aufgrund der Wechselwirkung zwischen dem einseitigen Abänderungsrecht der Verwaltung und der zweiten Verfahrensphase wird die Bestimmung des genauen Inhalts und Umfangs des einseitigen Abänderungsrechtes auf einen Zeitpunkt verschoben, in dem der Inhalt der privaten Angebote in der zweiten Verfahrensphase bereits geprüft und festgestellt worden ist.[1247]

bb. Zweite Verfahrensphase

Die eventuell abgeänderte Vorentwurfsplanung des *Promotore* wird gemäß Art. 153, XV lett. c des Codice 2008 der zweiten Verfahrensphase zugrunde gelegt, deren Beginn öffentlich bekannt zu geben ist. Die privaten Vorentwurfspläne enthalten gegenüber der ersten öffentlichen Vergabebekanntmachung konkretisierte Bewertungskriterien,[1248] so dass die Beschaffungsstelle in die Lage ist, den Zuschlag auf das wirtschaftlichste Angebot auf einer objektivierten Grundlage zu treffen. Die privaten Pläne des *Promotore* fungieren in der zweiten Verfahrensphase allgemein als Ausschreibungsunterlagen, auf deren Grundlage die Teilnehmer der zweiten Verfahrensphase ihre Angebote abgeben und die Beschaffungsstelle nach dem Kriterium des wirtschaftlichsten Angebots den Zuschlag erteilt.

1244 Avv. Spinelli im Gespräch mit dem Verfasser.

1245 *Ricchi*, La nuova finanza di progetto, S. 31 f.

1246 Vgl. *Ricchi*, UEA 2008, 1375 (1386).

1247 Siehe S. 295 f.

1248 Avv. Spinelli im Gespräch mit dem Verfasser.

Wie bereits angedeutet,[1249] enthält Art. 153, XV lett. c des Codice 2008 keine genauen Angaben darüber, welchen Inhalt die Angebote der Verfahrensteilnehmer der zweiten Verfahrensphase aufweisen müssen. Zur Bestimmung ihres Inhaltes muss auf die Regeln der systematischen und teleologischen Gesetzesauslegung zurückgegriffen werden.

Dem Wortlaut des Art. 153, XV lett. d und e des Codice 2008 kann entnommen werden, dass die privaten Angebote die Vorentwurfsplanung des *Promotore* wirtschaftlich weiter verbessern sollen. Insoweit besteht in der italienischen Literatur und Praxis Einigkeit.[1250] Nach vorliegender Ansicht müssen die privaten Angebote in dieser Verfahrensphase das Planungskonzept des *Promotore* nicht nur wirtschaftlich weiter verbessern, sondern auch planerisch optimieren, d.h. das private Angebot hat den nächsten Planungsschritt, die Entwurfsplanung, für das Vorhaben erstmalig zu enthalten.[1251]

Dafür spricht zunächst der Wortlaut des Art. 153, XV lett. c des Codice 2008, wonach nur die Vorentwurfsplanung des *Promotore* dem zweiten Verfahrensschritt zugrunde zu legen ist. Wird die auf der Vorentwurfsplanung aufbauende Entwurfsplanung nicht zum Gegenstand der zweiten Verfahrensphase gemacht, hätte dies zur Folge, dass dem Konzessionär als vertragliche Pflicht nicht nur Ausführungsplanung, sondern auch die Entwurfsplanung überantwortet werden müsste. Zumindest bei öffentlichen Aufgaben, für die dem Staat eine Gewährleistungsverantwortung obliegt,[1252] scheint die Zulässigkeit eines derart weit reichenden privaten Gestaltungsspielraums rechtsstaatlich fraglich.

Als Gegenargument zu dieser Rechtsansicht könnte das erste Dokument der italienischen Behörde für Überwachung und Kontrolle öffentlicher Verträge – im Folgenden: *Autorità di vigilanza* – angeführt werden, das die Anhörungsgrundlage für das italienische Vergaberechtsgesetzbuch in der Fassung von 2008 bildete. Hier hatte die *Autorità di vigilanza* die Ansicht vertreten, die Planungsebenen von erster und zweiter Verfahrensphase seien identisch,[1253] und die privaten Angebote der zweiten Verfahrensphase dürften die Pläne des *Promotore* deshalb nur wirtschaftlich verbessern, aber nicht inhaltlich konkretisieren. Aus dem endgültigen Leitdokument des Art. 153 des Codice 2008 ist diese ursprüngliche

---

1249 Siehe zum Schweigen des Gesetzes bezüglich den privaten Vorschlägen in der ersten Verfahrensphase, S. 290f.

1250 *Ricchi*, UEA 2008, 1375 (1386); Autorità, Determinazione 1/2009, S. 24; Avv. Spinelli im Gespräch mit dem Verfasser; vgl auch *Greco*, La natura giuridica del PF, Kapitel 3; *Giustiniani*, ET 2008, 6 (10).

1251 So auch Avv. Spinelli im Gespräch mit dem Verfasser.

1252 Es sei daran erinnert, dass öffentliche Gewährleistungspflichten insbesondere bei Dienstleistungen von allgemeinem Interesse bestehen, die wiederum in der Regel Gegenstand von Konzessionen sind (vgl. hierzu im Einzelnen S. 148 ff.).

1253 Autorità, Audizione – linee guida per la finanza di progetto, S. 18 (unter www.avpc.it).

Rechtsansicht der *Autorità di vigilanza* dem Wortlaut nicht mehr (klar) zu entnehmen.[1254] Grund für die textliche Änderung könnte sein, dass die angehörten Kreise der ursprünglichen Ansicht der *Autorità di vigilanza* entgegengetreten sind und diese daraufhin von ihrer strikten Haltung abgerückt ist. Eine Begründung enthält das endgültige Leitdokument hierzu nicht. Es ist nun jedoch möglich zu vertreten, dass die Planungskonkretisierung in der zweiten Verfahrensphase in das Ermessen der Vergabestellen gestellt ist, ohne sich in Widerspruch zur Rechtsansicht der obersten italienischen Kontroll- und Überwachungsbehörde für öffentliche Verträge zu stellen.

Offen geblieben ist bisher, ob nach neuer Gesetzeslage die Verfahrensteilnehmer der zweiten Verfahrensphase auch eine Alternativplanung für das ausgeschriebene öffentliche Projekt vorlegen können, oder ob die Einreichung von Nebenangeboten für die Vorentwurfsplanung gesetzlich unzulässig ist. In der italienischen Literatur und Vergaberechtspraxis besteht insoweit keine einheitliche Rechtsauffassung: Es gibt Stimmen in der italienischen Literatur und Praxis, die die Einreichung von Nebenangeboten grundsätzlich nicht zulassen möchten.[1255] Als Argument hierfür wird angeführt, dass mit der Entscheidung für das Planungskonzept des *Promotore* die Vorentwurfsplanung für das öffentliche Projekt definitiv festgelegt wurde und nicht mehr zur Disposition der Vergabestelle stehe.[1256] Nach der Gegenmeinung soll die Präsentierung von alternativen Vorentwurfsplänen für das öffentliche Vorhaben dagegen allgemein zulässig sein.[1257]

Ein zweistufiger Verfahrensaufbau eröffnet den Beschaffungsstellen die Möglichkeit, die verschiedenen Planungsebenen verfahrensrechtlich voneinander zu trennen. Die daraus folgende klare Durchstrukturierung des Verfahrens trägt maßgeblich dazu bei, dass die Zuschlagsentscheidung zumindest auf einer objektivierten Grundlage getroffen werden kann und somit das Verfahren insgesamt an Rechtssicherheit gewinnt. Die italienischen Beschaffungsstellen sollten darauf achten, keine Zweifel hinsichtlich der Gleichbehandlung aller Verfahrensteilnehmer aufkommen zu lassen, indem sie den Mitkonkurrenten die Abänderung der Vorentwurfsplanung z.B. durch die Einreichung von Alternativplanungen und damit nachträglich die Abänderung der allgemein geltenden Bewertungsgrundlage erlauben. Dagegen könnte zwar angeführt werden, dass es den Verfahrensteilnehmern im *Project financing*-Verfahren a.F. erlaubt war, in der zweiten Phase des Hauptvergabeverfahrens nach den Regeln des Verhandlungsverfahren das Planungskonzept insgesamt zu verbessern und somit auch Alternativen zur

---

1254 Vgl. Autorità, Determinazione 1/2009, S. 24.

1255 Autorità, Determinazione 1/2009, S. 24; Avv Spinelli in einem Gespräch mit dem Verfasser (allenfalls geringfügige Änderungen werden in Ausnahmefällen als zulässig erachtet).

1256 Vgl. Autorità, Determinazione 1/2009, S. 24.

1257 *Greco*, La natura giuridica del PF, Kapitel 3.

Vorentwurfsplanung des *Promotore* vorzuschlagen. Ein gestaltungsoffener Verfahrensabschnitt, der nach den Verfahrensregeln des Verhandlungsverfahrens abläuft, ist im Verfahren nach Art. 153, XV des Codice 2008 jedoch nicht mehr vorgesehen. Die zweite Verfahrensphase weist vielmehr Ähnlichkeit mit der ersten Phase des Hauptvergabeverfahrens des *Project financing*-Verfahren a.F. auf – sie laufen beiden nach den Regeln der formalen Vergabeverfahren ab –, in welcher die Einreichung von Nebenangebote ebenfalls nicht zugelassen war.[1258]

Mit den angeführten Argumenten lässt sich zwar kein gesetzliches Verbot für die italienischen Vergabestellen begründen, von den Verfahrensteilnehmern in der zweiten Phase des öffentlich initiierten Verfahrensmodells eine Alternativplanung zur Vorentwurfsplanung des *Promotore* zu verlangen. Im Interesse der Rechtssicherheit sollten sie jedoch davon absehen bzw. allenfalls für einige wenige planerische Nebenpunkte Alternativangebote zulassen.[1259]

In der zweiten Verfahrensphase sollte der Wettbewerb als Instrument zur planerischen Konkretisierung der Vorentwurfsplanung des *Promotore* sowie zur weiteren wirtschaftlichen Optimierung des privaten Planungskonzeptes genutzt werden. Daraus folgt, dass die Planungskonkretisierung und wirtschaftliche Verbesserung nicht zugleich auch Inhalt des einseitigen Abänderungsrechtes der Verwaltung nach Art. 153, XV lett. b iVm X lett. c des Codice 2008 sein können.

Auch *Ricchi* ist der Auffassung, dass die Vergabestellen im zweistufigen Verfahren einseitig keine Änderungen wirtschaftlicher Art verlangen können.[1260] Ein echter Effizienzgewinn lässt sich vielmehr am besten im Wettbewerb auf dem freien Markt erzielen. Die Chance auf Einsparung von Kosten ist jedoch nicht der einzige Vorteil, den die Verwaltung sich zu nutzen machen kann, wenn sie auf die Ressourcen der Privatwirtschaft zurückgreift. Die privaten Marktteilnehmer verfügen darüber hinaus über ein hohes Innovationspotential und die in der Regel über höhere Fachkompetenz in technischer und rechtlicher Hinsicht.[1261] Die Verwaltung hat dank des zweistufigen Verfahrensaufbaues die Möglichkeit, nicht nur die Wettbewerbssituation auf dem freien Markt zum Zwecke einer möglichst wirtschaftlichen öffentlichen Aufgabenerfüllung zu nutzen, sondern auch die private Fachkompetenz bei allen Planungsfragen einzusetzen, die dem Wirtschafts- und Privatrechtsverkehr zuzuordnen sind. Diese sich bietende Möglichkeit sollten die Vergabestellen nutzen.

Entsprechend wäre das Recht der Vergabestellen, einseitige Abänderungen in der Vorentwurfsplanung des *Promotore* zu verlangen, beim zweiphasigen öffentlich initiierten Verfahrensmodell auf solche Planungsaspekte zu begrenzen, die

1258 Siehe: Hauptvergabeverfahren, S. 242 ff.

1259 So auch Avv Spinelli in einem Gespräch mit dem Verfasser.

1260 *Ricchi*, UEA 2008, 1375 (1386).

1261 Siehe hierzu S. 52.

das öffentliche Interesse an der Vorhabenrealisierung betreffen.[1262] Das ihnen insoweit obliegende einseitige Abänderungsrecht haben die Beschaffungsstellen bewusst und verantwortungsvoll zu nutzen, um im Bedarfsfall durch Streichung, Ergänzung oder sonstige Modifizierung der von dem *Promotore* vorgeschlagenen Bewertungskriterien das private Planungskonzept stärker an den betroffenen Gemeinwohlbelangen auszurichten.

Art. 153, XV des Codice 2008 normiert nicht ausdrücklich, ob der *Promotore* an der zweiten Verfahrensphase teilnehmen muss, nach seiner Wahl daran teilnehmen kann oder ihm die Teilnahme sogar rechtlich verboten ist. In der italienischen Literatur und Praxis besteht bisher insofern keine einheitliche Rechtsauffassung.

Nach einer Ansicht darf der *Promotore* als Konkurrent an der zweiten Verfahrensphase nicht teilnehmen, ebenso wenig wie er nach alter Gesetzeslage an der ersten Phase des Hauptvergabeverfahrens teilnehmen durfte.[1263] Das folge *argumentum e contrario* aus Art. 153, XVII des Codice 2008, der eine Teilnahmepflicht des *Promotore* am zweiten Verfahrensabschnitt nur für die privat initiierte Verfahrensvariante normiere.

Für einen Gleichlauf zwischen dem zweistufigen öffentlich initiierten Verfahrensmodell und dem Hauptvergabeverfahren des *Project financing*-Verfahrens a.F. spricht, dass die Verfahren auch an anderen Stellen Parallelen aufweisen. Dagegen ist anzuführen, dass im *Project financing*-Verfahren a.F. mit dem Verhandlungsverfahren ein dritter Verfahrensabschnitt vorgesehen war, an dem der *Promotore* wieder teilnahm. Er hatte also auch nach alter Gesetzeslage die Möglichkeit, seinen ursprünglichen Planungswurf nochmals zu überarbeiten.

Die Befürwortung eines Teilnahmeverbots des *Promotore* für die zweite Phase des Verfahrens nach Art. 153, XV des Codice 2008 ist konsequent, wenn man die Meinung vertritt, dass die Planungsebenen von erster und zweiter Verfahrensphase identisch sind, also die Angebote der zweiten Verfahrensphase die Vorentwurfsplanung des *Promotore* nur wirtschaftlich verbessern, aber nicht planerisch weiter konkretisieren sollen. Auf Grundlage dieser Rechtsansicht hat der *Promotore* der Vergabestelle bereits ein definitives Angebot einschließlich eines Preisgebotes vorgelegt. Ihm nun als einzigen Verfahrensteilnehmer eine zweite Chance auf Abgabe des wirtschaftlichsten Planungskonzeptes einzuräumen, würde gegen den Grundsatz der Gleichbehandlung verstoßen. Nach hier vertretener Ansicht wird der Parallellauf der Planungsebenen zwischen erster und zweiter Verfahrensphase jedoch gerade abgelehnt.[1264]

1262 In diese Richtung: *Ricchi*, UEA 2008, 1375 (1386).

1263 Autorità, Determinazione 1/2009, S. 24; *Ricchi*, UEA 2008, 1375 (1385).

1264 Siehe hierzu S. 293 ff.

Andere Autoren bezweifeln, dass dem Art. 153, XVII des Codice 2008 ein Teilnahmeverbot des *Promotore* an der zweiten Phase des öffentlich initiierten Verfahrensmodells entnommen werden kann.[1265] Art. 153, XVII des Codice 2008 normiere ausdrücklich zwar nur eine Teilnahmepflicht des *Promotore* für die zweite Verfahrensphase des privat initiierten Vergabemodells. Daraus folge jedoch nicht zwingend ein Teilnahmeverbot für die zweistufige öffentlich initiierte Verfahrensvariante, sondern es könne ebenso gut ein Teilnahmerecht des *Promotore* begründet werden.[1266] Gestützt auf Art. 153, XVII des Codice 2008 analog (Teilnahmeobliegenheit des *Promotore* am Hauptvergabeverfahren in der privat initiierten Verfahrensvariante) wäre also auch eine Teilnahmepflicht bzw. -obliegenheit des *Promotore* an der zweiten Verfahrensphase vertretbar.

Weiter spricht für diese zweite Rechtsansicht, dass es für die Mitkonkurrenten so gut wie unmöglich ist, in der zweiten Verfahrensphase eine Entwurfsplanung einzureichen, die wirtschaftlich ungünstiger ist als die zugrunde liegende Vorentwurfsplanung des *Promotore*.[1267] Die Mitkonkurrenten werden sich vielmehr hüten, von der Leistungsbeschreibung und den sonstigen Vorgaben der Vorentwurfsplanung derart abzuweichen, dass die höhere Effizienz ihres Angebots gefährdet wäre. Ein Teilnahmeverbot des *Promotore* würde letztlich dazu führen, dass dieser sich ausschließlich durch Ausübung des ihm zustehenden *Diritto di prelazione* den Zuschlag auf die Konzession sichern kann.[1268] Die Befürwortung zumindest eines Beteiligungsrechtes des *Promotore* am zweiten Verfahrensschritt würde hingegen die Wahrscheinlichkeit, dass der *Promotore* von seinem Anpassungs- und Eintrittsrecht Gebrauch macht und es damit im Vergabeverfahren zu Wettbewerbsverzerrungen kommt, deutlich reduzieren.

Wenn man wie vorliegend vertritt, dass die zweite Verfahrensphase sowohl der planerischen Konkretisierung als auch der wirtschaftlichen Optimierung des Projektentwurfes des *Promotore* dient,[1269] sprechen zudem Sinn und Zweck der zweiten Verfahrensphase eher für als gegen eine Teilnahme. Nach neuer Gesetzeslage folgt der Auswahlentscheidung des *Promotore* nur noch ein Verfahrensschritt nach, und nicht mehr zwei wie im *Project financing*-Verfahren a.F. Der *Promotore* hat also keine andere Möglichkeit, seinen ursprünglichen Planungsvorschlag im Wettbewerb mit den übrigen Konkurrenten planerisch zu konkretisieren und wirtschaftlich weiter zu verbessern, wenn nicht in der zweiten Verfahrensphase. Bisher hat der *Promotore* nur eine Vorentwurfsplanung vorgelegt, die er wie jeder andere Verfahrensteilnehmer in einer späteren Verfahrensphase noch

---

1265 *Giustiniani*, ET 2008, 6 (11); *Spinelli/Valentinetti*, Contratti pubblici, Kapitel 48, S. 393.

1266 So *Giustiniani*, ET 2008, 6 (11).

1267 *Giustiniani*, ET 2008, 6 (11).

1268 *Giustiniani*, ET 2008, 6 (11).

1269 Siehe hierzu S. 295 f.

fortentwickeln[1270] und darauf aufbauend eine Entwurfsplanung erarbeiten kann. Ihm diese Möglichkeit zu verwehren, leuchtet nicht ein. Je mehr Unternehmen an der zweiten Verfahrensphase beteiligt sind, desto größer ist der Wettbewerbsdruck und desto höher die Wahrscheinlichkeit für die Verwaltung auf einen wirtschaftlichen Konzessionsabschluss. Auf eine möglichst wirtschaftliche Konzession zielt der öffentliche Aspekt des Wettbewerbsprinzips, der zudem ein Zweck des Vergaberechts ist.[1271] Der Wettbewerbsvorteil, über den der *Promotore* bei einer solchen Verfahrensgestaltung aufgrund seiner planerischen Vorbefassung verfügen würde, führt nicht zwingend zu einer unrechtmäßigen Wettbewerbsverzerrung, die vor Zuschlagsentscheidung nicht mehr ausgleichbar und deshalb vergaberechtswidrig ist. Die Beschaffungsstellen können den Wissensvorsprung des *Promotore* in der zweiten Verfahrensphase vielmehr durch eine detaillierte Dokumentation der ersten Verfahrensphase, durch eine entsprechend umfassende Information der Mitkonkurrenten und durch eine großzügige Bemessung der Angebotsfristen in der zweiten Verfahrensphase vor Zuschlagsentscheidung wieder ausgleichen. Die Möglichkeit eines Ausgleiches besteht bei einem Teilnahmeverbot, das den *Promotore* zur Ausübung des ihm übertragenen *Diritto di prelazione* regelrecht zwingt, hingegen nicht.

Des Weiteren spricht für die Teilnahme des *Promotore* an der zweiten Verfahrensphase, dass auf diese Weise ein weiterer Vergaberechtskonflikt entschärft wird. So wird in der italienischen Vergaberechtspraxis darüber gestritten, ob oder inwieweit die Bewertungskriterien und ihre Gewichtung zueinander im erstem und zweiten Verfahrensabschnitt identisch sein müssen, um eine Wettbewerbsverzerrung zum Nachteil des *Promotore* zu vermeiden, der an der zweiten Verfahrensphase nicht teilnehmen darf und sein Angebot folglich nicht an die etwaig abgeänderten Kriterien anpassen kann.[1272] Die Notwendigkeit einer nachträglichen Anpassung der Bewertungskriterien wird bei der Vergabe eines *Project financing* keine Seltenheit sein, da die zweite Verfahrensphase mit dem Zuschlag auf das wirtschaftlichste private Angebot endet und die Bewertungskriterien für eine objektive Zuschlagsentscheidung möglichst detailliert sein sollten.[1273] In der ersten Vergabebekanntmachung kann bzw. wird die Beschaffungsstelle hingegen nur grobe Parameter vorgeben, um den Spielraum des *Promotore* zur Einbringung von Ideen und planerischem Know-how nicht einzuschränken. Bei einem Teilnahmerecht bzw. einer Teilnahmepflicht des *Promotore* an der zweiten Verfahrensphase wäre eine nachträgliche Konkretisierung und Ergän-

1270 Vgl. *Spinelli/Valentinetti*, Contratti pubblici, Kapitel 48, S. 393.

1271 Siehe dazu: Ziele des Vergaberechts, S. 82 ff.

1272 Für identische Bewertungskritierien: Autorità, Determinazione 1/2009, S. 24; dagegen: Avv. Spinelli im Gespräch mit dem Verfasser.

1273 Avv. Spinelli im Gespräch mit dem Verfasser.

zung der Bewertungskriterien, die für alle Verfahrensteilnehmer gleichermaßen gelten, ohne Wettbewerbsverzerrung möglich.

Die angeführten Argumente sprechen dafür, der Literaturmeinung[1274] zuzustimmen, die zumindest ein Teilnahmerecht des *Promotore* an der zweiten Verfahrensphase bejaht. Die beiden zuletzt angeführten Argumente (Reduzierung der Wahrscheinlichkeit, dass der *Promotore* sein *Diritto di prelazione* ausübt, und Möglichkeit der Ergänzung und Konkretisierung der Bewertungskriterien für den zweiten Verfahrensabschnitt) sprechen sogar für eine Teilnahmepflicht des *Promotore* an der zweiten Verfahrensphase, da seine Nichtteilnahme zu den soeben angesprochenen und bisher ungelösten Folgeproblemen mit dem Grundsatz der Gleichbehandlung, sowohl im Interesse der Mitkonkurrenten als auch im Interesse des *Promotore*, führt.

Die zweite Verfahrensphase und die öffentliche Ausschreibung insgesamt enden mit dem Zuschlag des *Project financing* zugunsten desjenigen Verfahrensteilnehmers, der die wirtschaftlichste Entwurfsplanung vorgelegt hat. Drei verschiedene Sachverhaltskonstellationen können insoweit eintreten:

Reicht in der zweiten Verfahrensphase kein Mitkonkurrent ein Angebot ein, wird Art. 153, XV lett. d des Codice 2008 in der italienischen Literatur und Praxis allgemein dahingehend ausgelegt, dass die Beschaffungsstelle den Konzessionsvertrag mit dem *Promotore* abschließen muss.[1275] Hierin liegt ein weiteres Argument für die Teilnahmepflicht des *Promotore* an der zweiten Verfahrensphase: Würde der *Promotore* an der zweiten Verfahrensphase nicht teilnehmen, könnte die Entwurfsplanung für das öffentlich-private Projekt nicht ein Teil des Ausschreibungsgegenstandes, sondern müsste – zumindest in diesen Sachverhaltskonstellationen – zusammen mit der Ausführungsplanung als vertragliche Pflicht auf den Konzessionär übertragen werden. Nach vorliegender Ansicht ist es in Deutschland verfassungsrechtlich bedenklich, die Entwurfsplanung als Teil des Vertragsgegenstandes dem Konzessionär zu überantworten, da die Gefahr der Verletzung der Gewährleistungspflicht besteht, die der Verwaltung regelmäßig hinsichtlich derjenigen öffentlichen Aufgaben obliegt, die in Form einer Dienstleistungskonzession vergeben werden.[1276]

Reichen ein oder mehrere Mitkonkurrenten in der zweiten Verfahrensphase eine Entwurfsplanung ein, ist aber keine davon wirtschaftlicher als der Planungsentwurf des *Promotore*, schließt die Verwaltung ebenfalls mit Letzterem den Konzessionsvertrag ab (vgl. Art. 153, XV lett. d des Codice 2008).

1274 So *Giustiniani*, ET 2008, 6 (11).

1275 Autorità, Determinazione 1/2009, S. 24; *Ricchi*, UEA 2008, 1375 (1385); *Giustiniani*, ET 2008, 6 (11).

1276 Siehe hierzu: S. 15 ff., 95 f.

Anders ist es dagegen, wenn das Angebot eines Mitkonkurrenten von der Beschaffungsstelle als das wirtschaftlichste bewertet wird. Der *Promotore* hat in diesem Fall bis zu 45 Tage nach Kenntniserlangung seines Unterliegens Zeit, in der zweiten Verfahrensphase das ihm zustehende *Diritto di prelazione* auszuüben (Art. 153, XV lett. e des Codice 2008).

Macht er von seinem Anpassungs- und Eintrittsrecht Gebrauch, wird der *Promotore* Konzessionär der ausgeschriebenen öffentlichen Leistung. Die Beschaffungsstelle ist in diesem Fall verpflichtet, den Gewinner der zweiten Verfahrensphase auf Kosten des *Promotore* für die erbrachten Planungsleistungen finanziell zu entschädigen. Gemäß Art. 153, XV lett. e i.V.m. Art. 153, IX des Codice 2008 entspricht der Geldanspruch der Höhe nach den Planungskosten, die vom *Promotore* in der ersten Verfahrensphase aufgewendet wurden. Der Entschädigungsanspruch kann also um ein Wesentliches höher sein als die Kosten, die der Gewinner zur Verbesserung des Angebotes des *Promotore* tatsächlich aufgewendet hat.[1277] Nach oben ist der Entschädigungsbetrag auf maximal 2,5 Prozent des Gesamtvolumens des ausgeschriebenen öffentlichen Projektes beschränkt (Art. 153, IX letzter Absatz des Codice 2008). Die Entschädigungsregelung ist gegenüber der entsprechenden Vorschrift des *Project financing*-Verfahren a.F. wettbewerbsrechtlich insoweit verbessert worden, als nur noch dem Gewinner ein Geldanspruch zusteht und nicht mehr allen verbliebenen Mitkonkurrenten. Aufgrund der Existenz des *Diritto di prelazione* bleibt jedoch die Gefahr des Verfahrensmissbrauchs zu reinen Gelderwerbszwecken weiterhin bestehen.[1278] An der Vergaberechtswidrigkeit des *Diritto di prelazione* hat sich nach neuer Gesetzeslage ebenfalls nichts geändert.[1279]

Bleibt der *Promotore* untätig und übt das *Diritto di prelazione* nicht innerhalb der vorgegebenen 45 Tage aus, wird dem Gewinner der zweiten Verfahrensphase der Zuschlag auf den Konzessionsvertrag erteilt. Die Beschaffungsstelle erstattet dem *Promotore* auf Kosten des Mitkonkurrenten die diesem bei der Vorentwurfsplanung angefallenen Planungs- und Verfahrenskosten und erfüllt dessen Ansprüche aus Immaterialgüterrecht, die diesem möglicherweise aufgrund von neuen und bei der Leistungserbringung eingesetzten technischen Methoden zustehen (vgl. Art. 153, XV lett. f i.V.m. 153, IX letzter Absatz des Codice 2008). Der Geldbetrag ist auch in diesem Fall nach oben auf maximal 2,5 Prozent des Gesamtprojektvolumens begrenzt.

1277 Vgl. *Ricchi*, UEA 2008, 1375 (1385).

1278 Vgl. *Ricchi*, UEA 2008, 1375 (1385 f.).

1279 So auch *Greco*, La natura giuridica del PF, Kapitel 3; *Cori*, Nuove opportunità per la PA negli interventi in PPP, S. 28 f.

b. Zusammenfassung und Bewertung

In der italienischen Literatur wird vertreten, dass die Beschaffungsstellen die zweiphasige Vergabevariante wählen können, wenn das öffentlich-private Vorhaben eine hohe Komplexität aufweist und aufgrund eines hohen Projektvolumens[1280] – wegen der Art der zu vergebenden öffentlichen Leistung oder dank Anreiz schaffender Maßnahmen von Seiten der Verwaltung – sichergestellt ist, dass eine echte Wettbewerbssituation um den Zuschlag des *Project financing* entstehen wird.[1281] Nur in diesen Sachverhaltskonstellationen stelle sich ein ausreichend starker Konkurrenz- und Preisdruck ein, der zu einem wirtschaftlichen Vertragsabschluss führen und die Wahl der zeit- und kostenaufwändigerem zweiphasigen Verfahrensvariante vergaberechtlich rechtfertigen könne.[1282]

Nach hier vertretener Ansicht ist der Anwendungsbereich des zweistufigen öffentlich initiierten Modells weiter zu fassen. So sollte der zweistufige Verfahrensablauf zur Vergabe von *Projects financing* in allen Fällen gewählt werden, in denen die Nutzung des privaten Fachwissens sowie des freien Wettbewerbs als Instrument im öffentlichen Interesse zur effizienten und effektiven öffentlichen Aufgabenerfüllung notwendig sind und deshalb das zeit- und kostenaufwändige zweiphasige Vergabeverfahren vor dem Hintergrund der Geltung der Vergaberechtsprinzipien verhältnismäßig ist.[1283] Bei manchen Auftragsgegenständen können die höheren Verfahrenskosten durch das Prinzip der ordnungsgemäßen öffentlichen Aufgabenerfüllung gerechtfertigt sein, wobei in jedem Einzelfall insbesondere dem Verhältnismäßigkeitsprinzip Rechnung getragen werden muss. Die Verhältnismäßigkeit ihrer Verfahrenswahl können die Beschaffungsstellen dadurch begünstigen, dass sie im Vorfeld der öffentlichen Ausschreibung Maßnahmen ergreifen und die Anwendungsvoraussetzungen des zweiphasigen Modells für die konkret auszuschreibende öffentliche Leistung künstlich herbeiführen.[1284] Die Möglichkeit der künstlichen Herbeiführung der Anwendungsvoraussetzungen sollten die Vergabestellen stets in Betracht ziehen, da das zweistufig öffentlich initiierte Verfahrensmodell generell besser mit den allgemeinen Vergaberechtsgrundsätzen vereinbar ist als das einstufige Verfahren:[1285]

So wird in der zweistufigen Verfahrensvariante der Wettbewerb als Instrument im öffentlichen Interesse effektiver genutzt, indem für jede Planungsebene ein eigener Verfahrensschritt vorgesehen ist und damit zwei separate Wettbe-

1280 So *Bentivogli/Panciara/Tidu*, QDEF 2008 n. 25, S. 5 allgemein zu *Projects financing*.

1281 *Ricchi*, UEA 2008, 1375 (1389 f.).

1282 Vgl. *Ricchi*, UEA 2008, 1375 (1390).

1283 Siehe zur Zweiphasigen, öffentlich intiierten Verfahrensvariante S. 288 ff.

1284 Vgl. *Ricchi*, UEA 2008, 1375 (1389).

1285 Siehe zu: Tatsächliche Rahmenbedingungen, S. 66 ff.

werbssituationen entstehen.[1286] Um den Wettbewerb tatsächlich zweimal effektiv nutzen zu können, sollten die Beschaffungsstellen in der ersten öffentlichen Vergabebekanntmachung zudem nur allgemein gehaltene Bewertungskriterien verwenden. Nur dann lassen sie den Privaten im ersten Verfahrensschritt ausreichend Spielraum, um innovative Vorentwurfsplanungen zu entwickeln und angepasst auf den jeweiligen Planungsentwurf für die zweite Verfahrensphase konkretisierte Bewertungskriterien vorzuschlagen. Durch die höhere Strukturierung des Verfahrensablaufes und die Nutzung des freien Wettbewerbs zur Verbesserung und Konkretisierung des Planungskonzeptes des *Promotore* wird die Gefahr minimiert, dass es aufgrund einer zu groben Bewertungsgrundlage und eines zu weit reichenden einseitigen Abänderungsrechtes der Verwaltung zu Intransparenz im Verfahren und zu einer tatsächlichen oder auch nur scheinbaren Ungleichbehandlung der Verfahrensteilnehmer kommt.

Insbesondere für die Vergabe von weniger lukrativen öffentlichen Aufträgen ist an der zweistufigen Verfahrensvariante weiter vorteilhaft, dass sie nicht nur geldliche Entschädigungsansprüche kennt, sondern der italienische Gesetzgeber versucht hat, durch verfahrensrechtliche Anreiz- und Belohnungsmechanismen die Verfahrensbeteiligung für die Marktteilnehmer attraktiver zu gestalten und die Wettbewerbssituation künstlich zu verbessern. Die Gewährung eines verfahrensrechtlichen Sonderrechts ist gegenüber der reinen Geldentschädigung das stärkere Anreiz- und Belohnungsinstrument. Entsprechend ist es zu bedauern, dass der italienische Gesetzgeber die positiv zu bewertende Grundidee nicht vergaberechtskonform umgesetzt, sondern mit dem *Diritto di prelazione* ein gemeinschaftsrechtswidriges verfahrensrechtliches Anreiz- und Entschädigungsinstrument in das Verfahrens eingefügt hat.[1287]

Neben der Existenz des *Diritto di prelazione* ist an der zweiphasigen Verfahrensvariante i.S.d. Art. 153, XV des Codice 2008 weiter nachteilig zu bewerten, dass – trotz der hohen Komplexität der zu vergebenden *Projects financing* – in beiden Verfahrensphasen die Verfahrensregeln der formalisierten Vergabearten des Öffentlichen oder des Nichtöffentlichen Verfahrens angewendet werden müssen. Die Durchführung der zweiten Verfahrensphase nach den Regeln des Verhandlungsverfahrens, wie es im *Project financing*-Verfahren a.F. für die dritte Verfahrensphase vorgesehen war, und damit die schrittweise Verbesserung der eingereichten Pläne in echten Verhandlungen mit den Verfahrensteilnehmern ist nach neuer Gesetzeslage nicht mehr möglich. Die Vorentwurfsplanung des *Promotore* kann vielmehr nur noch mittels des einseitigen Änderungsrechts der Verwaltung oder durch Zulassung von Alternativvorschlägen in der zweiten Ver-

1286 In diese Richtung auch *Ricchi*, UEA 2008, 1375 (1389).

1287 Siehe: *Diritto di prelazione* und Gleichbehandlungsgrundsatz, S. 272 ff.

fahrensphase nachgebessert werden.[1288] Eine Optimierung der eingereichten privaten Entwurfspläne ist gar nicht mehr möglich.

Die Abschaffung der Verfahrensphase, die nach den Verfahrensregeln des Verhandlungsverfahrens durchgeführt werden durfte, steht in einer Linie mit der Qualifizierung des Verhandlungsverfahrens im italienischen – und in der Regel auch im deutschen[1289] – Vergaberecht als Ausnahmeverfahren.[1290] Nach vorliegender Ansicht handelt es sich jedoch bei allen öffentlichen Aufgaben, die aufgrund ihrer Komplexität nach Art. 153, XV des Codice 2008 vergeben werden dürfen, um vergaberechtlich zu rechtfertigende Sonderkonstellationen. Die Nichtzulassung von Verhandlungen führt in diesen Fällen zu weniger anstatt mehr Rechtssicherheit. So wird aufgrund der Komplexität der von den Unternehmen verlangten Planungsleistungen zumindest eine leichte Korrektur die Regel sein, mit der Folge, dass sich die Beschaffungsstelle für eine private Vorentwurfsplanung entscheiden muss, die den Bedürfnisse der Allgemeinheit nicht vollständig entspricht und anhand eines einseitigen Änderungsverlangen der Beschaffungsstelle noch anzupassen ist. Ein solcher Verfahrensaufbau ist intransparent und ihre Objektivität zweifelhaft. Nach vorliegender Ansicht wäre der Einbau eines gestaltungsoffenen Verfahrensabschnittes in das Verfahren zur Vergabe von komplexen öffentlichen Aufgaben – wozu auch Public Private Partnership gehören – vielmehr die vergaberechtskonformere Alternative.

5. Privat initiierte Verfahrensvariante 2008

Die privat initiierte Verfahrensvariante 2008[1291] ist in Art. 153, XVI – XVIII des Codice 2008 geregelt. Diejenigen Absätze des Art. 153 des Codice 2008, welche die Verfahrensvorschriften für die öffentlich initiierten Modelle enthalten, gelten nur bei ausdrücklicher Verweisung.

Das privat initiierte Verfahrensmodell ist wie das Verfahrensmodell i.S.d. Art. 153, XV des Codice 2008 zweistufig aufgebaut. Im Unterschied zu diesem ist es aber kein zweistufiges (Haupt-)Vergabeverfahren, sondern ein Verfahren, das sich aus einem Vorverfahren zur Bestimmung des *Promotore* und einem durch die Beschaffungsstelle variabel gestaltbaren einstufigen Hauptvergabeverfahren zur Vergabe der Konzession zusammensetzt. Ähnlichkeiten mit dem *Project financing*-Verfahren a.F. finden sich hier in noch stärkerem Maße als beim

1288 Siehe hierzu S. 291 ff.

1289 Siehe hierzu S. 208 f.

1290 Avv. Spinelli im Gespräch mit dem Verfasser.

1291 Die Bezeichnung „privat initiierte Verfahrensvariante 2008" ist gewählt worden, um dieses Verfahren besser von der 2011 neu eingeführten zweiten „privat initiierten Verfahrensvariante 2011" unterscheiden zu können.

zweistufigen öffentlich initiierten Verfahrensmodell. Die Existenzberechtigung der privat initiierten Verfahrensvariante liegt in der neuen Aufgabenverteilung zwischen Vergabestelle und privaten Marktteilnehmern bei den öffentlich initiierten Verfahrenvarianten zur Vergabe eines *Project financing* nach dem Codice 2008.

Die Verfahrenseröffnung ist bei den öffentlich initiierten Varianten grundsätzlich[1292] Aufgabe der Verwaltung, die das *Project financing* auf Grundlage der zuvor erstellten Machbarkeitsstudie öffentlich auszuschreiben hat.

Im *Project financing*-Verfahren a.F. lag das Recht zur Verfahrenseinleitung bei der Privatwirtschaft. Die nach dem Gesetz als geeignet angesehenen Unternehmen waren hier berechtigt, bei der Beschaffungsstelle eine Machbarkeitsstudie für ein öffentlich-privates Vorhaben einzureichen, ohne dass speziell dafür vorher eine Vergabebekanntmachung veröffentlicht worden war. Im Codice 2008 liegt die Verfahrenseinleitung nur bei der privat initiierten Verfahrensvariante – in modifizierter Form – im Aufgabenbereich der privaten Unternehmen. Ohne das privat initiierte Verfahrensmodell hätte es die Verwaltung nach neuer Gesetzeslage in der Hand, die Realisierung der in den Planungsprogrammen enthaltenen *Projects financing* auf unbestimmte Zeit zu blockieren.[1293] Zudem wäre ohne dieses Verfahrensmodell die Idee der Förderung von privater Initiative und Engagement bei der Erfüllung öffentlicher Aufgaben, die das wesentliche Motiv für die Einführung des speziellen italienischen Verfahrens zur Vergabe eines *Project financing* bildete, vollständig verloren gegangen.[1294]

a. Verfahrensablauf

aa. Vorverfahren

Bei der privat initiierten Vergabevariante ist die Veröffentlichung einer Vergabebekanntmachung von Seiten der Vergabestelle nicht die erste Verfahrenshandlung. Der Bekanntgabe gehen vielmehr private Verfahrenshandlungen voraus. Sieht man – wie im Vergaberecht allgemein üblich (vgl. Art. 25 II VKR) – in der öffentlichen Vergabebekanntmachung den Eröffnungsakt für das eigentliche Ausschreibungsverfahren, ist die dem öffentlichen Publizitätsakt vorangehende Verfahrensphase als Vorverfahren zu qualifizieren.

1292 Siehe: Privates Projektvorschlagsrecht, S. 278 f.

1293 *De Nictolis*, UEA 2008, 1125 (1233).

1294 Siehe: Privat initiierte Verfahrensvariante 2011, S. 325 ff.

(1) Verfahrenseinleitung und Markterkundung

Bleibt die Beschaffungsstelle untätig und veröffentlicht auch sechs Monate nach Verabschiedung des Jahreshaushaltsplanes i.S.d. Art. 128 des Codice 2008 für die darin aufgeführten *Projects financing* keine Vergabebekanntmachung, geht das Recht zur Verfahrenseinleitung gemäß Art. 153, XVI erster Abschnitt des Codice 2008 auf die Privatwirtschaft über. Die nach Art. 153, VIII des Codice 2008 dafür als geeignet angesehenen Unternehmen haben vier Monate Zeit, für ein konkretes *Project financing* ein öffentliches Ausschreibungsverfahren einzuleiten. In diesem Zeitraum ist es den Beschaffungsstellen verwehrt, nachträglich eine Vergabebekanntmachung zu veröffentlichen; nach Ablauf der Viermonatsfrist geht die alleinige Verfahrenseinleitungskompetenz wieder ausschließlich auf die Verwaltung über.[1295]

In der Regel bleiben die Vergabestellen bewusst untätig und nutzen das Verfahren nach Art. 153, XVI des Codice 2008 als Markterkundungsinstrument. Indem die Verwaltung der Privatwirtschaft die Einleitung bestimmter Vergabeverfahren überlässt, kann sie sich Klarheit über die Interessen des Marktes an der Realisierung der öffentlichen Aufgabe verschaffen und das Ausmaß der Beteiligungsbereitschaft der Privaten an einer öffentlichen Ausschreibung in Erfahrung zu bringen.[1296]

Über das zeitlich begrenzte Recht zur Verfahrenseinleitung verfügen die Privaten nur hinsichtlich derjenigen öffentlichen Aufgaben, die im Jahreshaushaltsplan der Verwaltungsstellen bereits enthalten und dort als öffentlich-private Projekte gekennzeichnet sind. Für jedes dieser Vorhaben liegt bereits eine öffentlich oder privat erstellte Machbarkeitsstudie vor, auf deren Grundlage sich die Verwaltung für die Projektrealisierung in Form einer ganz oder teilweise privat finanzierten Konzession entschieden und im Haushalt Gelder dafür bereitgestellt hat.[1297] Das privat initiierte Verfahrensmodell des Codice 2008 ist also kein auf eine private Projektidee oder zwingend privat erstellte Machbarkeitsstudie zurückgehendes Vergabeverfahren und damit kein privat initiiertes Ausschreibungsverfahren im eigentlichen Sinne.[1298] Die Nutzung des unternehmerischen Know-hows und des Wettbewerbs als Instrument im öffentlichen Interesse bleibt auch hier auf die Planungsphase des öffentlichen Vorhabens beschränkt. Im Vergleich zum *Project financing*-Verfahren a.F. hat damit im Codice 2008 auch das

---

1295 *Ricchi*, UEA 2008, 1375 (1387); *Greco*, La natura giuridica del PF, Kapitel 6.

1296 Vgl. *Ricchi*, UEA 2008, 1375 (1387); *Greco*, La natura giuridica del PF, Kapitel 6.

1297 *Ricchi*, UEA 2008, 1375 (1386).

1298 Vgl. *Zuccaro*, RAS 2008, 319 (341); anders: Privat initiierte Verfahrensvariante 2011, S. 325 ff.

privat initiierte Verfahrensmodell zur Vergabe eines *Project financing* an Privatinitiative eingebüßt.

Das verfahrenseinleitende Schriftstück des Privaten muss diejenigen Unterlagen enthalten, die nach Art. 153, IX des Codice 2008 auch in den privaten Planungsvorschlägen der zweistufigen öffentlich initiierten Variante enthalten sind. In anderen Worten, zur Ausübung des Verfahrenseinleitungsrechts müssen die Unternehmen eine Vorentwurfsplanung,[1299] einen Finanz- und Wirtschaftsplan und einen ersten Vertragsentwurf bei der Verwaltung einreichen. Die Privaten sind berechtigt, zu Planungszwecken von der Beschaffungsstelle Einsicht in die vorhandene Machbarkeitsstudie zu verlangen.[1300]

Das private Verfahrenseinleitungsrecht des Art. 153, XVI des Codice 2008 ist von dem privaten Projektvorschlagsrecht des Art. 153, XIX des Codice 2008 zu unterscheiden. Unter der Geltung des Codice 2008 bedeutet diese Differenzierung nicht, dass ein Unternehmen nicht für dasselbe öffentliche Projekt beide Rechte sukzessive ausüben dürfte.[1301] So kann es zunächst gemäß Art. 153, XIX des Codice 2008 bei der Verwaltung eine Machbarkeitsstudie für ein mit öffentlichen und privaten Geldern zu realisierendes Projekt im öffentlichen Interesse einreichen, das in den staatlichen Programmen bisher nicht enthalten ist. Nimmt die öffentliche Hand die private Machbarkeitsstudie in ihr Planungsprogramm auf, veröffentlicht aber diesbezüglich nicht rechtzeitig eine Vergabebekanntmachung, bleibt es demselben Unternehmen unbenommen, erneut – dieses Mal gemäß Art. 153, XVI des Codice 2008 – die Initiative zu ergreifen.

Haben ein oder mehrere Unternehmen innerhalb der viermonatigen Einreichungsfrist von ihrem Verfahrenseinleitungsrecht Gebrauch gemacht, muss die Verwaltung innerhalb von sechzig Tagen für das öffentlich-private Projekt eine hinweisende Bekanntmachung veröffentlichen, die bei Erreichen der Schwellenwerte europaweit erfolgen muss (Art. 153, XVI erster Abschnitt des Codice 2008). Die Verwaltung verfügt hinsichtlich der Veröffentlichung über kein Entschließungsermessen, sie ist für sie verpflichtend.[1302]

Das Hauptdokument, das der hinweisenden Bekanntmachung zugrunde liegt, ist nicht die private Vorentwurfsplanung des aktiv gewordenen Unternehmens, sondern die dem öffentlichen Auftraggeber – u.U. bereits seit längerer Zeit – vorliegende Machbarkeitsstudie.[1303] Hierin zeigt sich, dass dem privaten Planungsvorschlag i.S.d. Art. 153, XVI erster Abschnitt des Codice 2008 primär eine for-

1299 So auch Avv. Spinelli im Gespräch mit dem Verfasser, wobei in Italien sich insoweit noch keine eindeutige Interpretationspraxis herausgebildet hat.

1300 *Autorità*, determinazione n.1/2009, S. 25; *Serravezza*, Altalex n. 2566/2009, Kapitel 3.1.1.

1301 Anders jetzt mit der Einführung der privat initiierten Verfahrensvariante 2011, S. 325 ff.

1302 Autorità, Determinazione n.1/2009, S. 27.

1303 Autorità, Determinazione n.1/2009, S. 26.

male Funktion zugedacht ist: die Ingangsetzung des Vergabeverfahrens. Auch die Markterkundungsfunktion übernimmt überwiegend erst derjenige Abschnitt des Vorverfahrens, der der hinweisenden Bekanntmachung nachfolgt.

Hinsichtlich des Inhaltes der hinweisenden Bekanntmachung ist in Art. 153, XVI erster Abschnitt des Codice 2008 vorgeschrieben, dass sie die Bewertungskriterien und deren Gewichtung zueinander enthalten muss. Die genannten Kriterien bilden die Bewertungsgrundlage, anhand der die Beschaffungsstelle das öffentliche Interesse an den anschließend eingehenden privaten Vorentwurfsplanungen feststellt und das Unternehmen mit dem besten Vorschlag zum *Promotore* ernennt. In der italienischen Literatur wird es nicht als notwendig erachtet, die Verfahrensmodalitäten der zweiten Verfahrensphase bereits zu diesem Zeitpunkt öffentlich bekannt zu geben.[1304] Es wird allerdings darüber diskutiert, ob die Verfahrenswahl für die zweite Verfahrensphase zwingend von der Verwaltung getroffen werden muss[1305] oder die Entscheidung auch den Verfahrensteilnehmern des Vorverfahrens überlassen werden kann.[1306]

Die Marktteilnehmer haben nach der Veröffentlichung der hinweisenden Bekanntmachung neunzig Tage Zeit, um auf deren Grundlage eine Vorentwurfsplanung für das öffentlich-private Vorhaben zu erarbeiten und bei der Beschaffungsstelle einzureichen (Art. 153, XVI erster Absatze des Codice 2008).

Der öffentlichen Auftraggeber sollte zu diesem Zeitpunkt von den Privaten hingegen noch keine Entwurfsplanung verlangen, sondern den Schritt der Planungskonkretisierung der zweiten Verfahrensphase vorbehalten, die in jedem Fall durchzuführen ist.[1307] Die Gefahr einer zu hohen Komplexität der Planungsentwürfe, mit der Folge einer nur geringen Vergleichbarkeit der privaten Angebote auf objektiver Grundlage – ein wesentliches Manko der einstufigen öffentlich initiierten Verfahrensvariante[1308] – kann dadurch ausgeschlossen werden. Gesetzlich ausdrücklich untersagt ist es den Beschaffungsstellen jedoch nicht, von den Teilnehmern bereits zu diesem Zeitpunkt eine Entwurfsplanung zu verlangen.[1309]

Der Private, der das Verfahren eingeleitet hat, darf an diesem Teilabschnitt des Vorverfahrens ebenfalls teilnehmen. Er kann seinen ursprünglichen Planungsentwurf oder eine davon abweichende, verbesserte Vorentwurfsplanung einreichen. In Art. 153, XVI des Codice 2008 heißt es insoweit „*Die möglicherweise*

1304 *Ricchi*, UEA 2008, 1375 (1387); nach vorliegender Ansicht ist das vergaberechtlich kritisch zu sehen. Hierauf wird zu einem späteren Zeitpunkt noch einmal zurückzukommen sein.

1305 So *Ricchi*, UEA 2008, 1375 (1387).

1306 So Avv. Spinelli im Gespräch mit dem Verfasser.

1307 *Ricchi*, UEA 2008, 1375 (1388).

1308 Siehe zu dieser Variante, S. 279ff.

1309 Avv. Spinelli im Gespräch mit dem Verfasser.

anhand der genannten Kriterien überarbeiteten und wieder eingereichten Vorschläge sowie die neuen Vorschläge sind innerhalb von 90 Tagen nach der Veröffentlichung der hinweisenden Bekanntmachung vorzulegen;".

Die fristgerecht eingegangenen privaten Vorentwurfsplanungen hat die Beschaffungsstelle innerhalb von sechs Monaten anhand der veröffentlichten Bewertungskriterien zu prüfen und denjenigen privaten Planungsvorschlag auszuwählen, der dem öffentlichen Interesse am weitestgehenden entspricht.[1310] Das Unternehmen, das diesen Planungsvorschlag eingereicht hat, ernennt sie zum *Promotore*.

(2) Hinweisende Bekanntmachung und Feststellung des öffentlichen Interesses

Bei genauer Lektüre des Art. 153, XVI des Codice 2008 fällt auf, dass der italienische Gesetzgeber bei der privat initiierten Verfahrensvariante auf zwei Begriffe zurückgreift, die er bereits im *Project financing*-Verfahren a.F. verwendet hatte. Bei den öffentlich initiierten Verfahrensvarianten des Codice 2008 sind diese durch allgemein im Vergaberecht gebrauchte Begriffe ersetzt worden.

Zum einen ist in Art. 153, XVI des Codice 2008 nicht von öffentlicher Vergabebekanntmachung (*bando*) die Rede, sondern wieder von einer hinweisenden Bekanntmachung (*avviso*). Im Unterschied zur hinweisenden Vergabebekanntmachung des *Project financing*-Verfahrens a.F. bezieht sich die hinweisende Bekanntmachung i.S.d. Art. 153, XVI des Codice 2008 jedoch nun auf die einzelnen öffentlich-privaten Vorhaben und muss bei Erreichen der Schwellenwerte europaweit veröffentlicht werden. Ob mit der abweichenden Bezeichnung des öffentlichen Publizitätsaktes auch materiellrechtliche Konsequenzen verbunden sind, ist in der italienischen Literatur umstritten.

Nach einer Ansicht ergeben sich daraus keine materiellrechtlichen Konsequenzen. Die hinweisende Bekanntmachung stehe vielmehr den öffentlichen Vergabebekanntmachungen der öffentlich initiierten Verfahrensmodelle in nichts nach.[1311]

Nach der Gegenansicht wird der hinweisenden Bekanntmachung nach Art. 153, XVI erster Abschnitt des Codice 2008 im Vergleich zu der öffentlichen Vergabebekanntmachung im Sinne des allgemeinen Vergaberechts eine unterschiedliche Bedeutung beigemessen, die sich auch inhaltlich auswirke.[1312]

Zu diesem Meinungsstreit über die Rechtsnatur der hinweisenden Bekanntmachung soll erst Stellung genommen werden,[1313] wenn auch die Bedeutung des

1310 *Spinelli/Valentinetti*, Contratti pubblici, Kapitel 48, S. 393.

1311 Vgl. *Ricchi*, UEA 2008, 1375 (1387).

1312 Vgl. *Greco*, La natura giuridica del PF, Kapitel 4.

1313 Siehe hierzu S. 311.

zweiten Begriffes geklärt ist, der für die privat initiierte Verfahrensvariante aus den Verfahrensregeln des *Project financing*-Verfahren a.F. übernommen wurde: die Feststellung des öffentlichen Interesses (vgl. Art. 153, XVI am Ende erster Abschnitt des Codice 2008). Beide Rechtsfragen hängen eng miteinander zusammen.

Der Grund, warum die Vergabestelle in den Fallkonstellationen des privat initiierten Verfahrensmodells zunächst untätig bleibt, liegt in ihrer Unwissenheit darüber, welche Bedingungen und Anforderung die Ausschreibungsunterlagen enthalten müssen, um einerseits den Bedürfnissen der Allgemeinheit an die öffentliche Leistung vollständig gerecht zu werden, anderseits aber auch um bei den privaten Marktteilnehmern ein ausreichend hohes Beteiligungsinteresse zu erwecken.[1314] Mit der Machbarkeitsstudie sind nur grundlegende Fragen in technischer, rechtlicher und wirtschaftlicher Hinsicht geklärt worden,[1315] während wichtige Planungspunkte, welche die Bedürfnisse der Allgemeinheit hinsichtlich der konkreten Umsetzung des öffentlichen Projekts betreffen, weiterhin offen geblieben sind. Die private Vorentwurfsplanung, mit der das Vergabeverfahren in Gang gesetzt wurde, hat an dieser Situation nicht viel ändern können. Verschiedene Alternativen enthält die eine vorgelegte private Vorentwurfsplanung in der Regel nicht. Es bedarf vielmehr einer Mehrzahl an verschiedenen Planungskonzepten, um das planerische Unwissen der Verwaltung zu beheben und sie in die Lage zu versetzen, dem Vergabeverfahren sinnvoll ausgestaltete Ausschreibungsunterlagen zugrunde zu legen. Nur der zweite Teilabschnitt des Vorverfahrens ist deshalb geeignet, den Vergabestellen auf effektive Weise Anregungen und nähere Aufschlüsse darüber zu liefern, wie die Bedürfnisse der Allgemeinheit hinsichtlich der konkreten öffentlichen Aufgabe planerisch am besten entsprochen werden kann. Entsprechend müssen die Beschaffungsstellen gemäß Art. 153, XVI des Codice 2008 das öffentliche Interesse an einem konkreten privaten Planungskonzept auch erst nach der Veröffentlichung der hinweisenden Bekanntmachung und im Idealfall nach Eingang weiterer privater Planungsvorschläge bejahen.

Im Zeitpunkt der Veröffentlichung der hinweisenden Bekanntmachung verfügen die Beschaffungsstellen also noch über keine konkreten planerischen Vorstellungen zur optimalen Umsetzung des *Project financing*. Folglich können die Bewertungskriterien, welche die Vergabestelle gemäß Art. 153, XVI erster Absatz des Codice 2008 zur Feststellung des öffentlichen Interesses zu benennen hat, nur sehr grob und allgemein gehalten sein.[1316] Die Ergänzung und Konkretisie-

1314 Vgl. *Ricchi*, UEA 2008, 1375 (1387).

1315 Siehe zur Machbarkeitsstudie S. 277.

1316 So auch: *Greco*, La natura giuridica del PF, Kapitel 4; anders: *Ricchi*, UEA 2008, 1375 (1388).

rung des Auftragsgegenstandes und der Ausschreibungsbedingungen ist Aufgabe der Privaten im Vorverfahren. Der damit einhergehende weite Ermessens- und Gestaltungsspielraum der Verwaltung ist typisch für die Feststellungsentscheidung des öffentlichen Interesses, welche die Vorverfahrensentscheidung – wie im *Project financing*-Verfahren a.F. – in die Nähe des Verwaltungsrechtes rückt.[1317] In der italienischen Literatur wird zum Teil vertreten, dass die Vergabestellen sich einer stärkeren Selbstbindung unterwerfen können, indem sie bereits in der hinweisenden Bekanntmachung detailgenaue Bewertungskriterien nennen.[1318] Diese Ansicht ist abzulehnen. Verfügt die Beschaffungsstelle über ausreichend Informationen zur Erstellung geeigneter Ausschreibungsunterlagen zur Vergabe eines *Project financing*, muss sie auf eine der öffentlich initiierten Verfahrensarten zurückgreifen, also rechtzeitig eine Vergabebekanntmachung veröffentlichen und das öffentlich-private Projekt auf Grundlage eigens erstellter Ausschreibungsunterlagen vergeben. Die länger dauernde und kostenintensivere privat initiierte Verfahrensvariante wäre in diesen Fällen vor dem Hintergrund der Geltung des öffentlich-rechtlichen Aspekts des Wettbewerbsprinzips nicht zu rechtfertigen. Hinsichtlich des weiten Gestaltungs- und Ermessenspielraumes der Verwaltung im Vorverfahren stellt sich die Frage, welches Zuschlagskriterium die italienischen Beschaffungsstellen zur Feststellung des öffentlichen Interesses an den eingegangenen privaten Vorentwurfsplänen anwenden müssen oder eventuell auch anwenden können. Art. 153, XVI erster Abschnitt des Codice 2008 enthält insoweit keine ausdrücklichen gesetzlichen Vorgaben.

In der italienischen Vergaberechtspraxis wird vertreten, dass das Schweigen des Gesetzes vorzugswürdig dahingehend auszulegen sei, hier ebenfalls grundsätzlich das Zuschlagskriterium des wirtschaftlichsten Angebotes gemäß Art. 153, IV des Codice 2008 zu verwenden.[1319]

Andere Stimmen aus der italienischen Literatur und Praxis lehnen den Rückgriff auf das im allgemeinen Vergaberecht geltende Zuschlagskriterium dagegen ab und befürworten, den weiten Ermessens- und Gestaltungsspielraum der Beschaffungsstellen auf das Zuschlagskriterium zu erstrecken.[1320]

Für die zweite Rechtsansicht spricht zum einen der Wortlaut des Art. 153, XVI des Codice 2008, der im Gegensatz zu den Absätzen IX und XI lett. e gerade nicht ausdrücklich das Zuschlagskriterium des wirtschaftlichsten Angebotes nennt. Zum anderen ist zu berücksichtigen, dass die Feststellung des öffentlichen Interesses an einer öffentlichen Aufgabe nicht auf rein wirtschaftliche

1317 Siehe dazu bereits im Einzelnen S. 257 ff.

1318 *Ricchi*, UEA 2008, 1375 (1388).

1319 Autorità, Determinazione n.1/2009, S. 26.

1320 *Greco*, La natura giuridica del PF, Kapitel 4; *Ricchi*, UEA 2008, 1375 (1388); Avv. Spinelli im Gespräch mit dem Verfasser.

Aspekte reduziert werden kann, sondern auch öffentlich-rechtliche bzw. politische Aspekte erfasst sind, über welche die Vergabestellen beim privat initiierten Verfahrensmodell zu diesem Zeitpunkt noch keine abschließende Entscheidung getroffen haben. Würden die Beurteilungsparameter bereits im Vorverfahren von wirtschaftlichen Aspekten dominiert, könnten die Vergabestellen ihrer Pflicht, sich bei der Realisierung von öffentlichen Vorhaben zunächst einmal an den zu befriedigenden Bedürfnisse und Anforderungen der Allgemeinheit zu orientieren und diese möglichst optimal umzusetzen, nicht gerecht werden.[1321] Eine Pflicht zur Verwendung des Zuschlagskriteriums des wirtschaftlichsten Angebotes bereits im Vorverfahren schreiben auch die allgemeinen Vergaberechtsgrundsätze nicht vor, sondern es ist aufgrund des Wettbewerbsprinzips nur unmittelbar für die Zuschlagsentscheidung verpflichtend.[1322] Die Beschaffungsstellen verfügen im Vorverfahren der privat initiierten Verfahrensvariante über einen ähnlich weiten Gestaltungs- und Ermessensspielraum, wie er bereits für das Vorverfahren im *Project financing*-Verfahrens a.F. vertreten wurde. Die besseren Argumente sprechen deshalb für die zweite Rechtsansicht.

In Konsequenz zur Befürwortung derjenigen Rechtsansicht, welche die Prüfung zur Feststellung des öffentlichen Interesses – wie unter der Geltung des *Project financing*-Verfahrens a.F. – in die Nähe des Verwaltungsrecht rückt,[1323] muss die hinweisende Bekanntmachung des Art. 153, XVI erster Absatz des Codice 2008 im Vergleich zu den öffentlichen Vergabebekanntmachungen in den öffentlich initiierten Vergabeverfahren als ein aliud verstanden werden. Inhaltlich zeigt sich der Unterschied darin, dass die hinweisende Bekanntmachung inhaltlich grob gehaltene Kriterien zur Bestimmung des öffentlichen Interesses enthält, während die öffentliche Vergabebekanntmachung des Hauptvergabeverfahrens Kriterien dafür beinhaltet, wie die öffentliche Leistung technisch, rechtlich und wirtschaftlich umzusetzen ist.[1324] Auch sind die Entscheidungs- bzw. Zuschlagskriterien im Vorverfahren und im Hauptvergabeverfahren unterschiedlich.[1325] Insbesondere ist das Zuschlagskriterium des wirtschaftlichsten Angebots im Vorverfahren nicht verpflichtend.

Die Qualifizierung des Vorverfahrens als einen Verfahrensabschnitt, der in der Nähe des Verwaltungsrechts anzusiedeln ist, bedeutet nicht, dass die allgemeinen Vergaberechtsgrundsätze und die aus ihnen folgenden verfahrensrechtlichen Mindestbedingungen keinerlei Geltung beanspruchen. Diese gelten vielmehr auch hier, da es sich dabei um den ersten Verfahrensschritt eines ein-

1321 Vgl. *Greco*, La natura giuridica del PF, Kapitel 4.

1322 Siehe: Zuschlagskritierum, S. 123 ff.

1323 Siehe hierzu S. 310, 257 ff.

1324 *Greco*, La natura giuridica del PF, Kapitel 4.

1325 So auch *Greco*, La natura giuridica del PF, Kapitel 4.

heitlichen öffentlichen Ausschreibungsverfahrens zur Vergabe eines *Projekt financing* handelt.[1326] Dies ist bei der Überprüfung der Vergaberechtskonformität des Vorverfahrens zu berücksichtigen.

In der italienischen Literatur wird vereinzelt darüber nachgedacht, ob der in Art. 153, XVI erster Abschnitt des Codice 2008 normierte Verfahrensablauf mit dem Grundsatz der Gleichbehandlung und dem dahinter stehenden Wettbewerbsprinzip vereinbar ist.[1327] Das soll auch hier geprüft werden.

Maßgebliches Dokument zur Erstellung der hinweisenden Bekanntmachung ist nach Ansicht der *Autorità di viglianza* die Machbarkeitsstudie,[1328] während der Vorentwurfsplanung des aktiv gewordenen Unternehmens die formale Funktion der Verfahrenseinleitung zugedacht ist. Der Umstand, dass der Beschaffungsstelle tatsächlich eine private Vorentwurfsplanung bereits vorliegt, kann jedoch nicht vollständig vernachlässigt werden. Vielmehr ist davon auszugehen, dass die Vergabestelle das private Planungskonzept zumindest ansatzweise zur Erstellung der mit der hinweisenden Bekanntmachung bekanntzugebenden ersten Bewertungsgrundlage verwendet.[1329] Welchen Grund hätte die Vergabestelle, die Vorschläge und Ideen der Privatwirtschaft für die Erstellung der Ausschreibungsunterlagen nicht zu verwenden, obwohl sie über so wenig eigene Vorstellungen und Kompetenzen verfügt, dass auf das zeit- und kostenintensivere privat initiierte Verfahrensmodell zurückgreifen musste? Verwendet aber die Vergabestelle – auch nur auszugsweise – die Vorentwurfsplanung des Privaten, der das Verfahren zur Vergabe des *Project financing* eingeleitet hat, kommt es zu einem Projektantenkonflikt. Es besteht die Gefahr der einseitigen Beeinflussung des Inhaltes der Bekanntmachung durch diesen Privaten, der darüber hinaus gegenüber den anderen Vorverfahrensteilnehmern über einen Wissensvorsprung hinsichtlich des öffentlich-privaten Projekts verfügt.

Je mehr Elemente die Verwaltung aus den privaten Vorentwurfsplänen in die hinweisenden Bekanntmachung einarbeitet und je mehr Bewertungsparameter sie daraus, möglicherweise sogar wörtlich, übernimmt, desto eher ist anzunehmen, dass dem verfahrenseinleitenden Unternehmen aus seiner planerischen Vorbefassung ein wettbewerblicher Vorteil erwächst. Dieser Wettbewerbsvorteil ist jedoch gerechtfertigt und verletzt nicht den Gleichbehandlungsgrundsatz und das Wettbewerbsprinzip im Interesse der übrigen Verfahrensteilnehmer, da jeder Private das gesetzlich normierte private Verfahrenseinleitungsrecht kennt bzw. kennen kann und selbst eine verfahrenseinleitende Vorentwurfsplanung hätte einreichen können. Der Wissensvorsprung ist zudem regelmäßig zeitlich

1326 Siehe hierzu bereits im Zusammenhang mit dem *Project-financing*-Verfahren a.F., S. 269.

1327 Vgl. *Ricchi*, UEA 2008, 1375 (1387).

1328 Autorità, Determinazione n. 1/2009, S. 26.

1329 Vgl. *Ricchi*, UEA 2008, 1375 (1387).

begrenzt. Der verbleibende Wettbewerbsvorteil, der dem verfahrenseinleitenden Unternehmen daraus erwächst, dass es als einziger seine Vorentwurfsplanung nochmals nachbessern kann, ist als vergaberechtskonformes Sonderrecht zugunsten des aktiv gewordenen Unternehmens zu qualifizieren. Es ist ein sachgerechtes Anreiz- und Belohnungsinstrument dafür, dass der begünstigte Private auf Grundlage einer allgemein gehaltenen Machbarkeitsstudie eine Vorentwurfsplanung für ein *Project financing* erarbeitet und so das Vergabeverfahren erst in Gang gesetzt hat.[1330]

Art. 153, XVI erster Absatz des Codice 2008 steht also mit dem Gleichbehandlungsgrundsatz und dem Wettbewerbsprinzip in Einklang.

(3) Überleitung ins Hauptvergabeverfahren

Bejaht die Beschaffungsstelle an keiner der privaten Vorentwurfsplanungen, die im Anschluss an die hinweisende Bekanntmachung bei ihr eingegangen sind, das öffentliche Interesse, ist sie berechtigt, das Ausschreibungsverfahren ohne größeren Begründungsaufwand abzubrechen.[1331] Sie ist zur Vergabe des *Project financing* nicht verpflichtet.

Stellt die Beschaffungsstelle dagegen das öffentliche Interesse an einem der privaten Planungskonzepte fest, ernennt sie den entsprechenden Privaten zum *Promotore* und leitet ins Hauptverfahren über. Für den *Promotore* besteht gemäß Art. 153, XVII des Codice 2008 eine Teilnahmeobliegenheit am Hauptvergabeverfahren.[1332] Die Teilnahmeobliegenheit wurde eingeführt, um die Vorverfahrensteilnehmer zur Einreichung realistischer und wirtschaftlich vertretbarer Planungskonzepte anzuhalten.[1333]

bb. Hauptvergabeverfahren

Das Hauptvergabeverfahren kann gemäß Art. 153, XVI lett. a – c des Codice 2008 drei verschiedene Formen annehmen. Die Wahl der einen oder anderen Verfahrensvariante steht nicht gänzlich im Ermessen der italienischen Beschaffungsstellen. Vielmehr verfügen sie nur für den Fall, dass an der Vorentwurfsplanung des *Promotore* kein Abänderungsbedarf mehr besteht, über ein Auswahlermessen zwischen zwei verschiedenen Verfahrensabläufen.[1334]

1330 So auch *Ricchi*, UEA 2008, 1375 (1387).

1331 Vgl. *Greco*, La natura giuridica del PF, Kapitel 5.

1332 Verweigert der *Promotore* die Teilnahme am Hauptvergabeverfahren, behält die Vergabestelle die bei Verfahrensbeginn geleistete Kaution des *Promotore* ein.

1333 Vgl. *Ricchi*, UEA 2008, 1375 (1388)

1334 *Zuccaro*, RAS 2008, 319 (342).

(1) Art. 153, XVI lett. a des Codice 2008

Hat der *Promotore* eine Vorentwurfsplanung vorgelegt, die noch wesentlich planerisch geändert werden muss, damit sie den Ansprüchen und Bedürfnissen der Allgemeinheit an die ausgeschriebene öffentliche Aufgabe genügt, und ist es der Vergabestelle aus diesem Grund weiterhin objektiv unmöglich, die technischen Mittel oder juristischen bzw. finanziellen Bedingungen zu bestimmen, ist das Hauptvergabeverfahren gemäß Art. 153, XVI lett. a des Codice 2008 nach den Verfahrensregeln des Wettbewerblichen Dialogs öffentlich auszuschreiben. Das öffentliche Vorhaben ist in dieser Sachverhaltskonstellation nach wie vor als „besonders komplex“ i.S.d. Art. 58, II des Codice 2008[1335] zu beurteilen.

Zweck des Verfahrensabschnittes, der nach den Regeln des Wettbewerblichen Dialogs abzulaufen hat, ist es, die offen gebliebenen Planungsfragen in technischer, rechtlicher und finanzieller Hinsicht zu ergänzen sowie den Planungsentwurf des *Promotore* so lange planerisch und wirtschaftlich zu verbessern,[1336] bis die Verfahrensteilnehmer eine Entwurfsplanung vorgelegen können. Planerische Ausgangsbasis bildet hier die unzulängliche Vorentwurfsplanung des *Promotore.*

Geht aus dem Wettbewerblichen Dialog nicht der *Promotore* als Gewinner hervor, sondern erhält ein Mitkonkurrenten den Zuschlag auf die Konzession, hat der *Promotore* nach Art. 153, XVIII i.V.m. IX des Codice 2008 einen Anspruch auf Ersatz der ihm bei der Erarbeitung der Vorentwurfsplanung entstandenen Kosten. Die Beschaffungsstelle hat die Anspruchshöhe auf Grundlage der Belege zu berechnen, die der *Promotore* zusammen mit den Plänen im Vorverfahren eingereicht hat, und den Betrag zu Lasten des Gewinners des Vergabeverfahrens an den *Promotore* auszuzahlen. Über ein *Diritto di prelazione* verfügt der *Promotore* in dieser Verfahrensvariante nicht.

(2) Ungeregelte Sachverhaltskonstellation

Die Sachverhaltskonstellation, dass die Vorentwurfsplanung des *Promotore* in planerischer und wirtschaftlicher Hinsicht noch abänderungsbedürftig ist, das Vorhaben aber dank der privaten Planungsarbeiten nicht mehr als „besonders komplex“ i.S.d. Art. 58, II des Codice 2008 qualifiziert werden kann, ist gesetzlich nicht geregelt.

In der italienischen Literatur wird zum Teil vorgeschlagen, die Verwaltung in diesen Fällen zu verpflichten, das öffentliche Interesse an der Vorentwurfs-

1335 Art. 58, II des Codice 2008 enthält dieselbe Definition der „besonderen Komplexität“, die auch in der VKR verwendet wird.

1336 *Ricchi*, UEA 2008, 1375 (1388).

planung des *Promotore* zu verneinen und das Vergabeverfahren abzubrechen.[1337] Dieses Vorgehen überzeugt nicht. Es wäre vielmehr inkonsequent, wenn die Vergabestelle bei einem privaten Planungsvorschlag, durch den sich an der besonderen Komplexität des öffentlichen Vorhabens nichts geändert hat, das Verfahren nach Art. 153, XVI lett. a des Codice 2008 fortzusetzen hat, bei einer zumindest teilweise brauchbaren privaten Vorentwurfsplanung es aber abbrechen muss.

In diesen Fällen wäre eher an eine analoge Anwendung des Art. 153, XVI lett. a des Codice 2008 zu denken, denn es besteht eine planwidrige Regelungslücke (der Codice 2008 sieht insoweit keine Regelungen vor, obwohl diese Sachverhaltskonstellation auftreten kann) und die Sachverhaltskonstellationen sind miteinander vergleichbar (unzureichende Vorentwurfsplanung des *Promotore*). Auch die folgenden Argumente sprechen für eine identische Handhabung der beiden Sachverhaltskonstellationen:

So ist die Wahrscheinlichkeit der direkten Anwendung des Art. 153, XVI lett. a des Codice 2008 in der Praxis sehr gering.[1338] Der Grund dafür liegt darin, dass bei Eröffnung des Hauptvergabeverfahrens der Vergabestelle bereits eine Machbarkeitsstudie und eine private Vorentwurfsplanung vorliegen, die zur Bedürfnisbefriedigung der Allgemeinheit grundsätzlich geeignet sind. Die Vergabestelle hat das öffentliche Interesse an den privaten Plänen bereits bejaht. Fälle, in denen die Beschaffungsstelle hier dennoch objektiv nicht in der Lage sein soll, die technischen Mittel bzw. die juristischen oder finanziellen Bedingungen für das öffentliche Vorhaben anzugeben, sind in der Praxis deshalb kaum vorstellbar.[1339] Ohne die Möglichkeit der analogen Anwendung des Art. 153, XVI lett. a des Codice 2008 könnten die italienischen Beschaffungsstellen also das Hauptvergabeverfahren so gut wie nie nach den Verfahrensregeln des Wettbewerblichen Dialogs durchführen. Die Sachverhaltskonstellation der analogen Anwendung wird in der Praxis vielmehr der Hauptanwendungsfall des Art. 153, XVI lett. a des Codice 2008 sein.

Des Weiteren spricht für eine analoge Anwendung des Art. 153, XVI lett. a des Codice 2008, dass im Wettbewerblichen Dialog die Verbesserung der Vorentwurfspläne des *Promotore* im Rahmen von Verhandlungen zwischen den Beteiligten und im Wettbewerb erfolgt. Die Chance der Vergabestelle, am Ende des Verfahrens sowohl in planerischer als auch in wirtschaftlicher Hinsicht über ein optimales Planungskonzept zu verfügen, ist bei einem gestaltungsoffenen Verfahrensablauf höher, als wenn die Planungsänderungen aufgrund einseitigen Verlangens von Seiten der Vergabestelle gemäß Art. 153, XVI lett. c des Codice 2008

1337 Vgl. *De Nictolis*, UEA 2008, 1125 (1234).

1338 Vgl. *Ricchi*, UEA 2008, 1375 (1388); *Bigi*, Dialogo competitivo nel nuovo PF, S. 2.

1339 Vgl. *Bigi*, Appalti&contratti 2008, Dialogo competitivo nel nuovo PF, S. 2.

analog erfolgen würden. Die Beschaffungsstelle darf beim Wettbewerblichen Dialog mit allen Verfahrensteilnehmern gleichzeitig Gespräche aufnehmen, während die Gespräche im Zusammenhang mit dem einseitigen Abänderungsrecht der Verwaltung nur mit dem *Promotore* geführt werden. Im Wettbewerblichen Dialog tauschen sich die Verhandlungspartner umfassend über die planerischen Möglichkeiten aus, etwaige Fehlplanungen können korrigiert werden und dank des herrschenden Preis- und Wettbewerbsdrucks steht in der Regel am Ende des Verfahrens ein effizientes und effektives Planungskonzept. Mit einem Verfahrensablauf nach den Verfahrensregeln des Wettbewerblichen Dialogs ist zudem eine erhöhte Rechtssicherheit verbunden, da der Verfahrensablauf im Gegensatz zu den Verhandlungsrunden im Anschluss an das einseitige Abänderungsverlangen i.S.d. Art. 153, X lett. c des Codice 2008 gesetzlich durchstrukturiert und damit stärker formalisiert ist.

Die Anwendung der Verfahrensregeln des Wettbewerblichen Dialoges ist aus den genannten Gründen grundsätzlich dem ebenfalls denkbaren Rückgriff auf das einseitige Abänderungsrecht der Verwaltung nach Art. 153, X lett. c des Codice 2008 vorzuziehen. Etwas anderes gilt nur bei einem ganz geringfügigen Änderungsbedarf der Vorentwurfspläne des *Promotore.* Die Verwaltung ist in diesen Fällen aufgrund des öffentlichen Aspekts des Wettbewerbsprinzips verpflichtet, in Rückgriff auf Art. 153, X lett. c des Codice 2008 die wenigen noch erforderlichen Planungsänderungen einseitig zu verlangen und das Hauptvergabeverfahren anschließend nach der formalen Verfahrensvariante des Art. 153, XVI lett. c des Codice 2008 auszuschreiben.[1340] Die mit dem Wettbewerblichen Dialog verbundenen hohen Verfahrenskosten wären wirtschaftlich nicht zu rechtfertigen.

(3) Art. 153, XVI lett. b und c des Codice 2008

Gesetzlich ausdrücklich geregelt ist wiederum die Sachverhaltskonstellation, in der an der Vorentwurfsplanung des *Promotore* keine Veränderungen mehr notwendig sind. In diesem Fall verfügt die Vergabestelle über ein Auswahlermessen zwischen zwei alternativ anwendbaren Verfahrensarten:

Eine erste Möglichkeit ist, das Hauptvergabeverfahren nach den allgemein für Baukonzessionen vorgesehenen Verfahrensnormen der Art. 143 ff. des Codice 2008 öffentlich auszuschreiben (vgl. Art. 153, XVI lett. b des Codice 2008).

Gemäß Art. 144, I des Codice 2008 läuft die Verfahrensphase entweder nach Verfahrensregeln des Öffentlichen oder des Nichtöffentlichen Verfahrens ab, wobei die Beschaffungsstelle in beiden Fällen die unveränderte Vorentwurfspla-

1340 In diese Richtung auch Autorità, Determinazione n.1/2009, S. 28.

nung des *Promotore* dem Verfahren als allgemeine Ausschreibungsunterlagen zugrunde zu liegen hat.

Das Verfahren nach Art. 143, I des Codice 2008 zielt auf die Erlangung einer Entwurfsplanung für das öffentlich-private Projekt ab. Aus der gesetzlich ausdrücklich angeordneten Beschränkung des Verfahrensgegenstandes auf die Entwurfsplanung kann geschlossen werden, dass die Beschaffungsstellen die Verfahrensvariante des Art. 153, XVI lett. b des Codice 2008 immer dann wählen sollten, wenn die Vorentwurfsplanung des *Promotore* den Bedürfnissen und Anforderungen der Allgemeinheit vollständig entspricht und deshalb Planungsvarianten zur Vorentwurfsplanung des *Promotore* nicht mehr notwendig sind. Das Planungskonzept ist nur noch planerisch zu konkretisieren und wirtschaftlich weiter zu verbessern.

Als zweite Möglichkeit kann die Beschaffungsstelle das Hauptvergabeverfahren gemäß Art. 153, XVI lett. c i.V.m. Art. 153, XV lett. n – f des Codice 2008 nach den Regeln der zweiten Verfahrensphase des zweistufigen öffentlich initiierten Vergabemodells durchführen.

Auch bei dieser Verfahrensvariante dient die unveränderte Vorentwurfsplanung des *Promotore* als Ausschreibungsunterlagen und wieder ist das Hauptvergabeverfahren nach den Regeln des Öffentlichen oder des Nichtöffentlichen Verfahrens durchzuführen.

Die gesetzlich normierten Anwendungsvoraussetzungen sind für dies beiden Varianten des Hauptverfahrens nach Art. 153, XVI lett. n und lett. c des Codice 2008 also identisch und man fragt sich, unter welchen Umständen sich die Beschaffungsstelle in der Praxis für den Verfahrensablauf nach Art. 153, XVI lett. c des Codice 2008 anstatt für den nach Art. 153, XVI lett. b des Codice 2008 entscheidet. Rechtliche Vorgaben oder eine gefestigte Interpretationslinie existieren in Italien insoweit nicht.[1341] In Konsequenz zu den obigen Ausführungen wird hier vorgeschlagen, dass die Verwaltung immer dann den Verfahrensablauf i.S.d. Art. 153, XVI lett. c des Codice 2008 wählen sollte, wenn sie neben der Konkretisierung und wirtschaftlichen Verbesserung der Pläne des *Promotore* auch die Einreichung von Planungsvarianten auf der Ebene der Vorentwurfsplanung zulassen möchte. Das Planungskonzept des *Promotore* befriedigt zwar vollständig die Bedürfnisse der Allgemeinheit hinsichtlich des öffentlichen Vorhabens, Alternativplanungen an der einen oder anderen Stelle könnten sich jedoch als zweckmäßig erweisen. Diese Interpretation des Art. 153, XVI lett. c des Codice 2008 kann sich auf die inhaltliche Identität der privaten Angebote in dieser Verfahrensvariante mit den Planungsangeboten der zweiten Verfahrensphase des zweiphasigen öffentlich initiierten Verfahrensmodells stützen. Auch

1341 Avv. Spinelli im Gespräch mit dem Verfasser.

dort ist es den Vergabestellen gesetzlich nicht verboten, von den Verfahrensteilnehmern Alternativkonzepte zu der Vorentwurfsplanung des *Promotore* zu verlangen, auch wenn sie es aus verfahrensrechtlichen Zweckmäßigkeitsüberlegungen in der Regel unterlassen sollten.[1342]

Unabhängig davon, ob die Beschaffungsstelle sich für den Verfahrensablauf nach Art. 153, XVI lett. b oder lett c des Codice 2008 entscheidet, hat der *Promotore* im Falle des Unterliegens im Hauptvergabeverfahren die Wahl. Nach Art. 153, XVIII i.V.m. XV lett. e des Codice 2008 hat er das Recht, das ihm zustehende *Diritto di prelazione* auszuüben und sich damit den Zuschlag auf die Konzession zu sichern. Er kann aber auch auf die Ausübung des Anpassungs- und Eintrittsrechtes verzichten und sich in Alternative mit dem Kostenersatzanspruch nach Art. 153, XVIII i.V.m. XV lett. f des Codice 2008 zufrieden geben. Übt der *Promotore* sein *Diritto di prelazione* aus, hat der Gewinner des Hauptvergabeverfahrens nach Art. 153, XV lett. e des Codice 2008 gegenüber der Beschaffungsstelle einen geldlichen Entschädigungsanspruch. Die Geldansprüche des *Promotore* und des siegenden Konkurrenten sind identisch zu den Ansprüchen im zweistufigen öffentlich initiierten Verfahrensmodell. Für nähere Einzelheiten wird deshalb insoweit auf die obigen Ausführungen verwiesen.[1343]

Die Beschaffungsstellen sind verpflichtet, den Markt über die Existenz des *Diritto di prelazione* zugunsten des *Promotore* und seine Bedeutung rechtzeitig zu informieren.

Nach einer Ansicht in der italienischen Literatur ist es ausreichend, wenn die Vergabestelle die Marktteilnehmer in der öffentlichen Vergabebekanntmachung des Hauptvergabeverfahrens über das *Diritto di prelazione* in Kenntnis setzt.[1344] Als Argument wird angeführt, dass erst zu diesem Zeitpunkt definitiv feststehe, dass das Hauptvergabeverfahren tatsächlich nach Art. 153, XVI lett. b oder c des Codice 2008 durchgeführt wird und der *Promotore* über das verfahrensrechtliche Sonderrecht verfügt.

Es wird aber auch darüber nachgedacht, den Vergabestellen insoweit ein Ermessen einzuräumen und ihnen freizustellen, ob sie den Markt bereits in der ersten oder erst in der zweiten öffentlichen Vergabebekanntmachung über das *Diritto di prelazione* informieren möchten.[1345]

Nach vorliegender Ansicht sind beide Ansichten abzulehnen. Es widerspricht den allgemeinen Vergaberechtsgrundsätzen der Gleichbehandlung und Transparenz, wenn die Verfahrensteilnehmer von einer derart wichtigen Verfahrensmodalität erst nach der Einreichung erster Planungsentwürfe und nach der

---

1342 Siehe dazu S. 295 f.

1343 Siehe S. 300.

1344 *Ricchi*, UEA 2008, 1375 (1387 f).

1345 Avv. Spinelli im Gespräch mit dem Verfasser.

Ernennung eines Privaten zum *Promotore* erfahren würden. Art. 153, XVI erster Absatz des Codice 2008 muss vergaberechtskonform vielmehr dahingehend ausgelegt werden, dass die Beschaffungsstellen verpflichtet sind, alle möglicherweise im Hauptvergabeverfahren zur Anwendung kommenden Verfahrensregeln bereits in der ersten hinweisenden Bekanntmachung zu veröffentlichen. Alle Verfahrensbedingungen sind den potentiellen Verfahrensteilnehmern damit von vornherein bekannt, einschließlich des etwaig geltenden *Diritto di prelazione* sowie die Voraussetzungen, unter welchen der *Promotore* darüber verfügt.

b. Zusammenfassung und Bewertung

aa. Mitwirkung durch die Privaten

Die ursprüngliche gesetzgeberische Idee, mit den speziellen Verfahrensregeln zur Vergabe eines *Project financing* neben der klassischen Konzessionsvergabe ein Vergabeverfahren zu schaffen, bei dem die private Eigeninitiative sowie das planerische und finanzielle Engagement der Privatwirtschaft für öffentliche Aufgaben eine besondere Rolle spielen und entsprechend honoriert werden sollen, ist bei den öffentlich initiierten Vergabemodellen des Art. 153 des Codice 2008 fast vollständig verloren gegangen.[1346] Beim privat initiierten Verfahrensmodell 2008 i.S.d. Art. 153, XVI des Codice 2008 ist diese Idee noch am stärksten erhalten geblieben. So können die italienischen Beschaffungsstellen in dieser Verfahrensvariante gleich dreimal auf den Ideenreichtum und das planerische Know-how der Unternehmen zurückgreifen und sich den freien Wettbewerb, der für die Privatwirtschaft typisch ist, als Instrument zur ordnungsgemäßen öffentlichen Aufgabenerfüllung zu Nutze machen:

Die erste Möglichkeit eröffnet sich den Beschaffungsstellen bereits vor der Veröffentlichung der hinweisenden Bekanntmachung, indem sie aus dem verfahrenseinleitenden privaten Planungsvorschlag Anregungen für die Erstellung einer ersten groben Bewertungsgrundlage für das Vorverfahren entnehmen können.

Das zweite Mal greifen Vergabestellen auf das Potential der Privatwirtschaft zurück, wenn sie im Vorverfahren die privaten Vorentwurfsplanung auswählen, die dem öffentlichen Interesse am besten entspricht, und sie anschließend im Hauptvergabeverfahren als allgemeine Ausschreibungsgrundlage verwenden.

Ein drittes und letztes Mal werden die privaten Potentiale im Hauptvergabeverfahren eingesetzt, dessen Zweck es ist, die Vorentwurfsplanung des *Promotore* im Wettbewerb wirtschaftlich zu verbessern und eine möglichst optimale private Entwurfsplanung zu erlangen.

1346 Vgl. *Zuccaro*, RAS 2008, 319 (339); *Greco*, La natura giuridica del PF, Kapitel 2.

Eine solche oder ähnlich weitreichende Nutzung der Potentiale der Privatwirtschaft sollten die Gemeinden auch bei der Vergabe einer privaten Partnerschaft in einer traditionellen Kultureinrichtung anstreben.

bb. Vereinbarkeit mit den allgemeinen Vergaberechtsgrundsätzen

Ein Vergabeverfahren, bei welchem in derart umfassender Weise die Privatwirtschaft in die Planung eines öffentlichen Vorhabens einbezogen wird, steht aufgrund des damit verbundenen weiten Gestaltungs- und Ermessensspielraumes der Vergabestelle in einem Spannungsverhältnis mit den allgemeinen Vergaberechtsgrundsätzen. Die Vergaberechtskonformität des Verfahrens nach Art. 153, XVI des Codice 2008 hängt nach vorliegender Ansicht maßgeblich von der konkreten Durchführung ab, für die sich der ausschreibende öffentliche Auftraggeber entscheidet.

Der öffentliche Aspekt des Wettbewerbsprinzips verlangt, dass die Wahl der privat initiierten Verfahrensvariante wirtschaftlich vertretbar ist. Die Verlagerung der fast vollständigen Projektplanung auf die Privaten ist mit hohen Transaktionskosten verbunden.[1347] Auch im Übrigen werden die Verfahrenskosten steigen, da das privat initiierte Modell in der Regel eine längere Verfahrensdauer aufweisen wird als die öffentlich initiierten Modelle. Die Vergabestellen müssen deshalb vorab prüfen, ob die höheren Transaktions- und Verfahrenskosten aufgrund des konkretes Auftragsgegenstandes durch das Prinzip der ordnungsgemäßen öffentlichen Aufgabenerfüllung zu rechtfertigen und verhältnismäßig sind, oder ob das Wettbewerbsprinzip sie verpflichtet, die Ausschreibungsunterlagen selbst zu erstellen oder durch Beauftragung von privaten Experten, aber außerhalb des Verfahrens erstellen zu lassen.[1348]

Die italienischen Beschaffungsstellen verfügen im Vorverfahren über einen weiten Gestaltungs- und Ermessenspielraum zur Feststellung des öffentlichen Interesses. Sie sind berechtigt, in der hinweisenden Bekanntmachung sehr grob gehaltene, nicht allein auf wirtschaftliche Aspekte reduzierte Bewertungskriterien anzugeben. Diese erste Beurteilungsgrundlage ist deshalb nur bedingt transparent und wenig objektiv. Vergaberechtswidrig ist das Fehlen einer ermessensfreien, rein objektiven Bewertungsgrundlage im Vorverfahren nach vorliegender Ansicht jedoch nicht, da die Kriterien im weiteren Verlauf des Verfahrens ergänzt, verfeinert und objektiviert werden. Den Beschaffungsstellen obliegt erst am Ende des Vergabeverfahrens die Pflicht, die Zuschlagsentscheidung in transparenter Weise auf einer objektivierten Bewertungsgrundlage zu treffen.

1347 Vgl. *Bentivogli/Panciara/Tidu*, QDEF 2008 n. 25, S. 4 allgemein für *Projects financing.*

1348 Vgl. *Ricchi*, UEA 2008, 1375 (1389 f).

Die Beschaffungsstellen müssen durch einen geeigneten Verfahrensaufbau von Anfang an verhindern, dass etwaige unberechtigte Wettbewerbsvorteile eines Vorverfahrensteilnehmers bis zur Zuschlagsentscheidung fortwirken. Die Verwaltung ist dazu aufgrund des Gleichbehandlungsgrundsatzes, des Transparenzgrundsatzes und des Wettbewerbsprinzips, sowohl im Interesse der privaten Verfahrensteilnehmer als auch im öffentlichen Interesse, sowie aufgrund des Prinzips der ordnungsgemäßen öffentlichen Aufgabenerfüllung verpflichtet.[1349] In diesem Zusammenhang ist zudem daran erinnert, dass es für eine effiziente und effektive Nutzung des Wettbewerbs einer ausreichend hohe Bereitschaft der Privaten zur Verfahrensteilnahme bedarf. Das italienische Vergaberecht verstößt gegen diese gemeinschaftsrechtlichen Vorgaben, wenn sie dem *Promotore* unter bestimmten Bedingungen ein *Diritto di prelazione* zugesteht. Es verhindert die Entstehung eines echten Bieterwettbwerbs im Hauptvergabeverfahren, da seine Wirkung während des Verfahrens und vor Entscheidung über den Zuschlag nicht wieder verhältnismäßig neutralisiert werden kann. Die Existenz des *Diritto di prelazione* ist vergaberechtswidrig.[1350]

cc. Funktion der privat initiierten Verfahrensvariante 2008

In der italienischen Vergaberechtspraxis wird die privat initiierte Verfahrensvariante 2008 als Markterkundungsinstrument genutzt. Einen solchen Verfahrenschritt sollten die Gemeinden auch in ihrem kulturspezifischen Vergabeverfahren vorsehen, um rechtzeitig erfahren zu können, ob auf dem Markt eine ausreichende Zahl an Unternehmen vorhanden ist, die sich für eine kulturelle Partnerschaft interessiert.

Das private Recht zur Verfahrenseinleitung ist zeitlich begrenzt. Die Befristung macht es theoretisch möglich, dass die Initiative für ein und dasselbe *Project financing* zeitnah hintereinander von mehreren Unternehmen ausgeht und der Vergabestellen unterschiedliche Planungskonzepte präsentiert werden. Ob diese Situation in der Praxis häufig auftritt, sei dahingestellt. Eine markterkundende Funktion übernimmt vielmehr primär der zweite Teilabschnitt des Vorverfahrens, der mit der Veröffentlichung der hinweisenden Bekanntmachung nach Art. 153, XVI erster Absatz des Codice 2008 beginnt. Ab diesem Zeitpunkt ist es eher wahrscheinlich, dass bei der Verwaltung verschiedene alternative Vorentwurfspläne für dasselbe *Project financing* eingehen und sie in die Lage versetzt wird, unter verschiedenen privaten Planungskonzepten dasjenige auszuwählen, das dem öffentlichen Interesse am besten entspricht.

1349 Siehe zu den allgemeinen Vergaberechtsgrundsätzen, S. 103 ff.

1350 Siehe hierzu bereits, S. 272 ff.

Dem ersten privaten Akt kommt dagegen zuvörderst die formale Funktion der Verfahrenseinleitung zu. Damit stellt sich aber die Frage nach der praktischen Notwendigkeit, für die verfahrenseinleitende Handlung inhaltlich denselben Detaillierungsgrad vorzuschreiben wie für die privaten Angebote in den öffentlich initiierten Verfahrensvarianten (Art. 153, XVI iVm IX des Codice 2008). Hohe planerische und damit auch zeit- und kostenintensive Vorleistungspflichten, wie der italienische Gesetzgeber sie in Art. 153, XVI des Codice 2008 den Unternehmen stellt, schrecken Private eher von der Ausübung des Verfahrenseinleitungsrechtes ab als diese dazu zu animieren. Verstärkt wird die abschreckende Wirkung dadurch, dass für den Privaten, der das Verfahren einleitet, keinerlei Vorteile verfahrensrechtlicher oder finanzieller Art in Art. 153, XVI des Codice 2008 vorgesehen sind. Der italienische Gesetzgeber hat zwar in die privat initiierte Verfahrensvariante 2008 verschiedene Anreiz- und Belohnungsinstrumente, mit dem Ziel, die Bereitschaft der Unternehmen zu erhöhen, unter Einsatz von Zeit, Geld und integriert Know-how öffentlich-private Projekte von Anfang an mitzuplanen. Ein speziell für die Anstoßung des Vergabeverfahrens vorgesehenes Anreiz- und Belohnungsinstrument existiert jedoch nicht. In der italienischen Literatur wird deshalb zu recht gefragt, aus welchem Grund die Unternehmen aktiv werden und das Verfahren zur Vergabe eines noch nicht öffentlich bekannt gegebenen *Project financing* in die Wege leiten sollten.[1351] Wenn das gesetzgeberische Motiv für diesen Verfahrensaufbau ist, zu verhindern, dass die Unternehmen das Vergabeverfahren für ein *Project financing* initiierten, ohne am Abschluss des Konzessionsvertrages ernsthaft interessiert zu sein, würde es genügen, für die Nichteilnahme am anschließenden Vergabeverfahren eine Strafzahlung wie in Art. 153, XVII des Codice 2008 vorzusehen bzw. für das verfahrenseinleitende Unternehmen eine Teilnahmepflicht am Vor- und Hauptvergabeverfahren zu normieren.

Davon abgesehen sind in der privat initiierte Verfahrensvariante als Anreiz- und Belohnungsinstrumente ein automatisches Teilnahmerecht bzw. eine Teilnahmeobliegenheit (vgl. Art. 153, XVII des Codice 2008), geldliche Kostenersatzansprüche (vgl. Art. 153, XVIII gegebenenfalls i.V.m. XV lett. e und f des Codice 2008) und das *Diritto di prelazione* (vgl. Art. 153, XVIII i.V.m. XVI lett. b und c des Codice 2008) vorgesehen. Die mangelnde Tauglichkeit der beiden zuletzt genannten Instrumente, zumindest in bestimmten Sachverhaltskonstellationen während des gesamten Verfahrens eine echte Wettbewerbssituation aufrecht zu erhalten, sowie die Unvereinbarkeit des *Diritto di prelazione* mit den allgemeinen

1351 Vgl. *Greco*, La natura giuridica del PF, Kapitel 6.

Vergaberechtsgrundsätzen wurden bereits ausführlich dargelegt.[1352] Positiv zu beurteilen ist nur die Grundidee des italienischen Gesetzgebers, nicht nur einen Geldleistungsanspruch, sondern auch verfahrensrechtliche Anreiz- und Belohnungsinstrumente einzusetzen.

dd. Bewertung des Hauptvergabeverfahrens

Zur Durchführung des Hauptvergabeverfahrens können die Beschaffungsstellen bei der privat initiierten Verfahrensvariante nicht nur zwischen den formalisierten Vergaberegeln des Öffentlichen und des Nichtöffentlichen Verfahrens wählen, sondern ihnen steht grundsätzlich auch die gestaltungsoffene und dennoch strukturierte Verfahrensart des Wettbewerblichen Dialogs zur Verfügung. Positiv an einem Verfahrensablauf gemäß Art. 153, XVI lett. c des Codice 2008 ist, dass es – wie bei der Vergabe von komplexen Aufträgen allgemein üblich und vergaberechtlich zulässig ist – zwischen der öffentlichen und privaten Hand zu echten Verhandlungen kommt. Da es sich auch bei kulturellen institutionalisierten Öffentlich Privaten Partnerschaften um komplexe öffentliche Aufträge und Vertragswerke handelt, sollten die Gemeinden einen entsprechend gestaltungsoffenen, aber soweit wie möglich formalisierten Verfahrensablauf wählen

Projects financing sind Öffentlich Private Partnerschaften mit konzessionsrechtlichen Vertragselementen und damit eine komplexe Auftragsart. Nach dem italienischen Vergaberecht dürfen die Vergabestellen die Erarbeitung der Vorentwurfsplanung deshalb auf die Privaten übertragen und bereits in dieser Verfahrensphase die Vorteile des Wettbewerbes nutzen. Nur bei einfach gelagerten öffentlichen Aufträgen wären die zeit- und kostenintensiven Verfahrensvarianten i.S.d. Art. 153 des Codice 2008 vor dem Hintergrund des öffentlichen Aspektes des Wettbewerbsprinzips nicht zu rechtfertigen. Es ist zu bedauern, dass der italienische Gesetzgeber das Verhandlungsverfahren zumindest für die privat initiierte Verfahrensvariante nicht als Regelverfahren vorgesehen hat, sondern seine Anwendung strengen Voraussetzungen unterwirft, deren Bedeutung und Inhalt darüber hinaus noch unklar bleiben.

Während die Verfahrensnormen des Art. 153, XVI lett. a – c des Codice 2008 im Allgemeinen zahlreiche Auslegungsfragen aufwerfen, besteht für die Teilnahme des *Promotore* am Hauptvergabeverfahren eine eindeutige gesetzliche Regelung: der *Promotore* ist unter Androhung einer Strafzahlung zur Teilnahme verpflichtet (vgl. Art. 153, XVII des Codice 2008). Die normierte Teilnahme-

1352 Siehe hierzu: Wettbewerbsprinzip und das Prinzip der ordnungsgemäßen öffentlichen Aufgabenerfüllung, S. 251 ff. und *Diritto di prelazione* und Gleichbehandlungsgrundsatz, S. 272 ff.

obliegenheit ist – wie bereits an anderer Stelle dargelegt[1353] – positiv zu bewerten. Die einzelnen Vorteile, die daraus den Vergabestellen erwachsen, seien hier nochmals zusammengefasst:

Zunächst bewirkt die Teilnahmepflicht, dass die im Vorverfahren eingereichten privaten Planungsentwürfe zuverlässigere Angaben und Informationen enthalten als bei einem unverbindlichen Verfahren zur Markterkundung wie im deutschen Recht.[1354]

Ferner macht die Teilnahme des *Promotore* am Hauptvergabeverfahren es in den meisten Fällen erst möglich, dass die Projektplanung, die von diesem vorgelegt wurde, am Verfahrensende objektiv als die wirtschaftlichste beurteilt werden kann, und er nicht stets gezwungen ist, von dem ihm übertragenen *Diritto di prelazione* Gebrauch zu machen, um den Zuschlag zu erhalten.

Die Teilnahmepflicht des *Promotore* am Hauptvergabeverfahren garantiert zudem, dass die Verwaltung den Wettbewerb als Instrument im öffentlichen Interesse sukzessive nutzen kann: erst zum Erhalt einer optimalen Vorentwurfsplanung und in einem zweiten Schritt zum Erhalt einer wirtschaftlich verbesserten Entwurfsplanung. Bei einem solchen Verfahrensaufbau kann die ursprünglich grobe Bewertungsgrundlage für die Zuschlagsentscheidung während des Verfahrens ohne Gefahr einer Wettbewerbsverzerrung ergänzt und objektivert werden.

VII. Art. 153 ff. des italienischen Vergaberechtsbuches in der Fassung vom 12.07.2011

Zuletzt wurde das italienische Recht zur Vergabe eines *Project financing* mit dem gesetzesvertretenden Dekret Nr. 70 vom 13.05.2011 (sog. Entwicklungsdekret – *Decreto Sviluppo*[1355]) reformiert (Decreto Legislativo n. 70 del 13.05.2011 – Semestre Europeo, Prime disposizioni urgenti per l'economia, Gazzetta Ufficiale n. 160 del 12.07.2011). Die Veränderungen gegenüber dem Codice 2008 sind gering. So bestehen die beiden öffentlich initiierten Verfahrensvarianten und die privat initiierte Verfahrensvariante 2008 auch nach Inkrafttreten des Codice 2011 weiter fort. Sie werden lediglich durch ein viertes – hier als „private initiierte Verfahrensvariante 2011" bezeichnetes – Verfahren ergänzt. Die neue Verfahrensvariante ist in Art. 153, XIX des Codice 2011 geregelt und tritt an die Stelle des privaten Projektvorschlagsrechts, das nach dem Codice 2008 mit sämtlichen Verfahrensvarianten kombiniert werden konnte. Das ist nun nicht mehr möglich. Geht bei den italienischen Vergabestellen nun ein privater Projektvorschlag ein,

1353 Siehe zum Ganzen S. 296 ff.; für nähere Einzelheiten zu: Zweite Verfahrensphase, S. 292 ff.
1354 Siehe: Markterkundungs- und Interessenbekundungsverfahren, S. 134 ff.
1355 *Gentile*, Appalti&contratti 2011, Project financing, S. 2.

gelten für den weiteren Verlauf des Verfahrens eigene Verfahrensregeln (vgl. Art. 153, XIX des Codice 2011).

1. Privat initiierte Verfahrensvariante 2011

Die private initiierte Verfahrensvariante 2011 ist zweistufig aufgebaut. Sie setzt sich – wie die privat initiierte Verfahrensvariante 2008 – aus einem Vorverfahren zur Bestimmung des *Promotore*, das auf private Initiative eingeleitet wird, und einem einstufigen Hauptvergabeverfahren zur Vergabe der Konzession zusammen. Inhaltlich ist das zweistufige Verfahren – wie sich zeigen wird – jedoch eher mit dem *Project financing*-Verfahren a.F. vergleichbar.[1356]

a. Vorverfahren

Gemäß Art. 153, XIX Satz 1 des Codice 2011 sind die nach Art. 153, XX des Codice 2011 als geeignet angesehenen Unternehmen berechtigt, aus eigener Initiative bei den Vergabestellen einen Vorschlag für ein öffentlich-privates Projekt einzureichen, das in den staatlichen Programmen noch nicht enthalten ist. Der private Projektvorschlag des *Proponente* hat nach Art. 153, XIX Satz 2 des Codice 2011 eine Vorentwurfsplanung, einen Finanz- und Wirtschaftsplan[1357] und einen ersten Vertragsentwurf zu enthalten.

Die Beschaffungsstelle muss gemäß Art. 153, XIX Satz 5 des Codice 2011 innerhalb von drei Monaten den privaten Projektvorschlag bewerten und feststellen, ob an der Realisierung des öffentlich-privaten Projektes ein öffentliches Interesse besteht. Eine dem *Proponente* bzw. den Marktteilnehmern allgemein bekannte Bewertungsgrundlage zur Feststellung des öffentlichen Interesses existiert zu diesem Zeitpunkt nicht.

Die Verwaltung kann von dem *Proponente* in dieser Verfahrensphase gemäß Art. 153, XIX Satz 6 des Codice 2011 all diejenigen Änderungen in der Vorentwurfsplanung, dem Finanz- und Wirtschaftsplan und bzw. oder dem Vertragsentwurf verlangen, die sie für notwendig erachtet, um das öffentliche Interesse an dem privaten Projektvorschlag bejahen zu können. Lehnt der *Proponente* es ab, seine Pläne wie verlangt abzuändern, ist es der Vergabestelle gesetzlich untersagt, das öffentliche Interesse an dem Projekt zu bejahen (vgl. Art. 153, XIX Satz 7 des Codice 2011).

1356 So auch *Gentile*, Appalti&contratti 2011, Project financing, S. 2.

1357 Der Finanz- und Wirtschaftsplan muss von einer Bank oder einer sonstigen Stelle, die nach dem Gesetz dazu ermächtigt ist, beglaubigt worden sein. Für die beglaubigende Stelle sind damit keine Pflichten verbunden (vgl. *Cori*, Nuove opportunità per la PA negli interventi in PPP, S. 20).

Bejaht die Vergabestelle das öffentliche Interesse an den vorgelegten privaten Planungsunterlagen – möglicherweise nach einseitig verlangten und von dem *Proponente* durchgeführten Planungsänderungen –, nimmt sie das öffentlich-private Projekt gemäß Art. 153, XIX Satz 8 des Codice 2011 in ihre Planungsprogramme auf. Das öffentlich-private Projekt und die insofern vorgelegte private Vorentwurfsplanung gelten als genehmigt; letztere wird Ausschreibungsgrundlage des sich anschließenden Hauptvergabeverfahrens zur Vergabe der Konzession (vgl. Art. 153, XIX Satz 9 des Codice 2011). Der *Proponente* ist gemäß Art. 153, XIX des Codice 2011 berechtigt, an dem Hauptvergabeverfahren teilzunehmen. Eine Teilnahmepflicht bzw. eine Teilnahmeobliegenheit besteht nicht (*argumentum e contrario* Art. 153, XVII des Codice 2011, auf den der Art. 153, XIX des Codice 2011 gerade nicht verweist). Dies ist im Fall der privat initiierten Verfahrensvariante 2011 auch nicht notwendig, um den *Proponente* zur Teilnahme am weiteren Vergabeverfahren anzuhalten. Nimmt der *Proponente* am Hauptvergabeverfahren teil, wird er zum *Promotore* ernannt (vgl. Art. 153, XIX Satz 9 des Codice 2011) und verfügt in dieser Eigenschaft über ein *Diritto di prelazione* (vgl. Art. 153, XIX Satz 11 des Codice 2011). Das *Dritto di prelazione* wird Anreiz genug sein, dass der *Proponente*, bzw. nun *Promotore*, am weiteren Vergabeverfahren teilnimmt.

b. Hauptvergabeverfahren

Ziel des Hauptvergabeverfahrens gemäß Art. 153, XIX des Codice 2011 ist die Vergabe der Konzession in einem einzigen Verfahrensschritt. Das Hauptverfahren beginnt mit einer öffentlichen Vergabebekanntmachung, mit der die Vergabestelle den Markt darüber aufklären muss, dass der *Promotore* über ein *Diritto di prelazione* verfügt (vgl. Art. 153, XIX Satz 11 des Codice 2011), dass der Zuschlag auf das wirtschaftlichste Angebot ergeht (vgl. Art. 153, XIX Satz 12 i.V.m. Art. 153 IV des Codice 2011) und ob die Verfahrensbeteiligten Varianten zur Vorentwurfsplanung des *Proponente* präsentieren können (vgl. Art. 153, XIX Satz 10 des Codice 2011). Entscheidet sich die Vergabestelle dafür, Planungsvarianten zuzulassen, ist auch der *Promotore* nach Art. 153, XIX Satz 10 des Codice 2011 berechtigt, seine Vorentwurfsplanung nochmals zu überarbeiten und abzuändern. Die öffentliche Vergabebekanntmachung muss ferner die Kriterien enthalten, anhand derer die Vergabestelle das wirtschaftlichste private Angebot bewertet, sowie deren Gewichtung zueinander (vgl. Art. 153, XIX Satz 12 i.V.m. Art. 153, VI des Codice 2011).

Das Hauptvergabeverfahren läuft nach den Verfahrensvorschriften ab, die im italienischen Vergaberecht allgemein für die Vergabe von Konzessionen vorgesehen sind, d.h. nach den Art. 142 ff. des Codice 2011, die durch das Entwicklungsdekret 2011 nicht verändert wurden. Konkret folgt aus der Anwendung der Art. 142 ff. des Codice 2008, dass das Hauptvergabeverfahren gemäß Art. 144, I des Codice 2008 entweder nach den Verfahrensregeln des Öffentlichen oder des Nichtöffentlichen Verfahrens ablaufen muss. Die Wahl eines flexiblen Verfahrensablaufes ist den Vergabestellen nicht möglich. Ein Verfahrensdurchführung nach den Regeln des Verhandlungsverfahrens – wie beim *Project financing*-Verfahren a.F. – oder des Wettbewerblichen Dialogs – wie bei der privat initiierten Verfahrensvariante 2008 – scheidet aus. Die privaten Angebote der Verfahrensteilnehmer haben gemäß Art. 143, I des Codice 2011 eine Entwurfsplanung und gemäß Art. 153 XIX Satz 11 des Codice 2011 einen beglaubigten Finanz- und Wirtschaftsplan, eine Konkretisierung der zu vergebenden öffentlichen Leistung und der Art ihrer Bereitstellung (also Hinweise auf die Ausführungsplanung) sowie eventuell Varianten zu der Vorentwurfsplanung des *Promotore* zu enthalten.

Die Vergabestelle beurteilt die eingegangenen privaten Pläne anhand der bekannt gegebenen Bewertungskriterien und ermittelt das wirtschaftlichste Angebot. Hat der *Promotore* das wirtschaftlichste private Angebot abgegeben, erhält er den Zuschlag auf die Konzession. Stammt das wirtschaftlichste private Angebot hingegen von einem Konkurrenten, hat der *Promotore* – wie in der zweiphasigen öffentlich initiierten Verfahrensvariante[1358] und der privat initiierten Verfahrensvariante 2008[1359] – die Wahl zwischen zwei Entschädigungsleistungen. Er kann entweder gemäß Art. 153, XIX Satz 15 des Codice 2011 innerhalb von fünfzehn Tagen das ihm zustehende *Diritto di prelazione* auszuüben und sich damit den Zuschlag auf die Konzession sichern, oder er kann darauf verzichten und den ihm alternativ zustehenden Kostenersatzanspruch nach Art. 153, XIX Satz 14 i.V.m. IX des Codice 2011 geltend machen. Übt der *Promotore* sein *Diritto di prelazione* aus, hat der Gewinner des Hauptvergabeverfahrens nach Art. 153, XIX des Codice 2011 einen geldlichen Entschädigungsanspruch gegenüber der Beschaffungsstelle auf Kosten des *Promotore.* Hinsichtlich weiterer Einzelheiten zu den Geldansprüchen des *Promotore* und des obsiegenden Konkurrenten kann auf die Ausführungen zu den identischen Ansprüchen bei der zweistufigen öffentlich initiierten Verfahrensvariante verwiesen werden.[1360]

2. *Zusammenfassung und Bewertung*

Mit der Einführung der privat initiierten Verfahrensvariante 2011 hat sich der italienische Gesetzgeber wieder mehr derjenigen Idee zugewandt, die dem Ver-

1358 Siehe hierzu S. 288 ff.

1359 Siehe hierzu S. 303 ff.

1360 Siehe S. 300.

fahren zu Vergabe eines *Project financing* ursprünglich zugrunde lag: die Schaffung eines speziellen Vergabeverfahrens, bei dem die private Initiative und das planerische und finanzielle Engagement der Unternehmen eine besondere Rolle spielen. Diese Entscheidung ist im Grundsatz positiv zu bewerten,[1361] da die positiven Wirkungen des freien Wettbewerbs sowie das Innovationspotential und Know-how der Unternehmen zum Wohle der Allgemeinheit eingesetzt werden. Ferner ist positiv zu bewerten – wenn auch wieder nur im Grundsatz –, dass die private Initiative, bei der Verwaltung einen Vorschlag für ein öffentlich-privaten Projekt einzureichen, das bisher in den staatlichen Planungsprogrammen nicht enthalten ist, durch ein Anreiz- und Belohnungsinstrument flankiert wird. Wenn die Verwaltung an dem privaten Projektvorschlag und den zugrundeliegenden Plänen das öffentliche Interesse bejaht, hat sie den *Proponente* – im Gegensatz zu Art. 153, XIX Satz 2 des Codice 2008 – dafür zu entschädigen. Bedauerlicherweise hat sich der italienische Gesetzgeber wieder für das vergaberechtswidrige Anreiz- und Belohnungsinstrument des *Diritto di prelazione* entschieden.[1362]

Auch im Übrigen ist es dem italienischen Gesetzgeber nicht gelungen, die grundsätzlich positive Idee der verstärkten Nutzung der Privatwirtschaft im Vorverfahren in sinnvoller und rechtmäßiger Weise umzusetzen.[1363] Er hat sich für die privat initiierte Verfahrensvariante 2011 inhaltlich an dem *Project financing*-Verfahren a.F. orientiert,[1364] ohne jedoch dessen Defizite zu korrigieren.

So kommt es im Vorverfahren zu keiner Wettbewerbssituation um die beste öffenlich-private Projektidee, die auf die Initiative eines Privaten zurückgeht. Dass zeitgleich mehrere private Projektvorschläge bei einer Beschaffungsstelle eingehen, ist eher unwahrscheinlich. Das Prinzip der ordnungsgemäßen öffentlichen Aufgabenerfüllung wird insoweit nicht ausreichend beachtet.[1365] Ebenso wenig wie in Art. 153 XIX des Codice 2011 ein Zeitfenster ähnlich dem *Project financing*-Verfahren a.F. vorgesehen ist, innerhalb dem die Privaten ihre Vorschläge einreichen müssen, gibt es eine objektive Bewertungsgrundlage für die Feststellung des öffentlichen Interesse für den Fall, dass tatsächlich mehrere private Projektvorschläge eingehen sollten, jedoch der öffentliche Haushalt die Realisierung nur eines öffentlich-privaten Projekts zulässt. Das Fehlen einer (auch nur groben) Bewertungsgrundlage bzw. eines anderen Mechanismus, der eine objektive und diskrimierungsfreie Auswahlentscheidung gewährleistet,[1366] ist vergabe-

1361 So auch *Cori*, Nuove opportunità per la PA negli interventi in PPP, S. 28.

1362 So auch *Cori*, Nuove opportunità per la PA negli interventi in PPP, S. 28.

1363 *Cori*, Nuove opportunità per la PA negli interventi in PPP, S. 28 ff.

1364 *Gentile*, Appalti&contratti 2011, Project financing, S. 2.

1365 Siehe: Das Prinzip der ordnungsgemäßen öffentlichen Aufgabenerfüllung, S. 146 ff.

1366 Siehe: Marteriellrechtliche Gleichbehandlung, S. 109 f.

rechtlich auch dann problematisch,[1367] wenn man der Vergabestelle einen vergleichbar weiten Ermessensspielraum zur Feststellung des öffentlichen Interesses einräumt wie bereits im Vorverfahren im *Project financing*-Verfahren a.F.[1368] Die Nähe der Feststellungsentscheidung zum Verwaltungsrecht ändert nichts daran, dass das Vorverfahren eine Verfahrensstufe eines einheitlich zu beurteilenden Verfahrens zur Vergabe eines *Project financing* i.S.d. Art. 153, XIX des Codice 2011 darstellt[1369] und Vergabeverfahren insgesamt mit den allgemeinen Vergaberechtsgrundsätzen in Einklang stehen muss. Aufgrund der fehlenden objektiven Bewertungsgrundlage verstößt das Vorverfahren gegen die Grundsätze der Transparenz und der Gleichbehandlung. Es ist insoweit als vergaberechtswidrig zu beurteilen.

In Hinblick auf den öffentlichen Aspekt des Wettbewerbsprinzips ist problematisch, dass der private Projektvorschlag gemäß Art. 153, XIX des Codice 2011 keine Machbarkeitsstudie mehr enthalten muss.[1370] Die Machbarkeitsstudie enthält neben der Grundlagenplanung eine erste Analyse der Kosten für die Realisierung des öffentlich-privaten Projekts und soll dem öffentlichen Auftraggeber die Beurteilung ermöglichen, ob es wirtschaftlicher ist das öffentliche Vorhaben in Form einer Öffentlich Private Partnerschaft oder in anderer Weise zu realisieren. Diese Prüfung führen die Verwaltungsstellen nun nicht mehr separat durch, sondern fügen das vorgeschlagene Projekt bei Bejahung des öffentlichen Interesses in all seinen Facetten in ihre Planungsprogramme ein.

In Hinblick auf den öffentlichen Aspekt des Wettbewerbsprinzips sowie das Prinzip der ordnungsgemäßen öffentlichen Aufgabenerfüllung könnte weiter problematisch sein, dass die Marktteilnehmer für das öffentliche Vorhaben eine Vorentwurfsplanung vorlegen müssen und damit in erhebliche Vorleistung treten. Für die Feststellung des öffentlichen Interesses an einem privaten Projektvorschlag hätte es ausgereicht, von den initiativ werdenden Unternehmen weiterhin eine Machbarkeitsstudie zu verlangen (vgl. Art. 153, XIX des Codice 2008). Werden an die Marktteilnehmer in einer frühen Verfahrensphase zu hohe Anforderungen gestellt, hält es diese eher von der Verfahrensteilnahme ab und die Entstehung eines echten Bieterwettbwerbs ist gefährdet. Ein Verstoß gegen das Wettbewerbsprinzip und das Prinzip der ordnungsgemäßen öffentlichen Aufgabenerfüllung liegt im Verfahren nach Art. 153, XIX des Codice 2011 jedoch weniger darin, dass hohe Anforderungen an die Marktteilnehmer zur Vorlage eines Projektvorschlages gestellt werden. Mit dem in Aussicht gestellten *Dritto di prelazione* besteht ein derart starkes Anreizinstrument, dass die Unterneh-

1367 *Cori*, Nuove opportunità per la PA negli interventi in PPP, S. 32.

1368 Siehe dazu: 257 ff.

1369 So der Consiglio di Stato zum *Project Financing*-Verfahren a.F., siehe dazu, S. 262, 269.

1370 *Cori*, Nuove opportunità per la PA negli interventi in PPP, S. 31.

men trotz der hohen Anforderungen zur Teilnahme am Vorverfahren angehalten werden. Es ist vielmehr die Existenz dieses unverhältnismäßigen Anreiz- und Belohnungsinstrumentes des *Dritto di prelazione,* das die Entstehung einer echten Wettbewerbssituation im Hauptvergabeverfahren verhindert.

Das Hauptvergabeverfahren können die italienischen Vergabestellen dazu nutzen, um die Vorentwurfsplanung des *Promotore* im Wettbewerb planerisch und wirtschaftlich weiter zu verbessern. Zu diesem Zweck können sie von sämtlichen Teilnehmern des Hauptvergabeverfahrens Planungsvarianten zu den ursprünglichen Vorentwurfsplänen des *Promotore* verlangen. Positiv an dieser optionalen Verfahrensgestaltung ist, dass die Beschaffungsstellen damit die Vorentwurfsplanung dem Wettbewerb unterstellen und damit das Know-how der Privatwirtschaft zur Verbesserung der Pläne nutzen können. Bei komplexen Vorhaben wie Öffentlich Privaten Partnerschaften ist eine solche Verfahrensausgestaltung einem einseitigen Abänderungsverlangen der Verwaltung vorzuziehen. Negativ zu bewerten ist jedoch an der Möglichkeit der Vergabestellen, von den Verfahrensteilnehmern Planungsvarianten zu verlangen, dass damit die objektive Vergleichbarkeit der privaten Angebote auf der Grundlage der Vorentwurfsplanung nicht mehr möglich ist. Die Auswahl des wirtschaftlichsten Angebotes, das den Zuschlag auf die Konzession erhält, erfolgt vielmehr allein anhand der groben Bewertungskriterien, welche die Vergabestelle zuvor bekanntgegeben hat. Das ist auch deshalb vergaberechtlich als problematisch zu beurteilen, da von den Verfahrensteilnehmern in einem einzigen Verfahrensschritt eine mehrstufige Planungsleistung verlangt wird, ohne dass diese in mehrere voneinander getrennte Verfahrensstufen aufgeteilt sind.[1371] Das Vergabeverfahren verliert an Rechtssicherheit und Nachprüfungsverfahren werden wahrscheinlicher.

B. Eignung der italienischen Verfahrensregeln für die Vergabe von *Projects financing* zur Realisierung von kulturellen Öffentlich Privaten Partnerschaften nach dem Politikmodell des aktivierenden Kulturstaates

Mit dem speziellen Ausschreibungsverfahren zur Vergabe eines *Project financing* enthält das italienische Vergaberecht in Art. 153 des Codice 2011 eine Vergabeart, die der Verwaltung ermöglicht, das innovative Potential und planerische Fachwissen der Privatwirtschaft bereits in einem sehr frühen Stadium der Realisierung von öffentlichen Vorhaben zu nutzen. Mit der letzten Reform im Jahr 2011 hat der italienische Gesetzgeber versucht, dieses Profil nochmals zu ver-

1371 Siehe dazu bereits S. 284.

stärken; bedauerlicherweise hat er es in nicht vergaberechtskonformer Art und Weise getan.

Der Wettbewerb als Instrument zur öffentlichen Aufgabenerfüllung wird in den Verfahren nach Art. 153 des Codice 2011 in umfangreicherer Weise eingesetzt, als es bei den Vergabeverfahren i.S.d. VKR bzw. des deutschen Vergaberechts der Fall ist. Das Auffinden der besten Vorentwurfsplanung für das gemischtwirtschaftliche Projekt und die Erstellung der Entwurfsplanung sind fester Bestandteil des Ausschreibungsgegenstandes, so dass die die Nutzung der Vorteile, die dem freien Markt zugeschrieben werden, gegenüber den klassischen Modellen der VKR verfahrensrechtlich nach vorne verlagert sind.

Auch eine noch frühere Einbeziehung der Unternehmen in die öffentliche Aufgabenerfüllung ist rechtlich zulässig. So verfügen die Privaten nach dem privat initiierten Verfahrensmodell 2011 i.S.d. Art. 153, XIX des Codice 2011 über ein Projektvorschlagsrecht und das Recht zur Verfahrenseinleitung ist beim privat initiierten Verfahrensmodell 2008 nach Art. 153, XVI des Codice 2008 bzw. 2011 zeitweise den Privaten überantwortet.

Die Grundstruktur des speziellen Verfahrens zur Vergabe eines *Project financing* sowie die dahinter stehende gesetzgeberische Idee, der privaten Initiative und dem Engagement in finanzieller und planerischer Hinsicht eine besonderen Stellenwert einzuräumen, stimmen mit den Grundideen des Politikmodells des aktivierenden Kulturstaates überein. Die privaten Kulturakteure und die sie vertretenden Unternehmen sind nach dem Politikmodell des aktivierenden Kulturstaates gleichberechtigte Partner der Gemeinden zur Bereitstellung der kommunalen kulturellen Infrastrukturleistungen. Sie sollen gemeinsam mit den Gemeinden die Verantwortung gegenüber den Bürgern für die Errichtung und den Betrieb von traditionellen Kultureinrichtungen übernehmen. Eine gleichberechtigte Verantwortungsübernahme beginnt jedoch nicht erst beim Betrieb der traditionellen Kulturleistung, sondern die wesentlichen Grundentscheidungen dafür werden bereits bei der Vergabe der privaten Partnerschaft getroffen.[1372] Ein Vergabeverfahren vergleichbar dem speziellen Verfahrens zur Vergabe eines *Project financing* nach dem italienischen Vergaberecht wird diesem verfahrensrechtlichen Aspekt der gemeinsamen Verantwortungsübernahme – zumindest teilweise – gerecht, da die Privaten hier sowohl das öffentlich-private Projekt initiieren als auch sich in allen Planungsstufen einbringen können.

Insgesamt kann Art. 153 des Codice 2011 jedoch nicht als Musterverfahren für ein in Deutschland praktiziertes Ausschreibungsverfahren zur Gründung kultureller Öffentlich Private Partnerschaften verwendet werden. Dagegen sprechen sowohl kulturpolitische als auch vergaberechtliche Gründe.

1372 Siehe hierzu S. 178.

So haben die italienischen Verfahrensregeln zur Vergabe eines *Project financing* zu keinem Zeitpunkt eine Verfahrengestaltung enthalten, bei der es zu einer echten partnerschaftlichen Zusammenarbeit zwischen der Gemeinde und den Unternehmen bei allen Planungsphasen der kulturellen Public Private Partnerships kommen kann. Die Privaten arbeiten vielmehr in der Regel die verschiedenen Planungsstufen des *Project financing* eigenständig aus und präsentieren erst das Ergebnis den Vergabestellen. Eine optimale Umsetzung des Politikmodells des aktivierenden Kulturstaates ist mit den Verfahren nach Art. 153 des Codice 2011 also nicht möglich.

Ferner ist es dem italienischen Gesetzgeber nicht gelungen, die bei einer frühen Heranziehung der Privaten entstehenden vergaberechtlichen Projektantenkonflikte im Interessen aller Beteiligten im Einklang mit den allgemeinen Vergaberechtsgrundsätzen zu lösen. Es ist jedoch positiv hervorzuheben, dass sich der italienischen Gesetzgeber gerade durch die Schaffung eines speziellen Verfahrens zur Vergabe von *Projects financing* um eine verfahrensrechtliche Konfliktlösung bemüht hat. So sind die Teilnehmer des Vorverfahrens bei den privat initiierten Verfahrensvarianten und die Teilnehmer der ersten Phase des Hauptvergabeverfahrens in der zweistufigen öffentlich initiierten Verfahrensvariante materiellrechtlich Projektanten, da sie an der nachfolgenden Verfahrensphase ebenfalls teilnehmen. Die Projektanten sind ein fester Bestandteil der Verfahren zur Vergabe eines *Project financing*, wodurch der Projektantenkonflikt formalisiert wird. Den Konflikt versucht der italienische Gesetzgeber zu lösen, indem er Anreiz- und Belohnungsinstrumente verschiedener Art vorsieht (Geldentschädigungen und verfahrensrechtliche Sonderrechte),[1373] um die Interessen des Projektanten einerseits und die Interessen der Mitkonkurrenten andererseits in einen Ausgleich zu bringen. Eine solche verfahrensrechtliche Konfliktlösung ist mit größerer Rechtssicherheit verbunden als das bei der deutschen Einzelfallregelung des § 4 VgV der Fall ist. Die Konfliktlösung läuft immer nach demselben Schema ab und alle Verfahrensbeteiligten können sich im Voraus darauf einstellen.

Das italienische Vergaberechtsregime zur Ausschreibung von *Projects financing* dient als gedanklicher Ausgangspunkt für die Vergabe einer privaten Partnerschaft für eine kommunale traditionelle Kultureinrichtung in Deutschland. Es muss dann aber unter Berücksichtigung der speziellen Anforderungen des aktivierenden Kulturstaatsmodells und den allgemeinen Vergaberechtsgrundsätze weiterentwickelt und an der einen oder anderen Stelle verändert werden. Welche Verfahrensabschnitte, Rechtsfiguren oder Lösungsansätze aus dem italienischen Vergabeverfahren übernommen werden können und welche abgeändert werden

1373 Siehe: Anreiz- und Kompensationsinstrumente, S. 336 ff.

müssen, ist Untersuchungsgegenstand des nachfolgenden Arbeitsabschnittes. Es wird dabei chronologisch, den einzelnen Verfahrensphasen folgend vorgegangen.

I. Möglichkeiten einer privaten Eigeninitiative

Nach dem aktuell geltenden italienischen Vergaberecht stehen den Unternehmen zwei Arten von Initiativrechten zu: das private Projektvorschlagsrecht nach Art. 153, XIX des Codice 2011 und das private Verfahrenseinleitungsrecht nach Art. 153, XVI des Codice 2011.

1. Das private Projektvorschlagsrecht nach Art. 153, XIX des Codice 2011

Das private Projektvorschlagsrecht des Art. 153, XIX des Codice 2011 ermächtigt die nach dem Gesetz als geeignet angesehenen Unternehmen, bei der Vergabestelle eine Projektvorschlag für ein im Allgemeininteresse liegendes Projekt einzureichen, dessen Realisierung in den staatlichen Programmen bisher nicht vorgesehen ist. Die Projektidee als solche stammt in in diesen Sachverhaltskonstellationen aus der Privatwirtschaft.

Den Unternehmen ein mit dem Recht nach Art. 153, XIX des Codice 2008 vergleichbares Projektvorschlagsrecht einzuräumen, entspricht einer der wesentlichen Grundideen des Politikmodells des aktivierenden Kulturstaates. So können mit der Einführung eines privaten Initiativrechts traditionelle Kulturprojekte in Deutschland nicht nur auf Initiative der Kommunen, sondern auch auf Vorschlag eines Unternehmens in der Form einer Public Private Partnership errichtet und gemeinsam unterhalten werden. Die Möglichkeit der Unternehmen, Eigeninitiative zu ergreifen und ein traditionelles Kulturprojekt aus eigenem Antrieb zu initiieren, ist ein wichtiger Aspekt der partnerschaftlichen Verantwortungsübernahme für traditionelle Kulturaufgaben, da die Unternehmen dadurch zeigen können, dass sie Verantwortung übernehmen wollen und die Gemeinde bei etwaiger Untätigkeit daran erinnern werden.

a. Inhalt des privaten Projektvorschlages

Der *Proponente* ist nach Art. 153, XIX des Codice 2011 verpflichtet, seinem Projektvorschlag eine Vorentwurfsplanung beizufügen. Gegenüber dem Codice 2008 hat der italienische Gesetzgeber die inhaltlichen Anforderungen an die privaten Projektvorschläge weiterer heraufgesetzt. Dort hatte es ausgereicht, dass die Unternehmen bei der Verwaltung eine Machbarkeitsstudie einreichen. Im Gegensatz zum *Project financing*-Verfahren a.F. war die Einreichung einer privaten Projektidee ohne Beifügung von Unterlagen, die ersten Daten über die technische, wirtschaftliche und rechtliche Realisierbarkeit enthalten, bereits nach dem Codice 2008 nicht mehr zulässig.

Das Vorsehen eines gesetzlichen Mindestinhaltes für den privaten Projektvorschlag ist grundsätzlich positiv zu bewerten. Ein solcher Pflichtinhalt zwingt die vorschlagenden Unternehmen, sich rechtzeitig über die Art, Umfang und Bedeutung ihres kulturellen Engagement Gedanken zu machen. Unrealistische Projektvorschläge werden von vornherein unterbunden. Die deutschen Gemeinden sollten deshalb für das Vorschlagsrecht, das den Unternehmen im kulturellen Vergabeverfahren einzuräumen ist, einen entsprechenden Mindestinhalt normieren.[1374] Das private Projektvorschlagsrecht sollte als Mindestinhalt die konkrete Art der traditionellen Kultureinrichtung (z.B. Theater, Oper oder Museum), einen möglichen Standort für das Projekt, die Motivation des Unternehmens für sein kulturelles Engagement, die von ihm mit der Kulturpartnerschaft verfolgten Ziele sowie einen ersten Finanzierungsvorschlag ähnlich eines PPP-Wirtschaftlichkeitsvergleich aufweisen.

Neben einem Mindestinhalt für das private Projektvorschlagsrecht könnte den Gemeinden zu raten sein, auch einen Maximalinhalt vorzugeben; aus folgenden Gründen:

Mit der Festlegung eines Maximalinhaltes für den privaten Projektvorschlag kann die Kommune verhindern, dass die Unternehmen zu detaillierte oder sogar bereits definitive Projektpläne für ein gemischtwirtschaftliches Kulturprojekt einreichen. Ohne einen Maximalinhalt bestünde die Gefahr, dass es den Gemeinden, ihrerseits gleichberechtigte Partner für die gemischtwirtschaftliche traditionelle Kultureinrichtung, kaum noch möglich ist, frühzeitig eigene Ideen in das Planungskonzept einzubringen und ihre Vorstellungen über eine möglichst optimale Befriedigung der Kulturbedürfnisse der Bevölkerung planerisch umzusetzen. Die Gemeinden würden zu stark von den privaten Planungskonzepten konditioniert und könnten ihre Gewährleistungsverantwortung, die ihnen hinsichtlich traditioneller Kulturleistungen nach Art. 5 I 1, 3 I, 20 I GG obliegt,[1375] nicht mehr interessengerecht erfüllen. Es bestünde vielmehr die Gefahr, dass öffentliche Gelder für Kulturprojekte ausgegeben werden, die der Befriedigung von primär privaten Kulturinteressen dienen.

Zu konkrete einseitige Vorgaben von Seiten der Privatwirtschaft liefen zudem auf eine Direktvergabe hinaus, da eine öffentliche Ausschreibung praktisch überflüssig werden könnte und dadurch die gesetzliche Pflicht zur Wahl des besten Kulturpartners nach wettbewerblichen Gesichtspunkten umgangen würde. Die Ausschreibungspflicht auf der Grundlage der allgemeinen Vergaberechtsgrundsätze würde missachtet.

1374 Siehe dazu im Einzelnen, S. 368f.

1375 Siehe dazu S. 14f.

Zu detaillierte anfängliche Planungsentwürfe schränken auch den Gestaltungsspielraum der potentiellen Vertragspartner im Vergabeverfahren zu sehr ein. Der Spielraum der Parteien soll nach dem aktivierenden Kulturpolitikmodell möglichst weit reichen und gestaltungsoffen sein, damit die Gemeinden mit den privaten Verfahrensteilnehmern das Kulturprojekt schrittweise gemeinsame entwickeln können und am Ende des Verfahrens tatsächlich ein gemeinsames traditionelles Kulturprojekt steht. Einen solchen Verfahrensaufbau verlangt das kulturpolitische Merkmal der gleichberechtigten und partnerschaftlichen Zusammenarbeit der Kulturpartner in allen Planungsphasen.[1376]

Den Gemeinden sollten aus kulturpolitischen, aber auch aus vergaberechtlichen Gründen den Inhalt des privaten Projektvorschlagsrechts für traditionelle Kulturprojekte also auch nach oben hin begrenzen.

Gemäß Art. 153, XIX erster Halbsatz des Codice 2011 dürfen nur solche Unternehmen einen Projektvorschlag bei den italienischen Beschaffungsstellen einreichen, die bestimmte rechtlich normierte Eignungskriterien vorweisen können.

Bei den klassischen Vergabeverfahren des einfachrechtlichen deutschen und gemeinschaftsrechtlich beeinflussten Vergaberechts ist die Begrenzung der privaten Teilnehmer auf Privatrechtssubjekte zulässig, deren Eignung für die Erfüllung der vertraglichen Pflichten die notwendige Sicherheit bietet (vgl. Art. 4 I VKR, § 94 IV GWB). Die Beschränkung des Teilnahmerechts auf solche Rechtssubjekte, welche die notwendige Eignung aufweisen, ist vor dem Hintergrund der Geltung des Prinzips der ordnungsgemäßen öffentlichen Aufgabenerfüllung geboten, da nur auf diese Weise mit hinreichender Wahrscheinlichkeit tatsächlich eine ordnungsgemäße öffentliche Aufgabenerbringung während der gesamten Vertragslaufzeit sichergestellt ist. Für die Vergabe einer privaten Partnerschaft für eine traditionelle Kultureinrichtung gilt insoweit nichts anderes. Auch hier ist es primärvergaberechtlich zulässig, für die potentiellen Teilnehmer des Ausschreibungsverfahrens entsprechende Eignungskriterien zu formulieren.

So dürfen die Gemeinden das private Projektvorschlagsrecht auf solche Unternehmen beschränken bzw. nur solche Unternehmen zu einem späteren Zeitpunkt am Vergabeverfahren teilnehmen lassen, deren Leistungsfähigkeit und Zuverlässigkeit sichergestellt ist.

Hinsichtlich der Fachkompetenz der Unternehmen sollten die Gemeinden sich ebenfalls an den einfachgesetzlichen Regeln orientieren und entsprechend nur Mindestvoraussetzungen in technischer, planerischer und organisatorischer Hinsicht aufstellen. Besondere Kenntnisse auch in kultureller Hinsicht zu fordern, ist nach vorliegender Ansicht aus vergaberechtlichen Gründen problematisch und kulturpolitisch nicht gewollt. So wird kaum ein Wirtschaftsunternehmen über

1376 Siehe dazu im Einzelnen S. 167 ff.

eigene kulturelle Fachkenntnisse verfügen, sondern müsste den Sachverstand extern einkaufen. Das ist jedoch kulturpolitisch nicht gewollt, da es beim dem Politikmodell des aktivierenden Kulturstaates darum geht, die Unternehmen als Repräsentanten der Allgemeinheit heranzuziehen und als solche kulturpolitische Verantwortung übernehmen zu lassen. Spezielle kulturelle Anforderungen an die Unternehmen zu stellen, würde zudem bedeuten, den sowieso schon begrenzten privaten Bewerberkreis für kulturelle Public Private Partnerships weiter einzuschränken. Es bestünde die Gefahr, dass kein echter Bieterwettbewerb entsteht und der öffentliche Aspekt des Wettbewerbsprinzips und auch das Prinzip der ordnungsgemäßen öffentlichen Aufgabenerfüllung verletzt würden. Spezifische kulturelle Anforderungen sollten die Gemeinden also nicht als Eignungskriterien formulieren, sondern beide Kulturpartner sollten die Notwendigkeit und den Umfang des kulturpolitischen Fachverstandes gemeinsam bestimmen und entsprechend extern nach Abschluss des Vergabeverfahrens heranziehen.[1377]

b. Anreiz- und Kompensationsinstrumente

Der italienische Gesetzgeber hatte gemäß Art. 153, XIX des Codice 2008 ausdrücklich ausgeschlossen, dass dem *Proponente* mit der Aufnahme seines Projektvorschlages in die staatlichen Programme Ansprüche irgendeiner Art erwachsen. Mit der Einführung des privat initiierten Verfahrensvariante 2011 wurde dies geändert.

Sehen die Gemeinden keinerlei Entschädigung für das Unternehmen vor, auf dessen Initiative das gemischtwirtschaftliche Kulturprojekt zurückgeht, werden die Wirtschaftsunternehmen nur in seltenen Einzelfällen Zeit und Geld investieren und durch Vorlage eines kulturellen Projektvorschlages ihrer Rolle als gleichberechtigte Kulturakteure nachkommen. Ein intensives kulturelles Engagement der Privatwirtschaft ist erklärtes Ziel der aktivierenden Kulturpolitik. Für die vollständige Umsetzung dieses Kulturpolitikmodells sind die Gemeinden auf die unternehmerische Eigeninitiative also gerade angewiesen. Die Gemeinden sind deshalb gut beraten, wenn sie bereits in die Vorschlagsphase Anreizmechanismen für die Unternehmen einbauen und diese für die erbrachte ideelle Vorleistung belohnen. Mit dem Einbau eines Anreiz- und Belohnungsmechanismus in diese frühe Phase des Verfahrens zur Gründung einer kulturellen Public Private Partnership steigt zudem die Wahrscheinlichkeit, dass gleich mehrere Unternehmen kulturelle Projektvorschläge einreichen und damit ein echter Wettbewerb um den besten traditionellen Kulturprojektvorschlag entsteht.

1377 Siehe dazu auch S. 72.

Der Einbau von Anreiz- und Belohnungsinstrumenten in den Verfahrensaufbau ist grundsätzlich vergaberechtskonform.[1378] Die Gemeinden müssen jedoch auf eine sachgerechte Balance zwischen dem Wettbewerbsprinzip im Interesse des *Proponente*, dem öffentlichen Aspekt des Wettbewerbsprinzips und dem Prinzip der ordnungsgemäßen öffentlichen Aufgabenerfüllung auf der einen, und dem Wettbewerbsprinzip im Interesse der übrigen Verfahrensteilnehmer auf der anderen Seite achten. Es gilt der Verhältnismäßigkeitsgrundsatz.

Vergaberechtliche Anreiz- und Belohnungsinstrumente können verschiedenartige Formen annehmen.[1379] In der deutschen Vergaberechtspraxis wird bisher jedoch vorwiegend mit geldlichen Entschädigungsansprüchen operiert (vgl. §§ 3a IV Nr. 7 VOB/A, § 3 VII f.) EG-VOL/A).[1380]

Geldliche Entschädigungszahlungen besitzen den Vorteil, dass sie sich nicht unmittelbar auf den Verfahrensablauf auswirken und es im Regelfall deshalb zu keiner Wettbewerbsverzerrung kommt. Entschädigungszahlungen in einer Höhe, dass dem begünstigten Privaten daraus ein vergaberechtlich relevanter Vorteil gegenüber den übrigen Verfahrensteilnehmern erwächst, sind vor dem Hintergrund der leeren öffentlichen Kassen praxisfern. Vorteilhaft an einem Geldanspruch ist ferner, dass er variabel gestaltbar ist. Er kann nach Art und Umfang an dem konkret zu vergebenden Auftragsgegenstand und den sonstigen Besonderheiten des Einzelfalles ausgerichtet werden. So gibt es Fallkonstellationen, in denen ein bloßer Aufwendungsersatzanspruch genügt, um das Interesse einer ausreichenden Zahl an Unternehmen an der Verfahrensteilnahme zu erwecken (z.B. bei Öffentlich Privaten Partnerschaften für Vorhaben im öffentlichen Hochbau, die ein mittleres Projektvolumen aufweisen und hinsichtlich der diese Kooperationsform schon seit langem etabliert und der Schwierigkeitsgrad der Planung deshalb entsprechend herabgesetzt ist), während in anderen Sachverhalten dafür eine echte Vergütungszahlung notwendig ist (z.B. wenn die Unternehmen neue technische oder betriebswirtschaftliche Methoden bei der Planung des öffentlichen Vorhabens einsetzen). Auch können die Beschaffungsstellen das „Ob“ und die Höhe der Entschädigungszahlung vom Eintritt eines messbaren Planungsgewinnes abhängig machen, der auf einen konkreten privaten Vorschlag zurückzuführen ist – sog. *Gain Redemption Clause*.[1381]

1378 Siehe dazu z.B. das automatisches Teilnahmerecht des *Promotore*, S. 268.

1379 Wie diese Mechanismen konkret aussehen können siehe: Anreiz- und Kompensationsinstrumente, S. 336 ff.

1380 Eine Ausnahme ist das Beteiligungsrecht am Verhandlungsverfahren nach Abschluss eines Wettbewerbs, siehe hierzu S. 225.

1381 Zu nähren Einzelheiten: *Ricchi*, Opere pubbliche, Kapitel 3.7, S. 102 ff.; *Geminiani/Ricchi*, ET 2006, 11 (12 ff.).

Ein wesentlicher Nachteil von Geldzahlungen ist jedoch, dass sie sich unmittelbar in den sowieso schon prekären staatlichen Finanzhaushalten niederschlagen. Sie sind deshalb in der Regel haushaltsrechtlich nach oben begrenzt und decken deshalb oft nicht einmal die tatsächlich entstandenen Planungskosten der Privaten ab. Geldansprüche sind entsprechend schwache Anreiz- und Belohnungsinstrumente, die in bestimmten Sachverhaltskonstellationen die private Beteiligungsbereitschaft gar nicht erhöhen und damit auch die Wettbewerbssituation im öffentlichen Interesse nicht verbessern können.

Aus den genannten Gründen scheint die reine Geldentschädigung für das Verfahren zur Vergabe einer kulturellen Public Privat Partnership nicht das geeignete Anreiz- und Belohnungsinstrument. Der Kulturhaushalt der meisten Kommunen ist finanziell schlecht ausgestattet – einer der Hauptbeweggründe, warum die Gemeinden öffentlich-private Kulturpartnerschaften anstreben.[1382] Nicht notwendige Extraausgaben sollten deshalb möglichst vermieden werden. Das entscheidende Argument gegen eine Geldentschädigung ist jedoch, dass Wirtschaftsunternehmen von Anfang an nur dann Zeit und Geld in die Erarbeitung von Planungskonzepten für traditionelle Kultureinrichtungen investieren werden, wenn sie sich dauerhaft in einer kulturellen Public Private Partnership engagieren und dabei von den wirtschaftlichen und nichtwirtschaftlichen Vorteilen der kulturellen Public Private Partnership in ihrem unternehmerischen Alltag profitieren können.[1383] Das Ziel der Unternehmen ist die private Partnerschaft für eine traditionelle Kultureinrichtung und nicht die Erlangung eines Geldanspruchs. Den initiativ gewordenen Unternehmen sollte deshalb aus ihrer Vorleistung eine messbar verbesserte Chance auf den Zuschlag erwachsen, denn andernfalls werden sie sich in dieser frühen Phase des gemischtwirtschaftlichen Kulturvorhabens kaum einmal beteiligen.

Das italienische Vergaberecht kennt verschiedene verfahrensrechtliche Anreiz- und Belohnungsmechanismen, die nicht die negativen Nebeneffekte der geldlichen Entschädigung aufweisen, wie automatische Teilnahmerechte am weiteren Vergabeverfahren und das *Diritto di prelazione*. Der Private, der über ein solches verfahrensrechtliche Sonderrecht verfügt, hat seine Chancen messbar erhöht, unmittelbar von dem öffentlichen Auftrag zu profitieren und ist damit seinem Ziel, den Zuschlag zu erhalten, einen Schritt näher gekommen ist. Keines der verfahrensrechtlichen Sonderrechte wirkt sich unmittelbar auf die öffentliche Bilanz aus und kommt somit auch nicht in Konflikt mit dem öffentlichen Aspekt des Wettbewerbsprinzips.

1382 *Fatoyinbo*, PuZ 2011 Nr. 7/8 allgemein zur privaten Eigeninitiative.

1383 Siehe S. 25 f.

Den deutschen Gemeinden wird für das Verfahren zu Vergabe einer kulturellen Public Private Partnership aufgrund der Nachteile der geldlichen Entschädigungsansprüche von dem Verfasser geraten, auf diese Art von Anreiz- und Belohnungsinstrument ganz zu verzichten und vielmehr an den entsprechenden Stellen im Verfahrensaufbau verschieden starke verfahrensrechtliche Sonderrechte vorzusehen.

Zu prüfen ist an dieser Stelle, wie ein solches verfahrensrechtliches Sonderrecht in der Projektvorschlagsphase konkret aussehen sollte. Denkbar wäre z.B. für den *Proponente* ein automatisches Beteiligungsrecht am weiteren Vergabeverfahren vorzusehen. Dessen Geeignetheit für die Projektvorschlagsphase soll im Folgenden untersucht werden:

Das automatische Beteiligungsrecht am weiteren Vergabeverfahren ist ein relativ schwaches verfahrensrechtliches Sonderrecht. Der Grund dafür liegt darin, dass dem *Proponente* eine Verfahrensteilnahme auch durch die Einreichung eines Planungsvorschlages möglich wäre. Der *Proponente* befindet sich aufgrund des Sonderrechtes nur in der angenehmen Lage, sich nicht mehr eigens bewerben zu müssen. Dieses schwache Anreiz- und Belohnungsinstrument reicht dieser frühen Verfahrensphase jedoch aus, um in der Privatwirtschaft eine ausreichend hohe Bereitschaft zur Einreichung von kulturellen Projektvorschlägen hervorzurufen, da aus kulturpolitischen Gründen an die ideellen und planerischen Leistungen der Privaten in dieser Verfahrensphase geringe Anforderungen gestellt werden.[1384]

Ein automatische Beteiligungsrecht für den *Proponente*, der sich im Unterschied zu den übrigen Verfahrensteilnehmern nicht mehr eigens für das Vergabeverfahren bewerben und qualifizieren muss, würde auch nicht die allgemeinen Vergaberechtsgrundsätze, insbesondere den allgemeinen Vergaberechtsgrundsatz der Gleichbehandlung verletzen. Die formale Bevorzugung des *Proponente* ist aufgrund der erbrachten ideellen Vorleistung vielmehr wettbewerblich gerechtfertigt. Es können hier dieselben Argumente angeführt werden, die bereits bei der Prüfung der Vergaberechtskonformität des automatischen Beteiligungsrechts des *Promotore* am Verhandlungsverfahren im italienischen *Project financing*-Verfahren a.F. vorgebracht wurden. Entsprechendes gilt für das automatische Teilnahmerecht des *Proponente* am Hauptvergabeverfahren der privat initiierten Verfahrensvariante 2011. Für nähere Einzelheiten sei deshalb auf die dort gemachten Ausführungen verwiesen.[1385]

Der Wissensvorsprung, über den der *Proponente* durch die Erarbeitung des kulturellen Projektvorschlages verfügt, ist zeitlich begrenzt. So kann die Beschaf-

1384 Siehe S. 335.

1385 Siehe: Automatisches Teilnahmerecht des *Promotore*, S. 268 ff.

fungsstelle den Wettbewerbsvorsprung des *Proponente* durch eine umfassende Information der übrigen Verfahrensteilnehmer über den Inhalt des vorgelegten Projektvorschlages, durch die Festsetzung von ausreichend langer Angebotsfristen in der anschließenden Verfahrensphase und durch eine sonstige kompensierende Ausgestaltung des weiteren Verfahrens wieder ausgleichen. Im Zeitpunkt der Zuschlagsentscheidung hätte die Vorverfahrensbeteiligung des *Proponente* dann keine wettbewerbsverzerrende Wirkung mehr.

Ein automatisches Beteiligungsrecht des *Proponente* am weiteren Vergabeverfahren ist aufgrund der angeführten Argumente als ein geeignetes und vergaberechtskonformes Anreiz- und Belohnungsinstrument in dieser frühen Verfahrensphase zu bewerten.

Den Gemeinden wird von dem Verfasser zudem geraten, das automatische Beteiligungsrecht des *Proponente* mit einer Teilnahmepflicht des *Proponente* am weiteren Vergabeverfahren vergleichbar der Regelung des Art. 153, XVII des Codice 2008 zu kombinieren. Die Unternehmen können durch die Normierung einer Teilnahmepflicht dazu angehalten werden, den Gemeinden nur dann einen Vorschlag für eine kulturelle Public Private Partnership zu unterbreiten, wenn sie an einer Partnerschaft ernstlich interessiert sind. Es ist damit zugleich eine höhere Zuverlässigkeit der Zahlen und Daten garantiert, auf denen der private Projektvorschlag beruht; das gilt insbesondere in Hinblick auf die Finanzierung der kulturellen Öffentlich Privaten Partnerschaft. Die tatsächliche Verfahrensteilnahme des *Proponente* können die Kommunen am besten durch die Androhung einer Sanktion in Form einer Strafzahlung für den Fall der Nichteilnahme sicherstellen.[1386]

c. Feststellung des öffentlichen Interesses

Trägerin von traditionellen Kulturprojekten ist nach dem Politikmodell des aktivierenden Kulturstaates idealerweise eine gemischtwirtschaftliche Gesellschaft.[1387] Eine gemischtwirtschaftliche Gesellschaft ist auch dann anzustreben, wenn der Projektvorschlag auf die Initiative eines privaten Unternehmens zurückgeht. Die Gründung einer gemischtwirtschaftlichen Gesellschaft setzt voraus, dass das privat vorgeschlagene Kulturprojekt zumindest als „auch"-öffentlich bzw. als öffentlich-privates Vorhaben qualifiziert werden kann. Der Gesellschaftszweck jeder kulturellen gemischtwirtschaftlichen Gesellschaft muss also zumindest auch im öffentlichen Interesse liegen, andernfalls dürfen

1386 Zur Rechtsgrundlage siehe S. 346 f.
1387 Siehe zum Ganzen S. 59 ff.

kommunale Gelder dafür nicht ausgegeben werden (vgl. § 107 I Nr. 1 GO NRW, § 102 I Nr. 1 GemO BW; § 85 I Nr. 1 GemO RLP).[1388]

Das öffentliche Interesse an dem konkreten Kulturprojekt haben die Gemeinden unter Berücksichtigung kulturpolitischer Gesichtspunkte und haushaltsrechtlicher Bindungen (Art. 114 I 2 GG i.V.m. den soeben genannten Vorschriften der Gemeindeordnungen) in eigener Verantwortung festzustellen. Diese Feststellungsentscheidung ist Ausdruck der Finanz- und Kulturhoheit der Gemeinden gemäß Art. 28 II GG und kann aufgrund der staatlichen Gewährleistungsverantwortung, die den Kommunen für traditionelle Kulturleistungen gemäß Art. 5 III 1, 3 I, 20 I GG obliegt, nicht vollständig auf die Privatwirtschaft übertragen werden.[1389] Der Vorschlag eines Unternehmens zur Realisierung einer bestimmten kulturellen Public Private Partnership kann deshalb nur als wertvolle und kulturpolitisch erwünschte Anregung verstanden werden. Einen subjektiv-öffentlichen Anspruch auf tatsächliche Umsetzung des von vorgeschlagenen Kulturprojekts hat das Unternehmen ebenso wenig, wie der *Proponente* nach Art. 153 Codice 2011 über einen Anspruch verfügt, dass die Verwaltung das öffentliche Interesse an dem von ihm vorgeschlagenen öffentlich-privaten Vorhaben bejaht.

Möchten die deutschen Gemeinden ernsthaft und dauerhaft eine aktivierende Kulturpolitik betreiben, darf von der fehlenden rechtlichen Realisierungspflicht für eine bestimmte traditionelle Kultureinrichtung jedoch keine die private Eigeninitiative einschränkende Wirkung ausgehen. Die Gemeinden sollten sich deshalb vergleichbar der gesetzlich normierten Prüfungspflicht nach Art. 153, XIX des Codice 2011 selbst verpflichten, die vorgelegten privaten Projektvorschläge in einem überschaubaren Zeitfenster ernsthaft zu prüfen und eine etwaige Ablehnung mit einer Begründung zu versehen. Andernfalls werden die Wirtschaftsunternehmen mangels Resonanz in der Zukunft von der Einreichung kultureller Projektvorschläge absehen.

Der *Consiglio di Stato* hat sich im Zusammenhang mit dem italienischen *Project financing*-Verfahren a.F. nach langer Diskussion in der italienischen Literatur und Praxis dafür ausgesprochen, der Feststellung des öffentlichen Interesses im Vorverfahren des *Project financing*-Verfahren a.F. ein Mindestmaß an vergaberechtlicher Bedeutung beizumessen.[1390] Eine entsprechende Qualifizierung wurde auch für die privat initiierten Verfahrensvarianten nach Art. 153, XVI bzw. XIX des Codice 2011 befürwortet.[1391]

Die Feststellungsentscheidung der Gemeinden, ob an dem privat vorgeschlagenen traditionellen Kulturprojekt ein öffentliches Interesse besteht oder nicht,

1388 Siehe dazu auch S. 335.

1389 Siehe dazu im Einzelnen bereits S. 13 ff.

1390 Siehe hierzu S. 257 ff.

1391 Siehe: Hinweisende Bekanntmachung und Feststellung des öffentlichen Interesses, S. 308 ff.

könnte entsprechend als eine Maßnahme einzuordnen sein, die zwischen dem Verwaltungs- und dem Vergaberecht einzuordnen ist. Wäre dies der Fall und würde die Feststellungsentscheidung der Gemeinde trotz oder gerade auf Grund ihrer verfahrensvorbereitenden Rechtsnatur als Bestandteil eines einheitlichen Ausschreibungsverfahrens zur Gründung einer kulturellen gemischtwirtschaftlichen Gesellschaft verstanden, hätte dies zur Folge, dass der allgemeine Vergaberechtsgrundsatz der Gleichbehandlung, das dahinter stehenden Wettbewerbsprinzip sowie das Prinzip der ordnungsgemäßen öffentlichen Aufgabenerfüllung beachtet werden müssten.

Entscheiden sich die Gemeinden für eine aktivierende Kulturpolitik und möchten diesen Entschluss konsequent umsetzen, sollten sie bereits in der Vorschlagsphase des gemischtwirtschaftlichen Kulturprojektes den Wettbewerb als Instrument zur ordnungsgemäßen Erfüllung öffentlicher Aufgaben verwenden. Ihr Ziel muss dabei sein, einen echten Wettbewerb um den besten privaten Kulturprojektvorschlag zu schaffen. Wie vorgeschlagen[1392] dient ein automatisches Beteiligungsrecht am anschließenden Vergabeverfahren als Beteiligungsanreiz für den zum *Proponente* ernannten Privaten. Mit der Schaffung eines Wettbewerbes um den Markt wird jedoch der Anwendungsbereich der allgemeinen Vergaberechtsgrundsätze eröffnet und die Gemeinden bewegen sich nicht mehr allein im Bereich des öffentlichen Rechts.[1393]

Die Feststellungsentscheidung der Gemeinde ist also Bestandteil eines einheitlichen Ausschreibungsverfahrens zur Gründung einer kulturellen gemischtwirtschaftlichen Gesellschaft und entsprechend sind die allgemeinen Vergaberechtsgrundsätze von Beginn an und während des gesamten Verfahrens zu beachten.

Die Gemeinden haben ein Zeitfenster vorzusehen, innerhalb dessen die Unternehmen das Projektvorschlagsrecht ausüben können. Auf diese Weise ist es möglich, die nacheinander eingehenden privaten Kulturvorschläge erst einmal zu sammeln und anschließend in einer Vergleichsprüfung denjenigen traditionellen Kulturvorschlag zu individualisieren, der dem öffentlichen Interesse am besten entspricht. Zur Festlegung einer Einreichungsfrist für die privaten Projektvorschläge sind die Gemeinden nicht nur berechtigt, sondern aufgrund des geltenden verfahrensrechtlichen Aspektes des allgemeinen Gleichbehandlungsgrundsatzes vergaberechtlich auch verpflichtet. Danach muss jedes potentiell interessierte Unternehmen über die Chance verfügen, durch die Einreichung eines traditionellen Kulturprojektvorschlages in den Genuss des automatischen Beteiligungsrechtes am anschließenden Vergabeverfahren zu kommen. Die Gemeinden müssen die Einreichungsfrist allgemein bekannt geben. Parallel zur öffentlichen

1392 Siehe hierzu S. 339 f.

1393 Siehe: Ausgangsüberlegungen: Wettbewerb um den Markt, S. 74 ff.

Bekanntmachung können sie die Entstehung einer echten Wettbewerbssituation jedoch weiter begünstigen, indem sie daneben einzelne Unternehmen persönlich zur Einreichung eines kulturellen Projektvorschlages aufzufordern. Das ist vergaberechtlich zulässig.[1394]

Gehen innerhalb der Einreichungsfrist mehrere verschiedene private Kulturprojektvorschläge bei der Gemeinde ein, kann jedoch nur ein traditionelles Kulturprojekt realisiert werden, haben die Gemeinden den materiellrechtlichen Aspekt des Gleichbehandlungsgrundsatzes zu beachten. Der Gleichbehandlungsgrundsatz und der damit eng verbundene Grundsatz der Transparenz verpflichten die Gemeinden, bei Eingang mehrerer privater Projektvorschläge den Besten anhand einer transparenten und objektiven Bewertungsgrundlage auszuwählen. Wie im Zusammenhang mit Art. 37-bis, II-bis des l. n. 109/1994 in der Fassung von 2005 ausgeführt,[1395] ist ein Mindestmaß an Objektivität und Transparenz auch bei Vorverfahrensentscheidungen vergaberechtlich vorgeschrieben, ungeachtet des Umstandes, dass die Verwaltung aufgrund der Nähe der Feststellung des öffentlichen Interesses zum allgemeinen Verwaltungsrecht über einen weiten Ermessensspielraum verfügt.[1396] Auch das Wettbewerbsprinzip und das Prinzip der ordnungsgemäßen öffentlichen Aufgabenerfüllung verlangen die Einhaltung eines Mindestmaßes an Objektivität und Transparenz.

Den privaten Kulturakteuren ein Projektvorschlagsrecht einzuräumen bedeutet, den Unternehmen die Initiative für eine mögliche gemischtwirtschaftliche kulturelle Einrichtung in der Gemeinde oder der Region zu überlassen. Die Gemeinden haben vor der Einreichung eines privaten Projektvorschlages deshalb noch keine Bewertungskriterien zur Feststellung des öffentlichen Interesses festgelegt, geschweige denn veröffentlicht. Es ist den Gemeinden deshalb unmöglich, den Grundsätzen der Gleichbehandlung und Transparenz sowie dem Wettbewerbsprinzip in der im Vergaberecht allgemein üblichen Art und Weise zu entsprechen.

Das vergaberechtliche Problem der fehlenden objektiven Beurteilungsgrundlage hat sich im italienischen Recht beim *Project financing*-Verfahren a.F. gestellt und stellt sich nun bei der privat initiierten Verfahrensvariante 2011 wieder. Zur Lösung des Konflikts wurde in der italienischen Literatur verschiedentlich vorgeschlagen, die Kompetenz zur Feststellung des öffentlichen Interesses an dem privaten Projektvorschlag einem neutralen Expertengremium zu übertragen.[1397]

1394 Siehe S. 117.

1395 Entsprechendes gilt für die Privat initiierte Verfahrensvariante 2011, siehe S. 325 ff.

1396 Siehe: Pflicht zur Bekanntmachung der Bewertungskriterien für die Vorverfahrensentscheidung, S. 257 ff.

1397 *Spinelli/Vecchia*, Opere pubbliche, Kapitel 10.2, S. 67; *Guzzo*, PF – Il recepimento dei principi comunitari, S. 7.

Die Übertragung bestimmter Entscheidungen auf ein weisungsunabhängiges, pluralistisch besetztes Expertengremium kennt auch das deutsche Recht. Diese Art der Entscheidungsfindung kommt insbesondere bei den verwaltungsrechtlichen Beurteilungsermächtigungen, aber auch bei den vergaberechtlichen Wettbewerben (vgl. § 16 V, VI VOF[1398]) zur Anwendung.

Die dem deutschen Vergaberecht bei der öffentlichen Ausschreibung von Wettbewerben bekannte und in der italienischen Literatur konkret für den privaten Projektvorschlag angedachte Möglichkeit, die Feststellung des öffentlichen Interesses auf ein weisungsunabhängiges, pluralistisch besetztes Expertengremium zu übertragen, könnte auch für die Gemeinde geeignetes Mittel darstellen, um den Konflikt mit den allgemeinen Vergaberechtsgrundsätzen zu lösen.

Durch die Übertragung der Feststellungsentscheidung auf ein weisungsunabhängiges, pluralistisch besetztes Expertengremium kann eine Objektivität erreicht werden, die der Objektivität einer Entscheidungsfindung anhand vorher festgelegter Bewertungskriterien nahe kommt. So wird bei Entscheidungen, die – wie die Feststellung des öffentlichen Interesses an einer traditionellen Kulturleistung – in besonderem Maße mit wertenden Elementen behaftetet sind, durch die Übertragung auf ein externes Gremium sichergestellt, dass Personen an der Entscheidungsfindung beteiligt werden, die wegen ihres praktischen Erfahrungsschatzes dafür als besonders geeignet erscheinen, und sachlich nicht gerechtfertigte Überlegungen deshalb eher außen vorgelassen werden.[1399] Durch die pluralistische Besetzung des Gremiums werden zudem etwaige Auffassungsunterschiede, die auf subjektiv-wertenden Elementen beruhen, bereits intern zum Ausgleich gebracht, mit der Folge, dass in der Regel am Ende eine entsprechend versachlichte Entscheidung steht.[1400] Die Gemeinden könnten auf diese Weise also den Anforderungen des materiellen Gleichbehandlungsgrundsatzes entsprechen,[1401] ohne dass es einer vorherigen Festsetzung der Bewertungskriterien für die konkrete kulturelle Public Private Partnership bedarf.

Auch kulturpolitisch wäre die Übertragung der Feststellungsentscheidung auf ein externes Gremium positiv zu bewerten. Die Gemeinde ist aufgrund der Freiheit der Kunst gemäß Art. 5 III 1 GG und der Eigengesetzlichkeit der Kultur

---

1398 Siehe dazu S. 221 f.

1399 *Martini*, Pünder/Schellenberg Vergaberecht, § 16 VOF, Rn. 15 f.; vgl. auch BVerwGE 91, 211 (216) = NJW 1993, 1491 (1492) im Zusammenhang mit der Bundesprüfstelle für jugendgefährdende Schriften und der Prüfung des Gehaltes der wertenden Entscheidung, welche die Bundesprüfstelle zu treffen hat.

1400 BVerwGE 129, 27 (33 f.) – „Weinprüfungskommission" = NJW 2007, 2790 (2792) im Zusammenhang mit einer Weinprüfung durch eine Kommission von Sachverständigen.

1401 Vgl. *Martini*, Pünder/Schellenberg Vergaberecht, § 16 VOF, Rn. 2 im Zusammenhang mit dem Preisgericht bei Wettbewerben.

zur kulturpolitischen Neutralität verpflichtet.[1402] Diese grundgesetzlich normierte „Staatsferne“ der Kultur rechtfertigt eine Durchbrechung der demokratischen Legitimationskette in gewissen Umfang und spricht für eine pluralistische Meinungsbildung durch Experten und Betroffene.[1403] Dementsprechend ist die Gemeinde nicht verpflichtet, das Entscheidungsgremium ausschließlich mit Vertretern aus dem Gemeinderat zu besetzen, sondern kann daneben auch Kulturexperten und verschiedene Personen aus der Bürgerschaft in das Gremium berufen. Die Berufung von Kulturexperten und Bürgern in das Entscheidungsgremium ermöglicht den Gemeinden, vor Beginn der öffentlichen Ausschreibung zur Vergabe einer kulturellen Öffentlich Privaten Partnerschaft unmittelbar von demjenigen Personenkreis eine Rückmeldung zu erhalten, dessen kulturelle Bedürfnisse durch die Errichtung einer traditionellen Kultureinrichtung befriedigt werden sollen. Als Grenze bleibt jedoch zu berücksichtigen, dass der Gemeinde nach Art. 5 III 1 i.V.m. Art. 28 II 1 GG die Kulturverantwortung obliegt und sie sich dieser nicht vollständig entledigen kann.[1404] Ihre Rolle darf nicht auf ein „Zahlstelle“ reduziert werden, der keinerlei inhaltliche Bestimmungskompetenz mehr verbleibt.[1405] Die Letztentscheidungskompetenz für die Feststellung des öffentlichen Interesses an der Realisierung einer traditionellen Kultureinrichtung muss neben den genannten kulturrechtlichen Gründen auch aus haushaltsrechtlichen Gründen (die Ausgabenhoheit ist ein Teil der Finanzhoheit gemäß Art. 28 II 1 GG) bei den Gemeinden verbleiben. Das externe Gremium könnte entsprechend dazu ermächtigt werden, z.B. die eingegangenen privaten Projektvorschläge zu bewerten und in eine Rangfolge zu bringen, während die Gemeinde berechtigt bleibt, davon mit einer Begründung auch abzuweichen. Eine ähnliche Vorgehensweise ist in § 16 VI 1 VOF geregelt. Alternativ wäre möglich, die Entscheidung des pluralistisch besetzten Gremiums grundsätzlich als verbindlich anzusehen und die Gemeinde mit einem Vetorecht in enumerativ aufgeführten Fallen auszustatten. Unabhängig von der konkreten Ausgestaltung der Letzentscheidungskompetenz der Gemeinde sollte diese verpflichtet sein, ihre Entscheidung zu begründen, wenn sie nicht der Wahl des Expertengremiums folgen möchte. Auf diese Weise kann die Gemeinde sicherstellen, dass das Vertrauen des Marktes in eine objektive Entscheidungsfindung nicht verloren geht.

1402 *Scholz*, Maunz/Dürig: GG, Art. 5 III GG, Rn. 8; *Hufen*, NJW 1997, 1112 (1113).

1403 *Aschke*, Bader/Ronellenfitsch, VwVfG, § 40 VwVfG, Rn. 119 im Zusammenhang mit der Bundesprüfstelle für jugendgefährdende Schriften; *Hufen*, NJW 1997, 1112 (1114).

1404 Siehe dazu S. 13 ff.

1405 So auch *Hufen*, NVwZ 1983, 516 (522).

d. Generell-abstraktes Verfahrensregime

Bei der Vergabe kultureller Public Private Partnerships, deren Projektvolumen den gemeinschaftsrechtlichen Schwellenwert erreichen oder überschreiten, haben die Gemeinden nur die allgemeinen Vergaberechtsgrundsätze zu beachten.

Einfachrechtliche Verfahrensvorschriften für Dienstleistungskonzessionen existieren auf europäischer Ebene zurzeit (noch) nicht.[1406] Für die Ausgestaltung des kulturellen Vergabeverfahrens hat das zur Folge, dass die Gemeinden auf der Grundlage der allgemeinen Vergaberechtsgrundsätze nach dem Lissabonner Vertrag für den Verfahrensaufbau und die Verfahrensstruktur nur bestimmte Mindestvoraussetzungen einhalten müssen.[1407] Bei der Vergabe von privaten Partnerschaften in einer kulturellen Infrastruktureinrichtung gilt insoweit die Ausgleichslösung.[1408] Danach ist es den Gemeinden primärvergaberechtlich erlaubt, den Ausgleich zwischen dem Wettbewerbsprinzip und dem Prinzip der ordnungsgemäßen öffentlichen Aufgabenerstellung pauschal herstellen und entsprechend für die Vergabe von kulturellen Öffentlich Privaten Partnerschaften den geeigneten Verfahrensaufbau allgemein-abstrakt festlegen. Sie können – vergleichbar dem speziellen italienischen Vergabeverfahren zur Vergabe eines *Project financing* – also kulturspezifische Verfahrensnormen zur Vergabe von kulturellen Öffentlich Privaten Partnerschaften nach dem Modell des aktivierende Kulturstaates aufstellen. Entscheidender Vorteil eines solchen abstrakt bestimmten, einheitlich geltenden kulturellen Vergabeverfahrens ist, dass damit eine größere Rechtssicherheit im Interesse aller Beteiligten verbunden ist als bei einer für den Einzelfall geltenden öffentlichen Ausschreibung auf der Grundlage der allgemeinen Vergaberechtsgrundsätze.

Mangels einfachrechtlicher Vergabevorschriften auch im deutschen Recht sind die Kommunen berechtigt, kraft ihrer örtlichen Rechtssetzungskompetenz, die ein Teilaspekt der Selbstverwaltungshoheit nach Art. 28 II 1 GG ist, sich einem eigenen kulturspezifischen Vergaberechtsregime zu unterwerfen. Die Gemeinden können entsprechend das kulturspezifische Vergaberecht in Form einer Satzung erlassen.[1409] Der Erlass eines deutschen Kulturvergabegesetzes auf nationaler Ebene, das auf dem Politikmodell des aktivierenden Kulturstaats beruht, wäre hingegen kompetenzrechtlich nicht zulässig, da die Kompetenz für die öffentliche Aufgabe Kultur nicht beim Bund, sondern bei den Ländern bzw.

1406 Vgl. aber den Vorschlag für Richtlinie des Europäischen Parlaments und des Rates über die Konzessionsvergabe vom 20.12.2011, KOM (2011) 897.

1407 Siehe S. 105 ff.

1408 Siehe S. 154 ff.

1409 *Hufen*, NVwZ 1983, 516 (521).

den Gemeinden liegt.[1410] Denkbar wäre auch, dass mehrere Gemeinden sich eine identische Vergaberechtssatzung geben (vergleichbar z.B. mit der Landesverwaltungsgesetzen der Länder), um auf diese Weise auch gemeinsam eine private Partnerschaft für mehrere miteinander verbundene traditionelle Kultureinrichtungen öffentlich ausschreiben zu können.

Die Schaffung von generell-abstrakt geltenden Verfahrensnormen ist für die Projektvorschlagsphase zwingend erforderlich, um die Vorverfahrensphase mit den allgemeinen Vergaberechtsgrundsätzen der Gleichbehandlung und Transparenz in Einklang zu bringen. Der Grund dafür liegt darin, dass der private Projektvorschlag der öffentlichen Vergabebekanntmachung vorausgeht, die den Beginn der klassischen öffentlichen Ausschreibungsverfahren markiert.

Die potentiellen privaten Kulturpartner werden durch den Erlass einfachrechtlicher Verfahrensnormen in die Lage versetzt, sich über die allgemeinen Vorverfahrensbedingungen zu informieren und damit die Voraussetzungen für die Einreichung eines Projektvorschlages sowie die verfahrensrechtlichen Folgen zu kennen, welche die Einreichung für den Privaten mit sich bringt. In den kulturspezifischen Verfahrensregeln sind deshalb der Mindest- und der Maximalinhalt des privaten Projektvorschlages sowie die Dauer der Einreichungsfrist festzulegen. Darüber hinaus müssen die Marktteilnehmer normativ über die Existenz und Bedeutung des automatischen Beteiligungsrechts des *Proponente* am anschließenden Vergabeverfahren in Kenntnis gesetzt sowie der Ablauf und die Zusammensetzung des unabhängigen Expertengremiums für die Wahl des besten privaten kulturellen Projektvorschlages geregelt werden. Auch die Pflicht der Gemeinden, gegenüber den Marktteilnehmern zu begründen, warum sie möglicherweise nicht der Entscheidung des externen Gremiums zum öffentlichen Interesse der eingegangenen privaten Projektvorschläge folgen, sollte als Selbstbindung in der Satzung normiert werden.

e. Ergebnis

Die normativen Vorgaben für das private Projektvorschlagsrechts nach Art. 153, XIX des Codice 2008 bzw. für die privat initiierte Verfahrensvariante 2011 können in vielen Punkten bei der Normierung des privaten Projektvorschlagsrecht im Verfahren zur Vergabe von kulturellen Public Private Partnerships übernommen werden. Insoweit kommt dem Art. 153 des Codice 2008 bzw. 2011 eine echte Vorbildfunktion zu.

1410 Siehe hierzu S. 8 f.

Das in Art. 153, XVI des Codice 2011 geregelte private Verfahrenseinleitungsrecht ist kein privates Initiativrecht mit materiellrechtlichem Inhalt. Es handelt sich vielmehr um ein subjektiv-formales Recht bestimmter Privatrechtssubjekte, die öffentliche Ausschreibung für ein solches *Project financing* zu erzwingen, das in den staatlichen Programmen bereits enthalten ist. Die eigentliche Initiative für das *Project financing* ist hier von der öffentlichen Hand ausgegangen, die nicht nur selbst die Idee für das konkrete öffentlich-private Vorhaben hatte, sondern dafür in der Regel bereits in eigener Verantwortung eine Machbarkeitsstudie erstellt hat. Eine Machbarkeitsstudie ist eine Mindestvoraussetzung dafür, dass die *Projects financing* in den Jahreshaushaltsplan eingefügt werden dürfen.[1411] Allgemeine Planungsüberlegungen hat die Vergabestelle zu diesem Zeitpunkt bereits angestellt und wesentlichen Grundentscheidungen für die Projektrealisierung getroffen. Es fehlte lediglich die Veröffentlichung einer Vergabebekanntmachung, die als verfahrenseinleitender Akt jedem öffentlichen Ausschreibungsverfahren vorausgehen muss.

Das private Verfahrenseinleitungsrecht nach Art. 153, XVI des Codice 2011 übernimmt zudem eine Markterkundungsfunktion, wenn auch eine schwache.[1412] Dank der privaten Verfahrenseinleitung weiß die Vergabestelle, dass zumindest ein Unternehmen an der Beteiligung des Verfahrens zur Vergabe eines *Project financing* grundsätzlich interessiert ist.

Art. 153, XVI des Codice 2011 bringt für die Entwicklung eines privaten Initiativrechts im Sinne der aktivierenden Kulturpolitik neben dem privaten Projektvorschlagsrecht i.S.d. Art. 153, XIX des Codice 2011 kaum zusätzlichen Erkenntnisgewinn. Aus Art. 153, XVI des Codice 2011 kann lediglich die Idee übernommen werden, die Markterkundung verfahrensrechtlich in das Ausschreibungsverfahren einzubetten, anstatt – wie in der deutschen Vergaberechtspraxis bisher üblich – ein separates, zum Teil nicht normiertes Verfahren zur Markterkundung vorzusehen.[1413]

Wie bereits an anderer Stelle ausgeführt,[1414] sollten die Gemeinden vor Beginn der Vergabe einer kulturelle Öffentlich Privaten Partnerschaft regelmäßig aus zwei Gründen ein Verfahren zur Markterkundung durchführen: Zum einen können die Gemeinden nicht sicher sein, dass eine ausreichende Anzahl an Unternehmen, deren Handeln primär gewinnorientiert ausgerichtet ist, sich für eine Partnerschaft an einer traditionellen Kultureinrichtung interessiert und

1411 Siehe: Machbarkeitsstudie, S. 277.

1412 Siehe dazu im Einzelnen S. 278 f.

1413 Siehe: Markterkundungs- und Interessenbekundungsverfahren, S. 211 ff.

1414 Siehe: Verfahrensrechtliche Anforderungen und Konsequenzen, S. 169 ff.

entsprechend eine echte Wettbewerbssituation entsteht. Die Gemeinden müssen sich deshalb über das konkrete Beteiligungsinteresse der Unternehmen an einem möglichen Vergabeverfahren vorab informieren. Zum anderen können die Gemeinden auf diese Weise – wie aus tatsächlichen und kulturpolitischen Gründen gefordert – schon frühzeitig die Unternehmen zur Erstellung geeigneter Ausschreibungsunterlagen heranziehen. Mit dem Einbau der Markterkundungsphase in den Verfahrensaufbau wird dieser Verfahrensschritt stärker formalisiert und seine Durchführung ist zum Vorteil aller Beteiligten mit mehr Rechtssicherheit verbunden.

Welche Regelungen die Gemeinden aus dem Markterkundungsinstrument des Art. 153, XVI des Codice 2011 für das Verfahren zur Vergabe einer kulturellen Public Private Partnerships im Einzelnen übernehmen sollten, ist im Folgenden zu prüfen.

a. Verfahren zur Markterkundung

Markterkundungsinstrumente haben die Funktion, den Beschaffungsstellen vor oder während der Ausschreibung eines öffentlichen Vorhabens die notwendigen Kenntnisse über die Leistungsfähigkeit und Leistungswilligkeit des Marktes zu vermitteln, sowie möglicherweise von privater Seite nicht in Erwägung gezogene Realisierungsvorschläge und Ausführungsvarianten präsentiert zu bekommen.[1415] All diese Informationen benötigt die Vergabestelle für eine zielgerichtete, die Marktteilnehmer ansprechende Ausarbeitung der Ausschreibungsunterlagen.

Wenn das Vorverfahren i.S.d. Art. 153, XVI des Codice 2011 nach dem Willen des italienischen Gesetzgebers primär eine solche markterkundende Funktion erfüllen soll, stellt sich jedoch die Frage, warum die unternehmerischen Beiträge dieses Verfahrensabschnitts inhaltlich dem privaten Vorschlag des zweistufigen öffentlich initiierten Verfahrensmodell i.S.d. Art. 153, XV des Codice 2011 voll entsprechen und folglich bereits eine Vorentwurfsplanung enthalten müssen. Das gilt für den verfahrenseinleitenden privaten Akt ebenso wie für die anschließend eingehenden privaten Planungsvorschläge.

Der erste private Projektvorschlag hat primär die formale Funktion der Verfahrenseinleitung. Die nach der Veröffentlichung der hinweisenden Bekanntmachung eingehenden privaten Vorschläge dienen den Beschaffungsstellen dagegen zum Erhalt von Daten, Zahlen und Planungsideen, die ihnen helfen sollen, dem öffentlichen Hauptvergabeverfahren zweckentsprechende Ausschreibungsunterlagen zugrunde zu legen. Eine Vielzahl von zeit- und kostenaufwändigen privaten Vorentwurfsplanungen sind im Vorverfahren also gar nicht erforderlich. Das

1415 Siehe S. 201 ff., 169 ff.

gilt insbesondere deshalb, weil die Vorentwurfsplanungen in Umfang und Detaillierungsgrad über die für das Vorverfahren noch zu erstellenden groben Ausschreibungsunterlagen hinausgehen werden, auf denen sie denklogisch eigentlich aufbauen und diesen deshalb zeitlich nachfolgen sollten.

Hohe planerische Anforderungen, wie sie in Art. 153, XVI des Codice 2011 an die Marktteilnehmern stellt, halten Unternehmen eher davon ab, einen Beitrag zur Markterkundung zu leisten, als sie zur Beteiligung zu motivieren. Die Richtigkeit dieser These bestätigen Erfahrungen aus der Praxis des in Deutschland praktizierten Interessenbekundungsverfahrens,[1416] in dem ebenfalls bereits hohe Anforderungen von den Beteiligten verlangt werden.[1417]

Die private Beteiligungsbereitschaft bleibt im Vorverfahren auch dann gering, wenn den Unternehmen aus ihrem ideellen und planerischen Engagement keinerlei Vorteile erwachsen. Dennoch sehen weder Art. 153, XVI des Codice 2011 noch die in Deutschland bisher angewandten Markterkundungsinstrumente Anreiz- und Belohnungsinstrumente für die sich beteiligenden Marktteilnehmer vor.

Die Planungsangaben des verfahrenseinleitenden Aktes i.S.d. Art. 153, XVI des Codice 2011 werden darüber hinaus in der Regel nicht sehr zuverlässig sein. Der Grund dafür liegt darin, dass das vorschlagende Unternehmen selbst dann nicht an seinen ursprünglichen Planungsentwurf gebunden ist, wenn nach der Veröffentlichung der hinweisenden Bekanntmachung keine weiteren Unternehmen am Vorverfahren teilnehmen. Die erste private Vorentwurfsplanung ist keine verlässliche Informationsquelle und deshalb für die Erstellung einer ersten sachgerechten Bewertungsgrundlage wenig geeignet.

Die genannten Gründe sprechen aus vergaberechtlicher Sicht dafür, dass die Gemeinden im Verfahren zur Vergabe einer kulturellen Public Private Partnership weniger hohe Anforderungen an die privaten Beiträge stellen sollten.

Auch die kulturpolitisch geforderte Verfahrensvorgabe, dass möglichst alle Planungsstufen von öffentlicher und privater Hand in gleichberechtigter Zusammenarbeit erstellt und nicht einseitig von einer Partei vorgegeben werden sollen, macht das Vorverfahren i.S.d. Art. 153, XVI des Codice 2011 für das Vorverfahren zur Vergabe einer kulturellen Öffentlich Privaten Partnerschaft untauglich. So reichen die Privaten nach Art. 153, XVI des Codice 2011 auf Grundlage der hinweisenden Bekanntmachung in eigener Verantwortung erarbeitete Vorentwurfsplanungen bei der Beschaffungsstelle ein, von welchen die (relativ[1418]) beste Vorentwurfsplanung als Ausschreibungsunterlage für das Hauptvergabe-

1416 Siehe dazu im Einzelnen S. 201 ff.

1417 Vgl. PPP-Bundesgutachen BMVBS Band I, S. 33.

1418 Siehe: Hauptvergabeverfahren, S. 313 ff.

verfahren verwendet wird. Verhandlungen zwischen Gemeinde und Unternehmen über alle Planungsstufen sind in den Verfahren i.S.d. Art. 153 des Codice 2011 zwar möglich, aber nicht zwingend erforderlich. In einem öffentlichen Ausschreibungsverfahren, das dem Politikmodell des aktivierenden Kulturstaates möglichst vollständig entsprechen soll, müssen phasenübergreifende Verhandlungen dagegen als fester Verfahrensbestandteil vorgesehen sein.

Aus den angeführten vergaberechtlichen und kulturpolitischen Gründen wird den deutschen Gemeinden von dem Verfasser geraten, in der Markterkundungsphase des Verfahrens zur Vergabe einer kulturellen Öffentlich Privaten Partnerschaft an die privaten Beiträge keine höheren Anforderungen zu stellen als an die kulturellen Projektvorschläge, welche die Privaten auf eigene Initiative bei den Beschaffungsstellen einreichen können.

Die Markterkundungsphase und die Projektvorschlagsphase bilden alternativ jeweils die erste Verfahrensphase zur Vergabe einer kulturellen Public Private Partnership. Der einzige Unterschied zwischen der privaten Verfahrensvariante, die mit der Einreichung kultureller Projektvorschläge von privater Seiten beginnt, und der öffentlichen Variante mit eingebauter Markterkundungsphase besteht darin, dass die Gemeinde im letzteren Fall das „Ob" der kulturellen Öffentlich Privaten Partnerschaft im Kulturhaushalt bereits eingeplant hat und die konkrete Art der zu realisierenden traditionellen Kultureinrichtung feststeht. Das öffentliche Interesse an der konkreten traditionellen Kultureinrichtung wurde in diesem Fall bereits bejaht und die Entscheidung eines unabhängigen Expertengremiums darüber, welches der privat vorgeschlagenen Kulturprojekte vorzugsweise realisiert werden soll, ist nicht mehr notwendig.

In der Markterkundungsphase haben die Unternehmen zum einen bekannt zu geben, ob sie an der Mitbegründung einer gemischtwirtschaftlichen Kulturgesellschaft grundsätzlich interessiert sind. Zum andern sollen sie ihre Vorstellungen zu wirtschaftlichen und nichtwirtschaftlichen Aspekten der gemischtwirtschaftlichen Gesellschaft vorbringen und erste grobe Ideen zur planerischen Umsetzung des traditionellen Kulturprojektes formulieren. Mit diesen Informationen können sich die Gemeinden für oder gegen die öffentliche Ausschreibung der kulturellen Öffentlich Privaten Partnerschaft gemäß dem aktivierenden Kulturstaatsmodell entscheiden. Entscheiden sie sich für eine Ausschreibung, genügen ihnen die genannten Angaben, um eine erste grobe Verhandlungsgrundlage zu erstellen, die in Inhalt und Umfang den Bedürfnissen und Anforderungen entspricht, welche die Vergabestellen bei einem Wettbewerblichen Dialog anzugeben haben. Diese erste Verhandlungsgrundlage haben die Gemeinden der öffentlichen Vergabebekanntmachung beizufügen. Sie ist Ausgangsbasis der Planungsgespräche zwischen den Beteiligten im weiteren Vergabeverfahren. Weitergehende Angaben von Seiten der Unternehmen sind in der Markterkundungsphase nicht erforderlich, da die Planung des gemischtwirtschaftlichen Kulturprojektes und die Erarbeitung einer objektivierten Bewertungsgrundlage, auf der am Ende die Zuschlagsentscheidung ergeht, Teile des Ausschreibungsgegenstandes sind und erst schrittweise in gemeinsamer Verantwortung der potentiellen Vertragspartner in Verhandlungswege erfolgen sollen.

Damit die Unternehmen sich in ausreichend hoher Zahl an der Markterkundungsphase beteiligen und sich die Kommunen auf die Zuverlässigkeit der eingehenden privaten Beiträge verlassen können, sollten sie die Unternehmen zur Teilnahme an dem anschließenden Vergabeverfahren in Form einer Teilnahmeobliegenheit berechtigen und verpflichten. Entsprechend sollte die Gemeinde in der Satzung die Nichtteilnahme eines vorbefassten Unternehmens am weiteren Vergabeverfahren mit einer Strafzahlung (vgl. Art. 153, XVII des Codice 2011) sanktionieren, um die angeordnete Teilnahmepflicht tatsächlich durchzusetzen. Nimmt das vorbeteiligte Unternehmen zwar am weiteren Vergabeverfahren teil, rückt aber ohne sachlichen Grund von seinen ursprünglichen Angaben ab, schädigt es das vorvertragliche Vertrauensverhältnis und schwächt regelmäßig seine Verfahrensstellung für die anstehenden Vertragsverhandlungen. Ehrlichkeit und Zuverlässigkeit sind sachgerechte subjektive Bewertungskriterien, die bei der Vergabeentscheidung eine Rolle spielen dürfen.

Den Gemeinden wird von dem Verfasser geraten, die Markterkundungsphase zeitlich zu begrenzen. Insoweit kann die Verfahrensnorm des Art. 153, XVI des Codice 2011 als Vorbild genommen werden.

Wenn die Gemeinden sich und dem Markt klare zeitliche Regeln für die Dauer der Markterkundung und die Einreichung von Beiträgen vorgeben, erhöht sich die Chance, dass innerhalb des jeweiligen Zeitabschnittes mehrere private Beiträge bei ihr eingehen und diese untereinander verglichen sowie zum Zwecke der Erstellung einer ersten sachgerechten Verhandlungsgrundlage miteinander kombiniert werden können. Die Kombinierung der Angaben verschiedener Unternehmen stellt nach vorliegender Ansicht kein unzulässiges, gegen das Wettbewerbsprinzip verstoßendes „*Cherry-picking*" dar, da die Beiträge der Privatwirtschaft in der Markterkundungsphase nur erste allgemeine Angaben zu der kulturellen Öffentlich Privaten Partnerschaft enthalten sollen und gerade noch keine schützenswerten planerischen Inhalte aufweisen dürfen. Die privaten Planungsentwürfe i.S.d. Art. 153, XVI des Codice 2011 enthalten dagegen in der Regel bereits rechtlich geschützte Planungsgesichtspunkte. Die dabei drohende Gefahr eines vergaberechtswidrigen „*Cherry-picking*"[1419] ist ein weiteres Argument dafür, dass Art. 153, XVI des Codice 2011 in Bezug auf den Inhalt der privaten Beiträge

1419 Siehe hierzu *Ricchi*, Opere pubbliche, Kapitel 3.7, S. 106.

im Vorverfahren zur Vergabe einer kulturellen Public Private Partnership keine Vorbildfunktion zukommen kann.

Die Gemeinden können die Anzahl der privaten Beteiligten an der Markterkundungsphase dadurch weiter erhöhen, dass sie ihre Absicht, für eine konkrete traditionelle Kultureinrichtungen sich einen privaten Partner zu suchen, nicht nur öffentlich bekannt geben, sondern daneben einzelne Unternehmen gezielt zur Teilnahme auffordern. Darin liegt keine unzulässige Ungleichbehandlung zwischen angesprochenen und nicht angesprochenen Unternehmen, da das persönliche Ansprechen als solches den betroffenen Unternehmen zu keinem Wettbewerbsvorteil verhilft. Zur vollständigen Vergaberechtskonformität ist erforderlich, dass die Informationen über das zu realisierende Kulturprojekt sowie der übrige Inhalt und die Frist für die privaten Beiträge in den persönlichen Aufforderungsschreiben mit dem Inhalt der öffentlichen Bekanntmachung identisch sind.

b. Ergebnis

Das Vorverfahren des privat initiierten Verfahrensmodells i.S.d. Art. 153, XVI des Codice 2011 dient den italienischen Beschaffungsstellen zur Markterkundung. Diese Grundidee sollten die Gemeinden für das Verfahren zur Vergabe einer kulturellen Public Private Partnership übernehmen und entsprechend die Markterkundung als integrierten, in Alternative zur Projektvorschlagsphase anwendbaren Verfahrensschritt im Vergabeverfahren vorsehen.

II. Kooperation von Gemeinden und Unternehmen während der gesamten Projektplanung

Die vier Verfahrensvarianten des Art. 153 des Codice 2011 haben gemeinsam, dass die italienischen Beschaffungsstellen bei der Vergabe dieser speziellen Öffentlich Privaten Partnerschaft in allen Planungsphasen auf das Know-how der Unternehmen und die sonstigen Vorteile des freien Marktes zurückgreifen dürfen. Die Vorentwurfsplanung ist hier ebenso wie die Entwurfsplanung Gegenstand des Ausschreibungsverfahrens. Gegenüber den klassischen Verfahrensarten der VKR oder dem italienischen Vergabeverfahren nach Art. 142 ff. des Codice 2011 ist der Ausschreibungsgegenstand umfangreicher sowie planungstechnisch komplexer und in der Konsequenz auch zeit- und kostenintensiver. Ein Verfahrensablauf, bei dem die vorbereitende Projektplanung[1420] mit Hilfe der Pri-

1420 Der Begriff der „vorbereitende Planung“ wird im Folgenden als Oberbegriff für die Vorentwurfsplanung sowie die Entwurfsplanung angewandt.

vatwirtschaft erbracht wird, ist vor dem Hintergrund der Geltung der allgemeinen Vergaberechtsgrundsätze entsprechend begründungsbedürftig.

Die Einbindung der Unternehmen in alle Planungsstufen der traditionellen Kultureinrichtung ist für ein Vergabeverfahren gemäß dem aktivierenden Kulturstaatsmodell ein wichtiger Verfahrensaspekt, da ein echtes gemeinsames Kulturprojekt nur entstehen kann, wenn der potentielle private Kulturpartner von Anfang an gleichberechtigt an der Planung beteiligt wird. Aus kulturpolitischen Gründen haben die Gemeinden dem Verfahrensaufbau zur Vergabe kultureller Public Private Partnership also idealerweise ein dem Art. 153 des Codice 2011 vergleichbares planerisches Prinzip zugrunde zu legen. Das Prinzip der ordnungsgemäßen öffentlichen Aufgabenerfüllung könnte einen solchen Verfahrensaufbau aus vergaberechtlicher Sicht rechtfertigen. Ob dies tatsächlich der Fall ist, hängt davon ab ob dieser Verfahrensaufbau bei der Vergabe einer privaten Partnerschaft in einer traditionellen Kultureinrichtung in Hinblick auf das Wettbewerbsprinzip verhältnismäßig ist:

Binden die Gemeinden die Unternehmen nicht nur in die Erarbeitung der Ausführungsplanung und die anschließende Erbringung der öffentlichen Aufgabe ein, sondern bereits in die vorbereitende Planung, kommt es auf Planungsebenen zu einer Zusammenarbeit, die bei den formalen Verfahrensarten des Öffentlichen und des Nichtöffentlichen Verfahrens primär im Verantwortungsbereich der Beschaffungsstellen liegen.[1421] Die Vorentwurfsplanung sowie den Großteil der Entwurfsplanung erbringen normalerweise allein die Vergabestellen, die darin die Planungskonditionen und allgemeinen Vertragsvoraussetzungen für die öffentliche Aufgabenerfüllung festgelegen. Aufgabe der Privaten ist es dagegen, eine möglichst wirtschaftliche Ausführungsplanung zu erarbeiten und eventuell zuvor die Entwurfsplanung zu ergänzen. Von den in den Ausschreibungsunterlagen vorgegebenen Auftragsbedingungen dürfen sie dabei grundsätzlich nicht abweichen, es sei denn es sind ausnahmsweise Nebenangebote zugelassen (vgl. § 16a I, III VOB/A, § 9 I, V 1 VOL/A-EG).

Wie an anderer Stelle dieser Arbeit ausgeführt, kennt das einfachrechtliche Vergaberecht für die Zwecke einer interessengerechten Vergabe komplexer Aufträge aber auch gestaltungsoffene Ausschreibungsverfahren (insbesondere das Verhandlungsverfahren und der Wettbewerbliche Dialog[1422]). Hier kommt es zur Überschneidung der planerischen Verantwortungsbereiche, die bei den formalen Verfahren klar zwischen dem öffentlichen Auftraggeber und den privaten Verfahrensteilnehmern aufgeteilt sind.[1423]

1421 Siehe S. 117 f.

1422 Siehe: Verhandlungsverfahren, S. 204 ff. und Wettbewerblicher Dialog, S. 226 ff.

1423 Siehe hierzu im Einzelnen S. 190 ff.

Die Verfahrensregeln des Art. 153 Codice 2011 erlauben Überschneidung zwischen den jeweiligen planerischen Verantwortungsbereichen noch gezielter und in wesentlich stärkerem Maße als die in Deutschland bekannten gestaltungsoffenen Verfahrensarten. Gemeinschaftsrechtlich ist dagegen nichts einzuwenden, da es sich bei dem bei den *Projects financing* um spezielle Konzessionen handelt, die unmittelbar auf der Grundlage der allgemeinen Vergaberechtsgrundsätze vergeben werden dürfen und aus diesen Grundsätzen keine konkret geltenden Ververfahrensvorschriften zu entnehmen sind.[1424] Entsprechend können die Gemeinden für die Vergabe von kulturellen Public Private Partnerships mit konzessionsrechtlichen Vertragselementen ein Vergaberechtsregime ähnlich dem Art. 153 des Codice 2011 vorsehen. Grenzen bilden auch hier nur die allgemeinen Vergaberechtsgrundsätze. Die VKR und das einfachgesetzliche deutsche Vergaberecht mit ihren strengeren Verfahrensvorschriften finden dagegen keine Anwendung.

Bei einem gestaltungsoffenen Verfahrensablauf, bei dem sich die planerischen Verantwortungsbereiche der potentiellen Vertragspartner überschneiden, kommt es jedoch zu Projektantenkonflikten.[1425] Diesen vergaberechtlichen Konflikt hat der italienische Gesetzgeber bei den Neuformulierungen der Verfahrensregeln zur Vergabe von *Projects financing* im Jahr 2008 und 2011 im Grundsatz erkannt und versucht, mit den zweistufig aufgebauten Verfahrensvarianten das Problem einer interessengerechten Lösung zuzuführen. Dies ist ihm jedoch nur ansatzweise gelungen. Letztendlich hat der italienische Gesetzgeber bei den Verfahrensvorschriften der zweistufigen Verfahrensvarianten des Art. 153 des Codice 2011 die Grenzen des Ermessen- und Gestaltungsspielraumes, der ihm bei der Vergabe von Konzessionen eröffnet ist, nicht vollständig eingehalten.

Im Folgenden werden die zweistufigen Verfahrensvarianten des Art. 153 des Codice 2011 deshalb schrittweise nochmals durchgegangen und an den Stellen, die mit den allgemeinen Vergaberechtsgrundsätzen in Widerspruch stehen, für das deutsche kulturspezifische Vergaberechtsregime eine abweichende, vergaberechtskonforme Lösung entwickelt. Weitere Abweichungen vom italienischen Verfahrensaufbau könnten zudem aus kulturpolitischen Gründen nötig sein.

1. Verfahrenseffizienz und Verfahrenseffektivität

In Hinblick auf den öffentlichen Aspekt des Wettbewerbsprinzips ist ein gestaltungsoffener mehrstufiger Verfahrensaufbau kritisch zu sehen. Der Grund dafür liegt darin, dass mit der Nutzung des privaten Fachwissens bei der gesamten

1424 Siehe S. 106 f.

1425 Siehe, S. 181.

vorbereitenden Planung hohe Verfahrens- und Transaktionskosten verbunden sind und die Kosten für die öffentliche Aufgabenerfüllung insgesamt steigen. Die Privaten beteiligen sich an den verschiedenen Planungsstufen nicht unentgeltlich, sondern stellen der Verwaltung die aufgewendeten Entwurfs- und Kalkulationskosten in Form eines entsprechend höheren Vertragspreises in Rechnung.[1426] Die zusätzlichen Kosten müssen deshalb nach dem Prinzip der ordnungsgemäßen öffentlichen Aufgabenerfüllung in Hinblick auf den konkret zu vergebenden Auftragsgegenstand angemessen und verhältnismäßig sein.

Die italienischen Beschaffungsstellen können zur Vergabe eines *Project financing* zwischen vier verschiedenen Verfahrensarten wählen.[1427] Das Wettbewerbsprinzip verpflichtet sie, ihr Auswahlermessen primär an Gesichtspunkten der Verfahrenseffizienz auszurichten.

So kann die italienische Verwaltung auf das privat initiierte Verfahrensmodell des Art. 153, XVI des Codice 2011 nur zurückgreifen, wenn sie über keine ausreichenden Informationen verfügt, in welcher Art und Weise die Bedürfnisse und Anforderungen der Allgemeinheit an der öffentlichen Aufgabe zu befriedigen sind. Darüber hinaus fehlt ihr in der Regel der Überblick über das Interesse des Marktes, sich an der Erfüllung der konkreten öffentlichen Aufgabe zu beteiligen. Ist ein ausreichendes Beteiligungsinteresse der Unternehmen am Vergabeverfahren dagegen sichergestellt, darf sie zwar für die Vorentwurfsplanung auf die Hilfe der Privatwirtschaft zurückgreifen, eine Markterkundung ist dagegen nicht erforderlich. Das *Project financing* ist in diesem Fall in Form eines der öffentlich initiierten Verfahrensmodelle auszuschreiben.

Verfügen die italienischen Beschaffungsstellen trotz der allgemein hohen Komplexität von Öffentlich Privaten Partnerschaften darüber hinaus über eigene rechtliche und wirtschaftliche Kenntnisse sowie ausreichend Erfahrung, um eine sachgerechte Vorentwurfsplanung für das *Project financing* zu erstellen, ist der Weg zu den kostenintensiveren Verfahren des Art. 153 des Codice 2011 verschlossen. Sie sind verpflichtet, das *Project financing* nach den Art. 143 des Codice 2011 öffentlich auszuschreiben.

Die Kommunen sind bei der Ausgestaltung des kulturellen Vergabeverfahrens nach dem aktivierenden Kulturstaatsmodell vergaberechtlich ebenfalls zu einer effizienten Verfahrensgestaltung verpflichtet. Hat die Gemeinde eine konkrete Vorstellung, welche Bedürfnisse ihrer Einwohner an traditionellen Kulturleistungen bisher nicht ausreichend befriedigt sind, muss sie vergleichbar der öffent-

---

1426 Siehe hierzu S. 25.

1427 Für die fünfte Verfahrensvariante, das privat initiierte Verfahrensmodell 2011, fehlt es der Vergabestelle hingegen an einem Entschließungsermessen. Ob ein solches Verfahren durchgeführt wird, hängt vielmehr allein davon ab, ob ein privates Unternehmen aktiv wird oder nicht.

lich initiierten Verfahrensarten des Art. 153 des Codice 2011 selbst die Initiative zur Ausschreibung einer konkreten kulturellen Öffentlich Private Partnerschaft ergreifen. Sollte eine hinreichend hohe Teilnahmebereitschaft der Wirtschaftsunternehmen an diesem Vergabeverfahren sichergestellt sein, ist zudem der Einbau einer Markterkundungsphase in den Verfahrensablauf wirtschaftlich nicht zu rechtfertigen. Die Markterkundungsphase ist folglich als optionaler Verfahrensschritt auszugestalten. In den meisten Fällen wird den Kommunen jedoch der Überblick fehlen, ob die Unternehmen generell bereit sind, sich an der konkreten kulturellen Öffentlich Privaten Partnerschaft zu beteiligen. Der Grund dafür ist neben der regelmäßig geringen wirtschaftlichen Lukrativität von traditionellen Kultureinrichtungen der Umstand, dass die Realisierung von kulturellen Public Private Partnerships in Deutschland bisher noch wenig erprobt ist und es entsprechend an allgemeinen Erfahrungswerten fehlt.

Die Vergabeverfahren des Art. 153 des Codice 2011 sowie des Art. 143 ff. des Codice 2008 stehen den italienischen Beschaffungsstellen, unabhängig von der konkreten Art des zu vergebenden öffentlichen Leistung allgemein für die Vergabe von *Projects financing* zur Verfügung. Bei der Wahl zwischen der einen und der anderen Verfahrensvariante hat sich die italienische Verwaltung deshalb am Umfang der eigenen Planungskompetenz sowie an Wirtschaftlichkeitsgesichtspunkten zu orientieren. Das Prinzip der ordnungsgemäßen öffentlichen Aufgabenerfüllung spielt dagegen je nach Art des konkret zu vergebenden Auftragsgegenstandes für die Verfahrenswahl eine unterschiedlich starke Rolle. Die italienischen Vergabestellen müssen in jeden Einzelfall neu einen Ausgleich zwischen dem Wirtschaftlichkeitsgrundsatz als Ausdruck des Wettbewerbsprinzips und dem Prinzip der ordnungsgemäßen öffentlichen Aufgabenerfüllung finden und davon ausgehend, sich für eine Verfahrensvariante entscheiden.

Die deutschen Gemeinden können sich bei dem Aufbau eines speziellen, rein kulturellen Vergabeverfahren dagegen stärker von der Effektivitätserwägung leiten lassen, in welcher Art und Weise der aktivierende Kulturstaat auch verfahrensrechtlich möglichst optimal umgesetzt werden kann, ohne gegen vergaberechtliche Vorgaben zu verstoßen. Der Grund dafür liegt darin, dass die Gemeinden nicht wie die italienischen Beschaffungsstellen an nationale Verfahrensvorschriften, sondern lediglich an die allgemeinen Vergaberechtsgrundsätze gebunden sind.

Eine gemischtwirtschaftlich betriebene traditionelle Kultureinrichtung entspricht optimal den Anforderungen einer aktivierenden Kulturpolitik, wenn sie das Ergebnis eines Vergabeverfahrens ist, bei dem die Vorentwurfsplanung, die Entwurfsplanung sowie die Ausführungsplanung schrittweise von den Unternehmen und der Gemeinde in partnerschaftlicher Zusammenarbeit entwickelt wurden. Auch die vorbereitende Planung sollte stets Teil des Ausschreibungsgegenstandes sein. Das gilt auch dann, wenn die Gemeinde ungeachtet der hohen Komplexität von kulturellen Public Private Partnerships im Allgemeinen ausnahmsweise rechtlich und planerisch in der Lage sein sollten, vor Ausschreibungsbeginn eine detaillierte, inputspezifizierte Leistungsbeschreibung zu erstellen. Dass eine solche Sachverhaltskonstellation in naher Zukunft in Deutschland auftreten wird, ist jedoch eher unwahrscheinlich, da es bisher an ausreichender Praxiserfahrung sowohl hinsichtlich der Vergabe von traditionellen Kultureinrichtungen als auch hinsichtlich der Realisierung von institutionalisierten Public Private Partnerships fehlt. Hinzu kommt, dass der Auftragsgegenstand im Verfahren zur Vergabe von kulturellen Public Private Partnerships planerisch noch komplexer ist als die Auftragsgegenstände, die nach Art. 153 des Codice 2011 vergeben werden dürfen. Der Grund dafür liegt darin, dass mit der Ausführungsplanung eine weitere Planungsebene Bestandteil des bereits schon umfangreichen Ausschreibungsgegenstandes wird. Während bei der Vergabe *Projects financing* die Ausführungsplanung nicht Gegenstand der öffentlichen Ausschreibung ist,[1428] sind bei institutionalisierten Konzessionen die Vertragspartner für eine ordnungsgemäße betriebliche Planung der traditionellen Kultureinrichtung gemeinsam verantwortlich. Nur das Unternehmen, das die beste Gesamtplanung inklusive eines attraktiven Betriebskonzeptes vorgelegt hat, bekommt den Zuschlag.

Das Prinzip der ordnungsgemäßen öffentlichen Aufgabenerfüllung berechtigt die deutschen Gemeinden, einen geeigneten generellen Verfahrensablauf zur Vergabe aller kulturellen Öffentlich Privaten Partnerschaft zu entwickeln.[1429] Bei diesem speziellen Vergabeverfahren bilden sämtliche Planungsstufen Bestandteil des Gesamtausschreibungsgegenstandes und es darf allgemein bei allen Ausschreibungen von kulturellen Public Private Partnerships angewendet werden. Wesentliche Vorteile eines solchen Musterverfahrens sind die stärkere Formalisierung des Verfahrensablaufes und die Selbstbindung der Gemeinden, mit der Folge einer größeren Rechtssicherheit im Interesse aller Verfahrensbeteiligten.

Als Musterverfahren, das eins zu eins bei der Vergabe kultureller Öffentlich Privater Partnerschaften angewendet werden kann, scheidet ein Verfahrensaufbau entsprechend dem Verfahren nach Art. 143 ff. des Codice 2011 ebenso aus wie die Verfahrensvarianten des Art. 153 des Codice 2011. Grund dafür ist, dass die verschiedenen Planungsstufen des öffentlich-privaten Vorhabens hier von der Privatwirtschaft in eigener Verantwortung entworfen bzw. weiterentwickelt werden und nicht Produkt einer gleichberechtigten planerischen Zusammenarbeit der Beschaffungsstelle und der Unternehmen sind. Die Verfahrensarten des Art. 153 des Codice 2011 enthalten nur punktuell kooperative Verfahrensansätze.

1428 Avv. Spinelli im Gespräch mit dem Verfasser.

1429 Siehe dazu bereits S. 158.

So kann es bei den öffentlich initiierten Verfahrensmodellen gemäß Art. 153, I – XIV, XV des Codice 2011 zwar zu Gesprächen zwischen Beschaffungsstelle und Privaten kommen, Voraussetzung dafür ist jedoch, dass bei der wirtschaftlichsten privaten Vorentwurfsplanung noch Abänderungsbedarf besteht.[1430] Es kommt zwischen öffentlicher und privater Hand dabei auch nicht zu echten Verhandlungen über den Auftragsgegenstand, sondern die Vergabestelle gibt die noch vorzunehmenden Modifikationen einseitig vor. Der angesprochene Private kann diese entweder akzeptieren oder muss aus dem Verfahren ausscheiden.

Bei den öffentlich initiierten Varianten des Art. 153 des Codice 2011 handelt es sich im Grundsatz um streng formalisierte Vergabeverfahren, wie der Verweis auf die Verfahrensnormen des Öffentlichen und des Nichtöffentlichen Verfahrens zeigt. Nur die privat initiierte Verfahrensvariante gemäß Art. 153, XVI lett. a des Codice 2011 darf nach den Verfahrensregeln des gestaltungsoffenen Vergabeverfahrens des Wettbewerblichen Dialoges durchgeführt werden. Die Anwendung des Art. 153, XVI lett. a des Codice 2011 steht allerdings unter der strengen Voraussetzung, dass die besondere Komplexität des Vorhabens auch mithilfe der im Vorverfahren als beste bewertete private Vorentwurfsplanung nicht beseitigt werden konnte. Der gestaltungsoffene Verfahrensablauf ist nach dem aktuellen italienischen Vergaberecht also nicht als Regelverfahren vorgesehen, sondern nur im Ausnahmefall zulässig.

Für den vorliegenden Untersuchungszweck hat eher der Verfahrensaufbau des *Project financing*-Verfahren a.F. eine Vorbildfunktion, da dort die gestaltungsoffene Verfahrensart des Verhandlungsverfahrens als Regelverfahren ausgestaltet war. Nachteilig am Verfahrensaufbau des *Project financing*-Verfahren a.F. ist, dass eine Kooperation zwischen den Beteiligten dort nur in der letzten Planungsphase zulässig war, während für ein Vergabeverfahren i.S.d. aktivierenden Kulturpolitik Verhandlungen zwischen Gemeinden und Unternehmen von der Vorentwurfsplanung bis hin zur Ausführungsplanung geboten sind. Wie bereits ausgeführt,[1431] sollten die Gemeinden sich zudem bei der Entwicklung eines kulturspezifischen Verfahrens weniger am Verfahrensaufbau des Verhandlungsverfahrens, sondern mehr an den Verfahrensregeln des Wettbewerblichen Dialogs orientieren.

Die Vorteile des Wettbewerblichen Dialogs sollen im nächsten Abschnitt nochmals zusammenfassend und konkret für die Vergabe von kulturellen Öffentlich Privaten Partnerschaften nach dem Politikmodell des aktivierenden Kulturstaates dargestellt werden.

1430 Vergleichbares gilt für das Hauptverfahren der privat initiierten Verfahrensvariante 2011 gemäß Art. 153 XIX des Codice 2011.

1431 Siehe: Eignung des Verfahrensaufbaus des Wettbewerblichen Dialogs zur Vergabe kultureller Public Private Partnerships, S. 234 ff.

2. *Konkreter Verfahrensaufbau: Wettbewerblicher Dialog i.V.m. Art. 153 des Codice 2011*

Im Abschnitt über den Wettbewerblichen Dialog wurde aufgezeigt, dass die Gemeinden mit einem Verfahrensaufbau, der mit dem Aufbau des Wettbewerblichen Dialogs vergleichbar ist, vielen der spezifischen Anforderungen entsprechen können, die das aktivierende Kulturpolitikmodell an den Ablauf der öffentlichen Ausschreibung zur Vergabe einer kulturellen Öffentlich Privaten Partnerschaft mit konzessionsrechtlichen Elementen stellt. Zugleich behält ein solcher Verfahrensaufbau für die kulturspezifische Projektantenproblematik einen interessengerechten Lösungsansatz bereit. Bleiben die Gemeinden verfahrensgestalterisch beim Wettbewerblichen Dialog nicht stehen, sondern ergänzen diesen Verfahrensaufbau für das kulturspezifische Vergabeverfahren mit einzelnen Elementen der Verfahren nach Art. 153 des Codice 2011, können sie dem Politikmodell des aktivierenden Kulturstaates verfahrensrechtlich in optimaler Weise entsprechen. Der verfahrensrechtliche Ermessens- und Gestaltungsspielraum der Gemeinden wird lediglich durch die allgemeinen Vergaberechtsgrundsätze begrenzt. Diese Grenzen müssen die Gemeinden jedoch bei der Schaffung eines kulturellen Musterverfahrens vollumfänglich beachten.

Der Wettbewerbliche Dialog ist wie die zweiphasige öffentlich initiierte Verfahrensvariante des Art. 153, XVI des Codice 2011 und die privat initiierten Verfahrensvariante des Art. 153, XVI und XIX des Codice 2011 mehrstufig aufgebaut. Ein mehrstufiger Verfahrensaufbau ist in Sachverhaltskonstellationen, in denen mehrere aufeinander aufbauende Planungsebenen Teil der Ausschreibungsgegenstandes sind, einem einstufigen Aufbau vergaberechtlich vorzuziehen. Der Grund dafür liegt darin, dass bei besonders komplexen Auftragsgegenständen durch ein klar strukturiertes, in mehrere aufeinander folgende Planungsphasen aufgeteiltes Verfahren dem Grundsatz der Gleichbehandlung sowie dem Wettbewerbsprinzip besser entsprochen werden kann.[1432]

Sehen die Kommunen für jeden Planungsschritt eine separate Verfahrensphase vor, können sie zudem den Wettbewerb als Instrument zur öffentlichen Aufgabenerfüllung gleich mehrmals einsetzen.

Ziel des Wettbewerbes im ersten Verfahrensschritt ist, dass die Gemeinden ein den kulturellen Bedürfnissen und Anforderungen der Allgemeinheit möglichst optimal entsprechendes Planungskonzept erhalten. Die Gemeinden verfügen im

1432 Siehe hierzu S. 287 f.; die privat initiierte Verfahrensvariante 2011 weist diesen Vorteil nicht mehr auf, wenn die Vergabestelle – wie es ihr nach Art. 153, XIX Satz 10 des Codice erlaubt ist– die Teilnehmern des Hauptvergabeverfahrens zur Einreichung von Planungsvarianten in Hinblick auf die ursprüngliche Vorentwurfsplanung des *Promotore* auffordert (siehe zur Einreichung von Alternativplänen, S. 294 f.).

ersten Verfahrensschritt über einen ähnlich weiten Ermessenspielraum wie die italienischen Beschaffungsstellen bei der Feststellung des öffentlichen Interesses i.S.d. Art. 153, XVI und XIX des Codice 2011, da die Zuschlagsentscheidung auf die kulturelle Öffentlich Private Partnerschaft erst am Ende des zweiten Verfahrensschrittes ergeht. Dort schreibt das Wettbewerbsprinzip die Verwendung des Zuschlagskriteriums des wirtschaftlichsten Angebotes zwingend vor. Welches der privaten Angebote die Gemeinden dagegen in der ersten Verfahrensphase als das Beste bewerten, müssen sie nicht anhand des Kriteriums des wirtschaftlichsten Angebotes entscheiden. In der ersten Verfahrensphase ist die Verwendung des Kriteriums des wirtschaftlichsten Angebots vergaberechtlich nicht zwingend erforderlich.[1433] Die Gemeinden sollten ihren weiten Gestaltungs- und Ermessensspielraum hier nutzen und primär nichtwirtschaftliche leistungsbezogene Kriterien für ihre Entscheidung heranziehen. Der Eigengesetzlichkeit der Kultur kann auf diese Weise verfahrensrechtlich Rechnung getragen werden.

Den zweiten Verfahrensschritt sollten die Gemeinden dafür verwenden, um das beste Planungskonzept, das in der ersten Verfahrensphase mit einem der privaten Verfahrensteilnehmer gemeinsam erarbeitetet haben, im Wettbewerb wirtschaftlich weiter zu optimieren. Diese vorläufige verfahrensrechtliche Trennung von Planung und Kosten bringt für die Gemeinden den Vorteil, dass sie für dasselbe Planungskonzept gegenüber einem einstufigen Ausschreibungsverfahren einen niedrigeren Preis erzielen können.[1434] Ein solcher Verfahrensaufbau entspricht in besonderem Maße dem öffentlichen Aspekt des Wettbewerbsprinzips. Ein unvereinbarer Widerspruch zum ganzheitlichen Ansatz von Public Private Partnership-Projekten entsteht durch diesen Verfahrensaufbau nicht, da der ganzheitliche Projektansatz lediglich vorläufig vernachlässigt, aber nicht vollständig beseitigt wird.[1435]

Den beschriebenen zweistufigen Verfahrensaufbau sollten die Gemeinden in Sachverhaltskonstellationen nutzen, in denen sie das Verfahren zur Vergabe einer konkreten kulturellen Öffentlich Privaten Partnerschaft sofort öffentlich ausschreiben können, da eine ausreichend hohe Beteiligungsbereitschaft der Unternehmen sichergestellt ist. Der Regelfall wird dies bei der Vergabe einer privaten Partnerschaft für eine traditionellen Kultureinrichtung jedoch nicht sein. In den meisten Fällen werden sie das Verfahren vielmehr dreistufig aufbauen müssen, indem sie dem zweistufigen Hauptvergabeverfahren entweder ein privater Projektvorschlag oder eine Markterkundungsphase vorausgehen lassen.

1433 Siehe S. 290.

1434 Dipl-Ing. Ehret im Gespräch mit dem Verfasser.

1435 Dipl-Ing. Ehret im Gespräch mit dem Verfasser.

Mit einem klar gegliederten, mehrstufigen Verfahrensaubau kann verhindert werden, dass es zur Vermischung der einzelnen Planungsebenen kommt und dadurch die allgemeinen Vergaberechtsgrundsätze der Gleichbehandlung und Transparenz verletzt werden. Die verfahrensrechtlichen Zwischenentscheidungen der Beschaffungsstelle im mehrstufigen Verfahrensaufbau führen zu einer hohen Vergleichbarkeit der privaten Angebote am Ende des Vergabeverfahrens und zu einer Zuschlagsentscheidung auf objektivierter Bewertungsgrundlage.

In einem einphasigen Verfahren geben die Verfahrensteilnehmer einmalig ein Planungsangebot ab. Es muss somit unmittelbar die gesamte Projektplanung enthalten, auch wenn sich diese aus mehreren, aufeinander aufbauenden Planungsebenen zusammensetzt. Bei besonderes komplexen Auftragsgegenständen wie kulturellen Public Private Partnerships, bei denen der Vergabestelle in der Regel das nötige Fachwissen fehlt, um in eigener Verantwortung eine Vorentwurfsplanung zu erstellen – ganz abgesehen davon, dass sie kulturpolitisch nicht die alleinige Verantwortung übernehmen sollen –, würden die (mehrstufigen) privaten Planungsentwürfe wesentlich voneinander abweichen. Eine Zuschlagsentscheidung auf objektiver Vergleichsgrundlage wäre kaum möglich, mit der Folge, dass die unterlegenen Unternehmen vermehrt Nachprüfungsverfahren anstrengen würden.

Bei einer mehrstufigen Verfahrensstruktur dienen die Verfahrensphasen, die der Zuschlagsentscheidung vorausgehen, einer schrittweisen Entwicklung des Planungskonzeptes und der Ergänzung der ursprünglichen Bewertungsgrundlage. Das gilt für den Wettbewerblichen Dialog ebenso wie für die zweistufigen Verfahrensvarianten des Art. 153 des Codice 2011;[1436] in allen Fällen trägt dieser Verfahrensaufbau zu mehr Objektivität und Rechtssicherheit bei der Zuschlagsentscheidung bei.

Die Gemeinden sollten sich bei der Ausgestaltung des Verfahrens die mehrstufigen Verfahren des italienischen Vergaberechts insoweit als Vorbild nehmen, als sie ihre Entscheidung, auf welches private Angebot sie den Zuschlag erteilen, auf Grundlage eines der privaten Planungsvorschläge treffen sollten. Diese Verfahrensgestaltung ist mit der in Deutschland diskutierten sog. „Einheitslösung" vergleichbar[1437] und hat den Vorteil, dass die Zuschlagsentscheidung auf einer einheitlichen, für alle Verfahrensteilnehmer gleichermaßen geltenden objektivierten Bewertungsgrundlage ergeht. Der Übergang von der ersten in die zweite Verfahrensphase ist so auszugestalten, dass die Gemeinden die vorbereitende Planung,

---

1436 Die privat initiierte Verfahrensvariante 2011 weist diesen Vorteil nicht mehr auf, wenn die Vergabestelle – wie es ihr nach Art. 153, XIX Satz 10 des Codice 2011 erlaubt ist – die Teilnehmern des Hauptvergabeverfahrens zur Einreichung von Planungsvarianten in Hinblick auf die ursprüngliche Vorentwurfsplanung des *Promotore* auffordert (siehe hierzu S. 326 f.).

1437 Siehe hierzu S. 231 ff.

die sie zusammen mit einem der Unternehmen erarbeitet haben, der zweiten Verfahrensphase als allgemeine Leistungsbeschreibung zugrunde legen. Der Inhalt der vorbereitenden privaten Pläne wird also den übrigen Verfahrensteilnehmern bekannt geben. Ein Verstoß gegen das wettbewerbliche Vertraulichkeitsgebot im Interesse des betroffenen Unternehmens liegt darin nicht, wenn die Gemeinden die Zustimmung zur Weiterverwendung als Verfahrensbedingung formulieren und die Verfahrensteilnahme deshalb als stillschweigende Zustimmung zur Weitergabe gewertet werden darf. Vergaberechtskonform ist ein solcher automatischer Zustimmungsmechanismus nach vorliegender Ansicht jedoch nur dann, wenn die Marktteilnehmer im Vorfeld des Ausschreibungsverfahrens über diese Verfahrensmodalität informiert werden und für die Weiterverwendung des Planungskonzeptes als allgemeine Ausschreibungsunterlage eine angemessene Entschädigung vorgesehen ist.[1438]

Diese Entschädigung ist primär ein Belohnungsinstrument, hat zugleich aber auch Anreizfunktion.[1439] So müssen die Unternehmen in einem Vergabeverfahren, bei dem die gesamte Planungsleistung Bestandteil des Ausschreibungsgegenstandes ist, vor Zuschlagserteilung erheblich in Vorleistung treten. Das vertragliche Risiko, das mit der frühen Verfahrensbeteiligung verbunden ist, werden die Privaten nur eingehen, wenn sie für die planerische Vorleistungen angemessen belohnt werden bzw. sie sich dadurch eine messbar verbesserte Chance auf die Partnerschaft in der kulturellen Public Private Partnership ausrechnen können.

Die Gemeinden sind gut beraten, wenn sie den Unternehmen hinsichtlich der Art der Entschädigungsleistung kein Wahlrecht vergleichbar der Regelung des Art. 153, XVIII Satz 2 des Codice 2011 (Wahlrecht des *Promotore*) einräumen. Sie sollten zur Schonung der kommunalen Haushalte und aufgrund der Vorteile verfahrensrechtlicher Sonderrechte vielmehr von einer geldlichen Entschädigung ganz absehen.[1440] Ein Aufwendungsersatzanspruch ohne Gewinnanteil, vergleichbar der Entschädigungsregel der § 3a IV Nr. 7 VOB/A und § 3 VII f) EG-VOL/A (§ 6a VII VgV a.F.) beim Wettbewerblichen Dialog, stellt ein schwaches verfahrensrechtliches Belohnungs- und Anreizinstrument dar und würde bei einer Verfahrensgestaltung in Form der „Einheitslösung“ vergaberechtlich deshalb nicht genügen; das Wettbewerbsprinzip im Interesse des betroffenen Unternehmens sowie das Prinzip der ordnungsgemäßen öffentlichen Aufgabenerfüllung wären verletzt.[1441] Denkbar wäre allenfalls eine sog. *Gain Redemption Clause*, die zwar

1438 Siehe zum Ganzen S. 232 f.

1439 Dipl.-Ing. Ehret im Gespräch mit dem Verfasser.

1440 Siehe: Anreiz- und Belohnungsinstrumente, S. 336 ff.

1441 Siehe dazu auch: Eignung des Verfahrensaufbaus des Wettbewerblichen Dialogs für die Vergabe kultureller Public Private Partnerships, S. 234 ff.

ebenfalls einen Anspruch auf geldliche Entschädigung gibt, sich der Höhe nach aber nach dem konkret eingetretenen Planungsgewinn bemisst.

Das *Diritto di prelazione* des italienischen Vergaberechts oder ein ähnliches Abänderungs- und Eintrittsrecht sind verfahrensrechtliche Sonderrechte. Abänderungs- und Eintrittsrechte verstoßen jedoch gegen die allgemeinen Vergaberechtsgrundsätze der Gleichbehandlung und Verhältnismäßigkeit, gegen das Wettbewerbsprinzip sowie gegen das Prinzip der ordnungsgemäßen öffentlichen Aufgabenerfüllung.[1442] Wegen ihrer Vergaberechtswidrigkeit scheiden sie als Anreiz- und Belohnungsinstrumente bei der Vergabe einer privaten Partnerschaft für traditionelle Kultureinrichtungen aus.

Der Verfasser schlägt den deutschen Gemeinden stattdessen vor, den Zuschlag stets demjenigen Unternehmen zu erteilen, das am Ende des Vergabeverfahrens das wirtschaftlichste Angebot abgegeben hat. Für das Unternehmen, dass mit der Gemeinde zusammen das beste Planungskonzept für die traditionelle Kultureinrichtung entwickelt hat, sollten diese dagegen als verfahrensrechtliches Anreiz- und Belohnungsinstrument eine zeitlich befristete Minderheitsbeteiligung oder das Recht vorsehen, mit der gemischtwirtschaftlichen Gesellschaft einen zeitlich befristeten Sponsorenvertrag abzuschließen. Das betroffene Unternehmen wird dadurch für seine Planungsleistungen mit einer mittelbaren Beteiligung am öffentlichen Auftrag belohnt, ohne dass der Wettbewerb in der Verfahrensphase zur wirtschaftlichen Optimierung des privaten Planungskonzeptes zunichte gemacht wird, indem sich ein Unternehmen in jedem Fall den Zuschlag sichern kann.

Die Entwicklung eines gemeinsamen Kulturprojektes setzt die gleichberechtigte Zusammenarbeit von Gemeinden und Unternehmen auf allen Planungsebenen voraus.[1443] Eine planerische Kooperation zwischen den potentiellen Vertragspartnern ist als Regelverfahrensablauf allein beim Wettbewerblichen Dialog vorgesehen. Bei den zweiphasig aufgebauten Verfahrensvarianten des italienischen Vergaberechts kommt es entweder zu keinen echten Verhandlungen, geschweige denn zu einer partnerschaftlichen Zusammenarbeit zwischen den Beteiligten (Art. 153, X ,XV und XIX des Codice 2011) oder der Wettbewerbliche Dialog ist nur als eine mögliche Verfahrensvariante anzuwenden, die strengen Voraussetzungen unterliegt (Art. 153, XVI des Codice 2011).

Bei einem Verfahrensablauf vergleichbar dem Wettbewerblichen Dialog können die Parteien über den gesamten Ausschreibungsgegenstand verhandeln. Die Dialogphase des Wettbewerblichen Dialogs wird nicht umsonst als „Vorver-

1442 Siehe: Wettbewerbsprinzip und Prinzip der ordnungsgemäßen öffentlichen Aufgabenerfüllung, S. 251 ff. und *Diritto di prelazione* und Gleichbehandlungsgrundsatz, S. 272 ff.

1443 Siehe zum Ganzen: S. 111 ff.

fahrens zur Bestimmung des Auftraggegenstandes“ bezeichnet. Bei den wenigen einseitigen Vorgaben der Gemeinden, die in der öffentlichen Vergabebekanntmachung enthalten sein müssen, handelt es sich um allgemeingültige Rahmenvorgaben, die den Beteiligten für ihre Verhandlungen eine Richtung vorgeben, eine größtmögliche Nutzung des Ideereichtums und des Innovationspotentials des privaten Partner aber nicht verhindern. Mit diesem Verfahrensaufbau ist es den potentiellen Mitgesellschaftern möglich, das traditionelle Kulturprojekt von Anfang an gemeinsam zu planen, ihr Wissen und ihre Ideen auszutauschen sowie diese gegenseitig zu ergänzen. Für das traditionelle Kulturvorhaben entwickeln die Parteien also gemeinsam nach und nach ein immer konkreteres Planungs- und Betriebskonzept.

Bei den gestaltungsoffenen Verfahren des italienischen Vergaberechts – im *Project financing*-Verfahrens a.F. ebenso wie bei Art. 153, XVI lett. a des Codice 2011 – erfolgen die Verhandlungsgesprächen zwischen Verwaltung und den einzelnen Verfahrensteilnehmern auf Grundlage des Planungsvorschlages des *Promotore*. Die Verhandlungen mit den Verfahrensteilnehmern im Wettbewerblichen Dialog laufen dagegen, zumindest zunächst, auf Basis der verschiedenen, individuell eingereichten privaten Planungsentwürfen ab. Vorteilhaft an letzterem Verfahrensaufbau ist, dass die Beschaffungsstellen sich nicht unnötig früh auf das eine oder andere Planungskonzept festlegen müssen.

Bei einem Verfahrensablauf vergleichbar dem Wettbewerblichen Dialog würden die Gemeinden in der ersten Verfahrensphase also unterschiedliche Planungskonzepte und -ideen zur Realisierung der konkreten traditionellen Kultureinleistung präsentiert bekommen. Sie müssten sich erst nach erschöpfenden Verhandlungen mit den Verfahrensteilnehmern und erst nachdem konkretisierte Pläne vorliegen für das eine oder andere Planungskonzept entscheiden. Den Gemeinden ist es damit möglich, der zweiten Verfahrensphase das tatsächlich beste Planungskonzept als allgemeine Ausschreibungsgrundlage zugrunde zu legen, und sie sind nicht gezwungen, in planungsrechtlicher Hinsicht Abstriche zu machen, da die ursprünglichen privaten Planungsvorschläge allesamt nur zweitklassige Entwürfe enthalten.

Nebenangebote sollten die Gemeinden in der zweiten Phase des Hauptvergabeverfahrens nicht mehr zulassen, um die Objektivität der Beurteilungsgrundlage nicht wieder zu relativieren und für die Zuschlagsentscheidung ein Maximum an Vergleichbarkeit zwischen den definitiven privaten Angeboten zu erreichen.

Das Unternehmen, welches das beste Planungskonzept vorgelegt hat, muss an der letzten Verfahrensphase wie die übrigen Konkurrenten teilnehmen; anders kann es sich den Zuschlag auf die Kulturpartnerschaft nicht sichern.

3. Ergebnis

Die Verfahren zur Vergabe eines *Project financing* nach Art. 153 des Codice 2011, das *Project financing*-Verfahren a.F. sowie der Wettbewerbliche Dialog beinhalten jeweils gute, aber auch weniger geeignete verfahrensrechtliche Ansätze zur Lösung des kulturspezifischen Projektantenkonflikts. Die Gemeinden genügen den verfahrensrechtlichen Anforderungen des aktivierenden Kulturstaatsmodells in vergaberechtskonformer Art und Weise am besten durch einen Verfahrensaufbau, bei dem der Wettbewerbliche Dialog mit einigen Verfahrenselementen des Art. 153 des Codice 2011 kombiniert wird. Die Verfahrenselemente, welche die Gemeinden aus den Verfahren nach Art. 153 des Codice 2011 übernehmen sollten, sind: alle Planungsphasen sind Bestandteil des Ausschreibungsgegenstandes, der Einbau von verfahrensrechtlichen Anreiz- und Belohnungsinstrumenten in das Verfahren und die Ausgestaltung der letzten Verfahrensphase als „Einheitslösung", so dass die Zuschlagsentscheidung auf einer einheitlichen objektivierte Beurteilungsgrundlage ergeht.

4. Teil: Fazit – Vorschlag für das Vergabeverfahren zur Gründung kultureller Öffentlich Privater Partnerschaften nach dem Politikmodell des aktivierenden Kulturstaates

Als Fazit der vorliegenden Untersuchung wird den deutschen Gemeinden nun ein konkreter Vorschlag für ein kulturspezifisches Mustervergabeverfahren unterbreitet. Die Ausführungen sind als Hilfestellung für den Erlass einer Kulturvergaberechtssatzung gedacht, die nach vorliegender Ansicht notwendig ist, damit das kulturspezifische Vergabeverfahren den verfahrensrechtlichen Anforderungen des aktivierenden Kulturstaatsmodells optimal entsprechen kann, ohne die allgemeinen Vergaberechtsgrundsätze zu verletzen.

Der Erlass einer Kulturvergaberechtssatzung ist den Kommunen erlaubt, da ihnen für die Kultur gemäß Art. 30, 70 i.V.m. Art. 28 II 1 GG die Rechtsetzungskompetenz obliegt, für Dienstleistungskonzessionen in Deutschland kein einfachrechtliches Vergaberecht existiert und die allgemeinen Vergaberechtsgrundsätze nur Mindestvoraussetzungen darstellen, die den Erlass konkreter Verfahrensnormen nicht ausschließen.[1444] Abstrakt-generell normierte Verfahrensregeln zur Vergabe einer kulturellen Öffentlich Privaten Partnerschaft führen zu mehr Rechtssicherheit im Interesse aller Verfahrensbeteiligten und verringern die Wahrscheinlichkeit der Einleitung von zeit- und kostenintensiven Nachprüfungsverfahren.

Der hier empfohlene Verfahrensaufbau zur Vergabe einer kulturellen Öffentlich Privaten Partnerschaft setzt sich aus einer Projektvorschlagsphase **(A)**, einer Aufforderungsphase **(B)**, einer Dialogphase **(C)** und einer Angebotsphase **(D)** zusammen.

A. Projektvorschlagsphase

Das Vergabeverfahren zur Gründung einer gemischtwirtschaftlichen Gesellschaft als Trägerin einer traditionellen kulturellen Infrastruktureinrichtung auf kommunaler Ebene beginnt mit einem konkreten Projektvorschlag. Dieser kann

---

1444 Auch *Hufen* hält sie kommunale Satzung für die richtige abstrakt-generelle Norm zur Regelung von kulturellen Angelegenheiten, vgl. *Hufen*, NVwZ 1983, 516 (521).

entweder von einem kulturinteressierten Unternehmen oder von der Gemeinde ausgehen.

I. Privates Projektvorschlagsrecht

Das private Projektvorschlagsrecht sollten die Kommunen nur solchen Wirtschaftsunternehmen einräumen, die sowohl in finanzieller als auch in sonstiger Hinsicht ausreichend Gewähr für eine dauerhaft erfolgreiche kulturelle Öffentlich Private Partnerschaft bieten. Das Vorsehen solcher unternehmensbezogener Eignungskriterien ist vor dem Hintergrund der Geltung des Vergaberechtsgrundsatzes der Gleichbehandlung nicht zu beanstanden.

Den Gemeinden wird von dem Autor geraten, einmal im Jahr über die eingegangenen privaten Projektvorschläge zu entscheiden. Der Termin sollte vor Verabschiedung des Kulturhaushaltes liegen, so dass, nachdem die Gemeinde das öffentliche Interesse an einem privaten Projektvorschlag bejaht hat, die zeitnahe Umsetzung des gemischtwirtschaftlichen Kulturprojekts auch dann gewährleistet ist, wenn bisher dafür keine Gelder im Kulturbudget vorgesehen waren.

Die Gemeinden haben in der Verfahrenssatzung zu normieren, dass die privaten Projektvorschläge nur dann an das eingerichtete externe Expertengremium weitergereicht werden, wenn diese den satzungsrechtlich vorgeschriebenen Mindest- und Maximalinhalt haben:

Die Satzung sollte als Pflichtinhalt vorgeben, dass jedes Unternehmen nur einen Vorschlag für eine institutionalisierte kulturelle Öffentlich Private Partnerschaft eingereichen kann und nicht mehrere alternative Projektvorschläge. Der private Vorschlag sollte die Ziele, die das Unternehmen sich von dem kulturellen Engagement verspricht, ganz allgemein nennen, einen möglichen Standort für die kulturelle Einrichtung angeben und ein erstes Finanzierungsangebot enthalten.

Die Satzung sollte die Unternehmen darüber informieren, dass mit der Auswahl eines privaten Projektvorschlags für das betreffende Unternehmen ein Beteiligungsrecht und eine Beteiligungspflicht am anschließenden Hauptvergabeverfahren verbunden sind. Weiter sollte enthalten sein, dass die Vorauswahl des zu realisierenden traditionellen Kulturprojektes auf ein pluralistisch besetztes Gremium übertragen wird und dieses z.B. die drei besten Vorschläge benennt, von denen die Gemeinde grundsätzlich den als besten befundenen privaten Projektvorschlag öffentlich auszuschreiben hat. Legt der Gemeinderat der öffentlichen Ausschreibung nicht denjenigen privaten Projektvorschlag zugrunde, den das Expertengremium als den besten bewertet hat, sollte dies nach der Satzung begründungsbedürftig sein. Die Satzung sollte auch Angaben darüber enthalten, wie sich das externe Expertengremium zusammensetzt – z.B. 1/3 Gemeinderäte, 1/3 Kulturexperten, 1/3 Gemeindebürger – und auf welche Weise es eingesetzt wird. Einen haushaltsrechtlichen Vorbehalt für die Vorhabenrealisierung dürfen die Gemeinden der Satzung aufgrund der nicht übertragbaren Finanzhoheit der Gemeinden aus Art. 28 II 1 GG ebenfalls nicht vergessen.

Ist ein positiver Beschluss in haushaltsrechtlicher Hinsicht ergangen und hat die Gemeinde das öffentliche Interesse an dem von dem Expertengremium ausgewählten oder einem anderen privaten Kulturprojektvorschläge bejaht, hat die Gemeinde durch Veröffentlichung einer Vergabebekanntmachung das Hauptverfahren zur Vergabe der kulturellen Public Private Partnership einzuleiten.

Die Vergabebekanntmachung, die von den Gemeinden nach Eingang eines privaten Projektvorschlages zu veröffentlichen ist, und die Vergabebekanntmachung, die ergeht wenn der Vorschlag zur Realisierung einer traditionellen Kultureinrichtung von den Gemeinden ausgeht, sind inhaltlich identisch. Der genaue Inhalt der öffentlichen Vergabebekanntmachungen wird im Folgenden noch näher dargestellt.[1445]

II. Markterkundungsphase

Geht die Idee für eine traditionelle Kultureinrichtung von der Gemeinde aus und hat sie dafür Gelder im Kulturhaushalt bereitgestellt, kann sie bei Vorliegen eines ausreichend hohen privaten Beteiligungsinteresses unmittelbar eine Vergabebekanntmachung veröffentlichen. Erreicht das Projektvolumen die gemeinschaftlichen Schwellenwerte, ist die Vergabebekanntmachung europaweit zu veröffentlichen. Es sei daran erinnert, dass generell parallel mit dem Projektvolumen die Attraktivität des Kulturprojektes für die Privatwirtschaft steigt. Die Gemeinden sollten aus diesem Grund stets ein hohes Projektvolumen anstreben und es nötigenfalls auch künstlich herbeiführen, indem sie die private Partnerschaft an mehreren traditionellen Kultureinrichtungen als einheitliches Projekt ausschreiben. Verschiedene Gemeinden können sich dafür auch zusammentun und z.B. ihre Stadttheater als einheitliche Öffentlich Private Partnerschaft betreiben.

In der Regel werden die Kommunen nicht sicher wissen, ob eine derart hohe Zahl an Wirtschaftsunternehmen an der Verfahrensteilnahme interessiert ist, dass ein echter Bieterwettbewerb entsteht. Sie müssen die Situation auf dem Markt der privaten Kulturpartner vielmehr vor Ausschreibungsbeginn noch besser erkunden. Die Markterkundungsphase ist als Alternative zur Projektvorschlagsphase in der Satzung zu normieren

Die Gemeinden können zu diesem Zweck Unternehmen direkt anschreiben, müssen dann zeitgleich aber auch die Aufforderung zur Einreichung von projekt-

1445 Siehe: Aufforderungsphase, S. 371 f.

bezogenen Informationen und ersten planerischen Beiträgen europaweit veröffentlichen.

In den Dokument zur Markterkundung müssen die Gemeinden angeben, welches traditionelle Kulturprojekt in Form einer kulturellen Public Private Partnership verwirklicht werden soll, welcher Standort dafür vorgesehen ist und dass die Beteiligung an der Markterkundungsphase automatisch zur Teilnahme am anschließenden Vergabeverfahren berechtigt und verpflichtet.

Den Kommunen wird von dem Autor empfohlen, das Verfahren zur Markterkundung zeitlich zu befristen und dies in der Satzung festzuschreiben.

Die Markterkundungsphase dient den Gemeinden im kulturspezifischen Vergabeverfahren primär zur Erlangung von Informationen über die Leistungsfähigkeit und Leistungswilligkeit der Unternehmen. Es geht nicht darum, in dieser Phase von privater Seite bereits konkrete Planungsvorschläge und Ausführungsvarianten für die kulturelle Public Private Partnership zu erhalten. Die Kommunen sollten die Unternehmen in der Markterkundungsphase deshalb nur dazu auffordern, ihr grundsätzliches Interesse an der Mitbegründung einer kulturellen gemischtwirtschaftlichen Gesellschaft zu bekunden und allgemein gehaltene Angaben zu wirtschaftlichen und nichtwirtschaftlichen Aspekten ihres beabsichtigten kulturellen Engagements zu machen. Hinsichtlich möglicher Realisierungsvarianten dürfen die Gemeinden aufgrund der Geltung des Wettbewerbprinzips aus vergaberechtlichen Gründen allenfalls erste grobe Ideen und Vorstellungen verlangen, die noch keinen wirtschaftsrechtlich geschützten Inhalt aufweisen.[1446]

Die angeführten Angaben genügen den Gemeinden, um sich für oder gegen eine öffentliche Ausschreibung des Kulturprojektes entscheiden und in der öffentlichen Vergabebekanntmachung die grundlegenden Eckdaten für die kulturelle Öffentlich Private Partnerschaften aufführen zu können. Indem von den Privaten nur ganz allgemein gehaltenen Angaben verlangt werden, wird zudem verhindert, dass die Unternehmen von der Beteiligung an der Markterkundungsphase wegen zu hoher arbeits-, zeit- und kostenaufwändiger Vorleistungen abgehalten werden. Zugleich ist sichergestellt, dass die Gemeinden die Daten und Informationen, die in den verschiedenen privaten Beiträgen erhaltenen sind, ohne Verletzung des wettbewerblichen Vertraulichkeitsgrundsatzes für die öffentliche Vergabebekanntmachung miteinander kombinieren können.

An den Inhalt der privaten Beiträge sollten die Gemeinden – wie beim privaten Projektvorschlagsrecht – also einerseits keine zu hohen Anforderungen stellen, anderseits aber auch den Informationsumfang auf einen Maximalinhalt begrenzen. Dieser Pflichtinhalt für die privaten Beiträge sollte in der Satzung aufgeführt sein.

1446 Siehe S. 202 f.

B. Aufforderungsphase

Auch der Ablauf des Hauptvergabeverfahrens sollte in der Satzung normiert werden. Es beginnt mit Veröffentlichung der Vergabebekanntmachung.

Die Vergabebekanntmachung sollte aus kulturpolitischen Gründen in funktionaler, ausführungstechnischer, rechtlicher und wirtschaftlicher Hinsicht nur sehr allgemein gefasste Angaben über das Kulturprojekt enthalten. Die Gemeinden sollten deshalb in der Bekanntmachung klarstellen, dass die ersten privaten Angebote nur aus indikative Planungsvorschlägen bestehen dürfen, während die Erarbeitung der Vorentwurfsplanung sowie der Entwurfsplanung Gegenstand des Ausschreibungsverfahrens ist. Die Erarbeitung eines abgeschlossenen Planungskonzeptes ist gemeinsame Aufgabe der Beteiligten und Ziel der Dialogphase.

In der Bekanntmachung sind die Marktteilnehmer darüber zu informiert, dass das am Ende der Dialogphase als bestes bewertete Planungskonzept der letzten Verfahrensphase vor der Zuschlagsentscheidung, der Angebotsphase, allgemein als Ausschreibungsgrundlage zugrunde gelegt wird. Es muss öffentlich bekannt gegeben werden, dass das obsiegende Unternehmen nach der Satzung als Gegenleistung über ein verfahrensrechtliches Sonderrecht verfügt, wenn die Zuschlagsentscheidung nicht zu seinen Gunsten ergeht. Art und Wirkungsweise des verfahrensrechtlichen Anreiz- und Belohnungsinstrumentes müssen genau beschrieben sein.[1447]

Die in den einzelnen Verfahrensphasen geltenden Auswahlkriterien sind in der Vergabebekanntmachung ebenso zu nennen, wie der Umstand, dass die Bewertungsgrundlage während der Dialogphase immer weiter konkretisiert und angepasst wird. Für die Dialogphase sollten sich die Gemeinden nicht für das Auswahlkriterium des „wirtschaftlichsten Angebotes", sondern für das Kriterium des „besten Planungskonzeptes" entscheiden. Die Bedeutung des Auswahlkriteriums des „besten Planungskonzeptes" müssen die Gemeinden angepasst auf den Einzelfall in der öffentlichen Bekanntmachung näher erläutern, ohne dabei einseitig zu detaillierte Bewertungskriterien festzulegen.

Möchte die Gemeinde den Teilnehmerkreis für die Dialogphase zeitweise begrenzen, hat sie diese Entscheidung bekannt zu geben. Von einer Begrenzung auf weniger als drei Verfahrensteilnehmer wird den Gemeinden jedoch abgeraten, da andernfalls die Chance auf den Erhalt eines Planungskonzeptes, das den Anforderungen und Bedürfnissen der Allgemeinheit hinsichtlich der traditionelle Kulturleistung in optimaler Weise entspricht, deutlich eingeschränkt ist oder sogar ganz zunichte gemacht wird.

1447 Siehe hierzu S. 336ff.

Für die Einreichung der ersten indikativen privaten Planungskonzepte im Hauptvergabeverfahren ist eine ausreichend lange Frist festzusetzen, damit die Unternehmen, die im Vergleich zu anderen Marktteilnehmer an der Markterkundungsphase teilgenommen haben, nicht über einen zu großen zeitlichen Wettbewerbsvorteil verfügen. Ein gewisser zeitlicher Wettbewerbsvorteil ist als Belohnung für die Teilnahme an der Markterkundungsphase vergaberechtlich gerechtfertigt.

Das Unternehmen, das den Vorschlag für das zu vergebende traditionelle Kulturprojekt eingereicht hat, sowie die Unternehmen, die an der Markterkundungsphase teilgenommen haben, sind unter Androhung einer Sanktion – vorgeschlagen wird hier eine Strafzahlung – zur weiteren Verfahrensteilnahme zu verpflichten.

C. Dialogphase

Mit den Unternehmen, die innerhalb der festgesetzten Frist einen ersten indikativen Planungsentwurf für das traditionelle Kulturprojekt eingereicht haben, nimmt die Gemeinde Verhandlungen auf. Gegenstand der Verhandlung sind die individuell eingereichten privaten Planungsvorschläge. Sie werden von den potentiellen Kulturpartnern in Verhandlungen so lange verbessert und weiter konkretisiert, bis diese eine gemeinsame Vorentwurfsplanung erstellt und darauf aufbauend eine Entwurfsplanung sowie anschließend ein Betriebskonzept entwickelt haben. Die Bewertungskriterien sind von Seiten der Gemeinde im Laufe der Verhandlungen immer weiter anzupassen und zu konkretisieren, so dass sie am Ende der Dialogphase auf einer objektivierten Grundlage das tatsächlich beste private Planungskonzept auswählen können. Die Kommunen haben dabei streng darauf zu achten, im Interesse der einzelnen Dialogteilnehmer nicht das wettbewerbliche Vertraulichkeitsgebot zu verletzen.

Der Gewinner der Dialogphase erhält ein verfahrensrechtliches Sonderrecht, das entweder aus einer zeitlich befristeten Minderheitsbeteiligung oder dem Recht zum Abschluss eines zeitlich befristeten Sponsorenvertrages mit der gemischtwirtschaftlichen Gesellschaft besteht. Mit einem derartigen starken verfahrensrechtlichen Sonderrecht ist es vergaberechtlich unbedenklich, dass das beste private Planungskonzept in der Angebotsphase für alle Verfahrensteilnehmer gleichermaßen als Ausschreibungsunterlage verwendet wird.

Den geschilderten Ablauf der Dialogphase sollten die Gemeinden in der Satzung festschreiben ebenso wie den Ablauf der folgenden Angebotsphase, die das Vergabeverfahren zum Abschluss bringt.

D. Angebotsphase

Als letzte Phase des kulturspezifischen Vergabeverfahrens haben die Gemeinden eine Angebotsphase vorzusehen.

Ziel dieser letzten Verfahrensphase ist, das beste, von öffentlicher und privater Hand gemeinsam erarbeitete Planungskonzept im Wettbewerb wirtschaftlich nochmals zu verbessern. Der Zuschlag muss auf das wirtschaftlichste private Angebot erteilt werden. Zur Verwendung des Zuschlagskriteriums des „wirtschaftlichsten Angebots", des „besten Finanzierungsangebots" oder einer ähnlichen Formulierung sind die Gemeinden in dieser Verfahrensphase vergaberechtlich verpflichtet.

Das wirtschaftlichste Angebot kann sich nur auf einen bestimmten Zeitraum beziehen, auch wenn der Gesellschaftsvertrag aus kulturpolitischen Gründen auf unbestimmte Zeit abgeschlossen werden sollte.[1448] Der den Angeboten zugrunde liegende Finanzierungszeitraum muss ausreichend lange bemessen sein, z.B. 30 Jahre.

Das beste Planungskonzept wurde bereits in der ersten Verfahrensphase individualisiert, planerische Nebenangebote sind in der zweiten Verfahrensphase deshalb nicht mehr zuzulassen. Über diese Vergabemodalität müssen die Gemeinden die Verfahrensteilnehmer bereits in der öffentlichen Bekanntmachung informieren.

Die Angebotsphase ist als Nichtoffene Ausschreibung vergleichbar einer Vergabe mit inputspezifizierter Leistungsbeschreibung durchzuführen. An der Angebotsphase dürfen nur diejenigen Unternehmen teilnehmen, die bisher schon am Verfahren teilgenommen haben. Es wird den Gemeinden zudem empfohlen, die Teilnahme für alle Verfahrensteilnehmer verpflichtend vorzuschreiben.

Damit der Gewinner der Dialogphase in der Angebotsphase nicht über einen unzulässigen zeitlichen Wettbewerbsvorteil verfügt, müssen die Gemeinden für die definitiven privaten Finanzierungsangebote eine ausreichend lange Einreichungsfrist vorsehen.

Mit dem Unternehmen, das in der Angebotsphase auf Grundlage des besten Planungskonzeptes das wirtschaftlichste Angebot abgegeben hat, gründet die Gemeinde die kulturelle gemischtwirtschaftliche Gesellschaft. Ist der private Kulturpartner nicht mit dem Gewinner der Dialogphase identisch, darf dieser sein in der Satzung vorgesehenes verfahrensrechtliches Sonderrecht ausüben. Danach ist das Unternehmen zeitlich begrenzt berechtigt, sich in der kulturellen

1448 Im Gesellschaftsvertrag muss an die Folgefinanzierung gedacht werden. Letztere ist vertraglich zu regeln, wobei die erneute öffentliche Auftragsvergabe aus kulturpolitischen Gründen nur als *ultima ratio* vorgesehen werden sollte.

Public Private Partnership finanziell zu engagieren und in diesem Zeitraum von der traditionellen Kultureinrichtung ebenfalls zu profitieren.

Mit der Gründung der kulturellen institutionalisierten Öffentlich Privaten Partnerschaft ist das Vergabeverfahren beendet.

5. Teil: Thesen

Die Ergebnisse dieser Arbeit können in folgenden vier Thesen zusammengefasst werden:

A. Politikmodell des aktivierenden Kulturstaates

Das Modell des aktivierenden Kulturstaates beruht auf dem Gedanken einer echten Verantwortungspartnerschaft. Diese echte Verantwortungspartnerschaft zwischen Gemeinden und Unternehmen für kommunale traditionelle Kultureinrichtungen erstreckt sich idealer Weise über sämtlichen Phase der Projektrealisierung, denn nur wenn die Gemeinden und der potentielle private Partner von der Vorschlagsphase des öffentlichen Vorhabens an, über die verschiedenen Planungsebenen bis hin zur Realisierungs- und Betriebsphase miteinander kooperieren, kann ein echtes partnerschaftliches Kulturprojekt als gemeinsames Endprodukt entstehen.

Beim Politikmodell des aktivierenden Kulturstaates geben die Gemeinden die Aufgabenverantwortung für z.B. die traditionelle Kultur nicht vollständig an die Privatwirtschaft ab, sondern bleiben in der Mitverantwortung für die öffentliche Leistungserbringung. Die Gemeinden können der ihnen nach Art. 5 III 1 i.V.m. Art. 3 I, 20 I i.V.m. Art. 28 II 1 GG obliegenden Gewährleistungsverantwortung für traditionelle Kultureinrichtungen also weiterhin gerecht werden und sind deshalb berechtigt, dieses Kulturpolitikmodell umzusetzen.

B. Öffentlich Private Partnerschaften mit konzessionsrechtlichen Elementen

Das Politikmodell des aktivierenden Kulturstaates können die Gemeinden am besten inhaltlich-vertraglich durch eine institutionalisierte Öffentlich Private Partnerschaft mit konzessionsrechtlichen Elementen (gemischtwirtschaftliche Gesellschaft) umsetzen. Bei diese Form der funktionalen Privatisierung kommt es nicht nur zu einer Verantwortungs*ver*teilung für die öffentliche Aufgabe Kultur, indem der Private die Durchführungsverantwortung für bestimmte Sekundärleistungen (z.B. die Gebäudesanierung und -unterhaltung für das Stadttheater und/oder den Betrieb des Theatercafe) übernimmt, sondern zu einer echten Verantwortungs*teilung* für die öffentliche Primärleistung Kultur. Die gemischtwirtschaftliche Gesellschaft wird alleinige Trägerin der traditionellen Kultureinrichtung. Das Endprodukt ist somit ein echtes partnerschaftliches Kulturprojekt, das die Gemeinde und das private Partnerunternehmen als gleichberechtigte Mitgesellschafter der gemischtwirtschaftlichen Gesellschaft finanzieren und betreiben.

C. Geltendes Vergaberechtsregime

Die Entscheidung für eine aktivierende Kulturpolitik hat zur Folge, dass die Gemeinden für die gemischtwirtschaftliche Gesellschaft als künftige Trägerin der kommunalen traditionellen Kultureinrichtung einen geeigneten privaten Partner im Wettbewerb suchen müssen. Die Gemeinde eröffnet einen Wettbewerb um den Markt der privaten Kulturpartnerschaft für gemeindliche traditionelle Kultureinrichtungen. Einerseits kann sich die Gemeinde dadurch den Wettbewerb auf dem freien Markt zu Nutze machen und ihn als Instrument zur wirtschaftlichen und ordnungsgemäßen Erbringung von kommunalen traditionellen Kultureinrichtungen einsetzen. Anderseits wird dadurch aber auch der Anwendungsbereich des Vergaberechts eröffnet. Die Gemeinden haben die private Partnerschaft in einer traditionellen Kultureinrichtung auf der Grundlage des gemeinschaftlichen Primärvergaberechts (den allgemeinen Vergaberechtsgrundsätzen) öffentlich auszuschreiben.

Das gemeinschaftliche Primärvergaberecht hat durch Inkrafttreten des Lissabonner Vertrages im Jahr 2009 eine inhaltliche Änderung erfahren. Die Stärkung der nichtwirtschaftlichen Ziele innerhalb der Europäischen Verträge haben dazu geführt, dass der Wettbewerbsgrundsatz, der bisher die gesamte öffentliche Auftragsvergabe dominiert hat, seine Vorrangstellung mit einem neuen Grundsatz teilen muss: der vergaberechtliche Grundsatz der ordnungsgemäßen öffentlichen Aufgabenerfüllung. Das europäische Vergaberecht ist nach vorliegender Ansicht entsprechend nicht mehr als Teilgebiet des Wirtschaftsrechts einzuordnen, sondern als eigenständiges Rechtsgebiet, das eine Zwischenstellung zwischen den nichtwirtschaftlichen gemeinschaftsrechtlichen Rechtsgebieten und dem Wirtschaftsrecht einnimmt. Eine Abweichung vom Wettbewerbsgrundsatz ist je nach Gegenstand der öffentlichen Ausschreibung nicht mehr rechtfertigungsbedürftig (Rechtfertigungslösung), sondern es kann auch ein schonender Ausgleich zwischen dem Wettbewerbsgrundsatz auf der einen und dem Grundsatz der ordnungsgemäßen öffentlichen Aufgabenerfüllung auf der anderen Seite zu suchen sein (Ausgleichslösung). Den Gemeinden ist es bei der Vergabe einer privaten Partnerschaft in einer kommunalen traditionellen Kultureinrichtung in Anwendung der Ausgleichslösung erlaubt, den Ausgleich generell-abstrakt vorzunehmen und eine spezielle Kulturvergaberechtssatzung zu erlassen. Der Erlass eines speziellen abstrakt-generellen Kulturvergaberechtsregimes hat den Vorteil, dass damit einerseits für alle Verfahrensbeteiligten eine größere Rechtssicherheit verbunden ist und andererseits die Gemeinde den Anforderungen des Politikmodells des aktivierenden Kulturstaates verfahrensrechtlich optimal umsetzen kann.

D. Verfahrensrechtliche Dimension des Politikmodell des aktivierenden Kulturstaates

Mit dem Erlass der Kulturvergaberechtssatzung können die Gemeinden also sicherstellen, dass die Grundidee des aktivierenden Kulturstaates, die echte Verantwortungspartnerschaft zwischen öffentlicher und privater Hand für traditionelle Kulturleistungen, auch verfahrensrechtlich optimal umgesetzt wird. Sie ist so auszugestalten, dass es in allen Phasen des Vergabeverfahrens zu einer gleichberechtigten Zusammenarbeit zwischen der Kommune und dem potentiellen privaten Partner kommt.

Das kulturspezifische Vergabeverfahren beginnt idealerweise mit einem privaten Projektvorschlagsrecht, das alternativ zu einer öffentlich initiierten Verfahrensvariante – mit der Möglichkeit der Durchführung einer Markterkundung – vorgesehen werden sollte. Das Unternehmen, dessen kultureller Projektvorschlag umgesetzt wird, ist zur Teilnahme am weiteren Vergabeverfahren berechtigt und verpflichtet.

Zweiter Verfahrensschritt ist die Veröffentlichung der Vergabebekanntmachung, in der die Gemeinde die Marktteilnehmer über sämtliche Verfahrensbedingungen informiert und zur Abgabe erster indikativer Planungsvorschläge für die konkrete kulturelle Öffentlich Private Partnerschaft auffordert.

In der dritten Verfahrensphase erstellen die potentiellen Vertragspartner schrittweise in partnerschaftlicher Zusammenarbeit die Projektpläne (zunächst die Vorentwurfsplanung, dann die Entwurfsplanung und anschließend ein gemeinsames Betriebskonzept). Am Ende der Verhandlungen wählt die Gemeinde dann anhand des Zuschlagskriteriums des besten Planungskonzeptes das Angebot eines Unternehmens aus. Dieses wird der letzten Verfahrensphase, der Angebotsphase, als allgemeine Ausschreibungsunterlagen zugrunde gelegt. Für die Weiterverwendung der privaten Pläne ist das private Unternehmen durch ein verfahrensrechtliches Sonderrecht zu entschädigen (z.B. in Form einer zeitlich befristeten Minderheitsbeteiligung an der kulturellen Öffentlich Privaten Partnerschaft).

Das kulturspezifische Vergabeverfahren endet mit der Angebotsphase. Die Verfahrensteilnehmer sollen hier das private Gesamtplanungskonzept nochmals wirtschaftlich verbessern können. Den Zuschlag auf die private Partnerschaft erhält dasjenige Unternehmen, welches das wirtschaftlichste Angebot abgegeben hat, und wird damit Mitgesellschafter der gemischtwirtschaftlichen Kultureinrichtung.